U0922340

# 山南市行

西藏自治区测绘局编制　**藏S(2015)005号**

本图上中国国界线系按照中国地图出版社1989年出版的1：400万《中国人民共和国地形图》绘制

# 政区划图

林芝市
巴宜区
鲁朗镇
巴河镇
百巴镇
更章门巴民族乡
林芝镇
米瑞
布久
羌纳
丹娘
林芝机场
米林
扎西绕登
南伊珞巴民族乡
卧龙镇
里龙
朗县
朗镇
仲达镇
拉多
洞嘎镇
金东
登木
加查
加查镇
冷达
拉绥
洛林
果西
加热
岗学巴
崔久
坝乡
聂村
秋巴
增期
雪巴
曲龙寺
拉顶寺
肖普
木巴拉
曲桑
玉麦
扎日
机甲寺
当孜
雪萨
斯巴
基浦寺
三安曲林
卡当寺
日当镇
列麦
桑青寺
其玛普
斗玉珞巴民族乡
日当
隆子
晒吉寺
达孜
加玉
准巴
纳金果嘎
觉拉
普玉
灾麦
西午
卡达
德庆寺
贾木古里冈
都兰木克
北勒金普尔
达夸卡那
比普尔拉
林芝市
喜马拉雅山
印度
成都地图出版社印制

2016年9月24日，全国人大常委会委员、全国人大财政经济委员会副主任委员乌日图（左三）在雅砻水库检查指导安全生产工作

2016年8月22日，中央组织部副部长、人力资源和社会保障部党组书记、部长尹蔚民（前排右二）在山南市便民服务政务中心调研

2016年9月8日，国家文化部党组书记、部长雒树刚（左二）一行在琼结县调研文化工作

2016年9月15日，中央纪委驻国家工业和信息化部纪检组组长、国家工业和信息化部党组成员金书波（前排右三）在扎囊县调研

2016年3月22日，西藏自治区党委常务副书记吴英杰（居中）在贡嘎县杰德秀镇调研优化发展环境工作及春耕备耕工作

2016年2月21日，西藏自治区党委常委、拉萨市委书记齐扎拉调研拉萨至山南快速通道前期工作

2016年4月23日，西藏自治区党委常委、自治区常务副主席丁业现（居中）在加查县调研水电站及公路建设情况

2016年9月4日，西藏自治区党委常委、组织部部长曾万明（左一）在山南市调研教育人才组团式援藏工作

2016年3月30日，西藏自治区党委常委、自治区副主席、区党委宣传部部长姜杰（右五）在乃东县结巴乡青稞加工基地视察

2016年7月20日，西藏自治区人大常委会副主任嘎玛（前排中）在山南市调研精准扶贫工作

2016年5月4日，西藏自治区副主席边巴扎西（前排左二）在山南地区调研特色小城镇建设工作

2016年5月4日，西藏自治区副主席格桑次仁在隆子县扎日乡调研并慰问边防官兵

2016年9月24日，西藏自治区副主席房灵敏（右三）在山南市第二中等职业技术学校调研

2016年5月3日，西藏自治区副主席汪海洲（前排右二）在扎囊县调研民族手工业发展情况

2016年8月26日，西藏自治区党委副书记、自治区主席洛桑江村，区党委常委、拉萨市委书记齐扎拉等自治区党、政、军领导，山南市委书记张永泽，市委副书记、市长普布顿珠出席拉萨至山南快速通道工程开工奠基仪式

2016年3月28日，山南地区举行“隆重纪念百万农奴解放57周年”活动， 西藏自治区党委常委、自治区副主席、区党委宣传部部长姜杰，自治区副主席格桑次仁，山南地委书记张永泽等领导出席

2016年1月19日，山南地委书记张永泽看望慰问退休老干部次仁拉姆

2016年5月21日，山南市委书记张永泽看望“两会”代表委员

2016年5月26日，山南市委书记张永泽接见湖北省党政代表团一行

2016年12月19日，山南市委书记张永泽与中央网信办信息化发展局副局长唐宋（左）率队的“冬行西藏”全国网络媒体西藏行采访团座谈

2016年4月22日，山南地委副书记、地区行署专员普布顿调研泽当城区整体搬迁工作

2016年7月5日，山南市委副书记、市长普布顿珠在“2016·中国西藏发展论坛”上发言

2016年8月16日，山南市委副书记、市长普布顿珠会见尼泊尔巴德岗市代表团

2016年8月17日，山南市委副书记、市长普布顿珠出席2016年雅砻文化节招商推介会

2016年5月21日，山南市委副书记、市政协主席、市委党校校长丁哲峰，市委副书记巴珠与市政协一届一次会议代表委员座谈

2016年5月21日，山南市委副书记巴珠看望宗教界代表

2016年9月14日，山南市委副书记陈正祥在琼结县调研

2016年2月4日，山南地区召开2016年度经济工作会议

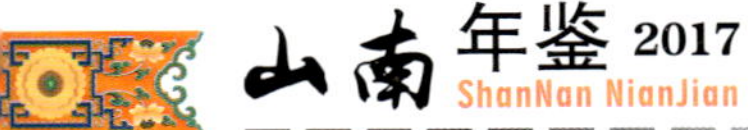

2016年5月18日，山南地区召开撤地设市新闻发布会

2016年5月18日，山南市召开第一次党代会预备会议

2016年5月19日，召开中国共产党山南市第一次代表大会

2016年5月20日，山南市第一次党代会选举会议上代表正在投票

2016年6月30日，山南市召开纪念中国共产党成立95周年暨表彰大会

2016年7月1日，山南市召开2016年党风廉政建设宣传教育月活动动员大会

2016年7月21日，山南市召开雅砻文化节专题会议

2016年8月14日，山南市委、市政府与湖北省党政代表团进行座谈

2016年9月1日，山南市政府召开党组（扩大）会议

2016年10月21日，山南市召开2016年度民族团结进步表彰大会

2016年2月1日，山南地区春节、藏历新年电视综艺晚会在雅砻剧院举行

2016年3月6日，山南地区举行维稳安保誓师大会

2016年3月28日，山南地区举行“隆重纪念西藏百万农奴解放57周年”庆祝活动

2016年4月17日，山南地区举行湖南省第七批援藏工作队2016年“湘藏情”爱心助学金第三次发放仪式

2016年5月4日，山南地区举办“我的中国梦·奋斗的青春最美丽”首届青年创业论坛

2016年5月27日，山南市举行撤地设市揭牌仪式

2016年8月10日，山南市召开新型城镇化建设暨项目管理现场交流观摩会

2016年10月17日，山南市开展全国扶贫日宣传活动

2016年10月26日，山南市举行统筹城乡示范区项目启动仪式

2016年10月31日，山南市举行不动产权证首发仪式

图书在版编目（CIP）数据

山南年鉴. 2017 / 山南市地方志编纂委员会办公室编. --北京：方志出版社，2017. 10

ISBN 978-7-5144-2622-9

Ⅰ. ①山… Ⅱ. ①山… Ⅲ. ①山南－2017－年鉴
Ⅳ. ①Z527.53

中国版本图书馆CIP数据核字(2017)第265911号

# 山南年鉴（2017）

编　　者：山南市地方志编纂委员会办公室
责任编辑：王　俊

出 版 人：冀祥德
出 版 者：方志出版社
地址　北京市朝阳区潘家园东里 9 号（国家方志馆 4 层）
邮编　100021
网址　http://www.fzph.org
发　　行：方志出版社图书经销中心
电话（010）67110500
经　　销：各地新华书店
印　　刷：河南匠心印刷有限公司

开　　本：889×1194　1/16
印　　张：29
字　　数：606千字
版　　次：2017年10月第1版　2017年10月第1次印刷
印　　数：001～600册

ISBN 978-7-5144-2622-9　定价：398.00元

# 编 辑 说 明

一、《山南年鉴(2017)》以马克思列宁主义、毛泽东思想、邓小平理论、“三个代表”重要思想、科学发展观和习近平新时代中国特色社会主义思想为指导,坚持为山南改革、发展、稳定服务的方针,由《山南年鉴》编辑部编辑。

二、《山南年鉴(2017)》客观、翔实、全面、系统地记载2016年山南市政治、经济、文化、社会等各方面的发展状况。为各级领导了解地情、科学决策提供依据,为各单位、各行业、各部门查阅资料提供便利,为国内外各界人士了解、认识、研究山南提供可靠信息,同时也是山南文化建设和对外宣传的重要窗口。

三、《山南年鉴(2017)》包括特载、专文、山南概况、大事记、中国共产党山南市委员会、山南市人民代表大会常务委员会、山南市人民政府、中国人民政治协商会议山南市委员会、对口援藏、群众团体、法治、经济综合管理、国土·环保·住建、农牧业·水利·林业·电力、交通·旅游·邮政·通信、金融、医疗·卫生、教育·科技·气象、文化·广电、民族·宗教、军事、民政与社会保障、县情概况、先进名录、统计资料、附录等内容。

四、《山南年鉴(2017)》采用分类编辑法,由类目、部(门)目、条目组成。类目下设部(门)目,部(门)目下设若干条目。条目标题统一使用黑体字加【 】表示。

五、《山南年鉴(2017)》所用稿件均由各县(区)、市委各部委,各局、委、办、室,各人民团体及驻地各单位负责撰写,并经撰写单位领导审核。所用综合性资料、数据等一律截至2016年年底。年鉴中的统计资料由市统计局提供,正文中的数据由各单位提供。数据一般以现行价格计算。本卷统计资料因统计口径等原因,有关部门所用数据与统计资料中的数据不尽一致,采用时请予注意。本书中农田土地面积的计量单位使用“亩”。

六、《山南年鉴》的编辑、出版、发行,得到各级领导和各单位、各部门的大力支持,在此表示衷心感谢。有个别单位因特殊原因,本期没有刊载。

七、欢迎广大读者对本书的编辑工作提出宝贵意见,以便进一步提高《山南年鉴》编纂质量。

《山南年鉴》编辑部

2017年11月

# 《山南年鉴》编纂委员会



# 《山南年鉴》编辑部

# 目 录

## 特 载



## 专 文



## 山南概况

### 基本概况



### 自然资源



### 旅游资源

## 自然灾害



# 大 事 记



# 中国共产党山南市委员会

## 综述



## 市委办公室



## 纪检 监察

## 组织　编办



## 宣传　思想



## 统一战线



## 政法



## 党校　行政学校



## 老干部工作

## 党史　地方志



# 山南市人民代表大会常务委员会



# 山南市人民政府

## 综述



## 市政府办公室



## 信访



## 藏语言文字工作



# 中国人民政治协商会议山南市委员会

# 对口援藏



# 群众团体

## 工商联



## 工会



## 共青团



## 妇联



## 残疾人工作



# 法 治

## 公安

## 检察



## 法院



## 司法行政



# 经济综合管理

## 发展改革



## 粮食流通



## 工业和信息化



## 财政

## 商务



## 审计



## 外事与侨务



## 安全生产监督



## 统计管理



## 经济合作



## 扶贫　农发



## 食品药品监督管理



## 质量技术监督

### 国家税务



### 工商行政管理



## 国土·环保·住建

### 国土资源管理



### 环境保护



### 住房和城乡建设



## 农牧业·水利·林业·电力

### 农牧业

## 水利



## 林业



## 电力



# 交通·旅游·邮政·通信

## 交通运输



## 旅游



## 邮政



## 电信

## 移动



## 联通



## 铁塔



# 金　融

## 中国人民银行山南市中心支行



## 中国农业银行股份有限公司山南分行



## 中国银行股份有限公司山南分行



## 中国建设银行股份有限公司山南分行



## 人保财险山南分公司

## 中国人寿保险股份有限公司山南市分公司



# 医疗·卫生

## 卫生　计划生育



## 疾控中心



## 人民医院



## 藏医院



# 教育·科技·气象

## 教育



## 职业技术（教师进修）学校

## 第二中等职业技术学校



## 科学技术



## 气象



## 地震



# 文化・广电

## 文化事业



## 广播电影电视



# 民族　宗教

# 军 事

## 武装警察



## 公安边防



## 公安消防



# 民政与社会保障

## 民政



## 人力资源　社会保障



# 县情概况

## 乃东区

## 琼结县



## 扎囊县



## 贡嘎县



## 浪卡子县



## 洛扎县

## 措美县



## 错那县



## 隆子县



## 曲松县



## 加查县



## 桑日县

## 先进名录



## 统计资料



## 附　录



## 索引

# 彩页目录

# 特 载

## 立足新起点 把握新机遇<br>努力把山南建成全区水平较高的小康社会

在中国共产党山南市第一次代表大会上的报告

中共山南市委书记 张永泽

（2016年5月19日）

中国共产党山南市第一次代表大会，是在全市实施“十三五”规划、全面建成小康社会决胜阶段开局之年召开的一次具有划时代、里程碑意义的重要会议。大会主题是：高举中国特色社会主义伟大旗帜，全面贯彻落实党的十八大、十八届三中四中五中全会和中央第六次西藏工作座谈会精神，以邓小平理论、“三个代表”重要思想、科学发展观为指导，贯彻落实习近平总书记系列重要讲话精神、特别是“治国必治边、治边先稳藏”的重要战略思想和“加强民族团结、建设美丽西藏”的重要指示，贯彻落实“依法治藏、富民兴藏、长期建藏、凝聚人心、夯实基础”的重要原则，贯彻落实自治区第八次党代会和区党委八届七次八次全委会精神，回顾总结山南发展历程、特别是自治区第八次党代会以来的工作，安排部署今后五年的工作，选举产生中国共产党山南市第一届委员会和纪律检查委员会，动员全市干部群众，以撤地设市为新起点，承前启后、继往开来，团结一心、共创未来，为建成全区水平较高的小康社会而不懈努力。

### 一、回顾奋斗历程，发展成就辉煌

山南是藏民族之宗、藏文化之源，是西藏农业耕作的起源地，是西藏民主改革最早的地区。从第一代藏王聂赤赞普到第三十三代藏王松赞干布初期，山南一直是西藏政治、经济、文化中心。在这块古老而神奇的土地上，孕育了勤劳、纯朴、善良、智慧的雅砻儿女，创造了博大精深的雅砻文化，形成了西藏历史上诸多第一，为世人所瞩目。伴随着西藏和平解放，山南掀开了历史的新篇章，1951 年中共西藏工委财委派驻山南采购站，1953 年成立中共山南临时党委，1956 年正式成立中共山南分工委，1965 年改称中共山南地委，1969 年成立山南地区革委会、取代中共山南地委，1972 年恢复成立中共山南地委，2016 年 1 月 7 日国务院批准撤销山南地区设立地级山南市。

65 年来，在中国共产党的坚强领导下，山南地方党的组织不断发展壮大，山南各族人民解放思想、改革创新，励精图治、艰苦奋斗，谱写了历经风雨沧桑、共创历史伟业的华丽篇章。西藏和平解放，山南各族人民翻身得解放，山南地方党的组织也经历了建立——撤并——更名——恢复等几次历史演变。西藏民主改革，推翻了政教合一的封建农奴制度，山南贫苦农奴分得生产资料、从此成为自己和国家的主人，山南地区建立了西藏第一个农村党支部—克松乡临时农村党支部。改革开放后，中央召开了六次西藏工作座谈会，山南各族人民在党的光辉政策照耀下、生活更加幸福殷实，党在山南的执政基础越来越牢固。山南65年的发展，实现了从黑暗走向光明、从落后走向进步、从贫穷走向富裕、从专制走向民主、从封闭走向开放的历史性跨越，经济社会发生翻天覆地的变化，各项事业取得举世瞩目的辉煌成就，创造了短短几十年跨越上千年的人间奇迹。山南65年的发展历程，是一部励精图治、艰苦奋斗的创业史，是一部拼搏奉献、开拓创新的发展史，是一部各民族和睦相处、和衷共济的团结史。65年的峥嵘岁月和光辉业绩，令人振奋和自豪，让我们难以忘怀。

进入新时期，特别是党的十八大、自治区第八次党代会以来，在党中央的亲切关怀和自治区党委、政府的坚强领导下，在全国人民特别是湖南、湖北、安徽三省和中粮集团的大力支援下，历届山南地委、行署班子团结带领各族干部群众，开拓创新、艰苦奋斗，大力推进"六个模范区"、"七个山南"建设，改革发展稳定各项事业取得可喜成就，"十二五"主要目标任务超额完成，山南先后被确定为国家公共文化服务体系建设示范区、国家生态文明先行示范区、国家新型城镇化建设试点地区、全区统筹城乡发展示范区。

五年来，我们坚持发展第一要务，开创了科学发展的新局面。综合实力跃上新台阶，2015年，地区生产总值、固定资产投资、财政收入、社会消费品零售总额、城镇居民人均可支配收入、农牧民人均可支配收入分别完成113.62亿元、145.91亿元、11.6亿元、40.11亿元、23881元、8991元，分别是2010年的2.1倍、2.7倍、2.9倍、2.2倍、1.7倍、2.1倍，分别完成"十二五"目标的107.2%、180.7%、144.5%、100.3%、117.1%、112.7%，实现了"十二五"圆满收官。基础设施日臻完善。以浪洛油路、藏木水电站、江北灌区为标志的一大批交通、能源、水利等重大项目相继建成，拉林铁路、泽贡高等级公路、雅砻水库、加查和大古水电站等重点项目加快建设，农村安全饮水覆盖率和行政村通电率、通邮率和通电话率均达100%。特色优势产业迅猛发展。以藏鸡、奶牛养殖和青稞种植为重点的高原特色农牧业产业初具规模，清洁能源、建筑建材、藏医藏药、优势矿产、民族手工业成为经济增长的支撑产业，藏中清洁能源基地、"四大矿业"基地和藏源文化旅游基地建设有序推进。城乡统筹力度加大。泽当镇和各县县城功能显著提升，特色小城镇建设加快推进，建成统筹城乡示范点1个、生态文明小康示范点6个。累计完成农牧民安居工程（农村危房改造）85817户，全地区所有农牧民住上了安全适用的房屋。大力实施"八到农家"工程，农牧民生产生活条件显著改善。改革开放成果丰硕。开创了经济援藏、教育援藏、就业援藏、科技援藏、干部人才援藏和系统援藏的新局面，"十二五"落实援助资金20.88亿元。累计引进招商引资项目149个、到位资金83.87亿元。形成了"一站式"便民利民为民服务、公立医院"先住院后结算"、洛扎"次麦模式"等一批改革成果。非公经济2015年上缴税收占全地区税收总额的92.85%。

五年来，我们坚持稳定压倒一切，开创了和谐稳定的新局面。全面落实自治区"十个方面维稳措施"和地区维稳"十条规定"，社会大局持续和谐稳定，2013、2014年社会治安综合治理工作连续两年荣获全区第一名，2015年"先进双联户"创建评选工作荣获全区第一名，群众安全感满意度达98.57%，山南成为全区最安全、最稳定的地区之一。2216名机关干部常年驻村，813名干部常态驻寺，90个便民警务站覆盖所有城镇，"先进双联户"创建把36万人民组织起来联户平安、联户增收、联户脱贫、联户小康，筑牢了维护稳定的铜墙铁壁。立足实际、开拓创新，建立了党政军警民联防联控机制，实施了地、县、乡、村四级信访接待日制度，制定了乡镇机关、村（居）"两委"、寺管会、便民警务站日常工作和重点人员管理5个"十个一"工作法，组建了千名督导员、万名监督员、万名信息员维稳"三支队伍"，开展了法律进万家活动、深入揭批十四世达赖集团反动罪行活动、优化发展环境专项行动，实施了边境乡固边富民整乡推进试点工程，形成了全民维稳、全面维稳、全时维稳的良好格局。加强安全生产监管，事故起数、死亡人数连续5年未超出控制指标，山南连续4年评为自治区安全生产先进单位。

五年来，我们坚持民族团结生命线，开创了民族团结的新局面。始终把维护祖国统一、加强民族团结作为一切工作的着眼点和着力点，全面落实党的民族政策，加强了党群干群、军政军民、各族人民、社会各方面的团结，基本建成民族团结模范区。全面落实民族区域自治制度，县、乡两级少数民族人大代表占90%以上，少数民族干部占76.8%，门巴、珞巴民族乡全部由本民族干部担任乡长，各族人民真正当家做了主人。深入开展民族团结宣传教育和民族团结进步创建活动，连续举办了4届“感动山南十大人物”评选活动，全面建成14个“民族团结示范点”、表彰民族团结进步模范集体608个、个人904人，中华民族共同体意识、“三个离不开”和“五个认同”思想深入人心。加快人口较少民族发展，2015年，门巴、珞巴两个人口较少民族人均可支配收入分别达11310元、12182元，高于全地区和全区平均水平。

*五年来，我们坚持加强和创新寺庙管理，开创了宗教和睦的新局面。*全面落实党的宗教政策、自治区加强和创新寺庙管理重大举措，群众信仰自由得到充分保障，正常宗教活动得到依法保护，全地区宗教和睦、佛事和顺、寺庙和谐，促进了藏传佛教与社会主义社会相适应。寺管会服务管理寺庙和僧尼实现常态化，寺庙“六建”、“一联系”、“六个一”、“九有”、“一个创建”、“一个覆盖”、“一个教育”全面落实，每年开展两次和谐模范寺庙暨爱国守法先进僧尼创建评选活动，在编僧尼医保、养老、低保、人身意外伤害保险和每年免费健康体检实现全覆盖，寺庙管理依法、有序、规范，僧尼生活修行条件大幅改善。广大僧尼的中华民族意识、国家意识、法制意识和公民意识不断增强，对党和政府的特殊关怀充满感激之情，更加感党恩、听党话、跟党走，自发组织开展了“爱国爱教千名僧尼承诺签名活动”。

*五年来，我们坚持把增进人民福祉作为奋斗目标，开创了民生改善的新局面。*全面落实自治区利民惠民、利寺惠僧“十件实事”和地区“十大民心工程”，本级财政收入80%以上用于保障和改善民生。群众收入大幅增加，创新实施了增收“八大工程”和“一乡一策”增收办法，农牧民人均可支配收入高于全区平均水平700元以上，人均可支配收入2300元以下的扶贫对象全部脱贫。公共服务水平显著提高，教育工作走在全区前列，15年“三包”政策全面落实，6县义务教育均衡发展通过国家验收，本级财政落实资金5012万元、资助考上大学的农牧民子女17411人次。地、县、乡、村医疗卫生服务网络全面建立，“一村两医”目标基本实现，免费救治先心病患儿234名，全民免费健康体检、“两降一升”等工作走在全区前列，地区人民医院成功创建三乙。国家公共文化服务体系示范区建设已通过自治区验收，地、县、乡、村四级公共文化服务体系基本建成、公共文化场所实现免费开放，优秀传统文化得到继承和弘扬，中国西藏雅砻文化节等节庆品牌初步形成，广播电视综合人口覆盖率达98%以上。社会保障更加健全，“五大保险”参保率均在97%以上；有意愿的五保户集中供养和孤儿集中收养率达100%，“双集中”工作走在全区前列。城镇登记失业率控制在2.1%以内，动态消除零就业家庭。

*五年来，我们坚持实施生态强地战略，开创了生态良好的新局面。*始终把生态保护作为底线、红线、高压线，大力实施生态强地战略，生态环境保持良好。加强森林、草原、湿地保护，积极构建国家生态安全屏障，建成国家级风景名胜区1处、自然保护区1处、森林公园1个和自治区级风景名胜区4处，湿地面积23万公顷，人工林保存面积100万亩，森林覆盖率达24.79%。加强生态环境建设，打造了西藏唯一的全国防沙治沙综合示范区，创建自治区级生态乡镇30个、生态村169个。建成泽当镇污水处理厂、地区医废处置中心和所有县城垃圾填埋场，生活垃圾和医疗废物处置工作率先在全区实现市场化运营。加强环境监管，加大水电、矿产、旅游等重点资源开发和重大基础设施建设环境执法监管，开发建设规划和重点建设项目环境影响评价执行率达100%。主要污染物排放总量控制在自治区下达的指标范围内，主要江河、湖泊水质和空气质量达到或优于国家标准，人民群众的生产生活环境更加优美。

*五年来，我们坚持全面从严治党，开创了党建加强的新局面。*始终把严守政治纪律和政治规矩挺在前面，坚决贯彻落实中央、自治区决策部署。深入开展了党的群众路线教育实践活动、“三严三实”专题教育、“两学一做”学习教育，加强了政治意识、大局意识、核心意识、看齐意识教育，广大党员干部在思想上政治上行动上始终同以习近平同志为总书记的党中央保持高度一致，特别是在反分裂斗争这个重大原则问题上，做到了旗帜十分鲜明、立场十分坚定。党的组织实现全覆盖，各级党组织已发展到1633个，所有乡镇党政正职实现“一藏一汉”配备，村（社区）党支部第一书记实现全覆盖，大学生村官达355名；党员数量已发展到43406人，占地区总人口的12%，其中农牧民党员占党员总数的62%。作风建设全面加强，中央八项规定、区党委“约法十章”“九项要求”和地区“十项规则”全面落实，“老西藏精神”“两路精神”得到继承和弘扬，“四风”问题持续深入全面整治，机关作风和党员干部形象明

显好转。党风廉政和制度建设不断加强，西藏在党风廉政建设和反腐败问题上没有任何特殊性的思想深入人心，“两个责任”全面落实，惩治腐败力度越来越大，制度建设的笼子越织越密，全地区风清气正的政治生态逐步形成。

五年来，我们坚持把守土固边作为神圣使命，开创了边疆巩固的新局面。扎实推进国家安全屏障建设，边境和谐稳定、边防持续巩固、边民安居乐业。突出增强边民国家意识、公民意识，开展了“爱民固边”和军民共建活动，实施了兴边富民行动，创新开展了固边富民整乡推进试点工程，形成了全民维稳固边的生动局面。突出反分裂、反蚕食、反渗透，坚持党政军警民协调联动，全面落实“一线堵、二线查、三线防”措施，严厉打击非法出入境活动，维护了国家主权和领土完整。突出加快边境地区发展，坚持人、财、物向边境地区倾斜，召开了地区边境工作会议，出台了加强边境地区发展稳定工作的实施方案、进一步加强稳定边境高寒县乡干部队伍办法，促进了边境地区经济发展、社会稳定、边境安宁、边疆巩固。

同志们，过去的五年，是36万雅砻儿女在山南发展史上书写的绚丽篇章。奋斗历程虽然艰辛，但发展成就令人振奋。这是以习近平同志为总书记的党中央亲切关怀的结果，是自治区党委、政府坚强领导的结果，是全国人民特别是湖南、湖北、安徽三省和中粮集团大力支援的结果，是历届地委、行署班子真抓实干的结果，是全地区党政军警民团结一心、艰苦奋斗的结果。在此，我代表中共山南市委，向所有为山南改革发展稳定事业做出贡献的同志们、朋友们，表示衷心的感谢，并致以崇高的敬意！

五年的艰苦奋斗，五年的不懈探索，我们深深地体会到：做好山南工作，必须坚持中国共产党的领导，坚持社会主义制度，坚持民族区域自治制度，坚持走有中国特色、西藏特点的发展路子。必须坚定正确政治方向，增强政治意识、大局意识、核心意识、看齐意识，始终在思想上政治上行动上同以习近平同志为总书记的党中央保持高度一致。必须坚持党的治藏方略，坚持“治国必治边、治边先稳藏”的重要战略思想，坚持“依法治藏、富民兴藏、长期建藏、凝聚人心、夯实基础”的重要原则，坚决落实好党在西藏的路线方针政策。必须牢牢把握西藏社会的主要矛盾和特殊矛盾，把维护祖国统一、加强民族团结作为工作的着眼点和着力点，把改善民生、凝聚人心作为经济社会发展的出发点和落脚点，全面贯彻“五位一体”总体布局和“四个全面”战略布局，认真落实“五大发展理念”，坚定不移地抓实抓好山南改革发展稳定各项事业。必须正确处理好“离不开”与“不依赖”的关系，把中央关心、全国支援同各族干部群众的艰苦奋斗紧密结合起来，加强党政军警民团结，凝聚好各方面力量，汇聚好各方面智慧。必须坚持党要管党、从严治党，加强各级党组织和干部人才队伍建设，持续开展党风廉政建设和反腐败工作，巩固好党在山南的执政基础。

在充分肯定成绩的同时，我们也要清醒地看到前进道路上面临的困难和挑战。仍然存在基础设施建设滞后、产业发展质量和效益不高、公共服务能力和水平有待提升、维稳任务艰巨繁重、机关和干部作风有待改进等方面的突出问题。对此，我们要高度重视，采取切实措施，认真加以解决。

## 二、立足新的起点，共创美好未来

山南撤地设市，标志着山南步入新的历史起点。全市各级党政组织和36万各族人民要立足新起点、认清新形势，切实把握好中央第六次西藏工作座谈会的政策机遇、国家和自治区赋予的先行先试机遇、山南撤地设市的历史机遇、拉萨山南一体化发展的重大机遇、一大批重大项目开工建设的难得机遇，紧紧围绕“把山南建成全区水平较高的小康社会”目标，团结一心、众志成城，开拓创新、锐意进取，共同开创山南更加美好的未来。

今后五年全市工作的总体要求是：高举中国特色社会主义伟大旗帜，全面贯彻落实党的十八大、十八届三中四中五中全会和中央第六次西藏工作座谈会精神，以邓小平理论、“三个代表”重要思想、科学发展观为指导，贯彻落实习近平总书记系列重要讲话精神、特别是“治国必治边、治边先稳藏”的重要战略思想和“加强民族团结、建设美丽西藏”的重要指示，贯彻落实“依法治藏、富民兴藏、长期建藏、凝聚人心、夯实基础”的重要原则，贯彻落实自治区第八次党代会和区党委八届七次八次全委会精神，按照“五位一体”总体布局和“四个全面”战略布局，坚持党的治藏方略，牢固树立“五大发展理念”，紧紧围绕“两基地一核心”发展定位，大力实施“七大战略”，加快“六个模范区”和“七个山南”建设，积极推进拉萨山南一体化发展，确保到2020年建成全区水平较高的小康社会，确保社会大局持续稳定、长期稳定、全面稳定。

今后五年的奋斗目标是：全市生产总值、财政收入、固定资产投资、社会消费品零售总额、城镇和农村居民可支配收入年均增长10%、15%、20%、13%、10%、13%以上。到2020年，人民生活水平全面提升，城乡居民人均可支配收入比2010年翻一番以上、接近全国平均水平，基本公共服务主要指标接近或达到西部地区平均水平，基础设施条件全面改善，生态文明建设取得明显成效，自我发展能力明显增强，社会大局持续长期全面稳定。建成安居乐业、保障有力、家园秀美、民族团结、文明和谐的全区水平较高的小康社会。建成国家公共文化服务体系示范区、国家生态文明先行示范区、国家新型城镇化建设试点地区、全区统筹城乡发展示范区。

围绕实现上述目标，今后五年，重点要抓好六项工作。

（一）突出和谐稳定，加快推进长治久安。要牢固树立稳定压倒一切和维护稳定没有局外人的思想，始终把维护稳定作为硬任务和第一责任，坚持全民维稳、全面维稳、全时维稳，确保社会大局持续稳定、长期稳定、全面稳定，巩固好山南是全区最安全、最稳定的地区之一的大好局面。一要深入开展反分裂斗争。坚持中央对十四世达赖集团的定性和斗争方针，持续开展揭批十四世达赖集团反动罪行活动和新旧对比、爱国主义教育，深入揭批十四世达赖集团政治上的反动性、宗教上的虚伪性、手法上的欺骗性，教育引导各族干部群众自觉与十四世达赖集团划清界限，坚决做到反分裂斗争旗帜十分鲜明、立场十分坚定。二要全力维护社会面稳定。全面落实自治区“十个方面维稳措施”和市维稳“十条规定”，坚持抓早抓小抓快抓好，坚持党政军警民协调联动，深化干部驻村驻寺工作，提升城镇网格化管理水平，推进“先进双联户”创建评选，加强边境地区、重点人员、重点部位管控，强化互联网等新兴媒体管理，开展好平安创建活动，确保社会大局持续和谐稳定。全面落实“党政同责、一岗双责、失职追责”要求，扎实抓好安全生产工作。三要落实维稳长效机制。继续落实好“两套班子”领导机制、各级领导维稳分包机制、社会稳定风险评估机制、应急处突机制、维稳责任追究机制和“四级信访接待日”制度、5个“十个一”工作法，推动维稳工作制度化、规范化、长效化。继续落实好党政军警民协调联动机制，形成齐保平安、共保稳定的新局面。继续落实好维稳纪律，健全维稳机制，严明维稳责任，构建常态维稳长效机制。

（二）突出质量效益，加快推进长足发展。发展是解决山南所有问题的基础和关键。要贯彻落实“五大发展理念”，紧盯建成全区水平较高小康社会的目标，坚持加快发展速度与提高发展质量效益并重，主动适应经济发展新常态，推动山南经济在新阶段实现新发展。一要抓投资、强基础、破瓶颈。加大项目争取、建设、管理力度，力争“十三五”累计完成全社会固定资产投资1400亿元以上。要完善综合交通运输体系，加快拉林铁路、贡嘎机场至泽当高等级公路、拉萨山南快速通道、边境大通道等重大交通基础设施建设，加强国（边）防公路、农村公路建设，力争“十三五”末所有县城通油路、所有乡镇和具备条件的行政村通硬化路、有条件的自然村通公路。要加快能源基础设施建设，推进加查、大古、街需、巴玉、冷达、仲达等雅江中游梯级水电站建设，开发利用太阳能、风能、地热能等清洁能源，稳步推进小流域水电开发，真正把山南建设成为藏中清洁能源基地和“西电东送”接续能源基地。要加强水利基础设施建设，加大江北灌区、雅砻水库和农田水利、防汛抗旱、农村“五小”工程等水利工程建设，加快市区和县城所在地水源及配套工程建设，实施农村饮水巩固提升工程。要加大城乡基础设施建设，大力实施城镇功能提升工程，加快建设特色小城镇，有序实施边境高寒县供暖工程，启动泽当镇智慧化城镇建设试点。深入实施“八到农家”工程，着力打造农村美好家园。二要抓产业、强支撑、增后劲。大力实施“产业倍增”计划，打造“沿江百亿产业走廊”，力争“十三五”期间一、二、三产增加值年均分别增长6%、16%、11%以上。要着力提升一产，坚持市场导向，突出科技支撑，大力实施“三推进”战略，对接拉萨发展净土健康产业，加快发展优质青稞、红土豆、禽类养殖等农牧业特色产业，力争“十三五”末农业产业化经营带动面达到40%以上。要突出壮大二产，大力发展清洁能源、优势矿产、天然饮用水、民族手工业、建筑建材业，力争“十三五”末建成和在建电力装机容量达到400万千瓦，把雅砻工业园建成自治区级园区，规模以上工业增加值达到40亿元以上。要大力发展三产，加快发展商贸物流、金融服务业，健全市场流通体系，提升城乡消费水平，加快藏源文化旅游基地建设，力争“十三五”累计接待国内外游客突破2000万人次、实现旅游总收入86亿元。三要抓改革、扩开放、添动力。积极推进经济体制改革、投融资改革、行政审批制度改革、财税体制改革、教育医药卫生等领域改革，继续巩固和形成一批改革亮点成果。加大招商引资力度，大力发展非公经济，力争民间投资、非公经济市场主体、非公经济增加值和贡献率分别年均增长15%以上。要深化经济、教育、就业、科技、干部人才和产业、系统援藏，重点落实好“组团式”教育卫生援藏。四要抓试点、强带动、促提升。巩固国家公共文化服务体系示范区建设成果，扎实推进国家生态文明先行示范区、泽当国家新型城镇化试点、城乡统筹发展试验示范区、乃东县农村改革试验区、人口较少民族发展示范区、“新型农牧区综合体”试点建设，打造亮点、积累经验，以点带面、示范带动，推动全市各项工作有新提升。

（三）突出区域联动，加快推进拉萨山南一体化发展。推进拉萨山南一体化发展是自治区立足西藏发展实际作出的重大战略部署。要把握这一重大历史机遇，以推进“十个一体化”为抓手，努力把山南建设成为全区核心经济区和开放型经济高地。一要推进体制机制一体化。建立健全拉萨山南一体化发展工作机构和联席会议制度，构建区域合作体制机制。加强与拉萨柳梧新区、自治区空港新区的衔接，编制两地一体化发展总体规划和专项规划，形成统一、明晰、有序的规划体系。二要推进空间布局一体化。按照“核心带动、轴带发展、区块链接”的原则，构建山南市东西横向、贡嘎—拉萨纵向、昌果—柳梧纵向、桑耶—达孜纵向、乃东—墨竹工卡纵向空间主骨架。沿雅鲁藏布江山南段，依托国道349、拉山高速公路、拉林铁路三条东西向发展轴线，建设山南西部城际连接带。依托国道349乃东—墨竹工卡段南北向发展轴线，建设山南北部城际连接带。三要推进基础设施一体化。加快交通互联互通，加快铁路、快速通道等项目建设，积极争取开通拉萨山南城际大公交，构建拉萨山南“一小时经济圈”。加快能源互联互通，统筹电网、电源、油气设施建设，加快推进水能、风能、太阳能、地热能和生物质能等清洁能源综合开发利用，建设千万兆瓦太阳能光伏发电基地，积极推进“西电东送”接续能源基地建设。四要推进产业发展一体化。按照优势互补和错位发展的原则，立足山南资源禀赋和比较优势，发展好山南的特色优势产业。建设山南雅砻工业园区、江北综合开发区，打造“沿江百亿产业走廊”，与拉萨共同打造以净土健康产业为主的高原特色农畜产品基地、国际文化旅游特色区、物流枢纽，建设拉萨—空港—山南“黄金三角带”。五要推进城乡发展一体化。以建设高原特色宜居城镇群为重点，做优山南核心城市，做强贡嘎、扎囊、桑日、琼结等区域中心县城，做大杰德秀、昌果、阿扎、桑耶等特色乡镇。推进产城一体示范点建设，推动产城融合发展。建立城乡一体的规划体系，深入推进城乡基本公共服务均等化。六要推进生态环保一体化。坚持生态共建共保，着力实施生态安全屏障保护与建设规划，共同打造生态安全屏障和网格化绿色生态廊道。坚持环境共治共管，制定严格统一的环境准入条件，共同抓好环境监管和污染防治。坚持责任共负共担，统一推行生态文明建设激励约束机制，建立生态文明建设考评、引导和责任追究机制，确保生态环境保持良好。七要推进公共服务一体化。加强就业创业、教育、医疗卫生、文化事业合作机制，探索建立养老、医疗、最低生活保障等一体化社保机制，推进公共服务资源共建共享。八要推进市场体系一体化。按照建立统一、开放、竞争、有序的现代市场体系的要求，建立统一的市场准入和市场监管制度，培育发展统一的资本、土地、技术、信息、人才等市场，形成区域市场共同体。九要推进改革创新一体化。继续深化重点领域改革，形成有利于一体化发展的体制机制。深化援藏工作，加大招商引资力度，大力发展非公经济，共同开创开放型经济新局面。开展科技创新合作，促进科技资源共享，推动科技成果共用。十要推进社会治理一体化。共同维护社会稳定，共同确保公共安全，共同搞好防灾减灾，共同建设国家安全屏障，确保两市持续和谐稳定。

（四）突出凝聚人心，加快推进民生持续改善。民生所指，民心所向。要始终把改善民生、凝聚人心作为经济社会发展的出发点和落脚点，全面落实自治区利民惠民、利寺惠僧“十件实事”和市“十大民心工程”，不断提高群众的获得感。一要补齐脱贫和增收两个短板。全面贯彻落实中央、自治区扶贫开发工作会议精神，按照自治区“三年集中攻坚、两年巩固提升”的要求，大力实施“四步走”脱贫攻坚战略，坚持因地因户因人因贫分类施策，全面抓好“六个精准”、“十个一批”、“十个到位”，确保到2018年所有建档立卡扶贫对象全部脱贫、12县全部脱贫“摘帽”。继续实施农牧民增收“八大工程”，大力实施“一乡一策”、“一村一策”增收办法，力争“十三五”农牧民人均可支配收入年均增长13%以上。二要提高公共服务水平。全面落实国家支持西藏教育政策和山南资助农牧民子女上大学政策，大力实施教育质量提升工程，积极推进义务教育均衡发展，普及发展高中教育，加快发展职业教育，重视发展特殊教育，大力发展体育事业，争取对口支援省市支持，力争“十三五”期间办一所全区最好的中学。认真落实“健康西藏工程”“健康促进行动”和全民健康体检惠民举措，提升市、县、乡医疗卫生服务水平，力争“十三五”末人均预期寿命达到70岁以上，市人民医院实现创三甲。以创建全国文明城市、开展“感动山南十大人物”评选为抓手，大力培育和践行社会主义核心价值观。大力发展文化产业，加快建设文化阵地，保护和传承优秀传统文化，促进文化事业大发展、大繁荣。三要抓好就业和社会保障。落实好高校毕业生就业促进计划和大学生创业引领计划，加大农牧民技能培训和农牧区富余劳动力转移力度，动态消除零就业家庭，失业率控制在全区平均水平以下。加快完善覆盖城乡居民的社会保险体系和社会救助体系，加强城乡社区服务体系建设，巩固“双集中”工作成果。

（五）突出绿色发展，加快推进生态文明建设。绿色发展是全面推进生态文明建设的必然选择。要坚持把生态保护作为底线、红线、高压线，大力实施生态强市战略，加快建设美丽山南。一要加强生态环境保护与建设。加强森林、草原、湿地保护，加快生态安全屏障建设。认真落实森林生态效益补偿和草原生态保护补助奖励等生态补偿机制。争取把山南具有重要生态功能的县纳入国家重要生态功能区转移支付范围。建设和管理好自然保护区、生态功能区、风景名胜区、湿地公园。全面开展生态乡镇、生态村（居）创建工作。加快建设国家生态文明先行示范区和生态美好模范区。大力实施退耕还林还草、防沙治沙和雅江中游、小流域综合治理工程，实施好重点区域造林绿化，建设好江北绿色生态长廊。二要加强生态环境监管与整治。严格落实自治区矿产资源开发“一支笔”审批制度和生态环境保护“一票否决”制度，加大水电、矿产、旅游等重点资源开发和重大基础设施建设环境执法监管。管理运营好泽当污水处理厂、医废处置中心、各县县城垃圾填埋场。深入开展城乡环境综合整治。严格执行污染物排放标准，确保主要污染物排放总量控制在自治区下达的指标范围内，主要江河、湖泊水质和重点城镇空气质量达到或优于国家标准。三要加强生态文明保障机制建设。健全完善生态文明建设制度体系，实行最严格的生态保护制度、环境准入制度、责任追究制度。落实好县域环境质量考核制度。严格落实生态环境保护“党政同责、一岗双责”制度，健全生态环境监管制度和政绩考核制度，实行生态环境损害责任终身追究制，用最严格的制度保护好山南的碧水蓝天。

（六）突出依法治市，加快推进民主政治建设。推进依法治市，是实现山南长足发展和长治久安的重要保证。要坚持党的领导、人民当家作主和依法治市有机统一，大力建设法治山南，切实把人民群众的根本利益维护好、实现好、发展好。一要加快民主政治建设。坚持和完善人民代表大会制度，加强党对人大工作的领导，支持和保障人大及其常委会依法履行职责，加强对“一府两院”的监督。坚持和完善中国共产党领导的多党合作和政治协商制度，支持人民政协围绕团结和民主两大主题，履行政治协商、民主监督、参政议政职能。坚持和完善民族区域自治制度，严格执行民族区域自治法，充分保障各族人民的民主权利。坚持和完善基层群众自治制度，扩大基层民主。充分发挥工会、共青团、妇联等人民团体的作用。加强文联、工商联、科协、佛协、残联等工作。二要加快法治山南建设。推进依法行政，加快政府职能转变，健全依法决策机制，规范行政行为、强化监督制约。推进公正司法，加强法律监督，拓展法律服务，维护司法权威，发挥好司法机关权利救济、定分止争、制约公权、维护社会公平正义等基本功能。推进全民守法，大力开展法制宣传教育“七进”活动，扎实推进“七五”普法。三要加强民族团结和爱国统一战线工作。深入开展民族团结宣传教育和民族团结进步创建活动，大力表彰民族团结先进集体和个人，扎实推进民族团结模范区建设，积极构建平等、团结、互助、和谐的社会主义新型民族关系，推动各民族和睦相处、和衷共济、和谐发展。突出发挥统战、工商联职能作用，广泛联系各族各界，培养一批党外知识分子、非公经济领军人物，不断发展壮大爱国统一战线。

## 三、坚持全面从严治党，不断提高党的建设科学化水平

建设社会主义新山南，关键在党、关键在人。全市各级党组织一定要主动扛起党要管党、从严治党的政治责任，全面从严加强党的思想、组织、作风、反

腐倡廉和制度建设，不断夯实党在山南的执政基础。

（一）要加强思想政治建设。思想政治建设是党的建设的灵魂。要广泛开展学习型党组织建设，完善各级党委（党组）理论中心组学习制度，加大党员干部教育培训力度，深入开展“两学一做”学习教育，引导广大党员干部增强“四个意识”，始终在思想上政治上行动上同以习近平同志为总书记的党中央保持高度一致，严守党的“六大纪律”特别是政治纪律和政治规矩，坚决落实好中央、自治区决策部署。特别是在反分裂斗争这个重大原则问题上，坚决做到旗帜十分鲜明、立场十分坚定。

（二）要加强干部队伍建设。实现宏伟蓝图，干部是关键、人才是核心。要坚持中央好干部标准、民族地区好干部标准和区党委选人用人导向，认真贯彻执行党政领导干部选拔任用工作条例，注重在艰苦地区、边境一线、维稳一线、基层一线、驻村驻寺岗位上培养选拔干部，切实抓好县乡领导班子换届，选优配强各级领导班子。要坚持党管人才原则，创新人才政策机制，大力实施人才工作“六大”工程，为山南大发展、快发展提供人才支撑。要加强领导班子自身建设，全面落实《中国共产党党组工作条例》、《中国共产党地方委员会工作条例》，认真贯彻执行民主集中制，健全各级党委议事和决策机制。

（三）要加强基层组织建设。党的基层组织是我们党全部工作和战斗力的基础。要大力实施扩点覆面工程，实现基层党建工作全覆盖。要加快推进服务型党组织建设，发挥好基层党组织“六大职责”作用。要健全基层党组织分类定级、晋位升级动态管理机制，大力整顿软弱涣散党组织。要加强村（居）干部队伍建设，配齐配强“两委”班子成员，加大第一书记和大学生村官管理，做好从优秀村（社区）党支部书记中选拔乡镇公务员工作。要加强党建带工建、带团建、带妇建工作，实现党群工作一体化。要在保证质量的前提下，大力发展党员特别是农牧民党员。要深入实施“边境党建长廊”、“一乡一品”工程建设，打造山南党建品牌。要加大基层工作投入力度，提高村干部报酬待遇，建设好乡镇干部周转房，加快村（居）活动场所标准化、基层政权建设示范点、边境村民小组活动场所建设。

（四）要加强党的作风建设。干部作风，关系事业兴衰成败。要坚决贯彻落实中央八项规定、区党委“约法十章”“九项要求”和市“十项规则”，巩固党的群众路线教育实践活动和“三严三实”专题教育成果，驰而不息纠正“四风”，切实解决好党员干部身上存在的突出问题。要大兴求真务实之风，大力弘扬“老西藏精神”、“两路精神”，认真落实好领导干部联系点制度，扎实开展好干部驻村驻寺工作和“党员干部进村入户、结对认亲交朋友”活动。要强化大局意识、责任意识、担当意识教育，加大作风整治力度，解决好不作为、慢作为、乱作为问题，努力营造干事创业的良好环境。

（五）要加强反腐倡廉建设。党风廉政建设和反腐败斗争永远在路上。要全面落实从严治党要求，牢固树立西藏在党风廉政建设和反腐败问题上没有任何特殊性的思想，认真落实好各级党委（党组）“九个方面”的主体责任、党委（党组）书记“六个方面”的主体责任、班子成员“四个方面”的主体责任和各级纪委（纪检组）“五个方面”的监督责任、巡察组的巡察监督责任。各级党组织书记要做到逢会必讲、有案必学、有警必示，班子成员要做到有调研指导、有安排部署、有督促检查、有考核验收，真正把党风廉政建设和反腐败工作放在心上、扛在肩上、落实在行动上。要坚持思想教育在前、警示防范在先，坚持日常教育和集中教育、正面教育和警示教育相结合，深化党章、《准则》、《条例》学习教育，充分发挥廉政教育基地和预防职务犯罪警示教育基地作用，组织开展好“党风廉政建设宣传教育月”活动，切实筑牢拒腐防变的思想防线。要坚持纪在法前，严格执行党规党纪，严厉惩治腐败，做到真管真严、敢管敢严、长管长严。

（六）要加强党的制度建设。制度建党是推进从严治党的根本保障。要坚持把制度建设贯穿于党的建设全过程，建立党代表大会制度，规范各级党的代表大会、全委会、常委会议事规则，落实常委会向全委会、全委会向党代会负责并定期报告工作、接受监督制度，逐步完善县乡两级党代会常任制和党代表任期制，建立党内选举制度，健全党代表参与重大决策、参加重要干部推荐、列席党委有关会议等制度。要坚持制度面前没有特权、制度约束没有例外，切实维护制度的严肃性、权威性和公平性。

各位代表，新的起点燃起新的希望，新的蓝图昭示新的辉煌。让我们更加紧密地团结在以习近平同志为总书记的党中央周围，在自治区党委、政府的坚强领导下，解放思想、开拓创新，抢抓机遇、再创辉煌，为把山南建设成为全区水平较高的小康社会而努力奋斗！

# 忠诚履职　秉公执纪　勇于担当<br>坚定不移推进党风廉政建设和反腐败斗争

在中国共产党山南地区纪律检查委员会向市第一次代表大会的工作报告

中共山南市委常委、纪委书记　吴　维

（2016年5月19日）

## 一、工作回顾

1983年3月，中共山南地区纪律检查委员会成立，1993年9月与地区监察局合署办公，受山南地委、行署和西藏自治区纪委、监察厅的双重领导，履行党的纪律检查和行政监察职能。33年来，历任地区纪委班子和各级纪检监察干部在地委的坚强领导下，全面履行党章赋予的职责，扎实推进党风廉政建设和反腐败工作，为全地区经济发展、社会稳定、人民幸福、边防巩固提供了坚强的政治保证。

### （一）从严监督，党的纪律进一步严明

强化教育引导。一是教育引导广大党员特别是党员领导干部自觉用中国特色社会主义理论体系武装头脑，始终做到心中有党、心中有民、心中有责、心中有戒。二是教育引导广大党员干部牢固树立政治纪律和规矩意识，始终在思想上、政治上、行动上与以习近平同志为总书记的党中央保持高度一致，在党言党、在党忧党、在党为党。三是教育引导广大党员干部在反分裂斗争这个重大原则问题上，自觉与十四世达赖集团划清界限，始终做到旗帜鲜明、立场坚定，认识统一、表里如一，态度坚决、步调一致。

强化监督检查。一是加强对执行党的政治纪律情况的监督检查，对3名违反政治纪律的党员和国家公职人员进行了党纪政纪处分，严明了政治纪律。二是加大对维稳纪律执行情况的监督检查，对20名违反维稳纪律的党员干部（国家公职人员）给予党纪政纪处分，让政治纪律成为了“带电的高压线”。三是加强对中央、区党委和地委重大决策部署执行情况的监督检查，提升了广大党员干部的担当意识，促进了中央、区党委和地委各项决策部署的贯彻落实，确保了政令畅通。

### （二）多管齐下，源头防腐进一步加强

惩防体系建设不断加强。一是切实加强领导。各级党政组织自觉把学习宣传和贯彻落实《工作规划》和《实施意见》，作为贯彻落实党的十八大精神、加强反腐倡廉建设的一项重要政治任务，列入议事日程，与经济社会发展同部署、同落实，形成了主要领导负总责、分管领导具体抓、其他领导分工抓的工作机制。二是明确重点工作。及时出台《山南地区贯彻落实〈建立健全惩治和预防腐败体系2013—2017年工作规划〉实施办法》，制定《山南地区党风廉政建设“十条规定”》和《建设“清廉山南”实施意见》，建设惩防体系措施得力、目标清晰、任务明确，形成了“横向到边、纵向到底、整体推进”的惩防体系建设工作网络。三是创新工作措施。建立责任分解、检查监督、倒查追究的完整链条，将惩防体系建设与党风廉政建设责任制有机结合，与党风廉政建设责任制同考核、同追责，确保了惩防体系建设取得实效。

廉政教育形式不断拓展。一是廉政文化“七进”工作成效明显。通过开展党纪党规知识竞赛、播放电教片、编辑廉政文化读物、设置廉政公益广告、发送廉政短信、开展廉政谈话、诫勉谈话、任前谈话等多种形式，使党风廉政教育步入了工作制度化、形式多样化、内容全面化、宣传经常化的轨道。二是建成了全国廉政教育基地——山南烈士陵园展厅，创办了山南纪检监察网、开设了廉政微信平台。组织全地区党员干部、部队官兵累计2万余人次参观了廉政教育基地，党员干部、部队官兵的党性观念、宗旨意识、纪律意识和法制观念明显增强。三是启动了党风廉政建设宣传教育月活动。采取集中一段时间，突出一个主题，有的放矢地开展党风廉政建设教育，

夯实了党员干部廉洁从政的思想道德基础，筑牢了拒腐防变的思想道德防线。

党纪党规意识不断增强。各级党委（党组）把学习宣传贯彻落实《廉洁自律准则》和《党纪处分条例》与学习党章、其他党内法规、习近平总书记系列重要讲话精神结合起来，采取理论中心组学习、召开党员干部大会、交流研讨、知识竞赛等形式，全面领会精神实质，准确把握内涵要义，树立了高尚道德情操、严明了党纪戒尺。广大党员领导干部以身作则、率先垂范，做到了秉公用权、依法用权、为民用权。广大纪检监察干部结合自身职责使命，逐条细学研读，切实学深悟透、融会贯通，不断提高执纪问责能力，自觉成为了党章党纪党规的维护者、执行者和落实者。

**（三）以上率下，"两个责任" 进一步落实**

责任意识不断强化。在地委办公室设落实主体责任办公室，在地区纪委设落实监督责任办公室，分别负责落实"两个责任" 日常工作。出台《山南地区关于落实党风廉政建设党委主体责任和纪委监督责任的实施细则》，把工作任务细化分解到了每位委员、每个分管部门和每个关键环节。地委书记与班子成员分别签定《落实主体责任责任书》，明确了责任范围、责任内容、责任追究等主要内容，班子成员每年对分管部门的党风廉政建设做到了有调研指导、有安排部署、有督促检查、有考核验收。

制度建设不断加强。建立《党风廉政建设责任制》、《责任制考核办法》，规范了党风廉政建设工作；建立《领导干部"述、评、考" 廉制度》、《进一步加强乡镇财务管理制度》、《集中评议政风行风制度》、《领导干部离任审计制度》等等，规范了领导干部从政行为。加大对各级党政组织制度落实情况的监督检查，推进了制度的贯彻落实，形成了以制度管人、管事、管钱的良好机制。

行政用权不断规范。开展纠风、执法监察和专项治理，监督工作领域不断拓宽，力度不断加大，质量不断提高。开展医疗服务专项检查，基本规范了医药卫生市场；开展教育收费专项检查，"三包" 经费落实情况良好；开展集中评议政风行风工作，行政机关工作作风明显改进，工作效率明显提高；开展农牧民土地征用、农民工工资支付、城镇房屋拆迁和企业改制中损害群众利益的突出问题专项整治活动，维护了最广大人民群众的根本利益；行政审批制度、财政管理体制、干部人事制度和投资体制"四项改革" 逐步推进；工程建设招投标、土地招拍挂等"四项制度" 的落实力度进一步加大；政务、财务、村务"三公开" 和事业单位办事公开工作取得新进展，党务公开工作逐步推行。

**（四）狠刹"四风"，干部作风进一步好转**

思想认识不断深化。一是地委逢会必讲作风建设。无论是每年年初的纪检监察工作会议，还是每次地委理论中心组学习会，地委书记都反复强调作风建设，全地区各级党政组织和广大干部职工充分认识作风建设的长期性、复杂性和艰巨性，始终绷紧作风建设这根弦，做到了抓常、抓细、抓长。二是纪委经常重申纪律要求。每年都下发《关于元旦春节藏历新年期间切实加强廉洁自律工作的通知》和《关于加强监督执纪问责、确保务实节俭过节的通知》，对中央八项规定精神、区党委"约法十章"、"九项要求" 和地区"十项规则" 等规定进行反复强调和督促，做到了早提醒、早纠正。

执纪力度不断加强。制定《山南地区切实改进作风密切联系群众实施办法》和《山南地区推进跨越式发展和长治久安十项规则》，对全地区公车私用、公款请吃、大操大办以及不作为、懒作为问题开展了专项检查。对 29 起违反中央八项规定精神的单位和个人进行了严肃处理，对 18 名违反中央八项规定精神的党员干部给予了党纪政纪处分，对 11 名违反中央八项规定精神的公职人员进行了诫免谈话，对乃东县 1 名干部行政不作为、乱作为的问题进行了严肃处理。开展了节庆、论坛、展会摸底和会员卡清理活动，全地区 16763 名党员干部作出了零持有报告。

**（五）铁腕惩腐，办案力度进一步加大**

惩治腐败力度不断加大。始终坚持反腐败力度不减、节奏不变、尺度不松，重点查办了领导干部插手工程建设、土地出让、侵吞国有资产、买官卖官、以权谋私、腐化堕落、失职渎职等案件。重点查处了十八大后不收敛、不收手，问题严重、群众反映强烈，现在重要岗位可能还要提拔使用的党员领导干部。五年里，全地区各级纪检监察机关共受理群众来信来访 475 件，立案查处 167 件，对 159 名违纪的党员干部、国家公职人员给予了党纪政纪处分，通过查办案件挽回经济损失 3300 多万元，也为 130 多名党员干部澄清了事实。

纪律审查方式不断转变。严格按照"拟立案、初核、谈话函询、暂存、了结" 五类标准分类处置问题线索，不断提高了问题线索处置的制度化、程序化和规范化水平。切实发挥反腐败工作协调小组的作用，建立完善了纪检监察机关与政法机关、审计、财政、金融等部门在纪律审查工作中的协作配合机制，增强了纪律审查合力。成功探索地、县、乡纪检监察干部异地交叉办案模式，既杜绝了办人情案、关系案，又解决了办案人员不足的问题。探索实践执纪监督“四种形态”，扩大约谈、函询、诫勉范围，实现了从“仅盯极少数到管住大多数”的转变。五年来，地区纪委初查了结问题线索253件，约谈党员干部34人、函询党员干部16人，真正把纪律挺在了前面。

注重案件查办结果运用。坚持正面教育与警示教育相结合，做到逢会必讲、有案必学、有警必示。经常组织党员干部学习中央纪委和自治区纪委关于典型案例的通报，对地区查处的典型案件，既从传统的思想上、制度上进行剖析，也从落实“两个责任”、“一岗双责”等方面加以剖析；及时对地区商务局原局长陆书基受贿案、地区审计局原副局长次仁群培挪用公款案、隆子县政府原副县长单增列谢侵吞公款案等20余起典型违纪违法案进行通报，把惩治腐败的“治标”成果转化为预防教育的“治本”成效，达到了惩处一人、教育一片的效果。

**（六）深化“三转”，自身建设进一步提升**

“三转”工作扎实推进。完成了内设机构调整改革，组建了办公室（研究室）、组织部（纪检监察干部监督室）、宣传部、党风政风监督室（山南地区纠正部门和行业不正之风领导小组办公室）、信访室、案件监督管理室、第一纪检监察室、第二纪检监察室、第三纪检监察室、案件审理室。查办案件和执纪监督的人员编制占到了机关总编制的60%。完成了议事协调机构清理工作，把不属于纪检监察机关职责范围内的工作交还给主责部门，做到了不越位、不缺位、不错位。组建了地委巡察工作领导小组，成立了办公室、设立了巡察组，明确了工作人员和办公场所。实行了地直纪检监察机关集中派驻，统一管理。完成了新办公区建设，于2013年10月顺利实现整体搬迁。

纪检干部能力素质明显提升。深入学习西藏纪检监察干部行为规范，教育引导广大纪检监察干部自觉接受监督，自觉加强纪律约束，自觉遵守党纪国法，牢固树立了忠诚可靠、服务人民、刚正不阿、秉公执纪的良好形象。深入开展“三严三实”专题教育，纪委班子成员带头讲授“三严三实”专题党课，从根本上解决纪检监察干部不严不实的问题。五年来，共选派164名同志参加中央纪委、自治区党校和自治区纪委举办的业务培训，选派63名同志赴湖南、湖北、安徽进行了学习培训，选派26名同志参加地委党校业务培训，纪检监察干部能力素质明显提升。

## 二、工作体会

回顾总结五年来全地区党风廉政建设和反腐败工作，我们的体会有以下五个方面：

一是必须坚持以习近平总书记系列重要讲话精神为指导，切实与党中央同心同向。党的十八大以来，习近平总书记对党风廉政建设和反腐败斗争提出了一系列新思想、新观点、新论断、新要求，为全面从严治党提供了根本遵循和行动指南。只有把学习贯彻习近平总书记关于党风廉政建设和反腐败斗争的重要论述作为政治任务，全面领会核心要义，系统把握精神实质，自觉增强政治意识、大局意识、核心意识、看齐意识，才能正确把握党风廉政建设和反腐败斗争的方向；只有清醒认识形势，明确目标任务，牢固树立西藏在党风廉政建设和反腐败问题上没有任何特殊性的思想不动摇，不降标准、不减力度、不搞特殊，才能结合山南实际，扎实推动党风廉政建设和反腐败斗争深入开展。

二是必须坚持着眼于地委中心工作履职尽责，为维护山南社会稳定和实现长治久安提供有力保障。社会稳定和长治久安是山南工作的总目标，山南的一切工作包括纪检监察工作，都要围绕这个总目标来展开。只有围绕中心、服务大局，坚决贯彻落实全面从严治党部署要求，严明党的纪律和规矩，把政治纪律和政治规矩永远排在第一位，持续正风肃纪、反腐惩恶，才能严明党的政治纪律；只有依纪依法严肃查处在反分裂斗争中患得患失、对十四世达赖集团抱有幻想、追随十四世达赖集团、参与支持分裂渗透破坏活动的党员干部，才能使党员干部特别是各级领导干部在维护祖国统一、开展反分裂斗争这一重大原则问题上，始终做到旗帜鲜明、立场坚定、认识统一、表里如一、态度坚决、步调一致。

三是必须不断夯实管党治党的政治责任，切实把“两个责任”落到实处。落实“两个责任”是十八届三中全会作出的重要部署，是推动党风廉政建设的重要制度性安排。只有各级党委（党组）认真落实从严治党的要求，把党风廉政建设当作分内之事、应尽之责，该管的管起来、管到位，该严的严起来、严到位，真正把担子担起来，定期听取汇报、研究推动工作落实，才能形成一级带一级、一级促一级、一级抓一级、层层抓落实的工作格局。只有各级党委（党组）书记切实当好党风廉政建设的第一责任人，以高度的政治自觉、党性自觉、行动自觉，落实好主体责任，才能真正做到守土有责、守土负责、守土尽责；只有各级纪委用好问责这个手段，对因责任缺失、监督缺位造成“四风”和腐败问题多发频发的，坚决追究责任，才能从根本上纠正一些县和单位腐败蔓延、“四风”屡禁不止，党的领导弱化、党的建设虚化，管党治党失之于宽松软的问题。

*四是必须坚持正风肃纪力度不减、节奏不变，确保“四风”问题不反弹、不回潮。*党的十八大以来，我们按照中央、区党委要求，聚焦“四风”，狠抓专项治理，强化纪律审查，廉洁从政的政治生态正在形成，人民群众高度支持和拥护。但是，“四风”问题的反复性、顽固性、变异性、隐蔽性逐步显现，进一步清除“四风”问题的难度更大，任务更重。只有把清除“四风”始终贯穿于从严治党的全过程，从小事抓起，从具体事情抓起，从群众反映强烈的问题抓起，积小胜为大胜，才能通过持之以恒狠刹“四风”来推动工作、促进发展，让群众看到实实在在的成效。只有把违反中央八项规定精神的行为列入纪律审查重点，作为纪律处分的重要内容，对顶风违纪者所在地区、部门和单位党委、纪委进行问责，才能推进作风建设常态化、长效化，才能让作风建设成为党的建设的亮丽名片。

*五是必须把廉政文化纳入“大宣教”格局长抓不懈，营造良好舆论氛围。*反对腐败是党心民心所向，铁腕反腐才能厚植党的执政基础。只有善于采取剖析案例、通报曝光、理论阐释、专题宣讲等方式，大力宣传开展党风廉政建设和反腐败斗争对于密切党和人民群众血肉联系、厚植党的执政基础的重要意义，大力宣传党的十八大以来党风廉政建设和反腐败斗争取得的重大成效，大力宣传我们党正风肃纪、反腐惩恶的坚定决心和正确决策，才能增强人民群众对反腐倡廉建设的信心。只有坚持崇德重礼和遵纪守法相结合，发挥德治礼序、乡规民约教化作用，大力弘扬中华民族优秀传统文化，加强廉政文化建设，才能营造良好的社会舆论氛围，才能以优良党风凝聚党心民心、带动民风社风。

## 三、今后五年的主要工作

今后五年，根据山南市第一次党代会安排部署，本届纪律检查委员会工作的总体要求是：深入贯彻党的十八大和十八届三中、四中、五中全会精神，认真学习贯彻习近平总书记系列重要讲话精神，全面落实十八届中纪委三次、四次、五次、六次全会和区党委八届八次全会、八届区纪委七次全会各项决策部署，忠诚履行党章赋予的职责，落实全面从严治党政治责任，坚持把纪律挺在前面，聚焦监督执纪问责，深化标本兼治，创新体制机制，持之以恒落实中央八项规定精神，始终保持惩治腐败高压态势，着力解决群众身边的不正之风和腐败问题，努力建设忠诚干净担当的纪检监察队伍，坚定不移把清廉山南建设引向深入。

### （一）以党章及党内法规为遵循，切实加强党的纪律建设

*加强纪律教育。*把学习贯彻党章和廉洁自律准则、纪律处分条例作为重要任务，纳入党委（党组）中心组学习、党校教学课程和党员教育培训内容，做到全覆盖、无遗漏。结合正在开展的“两学一做”专题教育，认真开展党风廉政建设宣传教育月活动，教育引导广大党员干部明纪律、守规矩，做政治上的清醒人、明白人。充分发挥廉政教育基地的作用，完善山南纪检监察网和廉政微信平台，丰富宣传内容，搭建互动平台，提升新兴媒体在反腐倡廉中的作用。积极采取举办廉政知识讲座、播放廉政公益广告、发送廉政短信、编印廉政手册等多种形式开展理想信念教育和廉洁从政教育，营造“以廉为荣，以贪为耻”的浓厚氛围。

*严明政治纪律。*加强对政治纪律和政治规矩执行情况的监督检查，坚决查处党员干部追随十四世达赖集团、分裂国家、破坏民族团结、参与非法组织活动等问题，坚决纠正对中央政策搞“选择性执行”、“附加性执行”、“欺骗性执行”，有令不行、有禁不止，各行其是、阳奉阴违的行为，确保中央、区党委和市委政令畅通。加强对县乡领导班子换届纪律和作风情况的监督检查，严格把好党员领导干部“党风廉政意见回复”关，坚决防止和严肃查处拉票贿选、买官卖官、违规用人和干扰换届秩序等违反政治纪律、组织纪律的行为，确保换届工作风清气正。

*强化党内监督。*加强对党员领导干部，特别是党政“一把手”担当管党治党责任、贯彻民主集中制、执行党内政治生活制度和党内监督制度、开展批评和自我批评情况的监督检查，集中解决组织涣散、纪律松弛，执行纪律“失之于宽、失之于松、失之于软”

的问题，推动党内监督走向规范化、常态化。深入开展党规党纪的“清、改、废、立”工作，废止或修改与新《准则》、《条例》不相适应的制度规定，切实增强开展党内监督工作的针对性和实效性。

**（二）以问责追责为抓手，推动“两个责任”落实**

抓压力传导。全市各级党组织要认真落实区党委“两个责任”的《实施意见》和市委的《实施细则》，把党要管党、从严治党方针落实到党的建设各个方面和全过程，种好自己的“责任田”。各级纪检机关要协助党委（党组）进一步加强压力传导，促进各级党委（党组）书记树牢“第一身份是党的书记、第一职责是管党治党、第一政绩是抓好党建”的理念。采取切实有效措施，将责任压力向县、乡两级党组织，向事业单位、国有企业、农牧区基层传导，真正把全面从严治党要求落实到每一级党组织和全体党员。

抓责任清单。充分发挥市委主体责任办公室和纪委监督责任办公室的职能作用，结合地方和单位实际，实行以岗定责模式，完善党委（党组）主体责任清单和纪委（纪检组）监督责任清单，对“两个责任”落实情况实行台账管理，运用督导调研、明察暗访、述责评议等方式，经常对各地各单位落实“两个责任”的情况进行监督检查，进一步增强工作的针对性、实效性，着力解决责任虚化空转问题。

抓问责追责。把问责作为推动主体责任落实的“牛鼻子”，对执行党的路线方针政策不力，管党治党责任缺失、监督责任缺位、给党的事业造成严重损害，“四风”和腐败问题多发频发，选人用人失察、任用干部连续出现问题，巡视巡察整改不落实，党纪政纪处分执行不到位的，综合运用批评教育、诫勉谈话、通报批评、组织处理、纪律处分等方式，严肃追究主体责任、监督责任以及领导责任。重大失责问题要在全市进行通报，点名道姓公开曝光，努力使追责问责成为常态。

**（三）以纠“四风”为重点，推动作风建设常态化**

切入要害纠“四风”。落实中央八项规定精神、区党委“约法十章”“九项要求”和市委“十项规则”，必须坚持久久为功，一抓到底，严防死守、一寸不让。要重点查处党的十八大后、中央八项规定出台后、党的群众路线教育实践活动后、“三严三实”专题教育开展后，不收敛、不收手和不作为、慢作为等违纪行为。要紧盯重要节点，管住重要环节，看住“关键少数”，加强监督检查，坚决制止和纠正公款吃喝、公款旅游、公款送礼、公车私用、违规发放福利、私设“小金库”等问题，绝不让“四风”问题反弹回潮。

强化措施纠“四风”。各级党委（党组）要按照落实党风廉政建设主体责任的要求，把作风建设作为从严治党的首要任务，加强统筹协调，组织综合监督检查组，定期不定期深入各级各部门开展作风建设专项检查。各级纪检监察机关对违反中央八项规定精神和区党委“约法十章”“九项要求”的行为，发现一起、查处一起、曝光一起。要加大惩戒问责力度，对党委（党组）履行主体责任不力，以致管辖范围内“四风”问题频发、多发的，除追究直接责任人责任外，还要严肃追究其党委（党组）书记和分管领导的责任，促使作风建设落地生根。

完善机制纠“四风”。建立作风建设风险防范体系，成立常态化督查暗访专班，开展日常工作作风督查、节假日反“四风”督查和专项督查，始终保持作风整治的高温高压。建立作风建设负面清单，明确党员干部必须杜绝的各类作风问题，并围绕追责问责出台具体规定，确保追责问责落到实处。强化作风问题“一案双查”，重点查处遮掩问题、袒护下属、干扰办案的行为，重点追究责任缺失、失职渎职、有意放纵、麻木不仁的行为，增强领导干部履行“一岗双责”的自觉性。

**（四）以“四种形态”为标准，加强纪律审查工作**

加大惩治腐败力度。各级纪检监察机关要不断提高问题线索处置的制度化、程序化和规范化水平，对问题线索实行归口管理、集体评估、科学分类、规范流转、定期清理、跟踪督办。要保持反腐败力度不减、节奏不变、尺度不松，坚决查处违反党的政治纪律、组织纪律、廉洁纪律的行为。重点查办领导干部插手工程建设、土地出让、侵吞国有资产、买官卖官、以权谋私、腐化堕落、失职渎职等案件。着重审查十八大后不收敛、不收手，问题严重、群众反映强烈，现在重要岗位可能还要提拔使用的党员领导干部，形成持续震慑，努力实现不敢腐的目标。

健全纪律审查方式。各级纪检监察机关要适应“四种形态”，坚持依“纪”监督执纪问责这个定位，将违反“六大纪律”和中央八项规定精神问题作为审查重点，对党员干部苗头性、倾向性问题，采用谈话、函询等方式，及时咬咬耳朵、扯扯袖子，做到早发现、早提醒、早纠正。切实发挥好反腐败工作协调小组的作用，建立完善纪检监察机关与政法机关、审计、财政、金融等部门在纪律审查工作中的协作配合机制，调动各方力量，增强纪律审查合力。认真总结地、县、乡纪检监察干部异地交叉办案的成功经验，进一步拓展异地交叉办案模式，从根本上杜绝办人情案、关系案等问题。

注重审查结果运用。对典型案件，既从传统的思想上、制度上进行剖析，也从落实“两个责任”、“一岗双责”等方面去剖析，分析作案手段以及所产生的危害，研究新形势下腐败现象滋生的特点，提出整改建议和预防对策。及时通报典型案例，开展警示教育，用身边案教育身边人，把惩治腐败的“治标”成果转化为预防教育的“治本”成效，达到惩处一人、教育一片的效果。

**（五）以整治“微腐败”为着力点，加强基层党风廉政建设**

打通全面从严治党“最后一公里”。发挥县区、乡镇党委管党治党“一线指挥部”的作用，切实把中央、区党委和市委全面从严治党的决心传导到乡镇、村和基层单位，督促各级党组织切实履行管党治党责任。把基层党组织建设成为坚强的战斗堡垒，切实发挥基层党组织对党员干部的日常教育、管理和监督作用，强化管党治党的基础功能。督促基层党支部书记切实履行“第一责任人”责任，加强基层党员干部作风建设，大力整治在办理涉及群众事务时吃拿卡要、甚至欺压群众等问题。深入推进党务、政务、村（居）务等各领域办事公开，加强对权力运行的监督制约。

严肃查处侵害群众利益问题。各级纪检监察机关要把查处侵害群众利益的不正之风和腐败问题作为首要任务，重点查处领导干部、公职人员不作为、懒作为、乱作为等“为官不为”和“庸、懒、散”问题；重点查处基层党员干部在农牧区“三资”管理、支农惠农补贴、教育“三包”、医保低保、生态补偿、产业扶持、扶贫救济管理使用方面以权谋私、虚报冒领、贪污侵占等问题；重点查处党员干部、公职人员违规圈地、占地、买卖、租赁国家和集体土地等谋取私利的问题，严肃查处鼓惑群众、无理取闹、阻挠国家建设的行为，以铁的纪律遏制基层不正之风和腐败现象的发生，助推全市发展环境优化。

**（六）以推进“两为主”、“两覆盖”为目标，深化纪检体制机制创新**

认真落实“两为主”。加强对下级纪委的领导，探索制订上级纪委对下级纪委履行职能监督管理的具体规范和工作程序，进一步规范下级纪委的自由裁量权。进一步完善异地交叉办案机制，建立健全线索排查报备、综合分析制度，加强与上级纪委的请示汇报和对下级纪委的监督指导。认真落实纪委书记（副书记）、纪检组长（副组长）提名考察办法，会同组织部门建立健全纪委领导班子后备人选库。

全面推进巡察工作。市委巡察工作办公室要做好统筹规划、综合协调、组织指导、政策研究、制度建设、监督管理、服务保障等工作。市委巡察组要按照巡察办的要求，认真履行巡察监督职责，着力抓好“十项巡察任务”。力争五年内，市委巡察组要对全市各级党政组织巡察一遍，做到“全覆盖”，形成震慑力。被巡察单位党委（党组）书记要落实巡察整改工作的第一责任人的责任，带头接受巡察监督，积极配合巡察工作，认真抓好整改落实。纪检、组织、政法、财政、审计、信访等部门要全力支持配合巡察工作。

深化派驻机构改革。认真落实《关于加强西藏自治区纪委派驻机构建设的意见》，全面推进《关于在地区一级党和国家机关新设和调整派驻机构的工作方案》，统筹兼顾、循序渐进，实现对市一级党和国家机关的全面派驻、“全覆盖”，使党内监督不留死角、没有空白。派驻机构要坚守职责担当，提高发现和处置问题线索能力，切实发挥“派”的权威和“驻”的优势，把党章对纪委的职责定位真正在派驻机构中体现出来。

**（七）以“三转”为要求，打造忠诚干净担当纪检队伍**

职责上再聚焦。“三转”既是中央纪委的要求，也是纪检监察机关回归《党章》的必然选择。全市各级党组织认识上要到位、思想上要重视、行动上要支持，积极为纪检监察机关“三转”营造环境、创造条件。认真贯彻落实《区党委办公厅关于加强和改进基层纪检机关建设的意见》，加强对县区纪检监察机关清退议事协调机构、内设机构建设等工作的督促指导，及时协调解决“三转”中遇到的困难，确保真转、快转、转到位。

作风上再加强。打铁还需自身硬，正人先正己。各级纪检监察机关要对照“三严三实”专题教育查找出来的问题，结合自身业务，狠抓作风转变。纪委班子成员特别是纪委书记，既要自身清正、业务过硬，又要管好班子、带好队伍，要带头深入基层、深入群众，加强调查研究，掌握第一手材料，提高履职本领。纪检监察干部要学思践悟，磨砺党性心性，牢固树立宗旨意识，增强“三个自信”，养成高尚道德情操。

能力上再提升。各级纪检监察机关要严字当头，强化自我监督，加强党内监督，接受社会监督。要以“两学一做”专题教育为契机，加强党章党规党纪学习，牢固树立党章意识、规矩意识和纪律意识。要依托对口援藏有利条件，与援藏省市搭建纪检监察干部双向交流平台，积极开展多层次、多形式的干部培训，不断提升纪检监察干部的政治水平和履职能力。要发挥干部监督机构作用，对以案谋私的，发现一起、查处一起；对不作为、不善为的，要批评教育、组织调整，努力建设一支忠诚、干净、担当的纪检监察干部队伍。

各位代表、同志们，做好党风廉政建设和反腐败工作责任重大、使命光荣。我们一定要更加紧密团结在以习近平同志为总书记的党中央周围，在区党委、区纪委和市委的坚强领导下，求真务实，开拓创新，真抓实干，不辱使命，努力开创党风廉政建设和反腐败斗争新局面，为确保我市“十三五”任务和“七个山南”目标的顺利完成提供坚强保障。

# 张永泽、普布顿珠、王友华同志在全市经济工作会议上的讲话

（2017年1月20日）

## 张永泽同志的讲话

这次全市经济工作会议主要任务是，深入贯彻落实党的十八届六中全会、中央经济工作会议、自治区第九次党代会和全区经济工作会议精神，总结2016年经济工作，分析当前经济形势，安排部署2017年经济工作。会上，普布顿珠市长还要作具体安排，大家要认真学习领会，抓好贯彻落实。

下面，我讲三点意见。

**一、准确把握新形势，切实增强推进山南加快发展的信心和决心**

（一）肯定成绩，坚定信心。2016年，在自治区党委、政府的坚强领导下，市委、市政府团结带领全市各族干部群众，深入贯彻以习近平同志为核心的党中央治国理政新理念新思想新战略特别是治边稳藏重要战略思想，深入贯彻中央、自治区决策部署，坚持统筹推进“五位一体”总体布局和协调推进“四个全面”战略布局，牢固树立新发展理念，主动适应经济发展新常态，以撤地设市为新起点，围绕“两基地一核心”发展定位和实施“七大战略”要求，扎实推进“三个年”行动和“九个开好局”工作，实现了“十三五”良好开局。国家公共文化服务体系示范区成功授牌，国家生态文明先行示范区、国家新型城镇化建设试点地区和全区统筹城乡发展示范区加快建设。山南在全国292个地级市政府效率排名中位居第三。扎囊县桑耶镇被确定为国家首批特色小镇，错那县麻玛村被评为中国最美休闲乡村，加查县被评为全国休闲农业和乡村旅游示范县，贡嘎县杰德秀镇杰德秀居委会和加查县安饶镇拉岗村被评为全国生态文化村，乃东区昌珠镇扎西曲登村和琼结县下水乡唐布齐行政村被列入第四批中国传统村落名录。经济社会发展呈现出“快、强、实、优、稳、多”六个特点。一是经济增长快。预计地区生产总值、固定资产投资、社会消费品零售总额、城镇居民人均可支配收入、农牧民人均可支配收入分别完成129.6亿元、186亿元、45.2亿元、26700元、10258元，同比分别增长12.1%、27.5%、12.7%、11.8%、14.1%。完成财政一般预算收入13.56亿元，同比增长16.8%。二是支撑作用强。拉林铁路山南段、贡嘎机场至泽当高等级公路、拉萨至山南快速通道、加查和大古水电站、雅砻和结巴水库等重大项目加快建设。投资和消费对经济增长的贡献率分别达67.6%、32.4%。实施“产业倍增”计划，预计三次产业分别实现增加值6亿元、63.4亿元、60.2亿元，同比分别增长3.2%、13.3%、11.8%，“二三一”格局继续巩固。坚持改革增添发展活力，圆满完成撤地设市，形成了乃东农村综合改革、措美牧区解放劳动力改革等一批改革亮点成果。金融对经济社会发展的作用持续扩大，金融机构存贷款余额分别达310亿元、252亿元。三是民生改善实。落实自治区“十件实事”，出台了26项惠民补助或工资提标政策。乃东、曲松、洛扎3个县（区）如期脱贫摘帽。累计9个县义务教育均衡发展通过国家验收。教育和医疗卫生人才组团式援藏全面铺开。国家公共文化服务体系示范区成功授牌。医疗卫生服务水平大幅提升，550个村居全部建成卫生室。就业、社会保障、“双集中”等工作走在全区前列。农牧区公共设施明显改善，乡镇通畅率达到91.5%，80个乡镇纳入了藏中电网。四是生态环境优。国家生态文明先行示范区、“生态美好模范区”和“美丽山南”建设加快推进。实施了羊湖生态环境保护、农村饮用水源地保护等环保基础设施项目。建成自治区级生态乡镇13个、生态村居65个。县域环境质量考核继续走在全区前列。五是社会局势稳。全面落实区、市维稳措施，巩固了山南是全区最安全、最稳定地市之一的好局面。宗教领域“三个一”、学经回流人员管控和“两个意识”教育工作成效明显。安监工作受到国务院表彰。“先进双联户”创建工作荣获全区第一名。社会治安综合治理工作荣获全区

第二名。六是工作亮点多。“十大民心工程”被国务院通报表扬。创新落实党风廉政建设“两个责任”、湖北省实施精准援藏助力精准脱贫等工作得到中央肯定。固边富民整乡推进试点工程、优化发展环境专项行动、扎日转山维稳安保等工作，形成了宝贵经验，得到了自治区党委政府和主要领导的充分肯定。创建各类全国文明单位16个，琼结县加麻乡扎西村宗吉家庭荣获第一届全国文明家庭称号，琼结县拉玉乡强吉村仁增、山南市国税局杨红波荣登“中国好人榜”。成绩来之不易，在此我代表山南市委、市政府向全市各族干部群众表示衷心的感谢！

（二）正视问题，找准差距。在看到成绩的同时，也要清醒地认识到工作中还存在一些困难和问题。一是优势逐步削弱。财税收入、工业经济等山南传统优势与兄弟地市相比逐步缩小。财政收入虽然总量仍位居第2，但与第3的差距越来越小。财政支出126亿元，只完成年度任务的96%，其中市级支出下降15%。税收收入完成21.6亿元、增长16%，总量从第2下降到第3。预计完成工业增加值13亿元、增长11.7%，增速从第2名下降到第4名。二是短板更加凸显。基础设施方面的短板主要是重大项目建设推进慢，加查、大古水电站等项目未完成计划投资，浪卡子县供水排水等项目没有按计划开工建设，全市固定资产投资由全区排名第3下降到第4。城乡建设方面的短板主要是城乡建设有差距、不平衡，县城规划建设档次不高，特色城镇建设缓慢，乡村建设欠账较多。产业发展方面的短板主要是缺乏园区和龙头企业带动、没有将资源优势转化为产业优势和经济优势，农牧业龙头企业少、规模小、带动力不强，石材开采、天然饮用水等产业发展缓慢，民族手工、藏医藏药等传统产业发展质量不高、效益不明显，现代服务业发展层次和水平低。三是自身工作困难多、压力大。自治区明确提出2018年山南要率先建成全面小康社会、率先打赢脱贫攻坚战，这也是我们走新的长征路的两大重点任务。完成这两大任务，还需要我们破解自我发展能力不强、发展要素支撑不力、民生保障水平不高、长效脱贫举措不多等方面的瓶颈制约，特别是2015年城乡居民人均可支配收入只有全国平均水平的76%、78%，要达到全国平均水平还需下更大的功夫、做更多的努力。社会和谐稳定的局面有了新的巩固，但形势复杂、任务繁重，加之松懈麻痹思想普遍存在，长期稳定的压力加大。此外，一些领导干部思想不够解放，工作思路不宽、办法不多，一些部门、单位和干部作风不实，抓落实浮在面上。对此，我们一定要保持清醒头脑，下大力气解决问题、补齐短板，努力把各项工作做得更好。

（三）把握机遇，乘势而上。从国家层面看，中央第六次西藏工作座谈会赋予西藏财税、投资、金融、援藏、干部人才支持等一系列新的特殊优惠政策，将继续助力山南加快发展。国家赋予山南生态文明先行示范区、新型城镇化建设试点地区等先行先试优惠政策，必将助推我们以点带面、全面发展。国家大力推进脱贫攻坚，特别是在项目建设、金融贷款、产业发展等方面给予了前所未有的支持，必将为我们脱贫摘帽提供有力保障。从自治区层面看，自治区把建设拉萨—山南—日喀则核心经济区、推进拉萨山南一体化发展上升为全区重大发展战略，必将极大推动山南经济快速发展。自治区大力支持山南重大项目建设，初步明确我市“十三五”盘子国家投资561亿元，占全区总盘子15.6%，比“十二五”增长43%。自治区主要领导吴英杰书记、洛桑江村主席先后到山南调研，亲自指导山南经济社会发展、帮助解决实际困难问题，为我们加快发展指明了方向。从全市层面看，2017年仍是山南重大项目建设的高峰年，全市续建和新开工过亿元的重大项目超过20个，将为山南发展提供强有力的支撑。经过多年的发展，山南的区位、基础设施条件等优势更加凸显，特别是拉林铁路、拉萨至山南快速通道的建设和贡嘎机场至泽当高等级公路的建成，将加快拉萨山南一体化发展步伐，拉萨国际旅游城市的定位和净土健康产业的快速发展将为山南承接产业提供良好机遇。山南各族干部群众在发展中践行敢为人先的首创精神、勇挑重担的担当精神、争创一流的进取精神，形成了发展的浓厚氛围。

总的来看，2017年经济工作机遇和挑战并存，但机遇大于挑战，经济加快发展的态势稳中趋好。各级各部门一定要准确把握当前形势，切实增强责任感和使命感，进一步坚定推进山南加快发展的信心和决心，抢抓机遇，主动作为，推动各项事业不断取得新成绩。

**二、把握要求，突出重点，努力开创经济社会发展新局面**

2017年是实施“十三五”规划的重要之年，是贯彻落实自治区第九次党代会精神的开局之年，是全面建成小康社会、打赢脱贫攻坚战的关键之年。全市经济工作的总体要求是：深入贯彻落实党的十八大、十八届三中四中五中六中全会、中央第六次西藏工作座谈会和中央经济工作会议精神，深入贯彻落实习近平总书记治国理政新理念新思想新战略特别是治边稳藏重要战略思想，深入贯彻落实自治区第九次党代会、自治区“两会”和全区经济工作会议精神，深入贯彻落实自治区主要领导在山南调研时的重要讲话精神，坚持以人民为中心的发展思想，坚持稳中求进、进中求好、好中求快、补齐短板的工作总基调，坚持以供给侧结构性改革为主线，牢固树立发展新理念，按照自治区处理好“十三对关系”和实施“六动举措”的要求，突出“三个重点”，办好“四件大事”，全力以赴抓改革、促发展、保稳定、惠民生，打好先行先试、脱贫攻坚、项目建设、改善民生“四大战役”，以优异的成绩迎接党的十九大胜利召开。

工作要求是：确保一个目标、坚持一条主线、实现三个突破、守好三条底线、打好四大战役。

确保一个目标。就是要确保年度发展目标顺利实现，力争 2017 年地区生产总值增长 12% 以上，固定资产投资增长 25% 以上，社会消费品零售总额增长 13% 以上，财政收入增长 15% 以上，城镇居民人均可支配收入增长 10% 以上，农牧民人均可支配收入增长 14% 以上。城镇登记失业率控制在 2.3% 以内。居民物价上涨指数控制在 2.5% 以内。在完成年度发展目标的基础上，市政府要对工作目标细化量化，特别要对在全区能率先完成的一些工作目标进行分析梳理，每季度通报一次，年底对照工作目标进行严肃认真考核。

坚持一条主线。就是要坚持以供给侧结构性改革为主线弥补产业发展短板。推进供给侧结构性改革的主要任务是去产能、去库存、去杠杆、降成本、补短板，就山南而言主要是补产业发展的短板。一产方面要针对产业化水平低、龙头企业带动力不强等短板，组织实施“青稞单产提高行动”，对接好拉萨净土健康产业，继续深化农牧业特色产业“三推进”工作，培育一批特色拳头产品，特别要发展壮大龙头企业，依托企业培育品牌、对接市场、富民增收。二产方面要针对依赖资源程度高、规模小、质量低等短板，深化实施“工业强市”战略，加快“沿江百亿产业走廊”建设，做好承接拉萨第二产业的准备工作，积极推进工业园区建设，打造全区清洁能源基地示范区，壮大发展建筑建材、优势矿产等产业，大力发展天然饮用水产业，提升发展民族手工、藏医藏药等产业，努力构建绿色环保、特色鲜明、优势突出、可持续发展的工业体系。三产方面要针对人气不高、市场培育不足、消费拉动不明显等短板，加快建设藏源文化旅游基地，进一步打造雅砻文化节、仓央嘉措情歌节等节庆品牌，搞好市、县物资交流会，大力发展金融通讯、商贸物流、文化体验、医疗健康等现代服务业，培育消费新动能。

实现三个突破。实现城乡建设有新突破，围绕新型城镇化大力推进泽当镇建设，逐步把泽当镇打造成拉萨城市群副中心。各县要积极主动作为，拓宽融资渠道，大力推进县城规划建设，提升县城功能和形象。高标准推进桑耶国家特色小镇建设，加快建设杰德秀、勒乡等特色城镇。启动实施美丽乡村和 96 个边境小康示范村项目，打造亮点，做出示范。特别是边境小康示范村的建设一定要抢抓机遇，走在全区前列。实现深化改革有新突破，继续深化简政放权、教育文化、医疗卫生、国企国资、财税金融、生态文明建设、民生保障、固边富民等领域改革，形成亮点成果。推动乃东自治区级农村改革试验区工作取得示范性效应。特别要围绕项目审批权下放，千方百计提高承接能力和审批效率。要认真梳理成果，及时总结经验，以改革推动发展。实现财税工作有新突破，坚持前有标杆、后有追赶的紧迫感抓好财税工作，紧盯优势资源和特色优势产业，培植稳定财源。在不违反中央、自治区有关规定的前提下，健全完善更加灵活、优惠、便于兑现的招商引资政策，吸引有实力的企业落户山南发展实体经济。落实领导联系企业制度，帮助解决困难和问题，助推企业发展。要科学合理地抓好财政支出，严格预算制度，严控一般性支出，加大维稳、发展、民生、生态等领域特别是重大项目建设的专项支出，做到该花的一分不留、不该花的一分不花。

守好三条底线。守好维护稳定底线。落实维稳措施，强化维稳责任，加强和创新社会管理，强化立体化防控体系建设，认真做好意识形态、民族宗教、驻村驻寺、城镇网格化管理、“先进双联户”和“十星模范村”创建评选、边境管控、矛盾纠纷排查化解等工作，确保全年特别是三月份、全国“两会”和党的十九大召开期间等重要敏感时段社会局势和谐稳定。深化实施好固边富民整乡推进试点工程，扩大覆盖面，做好向边境一线迁居工作，完善边民责任落实、考核奖励等机制，实现固边与富民并举。落实好英杰书记的要求，力争在广大农牧民群众中牢固树立核心意识，逐步淡化宗教影响两个方面取得实质性进展，有所突破。守好生态保护底线。坚持尊重自然、顺应自然、保护自然，大力实施“生态强市”战略，加快生态安全屏障建设。协同推进江河、湖泊、森林、草地、湿地和城镇生态系统建设，实施好生态环境保护与建设项目，对接落实生态补偿政策，让更多农牧民吃上生态饭。启动江北生态长廊建设。加强环境综合整治和执法监管，重点要做好迎接中央环保督查工作。严格落实环境保护党政同责、一岗双责和生态环境损害责任终身追究制等制度。守好安全生产底线。严格安全生产责任，认真落实《坚守安全生产底线的实施办法》，加强安全生产隐患排查整治，做好道路交通、工程建设、公共消防、危险化学品和食品药品等领域的安全生产，严格落实“两限一警”措施，确保不发生重特大安全生产事故。

做好2017年经济工作重点要打好“四大战役”。

（一）打好先行先试战役。进一步用足用活先行先试的优惠政策，加大力度，加快进度，通过先行先试实现以点带面、全面发展，发挥示范效益。一是生态文明建设要达到全国示范水平。对照国家生态文明先行示范区建设53项指标，对已经实现的26项指标要巩固提升，确保不反弹回落。对易达标的20项指标，要加大工作力度，确保早日达标。对难度较大的7项指标，要明确责任单位、责任人和完成时限，制定专门的对策措施，全力以赴，持续攻坚，确保年内建成国家生态文明先行示范区。二是新型城镇化建设要达到全国示范水平。加快推进泽当全国第二批新型城镇化综合试点建设，制定落实《泽当镇国家新型城镇化综合试点工作实施方案》，加快泽当镇城区基础设施、特色产业、信息工程、环保设施等建设，着力彰显藏源文化特色，提升公共服务水平，努力把泽当镇建设成为文化特色浓郁、宜业宜居宜游的绿色城镇、智慧城镇、人文城镇、活力城镇。抓好桑耶镇全国第三批新型城镇化试点建设，抓紧编制试点工作实施方案，开春后全面启动实施。三是统筹城乡发展要达到全区示范水平。认真落实好《山南市统筹城乡发展示范区总体规划》，加快建设市政道路工程，开工建设示范区孵化基地办公大楼、温雄河综合整治、园区变电站等项目，抓紧做好其他拟建项目前期工作。要及时跟进、做好服务，为相关企业入驻创造良好环境。四是拉萨山南一体化发展要加快推进。加强与自治区政府、区直相关部门和拉萨市的有效对接，争取自治区尽快出台推进拉萨山南一体化发展的总体规划和实施意见。配强山南一体化发展工作专班，按照“十个一体化”的要求，制定落实四年行动方案，协调督促相关县和部门做好重大项目建设、产业承接等工作，统筹推进江北综合保护与开发，打造山南发展新引擎。五是各类国家级示范点的建设要有新进展。被确定国家级的各类示范点，要增强荣誉感和责任感，明确目标任务和完成时限，制定实施方案，攻坚克难、真抓实干，确保取得实效。

（二）打好脱贫攻坚战役。坚持“扶智、扶技、不扶懒”的导向，举全市之力，整合各方面资源，合力打好脱贫攻坚战，为到2018年在全区率先脱贫打好基础。一要强化组织领导。3月份召开全市脱贫攻坚工作会，签订脱贫攻坚目标责任书。加强调度，每季度召开脱贫攻坚工作推进会。市政府要在3月份前审定9个县2017年脱贫攻坚实施方案。二要健全责任体系。各县（区）要落实好党委政府的主要责任、县脱贫攻坚指挥部牵头责任、各个专班的直接责任、党政主要领导和分管负责人的领导责任，进一步明确乡镇班子、村（居）两委、驻村工作队、第一支部书记、大学生村官和“双联户”户长的责任，调动各方面的力量推进脱贫攻坚工作。三要落实精准要求。坚持措施到户到人，对脱贫措施进一步细化量化实化，切实解决好每一户每一人到底怎么办的问题，真正扶到点上、扶到根上。坚持进度到月到周，9个县要按月安排工作，今年脱贫摘帽的5个县要按周督促进度。抓紧对脱贫任务和目标完成情况进行一次全面梳理，把脱贫任务倒排到月，把贫困对象、进度要求、责任人、具体措施和预期目标全部上墙，年底要对照目标任务进行考核。四要抓好重点工作。把易地搬迁作为治本之策，采取财政垫资、贷款等方式加快推进扶贫搬迁项目建设，特别要充分利用好固边富民工程的政策优势，鼓励贫困人口向边境一线迁居，形成山南的特色和亮点。按照群众就近就便、能干会干、不离乡不离土就能增收致富的要求，选准选好产业扶贫项目，项目一旦选准就要加快实施、尽早发挥效益，确保每个村都有支撑产业。加大就业扶贫力度，重点抓好4.5万余个就业岗位分配工作，保障无就业技能的贫困人口实现就业。要抓好援藏扶贫工作，大力推广湖北“精准援藏助力精准脱贫”模式，在加快落实援藏扶贫项目的基础上，探索推进援藏省市社会力量结对帮扶我市贫困户工作。衔接落实好央企扶贫工作，协调华电、华能等央企尽快落实扶贫任务，取得实质性进展，创造山南经验。加快推进国家烟草专卖局定点帮扶扎囊、贡嘎2县扶贫项目。五要巩固脱贫成果。乃东、洛扎、曲松3个县(区)要按照机构不撤、措施不变、力度不减的要求，继续做好脱贫工作，重点抓好自治区验收组提出的问题整改，确保实现长效稳定脱贫。要认真总结提炼党建工作促脱贫、能人带动促脱贫、固边富民促脱贫等方面的先进经验，为其他县提供借鉴。

（三）打好重大项目建设战役。牢固树立“抓项目就是抓发展”的理念，紧紧抓住一大批重大项目开工建设的难得机遇，落实责任，强化措施，加快建设，为经济发展提供有力支撑。一要强化责任。市发改委要对“十三五”规划项目前期工作进行责任分解，明确责任单位和责任人，争取10亿元以下项目的前期工作上半年全部完成。要对2017年开工建设项目进行责任分解，将每一个项目投资任务落实到月。对自治区还未分解到地市的684亿元的项目，要强化部门和行业单位责任，尽快与自治区相关部门对接，争取更多项目落地山南。二要快批快建。加强市县和部门协调联动，加快项目审批进度，落实开工条件。加快推进拉林铁路山南段、拉萨至山南快速通道、贡嘎机场改扩建、加查和大古水电站、雅砻和结巴水库等重大项目。建成贡嘎机场至泽当高等级公路。开工建设琼结至错那公路、卓于水库、市人民医院和完全中学等项目。对在建项目要倒排工期、挂图作战，在保证项目建设质量的前提下加快进度，形成更多有效投资。高度重视项目储备，争取“十三五”规划外的更多项目开工建设。三要创新模式。创新投融资体制机制，积极争取国家投资，加大地方政府投资，发挥金融撬动作用，积极吸纳民间投资，形成多元化投资体系。探索创新政府投资市场化运作机制，实行项目建设PPP模式和代建制、总承包制，提高项目建设和管理水平。四要加强督导。落实好地级领导带队督导项目机制、重大项目月调度制度，在建重大项目每月督导一次、通报一次。对不按时开工、项目建设出现问题的，要严肃追究相关责任。

（四）打好民生改善战役。坚持民生先动，把有限的财政资金向农牧区倾斜、向民生领域倾斜，着力提升基本公共服务水平，不断增强群众的获得感和幸福感。一是惠民举措要有力。把促进群众增收作为重大民生工作抓紧抓好，创新举措，挖掘潜力，力争今年人均可支配收入过万元的乡镇达60个以上。落实自治区33项重大民生政策，做好提标扩面工作。继续落实资助山南籍大学生、固边富民等惠民政策。实施好“十大民心工程”。用好驻村驻寺平台，加大为民办实事力度。二是公共服务要均等。扎实推进义务教育均衡发展，率先实现12个县区全部通过国家验收。加快市三高、二职建设，提升整体办学水平。做好教育卫生人才组团式援藏工作并向基层延伸。加大基层教师、医生培训力度，开展教育、卫生人才帮扶基层工作，助推基层教育卫生事业加快发展。巩固国家公共文化服务体系建设示范区成果。抓紧启动全国文明城市创建工作。加快农牧区公共设施建设，力争乡镇通畅率达到100%，82个乡镇全部纳入藏中电网，农村安全饮水全覆盖质量进一步提升。三是社会就业要充分。实施积极的就业创业政策，引导学生、家长、社会转变就业观念，设立就业创业专项扶持基金，研究制定为大学生创业提供免费场所、税收减免等政策，推动大众创业、万众创新。用好援藏平台，鼓励山南籍大学生到内地就业。支持大学生到企业就业。四是民生保障要兜底。扩大基本养老、基本医疗、失业、工伤、生育等保险覆盖范围，提高保障水平。落实好城乡最低生活保障、大病救助、社会救助等制度。做好“双集中”和残疾人康复就业工作。建成所有乡镇周转房项目。健全完善防灾减灾工作机制。

**三、加强领导，抓实见效，为经济社会发展提供强有力的保障**

做好今年的经济工作，确保全面完成既定目标任务，关键在于加强领导、狠抓落实、强化保障。

一要提高领导经济发展的能力。各级党委要加强对经济工作的领导，把经济工作摆上突出位置，认真研究解决经济工作存在的困难和问题。党政主要负责同志要负总责、亲自抓，政府领导班子要负专责、具体抓，各部门要对照经济社会发展目标任务和本单位职责要求，层层分解落实，形成人人有指标、个个有担子的责任体系。领导干部要适应新形势，领会五大发展新理念，把握供给侧结构性改革新要求，注重调研思考，主动分析预判，不断提高驾驭经济工作的能力和水平。

二要提高推动工作落实的能力。要敢于担当，广大党员干部特别是党员领导干部要牢固树立“四个意识”，对市委、市政府的决策部署，主要工作目标，要坚定不移地贯彻、毫不迟疑地执行、千方百计地落实。要求真务实，大力弘扬求真务实精神，把全部时间和精力放在抓发展、抓推进、抓落实上，一步一个脚印把工作做实做好。督查部门要对市委、政府工作部署特别是重大决策部署、重点攻坚任务、重大项目建设加大督查力度，及时通报，确保落到实处。要严格追责，对不落实的事、不落实的人要严格按照问责条例进行问责。

三要提高保障经济发展的能力。要营造良好的发展环境，强化政府服务职能，持续开展优化发展环境专项行动，推动发展环境更加优化。要营造良好的政治生态环境，认真落实“三个牢固树立”的新要求，全面落实党风廉政建设“两个责任”特别是市委“三必、四有”要求，自觉遵守党章准则条例，推进从严管党治党。要营造良好的干事创业环境，大力弘扬“长征精神”、“老西藏精神”、“两路精神”和“列麦精神”，对干部政治上激励、工作上支持，把想干事、会干事、干成事的好干部放到重要位置，建立容错纠错机制，保护好敢于担当、敢于负责的干部。

同志们，做好今年的经济工作至关重要，责任重大。让我们更加紧密地团结在以习近平同志为核心的党中央周围，在自治区党委、政府的坚强领导下，统一思想、振奋精神，开拓创新、真抓实干，为推进山南长足发展和长治久安而努力奋斗。

## 普布顿珠同志的讲话

刚才，永泽书记作了重要讲话，深入分析了经济形势，科学提出了目标任务，精心部署了2017年经济工作，为我们指明了方向、提供了遵循。大家一定要认真学习领会，抓好贯彻落实。下面，我讲三个方面的意见。

**一、市委指路引航揽全局，干群团结奋斗谱新篇，“十三五”经济社会发展实现开门红**

2016年，在自治区党委、政府的坚强领导下，市委、市政府团结带领36万雅砻各族干部群众，真抓实干、克难奋进，经济社会保持了持续快速健康发展的良好态势。预计生产总值、全社会固定资产投资、社会消费品零售总额、城乡居民人均可支配收入分别完成129.6亿元、186亿元、45.2亿元、26700元、10258元，分别增长12.1%、27.5%、12.7%、11.8%、14.1%；完成财政收入13.56亿元，增长16.8%。实现了“十三五”良好开局。

（一）项目建设开局良好。创新建立了“县域统抓、打包设计、一门审批、专班推进、督导约谈”项目工作机制。录入国家重大项目库项目1651个262亿元，储备三年滚动计划项目1945个1627亿元，梳理代建制、总承包、PPP模式和银行贷款项目258个384亿元。全年新开工项目245个，拉林铁路、泽贡高等级公路、拉萨山南快速通道、雅砻水库等重大项目强力推进。

（二）产业发展开局良好。农牧业喜获丰收，6个“三推进”项目成效明显。藏木水电站实现产值4.5亿元，拉郊和嘎堆水电站、措美协信和曲松光伏项目进入电网接入调试阶段。地质找矿实现突破，努日铜矿项目环评顺利启动。建筑建材、天然饮用水、民族手工等产业稳步发展。全年接待国内外游客277万人次、实现收入11亿元，分别增长20%、21%。

（三）改革创新开局良好。撤地设市圆满完成，组建了市法制办、综合执法局和城投、旅投公司。圆满完成政府机构改革，顺利完成权责清单编制工作，政府效率排名全国第3。形成了“营改增”、不动产统一登记、政府采购等一批改革亮点。景区“三权”分置改革和周转房出售试点等工作加快推进。乃东农村综合改革试验区和措美新型农牧区综合体建设成效明显。

（四）协调发展开局良好。拉萨山南一体化发展全面启动，组建了工作机构，启动了规划编制。泽当国家新型城镇化试点顺利通过评估，全区统筹城乡发展示范区和3个特色小城镇、农村危房改造和基层政权示范点建设加快推进，乡镇周转房进度位居全区前列，4个高寒乡镇供暖工程全部完成。建立了边境腹心差异化考评体系，创新实施了固边富民整乡推进试点工程。

（五）开放发展开局良好。与尼泊尔巴德岗市结为国际友好城市。招商引资签约项目42个，总投资195.7亿元。顺利与17家金融机构签订战略协议，获得授信1710亿元。非公市场主体发展到1.88万户，注册资金181亿元，分别增长22%、17%。明确了援藏帮扶协作3项任务，教育卫生和企业“组团式”援藏、高中代培班、整体援教示范校建设等工作取得重大突破。

（六）扶贫增收开局良好。15个集中安置点和754户2471人易地搬迁加快推进。开工扶贫产业项目77个，完成投资3.08亿元。大力实施“双业”工程，转移就业8万人。对接烟草专卖局、华能华电集团和44家民营企业开展了结对帮扶。全市3775户1.36万名一般贫困对象达到退出条件，乃东等3县区达到摘帽标准。农牧民可支配收入突破万元大关，达到10258元。

（七）民生改善开局良好。“十大民心工程”深受各族干部群众好评，并被国务院通报表扬。强基惠民为民办实事7596件。3县义务教育均衡发展通过验收。全民免费健康体检等工作走在全区前列。国家公共文化服务体系示范区成功授牌，携手湖北建立了援藏省协助举办雅砻文化节模式。城镇登记失业率控制在2.1%以内，社保参保率达97%以上。弱势群体生活补助全面提高。

（八）生态文明建设开局良好。国家生态文明先行示范区稳步推进。浪卡子等4县纳入国家重点生态功能区。完成造林绿化52.98万亩，羊湖生态环境保护、210处农村饮用水源地保护等项目有序建设，浪卡子湿地保护等重点项目顺利建成。主要污染物排放控制在自治区下达的指标范围内。成功创建自治区级生态乡镇13个、村居65个。县域环境质量考核位居全区前列。

（九）和谐稳定开局良好。圆满完成杰德秀镇优化发展环境专项教育活动，确保了扎日“转山”活动安全有序，扎实开展了涉宗领域“三个一”活动并明确了“十项清理清查内容”，群众来信来访办结率达到96.2%，“先进双联户”创建工作和综治工作分别荣获全区第一名、第二名，社会大局和谐稳定。安监工作荣获国务院表彰。优化发展环境专项行动得到自治区充分肯定。

这些成绩的取得，是以习近平同志为核心的党中央亲切关怀的结果，是全国人民特别是“三省一公司”大力支援的结果，是自治区党委、政府坚强领导的结果，是全市各级各部门和36万雅砻各族儿女共同努力的结果。在此，我代表市委、市政府，向全市各级各部门和广大干部群众表示衷心的感谢！

在充分肯定成绩、加油鼓劲的同时，我们也要坚持问题导向、在填平补齐上狠下功夫。刚才，永泽书记明确指出了需要正视的问题和差距。对此，我们必须深刻把握、保持清醒、精准发力，补齐产业富民、基础设施、园区建设、公共服务、对外开放、创新驱动、旅游业发展、人才支撑、发展环境“九大短板”，确保率先在全区完成脱贫攻坚任务，建成全区水平较高的小康社会。

**二、紧盯目标任务抓攻坚，突出重点领域补短板，确保完成“十三五”提速助跑任务**

2017年是实施“十三五”规划的重要一年，是供给侧结构性改革的深化之年，是贯彻落实自治区第九次党代会精神的开局之年，是全面建成小康社会、打赢脱贫攻坚战的关键之年。做好今年经济工作，意义十分重大。全市上下一定要认真贯彻落实中央和全区经济工作会议精神、自治区第九次党代会和自治区政府2017年第一次全体会议精神，准确把握西藏经济社会工作“13对重大关系”的丰富内涵和“突出三个重点、办好四件大事”重要指示，准确把握政府工作“五个始终”要求和“六动举措”，准确把握永泽书记提出的“确保一个目标、坚持一条主线、实现三个突破、守好三条底线、打好四大战役”的工作要求，以发挥“六大优势”、补齐“九大短板”为突破口，以十个“四年行动”为载体，全力推进经济加快发展、社会持续稳定。

今年经济工作的主要目标是：力争完成生产总值147.1亿元，增长12%以上；固定资产投资232.6亿元，增长25%以上；财政收入15.6亿元，增长15%以上；税收收入25.2亿元，增长16%以上；规模以上工业增加值13亿元，增长14%以上；社会消费品零售总额51.1亿元，增长13%以上；居民物价上涨指数控制在2.5%以内，城镇登记失业率控制在2.3%以内；城乡居民人均可支配收入分别达到29370元、11694元，增长10%、14%以上。

今年经济工作的主要任务是：

（一）突出供给和需求两个方面，释放转型发展正能量。坚持以供给侧结构性改革为主线，适度扩大总需求，提升发展质量和效益，打造山南经济升级版。

注重供给侧结构性改革。全力推动供需结构有效匹配。一要提高供给质量。推进“三去一降一补”，重点在“电力生产外送、平衡建材供需、改革住房体制、培育实体经济、强化科技支撑”上下功夫。推进农牧业供给侧结构性改革，深入贯彻落实全区农村工作会议精神，加快补齐农牧业发展短板，牢牢抓住“三条底线、最终目标、主攻方向、重要任务、核心目标、根本途径和关键举措”，启动“粮食单产提高四年行动”，争取沿江优势区域优先实现单产提高50斤目标，隆子错那等高寒薄弱区域逐步实现这一目标；实施“菜篮子”工程，按照“流转化模式、基地化建设、规模化种植、标准化生产、绿色化产品、企业化运作、产业化经营、品牌化创建、冷链化运储、多元化筹资、组织化参与”要求，先期建设乃东琼结蔬菜基地2100亩。推进大宗原料供给改革，通过“企业主导、群众入股、合理定价”方式培育发展3至4家商砼等大宗原料供应企业。二要实施创新驱动。大力实施大众创业、万众创新工程，出台降低企业成本、促进实体经济发展的办法。加快全国商标战略推进示范城市和全区统筹城乡发展示范区建设,完成国家生态文明先行示范区创建工作。精心实施好泽当和桑耶国家新型城镇化试点、乃东全国农村产业融合发展试点和浪卡子新型农牧区综合体试点工作。全力打造乃东全国现代农业示范区、贡嘎森布日科技示范区和浪卡子高山畜牧业示范区,做好有机肥种植试点,争取测土配方覆盖率、粮食生产科技指导服务率分别达到82%、63%以上。

注重适度扩大总需求。全力推动消费升级与有效投资良性互动。一要抓有效投资。始终把精确性和有效性作为争资立项的硬要求,鼓励社会资本以独资、控股、参股和特许经营等模式依法有序进入更多领域,梳理一批垫资贷款项目和抵押补充贷款项目,确保录入国家重大建设项目库项目2000个总投资350亿元以上,推动197个已列入金融机构贷款的项目和61个总承包制、代建制、PPP模式项目取得实质性突破。争取国家、社会投资分别完成203亿元、30亿元以上,金融机构存贷款余额分别达到355亿元、300亿元以上。要继续保持区域竞争领先优势,不断壮大本级财力,力争隆子、加查、桑日、贡嘎、乃东5县区今年财政收入突破亿元大关,洛扎、浪卡子、扎囊、错那4县接近5000万元目标,其他3县也要自我加压、全力拓展新的财源。二要抓消费升级。加快推进16个乡镇商贸中心和2个配送中心建设,全力打造商贸服务中心和家具市场,扎实做好物交会场地搬迁和铁器、木材等专业市场建设工作,精心举办好市县物资交流会,着力构建功能完善、布局合理、时尚现代的商贸市场体系。深入开展农牧区消费质量提升行动,加大假冒伪劣整治力度,保障群众消费安全。

(二)突出产业和项目两个抓手,筑牢加快发展主支撑。大力实施产业倍增计划和项目带动战略,用一个个产业和项目构建起山南加快发展的“四梁八柱”。

挖潜力培育主打产业。突出发挥优势补齐短板,启动“经济提质增效四年行动”。一要加快发展清洁能源业。提速建设加查和大古水电站,争取今年分别完成投资8亿元、9亿元以上。开工建设大有、中伏源、华电、科能4个光伏项目,力争措美古堆地热开发项目尽早动工建设。二要有序发展优势矿产业。借助矿价回暖的大好形势,分解任务督促企业满负荷生产,力争罗布莎铬铁矿、扎西康铅锌矿、邦布岩金矿矿石量分别达到26万吨、60万吨、15万吨以上。按照自治区“提前启动努日铜矿环评工作”要求,争取年内完成努日铜矿环评工作,确保玉峰则当铅锌矿取得采矿权。三要稳步发展建筑建材业。开工建设华新三期120万吨项目,推进扎囊和浪卡子石材开发。四要大力发展特色农牧业。扎实做好“三推进”工作,规划建设乃东琼结特色农牧业走廊,创新开展“一县一品”、“一乡一品”产业培育工作。启动“千百万”工程,打造桑日千亩葡萄基地、乃东琼结2个千亩蔬菜基地、乃东隆子2个千头奶牛集中养殖基地,乃东百万只藏鸡养殖基地、贡嘎百亩树莓倍增计划、加查百亩蓝莓提质计划、江北百亩黑枸杞试点计划、曲松百亩藏药材GAP计划,扎囊万亩现代苗圃基地、江北万亩草业基地、贡嘎万亩马铃薯基地、隆子措美万亩黑青稞基地、乃东万头生猪基地和全市万头黄牛整村整乡改良计划。五要科学发展绿色食饮品业。加快推进自治区天然饮用水协会敲定的3个项目,抓紧落实5100与雅拉香布合作计划,争取雪域冰川年内投产、五井岭新上一条桶装水项目,实施好雅砻福安牦牛肉和功德青稞制品加工等项目。六要繁荣发展民族手工业。借助文化部非遗保护传承项目和传统工艺传承发展综合项目,打造贡嘎扎囊民族手工业产业带,建设扎囊传统编织升级、贡嘎铜器加工集聚区,对接内地优质企业做好泽贴尔、邦典的优化设计和材料改良工作,实施好哔叽服饰等项目,力争民族手工业产值突破1亿元。七要借力发展生物制药业。协调海思科和灵康药业启动高原生物制药研发工作,实施好灵康药业研发中心、藏南生物科技等项目。跟进45种藏药准字号审批工作,确保种植藏药材2100亩以上。八要提速发展文化旅游业。加快推进旅游东环线建设,尽快完成全域旅游规划。全力打造羊湖“三化”景区、勒布国家绿色旅游示范基地、雍布拉康国家人文旅游示范基地,规划建设一批“三权分置改革”示范景区和达布等休闲旅游基地。实施好“厕所革命”和旅游富民工程,达标建设30个特色旅游村和379个家庭旅馆。协助做好西藏新博美股份上市工作。力争接待游客338万人次,实现收入13亿元以上。九要创新发展电商物流业。争取快递物流园区尽早落地,加快推进贡嘎电子商务进农村试点工作,启动旅游电子商务中心项目,培育1—2家企业试点特色产品网上销售,打造新的消费增长点。

聚合力抓好项目建设。坚持大干快干实干,抓早抓快抓好,启动“基础设施提升四年行动”。一要抓前期。用好3亿元的前期工作经费，发挥县域协同、专班推进机制，争取上半年完成所有投资10亿元以下项目的前期工作，年内基本完成“十三五”规划项目的前期工作。二要破瓶颈。继续落实“一门受理、联审联批”机制，切实解决土地、环保、规划、选址等问题。组建重点项目一线专班，解决好征地搬迁、补偿兑现等问题。加快资金拨付进度，坚决避免资金沉淀。三要赶进度。积极谋划泽当到米林高等级公路项目，扎实做好国道349升级改造、泽当至曲松至加查三级公路前期工作，加快推进拉林铁路、拉萨至山南快速通道、勒至杜让尚公路项目，年内开工建设贡嘎机场改扩建、国道219、曲松村至玉麦、勒至旺东、格金湖至五名湖公路和拉康、边巴通乡油路，争取琼措公路、汀汀拉至肖站至棒拉公路、措美至洛扎农村公路尽早开工，泽贡高等级公路年内全面建成，确保山南成为全区第二个“乡乡通油”地市、行政村通畅率达到54%以上，与拉萨形成“一小时”经济圈。尽快开工建设卓于水库、泽当防洪体系等工程，确保雅砻水库建成使用，争取农田灌溉保证率和农饮供水保障率分别达到85%、90%以上。加快推进新一轮农网升级改造工程，确保实现藏中电网乡镇全覆盖、行政村通电率达到95%以上。实施“村村通邮”工程，力争村邮站覆盖率达到15%以上。争取“十三五”五年项目四年基本建成。四要保质量。严格落实项目质量责任，严把项目“五关”，建立全程管控的项目监理机制和监理市场“黑名单”制度，全力打造优质工程、精品工程。

（三）突出内部和外部两个空间，打造协同发展新高地。坚持把统筹发展作为重大战略任务，着力缩小城乡差距、区域差距，打造藏中南经济隆起带。

融合互补抓一体发展。突出“十个一体化”，启动“拉萨山南一体发展四年行动”。一要推进体制机制一体化。尽快完成一体化发展总体规划、专项规划和实施意见。协调拉萨市建立工作对接机制，抓紧签订合作框架协议。二要推进空间布局一体化。按照“2核+4带+10区+若干节点”的空间开发格局和“两横四纵”的空间主骨架结构，加快编制江北综合保护开发规划，强力推进山南方向5条对接带建设。三要推进基础设施一体化。重点实施好拉萨山南快速通道等项目，启动泽当至琼结、泽当至桑日一级路前期工作，谋划好城际大公交、泽当供气管道、“三网融合”等项目。四要推进产业发展一体化。全力打造“沿江百亿产业走廊”和“黄金三角带”，整合统筹城乡发展示范区和桑日、鲁琼、琼结工业园，申请建设自治区级经济技术开发区，对接发展净土健康等产业。五要推进城乡建设一体化。加快“一心五区、两横两纵”城镇体系建设，打造好桑耶、昌果、阿扎、多颇章等小城镇。六要推进生态环保一体化。打造江北生态富民示范区，抓紧与亿利集团敲定雅江植树造林和防沙治沙项目，开工建设藏草公司扎囊万亩现代苗圃基地，协调大企业强力推进万亩草业基地等江北荒滩开发。建设泽贡高等级公路绿色长廊。七要推进公共服务一体化。突出公共服务共建共享，建立公共服务合作发展机制。八要推进市场体系一体化。加快培育一体化的要素市场、商品市场、流通体系和执法监管机制，打造区域市场共同体。九要推进改革创新一体化。争取建设拉萨山南一体化发展改革试验区，实现一体深化改革、一致扩大开放、一同推进创新。十要推进社会治理一体化。建立信息互通、管控互动、治理互联的社会治理机制。

统筹协调抓区域联动。坚持城乡之间、边境腹心之间互动发展，提升统筹发展水平。一要统筹城乡建设。实施泽当城镇建设补齐短板工程，加快推进乃东3个棚户区改造项目，启动泽当市民公园和“见缝插绿”工程，开展海绵城市、综合管廊、环城路前期工作。开展泽当生态修复、城市修补“双修”试点工作，推进泽当园林城市和文明城市创建工作，确保建成自治区级卫生城市。加快推进桑耶、杰德秀和勒3个特色小城镇项目，高质量建成30个基层政权示范点和一批高寒乡镇供暖工程。二要推进兴边富民。突出“内兴”这个关键，启动“固边安民兴边富民四年行动”。配合做好隆子通用机场前期工作，尽快完成所有边境通村公路前期工作，启动边境村“户户通路”工程。制定“带着政策进山”方案，把玉麦整乡和扎日、肖站等管控薄弱的边境一线重点村庄纳入固边富民工程。坚持一村一特色，科学规划96个边境小康示范村，争取尽早开工建设，确保实现大的突破。要加快工作进度，精心打造好拉郊、公章浦、普玛江塘、玉麦和错那镇、曲松镇等生态文明小康示范村。

（四）突出改革和开放两个主题，增强内生发展源动力。始终把改革开放作为决定山南长足发展和长治久安的关键一招，启动“改革开放四年行动”。

深化改革要有新突破。坚持蹄急步稳，统筹推进各项改革。一要深化行政体制改革。组建各县区统计局。建立政府法律顾问机制。完善权责清单管理、限时办结等制度，推进法治政府、“互联网+政务服务”等改革，解决好下放权限“接不好”问题。二要深化农牧区改革。加快乃东农村综合改革，探索农牧业补贴、林权制度改革的有效路子，建立农村承包土地经营权、农村住房财产权和林权抵押有效模式，确保今年完成全市农村土地“三权”确权工作。三要深化国企改革。理直气壮做大做强国企，出台国企增产提效意见、收入分配制度和带动群众就业增收办法。推动城投、雅投、旅投公司规范运营，发挥好三家公司在经济社会发展中的平台作用。四要深化财税金融体制改革。完善“四部”预算有机衔接的预算体系，深化公务卡消费改革，推动政府采购和执行分离。探索存货质押、保单质押、股权质押等金融改革路子。落实好中小企业信用体系建设、涉税业务“同城通办”等重点改革任务。五要深化民生领域改革。实加快推进教育改革和公立医院、分级诊疗等改革，做好养老保险企业减负等重点工作。

对外开放要有新进展。坚持以更开放的胸襟和心态，构建更开放的经济格局和社会形态。一要推进实体招商。市经合局要全力推动科能光伏等29个签约项目尽早落地，扎实做好北控集团等优质企业的落地服务，争取全年到位资金25亿元以上。统筹城乡发展示范区管委会要全面启动产城一体示范园基础设施建设，持续跟进阿爸家园等7个企业和项目，争取全年到位资金2亿元以上。二要加大受援力度。按照“三个坚持、两个80%”要求，协调“三省”尽快完成对口援藏规划审批工作。启动实施援藏扶贫工程、12县区完小和卫生服务中心标准化建设项目，力争全年完成援藏投资3亿元以上。拓宽援藏领域，全面落实援藏帮扶3项任务。三要优化发展环境。建立地级领导联系重点项目优化环境机制，依法严厉打击“敲竹杠”等违法行为，严肃惩处幕后的唆使者和指挥者。抓紧制定已查明问题的处理方案，按照“四先四后”步骤，采取“五个一批”方式，分期化解违法违规“存量”，坚决遏制“增量”，强力推进典型案件处置、地材开采运输销售市场整治、村居“三资”清查等工作，出台房屋征收补偿标准及安置政策、违规举报奖励暂行办法等长效制度。对发展环境明显好转的乡镇村居，驻点工作组要将工作规范移交当地并逐步退出。

（五）突出脱贫和民生两个重点，构建共享发展大格局。坚持以人民为中心的发展思想，全力打造民生山南，让山南发展更有“温度”，让民生幸福更有“质感”。

脱贫攻坚要大推动。把扶贫作为头等大事和第一民生工程，启动“打赢脱贫攻坚四年行动”。一要保目标。不折不扣兑现全区脱贫攻坚工作会议上立下的军令状，高质量完成琼结等5县摘帽任务，推动一批一般贫困户稳定脱贫。坚持送上马扶一程，巩固好乃东等3县区脱贫成果。二要抓搬迁。全面完成15个集中安置点和754户2471人搬迁任务，启动鲁琼、多颇章、桑耶集中安置点建设，实施好地质灾害和地方病高发区域8100人的同步搬迁。鼓励搬迁群众采取互帮互助、集体合作等方式发展生产、恢复植被，制定搬迁群众参与植树造林、道路硬化、卫生保洁工作机制，不能养懒汉。三要建产业。坚持“就近就便、不离乡不离土、能干会干”，实施好182个产业扶贫项目，走出一条“集中群众、集中资金、集中种养”的产业扶贫路子。四要促增收。认真落实“一乡一策”增收办法，分解“八大工程”增收任务，拓宽渠道增加群众经营性、工资性、转移性和财产性收入。五要稳就业。加快推进公共职业技能实训基地和人力资源市场建设。坚持“市场就业为主、政府就业为辅”，建立大学生创业“资金扶持、场地保障、税费减免”政策。大力实施“双业”工程，开展乃东全国农民工返乡创业试点，启动“万人技能培训”计划，确保全年实现劳务输出9万人以上。六要强帮扶。建立企业和群众双向融入、双方受益机制，对接烟草专卖局和华能华电集团落实帮扶措施，扩大民营企业帮扶参与范围。七要重引导。建立贫困户自主脱贫考核机制，开展“自立更生脱贫”主题教育活动，坚决杜绝“等靠要”思想。

民生改善要出亮点。牢牢抓住改善民生、凝聚人心这个出发点和落脚点，启动“民生民利改善四年行动。一要建设教育强市。突出“引领全区、赶超西部”定位，攻坚推进“5个100%”和“三个平均水平”达标计划，率先在全区实现义务教育均衡发展全域通过目标。启动泽当完全中学等项目，完成7县学校布局调整，争取西藏技师学院落户山南。大力实施教师教育振兴行动计划，制定“组团式”教育援藏细则，开展市直教师和援藏教师下沉乡镇小学和幼儿园试点工作。加强正确宗教知识教育，淡化宗教对青少年的影响。二要打造健康山南。实施好泽当人民医院等重点项目，稳步推进等级医院创建工作。探索建立“以上带下、能上能下”的医疗人才培训交流机制。尽快出台大病救助实施细则，争取5月底前完成先心病患儿免费筛查和全民免费健康体检工作。健全食品药品监管体系，确保群众饮食用药安全。三要巩固文化示范。尽早完成群艺馆改扩建和博物馆布展工作，实施好新华书店、民间艺术团排练场、文物保护维修等项目，争取市广电中心尽早立项。协调湖南省举办好2017中国西藏雅砻文化节。四要健全社保体系。实施全民参保登记计划，健全养老保险转移接续和城乡医保融合机制。加快推进市直单位保障性住房建设，争取拉萨山南源小区尽早动工。开工建设“双集中”供暖、老年日间照料中心等项目，扎实做好扶残助孤等工作。五要落实民心工程。及时兑现自治区民生“十件实事”33项惠民政策。认真落实“十大民心工程”，抓紧出台偏远乡镇干部职工交通补助办法，探索建立社会救助标准与物价上涨挂钩联动机制，确保民心工程深入民心。

（六）突出生态和社会两个环境，营造和谐发展好氛围。牢固树立绿色发展理念和安全发展理念，全力促进人与自然和谐相处、经济与社会和谐发展。

打造示范优化生态环境。启动“生态文明创建四年行动”，确保今年高质量建成国家生态文明先行示范区。一要加强生态保护与建设。实施好羊湖和雅砻河源头生态保护等项目，完成植树造林11.4万亩、封山育林4.3万亩、防沙治沙14.8万亩。二要推进城乡环境整治。启动大气、土壤、水污染防治行动，实施好饮用水源地保护等项目，协调北控水务集团托管运营污水处理厂，创建自治区级生态县2个、生态乡镇13个、生态村居90个。三要健全生态文明制度。建立市级巡查、“双随机”抽查、联审联批、信息公开、专项稽查、在线监管“六大机制”，完善环保监管制度。四要建立生态富民体系。正确处理好保护生态与富民利民的关系，建立生态补贴扩面覆盖、生态治理群众参与、荒山荒滩开发受益、生态岗位吸纳就业“四大机制”。五要做好中央督查准备。扎实做好自查工作，建立台账分类整改，提炼特色打造亮点，争取高质量、高水平通过中央督查。

法治主导优化社会环境。牢固树立法治思维和理念，着力构建安全稳定、团结和睦、治理高效的社会环境。一要依法维护社会稳定。认真落实自治区“十项维稳措施”，扎实做好城镇网格化管理、“双联户”创建评选、立体化治安防控体系建设、矛盾纠纷排查调处等工作，严密防范和打击分裂破坏活动。推动“十项排查工作”制度化、常态化，实施好打击非法网络组织、整治造谣传谣和传播有害信息行为、防范工程项目被达赖集团插手利用、优化发展环境矛盾纠纷排查调处等专项行动，确保社会大局持续和谐稳定。二要依法抓好安全生产。认真做好国家安全生产大检查准备工作，加快推进隐患排查治理数字化、标准化体系建设，实施好应急指挥平台和云视频系统项目，深入开展“六大体系、八项制度”落实情况专项督导。紧盯道路交通、建筑施工等重点领域，加大隐患排查整治，确保不发生较大以上安全事故。三要依法做好民宗工作。突出民宗工作这个维稳重中之重，启动“民族宗教工作四年行动”。深入开展全国民族团结进步示范市和双拥共建模范市创建活动，争做全国民族交往交流交融先进典型。坚持宗教工作中国化方向，守住“三不增加”底线，深入开展“三个一”活动，稳慎推进“十项清理清查”，持续解决好“五类问题”。严格落实学经回流人员“两个一律”措施，严厉打击非法宗教活动，防止藏传佛教向内地蔓延。

**三、坚持精准发力聚要素，弘扬担当精神抓落实，不断强化经济社会发展保障**

实现2017年各项目标任务，关键在狠抓落实。全市上下一定要按照市委、市政府的决策部署，强化责任、攻坚突破，不断开创山南经济社会发展新局面。

（一）要强化政策保障。认真梳理国家和自治区出台的各项政策，找准切入点、结合点和着力点，重点要对接好中央第六次西藏工作座谈会细化政策和自治区供给侧结构性改革配套政策，对接好自治区产业发展资金、开发投资基金、发展投资基金和创业扶持资金，努力为山南经济社会发展提供强有力的政策支撑。

（二）要强化能力保障。各级领导干部要立足新形势、新任务、新特点、新要求，切实加强对五大发展理念、供给侧结构性改革、总基调和“13对关系”的学习，切实提高政策理论水平和经济决策水平。要深入践行一线工作法，掌握第一手资料，了解第一线情况，解决第一道问题，在一线复杂工作中锤炼本领。

（三）要强化机制保障。健全责任落实机制，十个“四年行动”、九大产业发展等重点工作，要落实一个领导、一套方案、一抓到底的工作机制。健全督促检查机制，继续严格执行联动督查、督查专员、综合督导、“三诺制”等行之有效的制度。健全容错纠错机制，明确“三个区分开来”具体情形，鼓励干部勇于担当。

（四）要强化作风保障。大力弘扬“老西藏”精神、

"两路精神"和自立更生、艰苦奋斗的"列麦精神",坚决整治不作为、慢作为、懒作为问题和不敢抓、不愿管、往上推问题。要严格落实"三个牢固树立"要求,正确处理好"亲"和"清"的新型政商关系,规范权力运行,坚决惩治腐败,切实树立起政府的良好形象。

同志们,动员令已下达,冲锋号已吹响。让我们在自治区党委、政府的坚强领导下,凝心聚力、携手奋进、扎实工作,不断开创山南经济社会发展新局面,以优异成绩迎接党的十九大胜利召开!

## 王友华同志的讲话

刚才,张永泽书记和普布顿珠市长分别作了重要讲话。两位领导的重要讲话,通篇贯穿了党的十八大、十八届三中四中五中六中全会、中央第六次西藏工作座谈会、自治区第九次党代会、中央和全区经济工作会议精神,既着眼长远、又立足当前,思路清晰、目标明确,重点突出、措施有力,具有很强的针对性、指导性和可操作性,对全市各族干部群众认清形势、把握大局,增强信心、凝聚力量,做好今年经济工作,推动经济社会长足发展和长治久安具有十分重要的意义。

今天的会议主题鲜明、重点突出,开的很成功,这既是一次解放思想、统一认识、抢抓机遇的动员会,又是一次理清思路、明确目标、自我加压的鼓劲会。会后,大家要认真学习领会,抓好贯彻落实。一要领会好精神。各县区、各部门要迅速行动起来,认真学习领会此次会议精神特别是张永泽书记和普布顿珠市长的重要讲话精神,结合自治区第九次党代会、全区经济工作会议和吴英杰书记、洛桑江村主任到山南调研时的重要讲话精神,融会贯通抓好学习,切实把思想和行动统一到自治区的安排部署上来,统一到大会精神特别是两位领导的重要讲话精神上来。二要明确好目标。各县区、各部门要认真对照此次会议精神特别是两位领导的重要讲话精神,对照年度各项主要指标,对照年度各项工作重点,对照"九大短板",主动领取涉及本县区、本单位的工作任务,科学制定年度工作计划和目标任务。三要细化好措施。市委督查室和市政府督查室要抓紧制定任务分解方案,把会议确定的各项任务分解成具体事项,落实到具体单位和责任人,并对分解的任务进行定期督查、跟踪问效,确保会议确定的各项工作有人抓、有人管、有具体措施。四要完成好任务。各县区、各部门一定要牢固树立责任意识和担当意识,不折不扣贯彻落实市委、市政府的各项决策部署,紧盯重点领域、重点工作、重点项目,坚持高标准、落实严要求,不等不靠、主动作为,合理安排工作措施,攻坚推进各项工作,确保会议确定的各项任务按时完成,目标顺利实现。

下面,我就当前重点工作再强调五个方面的意见。一要突出抓好群众生活。认真开展好"两节"期间慰问和送温暖活动,重点解决好特困户、五保户、孤儿和老弱病残等群体的生产生活问题。二要突出抓好市场管理。加强市场秩序的规范和整顿,认真做好市场物价监管和物资供应,坚决打击哄抬物价等行为,确保节日期间市场货源充足、价格稳定。三要突出抓好冬春生产。认真做好种子、化肥、农药等生产资料供应储备,扎实开展接羔育幼、牲畜过冬、动物疫病防控等工作,确保农牧业生产安全有序。四要突出抓好项目工作。抢抓冬歇期的有利时机,加快推进项目论证、审查、环评、征地等前期工作,为项目按时开工奠定基础。对适宜冬季施工的项目,要倒排工期、抢抓时间、加快进度,确保项目尽早建成;对续建项目和已具备开工条件的新建项目,要积极做好土建、备料、招投标等开工准备工作,开春后迅速掀起项目建设高潮,确保项目开复工率达到100%。要集中力量谋划一批重大项目,充实完善项目库,进一步增强发展后劲和项目支持。五要突出抓好维稳工作。进一步抓好社会治安综合治理工作,加大对重点区域、重点部位、重点目标、重点人员的管控力度,加强值班备勤、情报收集、舆情管控、矛盾排查、边境管控、应急处突和督导检查等工作,确保社会局势和谐稳定,切实让群众过上安稳年、平安年。六要突出抓好安全生产。紧盯道路交通、烟花爆竹、危险化学品、人员密集场所、食品药品、消防安全等重点行业和重点领域,加大安全隐患排查力度,切实从源头上减少安全生产事故。

同志们,今年全市经济工作的目标任务已经明确,关键在于落实。我们一定要在市委、市政府的坚强领导下,按照市委、市政府的部署要求,统一思想、凝心聚力、真抓实干、攻坚克难,全面完成今年各项目标任务,推动山南经济社会长足发展和长治久安。

# 山南市人民代表大会常务委员会工作报告

在山南市第一届人民代表大会第二次会议上

山南市人民代表大会常务委员会副主任　陈海清

（2017年5月24日）

## 2016年的主要工作

2016年，是山南发展史上极不平凡的一年，是市人大常委会开启历史新征程之年。在市委的坚强领导下，市人大常委会全面贯彻党的十八大、十八届三中、四中、五中、六中全会精神，认真学习贯彻以习近平同志为核心的党中央治国理政新理念新思想新战略、特别是治边稳藏重要战略思想，严格按照统筹推进“五位一体”总体布局和协调推进“四个全面”战略布局要求，紧紧围绕市委重大决策部署，认真谋划开展人大工作。一年来，共召开常委会会议7次、主任会议11次，听取审议“一府两院”专项报告8个，作出决议决定9项，开展视察调研5次，较好地完成了市一届人大一次会议确定的各项任务，为推动我市长足发展和长治久安做出积极贡献。

### 一、以党委决策为引领，在议大事、讲大局上有新作为

市人大常委会始终坚持党的领导，充分发挥人大职能作用，统筹谋划、依法履职，顺利实现人大工作从地区工作委员会向市人大常委会转变。

（一）始终坚持党的领导。始终坚持把党的领导贯穿于人大工作的各方面、全过程，牢固树立政治意识、大局意识、核心意识、看齐意识，坚定拥戴、信赖、忠诚、捍卫习近平总书记这个核心，坚决拥护以习近平同志为核心的党中央坚强领导，坚决维护以习近平同志为核心的党中央绝对权威，自觉做到在思想上政治上行动上同以习近平同志为核心的党中央保持高度一致。切实加强常委会思想政治建设，不断深化对党中央和区党委、市委确定的战略定位、目标任务、政策措施的准确把握，始终把思想和行动统一到区党委和市委的部署要求上来，统筹安排人大各项工作和重要活动，确保市委决策部署在人大工作中得到全面落实和有效执行。严格遵守党的政治纪律和政治规矩，积极主动向市委请示报告重大问题和重要工作30余次，切实做到了在思想上与市委同心、目标上与市委同向、工作上与市委同步。

（二）圆满完成县乡换届。按照区党委、市委的统一部署，市人大常委会把坚持党的领导、充分发扬民主与严格依法办事有机统一起来，突出重点、把握关键，圆满完成县乡人大换届工作。组织各县（区）人大常委会按程序和比例划分选区1868个，依法登记选民22.92万人，选举产生县级人大代表1192人、乡镇人大代表3252人，按法定时间召开了县乡两级人民代表大会，选举产生了各县（区）人大常委会组成人员、人民政府组成人员和人民法院院长、人民检察院检察长及乡（镇）人大主席、人民政府组成人员，全面体现了党的决策主张，为山南经济社会发展提供了强有力的组织保障。

（三）依法规范人事任免。始终坚持把党管干部原则和人大依法任免相统一，依法依规行使人事任免权。严格规范“一府两院”任命案的任前了解、任职资格、任职条件等审查程序，认真落实任前考察、任中表态、任后宣誓和颁发任命书等工作制度，有效增强了被任命人员的宪法意识、人民意识、公仆意识和责任意识。全年共决定和批准任免地方国家机关工作人员160人次，举行宪法宣誓活动6次。

### 二、以中心工作为重点，在强监督、重推动上有新成效

市人大常委会始终紧扣市委中心工作，突出监督重点、强化监督职能、增强监督实效，有力促进了“一府两院”依法行政、公正司法。

（一）强化法律监督，推动法律法规正确有效实施。一是执法检查针对性强。根据自治区人大常委会安排，结合我市实际，大力开展人民防空法、公益

事业捐赠法等12部法律法规执法检查，针对检查中发现的问题，转交“一府两院”及有关部门办理意见建议39条，有效促进了法律法规在我市的正确贯彻实施。二是立法调研实效明显。配合或受自治区人大常委会委托，对立法条例、促进科技成果转化法办法、食品安全法办法等10部新制定或需修订的法规草案进行调研，广泛听取各级人大代表、相关单位意见，向自治区人大常委会提交意见建议60余条，为全区科学立法、民主立法提供了决策参考。三是法律宣传覆盖面广。充分利用常委会会议、“两学一做”学习教育、法制宣传月、宣传周、驻村工作队、“先进双联户”等平台，大力宣传宪法、民族区域自治法、食品安全法、环境保护法、安全生产法等法律法规，发放宣传资料3400余份，为全面增强干部群众尊法、学法、守法、用法意识打下了坚实基础。

（二）强化工作监督，推动经济社会持续健康发展。一是经济工作监督突出重点。常委会通过听取和审议市政府国民经济和社会发展计划执行情况、财政预算执行情况、本级财政预算调整方案、审计工作情况等工作报告，督促有关方面认真落实市委关于经济工作的决策部署，促进“十三五”规划全面实施。特别是对市政府年度经济指标完成情况、资金使用情况等开展了监督检查，作出了相应决议决定。对全市商务工作开展情况进行调研，提出了意见建议并上报自治区人大常委会。二是环境保护监督注重实效。强化绿色发展理念，督促各级政府及环保部门落实最严格的环境保护法律制度，坚定不移地推动美丽山南建设。配合自治区人大常委会，开展了“中华环保世纪行——西藏行”活动。对拉林铁路、泽贡高等级公路、大古电站等重点项目环境保护工作和市医疗废物处置中心、市垃圾填埋场运营情况等开展监督检查，对羊湖风景区开发保护建设、冬虫夏草资源保护与管理情况进行调研，发现12个方面的问题，积极督促相关部门对照问题及时整改落实。三是重点工作监督紧扣民生。围绕市委中心工作，对市“十二五”规划目标完成情况和“十三五”规划纲要编制情况进行监督，听取和审议了《山南市2012—2030年城市建设总体规划》，提出了意见建议，形成了相关决议决定；听取了市政府优化发展环境工作报告，对乃东、琼结、加查、贡嘎等县（区）优化发展环境工作进行了实地调研，形成了专题调研报告，向市政府交办意见建议5条；听取了市政府关于精准脱贫工作情况报告，深入乃东、曲松、洛扎3个计划脱贫摘帽县进行视察调研，提出了抓项目、强落实、重教育、提质量等意见建议；对新修订的农村土地承包法和支农惠农政策落实、农牧科技创新、民办教育发展、藏医药传承保护等工作进行了视察调研，听取了工作情况报告，提出意见建议27条。

（三）强化司法监督，推动司法规范化和能力建设。加强对行政、审判、检察工作的监督，听取审议了“两院”工作报告和规范司法行为、人民陪审员工作情况汇报，组织“两院”负责人系统学习人大工作有关法律法规，大力支持“两院”依法独立行使职权，督促“一府两院”及市直部门严格落实监督法实施办法，自觉主动接受人大监督，切实加强司法规范化建设，深入推进阳光执法、廉洁司法，进一步提高了依法行政和公正司法水平。

**三、以代表履职为保障，在优服务、建平台上有新举措**

市人大常委会高度重视代表工作，积极搭建代表履职平台，拓展代表履职渠道，保障代表依法履职，切实发挥好代表主体作用。

（一）保障代表依法履行职责。一是加强代表培训。组织90名市人大代表和基层人大干部开展了依法履职、法律法规、业务知识等方面的培训，有效提升了市一届人大代表履职能力和业务水平。二是加强代表联系。始终坚持常委会组成人员联系代表制度、重大事项请示报告制度、定期走访代表和邀请代表列席常委会会议制度，先后邀请80余名市县两级人大代表列席常委会会议，有效拓宽了代表的知情知政渠道。三是加强代表服务。认真做好代表意见建议收集分类和交办等各项工作，全年共计收集和交办代表意见建议90余条，确保了市一届人大一次会议期间代表意见建议的按时交办和常委会议期间委员提出意见建议的交付办理工作。

（二）丰富闭会期间代表活动。一是促进代表相互学习交流。认真组织基层人大代表和人大干部参加全国人大、自治区人大举办的学习、培训、视察、调研等活动，协调帮助洛扎、桑日、加查、隆子等县人大代表外出学习考察和交流活动。二是组织代表开展视察调研和执法检查。组织自治区驻山南十届人大代表和市级人大代表40余人次，对基层人大工作开展情况、自治区十届人大四次会议代表的意见建议办理情况、“十二五”重点项目建设情况、食品安全法贯彻实施情况等进行调研、督导和执法检查。三是创新开展“人大代表之家”活动。积极指导各县（区）

结合实际制定“人大代表之家”活动计划，认真组织代表学习党和国家的方针政策、法律法规，大力开展代表履职经验交流、与选民见面和报告履职情况等活动，依托全市95个“人大代表之家”和172个“代表小组活动室”共开展活动1006次、参与代表4300余人次，极大丰富了代表在闭会期间的各项活动。

（三）认真督办代表议案建议。一是及时交办。认真梳理分类市一届人大一次会议代表提出的建议66条，专门召开交办会议，交由22个主办部门和23个协办部门办理，并提出了明确要求。二是强化督办。选择群众关注、代表反映强烈、领导关心的10条意见建议，由常委会主要领导牵头，持续跟进、狠抓落实。组织两个检查组对代表意见建议办理情况进行督导检查，对重视不够、办理不力、答复不及时、代表不满意的单位及时督促整改。三是严格考评。将代表意见建议办理纳入全市年度综合考评，逐条细化考评办法，有效增强了意见建议的办理时效。截止目前，市一届人大一次会议期间代表提出的意见建议答复率达100%、办结率达86%。

**四、以自身建设为抓手，在强基础、转作风上有新加强**

市人大常委会始终把自身建设作为夯实新时期人大工作基础的有力抓手，着力推进党的建设、作风建设、队伍建设和服务能力建设，不断提高新形势下依法履职能力和水平。

（一）党的建设不断加强。常委会党组牢固树立“四个意识”，坚决维护以习近平同志为核心的党中央权威，坚定不移贯彻落实习近平总书记治边稳藏重要战略思想。认真落实党建主体责任，进一步严肃党内政治生活，深入贯彻落实民主集中制。坚持常委会党组集体学习制度，主要领导带头讲党课，推动“两学一做”学习教育常态化、制度化。

（二）履职能力不断提高。全面贯彻落实《全国人大常委会党组关于加强县乡人大工作与建设的若干意见》《中共西藏自治区委员会关于进一步加强和改进人大工作的意见》《中共西藏自治区人大常委会党组关于加强县乡人大工作与建设的实施意见》等文件精神。紧紧围绕组织建设、机构设置、代表履职等基础工作，组织设立了代表资格审查委员会和咨询专家库，加强市人大3个专门委员会工作力量。成立调研专班，深入各县（区）和部分乡（镇）、村（居）开展专题调研，指导县（区）人大组建3个专门委员会，调整充实了乡（镇）人大主席、副主席和人大工作专干，有效夯实了人大工作基础，规范了人大工作程序。各专委会认真组织和参与了审查、调研、视察、执法检查等工作，为依法高效开展人大工作发挥了积极作用。

（三）干部作风不断转变。深入贯彻中央八项规定精神、区党委“约法十章”“九项要求”和市委“十项规则”，严格落实党风廉政建设主体责任和“一岗双责”要求，学习贯彻《关于新形势下党内政治生活的若干准则》《中国共产党党内监督条例》，层层签订责任书，夯实筑牢拒腐防变思想防线。始终以“三严三实”为标准做好廉政表率，视察调研一律轻车简从，精文简会切实注重实效，着力打造了一支政治好、素质硬、能力强、作风正、效能高的干部队伍，塑造了人大干部“廉洁自律、务实高效”的良好形象。

（四）服务水平不断提升。一是认真履行维护稳定政治责任，积极参加维稳指挥部值班带班工作和3月敏感期维稳督导工作，大力开展综治宣传日、宣传周、宣传月等活动。二是认真做好驻村轮换工作，多次深入联系村居、寺庙、企业开展结对帮扶活动，积极帮助群众解决生产生活困难，为推动脱贫攻坚做出积极贡献。三是认真参与全市县乡换届选举巡回督导、精准扶贫精准脱贫综合考评、年终综合考评和督导检查优化发展环境等工作，有效推动全市重点工作顺利开展。

各位代表，同志们，市人大常委会过去一年取得的成绩，是市委坚强领导的结果，是全市人大代表、常委会组成人员、专委会组成人员和人大机关工作人员共同努力、辛勤工作的结果，是市“一府两院”和县乡人大机关积极协作、密切配合的结果，是全市各族人民、社会各界充分信任、大力支持的结果。在此，我代表山南市人大常委会表示衷心的感谢！

在肯定成绩的同时，我们也清醒地认识到，市人大常委会的工作与形势的发展、人民的期望、代表的要求还有一定差距：工作职能有待进一步转变，各项制度有待进一步健全，监督程序有待进一步规范，联系代表有待进一步加强，业务水平有待进一步提升，工作实效有待进一步增强。我们将高度重视这些问题，认真研究、切实改进，自觉接受人民监督，虚心听取代表意见，不断加强和改进人大各项工作。

## 2017年的主要任务

2017年是深入实施“十三五”规划的重要之年，

是全面建成小康社会、打赢脱贫攻坚战的关键之年。市人大常委会工作的总体要求是：全面贯彻落实党的十八大、十八届三中、四中、五中、六中全会和中央第六次西藏工作座谈会精神，深入学习贯彻习近平总书记系列重要讲话精神和治国理政新理念新思想新战略、特别是“治国必治边、治边先稳藏”的重要战略思想和“加强民族团结、建设美丽西藏”的重要指示，始终坚持党的领导、人民当家作主、依法治国有机统一，紧紧围绕市委决策部署和人大工作新要求，依法履职、锐意进取，圆满完成市一届人大二次会议确定的各项任务，为推动山南长足发展和长治久安积极贡献力量。

**一、加强政治建设，筑牢思想基础**

始终坚持党的领导，牢固树立“四个意识”，不断强化做好新时期地方人大工作的政治定力、担当精神和思路举措。

一是强化核心意识。深入学习贯彻党的十八大、十八届三中、四中、五中、六中全会和习近平总书记系列重要讲话精神，始终在思想上、政治上、行动上同以习近平同志为核心的党中央保持高度一致，不折不扣贯彻落实中央的决策部署，切实做到在思想上拥戴核心、在政治上信赖核心、在组织上忠诚核心、在行动上捍卫核心。

二是强化理论武装。紧密联系人大工作及机关建设实际，坚持集中学习研讨与个人日常自学相结合，以“两学一做”学习教育常态化、制度化为抓手，以“四讲四爱”主题教育实践活动为契机，以深入学习宣传和贯彻落实党的十九大精神为重点，不断强化对中国特色社会主义理论体系、习近平总书记系列重要讲话精神和治国理政新理念新思想新战略和人大业务知识等内容的学习，努力提高自身理论素养。

三是强化政治纪律。认真执行和切实维护党的政治纪律和政治规矩，不断提高政治警觉性和政治鉴别力，不断提高把握方向、把握大势、把握全局的能力，不断提高保持政治定力、驾驭复杂局面、防范政治风险的能力，坚决维护党和国家的政治安全。在维护祖国统一、加强民族团结、开展反分裂斗争这一重大原则问题上，始终做到旗帜鲜明、立场坚定、认识统一、表里如一、态度坚决、步调一致。

**二、聚焦重点问题，强化依法监督**

坚持问题导向，突出监督重点，把推动市委重大决策部署的贯彻落实作为监督工作的重点抓实抓好。

一是监督计划和预算执行情况。听取和审议市政府2017年国民经济和社会发展计划执行情况和财政预算执行情况报告，2017年本级财政预算调整方案报告和2016年度审计工作报告，并作出相应决议决定。

二是检查法律法规实施情况。组织人大代表对环境保护法、安全生产法等法律法规贯彻实施情况进行执法检查，并听取和审议市政府关于生态环境保护、安全生产等工作情况报告。听取和审议市中级人民法院、人民检察院专项工作报告。

三是组织代表开展视察活动。组织人大代表对市一届人大一次、二次会议代表意见建议办理情况、重大项目建设情况、惠农支农政策落实情况等进行视察。

四是深入开展调查研究。围绕市委中心工作，组织人大代表和有关部门对精准脱贫工作，特别是脱贫摘帽县的脱贫攻坚工作和全市人口较少民族乡经济社会发展等情况进行专题调研。

**三、履行法定职能，服务工作大局**

紧紧围绕市委中心任务和全市改革发展大局，充分发挥人大职能，依法适时作出决议决定，更好地服务中心工作。

一是主动行使重大事项决定权。制定完善人大党组及常委会讨论决定重大事项规定，依法规范市人大常委会讨论、决定重大事项制度和工作程序，自觉服从和服务于市委总体工作部署，正确处理好与“一府两院”的关系，推进解决经济社会发展中的重大问题。

二是切实做好人事任免工作。坚持党管干部和人大依法选举任免的有机统一，严格依照法定程序做好选举任免工作，确保市委人事安排意图实现。继续坚持和完善任前审查、任职发言、宪法宣誓等制度，切实增强被任命人员的宪法意识和自觉接受人大监督的意识。

三是认真抓实规范性文件备案审查。完善规范性文件备案审查制度，重点开展民生领域规范性文件审查，切实增强备案审查工作的针对性和实效性。

四是积极推进立法前期工作。加大法律法规学习力度，做好立法调研各项工作，按照法定程序积极向自治区人大常委会请示，承接立法权，为市人大常委会依法行使立法权奠定基础。

五是继续加强做好信访工作。针对信访工作新形势、新特点和新要求，健全人大信访工作机制，加强信访综合分析，加大涉法涉诉和重要信访案件的督办力度。

**四、立足当前形势，丰富代表活动**

坚持尊重代表主体地位，依法保障代表履行职务，充分发挥代表作用，尽心尽力做好代表工作。

*一是加强代表培训*。适时举办第二期人大代表培训班，引导代表提出高质量的议案和意见建议，分期、分批组织代表到区内外考察学习和交流，不断提高代表履职能力和履职水平。

*二是充实代表活动*。加强对闭会期间代表活动的指导和服务，扩大代表参与常委会工作的范围，健全完善"人大代表之家"工作和活动制度，认真做好自治区对全市"人大代表之家"创建工作的验收准备，充分发挥"人大代表之家"的平台作用。

*三是督办代表建议*。进一步健全常委会领导牵头、专委会对口督办的工作机制，制定出台代表建议意见办理效果评估办法，构建科学的评价指标体系。督导承办单位增强法律意识和责任意识，切实提高代表意见建议的办结率和满意率。

**五、强化自身建设，提高履职水平**

积极适应人大工作新常态，从严从实加强自身建设，不断提升常委会运用法治思维和法治方式开展工作、解决问题的能力。

*一是加强党的建设*。贯彻落实全面从严治党安排部署，严格执行各项纪律和规定要求，严格落实《关于新形势下党内政治生活的若干准则》《中国共产党党内监督条例》、"三会一课"制度和党风廉政建设主体责任，强化"四个意识"，自觉做到知行合一，坚持党对人大工作的领导，坚定人大工作正确政治方向，切实把全面从严治党要求贯穿于人大工作全过程、落实到依法履职各方面。

*二是加强制度建设*。进一步建立健全《山南市人大常委会党组重大事项请示报告制度》《山南市人大常委会议事规则》《山南市人大常委会人事任免办法》《山南市人大常委会组成人员联系市级人大代表办法》等规章制度，建立健全人大机关管理规范，切实用完善的制度约束履职行为、保障工作落实。

*三是加强队伍建设*。逐步健全人大系统组织机构，配齐配强工作人员，重视发挥专门委员会作用。重视干部培养使用与队伍建设管理，适时组织常委会办公室工作人员到区内外学习交流，不断提升队伍整体履职能力，切实加强人大宣传工作，充分发挥参谋助手作用和服务保障功能。

*四是加强工作指导*。与自治区人大常委会沟通衔接，制定党中央和区党委三个人大工作文件（中发〔2015〕18号和藏党发〔2016〕7号、9号）精神和区党委人大工作会议精神的贯彻落实意见，加强同基层人大的沟通联系、信息交流和工作指导，组织市、县（区）、乡（镇）人大代表调研考察、培训学习，不断提高全市人大工作整体水平。

*五是加强协调配合*。积极配合做好自治区人大及其常委会和兄弟地市人大及其常委会（工作委员会）的工作调研、执法检查、代表视察、考察学习等活动，不断开创全市人大工作新局面。

各位代表！我们深刻认识到，山南社会发展正处于充满希望、大有作为的关键时期，全市各级人大必须进一步认清方位、把握大势、做好工作；我们切实感受到，人大在全市工作大局中身负重任、责无旁贷，应更加积极作为、奋发进取、多作贡献；我们坚定相信，有市委的坚强领导，有全体代表和人大干部的共同努力，全市人大工作一定能够百尺竿头，更进一步！

各位代表！面对新形势和新任务，面对全市人民的信任和重托，我们深感责任重大、使命光荣。让我们更加紧密地团结在以习近平同志为核心的党中央周围，在市委的坚强领导下，坚定信心、求真务实，切实履行好宪法和法律赋予的神圣职权，为推进山南长足发展和长治久安而努力奋斗，以优异的成绩迎接党的十九大胜利召开！

# 山南市人民政府工作报告

在山南市第一届人民代表大会第二次会议上

山南市人民政府市长 普布顿珠

（2017年5月23日）

## 2016年工作回顾

2016年是极不平凡的一年。乘着撤地设市的东风，年轻的山南市站在了新的历史起点上，踏上了新的伟大征程，众志成城汇聚磅礴力量，翻开了山南历史崭新的一页。一年来，在市委的正确领导下，在市人大及其常委会的有力监督下，在市政协和社会各界的大力支持下，我们紧紧依靠36万雅砻各族干部群众，迎难而上、砥砺前行、实干苦干，强力推进长足发展和长治久安。全市生产总值、固定资产投资、财政收入、社会消费品零售总额、城镇居民和农牧民人均可支配收入分别完成126.53亿元、186.2亿元、13.56亿元、44.74亿元、25894元、9908元，分别增长9.9%、27.6%、16.8%、13%、8.7%、10.2%，实现了“十三五”良好开局。“十大民心工程”在第三次大督查中作为典型经验被国务院通报表扬并给予了山南2017年“免督查”待遇，山南在全国292个地级市政府效率排名中位居第三。国家公共文化服务体系示范区成功授牌，国家生态文明先行示范区、国家新型城镇化建设试点地区和全区统筹城乡发展示范区加快建设。加查被评为全国休闲农业和乡村旅游示范县，扎囊桑耶镇被确定为国家首批特色小镇，贡嘎杰德秀居委会和加查拉岗村被评为全国生态文化村，乃东扎西曲登村和琼结唐布齐村被列入第四批中国传统村落名录，隆子斗玉村被评为中国少数民族特色村寨，错那麻玛村被评为中国少数民族特色村寨和中国最美休闲乡村。

——*奋力强产业，发展后劲更加充足。*三次产业比重调整为4.9∶49∶46.1，“二三一”产业结构进一步巩固。“三推进”工作成效明显，一批优质产品成功推向市场。建设高标准农田5.28万亩，粮食产量15.9万吨，改良黄牛5.31万头，扎囊藜麦获批国家农业综合标准化示范区项目，洛扎粉丝成功申请国家地理标志保护产品。藏木水电站和8座光伏电站实现产值6.63亿元，拉郊和嘎堆水电站、协信光伏并网发电，全市售电量4.92亿千瓦时，增长21%。地质找矿实现新的突破。建筑建材、民族手工等产业稳步发展。全年接待游客278.4万人次、实现收入11.9亿元，增长18.3%、29.3%。金融存贷款余额309.76亿元、251.72亿元，增长2.9%、8.7%。

——*强力扩投资，基础设施更加完善。*成功录入重大建设项目库项目1651个262亿元，储备三年滚动计划项目1945个1627亿元，梳理代建制、总承包制、PPP模式和贷款项目258个384亿元。全年新开工项目875个，国家、民间投资分别完成182.6亿元、3.6亿元，拉林铁路、泽贡高等级公路、拉萨山南快速通道、雅砻和结巴水库等一大批重点项目加快推进，投资对经济增长的拉动作用十分明显。县、乡、村公路通畅率分别达到100%、96.3%、54.6%，同比提高8个、7.3个、5.6个百分点。行政村安全饮水覆盖率达到100%。全市电力总装机80.88万千瓦，电力人口覆盖率达到98.5%。

——*聚力抓扶贫，脱贫攻坚更加有力。*大力实施“六个精准、十个一批、十个到位”方略，6213户19151名建档立卡贫困人口如期脱贫，乃东申报摘帽，曲松、洛扎基本达到摘帽标准。开工扶贫产业项目59个，推动184个产业项目与5522户贫困群众建立了利益联结机制。15个集中安置点和754户2471人易地搬迁加快推进。创新实施“双业”工程，转移就业贫困群众4917人，落实生态岗位3.79万个。教育、卫生和金融扶贫成效明显。国家烟草专卖局、华能华电集团和一批本地企业、广大干部职工开展了结对帮扶。72.2%的一般贫困户和73.6%的低保贫困户人均纯收入达到8000元以上。

——*倾力惠民生，群众生活更加殷实*。“十大民心工程”深受各族干部群众好评并荣获国务院通报表扬。落实强基惠民资金1.39亿元，为民办实事7596件。教育卫生“组团式”援藏工作全面启动。兑现资金5348.4万元资助山南籍大学生6814人，3县义务教育均衡发展通过国家验收，内地高中代培班顺利开班。创新设立了1000万元大病救助基金，全民免费健康体检、“两降一升”等工作走在全区前列，食品药品监管工作成效明显。成功评选了首届“雅砻文学艺术奖”。科技对农牧业的贡献率达到47%。城镇登记失业率控制在2.1%以内，社保参保率达到97%以上。全面提高了弱势群体生活补助，及时出台了边远乡镇干部职工交通补贴办法。

——*着力促统筹，区域发展更加协调*。拉萨山南一体化发展加快推进，组建了工作机构，完成了江北综合保护开发规划编制工作，江北生态扶贫项目等一批支撑项目有序实施。泽当国家新型城镇化试点顺利通过自治区评估，泽当大道、老城区供排水二期工程等一批重点工程建成使用。全区统筹城乡发展示范区和乃东农村综合改革试验区加快建设，3个特色小城镇、保障性住房、农村危房改造、30个基层政权示范点建设稳步推进，4个高寒乡镇供暖工程全部完成，雅砻家园实现入住，周转房出售试点完成前期工作。创新建立了差异化考评体系，创新实施了固边富民整乡推进试点工程。

——*致力优环境，发展活力更加彰显*。深入开展了优化发展环境专项行动，集中整治了土地房屋领域违规违法行为，建立了失地群众基本生活保障、居民住宅建设管理等长效机制，规范了工程建筑领域市场秩序，发展环境更加优化。圆满完成撤地设市和援藏轮换，顺利组建了法制办、综合执法局和城投、旅投公司，国企法人治理结构更加完善，形成了权责清单、不动产统一登记、政府采购摇号参与、措美解放劳动力等改革亮点。借助藏博会、雅砻文化节等平台签约项目50个，总投资224.3亿元。成功与17家金融机构签订战略协议，获得授信1710亿元。非公经济不断壮大，非公市场主体发展到1.88万户、注册资金181亿元，增长22%、17%。

——*合力守底线，社会氛围更加和谐*。坚守和谐稳定底线，圆满完成杰德秀优化发展环境专项教育活动，扎实开展了涉宗领域“三个一”活动，确保了扎日“转山”等民俗宗教活动的安全有序，群众来信来访办结率达到96.2%，“先进双联户”创建和综治工作分别荣获全区第一、第二名。坚守安全生产底线，建立了安全生产“五大体系”“八项制度”，安全生产形势保持平稳，安监工作荣获国务院表彰。坚守生态保护底线，完成防沙治沙、造林绿化52.98万亩，浪卡子等4县被纳入国家重点生态功能区，成功创建自治区级生态乡镇13个、村居65个，县域环境质量考核连续三年位居全区第一。

——*努力转作风，政府效能更加到位*。深入开展“两学一做”学习教育，进一步健全了政府系统组织生活和党组学习等制度。加强政府系统廉政建设，建立了党员干部违纪违法案件联动查办、财政审计联动检查、项目建设领域违法违规行为联动协查等机制，全程监督了公务员考录、民生资金兑现、惠民政策落实等工作，集中整治了一批突出问题。预决算公开范围进一步扩大，公务接待、公车管理更加规范，“三公”经费明显下降。大力弘扬自力更生、艰苦奋斗的“列麦精神”，全面推行了“一线工作法”“三诺制”等行之有效的制度，政府效能进一步提升，政府工作满意度进一步提高。

一年来，我们自觉接受监督，坚持向市人大及其常委会报告工作，向市政协通报情况，共办理人大代表意见建议63件、办复政协提案111件。一年来，我们成功与尼泊尔巴德岗市结成了友好城市，携手湖北建立了援藏省协助举办雅砻文化节模式，进一步扩大了山南对外知名度和影响力。一年来，我们主动增进团结，深化军政军民团结和民族团结，树立了一批团结典范。一年来，我们切实加强统筹，推动统计、受援、粮食、气象、地震、藏语文、体育、群团等工作取得了新的成绩。

各位代表，过去一年取得的成绩来之不易。得益于以习近平同志为核心的党中央的亲切关怀，得益于自治区党委、政府的坚强领导，得益于“三省一公司”的鼎力支持，得益于市委的正确领导、市人大及其常委会的有力监督和市政协的民主监督，得益于山南各族干部群众的团结奋斗。在此，我代表市人民政府，向给予政府工作大力支持的人大代表、政协委员表示崇高敬意！向为山南改革发展稳定付出心血和汗水的各族干部群众和社会各界表示衷心感谢！向驻山南人民解放军、武警部队、公安政法战线的全体同志表示诚挚慰问！

在肯定成绩的同时，我们也清醒地认识到，山南经济社会发展中还存在一些突出问题，主要表现在基础设施瓶颈短板、经济总量结构短板、园区建设平台短板、旅游发展融合短板、服务业发展消费短板、城乡发展协调短板、区域协同对接短板、招商引资开放短板、发展环境治理短板这“九大短板”。此外，维护稳定面临新的挑战，脱贫攻坚和民生改善任务繁重，区域之间发展不均衡问题依然突出，干部队伍作风建设有待加强，一些领域腐败问题时有发生，等等。我们将坚持问题导向，精准采取措施，努力在填平补齐上狠下功夫。

## 2017年工作安排

各位代表，今年是党的十九大召开之年，是实施“十三五”规划的重要之年，是贯彻落实自治区第九次党代会精神的开局之年，也是全面建成小康社会、打赢脱贫攻坚战的关键之年。我们将继续保持开拓进取的锐气和昂扬向上的士气，归零翻篇再起航，撸起袖子加油干，在新常态中抢抓新机遇、实现新发展。

2017年政府工作的总体要求是：深入贯彻落实党的十八大和十八届三中四中五中六中全会精神、中央第六次西藏工作座谈会精神，深入贯彻落实习近平总书记治国理政新理念新思想新战略特别是治边稳藏重要战略思想，深入贯彻落实自治区第九次党代会和自治区人民政府第一次全体会议精神，坚持以人民为中心的发展思想，牢固树立和贯彻落实新发展理念，坚持稳中求进、进中求好、好中求快、补齐短板的工作总基调，坚持以供给侧结构性改革为主线，准确把握西藏经济社会工作“13对关系”的丰富内涵、吴英杰书记“突出三个重点、办好四件大事”和齐扎拉主席“六个抓落实”的重要指示精神，紧扣“两基地一核心”发展定位和市委“确保一个目标、坚持一条主线、实现三个突破、守好三条底线、打好四大战役”的要求，发挥“六大优势”，补齐“九大短板”，实施“十个四年行动”，抓改革、促发展、保稳定、惠民生，以优异成绩迎接党的十九大胜利召开。

2017年政府工作的奋斗目标是：力争生产总值增长12%以上，全社会固定资产投资增长25%以上，财政收入增长15%以上，税收收入增长16%以上，社会消费品零售总额增长13%以上，居民物价上涨幅度控制在2.5%以内，城镇登记失业率控制在2.3%以内，城乡居民人均可支配收入分别增长10%、14%以上，确保经济社会持续健康快速发展、社会大局持续保持和谐稳定。

为实现上述目标，我们将全力抓好八个方面的工作：

（一）坚持以更新的理念推动结构调整，力促经济转型发展再上新水平。突出发展这个重点，因地制宜推进供给侧结构性改革，促进经济提质增效。

科学调整供给结构。把改善供给结构作为主攻方向，减少无效供给、扩大有效供给。着力优化供给环境。深入推进“三去一降一补”，借助国家为清洁能源发展腾空间的契机，加快雅江水电开发，帮助藏木水电站和光伏企业满负荷生产。大力实施“双创”工程，落实结构性减税、行政事业性收费减免、“五险一金”缴费比例降低等政策，帮助企业轻装上阵，进一步发展壮大实体经济。着力强化供给支撑。规范管理国有企业，充分发挥城投、雅投、旅投公司投融资平台作用。积极争创国家现代农业产业园，引领农牧业供给侧改革。稳步推进交通运输体制改革，组建山南出租车公司。着力增强供给能力。启动“粮食单产提高四年行动”，落实粮食安全责任制，建设高标准农田4.78万亩，争取沿江优势区域优先实现单产提高50斤目标。大力实施“菜篮子”工程，先期建设乃东琼结蔬菜基地1841亩。坚持“企业主导、群众入股、合理定价”，培育3到4家商砼等大宗原料供应企业。着力推进供给创新。加快推进全国商标战略示范城市建设，巩固提升国家公共文化服务体系示范区创建成果，高质量完成国家生态文明先行示范区创建工作。实施好桑耶国家新型城镇化试点、乃东全国农村产业融合发展试点和浪卡子新型农牧区综合体试点。打造乃东全国现代农业示范区、贡嘎森布日科技示范区和浪卡子高山畜牧业示范区，努力在试点示范中体现山南的水平。

适度扩大需求总量。坚持双轮驱动，充分发挥投资和消费的拉动作用，推动可持续发展。狠抓投资落地。继续实施“县域统抓、打包设计、一门审批、专班推进、督导约谈”等项目工作机制，处理好国家投资和社会投资的关系，争取国家、社会投资分别完成203亿元、30亿元以上。加快项目前期工作，争取总投资10亿元以下项目的前期工作上半年全部完成。加强项目储备，争取录入国家重大建设项目库项目2000个总投资350亿元以上。深化政银企合作，试点实施一批投融建、总承包制、代建制、PPP项目。狠抓消费升级。健全流通体系，精心打造商贸服务中心和家具市场，加快推进物交会场地搬迁和铁器等专业市场建设，精心举办好市县物资交流会，着力解决消费外流问题。完善重要商品储备和监测制度，保持物价水平基本稳定。实施放心消费工程，深入开展农牧区消费质量提升行动，加强消费市场监管，不让群众受“假冒伪劣”坑害之苦。

攻坚补齐发展短板。处理好发挥优势和补齐短板的关系，充分发挥区位、政策、人文、交通、资源、发展“六大优势”，围绕破除瓶颈补齐基础设施短板，围绕结构优化补齐经济总量短板，围绕平台支撑补齐园区建设短板，围绕融合互促补齐旅游发展短板，围绕扩大消费补齐服务业发展短板，围绕统筹协调补齐城乡发展短板，围绕对接互动补齐区域协同短板，围绕开放发展补齐招商引资短板，围绕治理提升补齐发展环境短板，以实干苦干的精神破解经济发展的瓶颈制约。

（二）坚持以更快的步伐推动经济建设，力促发展后劲培育再上新水平。突出夯实基础这件大事，大力实施“经济提质增效四年行动”，加快推进产业倍增计划和项目带动战略，进一步提升发展质量和效益。

加快发展九大产业。坚持市场主导、政府引导，科学规划、合理布局，一县一品、各有侧重，打造产业山南。加快发展清洁能源业。打造藏中清洁能源基地，加快建设大古和加查水电站，建成大有等4个光伏项目，对接企业推动措美古堆地热开发。有序发展优势矿产业。帮助努日铜矿和玉峰则当、华钰柯日铅锌矿取得采矿权，争取江南矿业完成新三板上市工作。确保铬铁、铅锌、岩金矿石量分别达到10万吨、60万吨、15万吨以上。稳步发展建筑建材业。有序开发扎囊、浪卡子两县石材，争取华新水泥三期项目尽早开工。规范建筑市场，做好农牧民施工队资质重核工作。大力发展净土健康业。扎实做好“三推进”工作，科学实施“百千万”工程，加快推进全市万头黄牛整村整乡改良计划。深入开展“三品一标”创建工作，争取杰德秀围裙、昌果红土豆、加查核桃油、哲古牦牛肉4个产品创建国家地理标志保护产品。科学发展绿色食饮品业。借力“西藏好水”品牌，争取琼结大包装水项目尽早落地，协助乃东、曲松矿泉水项目完成取水许可、生产许可办理等工作。实施好牦牛肉和青稞制品加工等项目。繁荣发展民族手工业。打造贡嘎扎囊民族手工业产业带，建设扎囊传统编织升级、贡嘎铜器加工集聚区，实施非遗传统工艺研修和贡嘎铜器加工项目，做好泽贴尔、邦典等产品的优化设计和材料改良。借力发展生物制药业。推动本土优质上市医药企业与金珠藏药的合作项目，争取联合成立医药研究中心，建设一批藏药材生产基地。提速发展文化旅游业。加快推进藏东南旅游环线开发。深化景区“三权分置改革”，打造勒布国家绿色旅游示范基地和雍布拉康国家人文旅游示范基地，加快推进30个特色旅游村和379个家庭餐旅馆建设。创新发展电商物流业。推动快递物流园区尽早落地，力争电子商务进农村实现全覆盖。精心培育1—2家企业试点本土特色产品网上销售，进一步拓展区外消费市场。协助西藏新博美做好上市工作。

加快实施十项工程。处理好重大项目和民生项目的关系，大力实施“基础设施提升四年行动”，统筹推进“水电路讯网、科教文卫保”十项工程，切实强化发展支撑。实施供水保障工程。开工建设卓于水库、泽当防洪体系项目，确保雅砻水库下闸蓄水，争取农田灌溉保证率和农饮供水保障率分别达到80%、90%。实施电网升级工程。加快新一轮农网升级改造，实现藏中电网乡镇全覆盖、行政村通电率100%目标。配合做好藏中电网联网工程。实施路网通畅工程。扎实做好国道349升级改造、泽当至米林高等级公路前期工作，加快推进拉林铁路、拉萨山南快速通道等重点项目，开工建设国道219、国道560、曲桑村至玉麦、格金湖至无名湖等公路项目，高质量建成泽贡高等级公路，实现“乡乡通油”目标，确保村居通畅率达到64%以上。实施通讯覆盖工程。启动“村村通邮”工程，做好村邮站试点工作。加强旅游线路和边境地区通信设施建设，尽早实现通信网络全覆盖目标。实施信息网络共享工程。打造智慧城市和精品网络，做好4G网络运营试点，缩小数字鸿沟。实施科技支撑工程。加快推进黑木耳人工高产栽培、荒漠化土地节水灌溉和人工种草、青稞单产提高和奶牛绿色增产关键技术集成示范等科技项目，力争科技对农牧业的贡献率达到49%。实施教育设施优化工程。制定各级各类学校建设标准化体系，开工建设泽当完全中学和67所村级幼儿园，加快推进二职和三高二期项目，完成7县区学校布局调整，争取西藏技师学院落户山南。实施文化设施巩固工程。开工建设藏药浴非遗保护传习所和新华书店项目，完成群艺馆改扩建和博物馆布展工作，争取市广电中心尽早立项。实施卫生设施提质工程。加快推进市人民医院异地迁建、血液中心、流浪犬集中收容中心等项目建设，争取实施11县妇幼保健站、6县疾控中心项目，谋划县级独立藏医院试点建设工作。

实施社保设施完善工程。加快推进基层劳动就业服务平台建设。开工建设老年人日间照料中心,建成“双集中”供暖和儿童福利院维修改造等项目。做好残疾人康复中心项目前期工作。

（三）坚持以更高的标准推动城乡统筹,力促区域联动发展再上新水平。突出拉萨山南一体化发展这件大事,处理好城市发展和提高农牧区基本公共服务能力的关系,打造协同发展新高地。

强力推进拉萨山南一体发展。突出“十个一体化”,实施拉萨山南一体发展四年行动。推进体制机制一体化。完善拉萨山南一体化发展和江北综合保护开发两个规划,确保规划有机衔接、切实可行。协调拉萨市建立工作对接机制,共同签订一体化发展战略合作框架协议。推进空间布局一体化。把江北综合保护开发作为拉萨山南一体化发展的“一号工程”,争取更多支持。加快推进五个对接方向空间主骨架建设。推进基础设施一体化。提速拉萨山南快速通道建设,尽早与拉萨形成“一小时”经济圈。启动泽当至琼结、泽当至桑日一级路项目前期工作,谋划好城际大公交、泽当供气管道等重点项目。推进产业发展一体化。全力打造“沿江百亿产业走廊”和“黄金三角带”,整合“一园三区”,申请自治区级工业园区和自治区级经济技术开发区,探索推进拉萨经济技术开发区山南园区建设。推进城乡建设一体化。全力打造桑耶、昌果、阿扎、多颇章等小城镇,构建“一心五区、两横两纵”城镇体系。推进生态环保一体化。建设江北生态富民示范区,加快推进江北绿色长廊和国土绿化工程,实施好江北65万亩防沙治沙和生态富民绿色产业。推进公共服务一体化。突出公共服务共建共享,探索建立公共服务合作发展机制。推进市场体系一体化。谋划一体化的要素市场、商品市场、流通体系和监管机制。推进改革创新一体化。坚持一体深化改革、一致扩大开放、一同推进创新,探索建设一体化改革试验区。推进社会治理一体化。争取建立平台互联、资源共享、应急互补、队伍互助的社会治理协作机制。

强力推进城镇乡村协调发展。扎实做好泽当国家新型城镇化试点,争取生态修复、城市修补“双修”试点。加快泽当园林城市和文明城市创建工作,争创全国“质量强市”示范城市,建成自治区级卫生城市。实施泽当东入口、北入口改造和市民公园项目,启动海绵城市、综合管廊和滨江大道、环城路前期工作,做好雅砻河母亲河景观整体打造工程设计方案。推进桑耶国家新型城镇化试点,实施好桑耶、杰德秀和勒3个特色小城镇项目,建成36个基层政权示范点、13个高寒乡镇供暖工程和一批村级组织活动场所标准化工程,打造好35个援藏小康示范村,让全面小康成为群众心中的小康。

强力推进边境腹心差异发展。按照“沿江促繁荣、沿边保稳定、高寒抓生态”的思路,大力实施“固边安民兴边富民四年行动”,继续实行分类考核机制,推进县域间差异化发展。鼓励高寒边境县在沿江腹心县异地招商、借力发展,不断缩小发展差距。认真谋划隆子支线机场、泽错铁路等重大项目,启动边境村“户户通路”工程。坚持一村一特色,科学规划并分步推进96个边境小康示范村建设,打造边境地区靓丽的风景线。

（四）坚持以更足的干劲推动精准扶贫,力促脱贫攻坚工作再上新水平。突出脱贫攻坚这件大事,大力实施“打赢脱贫攻坚四年行动”,用绣花的功夫做好精准扶贫,确保15000名贫困人口脱贫,措美等5县达到摘帽标准、201个村居达到退出标准。

深入开展产业扶贫。处理好城镇就业和就近就便、不离乡不离土、能干会干的关系,大力发展扶贫产业。跟进对接好43.3亿元的产业扶贫贷款。加快推进233个产业扶贫项目建设,实施好四个易地搬迁集中安置点16个扶贫产业项目。坚持“三个长期不变”,科学利用搬出地的生产资料,帮助每个贫困群众在集中安置点整理优质农田1.5亩以上,解决好他们的后顾之忧。聚焦增收促脱贫,认真落实“一乡一策”增收办法,力争今年人均可支配收入过万元的乡镇达到60个以上。

深入开展搬迁扶贫。坚持以岗定搬、以产定搬,处理好扶贫搬迁向城镇聚集和向生产资料富裕、基础设施相对完善地区聚集的关系。建成桑日追塘坝、加查莫热坝、扎囊桑耶和泽当城区四个集中安置点,启动鲁琼等4个同步搬迁安置点建设,统筹推进海拔4500米以上2270户7915名非边境意愿群众搬迁工程,梯次推动边境地区生态富民搬迁工作,整体打造固边富民工程。

深入开展就业扶贫。坚持就业第一,争取全年转移就业脱贫2716人。深入实施“双业”工程和“万人技能培训”计划,新开发就业岗位3300个以上、培训贫困劳动力9500人以上、转移就业贫困劳动力6000人以上。大力实施就业援助工程,争取每个有就业意向、有劳动力的贫困家庭至少有1人就业。

处理好高校毕业生政府就业和市场就业的关系，启动未就业高校毕业生就业创业促进计划，制定出台大学生创业资金扶持、场地保障等优惠政策，千方百计促进充分就业。

深入开展政策扶贫。认真落实自治区民生“十件实事”33项提标政策，及时兑现“十大民心工程”26项惠民补助。完善学生营养改善计划、大学生资助等教育惠民政策，确保不发生因学致贫问题。跟进因病致贫群众的救助管理，切实减少因病致贫返贫现象。创新工作方式，扎实做好金融扶贫和商业保险扶贫。对受客观限制无法通过产业扶持和就业帮扶脱贫的家庭，实行兜底保障，做到应保尽保。对遇到自然灾害、重大变故致贫返贫的群众，实行临时救助，帮助他们渡过难关。总之，宁可“政府扛困难”，不能让“群众扛困难”。

深入开展帮带扶贫。处理好在藏资源开发和解决当地农牧民增加收入、解决就业的关系，深入开展“百企帮百村”行动，推动国家烟草专卖局定点帮扶取得实质性进展，对接华能华电落实好加查桑日10%的帮扶项目。创新援藏扶贫帮扶协作机制，协调落实好3.3亿元的援藏扶贫项目资金。深入开展“干部职工进村入户、结对认亲交朋友”活动，更多地在思想脱贫、帮助增收、密切联系上下功夫。大力实施“百名能人带动工程”，启动“军地携手扶贫、共建全面小康”行动。开展“自立更生、勤劳脱贫”教育活动，在脱贫攻坚、全面小康之路上传承好先辈们自强不息、战天斗地的优良传统。

（五）坚持以更大的魄力推动民生改善，力促增进人民福祉再上新水平。突出改善民生这件大事，大力实施“民生民利改善四年行动”，努力让山南发展更有“温度”、让民生幸福更有“质感”。

打造一流教育。强力推进教育改革“四化”19项工程，逐步实现“五个100%”和“三个平均水平”目标。扎实做好错那等3县义务教育均衡发展迎检工作，全面推进数字教育和智慧教育。实施村村有内地西藏班生源计划，推动职业学校向职业学院转型升级。大力实施教师教育振兴行动计划，深入开展教育人才“组团式”援藏工作，扎实做好百名教师“二下二上”支教交流活动。强化马克思主义宗教观教育，进一步淡化宗教对青少年的影响，让我们祖国的花朵健康茁壮成长。

打造健康山南。加快推进医药卫生体制改革，争取尽早实现“中病不出地市、小病不出县区”的目标。稳步推进市县人民医院等级创建工作，完成市藏医院三甲民族医院创建任务，启动市妇幼保健院二甲专科医院创建工作。大力实施全民健身计划和群众饮食用药安全保障行动，用好1000万元的大病救助基金，扎实做好全民免费健康体检、先心病患儿免费筛查救治、白内障患者免费复明、乙肝母婴阻断、新生儿出生缺陷干预、包虫病防治等工作，力争孕产妇住院分娩率达到99%以上，孕产妇和婴儿死亡率分别控制在40/十万、10‰以下。深入推进医疗卫生“组团式”援藏工作，全面推行“以上带下、能上能下”的医疗人才培训交流机制。

打造全民社保。实施全民参保登记行动，扎实做好养老保险待遇调整工作，稳慎推进城乡医保融合。统筹做好社会救助、优抚安置等工作，全面落实泽当城区失地农民安置保障政策，探索建立社会救助标准与物价上涨挂钩联动机制。坚持住房的居住属性，加快推进泽当市直单位保障性住房和结莎居委会等3个棚户区改造项目，争取拉萨山南源小区尽早动工建设，高质量建成保障性住房3145套，完成平安小区、民心小区出售试点工作，让广大群众在住有所居中创造新生活。

打造文化强市。巩固提升国家公共文化服务体系示范区创建成果，攻坚推进五项尚未达标的任务。加强社会主义核心价值观教育，大力开展精神文明创建活动。创新公共文化服务供给，争取推出2—3部文艺精品，做好艺术团舞蹈演员整班定向委培等工作。推动文化交往交流交融，携手湖南省举办好2017中国西藏雅砻文化节。规范藏语言文字使用，扎实做好文物保护维修和非遗保护工作，进一步传承好民族传统优秀文化。

（六）坚持以更大的勇气推动改革开放，力促厚植发展优势再上新水平。坚持把改革开放作为决定山南长足发展和长治久安的关键一招，大力实施“深化改革开放四年行动”，不断增强发展的动力和活力。

大力度推进重点改革。全面深化改革，既抓重要领域、重要任务、重要试点，又抓关键主体、关键环节、关键节点。稳步推进“放管服”改革，调整完善市级权责清单，实施好网上审批，探索采取“人随事转、基层挂职”的办法处理好简政放权和地方承接的关系，推动“双随机一公开”监管全覆盖。深化城市管理和综合执法体制改革。探索农村承包土地经营权、农村住房财产权和林权抵押的有效模式，完成农村土地确权工作。盘活各级沉淀资金，深化公务卡消费改革，推动政府采购管理和执行分离。开展市场准入负面清单试点，推行“多证合一”等商事制度改革，落实好领导联系企业制度，探索设立中小微企业贷款担保公司、风险担保基金解决融资难问题，推动非公经济等各类市场主体大发展快发展。理直气壮做大做强做优国有企业，处理好企业增产提效和改善企业职工福利待遇、促进农牧民群众增收的关系，出台国企增产提效意见、收入分配制度和带动群众就业增收办法，确保全民资产全民受益。

大力度推进招商引资。用好用活中央第六次西藏工作座谈会优惠政策，吃透把准自治区招商引资政策。处理好“亲”和“清”的新型政商关系，建立招商引资跟踪问效机制，持续对接“央企入藏”等签约项目，进一步提高落地率。加快推进示范区“八通一平”工程和孵化基地办公楼、温雄河整治等项目，为企业入驻创造良好环境。充分发挥雅砻文化节等平台作用，及时跟进、做好服务，争取招商引资到位资金25亿元以上。

大力度推进受援工作。严格落实受援工作“三个坚持、两个80%”要求。加强援藏沟通协调，对接落实援藏帮扶三项任务，大力推广湖北“精准援藏助力精准脱贫”模式。认真开展技术人才援藏、干部培训交流等工作，精心实施好12县区学校和医院标准化、规范化建设等项目，力争完成援藏投资3亿元以上。

大力度推进优化环境。建立地级领导联系重点项目优化环境机制，依法严厉打击违规违法行为，严肃惩处幕后的唆使者和指挥者。制定泽当城区违规违法问题处理办法，按照“四先四后”步骤，采取“五个一批”方式，分期化解违规违法“存量”，坚决遏制“增量”，强力推进典型案件处置、地材开采运输销售市场整治等工作，出台土地房屋征收补偿安置政策、泽当城区违规违法问题处理举报奖励暂行办法等长效制度，努力让优质的发展环境成为社会共建、群众共享的环境。

（七）坚持以更实的举措推动治理创新，力促维护社会稳定再上新水平。突出稳定这个重点，牢固树立“维稳是实功，关键在平常”的思想，紧盯关键点、抓住薄弱点，不断提升治理水平，营造和谐稳定环境。

依法维护社会稳定。认真落实自治区“十项维稳措施”和山南市维稳工作“十条规定”，扎实做好城镇网格化管理、“双联户”创建评选、立体化治安防控体系建设等工作，严格执行“四级信访接待日”制度，强化全局防控、值班备勤、情报搜集、舆情管控、边境管理、应急处突等工作，确保社会大局和谐稳定。

依法做好民宗工作。积极引导宗教与社会主义相适应，大力实施“民族宗教工作四年行动”。深入开展全国民族团结进步示范市和双拥共建模范市创建活动，树立一批民族团结典型。坚持宗教工作中国化方向，对待宗教“既不能轻言放、也不能一味收”，巩固深化“三个一”活动，重点在“导”上想得深、看得透、把得准，做到“导”之有方、“导”之有力、“导”之有效。

依法加强安全生产。坚持依法治安，加快推进隐患排查治理数字化、标准化体系建设，建立应急指挥平台和交叉巡查机制。全力做好迎接国务院安全生产巡查工作，扎实做好道路交通、建筑施工、非煤矿山、消防、危险化学品和烟花爆竹、职业健康等领域的隐患排查整治，确保不发生大的安全生产事故。

（八）坚持以更严的要求推动环境保护，力促生态文明建设再上新水平。突出生态这个重点，大力实施“生态文明创建四年行动”，全力做好迎接中央环保督察工作，确保发展绝不以牺牲环境为代价。

加强生态保护建设。注重森林、草原、湿地和生物多样性保护，实施好羊湖和雅砻河源头生态保护、饮用水源地保护等项目，探索山南雅江生态治理试点。实施“美丽示范”工程和“见缝插绿”工程，逐步消灭4300米以下“无树村”“无树户”，争取完成植树造林11.4万亩、封山育林4.3万亩、防沙治沙14.8万亩。

加强生态环境治理。深入开展大气、水、土壤污染防治三大行动，大力推行结构性、技术性和替代性节能工作，扎实做好污水处理、“禁白”等工作，稳步推进泽当污水处理厂市场化托管运营，争取年内建成四级“河长制”体系。加强城乡环境综合整治，争创自治区级生态县2个、生态乡镇13个、生态村居90个。

加强生态制度建设。逐步建立自然资源资产产权和用途管制、国土空间开发保护、资源总量管理和全面节约、资源有偿使用和生态补偿等长效制度，进一步完善生态文明制度体系。正确处理好保护生态与富民利民的关系，全面推行生态补贴扩面覆盖、生态治理群众参与、荒山荒滩开发受益、生态岗位吸纳就业等长效机制，让生态资源鼓起农牧民群众的钱袋子。

## 政府自身建设

各位代表，站在新的历史起点，我们深感使命光荣；肩负人民重托，我们倍感责任重大。我们始终把对人民负责作为第一准则，把人民满意作为首要目标，努力打造负责任、敢担当、重实干、有作为的政府。

（一）强化忠诚核心的政治担当。牢固树立“四个意识”，扎实推进“两学一做”常态化、制度化，广泛开展“四讲四爱”主题教育，坚决忠诚于以习近平同志为核心的党中央，确保思想上充分信赖、政治上绝对维护、组织上自觉服从、感情上深刻认同、行动上坚决捍卫党的领导核心，确保用忠诚诠释担当、铸就辉煌。

（二）强化实干苦干的发展担当。正确处理好中央关心、全国支援和自力更生、艰苦奋斗的关系，继承和发扬优良传统，凝神聚力实干苦干，放开手脚敢闯敢试，全面推行限时办结制、督察督办制、量化通报制、一票否决制等制度，用无愧于时代和人民的光辉业绩，切实回应好区党委、政府的重托和广大群众的信任。

（三）强化依法行政的法治担当。坚持法定职责必须为、法无授权不可为，履行好政府职能。自觉运用法治思维和法治方式推动发展，健全政府法律顾问制度。主动接受人大法律和工作监督、政协民主监督和社会舆论监督。深入推进“七五”普法，大力弘扬法治精神，营造全社会尊法学法守法用法的良好环境。

（四）强化风清气正的廉洁担当。认真落实党风廉政建设主体责任，始终坚持“三个牢固树立”，切实加强政府系统廉政建设。逐步推行公共资金、国有资产、国有资源、经济责任等审计监督全覆盖，重点加强对投资领域的监督管理。按照区党委“三个区分开来”的要求，处理好鼓励干部担当干事和容错纠错的关系，为敢于担当的干部担当，为敢于负责的干部负责。

各位代表，风劲潮涌，自当扬帆破浪；任重道远，更需策马扬鞭。让我们更加紧密地团结在以习近平同志为核心的党中央周围，在自治区党委、政府的坚强领导和市委的正确领导下，团结依靠36万雅砻各族干部群众，不忘初心，砥砺前行，奋力谱写好山南长足发展和长治久安新篇章，以优异成绩迎接党的十九大胜利召开！

**注解**

1. “三推进”：“产业、品牌、商标”三推进。

2. “六个精准”：扶贫对象精准、项目安排精准、资金使用精准、措施到户精准、因村派人精准、脱贫成效精准。

3. “十个一批”：发展生产脱贫一批、易地搬迁脱贫一批、生态补偿脱贫一批、发展教育脱贫一批、社会保障兜底一批、结对帮扶脱贫一批、金融惠农脱贫一批、培训转移脱贫一批、就业援助脱贫一批、城镇带动脱贫一批。

4. “十个到位”：政策保障到位、资金投入到位、产业带动到位、项目安排到位、民生服务到位、社会帮扶到位、援藏支持到位、群众参与到位、收入分配到位、机制创新到位。

5. “双业”工程：就业工程、创业工程。

6. “五大体系”：安全生产社会共治体系、排查体系、预防控制体系、安全标准体系、联动执法体系。

7. “八项制度”：安全生产巡查制度、约谈制度、联动执法制度、隐患排查制度、片区包办制度、清单制度、保险制度、工作报告制度。

8. “13对重大关系”：处理好国家投资和社会投资的关系，处理好重大项目和民生项目的关系，处理好发挥优势和补齐短板的关系，处理好城镇就业和就近就便、不离乡不离土、能干会干的关系，处理好扶贫搬迁向城镇聚集和向生产资料富裕、基础设施相对完善地区聚集的关系，处理好央企在藏资源开发和解决当地农牧民增加收入的关系，处理好保护生态和富民利民的关系，处理好城市发展和提高农牧区基本公共服务能力的关系，处理好高校毕业生政府就业和市场就业的关系，处理好简政放权和地方承接的关系，处理好企业增产提效和改善企业职工福利待遇、促进农牧民群众增收的关系，处理好中央关心、全国支援和自力更生、艰苦奋斗的关系，处理好鼓励干部担当干事和容错纠错的关系。

9. “突出三个重点、办好四件大事”：突出稳定、发展、生态三个重点，办好改善民生、脱贫攻坚、夯实基础和拉萨山南一体化四件大事。

10. “六个抓落实”：坚定立场抓落实、开拓创新抓落实、敢于担当抓落实、突出重点抓落实、团结协作抓落实、清正廉洁抓落实。

11. “两基地一核心”：打造以水电为主、太阳能风能地热能发电为辅的“藏中清洁能源基地”，建设全区有地位、国内有影响、国外有市场的“藏源文化旅游基地”；依托拉萨山南日喀则核心经济区，强力推进拉萨山南一体化发展，将山南建成具有比较优势、速度优势的“核心经济区”。

12.“确保一个目标、坚持一条主线、实现三个突破、守好三条底线、打好四大战役”：确保年度发展目标顺利实现，坚持以供给侧结构性改革为主线，实现城乡建设有新突破、深化改革有新突破、财税工作有新突破，守好维护稳定底线、生态保护底线、安全生产底线；打好先行先试战役、脱贫攻坚战役、重大项目建设战役、民生改善战役。

13.“十个四年行动”：粮食单产提高四年行动、经济提质增效四年行动、基础设施提升四年行动、拉萨山南一体发展四年行动、打赢脱贫攻坚四年行动、民生民利改善四年行动、生态文明创建四年行动、深化改革开放四年行动、固边安民兴边富民四年行动、民族宗教工作四年行动。

14.“三去一降一补”：去产能、去库存、去杠杆、降成本、补短板。

15.“双创”工程：大众创业、万众创新工程。

16.“三品一标”：无公害农产品、绿色食品、有机农产品和农产品地理标志。

17.“一心五区、两横两纵”城镇体系：以泽当为核心，构建由泽当镇和甲竹林—吉雄、桑日、加查—安饶、隆子—日当、浪卡子—打隆5个地域性重要城镇区域以及沿江、沿边横向城镇轴和泽当—错那、泽当—洛扎纵向城镇发展轴组成的“一心五区、两横两纵”复合型城镇空间结构。

18.“三个长期不变”：在农区实行土地归户使用、自主经营，长期不变；在牧区实行牲畜归户、私有私养、自主经营，长期不变；草场公有承包到户、自主经营，长期不变。

19.“放管服”：简政放权、放管结合、优化服务的简称。

20.“双随机一公开”：随机抽取检查对象、随机选派检查人员、及时公布抽查情况及查处结果。

21.援藏工作“三个坚持、两个80%”要求：“三个坚持”，即对口支援资金必须坚持“两个倾斜”、坚持80%资金投入到基层、坚持支援方和受援方协商一致；“两个80%”，即确保80%以上的援藏资金用于民生领域、用于基层和农牧区。

22.援藏帮扶“三项任务”：扶贫帮扶协作、经济帮扶协作、技术人才帮扶协作。

23.优化环境“四先四后”：先领导干部后一般干部、先村居干部后一般群众、先党员后群众、先企业后个人。

24.优化环境“五个一批”：主动整改一批、教育整改一批、行政处理一批、党纪政纪处理一批、刑事责任追究一批。

25.“三个牢固树立”：牢固树立西藏海拔高但学习贯彻习近平总书记系列重要讲话精神和以习近平同志为核心的党中央决策部署标准更高，牢固树立西藏客观条件特殊但从严治党和反腐倡廉没有任何的特殊性，牢固树立西藏氧气少气压低但执行《关于新形势下党内政治生活的若干准则》《中国共产党廉洁自律准则》、坚定理想信念的标准不能降低。

26.“三个区分开来”：把干部在推进改革中因缺乏经验、先行先试出现的失误和错误同明知故犯的违纪违法行为区分开来；把上级尚无明确限制的探索性试验中的失误和错误同上级明令禁止后依然我行我素的违纪违法行为区分开来；把为推动发展的无意过失同为谋取私利的违纪违法行为区分开来。

# 政协第一届山南市委员会常务委员会工作报告

在政协第一届山南市委员会第二次会议上

山南市政协主席　丁哲峰

（2017年5月22日）

## 一年来工作回顾

市政协成立一年来，一届政协常委会在市委的坚强领导下，在市人大、市政府的大力支持下，立足撤地设市新起点，广泛团结全市政协组织和广大委员，高举爱国主义和中国特色社会主义伟大旗帜，牢牢把握团结民主两大主题，深入学习贯彻党的十八大、十八届三中、四中、五中、六中全会、自治区第九次党代会和市第一次党代会精神，全面贯彻落实市委决策部署，围绕中心、服务大局，担当履职、发挥作用，为实现“十三五”良好开局，推进山南长足发展和长治久安做出了积极贡献。

**一、加强理论武装，牢牢把握正确政治方向**

坚持把强化理论武装、增强政治定力摆在政协工作首位，着力加强思想政治建设，切实筑牢共同团结奋斗的思想政治基础，始终做到与党同心同向、同步同力。一是深入学习贯彻党的十八届六中全会和自治区第九次党代会精神。组织机关党员干部和政协委员认真学习党的十八届六中全会精神，特别是《关于新形势下党内政治生活的若干准则》《中国共产党党内监督条例》，牢固树立“四个意识”，始终在思想上政治上行动上同以习近平同志为核心的党中央保持高度一致。深入学习贯彻自治区第九次党代会精神，用会议精神统一全市政协组织和广大委员的思想和行动，确保始终在区党委、市委的坚强领导下推进政协各项工作。二是进一步深化政协理论政策学习。深入学习中央统战工作会议、中央民族工作会议、全国宗教工作会议、全国政协十二届五次会议和自治区政协十届五次会议等精神，中央《关于加强和改进人民政协民主监督工作的意见》，区党委和市委关于政协工作的部署要求，不断提高做好政协工作的能力和水平。三是深入开展“两学一做”学习教育。认真组织机关党员和政协委员中的党员，学习党章党规、学习习近平总书记系列重要讲话精神特别是关于政协工作的重要论述、做合格党员，增强了党的意识、党员意识，发挥了党员在政协工作中的先锋模范作用。

**二、围绕中心工作，全力助推经济社会发展**

坚持把促进经济社会长足发展作为履行职能的第一要务，紧扣“十三五”目标，建真言、献良策、出实力，助推市委重大决策部署贯彻落实。一是围绕精准扶贫协商议政。选定产业扶贫专题，深入贡嘎、曲松等县开展专题调研，召开了市政协产业扶贫专题季度协商会，市委、政府部分领导、市政协班子成员和部分委员以及有关县区、单位负责人近70人，专题商讨我市产业扶贫重大问题，形成了《关于产业扶贫协商情况专题报告》，提出了7个方面的主要问题和6个方面的建议。围绕“实施转移就业培训、促进贫困人口就业”专题，深入扎囊、隆子和相关部门开展调研，形成专题调研报告，提出4条建议，得到了自治区政协的充分肯定。协助自治区政协开展“围绕精准扶贫、提高西藏人均期望寿命”、“职业教育与精准扶贫”、“加强边远乡镇人才培养使用”等专题调研，形成《夯实健康扶贫基础、提高人均期望寿命》、《关于边远乡镇医卫人员培养使用情况的调研报告》等调研成果9篇。二是着眼拉萨山南一体化发展议政建言。组织市政协经济界、工商联界、农牧业界、文化艺术新闻出版界、中共界部分委员赴拉萨进行考察，重点考察拉萨市城市规划展览馆和达孜工业园、城关区健康净土产业园等多家企业和基地，形成了《绿色低碳产业发展情况考察报告》，提出有针对性的建议11条。三是突出重点进行民主监督。围绕市委、市政府决策部署的落实，重点对项目建设、产业发展、生态保护、民生改善、抓党建促脱贫、优惠政策落地等工作进行民主监督，组织政协委员40余人次，参加听证会、咨询会、评议会、监督会，推动了工作落实和群众利益问题的解决。

**三、发挥独特优势，切实促进社会和谐稳定**

坚持把维护社会稳定作为首要政治任务，充分发挥政协独特优势作用，勇于担当、靠前履职。一是主动担当尽责。在维稳重要敏感时段和节点，市政协8名副主席带队，赴日喀则市和我市乃东、贡嘎、浪卡子、洛扎、措美、隆子、加查等县（区），开展维稳督导工作。政协地、县级干部积极承担市维稳一线指挥部带班值班工作。二是广泛凝心聚力。积极发挥政协在促进民族团结中的作用，组织政协委员、各界代表人士参加"3·28"百万农奴解放纪念日、民族团结宣传月和民族团结进步创建活动，深入开展新旧社会对比和"三个离不开"教育，引导广大群众和僧尼认清十四世达赖集团的反动本质，感党恩、听党话、跟党走。积极发挥政协在促进宗教和睦中的作用，协助推进寺庙规范化法制化管理、深化和谐模范寺庙创建活动，积极开展寺庙法制宣传教育和爱国爱教宣传服务下乡活动，组织宗教界委员深入寺庙和信教群众，宣传党的宗教政策和利寺惠僧政策，解疑释惑、化解矛盾、凝聚人心。积极发挥政协在固边富民中的作用，组织宗教界和少数民族界委员深入洛扎、错那、隆子3县调研视察，推动固边富民措施落实。协助全国政协侨联界委员赴藏考察团开展了侨务工作调研。协助市统战部门开展了培养爱国统战人士调查摸底工作。三是助力法治山南建设。发挥政协委员联系群众广泛的优势，主动收集报送社情民意，引导群众依法表达利益诉求，在基层调处化解了一批矛盾纠纷。按照自治区政协要求，开展了"改善执法环境、推动法治西藏建设"专题调研，形成《关于山南市司法执法环境的调研报告》，提出意见建议7条。

**四、注重务求实效，统筹推进经常性工作**

始终把规范有序、注重实效作为推进政协经常性工作的基本要求。一是加强提案工作。市政协一届一次会议以来，共收到提案117件，经审查立案111件。积极组织提案交办，建立提案办理台账，开展"回头看"，加大跟踪问效力度，目前111件提案全部办复，委员满意率达98%。二是加强文史资料工作。完成《2016年政协年鉴》山南篇、《山南志·政协志（2001—2015）》初稿编撰工作。正在编辑《山南市藏传佛教寺庙目录型简介》，争取年内出版。三是加强团结联谊工作。加强与区内外政协的交流合作，去年以来共协助全国政协和湖北、湖南、辽宁、贵州、内蒙古政协以及青海省海西州、阿里、林芝政协等12个考察团在我市调研考察。组织我市政协委员赴拉萨、林芝、日喀则等地考察学习，促进了工作交流。四是加强信息宣传工作。加强信息报送工作，向自治区政协报送信息68期，被采用10余期。各县（区）政协信息报送质量不断提高。

**五、加强自身建设，着力提升履职工作水平**

坚持把加强自身建设作为做好政协工作的基础，不断提升政协工作水平。一是加强队伍建设。狠抓机关干部队伍建设，关心政协干部成长，充实了政协工作力量。先后安排1 9名同志参加全国政协干部培训班、全区政协干部理论培训班学习。举办两期新任市政协委员培训班，对市政协委员全部轮训了一遍。指导县（区）政协做好委员培训工作。真情关心离退休干部职工的学习和生活。二是加强机关党建工作。"两学一做"学习教育成效明显。机关制度建设进一步加强，明确了办公室和专委会职责分工，规范了工作程序、突出了主责主业。制定出台了《政协工作考评办法》，压实了责任、调动了工作积极性。三是加强作风建设。市政协班子成员主动联系服务群众，多次深入联系县（区）、村（居）、企业和寺庙指导工作，帮助群众排忧解难，为基层办实事做好事。政协委员和政协干部职工主动帮扶贫困户，为精准脱贫尽心出力。四是加强党风廉政建设。全面落实市委"三必、四有"要求，层层压实党风廉政建设责任，严格教育管理政协委员和政协干部职工，强化廉洁自律，营造了风清气正的政治生态。认真落实换届工作法律法规和纪律要求，指导各县（区）政协圆满完成了换届工作。

各位委员，过去一年我们取得的成绩，是市委坚强领导和市人大、市政府大力支持的结果，是各级各部门积极配合和社会各界广泛参与的结果，是我市各级政协组织、广大政协委员和政协干部职工共同努力的结果。在此，我代表市政协常委会向大家表示衷心的感谢！

在肯定成绩的同时，我们也清醒地认识到，与市委的要求和政协肩负的使命相比，工作中还存在一定差距，主要是：有的调研视察活动深度不够、成效不明显；协商民主的方式方法需要进一步改进；个别委员的提案质量不高，个别单位的提案办理时效性不强，等等。对这些问题，希望委员们多提宝贵意见，帮助我们进一步改进。

## 今年的主要任务

今年是实施“十三五”规划的重要之年，是贯彻落实自治区第九次党代会精神，全面建成小康社会、打赢脱贫攻坚战的关键之年。我市政协工作总体要求是：深入贯彻落实党的十八大、十八届三中、四中、五中、六中全会和中央第六次西藏工作座谈会精神，贯彻落实习近平总书记系列重要讲话精神和治国理政新理念新思想新战略、特别是治边稳藏重要战略思想，贯彻落实自治区第九次党代会、自治区“两会”和全市经济工作会议精神，坚持以人民为中心的发展思想，组织广大政协委员和各族各界人士，围绕团结和民主两大主题，认真履行政治协商、民主监督、参政议政职能，着力做好思想引导、汇聚力量、议政建言、服务大局各项工作，为推进山南长足发展和长治久安作出新贡献。

**一、坚持党的领导，打牢共同思想政治基础**

要牢固树立和践行“四个意识”，坚决维护以习近平同志为核心的党中央权威，坚决拥戴、信赖、忠诚、捍卫习近平总书记这个核心，坚决贯彻落实区党委、市委的决策部署，重大问题和重要事项及时向市委请示报告。要加强政治引领，把迎接党的十九大、学习宣传贯彻十九大精神，作为政协组织的重大政治任务，把学习贯彻党的十九大精神同学习贯彻习近平总书记系列重要讲话精神，特别是治边稳藏重要战略思想和加强民族团结、建设美丽西藏的重要指示结合起来，同学习贯彻自治区第九次党代会精神结合起来，同学习贯彻党的政协理论方针政策结合起来，团结引导广大政协委员和各族各界人士，切实把思想和行动统一到大会精神上来，把智慧和力量凝聚到大会确定的目标和任务上来。要深入开展“四讲四爱”主题教育实践活动，凝聚广泛共识，汇集强大正能量。

**二、坚持服务大局，助推全面建成小康社会**

要自觉把政协工作放在全市工作大局中去谋划、去推进、去落实，主动维护大局、服务大局。要把维护祖国统一、加强民族团结作为履行职能的着眼点和着力点，坚决贯彻党的治边稳藏方略和区党委、市委维护稳定的各项决策部署，协助党委、政府抓好反分裂斗争、加强寺庙管理、创新完善社会治理、巩固发展民族团结等工作，选择影响我市社会稳定的重点难点问题视察调研、议政建言，承担起维护稳定的政治责任。教育引导广大政协委员坚定政治立场，严守政治纪律，在反分裂斗争这个重大原则问题上，始终做到旗帜十分鲜明、立场十分坚定。要把助推经济社会发展作为履行职能的第一要务，聚焦打赢脱贫攻坚战、供给侧结构性改革、拉萨山南一体化发展等方面开展视察调研、建言献策。围绕新型城镇化建设、农村公路项目建设、优化发展环境整治等工作，开展专项视察调研。筹备召开“壮大新型农业经营主体、加快农业农村发展”专题协商会。围绕培育生态文化、健全生态制度、落实生态补偿政策、加强环境综合整治、建设国家生态文明先行示范区，提出提案或建议案。要把改善民生、凝聚人心作为履行职能的出发点和落脚点，围绕自治区 33 项重大民生政策、市“十大民心工程”、易地扶贫搬迁、创业就业、公共服务均等化、城乡居民社会保障等咨政建言。

**三、坚持规范有序，加强政协民主监督**

要规范监督工作，认真贯彻落实中央《关于加强和改进人民政协民主监督工作的意见》，着力推进新形势下政协民主监督制度化、规范化、程序化。要突出监督重点，坚持问题导向，紧扣经济发展的重点、深化改革的难点、群众关注的热点和维稳工作中的重要问题，瞄准存在的短板和薄弱环节，进行民主监督。要增强监督实效，充分运用会议、视察、提案、专项监督等手段，发挥好政协委员和特约监督员的民主监督作用，力求所提意见客观公正、所提建议切实可行，不断增强监督的实效性。要坚持正向发力，多做促进问题解决、推动落实的工作，多做增进团结、凝心聚力的事情。

**四、坚持统筹推进，提升经常性工作水平**

要抓好提案办理工作，加大跟踪督办力度，组织开好提案办理协商会。要抓好文史资料工作，认真收集整理第五辑山南文史资料。要抓好学习考察，组织政协委员和政协干部赴内地部分省市、区内其他地市学习交流。要抓好培训工作，切实加强对县（区）政协工作的指导，开展社情民意信息和提案知识培训。筹办好民族文化传承发展主题报告会。协助做好十一届自治区政协委员人选推荐提名和考察工作。

**五、坚持“六个着力”，全面加强自身建设**

要着力加强常委会建设，不断提高政治把握、调查研究、联系群众、合作共事能力。着力发挥委员主体作用，强化委员学习培训，完善委员联络服务管理制度，探索建立委员履职活动登记通报制度，加强对委员履职的评价考核。着力发挥界别特殊作用，积极完善政协委员联系界别群众制度，进一步加强界别视察、调研、提案、大会发言等工作，不断提高界别工作的组织化程度。着力发挥专委会基础作用，主动加强与有关部门的联系沟通，积极开展专题协商、对口协商、界别协商和提案办理协商，定期向常委会汇报工作。着力发挥政协机关服务保障作用，以推进“两学一做”学习教育常态化制度化为契机，加强机关思想、组织、队伍、作风、制度建设，提高服务保障能力。着力落实全面从严治党要求，坚持“三个牢固树立”思想，正确处理“亲”“清”新型政商关系，严格落实《准则》、《条例》，自觉遵守中央八项规定、区党委“约法十章”“九项要求”和市“十项规则”，认真落实党风廉政建设责任制，从严教育管理政协委员和政协干部职工，建设干干净净的政协机关和政协队伍。

各位委员，凝心聚力鼓实劲，团结奋进谱新篇。让我们更加紧密地团结在以习近平同志为核心的党中央周围，在市委的坚强领导下，勇于担当、主动作为，不断开创我市政协事业新局面，以优异成绩迎接党的十九大胜利召开！

# 动真碰硬执纪 砥砺奋进担当 不断夺取党风廉政建设和反腐败工作新成效

在中国共产党山南市第一届纪律检查委员会第二次全体会议上的工作报告

中共山南市委常委、纪委书记 吴 维

（2017年2月23日）

这次全会的任务是：学习贯彻十八届中央纪委第七次全会、九届自治区纪委第二次全会精神，总结2016年全市纪律检查工作，部署2017年任务。刚才，市委书记张永泽同志作了重要讲话，为做好当前和今后一个时期的纪律检查工作指明了方向。全市各级党组织和纪检机关要密切联系思想和工作实际，学深悟透、融会贯通，内化于心、外化于行，切实把市委的决策部署落到实处。

## 一、2016年工作回顾

2016年全市各级纪检机关深入贯彻落实十八届中央纪委六次全会和八届自治区纪委七次全会精神，坚持“四个全面”战略布局，切实把严明政治纪律和政治规矩放在首位，聚焦监督执纪问责，深化标本兼治，创新体制机制，强化党内监督，践行“四种形态”，全面落实中央八项规定精神、区党委“约法十章”“九项要求”和市委“十项规则”，着力解决群众身边的不正之风和腐败问题，努力建设忠诚干净担当的纪检队伍，不断取得了党风廉政建设和反腐败斗争的新成效。

（一）狠抓责任传导，协助市委推进了主体责任落实。一是督促主体责任落实。市县（区）相继成立了党委落实主体责任办公室和纪委落实监督责任办公室，签订了《落实党风廉政建设责任书》，开展了党风廉政建设责任制情况考评验收。在永泽书记的带领下，市委班子成员按照责任书的要求，纷纷深入联系县（区）和市直单位，采取召开党风廉政建设工作推进会、专题调研、廉政讲座等方式，对党风廉政建设工作常抓常管、真抓真管，形成了一级抓一级、层层抓落实的良好工作格局。二是扎实开展纪委监督同级党委试点工作。去年，市纪委采取参加市委常委会议、市委班子民主生活会、抽查个人重大事项报告等方式，对市委“三重一大”研究、执行民主集中制情况和遵守党委议事规则纪律三方面进行了事前、事中和事后的监督，体现了在监督中服务、在服务中监督。三是强化责任追究。对隆子县委、市住建局党组等13个落实主体责任不到位的单位和个人进行了责任追究，其中约谈提醒7人、通报批评3人、诫勉谈话1人、党纪处分2人，并在全市进行了通报，扩大了问责影响力，传导了责任压力。

（二）狠抓监督检查，严明了党的政治纪律和政治规矩。一是强化对维稳纪律执行情况的监督检查。按照自治区党委一手抓反腐败斗争，一手抓反分裂斗争的要求，对各县（区）、各单位的值班带班情况、驻村驻寺干部在岗情况、维稳措施落实情况等，开展了30余次专项督查，对2名违反维稳纪律的干部给予了党纪政纪处分，做到了两手抓、两促进。二是强化对政治纪律执行情况的监督检查。“三大节日”和“萨嘎达瓦”宗教活动等敏感节点期间，专门下发通知，重申政治纪律，明确要求共产党员、国家公职人员、离退休干部、青年学生一律不得参与宗教活动，对5名违反政治纪律的党员干部给予了党纪政纪处分，严明了政治纪律。三是强化对换届纪律执行情况的监督检查。在换届过程中，积极主动宣传换届纪律，组织党员干部观看了《镜鉴》警示片，客观公正、实事求是、严肃认真做好“党风廉政意见回复”工作，回复党风廉政意见210余件次，涉及党员干部、人大代表、政协委员、先进个人1900余人次。

（三）狠抓作风建设，推动了党风政风持续好转。一是从严开展专项监督检查。在春节藏历新年、“五一”端午、中秋国庆等重要节点，开通作风建设举报"直通车",及时向社会公布举报电话和信箱地址,协调公安等部门,深入餐饮娱乐场所、检查站、景区景点等地方,开展作风建设专项检查300余次,确保了节日风清气正。二是坚决查处顶风违纪问题。2016年共查处违反中央八项规定精神问题11起14人,给予党政纪处分10起12人,组织处理1起2人,主要涉及公车私用、公款吃喝、公款送礼等问题。三是不断健全规章制度。完善了《山南市本级国家机关和事业单位会议费管理办法》、《山南市公务接待管理办法》、《山南市行政事业单位公务车辆管理办法》、《山南市差旅费管理办法》和《山南市本级国家机关和事业单位培训费管理办法》等制度,从源头规范了会议、接待、差旅、培训等公务支出行为,全市"三公经费"呈明显下降趋势。四是坚决惩治"微腐败"。重点查处了发生在群众身边的生冷硬推、吃拿卡要、与民争利、欺压百姓,以及不作为、懒作为、乱作为等"为官不为"和"庸懒散"等问题。在2016年执纪审查工作中,处置侵害群众利益不正之风和腐败问题线索39件,其中初查了结21件,立案18件,给予党纪政纪处分16人。

(四)狠抓纪律审查,把准了执纪监督"四种形态"。2016年全市各级纪检监察机关共受理问题线索209件,初核了结51件,谈话函询16件19人次,立案审查79件,给予党纪政纪处分82人(其中,给予党纪政纪双重处分28人,移送司法机关8人),涉及县处级干部14人、乡科级干部47人、科员及其他人员21人,收缴违纪资金1300余万元,以惩治腐败的高压态势,为山南市经济社会发展提供了强有力的组织纪律保障。一是严把第一道关口,扩大函询、约谈范围。在实践"第一种形态"中,免予党纪政纪处分1人,谈话函询16件19人次、初核了结问题线索51件,占全部问题线索的32.5%。二是准确运用"第二种形态",坚持动辄则咎,及时纠正轻微违纪问题,全年给予党纪政纪轻处分54人次,占受处分人次的49%,其中给予警告处分19人次、给予严重警告、记过、记大过、行政降级处分35人次。三是谨慎运用"第三种形态",坚持惩治腐败力度不减、节奏不变,严肃查处严重违纪违规案件,全年给予党纪政纪重处分56人次,占受处分人次的51%,其中开除党籍12人、开除公职8人,留党察看17人、撤销党内职务2人、行政撤职17人。四是从严把控"第四种形态",按照越往后执纪越严的要求,对张治国、普布次仁、彭益兵、白玛伟色、明久多吉、索朗多布拉、罗光新、伊比热哈麦等8名顶风违纪、情节严重、性质恶劣的党员干部,移送了司法机关,占受处分人数的9.8%。

(五)狠抓巡察监督,有效发挥了利剑震慑作用。一是设立了市委巡察机构。按照自治区党委和自治区巡视办的要求组建了市委巡察工作领导小组,成立了1个办公室、设立了3个巡察组。任命巡察办主任1名、副主任2名,巡察组组长2名、副组长2名、副县级巡察专员2名,临时抽调巡察干部70余人次。二是启动了三轮巡察工作。4月20日,启动了对市交通局、林业局、农牧局、水利局四家单位的首轮巡察工作,问题线索移送纪检机关4条。6月30日,组建3个巡察组,启动了对浪卡子、加查、错那三县发改委等共计36个县直单位的常规巡察工作,发现重点人的问题线索7条,已全部移交市纪委。11月11日,启动了对乃东区泽当镇、昌珠镇,琼结县琼结镇、下水乡,桑日县桑日镇、绒乡6个乡镇的政治巡察工作。

(六)狠抓廉政教育,筑牢了党员干部思想道德防线。一是不断丰富廉政教育形式。健全完善《山南纪检监察网》和"清廉山南"微信平台,依托城市公交站、户外LED显示屏等平台,深入开展党风廉政户外宣传工作,采取举办廉政知识讲座、播放廉政广告、编印廉政手册等多种形式,深入开展理想信念教育和廉洁从政教育,营造了"以廉为荣,以贪为耻"的浓厚氛围。对22起严重违纪典型案例在全市进行了通报,深化了执纪审查工作的政治效果、社会效果、法纪效果和治本效果。二是扎实开展"党风廉政宣传教育月"活动。按照市委的统一部署,各县(区)、各单位圆满完成了党章准则条例专题学习、"廉话山南"电视访谈、"主题系列"廉政公益广告展播、"家庭助廉"知识竞赛、廉政知识考试、征集廉政书画作品等各项活动,编撰了《党风廉政建设宣传月》杂志,促进了廉洁自律准则和纪律处分条例等党内法规的学习宣传和贯彻落实,使宣传教育月活动成为了宣传党章党规党纪的重要平台,成为了宣传"老西藏精神"、"两路精神"和"列麦精神",家规家风、乡规民约的重要平台。

(七)狠抓自身建设,树立了忠诚干净担当的纪检干部形象。一是认真开展换届工作。5月份,成功召开中共山南市第一届党代会,选举产生了第一届山南市纪律检查委员会和27名市纪委委员。成功召开一届市纪委第一次全会,选举产生了第一届市纪委常委和书记、副书记。12县(区)和82个乡(镇)

纪委换届工作圆满完成，各县（区）纪委按要求配备了10至20名工作人员，设立了2至3个内设机构。二是深入开展“两学一做”学习教育。通过集中学习、专题党课、理论研讨等方式，教育引导纪检干部自觉向以习近平同志为核心的党中央对表看齐，自觉用党章党规党纪和习近平总书记系列重要讲话精神指导实践、推动工作，把准了监督执纪工作的政治方向。三是加大纪检监察干部培养使用力度。全年纪检监察系统内有25名干部提任调整到县处级领导岗位。委局机关10个内设机构的室主任全部配备到位，13名干部提任正科级岗位，4名干部提任副科级岗位，公开选调15名干部充实了纪检机关和巡察机构队伍。四是努力打造过硬队伍。强化表率担当，认真贯彻执行民主集中制，完善议事和决策机制，健全集体领导下的个人分工负责制，市纪委班子整体合力得到充分发挥。强化教育提升，全年共选派174名同志参加各类业务培训，纪检干部能力素质明显提升。强化监督管理，着力打造过硬纪检干部队伍，要求别人不做的，自己首先不做，对曲松县原纪委书记洛某违反中央八项规定精神的问题进行了从严从重处理，有效治理了“灯下黑”问题。

在肯定成绩的同时，我们也清醒认识到，全市党风廉政建设和反腐败工作还存在一些突出问题：一是个别党员领导干部对党内监督认识不足，在积极开展监督、主动接受监督方面仍有差距；二是作风建设虽然取得了阶段性成果，但思想浮躁、为官不为等问题还十分突出；三是纪检监察体制改革还有大量工作要做，派驻机构“全覆盖”、巡察监督“全覆盖”还没有到位；四是反腐败工作协调小组的作用发挥不够明显。这些问题和不足，我们将高度重视、认真解决。

## 二、2017年的主要工作

2017年将召开党的第十九次全国代表大会，这是党和国家政治生活中的大事，做好今年纪律检查工作意义重大。全市各级党组织和纪检机关要坚持挺纪在前，严明党的纪律特别是政治纪律和政治规矩，严肃党内政治生活，加强党内监督，驰而不息纠正“四风”，保持反腐败高压态势，维护好党内政治生态，推动全面从严治党向纵深发展，以优异成绩迎接党的十九大召开。

**（一）贯彻落实六中全会精神，严明政治纪律，严肃党内政治生活**

一要严肃政治生活。各级党组织和广大党员干部要坚决执行党内政治生活准则，毫不动摇地坚持党的领导，坚持党的基本理论、基本路线、基本纲领、基本经验、基本要求，增强“四个自信”，坚定理想信念、坚决维护党中央权威。要始终保持党同人民群众的血肉联系，坚持民主集中制原则、发扬党内民主和保障党员权利，要坚持正确选人用人导向、严格党的组织生活制度、认真开展批评和自我批评，要切实加强对权力运行的制约和监督、努力保持清正廉洁的政治本色，用实际行动践行对以习近平同志为核心的党中央的坚决拥护和绝对忠诚。

二要严明政治纪律。各级党组织和广大党员干部要牢固树立“四个意识”，自觉在思想上拥戴核心，在政治上信赖核心，在组织上忠诚核心，在行动上捍卫核心，坚决与以习近平同志为核心的党中央保持高度一致。要加强政治纪律教育，督促引导党员干部做坚定的马克思主义无神论者，严禁党员干部和国家公职人员信仰宗教。要把维护习近平总书记这个核心作为最大的政治，教育引导党员干部自觉遵守党的政治纪律和政治规矩，提高政治敏锐性和政治鉴别力，形成发现问题、纠正偏差的有效机制，切实增强自我净化、自我完善、自我革新、自我提高能力。

三要强化监督检查。各级纪检机关要把维护政治纪律和政治规矩放在首位，加强对党的路线方针政策和决议执行情况的监督检查，对那些落实党中央、区党委决策部署不坚决、执行不到位，甚至说三道四、评头论足的，乱发信息、造谣、传谣的，一律按违反政治纪律规定从严从重处理，以铁的纪律纯洁党内政治生活。要严明反分裂斗争纪律，坚决查处在反分裂斗争和维护稳定工作中的失职渎职行为；坚决查处党员干部和国家公职人员信仰宗教、追随十四世达赖集团、分裂祖国、破坏民族团结、参与非法组织活动的行为，坚决维护党的团结统一和西藏长治久安的政治局面。

**（二）强化党内监督，促进党的纪律建设从宽松软走向严紧硬**

一要强化主责监督。各级党组织在党内监督中负主体责任，书记是第一责任人，要切实把加强党内监督作为分内之事、应尽之责，做到知责、尽责、负责，真管真严、敢管敢严、长管长严。要把党内监督体现在时时处处事事上，敦促党员干部按本色做人、按角色办事。要多了解党员干部日常的思想、工作、作风、生活状况，多注意干部群众的反映，抓早抓小，防微杜渐。要通过民主生活会、党内谈话、干部考察考核、述责述廉、领导干部个人有关事项报告、领导干部插手干预重大事项记录等党内监督方式，教育督促党员干部敬畏人民、敬畏组织、敬畏法纪，做到依法用权、公正用权、为民用权、廉洁用权。要坚决纠正不愿监督、不敢监督、抵制监督等现象，引导各级党组织和党员干部深入贯彻执行党内监督条例，使积极开展监督、主动接受监督成为自觉行动。

*二要突出专责监督*。创新思路、明确措施，巩固试点工作成效，强化对同级党委（党组）领导班子及其成员的监督力度，保障党委（党组）的主体责任有效履行。启动派驻纪检机构改革工作，实现市纪委派驻监督“全覆盖”。各级纪检机关和派驻纪检组要通过信访举报、巡察监督、专项检查等多种手段，着力发现和处理党员干部违反“六项纪律”的问题，使党内监督成为纪律建设的重要保障。要紧紧围绕政治纪律，着力发现党的领导弱化，党的政策不落实，有令不行、有禁不止等问题，督促各级党组织和党员干部，坚定不移维护以习近平同志为核心的党中央的权威。要紧紧围绕组织纪律，着力发现组织软弱涣散，违反民主集中制原则、不严格执行干部选拔任用规定等问题，督促各级党组织严肃党内政治生活。要紧紧围绕廉洁纪律，着力发现以权谋私、贪污贿赂、腐化堕落以及违反中央八项规定精神等问题，督促党员干部正确行使权力。要紧紧围绕群众纪律，着力发现侵害群众利益、损害党群干群关系等问题，督促各级党组织和党员干部牢记党的性质和宗旨。要紧紧围绕工作纪律，着力发现全面从严治党不力、主体责任落实不到位、推进党风廉政建设和反腐败工作不扎实等问题，督促各级党组织和党员干部，以实际行动诠释对党的绝对忠诚。要紧紧围绕生活纪律，着力发现奢侈浪费、贪图享乐、违反社会公德、职业道德和家庭美德等问题，督促党员干部树立高尚精神追求和良好道德情操。

*三要严格问责监督*。问责是推动党内监督的“撒手锏”，只有始终坚持强化问责不停步、从严问责不手软，才能促进党内监督主体责任落实到位。对党的领导弱化、党的建设缺失、从严治党责任落实不到位，维护党的政治纪律和政治规矩失责、贯彻落实中央八项规定精神不力、选人用人问题突出、腐败问题严重、不作为乱作为、以权谋私、权钱交易的，不论其责任人是否调离、转岗、提拔或者退休，都将依照问责条例等规定坚决严肃问责，真正让失责必问、问责必严成为常态。各级纪委纪检组要敢于向自己亮剑。凡监督责任缺失、“探头”作用没有发挥，能发现的问题没有发现、发现问题不报告不处置、该问责而不问责，以及在问题线索处置中通风报信、泄露秘密的，既要追究直接责任人的责任，又要追究纪委书记或纪检组长的责任，释放有权必有责、有责要担当、用权受监督、失职必追究的强烈信号。

**（三）锲而不舍纠“四风”，持续推进党的作风向善向好**

*一要创新检查方式*。注重研究“四风”新形式、新动向，建立常态化监督检查工作机制和治理机制，紧盯权钱物集中部门的作风问题和重要节点的廉政风气，大力加强常规检查和明查暗访工作，驰而不息正风肃纪。对执纪审查中发现的“四风”问题线索，要先于其他问题查处和通报，体现越往后执纪越严的要求，维护纪律的严肃性。各级党组织主要负责人要坚持从自身做起，发挥以上率下的作用，带头纠正“四风”，带头廉洁自律，对反映党员干部作风方面的苗头性、倾向性问题，及时教育提醒，早打“预防针”，防止小错酿成大错，小问题变成大问题。

*二要加大惩治力度*。各级纪检机关要认真履行监督执纪问责责任，以永远在路上的恒心和韧劲，深化思想认识，坚定工作信心，继续一个节点一个节点坚守，一个问题一个问题解决，既要紧盯无视中央八项规定精神、潜入地下公款吃喝等老问题，又要注意发现和纠正以形式主义、官僚主义方式对待党中央决策部署，把同党中央保持一致仅仅当作口号等突出问题，做深做细做实纠正“四风”工作。要加大通报曝光力度，对违反中央八项规定精神、“四风”问题突出的，不管是哪个单位，不论是什么人，一律点名道姓通报曝光，推动通报曝光常态化。

*三要突出专项治理*。深入开展“为官不为”专项整治行动，将惩治腐败与激励关怀统一起来，加强对党员干部的教育监督管理，坚持问题导向，着力解决“不作为”、“慢作为”和“慵懒散”等突出问题。严肃查处党员干部敷衍塞责、生冷硬推、吃拿卡要等违纪违规行为，坚决纠正“只想当官不想干事、只想揽权不想担责、只想出彩不想出力”的不良风气，营造“风清气正、担当作为、干事创业”的良好政治生态。

**（四）坚持力度不减、节奏不变，巩固反腐败斗争压倒性态势**

*一要转变执纪观念*。坚决减少腐败存量，重点

遏制腐败增量，认真践行监督执纪“四种形态”，在线索处置、执纪审查、案件审理各个环节，都要以纪律为尺子，使党员干部在“破纪”之初就付出代价，避免堕入违法犯罪的“深渊”。在查处严重违纪违法问题、拔“烂树”、治“病树”的同时，严肃查纠轻微违纪行为和苗头性问题，扶正“歪树”，守护“森林”。要坚持纪法分开、纪严于法，用党章党规党纪对照和衡量党员干部的行为，体现纪律思维和执纪特色，做到快查快结，涉嫌违法犯罪的，及时移送司法机关依法处理，着力增强执纪审查的综合效果。

二要突出审查重点。始终保持力度不减、节奏不变、尺度不松，对“踩红线”、“闯雷区”的，不管涉及什么人，不论权力大小、职务高低，一律严惩不贷，形成持续威慑，实现不敢腐的目标。在审查内容上，要把是否违反政治纪律和政治规矩，是否存在“七个有之”、“五个比如”现象作为纪律审查的重点；把查处侵害群众利益的不正之风和腐败问题作为主要任务，开展扶贫领域专项整治，重点查处在扶贫开发、灾后恢复重建、惠民政策落实等领域优亲厚友、私分截留、贪污挪用的问题，让那些胆敢向民生款物伸手的人付出应有的代价。在审查对象上，要把执纪审查重点放在不收敛不收手，问题线索反映集中、群众反映强烈，现在重要岗位且可能还要提拔使用的领导干部上，坚决遏制腐败蔓延势头。

三要整合审查力量。进一步发挥反腐败工作协调小组作用，充分调动、利用和整合全市执纪审查资源和反腐败力量，完善纵向市县联体、横向各单位参与配合的交叉执纪审查工作模式，推动执纪审查工作科学高效。要完善协作制度，反腐败工作协调小组成员单位要做到信息共享、职能互补、问题线索及时移交，实现纪检监察与巡视巡察、组织部门、审计、司法机关等在反腐败斗争中的有效衔接与协作配合。要严格执行纪检机关监督执纪工作规则，建立健全问题线索处置、报告和管理等制度，促进纪检机关依纪依规开展执纪审查。

**（五）突出政治巡察，深化体制改革，着力推动市县巡察监督“全覆盖”**

一要体现政治性。要紧紧围绕加强党的领导这个根本，重点发现党的领导弱化、党的建设缺失、全面从严治党不力等问题，找准被巡察党组织管党治党方面存在的薄弱环节，强化管党治党的政治责任，推动被巡察党组织严格尊崇党章，严格执行党规党纪，真正贯彻党的路线方针政策，切实把党的领导核心作用凸显出来。要善于见微知著、由表及里，从一个线索反映、一件信访举报中发现苗头性问题，重视分析普遍性问题，防止小错酿成大错、个别人的问题蔓延成一群人的问题。

二要体现针对性。巡察机构要把问题导向作为巡察监督的生命线，做到哪里问题集中就先巡察哪里，哪里群众反映强烈就先巡察哪里。要有所侧重，对县处级单位，侧重对执行政治纪律、政治规矩和落实“两个责任”的监督；对乡科级单位，侧重对损害群众利益的突出问题开展监督；对村居的巡察，要重点对处事不公正、履职不廉洁、作风不民主等方面的监督。要围绕“全覆盖”目标，有序启动对市管国有及国有控股企业、事业单位党委（党组）的巡察。与区党委巡视工作同步开展巡察监督，有序建立县（区）委巡察制度，做到巡察与巡视同步发力、同频共振。

三要体现严肃性。对巡察中发现的普遍性问题，巡察机构要分析归纳梳理，建立台账管理制度，形成报账、交账、转账、查账、销账的完整链条。被巡察单位党组织主要负责人要签字背书，承担落实整改工作第一责任，建立问题清单、任务清单、责任清单，对账销号，逐项落实并以适当方式向社会公开，接受社会和群众监督。要有重点地开展巡察“回头看”，对敷衍整改、整改不力、拒不整改的，必须揪出典型，通报曝光，严肃追责。

**（六）加强廉政教育，筑牢不想腐的思想道德防线**

一要加强党纪教育。各级党委（党组）及领导班子成员要采取召开理论学习中心组学习会、研讨会等形式，逐字逐句、全面系统、联系实际学习党内法规。要认真研究制定宣讲方案，整合各方资源，抽调骨干力量，组成宣讲队开展宣讲工作，带动全市广大党员干部深入学习各项党内法规，深刻理解科学内涵和精神实质。市委党校要举办学习党章党规党纪专题培训班，邀请相关领导和专家学者为专题培训班授课，详细解读各项党内法规，引导党员干部学深悟透党内法规原文。

二要突出主题宣传。要认真总结前两年党风廉政宣传教育月活动的成功经验，扎实开展好2017年党风廉政建设宣传教育月活动，要把学习宣传各项党内法规作为宣传教育活动的主线，把学习党内政治生活准则和党内监督条例作为宣传教育月活动的重点，深化廉政文化“七进”活动，坚定文化自信，强化家庭助廉、家风民俗教育，引导党员干部带头树立好家风、提升新境界、传递正能量，推动民风社风向善向上。

三要丰富教育形式。充分发挥廉政教育基地和预防职务犯罪警示教育基地的作用，积极组织党员干部开展警示教育，利用《山南纪检监察网》和“清廉山南”微信平台，加大廉政文化宣传力度，引导党员干部自觉揭示腐败危害、弘扬廉政文化，筑牢思想防线。要加大典型案例剖析和通报曝光力度，用身边事教育身边人，使广大党员干部受警醒、明底线、知敬畏。要通过举办廉政知识讲座、播放廉政广告、发送廉政短信、编印廉政手册等多种形式，深入开展理想信念教育和廉洁从政教育，筑牢“不想腐”的思想基础。

**（七）优化内控机制，建设让党放心、人民信赖的纪检干部队伍**

一要支持基层“三转”。要加大对县（区）、乡（镇）纪委转职能、转方式、转作风工作的督促指导力度，促进其监督执纪问责作用的发挥。乡（镇）纪委要回归主业主责，厘清工作思路，明确工作重点，加大村（居）惠农政策落实、扶贫资金项目、“三资”管理情况的监督检查力度，重要问题线索及时向县（区）纪委汇报，切实纠正和查处发生在群众身边的不正之风和腐败问题，增强人民群众对反腐败斗争的获得感。

二要强化自我监督。党内监督没有例外。各级纪检机关要增强纪律观念和规矩意识，把“信任不能代替监督”的理念体现在监督执纪问责的全过程，刀刃向内，自我监督，防止“灯下黑”，对执纪违纪、以案谋私的，要发现一起、查处一起，决不姑息；对不作为、不善为的，要批评教育、组织调整，造成严重后果的要从严从重给予纪律处分。

三要健全内控机制。要深入贯彻执行纪检机关监督执纪工作规则，完善工作流程，找准廉政风险点和薄弱环节，健全内控机制，加强对重要岗位和关键环节的监督。要重点管好室主任，规范审查组组长权限，完善请示报告、回避等制度，自觉接受党委的日常监督和巡视巡察监督，把自我监督与接受党内监督、民主监督、群众监督、舆论监督结合起来，把执纪审查这个纪检机关最重要的权力，关进制度的笼子，推进纪检机关治理体系和治理能力现代化。

四要提升能力素质。要把教育培训资源向派驻机构及基层纪检机关倾斜，加大挂职、交流力度，深化跟班学习、跟案锻炼，不断提高纪检干部的思想政治工作水平和业务能力。要改进干部考察评价工作，形成能者上、庸者下、劣者汰的用人导向。各级纪委书记、纪检组长既要自身正、敢担当，言传身教、率先垂范，又要加强对纪检干部的日常管理和监督，努力建设一支让党放心、人民信赖、忠诚干净担当的队伍。

同志们，全面从严治党永远在路上，纪检机关使命光荣、责任重大。让我们紧密团结在以习近平同志为核心的党中央周围，在自治区纪委和市委的坚强领导下，不忘初心、坚守正道，动真碰硬执纪，砥砺奋进担当，不断开创党风廉政建设和反腐败工作新局面，以优异成绩迎接党的十九大胜利召开。

# 山南市中级人民法院工作报告

在山南市第一届人民代表大会第二次会议上

山南市中级人民法院院长　索朗扎西

（2017年5月24日）

## 2016年工作回顾

2016年，全市法院在市委坚强领导、人大有力监督、自治区高级人民法院正确指导和政府、政协、社会各界关心支持下，深入贯彻落实党的十八大、十八届三中、四中、五中、六中全会和中央第六次西藏工作座谈会精神，贯彻落实习近平总书记系列重要讲话精神和治国理政新理念新思想新战略，贯彻落实习近平总书记治边稳藏重要战略思想和对政法工作防控风险、服务发展，破解难题、补齐短板的重要指示精神，贯彻落实自治区第九次党代会和山南市第一次党代会精神，坚持依法治藏、富民兴藏、长期建藏、凝聚人心、夯实基础的重要原则，紧紧围绕"努力让人民群众在每一个司法案件中感受到公平正义"的工作目标，坚持司法为民、公正司法，极力维护山南社会大局和谐稳定、助推经济健康发展、保障人民安居乐业、促进社会公平正义，各项工作取得了新的成绩。全年共受理各类案件1099件，审执结924件，结案率84.08%。与2015年相比，受理案件总数增加146件。

### 一、全力维护社会局势稳定，推进平安山南建设

维护社会稳定。全市法院始终把反对分裂、维护稳定作为压倒一切的首要政治任务，对各种分裂破坏活动和危害国家安全的犯罪行为，坚持旗帜鲜明、重拳出击、露头就打，彰显了全市法院在反分裂这一重大原则问题上的根本立场和鲜明态度，共审结危害国家安全犯罪案件12件。针对山南社会治安形势和违法犯罪特点，依法严惩故意杀人、抢劫、强奸等严重刑事犯罪，严厉打击盗窃、诈骗、侵占、毒品犯罪、交通肇事等各类违法犯罪行为，审结刑事案件111件。

严惩职务犯罪。全市法院注重加强与纪委、检察院、公安机关及其他相关部门的沟通、协调，争取工作的主动权，充分发挥审判机关在惩治腐败、建设廉洁政治中的职能作用，全面加强职务犯罪审判工作，确保所审判的职务犯罪案件达到政治效果、法律效果和社会效果的有机统一。依法审理贪污贿赂、渎职等职务犯罪案件33件33人，其中涉及厅局级干部3件3人，彰显了党和国家从严惩治腐败的坚强决心。

深化平安建设。立足更高水平的平安山南建设，全面参与、积极配合全市优化发展环境专项行动，快审快结了发生在优化发展环境专项行动中的犯罪案件5件，为我市深入开展优化发展环境专项行动提供了有力的司法保障。深入贯彻落实区党委和市委各项维稳措施，积极参与重点地区、重点领域、重点部位、重点问题的重点治理，推动构建政法机关整体联动、协调配合的立体化社会治安防控体系。共出动干警1724人次、车辆657台次，投入经费112万余元参与维护稳定工作，为实现"三无""三不出"目标贡献了力量。通过以案讲法、法律"七进"等活动，引导各族群众以法治思维、法治方式解决纠纷，共开展法制宣传教育226场次，发放藏汉双语宣传资料18600份，受教育群众达1.3万余人次。

### 二、妥善化解矛盾纠纷，促进经济社会和谐发展

牢固树立五大发展理念，按照全市经济工作会议部署要求，突出司法服务的针对性、精准性、实效性，推动法院工作更好适应经济社会发展新常态。坚持"调解优先，调判结合，案结事了"的民事审判原则，两级法院共受理民商事案件658件，审结553件，结案率84.04%，与2015年相比，受理案件数增加了85件。把依法促进案结、事了、人和作为审判工作的最高追求，调解结案439件，占结案总数的79.80%。按照"最大限度地增加和谐因素、最大限度地减少不和谐因素"的要求，切实加强诉前调解工作，将矛盾纠纷解决在萌芽状态，共诉前调处矛盾纠纷135件。

坚持合法性审查标准，注重保护行政相对人的诉权，支持依法行政，着力减少社会不稳定因素，共受理审结2件行政诉讼案件。积极推进家事审判改革，打造婚姻家庭、少年案件审判专业平台，探索建立《家事案件审判流程》，结合案件特点合理设置流程，进一步提升家事案件审理效果。市中级人民法院和乃东区人民法院被确定为全国“家事法庭”和全区“家事法庭”试点法院以来，积极开展妇女儿童权益保护工作，共审理家事案件30件。两级法院始终把涉诉信访工作摆在重要位置，部署开展化解涉诉信访积案“清仓见底”专项行动，妥善处理了一批延续时间长、化解难度大的信访“骨头”案件。

**三、践行司法为民宗旨，保障人民安居乐业**

*破解执行难题。*按照区党委、区高级人民法院和市委政法委的部署，坚持以人民群众的呼声为第一信号，制定“用两到三年时间基本解决执行难”工作的时间表和路线图，向执行难全面宣战。建成全市法院上下一体、内外联动、规范高效、反应快捷的执行指挥系统，与26家市（区）直单位共同研究制定了《建立和完善执行联动机制实施细则》，与金融机构建立了查询、冻结、扣划一体的网络查控系统，形成联动治理执行难工作格局。会同检察机关联合开展执行案款清理工作，清理发放执行案款1084.5万元。严厉打击规避执行、抗拒执行等违法行为，积极推进社会信用体系建设，依法公布失信黑名单，对28名失信被执行人采取限制高消费、限制出入境等信用惩戒措施，初步构建了“一处失信、处处受限”的信用惩戒格局。共受理各类执行案件260件，结案213件，结案率81.92%。与2015年同期相比，受理案件数增加25件。

*规范司法行为。*从健全司法行为规范、改进司法管理、推进司法公开、加强司法队伍建设等方面入手，持续开展规范司法行为年活动。严格落实立案登记制改革措施，做到有案必立、有诉必理，依法保障当事人诉权。大力开展案件质量、庭审和裁判文书“三评查”，评查案件550件。坚持“实事求是，有错必纠”的原则，依法再审申诉、申请再审案件2件，审结1件。建立审判态势运行分析和数据月报制度，上网公布裁判文书489份、其中藏文裁判文书45份。立足司法审判，贯彻落实随案廉政监督卡制度，自觉接受当事人对案件办理情况，包括立案、审判、执行等工作环节的全程廉政监督，共发放廉政监督卡700余份。切实做好判后答疑工作，达到消除误解、服判息诉、案结事了的办案目的，判后答疑率达100%。

*创新便民举措。*积极推进诉讼服务中心建设，完善诉讼服务功能，最大限度减轻当事人诉累，诉讼服务中心接待当事人2000余人次。继续深入开展“流动法庭行万里，送法维权进万家”活动，发挥车载流动法庭优势，开展法制宣传、巡回办案、执行款兑现、案件回访、爱心救助等形式多样的便民服务，车载流动法庭行程22.28万公里，巡回办理案件43件。基层法院加大简易程序适用力度，有效减轻当事人诉累，提高了办案效率。进一步落实司法救助机制，高度关注弱势群体，大力开展司法救助。全年，两级法院共为11件案件的当事人减、免、缓诉讼费3.95万元，有力保障了困难群众的诉讼权利和合法权益，切实体现了社会主义司法的人文关怀。

**四、着力破解改革难题，推进审判体系和能力现代化**

以建设公正高效权威的司法制度、实现审判体系和审判能力现代化为目标，认真落实司法体制改革各项措施，大力推进以司法责任制为核心的司法体制改革，完成了首批法官入额考核考试工作，初步构建了优秀办案骨干向一线流动、审判质效不断提升、队伍活力不断迸发的一系列工作机制。积极研究制定法院办案人员权力清单、法官违法审判责任追究办法等制度，让审理者裁判、由裁判者负责，法官办案的主体地位得到加强，符合司法规律的责任体制逐步形成。积极开展内设机构、案件繁简分流、认罪认罚从宽制度、以审判为中心的诉讼制度、执行体制、司法业务管理监督方式等配套改革工作，坚决冲破思想观念束缚、破除利益固化藩篱，确保司法改革各项任务精准落地。

**五、夯实基层基础，加强队伍司法作风建设**

*推进从严治党。*扎实开展“两学一做”学习教育，规范党内政治生活，严肃党的政治纪律和政治规矩，增强“四个意识”，坚决拥戴、信赖、忠诚、捍卫以习近平同志为核心的党中央，对区党委和市委的决策部署坚定不移地贯彻、千方百计地落实。认真开展机关基层党建工作、联述联评联考和落实党风廉政建设责任制情况考核工作，切实履行全面从严治党主体责任、监督责任和领导责任。不断深化司法纪律和司法廉洁教育，充分利用正反两方面典型进行警示教育，从审务监督、工作监督、生活监督等方面加强对干警的教育和警醒，使干警经得起诱惑、守得住底线。

*提升能力素质。*坚持教育培训工作不松懈，积

极创新干警培训方式，提高学习教育质量。全面落实《2015—2019年全区法院教育培训规划》，选派干警参加上级法院组织的信息化建设、司法统计、审判实务等培训100余人次。坚持“请进来”与“走出去”相结合，主动加强与内地援助法院的培训交流，参训人员达170余人次。为进一步提高业务培训的时效性，中院自行组织刑事审判业务培训班，参训人员达37人次，极大地提高了干警的政治理论水平和业务素质。

夯实基层基础。全力做好“十三五”规划项目编制实施工作，编制了投资3.065亿元的《山南地区法院系统“十三五”建设项目规划》和投资0.27亿元的《山南地区法院系统“十三五”争取受援项目规划》。坚持重心下移，按照高起点规划、高水平设计、高标准建设的要求，不断加大对基层法院物质装备建设，目前已建成8个乡镇人民法庭，总投资948万元；5个乡镇人民法庭已开工建设，3个乡镇人民法庭正在办理项目报批手续，措美县、加查县人民法院“温馨工程”项目已全部竣工，总投资为330万元。大力推进智慧法院建设，正在逐步开通网上办案、网上信访、网上阅卷和远程视频接访、远程庭审、庭审直播等智能服务。

自觉接受监督。两级法院始终秉持监督就是支持、监督就是爱护的工作理念，不断加强与人大代表、政协委员及社会各界联系，适时邀请代表、委员视察、旁听庭审、参与执法监督，了解并重视人大代表、政协委员和人民群众普遍关注的重要案件、重大事项，自觉接受人大的工作监督、政协的民主监督、检察机关的法律监督和社会的舆论监督，通过以监督保公正、促廉洁、树形象。两级法院共邀请人大代表、政协委员视察法院工作26次，旁听案件审理64人次；法院向人大、政协以书面和口头汇报工作22次。

各位代表，过去一年，全市法院各项工作所取得的成绩，是以习近平同志为核心的党中央治边稳藏重要战略思想正确指引的结果，是区党委和市委坚强领导、人大及其常委会有力监督、上级法院正确指导的结果，是市政府、市政协及相关部门大力支持、对口援藏法院无私支援的结果，是全体人大代表和政协委员建言献策、真诚帮助的结果。在此，我代表全市法院表示衷心的感谢，并致以崇高的敬意！

在看到成绩的同时，我们也清醒地认识到，全市法院工作还存在许多问题和不足：一是面对日益尖锐复杂的反分裂斗争形势和维稳风险挑战，法院工作从被动处置向主动应对的转变尚需加强；二是把握大局、服务大局的能力还需要增强。有的法院对党委、政府大政方针政策把握不准，存在孤立办案、机械办案，不能与党委、政府的工作同频共振、同步合拍，对落实重大敏感案事件“三同步”原则的意识不强；有的法院审判质效不高，案结事不了现象仍然存在；执行案件积了又清、清了又积的现象没有得到根本遏制；三是信息技术应用还需要深化。重建设、轻应用现象依然存在，特别是对信息化应用不够重视，应用信息化提高办公办案质效的作用没有得到有效发挥；四是队伍建设还存在薄弱环节。两级法院特别是艰苦偏远地区基层法院缺编少员、人才流失、人少事多的现象还比较突出；双语队伍建设依然任重而道远；五是个别法院落实主体责任不主动、担当意识不强。个别干警作风不实、纪律不严，一些法官对解决改革发展稳定中的审判热点、难点问题惰于思考、思路不宽、办法不多，处理复杂案件的能力不足等等。针对上述问题和困难，我们将以改革创新为动力，切实加以解决。

## 2017年工作安排

自治区第九次党代会，对在新的历史起点上奋力推进西藏长足发展和长治久安作出了全面战略部署。2017年，全市法院将以党的十八届六中全会、自治区第九次党代会精神为统领，按照区党委和市委政法工作会议、全区中级法院院长会议的部署安排，主动适应全市改革发展稳定的阶段性特征，坚持“忠诚一个核心、实施两轮驱动、履行三大职责、落实四项部署、紧盯一个目标”的工作思路，锐意改革、砥砺前行，奋力开创全市法院工作新局面，为山南的长足发展和长治久安提供更加有力的司法保障。

一是忠诚“一个核心”，把牢政治方向。把增强“四个意识”、绝对忠诚核心，作为队伍建设的根本和灵魂，按照区党委“三个牢固树立”的要求，驰而不息地抓好干警的思想政治建设，引导广大干警真正在思想上拥戴核心、政治上信赖核心、组织上忠诚核心、行动上捍卫核心，更加紧密地团结在以习近平同志为核心的党中央周围，更加坚定地维护以习近平同志为核心的党中央权威，更加深入地学习以习近平同志为核心的党中央治国理政、治边稳藏新理念新思想新战略，更加自觉地把思想和行动统一到党的十八届六中全会、自治区第九次党代会精神上来，坚决做党中央、区党委和市委决策部署的坚定执行者、模范实践者、忠诚捍卫者,确保法院工作正确的政治方向。

二是实施“两轮驱动”,增强内生动力。把司法体制改革和智慧法院建设作为“两轮”“两翼”,全面推进各项改革措施落实,着力解决制约司法能力、影响司法公正的深层次问题,切实规范司法行为,增强各族群众对司法改革的获得感。统筹考虑各族群众期盼、审判执行工作需要和监督管理需求,大力推进智慧法院建设,实现两级法院、人民法庭和各项工作全覆盖,努力解决交通不便、诉讼成本高的问题,真正让数据多跑路、让群众少受累。

三是履行“三大职责”,服从服务大局。自觉把法院工作置于山南改革发展稳定大局中去思考和谋划,准确把握当前经济社会发展所处的“四个阶段”,切实履行好维护社会大局稳定、促进社会公平正义、保障人民安居乐业的职责使命,为排除干扰、补齐短板、激发动力、忠诚使命、抓住机遇、深挖潜力、用好保障提供更加优质高效的司法服务。

四是落实“四项部署”,强化使命担当。把创造性地落实区党委“四个坚定不移”决策部署作为围绕中心、服务大局的根本着眼点,担当首责抓维稳,准确把握反分裂斗争的新形势新任务,依法严厉打击各类分裂破坏、反动宣传、聚集闹事、暴力恐怖等活动,决不允许任何人在任何时候以任何方式把西藏一寸土地从祖国分裂出去;服务要务促发展,坚持稳中求进、进中求好、补齐短板的总基调,围绕推进供给侧结构性改革主线,妥善化解稳增长、调结构、惠民生、扩内需等各项工作推进过程中出现的各类矛盾纠纷,为经济平稳健康发展营造高效的服务环境、公平的竞争环境、公正的法治环境、“亲”“清”的政商环境;树牢理念保生态,牢固树立生态优先和绿水青山就是金山银山、冰天雪地也是金山银山的理念,落实环境公益诉讼制度,实施最严格的环境资源司法保护,为维护西藏青山常在、绿水长流、空气常新贡献力量;聚焦责任强党建,坚持抓党建带队建促审判工作思路,以“两学一做”学习教育为抓手,广泛开展“四讲四爱”主题教育,全面落实管党治党责任,加强和规范党内政治生活,严格党内监督,提高法院队伍司法专业能力,以零容忍态度惩治司法腐败,破除任何形式的“潜规则”,斩断司法腐败的“利益链”,铲除滋生腐败的土壤,确保廉洁司法。

五是紧盯“一个目标”,彰显公平正义。把实现“努力让人民群众在每一个司法案件中感受到公平正义”的目标作为司法审判工作的最高追求和最终归宿,把宪法法律作为履职的基本遵循,坚持法律面前人人平等,坚持程序正义与实体正义并重,坚持诉讼证据出示在法庭、案件事实查明在法庭、诉辩意见发表在法庭、裁判结果形成在法庭。坚持自觉接受检察机关诉讼监督、依法保障律师执业权利,努力把每一起案件都办成经得起法律和历史检验的铁案,坚决守好社会公平正义的最后一道防线。

各位代表,面对新形势、新任务,我们将更加紧密地团结在以习近平同志为核心的党中央周围,在市委坚强领导、人大有力监督、上级法院正确指导下,按照本次大会决议,坚持和发展“12341”工作思路,忠实履行宪法和法律赋予的职责,努力为实现山南长足发展和长治久安总目标提供更加坚强有力的司法保障,以优异成绩迎接党的十九大胜利召开!

# 山南市人民检察院工作报告

在山南市第一届人民代表大会第二次会议上
山南市人民检察院检察长　刘志刚
（2017年5月24日）

## 2016年主要工作

2016年，山南检察机关在市委、区检院、市政府的坚强领导和大力支持下，在市人大、政协、社会各界的有力监督下，在湖北、湖南、安徽三省检察机关的无私援助下，认真贯彻落实党的十八大、十八届三中、四中、五中、六中全会精神，深入贯彻学习习近平总书记系列重要讲话及自治区第九次党代会精神，按照市第一届人大一次会议决议要求，严格执行市委、市政府重大决策部署和会议精神，忠实履行宪法和法律赋予的职责，推动各项检察工作取得了新进展，为山南市“十三五”发展规划和长治久安提供强有力的司法保障。

**一、主动融入全市工作大局，全力服务社会稳定发展**

过去的一年，全市检察机关紧紧围绕改革发展稳定大局，注重运用法治思维化解矛盾、保障民生，依法履行批捕、起诉等职责，不断满足经济社会发展和人民群众对社会安全稳定的新期待新要求，着力为经济平稳健康发展和全面依法治藏提供了司法保障。

*坚定不移地开展反分裂斗争。*成立由检察长任组长的“提前介入危害国家安全案件工作专班”，专班组加强了与公安、法院的协调配合，依法提前介入公安机关立案侦查的危安案件11件11人，有效打击了分裂分子，维护了国家安全，得到了自治区主要领导的重要批示。市检察院宣讲组先后6次深入涉案地、集中管理区开展反分裂教育、爱国主义教育，收到了良好的效果。

*依法打击各类刑事犯罪。*全年，共批准逮捕各类刑事犯罪嫌疑人117人，提起公诉各类刑事案件134件198人。与公安、法院等密切配合，深入开展打黑除恶、治理商业贿赂等专项斗争，依法打击黑恶暴恐犯罪、侵财犯罪、涉毒犯罪和制假售假犯罪，维护社会治安秩序、市场经济秩序，保障人民群众切身利益。主动适应以审判为中心的诉讼制度改革，市检察院与市公安局、市法院多次召开联席会议，联合出台相关文件，严防冤假错案。全年因证据不足或不构成犯罪，决定不捕105人、不诉35人，保障了案件质量。按照市委对优化发展环境的统一部署，乃东区检察院受理优化发展环境系列案件8件10人，提起公诉7件9人，正在审查1件1人。

*深入开展控告申诉检察工作。*严格按照“全国文明接待室”创建标准，深入各县（区）院检查指导创建工作；积极开展检察长接待日、检察开放日活动，巩固深化涉法涉诉信访机制改革成果，引导群众依法合理表达诉求，取得了良好效果；组织开展涉法涉诉信访案件评查工作，对办案程序、文书制作等方面存在的问题及时提出整改意见。一年来，共接收各类信访14件，受理不服人民法院民事判决1件，受理自治区人民检察院交办案件1件，办理司法救助案件1件，发放救助金额5万元。

*创新参与社会综合治理。*综合运用附条件不起诉、犯罪记录封存、社会调查、心理干预、管护帮教等措施，加大对未成年人的司法保护力度，依法办理未成年人犯罪案件4件7人。结合不同敏感节点维稳情况，及时调整巡逻、值班、带班人员，加强对周边的盘查力度，严格落实好各项维稳工作。大力开展法制进学校、进乡村、进企业活动，增强群众法治意识。深化社会风险研判分析，针对查办财政领域职务犯罪案件等暴露出来的问题，及时提出对策建议，得到市委、市政府主要领导的重要批示，促进了社会监管体系的完善。

*深入开展强基惠民、精准扶贫和优化发展环境活动。*两级院严格执行中央、区党委、市委、市政府

的决策部署，选派一大批干部驻村开展强基惠民、精准扶贫和优化发展环境活动，共投入115万元资金解决农牧民群众实际困难，千方百计为精准扶贫、精准脱贫找门路、谋发展，切实把党和政府的温暖送到人民群众的心坎上。

**二、适应反腐形势新要求，坚决惩治和预防职务犯罪**

按照中央和市委对反腐工作的总体部署和要求，坚持运用法治思维推进反腐败工作，依法查办和预防职务犯罪，促进全市政务环境更加廉洁、高效。

*查办职务犯罪工作再上新台阶。*从人民群众反映强烈的问题入手，既集中查办有影响的大案、要案，又查办群众身边的"小官大贪"职务犯罪。一年来，两级院深化推行"四合一"片区化管理模式，实行案件统一管理和调度，使各县（区）院查办职务犯罪工作达到全覆盖，自侦案件数量、质量呈连年上升趋势，连续四年居全区之首。两级院共受理职务犯罪案件线索60件62人，其中，初查线索36件36人，立案侦查36件36人，大案32件32人、要案4件4人。

*职务犯罪预防工作取得重点突破。*认真贯彻落实中央"标本兼治、综合治理、惩防并举、注重预防"反腐方针，积极发挥检察专业预防优势，开展法制宣传36场次，上预防警示教育专题课24场次，警示教育基地接待1106人次，与发改委、交通局、住建局等8家重点行业部门会签了预防共建工作协议，对财政、卫生、教育系统开展专项预防调查3次，对拉林铁路、加查电站、全市精准扶贫以及在建重点工程开展预防调研9次，对政府采购、工程招投标、干部人事管理进行行贿犯罪档案查询290件次，全方位、宽领域、多层次推进职务犯罪预防工作向纵深发展，努力实现干部清正、政府清廉、政治清明，把权力关进制度的笼子。

**三、融入法治建设新布局，不断强化对诉讼活动的监督**

全面加强对刑事、民事、行政诉讼活动的法律监督，促进严格执法、公正司法，努力让人民群众在每一项执法活动、每一个司法案件中感受到公平正义。

*强化对刑事立案、侦查和审判活动的监督。*以事实为依据、以法律为准绳，加大案件审查力度。一年来，侦监部门受理立案监督案件6件，受理侦查活动监督案件9件，发出纠正违法通知书6份，发出检察建议5份。受理批准延长侦查羁押期限案件3件，受理复议案件9件20人，受理复核案件8件13人；公诉部门受理二审上诉案件3件5人，受理复议案件2件2人、复核案件1件1人，对确有错误的刑事裁判提出抗诉2件14人。

*细化刑事执行活动监督。*加强和规范羁押必要性审查，提出变更强制措施建议被采纳2人次；对指定居所监视居住执行情况开展监督检查4人次；深入看守所开展巡回检查180余次，接受在押人员法律咨询150余次，约见在押人员7人次，查处收缴违禁品3件，提出纠正意见7份；深入开展财产刑执行情况检查工作，针对2起办案机关违法违规处置涉案财物情况，提出书面纠正意见；在社区矫正工作中，监督发现2名脱管罪犯情况，及时督促相关部门收监执行刑罚。

*深化民事行政活动监督。*依法对两级人民法院民事行政裁判文书进行全面审查，发现民事裁定适用法律错误1件，提出检察建议，法院予以采纳；受理当事人申请监督案件1件；针对生态环境保护、食品药品安全等领域暴露出的问题，积极督促行政机关依法履职，办理行政执法监督案件7件，发出检察建议7份，相关行政部门及时整改落实，有效保护了国家和社会公共利益。

**四、深化司法改革创新，推动检察工作科学发展**

遵循检察权运行规律，稳妥做好先行先试与顶层设计的有序衔接，积极推进司法改革和工作机制创新。

*深化完善司法体制改革。*按照中央、区党委确定的员额比例，组织开展了检察官入额考试、考核等遴选工作，严格遴选102名检察官，努力实现检察官队伍的专业化、职业化。深化办案责任制改革，根据检察官权力清单，进一步凸显检察官的办案主体地位。

*进一步规范司法行为。*率先在全区检察机关开展了网上办案活动，确保了所有案件实行网上受理、办理、审批、流转，并对案件受理、分配、批捕、起诉等各个环节进行备案登记、预警监控、定期通报，强化律师权益保护措施，促进执法规范化建设。2016年，全市检察机关基本建立了案件管理中心，加强了对案管人员专业培训力度，提升案管人员专业技能。首次开展了案件质量评查工作，共对148件案件进行了评查，进一步规范了执法办案行为，增强了办案人员规范意识、质量意识、责任意识和效果意识。

**五、依托检察受援，狠抓检察队伍、检务保障建设工作**

坚持正规化专业化职业化方向，依托湖南、湖北、安徽三省检察机关对口援藏平台，注重内涵，找准需求，狠抓检察队伍、检务保障建设，不断提升检察机关司法公信力。

抓班子带队伍建设。深入开展“两学一做”学习教育和“四讲四爱”活动，狠抓常态化、制度化。领导班子带头讲党课，层层签订党风廉政建设和保密责任书，组织召开全市检察长座谈会、全市检察机关服务大局业务推进会，首次采取以“普通检察官出题考检察长”的倒查考核模式，着力提高检察队伍实战能力。同时，我们以党组理论中心组学习日、月例会等为契机，组织学习了中央八项规定、自治区“约法十章”和维稳会议精神，准确把握监督执纪“四种形态”，严明党的政治纪律，认真落实“两个责任”，研究制定了检察人员纪律工作条令，努力营造检察系统风清气正的政治生态。

强化高素质专业化队伍建设。大力实施“358”人才受援计划，率先在全国检察机关中开启组团式受援模式，从湖南、湖北、安徽三省检察机关协调邀请24名援藏业务专家赴藏指导队伍建设、案件查办工作。采取“以案代训”方式，对新进人员继续实施“211”岗前培训，解决新进人员岗位适应时间长、骨干培养效率低的问题。采取“请进来、走出去”的方式，选派90余名干部赴区内外培训、考察学习，邀请公诉、侦监、民行、案管、新媒体等专家赴藏授课，指导建设“两微一端”、门户网站等建设工作。首次在乃东、琼结（区）县院分别建成公诉侦监培训基地、民行业务培训基地，着力提升业务水平和实战能力。

大力宣传检察“正能量”。一年来，全市检察机关率先在全区实现了“两微一端”全覆盖，建立了市检察院门户网站，及时发布检察动态、重要案件信息，广泛接受社会监督，提升检察公信力，传播检察“正能量”。应中国法制网邀请，特别推出了“清风扬正气 高原检察情”系列访谈节目共5期。

落实从优待检政策。采取业务考核、民主推荐、答辩等方式，提拔任用一批科级干部。为解决干警办公、住宿条件，我们加快建设“十二五”时期技侦楼项目和市检察院警示教育基地，并与开发商协调，以成本价解决了泽当雅砻阳光小区和成都温江雅砻阳光花园干警照顾老人、小孩上学等住房问题。组织老干部赴内地开展“红色之旅”考察学习，提高老干部党性修养，退休不褪色，为党献余热。

各位代表：2016年，我们召开了全市检察长座谈会、全市侦防工作会议、全市检察机关服务大局业务推进会，大力宣传山南检察反腐败新举措，展示山南检察发展新成效，反映山南检察新面貌，得到了市委、市政府的大力支持，得到了市委主要领导的重要批示。2016年，市检察院被国家六部委评为“全国老年法律维权工作先进集体”，5个市县（区）检察院被西藏自治区人民检察院评为“全区检察机关先进集体”。2016年全市检察工作取得的发展进步，是市委和西藏自治区人民检察院坚强领导、市人大及其常委会有力监督支持的结果，也是各级党委、人大、政府以及各位代表、委员和社会各界关心帮助的结果。在此，我代表市人民检察院和全市检察机关表示衷心的感谢！

回顾过去的一年，我们深切感受到，全市检察工作仍存在一些问题。主要表现为：一是两级院发展还不均衡，创造性开展工作的能力和水平有所欠缺；二是履行法律监督职责与全面依法治藏的新要求和人民群众的新期待相比还有一些差距，在监督方式和监督效果等方面还需进一步改进；三是队伍整体素质还不够高，专家型、业务型人才不多；四是与深入实施检察改革相适应的配套制度、检察权运行管理机制还不够健全完善；五是检察人员紧缺，队伍整体文化素质参差不齐，影响和制约着检察事业的全面发展。对此，我们将不断努力，切实加以整改。

## 2017年主要任务

2017年，山南检察机关将认真学习贯彻党的十八届五中六中全会、中央第六次西藏工作座谈会、自治区第九次党代会精神，认真学习领会全国两会、全区政法工作会议和全区检察长会议精神，深入贯彻落实曹建明检察长在全国检察机关援藏工作会议上提出的“六位一体”西藏检察受援战略部署和自治区张培中检察长一系列讲话精神，紧紧围绕市委、政府中心工作，顺应人民群众对公共安全、司法公正、权益保障的新期待，以强化法律监督、强化自身监督、强化队伍建设为总的要求，以检察受援为依托，坚持有法必依、执法必严、违法必究，全力推进平安建设、法治建设，大力提升执法能力素质和执法公信力，更好强化法律监督、维护公平正义，更好地服务山南科学发展、和谐发展、跨越发展。

**一、更加注重围绕中心，服务山南经济发展和社会稳定大局**

认真贯彻落实中央、区党委、市委的各项决策部署，切实承担起检察机关在山南发展稳定中的历史重任，落实全面加强党的建设要求，积极配合有关部门开展社会治安专项整治，依法严厉打击各类犯罪，妥善处理发展稳定中的各种矛盾纠纷，切实维护人民群众权益，保障人民群众生命健康安全。始终坚持中央对达赖集团的定性和斗争方针，依法打击达赖集团的分裂渗透活动，保持对严重刑事犯罪特别是分裂破坏活动的高压态势。

**二、更加注重反腐倡廉，加强查办和预防职务犯罪工作**

认真贯彻党中央惩治和预防腐败的决策部署，突出办案重点，建立健全渎职侵权犯罪网络举报和受理、侦查办案机制，推进专案调查工作制度化、规范化。紧紧围绕推进惩治和预防腐败体系建设，强化侦防一体化机制，发挥好警示教育基地作用，全面开展个案预防、专项预防、行业预防。按照“上下一体，横向协作，内部整合，总体统筹”的工作模式，深化两级院侦查一体化机制建设，积极查办重点建设领域、民生领域中的职务犯罪，做到力度不减、质量不降、节奏不变。

**三、更加注重司法公正，充分履行检察监督职责**

要谋划和落实好今年检察重点工作，依法严厉打击各类刑事犯罪，加强与公安、法院和司法行政机关的监督制约和协作配合，积极完善行政执法与刑事司法衔接平台，大力推进“检调对接”工作，多手段、多渠道化解各类社会矛盾纠纷，努力实现法律效果、政治效果、社会效果“三个效果”相统一。要立足检察职能，找准定位，积极破解改革难关，积极探索新途径、新方法，建立健全工作机制。要从侦监公诉破解难题、民事行政检察工作短板上找突破，着力打造阳光信访、责任信访、法治信访。

**四更加注重队伍建设，全面夯实检察工作基础**

要进一步加强思想政治建设，巩固深化“两学一做”学习教育成果，开展好“四讲四爱”教育活动，始终保持高度的政治敏感性和思想的纯洁性，始终保持检察工作的正确方向，提升自身修养。要加强自身监督，提高执法公信力和群众满意度，坚持把抓纪律、转作风作为创建文明单位、建设服务型检察机关的重要举措，认真执行廉政谈话、提醒谈话、诫勉谈话制度，开展执法检查、专项督察，强化日常管理和监督，针对发现的苗头性、倾向性问题，及时督促整改。

**五、更加注重受援工作，全面推动检察工作**

深入学习贯彻中央第六次西藏工作座谈会精神和习近平总书记提出的治藏、建藏战略思想，加强对曹建明检察长“六位一体”西藏检察受援战略部署。深刻领会好会议精神实质，统筹谋划好、规划好今后一段时期检察受援工作，把握机遇，主动出击，加强与对口支援省市院的沟通、协调、汇报力度，积极争取人才、业务、科技、项目资金受援力度，推动山南检察事业的全面协调发展。

**六、更加注重科技信息化建设，不断提升检察科技含量**

要按照西藏自治区人民检察院关于“一院一品”建设的要求，走以科技强检的信息化建设之路，不断加大资金投入，强化科技强检基础设施建设。要以信息化带动业务，实现执法规范化、队伍专业化和保障现代化。要全力抓好电子检务工程建设，建设好、运行好电子卷宗、电子档案管理系统，为检务工作提供更便捷、更规范的工作模式，逐步实现办公规范化、自动化、无纸化。要按照“互联网＋检”的战略要求，发挥利用好“两微一端”新媒体发布平台，实行门户网站全覆盖，传播检察“正能量”，推动检察工作规范、高效开展。

各位代表：在新的一年里，我们将更加紧密团结在以习近平同志为核心的党中央周围，在山南市委和区检院的坚强领导下，认真落实本次会议精神，履职尽责、真抓实干，努力向党和人民交出一份满意的答卷！

**《山南市人民检察院工作报告》有关用语说明**

1. 诉讼制度：诉讼制度分为刑事诉讼、民事诉讼、行政诉讼制度。刑事诉讼是指国家制定或认可的调整刑事诉讼活动的法律规范的总称。它调整的对象是公、检、法机关在当事人和其他诉讼参与人的参加下，揭露、证实、惩罚犯罪的活动。它的内容主要包括刑事诉讼的任务、基本原则与制度，公、检、法机关在刑事诉讼中的职权和相互关系，当事人及其他诉讼参与人的权利、义务，以及如何进行刑事诉讼的具体程序。民事诉讼是指人民法院、当事人和其他诉讼参与人，在审理民事案件的过程中，所进行的各种诉讼活动，以及由这些活动所产生的各种关系的总和。行政诉讼是个人、法人或其他组织认为行政主体以及法律法规授权的组织作出的行政行为侵犯其合法权益而向法院提起的诉讼。

2. 涉法涉诉：涉法涉诉是在党中央“立党为公、执政为民”的执政思想下出现的新名词。它是指当事人对刑事执法、行政执法等权力部门在案件或问题处理上不满，认为受到了不法侵害或不公平的待遇，从而引发上访告状的案件。

3. 检察建议：是人民检察院在办理刑事案件过程中，发现发案单位在思想政治教育、安全保卫、规章制度等方面存在着影响社会治安和综合治理等方面的问题和漏洞，以书面形式向该单位提出的有关整改、堵塞漏洞和解决问题的文书。

4. 侦查羁押期限：是指犯罪嫌疑人在侦查中被逮捕以后到侦查终结的期限。根据刑事诉讼法和公安机关《办理刑事案件程序规定》，侦查中的羁押期限可以分为一般羁押期限、特殊羁押期限和重新计算的羁押期限三种。

5. 羁押必要性审查：2012 年刑事诉讼法确定的羁押必要性审查制度，赋予检察机关对刑事诉讼全过程羁押必要性的审查职责，为一定程度上实现羁押状态与逮捕措施的分离、羁押期限与办案期限的分离提供了制度支撑，为降低未决羁押率和缩短期限提供了司法路径。羁押必要性制度的适用，应当立足规范文本和制度环境，综合考量实施主体、启动方式、审查内容、方法路径和配套措施。

6. “358”人才受援计划：是山南检察机关从湖北、安徽、湖南援藏三省，用五年时间，为八个主要业务部门培养大批业务骨干。

7. “211”岗前培训：是山南检察机关对首次进入检察机关的人员，进行“2 周集中授课、1 次模拟锻炼，1 年实践跟班锻炼”的培训模式。

8. “两微一端”平台：是指微博、微信及新闻客户端。是检察院对外发布信息、工作动态的平台，广泛接受社会各界监督的一种方式。

9. 侦防一体化：是检察机关职务犯罪预防部门与反贪、反渎部门相互配合，结合执法办案开展预防职务犯罪的工作机制。

10. 侦查一体化：是指为了优化侦查资源配置、提高侦查整体效能，采取以侦查指挥中心为组织形式，以提办、交办、督办、参办（联办）为主要办案方式，实行侦查活动统一组织指挥，案件线索统一管理，和经营，侦查人才和技术装备统一调配使用的一种侦查新机制。

11. 检调对接：是指检察机关公诉部门在履行法律监督职能的同时，在刑事和解工作中，依托人民调解组织进行调解，被害人或其亲属自愿同犯罪嫌疑人就财产损失、人身伤害达成和解协议，并经公诉部门依法监督和认定，如确属犯罪嫌疑人认罪悔过、积极赔偿、被害人谅解、社会危害性不大的案件，可以依照法律规定对犯罪嫌疑人做出相关从轻处理，以求运用刑事和解努力化解矛盾纠纷。

12. 六位一体：2015 年 11 月，最高检印发《关于认真贯彻中央第六次西藏工作座谈会精神进一步做好西藏和四省藏区检察工作与检察援藏工作的意见》，明确了检察业务、干部人才、教育培训、检察文化、信息科技、资金项目“六位一体”检察援藏工作任务。

13. 互联网＋检：是互联网与检察工作的结合途径，通过互联网络，深入推行检务公开的一种方式。这既是贯彻落实国家战略的需要，也是检察事业创新发展的战略机遇，具有推动检察工作向更高水平、更高层次发展的特殊优势。检察机关要适应互联网日益成为公益性基础设施、网民规模巨大的特点，用好用足用活这一资源为检察工作服务，利用互联网传播移动化、社交化、可视化的特点，增强检察工作传播力、公信力、影响力。

# 山南市2016年国民经济和社会发展计划执行情况与山南市2017年国民经济和社会发展计划（草案）的报告

在山南市第一届人民代表大会第二次会议上

山南市发展和改革委员会（粮食局）

（2017年5月23日）

## 一、2016年国民经济和社会发展计划执行情况

2016年，市委、市政府团结带领全市各族人民，认真贯彻落实党中央国务院、自治区党委政府各项决策部署，牢固树立新发展理念，改革创新，锐意进取，狠抓落实，经济社会持续快速健康发展，顺利实现“十三五”开门红。

### （一）总体态势良好

坚持“稳中求进、进中求好、好中求快、补齐短板”工作总基调，围绕建设“两基地一核心”总目标，主动适应新常态，积极培育新动力，经济社会发展保持良好态势。2016年，实现地区生产总值126.53亿元，同比增长9.9%，完成计划的97.7%。其中，第一产业实现增加值6.14亿元，同比增长5%；第二产业实现增加值62.03亿元，同比增长12.1%；第三产业实现增加值58.36亿元，同比增长8.2%。完成全社会固定资产投资186.24亿元，同比增长27.6%，完成计划的104.6%；实现本级财政收入13.56亿元，同比增长16.8%，完成计划的100.7%；完成税收总收入21.6亿元，同比增长16.1%，完成计划的105.4%；财政总支出完成126.08亿元，同比增长3.5%。农村居民人均可支配收入9908元，同比增长10.2%，完成计划的97.4%；城镇居民人均可支配收入25894元，同比增长8.7%，完成计划的98.9%。

### （二）投资拉动强劲

按照“重大项目建设年”总要求，充分发挥北京、拉萨项目专班作用，全力争资上项。成功录入国家重大项目库项目1651个，262亿元，储备三年滚动计划项目1945个1627亿元，梳理代建制、总承包、PPP模式和贷款项目258个384亿元。全年新开工项目245个，完成固定资产投资186.24亿元，其中国家投资在建项目725个，完成投资167.37亿元，同比增长40.8%，完成计划的111.7%。完成社会投资18.87亿元，同比下降31.2%，完成计划的67.4%。

交通方面：拉林铁路山南段、泽贡专用公路、农村公路、边防公路有序推进，特别是加桑公路二期工程竣工投入使用，标志着我市顺利实现县县通油路的目标。全年完成交通基础设施投资45.21亿元，完成全年计划的112%，全市公路通车总里程达到6946公里，县（区）、乡镇、村公路通畅率分别达到100%、96.34%、54.6%。能源方面：藏中清洁能源基地建设加快推进。大古电站成功实现大江截流。拉郊电站于今年初已实现并网发电，嘎堆水电站顺利实现下闸蓄水，国电投二期、曲松光伏电站顺利并网发电，措美中汇、措美协和光伏电站进展顺利。全年完成能源项目投资26.37亿元。获得自治区批准和备案待建光电项目28个，总投资160亿元，总装机容量107万千瓦。2016全年计划发电量1.6亿千瓦时，产值1.8亿元。截至2016年底发电量1.74亿千瓦时，实现产值2亿元。产量和产值同比增长55%，超额完成年了初计划。市政方面：实施了泽当大道、周转房、公租房、泽当老城区给排水管网以及各县县城道路和给排水等项目，城市面貌焕然一新，全市常住人口城镇化率达到32%，完成市政投资11.4亿元，完成全年计划的105%。水利方面：加快实施雅砻水库、江北灌区以及水源地保护、小型农田水利县建设等项目，特别是雅砻水库已进入收尾阶段，全年完成水利基础设施项目投资8.3亿元，完成全年计划的117%。

### （三）人民生活改善

脱贫攻坚扎实推进。2016年，全市共有6213

户19151名建档立卡贫困户达到退出标准，206个村（居）达到退出标准，乃东、曲松、洛扎三县（区）达到脱贫摘帽标准，已上报自治区待批复。实施产业扶贫项目77个，完成投资3.08亿元。加查莫热坝、桑日追塘坝、泽当城区和桑耶等15个集中安置点和754户2471人易地扶贫搬迁点建设加快推进。完成可研或初设的易地同步搬迁项目68项，涉及7284户、26230人，总投资24亿元。

富边工程稳步实施。完成四个边境县一县一本生态文明小康示范村建设规划，上报96个边境村建设实施计划，涉及边境人口5.5万人，计划总投资55亿元。全年落实生态补偿脱贫转移就业岗位3.69万个，为贫困人口每人每年增收3000元。

民生政策加快落实。我市"十大民心工程"受到国务院通报表扬。整合各类资金5.99亿元，强基惠民为民办实事7596件。落实各类惠民资金，出台26项惠民补助或工资提标政策，特别是边民补助在自治区安排补助资金的基础上，提高了近70%。

公共服务能力不断提升。3县义务教育均衡发展通过验收，累计已达9个县。市三高、二职建成并招生开学。洛扎、隆子两县人民医院成功创建二级甲等医院。就业、社会保障、双集中、全民免费健康体检等工作走在全区前列。国家公共文化服务体系示范区成功授牌。城镇登记失业率控制在2.1%以内，五大社保参保率达97%以上。

**（四）产业发展良好**

农牧业稳中有增。围绕农牧业增效、农牧民增收目标，投入资金近26亿元，加快实施了江北灌渠、小农水利重点县建设、农业综合开发、连片高标准农田建设等130余个农村经济发展项目和农村产业发展项目。谋划了乃东千亩蔬菜基地、百万规模禽类养殖基地，琼结万头仔猪繁育基地，浪卡子万只绵羊改良基地等能农村产业发展"百千万"工程，农村产业化经营水平不断提高，土地产出效率日益显现。粮食产量持续保持连年增收，产量15.9万吨，同比增长1.2%。蔬菜产量3.17万吨，肉类产量2.65万吨。

工业经济较快增长。工业品产销良好，实现销售产值24.95亿元，同比增长21.2%。成功打造了"雅拉香布""雅砻神水"天然饮用水品牌，华新水泥三期120万吨生产线审批工作有序推进。重点企业支撑有力，藏木电站全年发电量16.68亿千瓦时，实现产值4.63亿元。主要矿产品价格逐渐回暖，江南、华钰等矿业生产规模不断扩大。全年完成规模以上工业企业增加值12.21亿元，同比增长6.2%，工业总量居全区第二、增速全区第四。

服务业较快发展。深度开发藏源寻根游、环羊湖自行车体验游等精品线路，积极打造中国西藏雅砻文化节、措美哲古牧人节、仓央嘉措情歌文化节等品牌。全年共接待国内外游客超过277万人次，实现旅游总收入11亿元，分别同比增长17.9%和19.6%。全年实现消费品零售总额44.74亿元，同比增长13%。金融机构存贷款余额分别达到309.76亿元、251.7亿元，分别同比增长2.89%、8.74%。非公市场主体发展到1.88万户，注册资金181亿元，分别增长22%、17%。

**（五）发展活力增强**

试点示范取得新突破。国家新批准了乃东区全国农民工返乡创业试点、桑耶镇全国第三批新型城镇化试点建设、桑耶全国127个特色小镇、乃东区农村产业融合发展试点等国家级试点，措美、洛扎、隆子、浪卡子四县成功纳入国家重点生态功能区。扎囊、乃东县（区）起草编制了试点工作实施方案。大力开展泽当镇新型城镇化试点。编制完成了《泽当镇全国第二批新型城镇试点工作实施方案》，启动了泽当东入口、西入口、下穿式隧道、市人民医院迁建、市完全中学等重大项目规划设计，实施了泽当大道、贡布路改扩建等重点工程。加快推进统筹城乡示范区建设。启动了统筹城乡发展示范区核心开发区市政道路、给排水、综合电缆管沟等基础设施建设，入园投产企业1家，在建企业1家。稳步推进全区特色小城镇建设，率先在全区启动了杰德秀基础设施建设，勒乡基础设施顺利启动。

重点领域改革取得新进展。撤地设市圆满完成。顺利完成权责清单编制工作，政府效率全国排名第3。开创受援工作新局面，顺利实现七（五）批援藏项目收尾，开展教育、卫生组团式援藏工作，组团式援藏人才分别达到140人和64人。七（五）批与八（六）批援藏工作顺利接续，扎实推进"十三五"援藏规划编制。乃东区自治区级农村改革试验区工作取得示范性效应。放管服改革扎实推进，围绕项目审批权下放，千方百计提高承接能力和审批效率，政务环境明显改善。

**（六）底线红线坚守有力**

生态文明建设步伐加快。大力推进生态文明先行示范项目建设，实施了生态保护、人工造林、农业综合开发等10大类项目，完成投资16.08亿元。对照53项衡量指标，已实现26项指标。落实资金3.7亿元，实施了12县（区）生态安全屏障防沙治沙、12县（区）重点公益林建设、乃东区等4县（区）生态安全屏障防护林、浪卡子县黑颈鹤保护区三期工程、乃东江北苗圃等一批重点生态环境保护和生态修复项目。加快污水垃圾无害化处理设施建设，实施了贡嘎、曲松污水处理收集系统和18个乡镇垃圾填埋场（转运站），全市可持续发展能力显著提升。

安全形势总体平稳。全面落实区、市维稳措施，巩固了山南是全区最安全、最稳定地市之一的良好局面。宗教领域"三个一"、学经回流人员管控和"两个意识"教育工作成效明显。安监工作受到国务院表彰并荣获全区第一名。"先进双联户"创建工作荣获全区第一名。全社会治安综合治理工作荣获全区第二名。

## 二、2017年经济社会发展总体要求和发展目标

2017年全市经济工作的总体要求是：深入贯彻落实党的十八大、十八届三中四中五中六中全会、中央第六次西藏工作座谈会和中央经济工作会议精神，深入贯彻落实习近平总书记治国理政新理念新思想新战略特别是治边稳藏重要战略思想，深入贯彻落实自治区第九次党代会、自治区"两会"和全区经济工作会议精神，坚持以人民为中心的发展思想，坚持稳中求进、进中求好、好中求快、补其短板的工作总基调，坚持以供给侧结构性改革为主线，牢固树立发展新理念，按照自治区处理好"十三对关系"和实施"六动举措"的要求，突出"三个重点"，办好"四件大事"，全力以赴抓改革、促发展、保稳定、惠民生，打好先行先试、脱贫攻坚、项目建设、改善民生"四大战役"，以优异的成绩迎接党的十九大胜利召开。

2017年经济社会发展目标是：

——地区生产总值力争增长12%以上；

——全社会固定资产投资力争增长25%以上；

——财政收入力争增长15%以上；

——社会消费品零售总额力争增长13%以上；

——城镇居民人均可支配收入力争增长10%以上；

——农村居民人均可支配收入力争增长14%以上；

——规上工业增加值力争增长14%以上；

——城镇登记失业率控制在2.3%以内；

——居民消费价格指数控制在2.5%以内。

## 三、2017年国民经济和社会发展主要措施

为确保顺利完成2017年目标任务，按照市委、市政府确定的经济社会发展指导思想和总体要求，重点抓好以下工作：

（一）狠抓先行先试。围绕国家、自治区赋予山南的试点示范，用活用好试点政策，以点带面、全面发展，发挥示范作用。国家生态文明先行示范区要对照53项指标，提升巩固已经实现的26项指标，加大力度推进27项指标，重点攻坚难度大的7项指标，采取针对性措施，确保年内建成试点并通过国家验收。泽当和桑耶国家新型城镇化试点要统筹试点主题，完善试点工作方案，加快实施棚户区改造、泽当东西入口打造、易地扶贫搬迁等项目建设，推进环城路、物交会场地和鲁琼专业市场等项目论证，加快项目前期工作。推进统筹城乡发展示范区项目前期工作，力争4月份具备开工条件。特色小城镇建设要积极筹措建设资金，发挥项目资本金作用，引导社会资本投入，加快推进杰德秀、勒乡基础设施，力争今年新开工一批试点项目，加快桑耶特镇规划修编，力争今年开工建设。

（二）狠抓脱贫攻坚。把扶贫作为头等大事和第一民生工程，启动"打赢脱贫攻坚四年行动"。推进边境生态文明小康示范村建设。推进易地扶贫搬迁点建设。全面完成加查莫热坝、桑日追塘坝、泽当城区和桑耶等15个易地扶贫安置点建设，实现754户2471人顺利搬迁落户。启动鲁琼等集中易地搬迁安置点建设，实施好地质灾害和地方病高发区域8100人同步搬迁和高海拔区域生态搬迁试点工作。推进扶贫产业建设。积极筹措国家、银行贷款、社会投资和拉动民间投资整合各类资金，启动实施182个产业扶贫项目，进一步巩固乃东、曲松、洛扎三县（区）脱贫成果，确保高质量完成桑日、错那、琼结、加查、措美五县脱贫任务。

（三）狠抓固边富民。加快四个边境县96个边境村居生态文明小康示范建设规划，按照成熟一批、启动建设一批的要求，二季度启动实施洛扎县拉郊村、隆子县玉麦村、浪卡子县普玛江唐村等11个小康示范村建设，完成隆子县扎日村、洛扎县次麦村等31个村居建设项目前期工作，并在三季度开工建设，力争全年开工率40%以上。

（四）狠抓项目建设。启动"基础设施提升四年行动"，确保国家投资、招商引资、援藏投资大幅增

长。加强项目前期工作。用活用好项目前期工作经费，发挥贷款贴息经费的撬动作用，加强项目前期工作指导，加快进度、扎实推进，确保上半年完成投资10亿元以下项目前期工作，年内基本完成"十三五"规划项目前期工作。狠抓项目建设。以亿元项目为重点，逐个梳理并制定针对性跟踪落实方案，超前抓好项目论证、设计等节点工作，对重大项目要采取专人跟踪、明确责任、定向服务的方式。交通上，加快推进拉林铁路、泽贡专用公路、拉萨至山南快速通道、勒至杜让尚边防公路建设进度，抓紧开工贡嘎机场三期改扩建、边防大通道、以及洛扎拉康、边巴油路，争取开工G560琼结至错那和措美至洛扎农村公路，确保在2016年县县通油路的基础上，到2017年实现乡乡通油路和54%以上行政村实现通畅。水利上，加快推进雅砻水库、结巴水库和江北灌区建设进度，开工建设卓于水库、泽当防洪体系、农村小水利等一批水利工程，力争农田保灌率达到85%以上，农饮供水保障率90%以上；电力上，要加快实施拉林铁路供电工程和浪卡子、扎囊110千伏输变电工程及12县（区）农网改造升级工程，力争藏中电网乡镇全覆盖、行政村通电率95%以上。通讯上，启动实施边际网工程、山南市边境覆盖通信工程和通信基础设施建设等项目。要加大专项建设基金争取力度，通过PPP、推行政府购买服务、健全公共领域价格形成机制，提高社会资本参与项目建设的积极性，形成一些看得到的亮点和成功案列。要积极对接国开行、农发行、西藏银行、农行和央企，促进已成熟的61个项目进入实质性谈判阶段，力争银行贷款资金早落地、项目早实施。加快重点项目建设，确保全社会固定资产投资完成232.6亿元，同比增长25%。

（五）狠抓民生改善。推进基础教育均衡发展，启动山南市完全中学等项目，加快双语幼儿园等项目建设，继续实施义务教育薄弱学校改造工程。实施人民医院异地迁建，加强医疗卫生服务体系建设，稳步推进等级医院创建工作，尽快出台大病救助实施细则。积极开展"组团式"教育、医疗人才援藏工作。完善现代公共文化服务体系，加强基层公共文化设施建设，推进县级综合农牧服务中心、村文化活动室建设。认真落实"十大民心工程"，探索建立社会救助标准与物价上涨挂钩联动机制，确保民心工程深入民心。

（六）狠抓产业培育。统筹推进产业有序发展，一产要加大资金整合力度，建设一批旱涝保收、高产稳产农田，加快现代农业、现代畜牧科技示范基地建设，继续实施一批农业综合开发、连片高标准农田，加快农牧业现代化步伐，促进粮食亩产增产50斤，确保完成粮食产量达到16.4万吨。扎实做好"三推进"工作，谋划与拉萨"净土健康产业"的对接互动发展。启动实施乃东千亩蔬菜基地、百万规模禽类养殖基地，琼结万头仔猪繁育基地，浪卡子万只绵羊改良基地等农村产业发展"百千万"工程，促进农村产业融合发展。二产要全力打造藏中清洁能源基地。加大水电开发，推进加查、大古电站建设，做好街需、巴玉、冷达、拉康水电站项目前期工作，开展洛扎雄曲、隆子西巴霞曲、错那娘江曲小流域开发规划。稳步发展光伏，推进措美协和、措美中汇光伏电站建设，加快华电浪卡子光伏、中伏源隆子光伏、大有浪卡子光伏、曲松科能光伏电站开工建设。积极开发地热，以为央企技术为支撑，结合脱贫攻坚，产业强市，高起点推动古堆地热资源综合开发利用。拓展外调渠道，以藏中能源网建设为契机，完善电源点和输配电网络，打通配电外送渠道。积极推进九大特色产业发展。有序推进四大矿业基地建设，争取西藏大冶努日铜矿、玉锋则当铅锌矿取得采矿权，争取开工建设华钰采选改扩建项目。加快发展天然饮用水产业，争取烟草总局天然饮用水和中石化西藏好水等项目尽早落地，培育雅砻神水、雪域冰川、雅拉香布等山南品牌。稳步发展建筑建材业，开工建设华新水泥厂三期120万吨生产线项目，推进扎囊、浪卡子县石材开发。借力发展生物制药业，启动高原生物制药研发工作，实施灵康药业研发中心、藏南生物科技等项目。跟进45种藏药准字号审批工作，确保种植藏药材2100亩以上。三产要全力打造藏源文化旅游基地。加快核心旅游资源保护开发，系统研究旅客进藏方式和路线，科学铺排旅游线路，加快错那勒布景区、羊湖"三化"景区和乡村旅游等项目建设，加强旅游文化的融合发展。进一步延伸吃、住、行、娱、购等服务，提升服务质量。建设县、乡两级物流配送体系，开工建设邮政快递物流枢纽中心和电子商务进农村试点工程，加快发展现代服务业，力争社会消费品零售总额增长13%以上，接待国内外游客338万人次以上，实现旅游总收入13亿元以上。

（七）狠抓改革开放。发挥兴藏援藏优势，配合做好三省设立民间交往交流交融联络机构，努力形成全方位援藏对接机制；尽快对接落实"十三五"对口援藏规划，继续强化教育、卫生"组团式"援藏工作，突出“四个严禁”“七个优先”“十个一”的要求，启动实施援藏扶贫项目、12县（区）完小和卫生服务中心标准化建设，力争全年完成投资4亿元。加强对内交流合作，加强与拉萨等兄弟地市战略合作，积极主动融入拉萨核心经济圈，实现拉萨—山南一体化发展。主动与拉萨市对接特色农牧业、旅游业协同发展，开展拉萨山南一体化发展规划编制，开工建设拉萨山南快速通道，打造拉萨山南1小时经济圈和拉萨山南日喀则藏中核心经济区。统筹推进经济体制改革，按照全区第九次党代会精神，继续深化《关于全面深化改革的实施意见》中5个方面的经济体制改革任务。切实转变政府职能，推进“放管服”改革，做好自治区下放行政审批事项的承接和市级下放3000万元以下投资项目承接工作，主动担当、主动作为。积极推进经济体制改革、农牧区配套改革、国有企业改革和民生领域改革，深化教育、卫生、文化改革和事业单位改制，在学前教育、公立医院等方面形成改革成果。推进乃东县农村综合配套改革试点示范工作，落实河长制，保护水资源。

（八）坚守红线底线。启动“生态文明创建四年行动”，加快推进生态文明先行示范项目建设，确保今年高质量建成国家生态文明先行示范区。积极做好中央环保督察迎检工作。科学合理划定生态底线，分级争取国家生态支持政策和资金，实施好羊湖生态保护、雅砻河源头生态保护、饮用水源地保护等项目。建立健全环保监管制度和生态补贴扩面覆盖、生态治理群众参与、荒山荒滩开发受益、生态岗位吸纳就业机制。认真落实自治区“十项维稳措施”，扎实做好城镇网格化管理、“双联户”创建评选、矛盾纠纷排查调处等工作。认真做好安全生产工作，开展好安全生产责任落实年各项活动，认真开展安全生产行业专项整治行动，加快推进隐患排查治理数字化、标准化体系建设，积极做好迎接国家安全生产大巡查准备工作，启动应急指挥平台和云视系统项目。开展好“六大体系、八项制度”落实情况督导工作，确保安全生产工作有序开展。

各位代表，2017年是全面实施“十三五”规划、落实自治区第九次党代会精神的重要之年，是如期打赢脱贫攻坚战、全面建成小康社会的关键之年，也是推进供给侧结构性改革的深化之年。做好今年经济工作，意义重大，任重道远。让我们紧紧围绕全市经济工作会议确定的目标任务，认真贯彻落实市委、市政府中心工作，突出稳增长、调结构、强支撑、惠民生、补短板、促改革、守底线、防风险，确保年度目标任务圆满完成，以优异的成绩迎接党的十九大胜利召开！

# 山南市2016年财政预算执行情况和山南市2017年财政预算（草案）的报告

在山南市第一届人民代表大会第二次会议上

山南市财政局

（2017年5月23日）

## 一、2016年财政预算执行情况

2016年是实施“十三五”规划的开局之年，也是全面深化改革和全面开启脱贫攻坚的一年。在市委、市政府的正确领导下，在各级人大及其常委会的监督指导下，全市各级各部门全面贯彻党的十八大和十八届三中、四中、五中、六中全会、中央第六次西藏工作座谈会，以及自治区第九次党代会精神，深入贯彻习近平总书记系列重要讲话精神，统筹推进“五位一体”总体布局和协调推进“四个全面”战略布局，以撤地设市为新起点，围绕“两基地一核心”发展定位和实施“七大战略”要求，认真落实稳增长、调结构、促改革、惠民生、保稳定、防风险等一系列政策措施，主动作为，扎实工作，攻坚克难，顺利完成了财政全年各项任务目标，尤其财政预算执行情况良好，有力促进了全市经济社会持续快速健康发展。

**（一）财政预算执行情况**

2016年，全市一般公共预算、政府性基金预算、社会保险基金预算、国有资本经营预算收入合计1423668万元，支出合计1327440万元。

1. 一般公共预算

收入预算执行情况：全市一般公共预算收入完成135563万元，为年初预算的117%，比上年决算数增加19536万元，增长16.8%。

分结构来看，税收收入完成92540万元，增长6.1%，占收入总额的68.3%，其中：增值税完成44868万元，为预算的187.9%，比上年决算数增加25130万元，增长127.3%；营业税完成22815万元，为预算的58%，比上年决算数减少14504万元，下降38.9%，主要是由于5月1日开始全面推行“营改增”政策，受此影响增值税同比增收，营业税同比减少；企业所得税完成2858万元，为预算的28.6%，比上年决算数减少9269万元，下降76.4%，主要是受招商引资企业一次性收入因素影响，抬高了上年基数；个人所得税完成765万元，为预算的122.5%，比上年决算数增加223万元，增长41.1%，主要是企业股息红利所得个人所得税较多。非税收入完成43023万元，为预算的185.6%，比上年决算数增加14204万元，增长49.3%，占收入总额的31.74%，主要是往年的财政利息收入和矿产资源专项收入入库。

分级次来看，市本级一般公共预算收入完成74188万元，增长29.9%；县级完成61375万元，增长4.2%，主要是乃东、贡嘎、加查三县因“营改增”等政策影响，未能完成全年收入目标。

支出预算执行情况：各级财政通过积极争取自治区财政支持、盘活存量资金、加快预算执行进度等方式，千方百计提高财政保障水平。全市一般公共预算支出完成1260798万元，增长3.48%；市本级一般公共预算支出完成381926万元，比上年减少68678万元，下降15.2%。全市主要支出科目执行情况如下：

农林水支出240315万元，完成预算的138.9%，比上年减少5203万元，同口径比较（下同），下降2.1%。一是完善对农牧民的补贴政策。落实资金6080万元，对农作物良种和优良牲畜推广及农机具购置进行补贴。落实农牧民技能培训资金670万元。二是加快农牧业综合生产项目建设。落实资金4300万元，支持现代农业发展。落实资金680万元，支持农牧业科技推广。落实资金800万元，推进菜篮子工程实施。三是加强水利基础设施建设。落实资金15500万元，实施小型农田（牧区）水利项目建设。落实资金1610万元，支持全市抗旱保生产、汛后损毁水利设施修复及应急度汛工作。四是推进扶贫及农业综合开发。落实资金48180万元，用于实施全市扶贫项目。落实资金16100万元，实施高标准农田建设。五是提高农牧业生态保护力度。落实资金14100万元，继续实施草原生态保护奖励补助机制。落实资金8830万元，用于重点区域造林、草原草场和动植物保护补助、防沙治沙、森林防火等支出。落实资金1680万元，开展湿地保护与高海拔清洁能源推广工作。六是加快农村综合改革进程。落实资金8090万元，用于完善农村税费改革补助政策，进一步提高村级组织工作经费、农村五保户供养、村级动物防疫员等补助标准。

社会保障和就业支出85114万元，完成预算的118.5%，比上年增加10357万元，增长13.85%。落实资金60191万元，用于全市"五大保险"补助和公益性岗位补贴。落实资金1517万元，保障五保户、孤儿生活和儿童福利院运行。落实资金5022万元，用于城乡居民最低生活保障。落实资金4886万元，用于优抚对象医疗补助、流浪乞讨人员救助、自然灾害救助、困难群众临时救助。

医疗卫生支出90969万元，完成预算的117%，比上年增加14709万元，增长19.3%。落实资金16914万元，用于新型农村合作医疗及城乡医疗救助。落实资金6182万元，继续推进基层医疗卫生机构改革，切实减轻患者负担，让利于民。落实资金29455万元，用于公立医院各项事业发展。落实资金12386万元，用于行政事业及公务员医疗补助。落实资金7126万元，实施好干部职工及城乡居民和在编僧尼免费健康体检、先心病患儿免费筛查救治工作，加大村医补贴、提升基本公共卫生服务。落实资金1899万元，用于重大公共卫生领域。落实资金1630万元，用于计划生育事务支出。落实资金1006万元，用于"两降一生"等工作支出。落实资金1628万元，用于食品和药品监督管理事务支出。

教育支出171562万元，完成预算的118.6%，比上年减少13995万元，下降8.1%。落实市、县两级教育投入资金29570万元，实施教育均衡发展、薄弱学校改造等教育提质工程。落实资金19801万元，继续实施中小学"三包"、助学及免费教育政策。落实资金4500万元，支持教育人才"组团式"援藏工作。

文化体育与传媒支出39590万元，完成预算的156.8%，比上年增加7478万元，增长23.3%。落实资金13630万元，用于国家重点文物保护维修项目。落实地方公共文化服务体系建设资金10700万元，重点用于20个村级综合性文化服务中心建设、图书馆装修和设备添置、文化信息资源共享工程及基层群众文化活动等项目。落实资金718万元，用于加强民间艺术团演出队伍建设及电影放映场次补贴。落实资金1136万元，支持市县数字影院配套建设等。

科学技术支出1452万元，完成预算的107.7%，比上年增加1035万元，增长58.4%。落实资金780万元，用于支持科技特派员在基层创业及科普宣传。落实资金280万元，用于支持农作物、藏药材等新产品试制等。

住房保障支出60100万元，完成预算的151.7%，比上年增加8284万元，增长15.9%。落实资金26640万元，用于保障性住房建设。落实住房改革资金21622万元。

节能环保支出29667万元，完成预算的254%，比上年增加11164万元，增长60.3%。落实退耕还林补助资金460万元。落实水污染防治资金7715万元。落实自然生态保护资金9654万元。

城乡社区支出127663万元，完成预算的706.5%，比上年增加67404万元，增长111.8%。落实城乡社区管理事务支出8346万元。落实城乡社区公用设施建设资金113538万元。落实城乡社区环境卫生领域资金1513万元。

交通运输支出36040万元，完成预算的256.7%，比上年减少53745万元，下降59.9%。落实公路养护资金32070万元，落实客运班线补贴资金1520万元。

资源勘探信息等支出35879万元，完成预算的144.8%，比上年减少8959万元，下降19.9%。落实中小企业发展和管理资金31043万元。落实安全生产监管资金2760万元。落实国有资产监管资金728万元。

商业服务业等支出3931万元，完成预算的116%，比上年减少3796万元，下降49%。落实旅游发展专项资金1820万元。

国土海洋气象等支出5856万元，完成预算的113%，比上年减少2057万元，下降26%。落实地质灾害治理、土地资源利用与保护等项目资金3800万元。

粮油物资储备支出1819万元，完成预算的145.5%，比上年减少835万元，下降31.5%。落实产粮、油大县奖励资金320万元。落实粮食储备库维修及改扩建项目资金1060万元。

公共安全支出95042万元，完成预算的161.5%，比上年增加17663万元，增长22.8%。全面落实政法机关、公安现役部队和武警内卫部队等经费，确保重点领域关键节点维稳经费需求。

一般公共服务支出227292万元，完成预算的117.8%，比上年增加16441万元，增长7.8%。全面落实各项创新社会和寺庙管理政策，落实爱国守法先进僧尼表彰奖励资金407万元，“先进双联户”创建活动及表彰经费3078万元，民族团结进步模范表彰经费153万元。落实村居两委班子考核奖励资金650万元。落实聘用干部和农牧半脱产人员生活补助590万元。落实驻寺干部特殊岗位补贴资金1345万元。落实寺管会和乡镇食堂补助资金883万元。落实“强基惠民”驻村工作办实事经费和生活补助资金10750万元。

收支平衡情况：2016年，全市一般公共预算收入135563万元，加上上级财政补助、上年结转、债券转贷收入、政府性基金调入、调入预算稳定调节基金，总财力达1333342万元。一般公共预算支出1260798万元，加上补充预算稳定调节基金53351万元，结转下年支出19193万元，支出总量1333342万元，实现当年收支平衡。

2. 政府性基金预算

收入预算执行情况：全市政府性基金收入完成3331万元，为年初预算的95.2%，比上年同期减收1405万元，同比下降29.7%。主要原因是按新规定将地方教育附加、育林基金等转列到一般公共预算，同时各县区土地出让收入同比减少。

分级次来看，市本级政府性基金收入完成2357万元，比上年减少206万元，下降8%；县区级完成974万元，比上年减少1199万元，下降55.2%。

基金补助情况：2016年自治区下达政府性基金补助5644万元，比上年减少7186万元，下降56%。另外，政府性基金上年结转6361万元，政府性基金调出资金2.7万元。

基金支出预算执行情况：全市政府性基金支出完成12635万元，比上年减少3601万元，下降22.18%；市本级政府性基金支出完成7007万元，比上年增加2841万元，增长68.2%。全市主要基金支出科目的执行情况如下：

城乡社区支出7568万元，比上年增加3244万元，增长75%；商业服务业等支出825万元，同比增长100%；其他支出4272万元，比上年减少7103万元，下降62.4%。

收支平衡情况：2016年，全市政府性基金收入3331万元，加上上级财政基金补助、上年结转，减去调出资金等，基金总财力共计15333万元。政府性基金支出12635万元，结转下年支出2698万元，支出总量15333万元，实现当年收支平衡。

3. 社会保险基金预算

收入预算执行情况：2016年，全市社会保险基金收入74421万元，为年初预算的68.97%，同比增长16.7%。分险种来看：全市企业职工基本养老保险基金收入12880万元；城乡居民基本养老保险基金8699万元；城镇职工基本医疗保险基金26741万元；新型农村合作医疗基金16262万元；城镇居民基本医疗保险基金918万元；工伤保险基金813万元；失业保险基金1886万元；生育保险基金1724万元；机关事业单位基本养老保险收入4498万元。

支出预算执行情况：全市完成社会保险基金支出54007万元，为年初预算的89.21%，同比增长11.5%，其中：企业职工基本养老保险基金完成10330万元；城乡居民基本养老保险基金完成6478万元；城镇职工基本医疗保险基金完成17855万元；新型农村合作医疗基金完成15733万元；城镇居民基本医疗保险基金完成2543万元；工伤保险基金完成184万元；失业、生育和机关事业单位基本养老保险基金完成884万元。

收支平衡情况：2016年，全市社会保险基金收入74421万元，社会保险基金支出54007万元。当年收支结余20414万元，年末滚存结余111111万元。

4. 国有资本经营预算

2016年，国有资本经营收入完成572.17万元，为年初预算的136.52%，同比增长100%。主要是今年9月份长盛公路桥梁建设公司、泽当饭店、山南建工集团有限责任公司、山南汽车客运公司四家企业按规定上缴国有资本经营收入。国有资本经营支出由国有企业主管部门“以收定支”，当年未形成支出。

**（二）2016年重点改革任务进一步推进**

不断深化财政体制改革，坚持用改革的方法解决发展中的问题，通过深化改革增强体制机制活力，提高财政运行效率。一是加大预算信息公开。全面贯彻落实《预算法》的各项规定，坚持先有预算、后有支出，硬化预算约束。积极推进财政预决算公开，严格执行《西藏自治区预算信息公开暂行办法》，市本级部门预决算公开范围扩大到除涉密单位外的所有预算单位，做到预算信息公开全覆盖，各县区部门预决算公开按自治区要求达到50%。二是深化预算管理制度改革。健全政府预算体系，实现一般公共预算、政府性基金预算、社会保险基金预算与国有资本经营预算统一编报，统一审批，做到各有侧重，有机衔接。加大政府性基金预算、国有资本经营预算与一般公共预算的统筹力度，将地方教育附加等3个项目由政府性基金预算转列一般公共预算。全面推进营业税改征增值税改革。积极推动政府采购管理和执行分离、代理机构“摇号参与”改革，促进政府采购活动公开透明。积极探索公务卡消费改革，推选市本级25家预算单位进行了公务卡推行试点，为实现公务卡结算强制化、常态化奠定了基础。探索了本级行政事业单位经营性房产管理新模式，最大限度地预防国有资产流失。进一步规范政府购买服务工作，充分发挥市场在资源配置中的作用。三是提高预算执行能力。加强财政收入管理，坚持依法征收、应收尽收，严禁采取“空转”等方式虚增财政收入，坚决不收过头税、过头费。强化支出预算管理，严格执行人大批准的预算，加快支出预算指标分解下达，加大预算执行督查通报力度，促进财政支出尽快形成实物工作量。加大财政资金统筹力度，全面清理盘活财政存量资金，市本级收回结转结余资金39114万元，重点用于改善民生、精准扶贫、维护稳定等方面。四是加强政府债务管理。建立政府债务举借、使用和偿还相统一的债务管理机制，制定《山南市政府债务突发事件应急处置预案》，印发《进一步加强政府债务风险防范工作的通知》，完善政府债务风险预警机制，切实防范财政金融风险。五是强化财政监督作用。厉行节约，认真落实中央“八项规定”和自治区“约法十章”“九项要求”，市委“十项规则”，严格控制一般性支出，全市“三公”经费比上年下降20%以上。强化资金监督检查力度，联合纪检、审计部门开展重大项目资金、非税收入收缴、预决算公开等专项检查。

**（三）2016年财政支出结构进一步优化**

2016年，全市各级财政部门以撤地设市为契机，始终牢牢把握“稳中求进”这个总基调，拧紧“稳增长、调结构、促改革”这个总开关，全力组织收入，着力改善民生，不断深化改革，进一步优化财政支出结构，为全市经济社会发展提供强有力的资金保障。

2016年全市一般公共预算支出达1260798万元，同比增长3.48%，用于民生等重点支出占比达75%以上，支出结构进一步优化。一是重点工作保障更加有力。全市各级财政部门积极筹措资金，保障“十大民心工程”、精准扶贫、固边富民，优化发展环境等全市重点工作顺利推进。落实71018万元，实施了“十大民心工程”，受到国务院通报表扬。落实120455万元，用于精准扶贫工作，其中：市本级投入精准扶贫资金12973万元、中央和自治区精准扶贫产业发展资金38154万元、生产扶持与基础设施建设资金42005万元、中央和自治区生态补偿岗位资金11384万元、易地扶贫搬迁资金12939万元，推动精准扶贫工作纵深发展。落实15065万元，用于固边富民工程。落实5000余万元，用于优化发展环境。落实1361万元，用于扎日转山维稳工作。落实880万元，支持撤地设市工作。二是统筹城乡建设步伐加快。落实资金48400万元支持乃东区农村改革试验区、3个特色小城镇等项目加快建设，新建乡镇周转房3024套、保障性住房3196套（户）、农村危房改造2680套，实施了30个基层政权示范点建设等。落实资金36430万元，支持农业农村基础设施建设，加强农业综合生产能力建设，深入推进农业结构调整，大力发展现代农业和高效农业，提高农业科技含量。三是基础设施建设更加扎实。落实基建资金345370万元，安排项目前期经费5000万元，大力推进拉林铁路、加桑二期、雅砻水库、加查和大古水电站等重大项目建设。四是产业发展取得新成效。整合产业发展资金43680万元，在精准扶贫过程中推进建筑建材、民族手工等产业健康发展。五是保障托底工程成效显著。落实资金46463万元，在自治区标准上实施民生提标工程，设立并落实了扶贫发展基金、大病救助基金和失地保障金以及维稳固边专项补助等。六是社会事业发展全面进步。落实教科文卫资金303514万元，将本级教育配套资金由20%提高至25%，建立了教师生活补助机制，完善了山南籍农牧民子女上大学奖励政策，促进了教育均衡发展。支持基层科普行动计划和“三区”人才支持计划等，实施了科技强市战略。建立了民间艺术团在岗人员生活补助机制，支持了雅砻文化节等重大文化活动成功举办，推进公共文化服务体系示范区顺利通过国家验收。稳步推进市人民医院、藏医院、妇保院等级创建工作，全力支持“组团式”援藏等医疗体系改革等。七是坚守“三条底线”不打折扣。始终坚守维护稳定、安全生产、生态保护“三条底线”，落实资金40720万元，配合行业主管部门积极完善各项措施，确保实现社会和谐稳定、长治久安、生态环境持续良好的目标。

总体来看，2016年全市财政运行基本平稳，财政改革工作取得了新成效，促进了我市经济社会平稳健康发展，确保了“十三五”开门红。这一切得益于市委、市政府的正确领导，得益于市人大、政协及其代表、委员们的有力监督，得益于各级各部门、全市各族群众的共同努力。

同时，我们清醒地认识到，财政运行还面临一些困难和问题，主要是：财政收支平衡压力逐年加大，财政收入结构有待进一步优化；部分预算单位法治意识和绩效意识淡薄，预算管理水平有待提高，预算执行效率意识有待增强；一些重大投资项目开工不及时、建设推进缓慢，致使专项资金执行进度慢的问题依然突出；财政供养人员规模不断扩大，自身财力保障难以为继；财政资金统筹使用力度需进一步加大，资金使用的安全性、有效性仍需提高。对此，我们将高度重视，在今后的工作中切实加以改进和解决。

## 二、2017年财政预算草案

2017年是实施“十三五”规划的重要一年。我们面临经济发展新常态的特征更加明显，长期向好的基本面没有变，市场活力持续释放，新动能不断成长壮大。同时，面临经济不稳定不确定因素明显增加，我市经济运行仍存在不少突出矛盾和问题。从财政来看，增收潜力和减收因素并存，县域间的财政收入增长分化将进一步延续，重点领域和刚性支出需求压力较大，收支矛盾仍十分突出。各级财政部门将围绕中心、服务大局，牢固树立过紧日子的思想，科学合理编制预算，把更多的财力用在为人民群众谋实事、办好事上。

**（一）预算编制指导思想**

深入贯彻党的十八届四中、五中、六中全会和习近平总书记系列重要讲话精神以及区、市两级经济工作会议等精神，紧紧围绕我市“两基地一核心”发展定位和“七大战略”要求，坚持以邓小平理论、“三个代表”重要思想、科学发展观为指导，统筹兼顾、突出重点，狠抓增收节支，不断调整和优化支出结构；严格控制和压缩“三公”经费，把有限的财力真正用到“保增长、保发展、保稳定、保运转、调结构、惠民生”重点支出上；加大“三农”、科教文卫、社会保障、公共安全等方面支持力度。积极发挥财政职能作用，促进我市经济可持续发展、社会可持续稳定、民生可持续改善、生态可持续优化。

**（二）2017年全市预算安排情况**

1. 一般公共预算

收入预算安排情况：2017年，全市一般公共预算总财力为1014810万元，按可比口径计算（下同），比上年增加115497万元，增长12.8%，其中：一般公共预算收入安排122352万元，比上年增加6540万元，增长5.6%；返还性收入37385万元，比上年增加4396万元，增长13.3%；一般性转移支付收入618713万元，比上年增加89242万元，增长16.8%；专项转移支付收入163070万元，比上年减少10968万元，下降6.3%；上年结转19193万元；调入预算稳定调节基金53351万元；从政府性基金预算调入533万元；从国有资本经营预算调入213万元。

支出预算安排情况：全市一般公共预算支出安排1014810万元，比上年增加115497万元，增长12.8%，其中：市本级支出安排406502万元，剔除上年结转因素，比上年增加31384万元，增长8.7%，占当年全市预算财力的40.1%，与上年基本持平；县（区）级支出安排608308万元，剔除上年结转因素，比上年增加91050万元，增长17.7%，占当年全市预算财力的59.9%，与上年基本持平。

2. 政府性基金预算

2017年，全市政府性基金预算财力为9999万元，其中：地方政府性基金预算收入6006万元，政府性基金补助收入1295万元，上年结余收入2698万元。政府性基金预算支出安排9999万元。

3. 社会保险基金预算

2017年，全市社会保险基金预算收入安排242201万元，其中：企业职工养老保险基金7527万元，机关事业单位养老保险基金181694万元，城乡居民基本养老保险基金8559万元，城镇职工基本医疗保险基金24621万元，新型农村合作医疗基金14818万元，城镇居民医疗保险基金1029万元，工伤保险基金1039万元，失业保险基金1622万元，生育保险基金1292万元。

社会保险基金预算支出安排105278万元，其中：企业职工养老保险基金9664万元，机关事业单位养老保险基金53454万元，城乡居民基本养老保险基金6380万元，城镇职工基本医疗保险基金18497万元，新型农村合作医疗基金14500万元，城镇居民医疗保险基金1029万元，工伤保险基金583万元，失业保险基金269万元，生育保险基金902万元。

4. 国有资本经营预算

2017年，全市国有资本经营预算编制涵盖市直国有独资、控股、参股企业共计6户，纳入市本级国有资本经营预算编制的企业均为一级企业，一级企业下属企业以合并报表方式间接纳入国有资本经营预算编制。全市国有资本经营预算收入为1047万元，国有资本经营预算支出1047万元。

**（三）2017年市本级预算安排情况**

1. 一般公共预算安排情况

2017年，市本级一般公共预算总财力为406502万元，按可比口径计算（下同），比上年增加30365万元，增长8.1%，其中：一般公共预算收入安排65492万元，比上年增加8090万元，增长14.1%；返还性收入21779万元，比上年增加3819万元，增长21.3%；一般转移支付收入187684万元，比上年增加28850万元，增长18.2%；专项转移支付收入69195万元，比上年减少46512万元，下降40.2%；上年结转15910万元；调入预算稳定调节基金45696万元；从政府性基金预算调入533万元；从国有资本经营预算调入213万元。

市本级一般公共预算支出安排406502万元，比上年增加30365万元，增长8.1%。

2. 政府性基金预算安排情况

2017年，市本级政府性基金预算财力为7526万元，其中：地方政府性基金预算收入5000万元，政府性基金补助收入1193万元，上年结余收入1333万元。政府性基金预算支出安排7526万元。

3. 国有资本经营预算安排情况

2017年，市本级国有资本经营预算编制范围包括市直国有独资、控股、参股企业共计6户。市本级国有资本经营预算收入为1047万元，国有资本经营预算支出1047万元。

**（四）2017年市本级重点支出预算安排**

2017年，按照自治区和我市经济工作会议的总体决策部署，适应把握引领经济发展新常态，切实保障“十大民心工程”、优化发展环境、精准扶贫等重点领域支出。

*1. 加大扶贫投入力度，推动精准扶贫。*大幅增加财政扶贫资金投入，支持易地扶贫搬迁、产业发展等工作。统筹整合资金43900万元，同比增长38%，实施脱贫攻坚，推进精准扶贫和精准脱贫，重点推进四个集中扶贫搬迁项目建设、扶贫菜篮子工程以及5个县的脱贫摘帽工作。加快就业扶贫力度，重点抓好4.5万余个就业岗位分配工作。

*2. 加大支农投入力度，推动“三农”发展。*安排支农投入42300万元，同比增长7%。推进农牧业供给侧结构性改革，建立以绿色生态为导向的农牧业补贴制度，提高补贴政策的精确性，发展壮大农牧业新产业新业态。农业方面。进一步调整完善农业补贴政策，加快农牧业基础设施建设，加大农牧业组织化、产业化及农村综合服务等方面的投入。安排农牧业各类补贴资金2600万元，农业资源保护与利用1020万元。加大农牧业组织化与产业化投入，安排现代农业发展资金3926万元，种养产业扶持专项资金1000万元，“三推进”项目资金1000万元。提高农牧业防灾抗灾能力，安排农牧业防灾减灾资金420万元，政策性农业保险保费补贴资金500万元。加快农牧业基础设施建设，安排农村危房改造及建筑节能示范点建设资金700万元。加强农业综合生产能力、农牧民科技、农村能源等服务经费保障，安排农业综合开发资金14550万元，病虫害控制及畜禽良繁科研及运行经费480万元，青饲玉米种植及鸡苗补贴经费265万元，农牧民技能培训资金980万元，科技转化与推广服务资金350万元，农牧民贷款风险补偿资金200万元，农村土地承包经营权确权登记颁证补助1525万元，农村公益事业项目补助及菜篮子工程资金710万元。林业方面。继续完善森林生态效益补偿政策，加大重点区域造林、自然保护区管护投入。安排森林生态效益补偿基金670万元，重点区域造林资金2300万元，野生动物肇事补偿资金1100万元。水利方面。继续支持水利基础设施建设。安排农田（牧区）水利项目建设资金5540万元，水利工程运行与维护资金1000万元，防汛抗旱资金1075万元，水土保持项目资金900万元。

*3. 加大社会保障投入力度，改善民生福祉。*安排社会保障和就业资金49163万元，同比增长18%。社会保险方面。完善生育、城乡居民医疗等社会保险制度，进一步提高城乡居民养老保险基础养老金标准，全面推进机关事业单位养老保险制度改革。安排城乡居民养老保险补助资金512万元。安排城镇居民基本医疗保险补助资金100万元，工伤和生育保险缴费补助资金519万元，干部职工基本医疗保险单位缴费补助资金10870万元。安排机关事业单位养老保险补助12267万元。社会救助方面。继续实施“十大民心工程”困难群众生活保障和救助政策。安排城乡低保资金690万元。安排农村五保户供养补助资金863万元。安排临时生活救助资金

399万元，城乡医疗救助资金763万元，孤儿生活费及集中供养中心运行经费1045万元，贫困残疾人生活补贴和重度残疾人护理补贴资金285万元，伤残死亡家庭特别扶助资金582万元。社会福利方面。推进收入分配体制改革，做好年内干部职工按月住房补贴、取暖费自治区提标政策落实工作，设立退休干部住院护工费、边远乡镇干部职工交通补贴，继落实干部职工正常福利。安排按月住房补贴资金1297万元。安排干部职工取暖费858万元。安排退休干部住院护工费118万元。安排边远乡镇干部职工交通补贴155万元。安排休假探亲费等干部职工正常福利资金7910万元。就业方面。实施积极的就业政策，支持“大众创业，万众创新”。安排政府购买公益性岗位补助资金2005万元，就业专项资金1000万元，创业扶持和创业大赛经费500万元，人才引进资金110万元。社会安置方面。做好自主择业军队转业干部、军队移交地方安置的离退休人员、优抚对象的医疗、抚恤等经费保障。安排军队移交地方安置的离退休人员经费613万元，义务兵优待及自主就业退役士兵一次性经济补助105万元。住房保障方面。安排乡镇干部周转房建设贷款贴息资金520万元，棚户区改造及城镇低收入住房困难家庭租赁补贴资金3876万元。

4. 加大社会事业投入力度，促进协调发展。教育方面。安排教育投入63213万元，同比增长30%，其中：安排教育事业费37957万元；现代职业教育质量提升计划补助资金2700万元；特殊教育专项补助资金300万元；改善高中办学条件资金1709万元；党校项目建设资金2000万元；本级教育投入资金18547万元，坚持优先发展教育，继续开展薄弱学校改造等工作。医疗卫生方面。安排医疗卫生投入16120万元，增长7.3%，其中：安排基本公共卫生服务经费201万元；三家医院事业发展资金8301万元；地方病防治和传染病防控经费222万元；行政事业单位干部职工体检经费1345万元；农牧区卫生人员培训经费192万元；藏医藏药事业发展资金345万元；一孩双女奖励扶助资金553万元；伤残死亡家庭特别扶助资金582万元。文化方面。安排文化事业投入6118万元，增长30.7%，其中：安排公共文化服务体系建设资金463万元；文化产业发展资金2226万元；公共文化场所免费开放补助资金100万元；村级文化建设资金110万元；新闻出版、广播电视专项经费310万元；重点文物保护专项资金1710万元。科学技术方面。安排科技投入529万元，增长36%，其中：安排科技三项经费380万元；科普和科研经费96万元。

5. 加大生态投入力度，推进绿色发展。安排生态文明建设投入7255万元，增长15%，其中：安排环境保护专项及考核奖励专项资金478万元；城市生活垃圾、医疗废物处置、公厕和污水处理运营托管资金2410万元；创建自治区级生态县2个、生态乡镇13个、生态村居90个项目资金620万元；土壤环境综合治理示范项目资金560万元；小型地质灾害治理专项资金550万元；城镇绿化托管经费280万元；草原生态保护补助及奖励资金2207万元。

6. 加大综合投入力度，提升综合实力。围绕供给侧结构性改革，提高财政资源供给质量，优化经济发展环境，增强经济发展后劲。一是支持基础设施建设，夯实经济社会发展基础。安排基础设施建设资金10000万元。二是加大企业扶持力度，发挥财政资金杠杆作用。安排中小企业扶持金500万元，农牧民专业合作发展扶持专项资金300万元，中小微企业贷款风险补偿金500万元，产业发展资金50000万元。三是加大旅游产业投入力度。安排旅游产业发展资金1400万元。四是支持社会公益性服务事业。安排公交车运行补助950万元，农村公路养护补助1000万元，泽当城区供水价格差额补贴256万元。

7. 加大维稳投入力度，构建和谐社会。一是安排政法经费保障投入25204万元，增长36.3%，其中：安排政法部门业务及办案经费6426万元；辅警员工资及消防、边防业务资金829万元；国防专项资金710万元；武警及安全业务经费150万元；情报平台建设及信息奖励基金588万元；公安系统网络信息建设及运行维护费用897万元。二是安排维稳固边投入1012万元，推动全民维稳固边扩面工作，进一步改善边境群众生产生活条件。三是安排创新社会综合管理举措投入15582万元，增长12%，其中：安排优化发展环境专项资金8000万元；强基惠民表彰奖励资金409万元；爱国守法先进僧尼表彰奖励资金880万元；民族宗教统战工作经费1725万元；民族团结表彰资金153万元；基层党建经费355万元；廉政教育基地建设项目资金1000万元；“四讲四爱”主题教育活动经费100万元；基层政权示范点建设资金4400万元；村居第一党支部书记生活补助、办实事经费及边境高寒干部生活补助610万元。四是安排安全生产投入2290万元，增长14.5%，其中：安全生产专项资金650万元；交通道路安全保障经费1640万元。

8. 做好其他方面的资金安排。按照《预算法》规定，安排本级预备费5000万元。安排新增人员经费3000万元，综合考评等各项表彰经费900万元，各类会议及培训经费950万元，政府采购资金2600万元，项目前期经费3100万元，贴息资金2500万元，城镇功能提升资金3241万元。

## 三、2017年财政管理与改革工作

2017年，我们将认真贯彻落实市委、市政府决策部署，全面落实人大有关决议，着力深化财税改革，推动创新发展，提升依法理财水平，努力完成全面各项预算目标任务。

**（一）以财政增收为首要目标，确保收入稳中向好**

各级财政部门要紧紧抓住中央实施更加积极有效的财政政策、抓住我市“十三五”规划重大项目开工建设、抓住拉萨山南一体化等有利时机，深入挖掘新的经济增长点，确保税收收入应收尽收；按照国家政策规定，积极落实招商引资企业相关优惠政策，吸引更多有实力的实体企业到我市安家落户，不断壮大财源税基，促进财政收入平稳增长；继续发挥财政“四两拨千斤”的杠杆作用，通过安排前期经费、贴息等方式支持重点项目前期建设工作，拉动经济增长。

**（二）以保障民生为主要任务，优化财政支出结构**

各级财政部门要更加注重优化结构，围绕供给侧结构性改革统筹调度财政资金，用好增量、激活存量，做大财力“总盘子”，全力保障和改善民生，把有限的财政资金向民生领域倾斜。一要支持重点项目建设。各级财政部门要打好“主动战”、下好“先手棋”，按照市委、市政府决策部署，统筹安排资金重点保障好拉萨山南一体化、边境小康示范村、市人民医院和市完全中学建设等全市重点项目顺利推进。二要加快推进民生民利改善“四年行动”。结合市委、市政府制定出台的“十三五”时期“十大民心工程”实施意见，切实保障民生民利改善“四年行动”计划资金需求，确保民生民利改善“四年行动”顺利启动实施。三要促进“三农”发展。推进农业供给侧结构性改革，继续支持农牧部门培育粮食新品种，扩大农产品“三标”建设，大力支持特色农牧业发展，大规模推进高标准农田建设和土地整治。四要打好脱贫攻坚战。落实精准扶贫要求，加大整合力度，盘活存量资金，全面推进贫困县涉农资金整合试点，支持做好易地扶贫搬迁、深化产业扶贫等工作，确保全年脱贫攻坚任务圆满完成。五要加大基础设施建设。紧紧围绕我市“十三五”规划安排调度资金，全力保障重大项目开工建设。加快特色小城镇建设步伐，大力推广PPP模式，利用财政资金“引凤筑巢”，有效带动社会资本参与基础设施建设，将节约资金重点用于教育、医疗和养老等民生领域。六要加快推进公共服务均等化。坚持优先发展教育，继续开展薄弱学校改造等工作，支持构建现代职业教育体系，进一步落实好大学生资助政策。着力支持科学研究，深入落实创新驱动发展战略。推动文化创意产业和文化事业相互促进、协调发展。实施更加积极的就业和创业扶持政策。积极落实城乡居民基本医疗保险财政补助、基本公共卫生服务项目财政补助等提标资金，持续深化医改，形成医保与医疗协作、市直医院与基层卫生院资源共享，使群众享受质量更高、成本更低的医疗服务。做好基本住房保障工作，支持棚户区小区化、标准化改造，提高农村危房改造补助资金的精准度。七要支持生态环境建设。深入落实新一轮草原生态保护补助奖励政策，加大退耕还林还草力度。大力实施“生态强市”战略，做好迎接中央环保督查工作，加快国家生态文明先行示范区和美丽山南建设。

**（三）以供给侧结构性改革为主线，深化财政体制改革**

准确把握供给侧结构性改革重点，适当调整财政体制改革方向，以建立全口径政府预算体系为基准，压缩一般性公共服务支出，减少对经济的过度干预。一要按照国务院印发的《关于推进中央与地方财政事权和支出责任划分改革的指导意见》，待自治区明确对下事权和财政支出责任划分后，拿出切实可行、论据充分的市县（区）财政事权和支出责任划分方案，为推动地方财政事权和支出责任划分改革做好准备。二要深化部门预算改革，加强项目库建设，进一步细化预算编制，提高年初预算到位率。认真做好支出经济分类科目改革试点工作。推进预算绩效管理改革，逐步将绩效管理范围覆盖所有预算资金。三要扩大政府购买服务范围和规模，在出台《山南市政府购买服务管理办法》的基础上，进一步发挥市场作用，扩大政府购买服务的覆盖面。四要及时总结2016年25家公务卡改革试点工作的成功经验，扩大公务卡改革覆盖面。五要继续开展存量资金清理工作，提高资金使用效率。六要不断完善政府采购代理机制。进一步简政放权，加强政府采购代理机制监管，逐步完善对代理机构的管理、考核和监督等一系列规章制度，提高采购工作进一步透明化、高效化、合理化。七要制定出台项目评审防控机制，简化评审程序，建立公平、公正、阳光、廉洁的财政项目评审体系。八要强化财政监督，狠抓制度建设。进一步加强和完善财政基础管理工作，提升财会人员业务素质，充分发挥财政内部监督和中介机构作用，有效防范业务风险和廉政风险，实现监督关口前移。加强与纪检、审计等部门的联动，对重大项目资金、民生资金全程参与监督管理，确保财政资金安全规范和高效使用。

2017 年是实施十三五”规划的重要之年，是供给侧结构性改革的深化之年，是贯彻落实自治区第九次党代会精神的开局之年，是全面建成小康社会、打赢脱贫攻坚战的关键之年，做好今年的财政工作意义重大而深远。我们将在市委、市政府的正确领导下，自觉接受市人大、政协及其代表、委员们的有力监督，按照自治区处理好“十三对关系”，实施“六动举措”的要求，准确把握我市提出的“确保一个目标、坚持一条主线、实现三个突破、守好三条底线、打好四大战役”的工作要求，攻坚克难补短板，发挥财政政策稳增长、调结构、促改革、惠民生、保稳定、防风险中的重要作用，为实现我市 2017 年经济社会发展各项目标提供坚强的财力保障，在新的起点上奋力推进长足发展和长治久安，为全面建成小康社会做出新的更大贡献，以优异的成绩迎接党的十九大胜利召开！

# 专　文

## 山南市2016年脱贫攻坚工作报告暨2017年工作计划

2016年，山南市委、市政府在自治区党委、政府的坚强领导下，认真贯彻落实中央、自治区全面打赢脱贫攻坚战的一系列重大决策部署，在自治区脱贫攻坚指挥部的有力指导下，结合实际贫困状况和致贫原因，始终聚焦目标导向和问题导向，牢牢把握脱贫攻坚主攻方向，坚持多措并举、创新施策，通过“八个强化”实现“八个确保”，曲松、洛扎、乃东三县（区）达到脱贫摘帽标准，圆满完成了年度计划脱贫目标。现将工作情况报告如下：

### 一、2016年工作开展情况

（一）强化组织领导，确保责任全面落实。全力聚焦脱贫目标，坚决落实主体责任，着力强化组织领导，层层明确工作责任，及时安排部署，高位推进工作，确保了脱贫攻坚工作不折不扣落到实处。

1. 健全组织机构。市、县、乡层层调整成立由党政主要领导任组长的扶贫开发工作领导小组和脱贫攻坚指挥部，下设专项工作组；建立工作调度、推进和考核制度，形成了“领导小组全面负责、指挥机构统筹调度、扶贫民政一人统管”的抓脱贫攻坚工作机制。市、县、乡、村全部配齐扶贫工作人员，将脱贫攻坚与强基惠民有效衔接，实现定点扶贫全覆盖，举全市之力强势推进脱贫攻坚，形成了一级抓一级的脱贫攻坚组织领导机构。

2. 明确工作责任。坚持党委、政府“一把手”负总责，严格落实“市级干部包县、县级干部包乡、乡镇干部包村、村居干部和第一书记包组”的四级工作责任制。市、县、乡、村逐级签订责任书、立下军令状，全面落实各级单位、个人的脱贫攻坚责任，确保了脱贫攻坚工作有人抓、有人管、抓到底。

3. 强化安排部署。市委、市政府主要领导和市脱贫攻坚指挥部副总指挥长累计主持召开各类会议30余次，研究部署全市脱贫攻坚工作，听取情况汇报，专题研究易地搬迁、产业发展等重点工作，切实解决脱贫攻坚中存在的困难问题。各级党委、政府对脱贫攻坚工作高度重视，确保了脱贫攻坚工作有力有序推进。

（二）强化顶层设计，确保规划引领到位。在深入调查研究、科学分析论证的基础上，明确脱贫攻坚总体目标，制定完善系统配套工作方案，为脱贫攻坚工作顺利推进提供了依据、指明了方向。

1. 明确总体发展目标。出台了《中共山南市委、山南市人民政府关于打赢脱贫攻坚战的实施意见》，提出了“2016年抓开局、赢首仗，2017年抓攻坚、求突破，2018年抓扫尾、保目标，2019年、2020年抓巩固、促提升”的“四步走”战略，明确了到2018年实现全面脱贫、2020年建成全面小康社会的总体目标。

2. 制定“十个一批”措施。在自治区确定的发展生产、易地搬迁、生态补偿、发展教育、社会保障兜底“五个一批”的基础上，结合山南实际，创新制定了结对帮扶、金融惠农、培训转移、就业援助、城镇带动精准扶贫措施，形成了具有山南特色的“十个一批”精准扶贫脱贫攻坚政策措施体系。围绕专项扶贫着力“扶业”、行业扶贫着力“扶基”、社会扶贫着力“扶能”、金融扶贫着力“扶资”、援藏扶贫着力“造血”，形成了政府、市场、社会协同推进的大扶贫格局，确保各类主体各展所能、各尽其力。

3. 制定完善配套方案。科学编制了《山南市“十三五”脱贫攻坚规划》和易地搬迁、产业发展、转移就业、政策兜底、生态脱贫“1+5”专项规划，精心制定了宣传报道、健康扶贫、金融精准扶贫、教育扶贫、“两线合一”、结对帮扶、劳动力转移就业、督导考核工作制度、基层组织引领带动办法、精准扶贫考核奖惩办法和贫困对象退出机制实施办法等11个配套文件。

（三）强化精准聚焦，确保帮扶到户到人。紧紧围绕脱贫攻坚重点，实行“九个到户到人”，做到扶贫扶到人身上、脱贫落到人头上，切实提高了脱贫攻坚的针对性、有效性。

1. 精准识别到户到人。创新实施了贫困户精准识别、精准施策、精准管理、精准推进的办法，实行《贫困户精准识别表》《帮扶责任人帮扶措施统计表》《“一户一档、一人一法”台账》《贫困户收入台账》“四表到户上墙”，并根据致贫原因，因户因人精准施策，共对19191户建档立卡贫困户制定脱贫措施2.12万条。开展了精准识别“回头看”工作，进一步找准了致贫原因、摸清了帮扶需求、制定了帮扶措施，明确了责任人和整改时限。各县（区）因地制宜创新完善贫困户精准识别方法，如错那县提出了“五个二”识贫法和“三公示一公告”要求；隆子县提出了“八看”“六不评”原则；洛扎县提出了“九看标准”识贫和“十一步认定法”。

2. 产业扶持到户到人。充分挖掘各县（区）优势产业发展潜力，共梳理出种养殖业、民族手工业等6大类373个项目，总投资70.92亿元。着力打造规划内产业扶贫项目，共有在建产业项目77个，总投资8.87亿元，2016年完成投资3.08亿元（截至目前完成投资3.48亿元）。调整理顺既有产业扶贫项目，结合“十二五”产业项目和脱贫攻坚产业脱贫规划，对发展前景广阔、经济效益好、能有效带动群众增收的184个产业扶贫项目进行了优化调整，带动5522户19241名贫困户人均增收731元。充分发挥光伏产业扶贫效应，扎囊、措美、曲松等县共签订了6个光伏扶贫项目，总投资29亿元，将带动3635名贫困人口脱贫。曲松县创新产业扶贫模式，确定了“三变”促“四金”产业项目运营模式（即通过实施产业项目，让资金变股金、农民变股民、农民变员工，贫困群众获得相应的租金、股金、薪金、酬金），采取阶梯分红模式，带动贫困群众增收，有助于增强脱贫攻坚活力。洛扎县注重科技创新，在日光温室改良、蔬果品种试种、种植技术推广等方面做出了有益探索，长期务工建档立卡贫困户人均增收3.4万元，还为39户建档立卡贫困户分红13.2万元，户均增收3400元。乃东区探索出“五跟五走”产业精准扶贫模式，带动21.9%的建档立卡贫困户实现脱贫。

3. 易地搬迁到户到人。“十三五”期间，全市建档立卡内335户1034人易地搬迁已全部开工，2016年完成投资7106万元（截至目前完成投资3.06亿元），共建设15个集中搬迁点，集中率达78%；已完成105户300人的年度计划内易地搬迁任务。在泽当镇、加查县莫热坝和桑日县追塘坝建设3个市级扶贫搬迁集中安置点，总投资3.1亿元，完成投资1.1亿元，涉及529户1679人。同时，充分考虑相对集中搬迁点群众的后续生产资料、生产发展需求等，制定配套措施。例如，将全市1户1至3人的弱势群体共200户，安置到泽当公寓楼集中搬迁安置点，并提供就业培训，解决就业问题。12个县（区）在靠近旅游景点和县城等地开工建设易地扶贫搬迁集中安置点，并提供就业岗位。守土固边与脱贫攻坚相结合，加大对边境一线戍边固疆的贫困户住房改造力度。在易地搬迁中，错那县提出了“守住一个底线、注重两个优先、三靠近、四方便、四到位”原则，整合资金、搞好配套、集中要素，为搬迁群众长远发展和就业打下了基础。

4. 固边富民到户到人。提高边民补助标准，将边境一线边民补助提高到每人每年2900元，将边境联防队员生活补助提高到每人每月500元；为长期生活在边境一线并承担边境巡逻、执勤等任务的农牧民发放维稳固边专项补助，标准为16岁—65岁每人每年5000元，65岁以上每人每年3000元。加快推进固边富民搬迁工作，计划将120户贫困群众搬迁至边境一线戍边固疆，截至目前，已完成10户搬迁任务。目前，已完成边境小康示范村可研编制工作49个，涉及4704户、1.28万人。

5. 转移就业到户到人。加大生态补偿脱贫转移就业力度，自治区下达山南市生态补偿脱贫转移就业岗位4.5万个，全年落实3.69万个，为贫困人口每人每年增收3000元。加大建档立卡一般贫困户的转移就业力度，全年实现4917人转移就业。依托“双业工程”，实现培训就业2502人；通过举办现场招聘会，实现企业吸纳就业1042人；加强与拉林铁路等项目对接，实现项目带动就业1043人；组织创业培训、扶持创业企业，实现就业330人。实施残疾人就业培训工程。邀请内地医疗专家对4327名建档立卡贫困残疾人进行劳动能力鉴定，共鉴定出1403名残疾人具有劳动能力，通过培训已实现104名建档立卡贫困残疾人就业。其中，洛扎县建立了残疾人就业培训中心，聘请教师3名，购置缝纫机、刺绣机、拉腰机等设备28台（套），已分两期对44人进行了培训，解决了32名残疾人的就业，并计划进一步扩大就业培训中心规模，力争解决100名以上残疾人就业。同时，将转移就业和产业扶贫相结合，桑日、乃东两县（区）主动与拉萨净土公司对接产业项目，加查、贡嘎、错那、曲松等县加强特色种养殖加工、奶牛养殖、大棚蔬菜种植、藏药材种植加工等产业项目建设，开辟了农牧民群众增收新渠道。曲松、乃东、桑日等县（区）发挥交通便利、信息畅通优势，劳动力转移就业人员达到贫困人口的10%左右。

6. 大学生资助到户到人。安排790万元资金，对全市普通高考考入国民教育全日制计划内大学的山南籍农牧民子女和贫困家庭子女（含非干部职工城镇居民子女）进行资助，区外本科生、专科生每人每年10000元、8000元，区内本科生、专科生每人每年8000元、6000元。落实2016级大学生资助金2363.8万元，落实2013至2015级在校农牧民子女大学生资助金2984.6万元。曲松等部分县（区）对计划外大学生每人每年资助5000元。乃东区充分发挥援藏力量，设立400万元扶智提能基金，用于乡村开展“思想脱贫工程”。琼结县深化推行教育扶贫，创造性地实行了建档立卡贫困户在校大学生生活费补偿四个“1/4”方式（即“政府补贴、援藏救助、教育基金、群众自筹”各“四分之一”，合计10000元），打通贫困户子女上大学的“最后一公里”，为贫困户子女上大学解决后顾之忧。

7. 健康扶贫到户到人。按照“一地一册、一户一档、一人一卡”原则，全市共梳理出“因病致贫、因病返贫”建档立卡贫困群众3569人，由市县两级财政每年各出资500万元，建立1000万元的大病救助基金，全面推行“先住院、后结算”制度，对尿毒症等重大疾病患者产生的医疗费用，通过医疗制度报销补偿、商业保险和医疗救助后仍有困难的，从基金中予以补助。已治愈646人，正在治疗1324人，实施慢病健康干预管理1522人，及时审核报销资金807万元。曲松县充分发挥援藏医疗队诊疗技术强的优势，组织骨干医疗队伍，深入重点贫困乡镇、贫困村，对常见病、多发病、慢性病进行及时随访诊疗，指导患者科学用药。针对发现的重大疾病患者，采取登门救治和签约服务的方式进行动态管理，已开展巡回医疗活动2次，发放药品1000余盒。

8. 旅游电商扶贫到户到人。依托本地藏源文化优势，将旅游开发与脱贫攻坚相结合，大力倡导文化旅游、乡村旅游、生态旅游，积极引导贫困户参与旅游业开发。共组织贫困群众参与旅游项目31个，带动640名贫困户人均增收2000余元。依托“万村千乡市场工程”，按照“电子商务进农村”发展思路，投资376万元，建立健全农牧区电子商务服务体系，在贡嘎、扎囊、洛扎县探索实施了4个电商项目，将松茸、藏香等本地特色农牧产品通过电子商务平台销往全国各地，销售额达254.6万元，创收47.5万元，带动88名贫困户人均增收5400元。洛扎县与邮政山南分公司深度合作，开发农村电商平台，注册“藏南圣品”商标，通过邮政“邮乐购”电商平台和“天上西藏邮局”微商平台，把扶贫超市开到了网上，提升了乡土品牌知名度，拓宽贫困群众增收渠道。

9. 信贷扶贫到户到人。引导银行业金融机构做实、做强、做足金融精准扶贫工作，认真开展精准扶贫到户贷款工作。全市建档立卡贫困户精准扶贫贷款近2.1亿元，受益贫困户4671户、16540人。贷款主要用于购买饲料、农机具、助学贷款等，有效支持了建档立卡贫困户生产生活。曲松县以“AAA”级信用县为载体，积极推广实施“金、银、铜、钻”四卡为载体的《扶贫户贷款证》制度，提高建档立卡贫困群众“四卡”贷款额度，确保扶贫贷款到户。已发放《扶贫户贷款证》228张、贷款金额1565万元，辐射带动贫困户户均增收2300元以上。并为2家专合组织发放低贴息扶贫贷款295万元，辐射带动85户贫困户户均增收4800元以上。

（四）强化社会帮扶，确保共同攻坚克难。按照“政府引导、多元主体、群众参与、精准扶贫”的原则，突出“六个帮扶”，健全完善了大扶贫帮扶体系。

1. 突出重点帮扶。按照“2015年人均可支配收入低于7600元和贫困发生率在20%以上”的标准，全市确定了15个重点贫困乡镇、176个重点贫困村

（居），明确了由市直主要部门和大型国有企业、民营企业实行包乡、包村帮扶，明确了帮扶目标，加大了措施落实力度。曲松县确定了2个重点乡（镇）和6个重点村，将全县70%以上的人力、物力、财力等资源集中投向这些重点区域，通过集中攻坚、以点带面、整体推进等措施，有力地促进了贫困人口全部脱贫。

2. 突出党员干部帮扶。全市广大干部职工主动投入脱贫攻坚工作，共有2.15万名干部职工结对帮扶19191户建档立卡贫困户，实现了建档立卡贫困户帮扶全覆盖；捐款捐物折资812万元，帮助建档立卡贫困户8.6万人次。充分发挥党员先锋模范作用，组织开展生产生活帮助，例如，加查县洛林乡普姆村组织党员以义务投劳、自愿捐款捐物等形式，组织全村34名党员帮助贫困户修建房屋，捐款捐物折资5万余元。乃东区以“四个先锋行”强化党建促扶贫，其中结巴乡滴新村“两委”班子根据贫困户脱贫意向，积极协调各方资源，协调环保、后勤、住建等相关单位，为5名贫困户解决了就业，年人均增收1.9万元；帮助1名结对帮扶户进行个体经营，为6名结对帮扶户解决了就业。曲松县下江乡下江村党支部书记将自家住房无偿提供给贫困户开茶馆，该户年均增收2.4万余元。

3. 突出企业帮扶。大力实施“百企帮百村”行动，组织各类企业结对帮扶贫困县、贫困乡、贫困村。央企有3家，国家烟草专卖局定点帮扶扎囊和贡嘎县，华电集团帮扶桑日县建档立卡贫困户的10%、210人贫困群众，华能集团帮扶加查县10%、300人贫困群众。国有企业积极参与整乡帮扶工作，华新水泥整乡帮扶桑日县绒乡，江南矿业整乡帮扶琼结县拉玉乡。民营企业44家，包户145户。浪卡子县羊湖建筑公司帮扶伦布学乡1700余名建档立卡贫困人口脱贫，目前已吸纳130余名建档立卡贫困户就业，月平均工资4500元以上。乃东区坚持“市场导向、突出特色、扶强扶大、龙头带动”的原则，扶持“短、平、快”产业项目，壮大村集体经济，培育贡桑禽类养殖合作社、阿爸家园民族特色手工业、哗叽服饰等龙头企业，累计57家非公有制企业参与到民企帮村、工商助农活动中，总投入达269万余元，惠及贫困群众897户，户均增收3000元以上，功德扶贫公司还购置了30万元的农机具发放给贫困户，哗叽服饰吸纳310名贫困户就业（其中残疾人32名）。

4. 突出能人帮扶。鼓励服务业、建筑业、手工业等各领域的能人参与脱贫攻坚工作，充分发挥能人的示范带动作用，通过吸纳贫困户就业、贫困户入股分红、结对帮扶等多种方式，带领贫困户增收致富。全市209名能人累计带动3245名贫困户人均增收5600元，其中洛扎县的22名能人累计带动1943名贫困户人均增收1420元，比如色乡吉麦党支部书记、沙石厂负责人次仁扎西把帮助15名困难群众实现就业，落实帮扶资金30万元，色乡扎西尼玛投入资金42万余元结对帮扶11户贫困户；生格乡甲聚农牧民施工队法人次仁特金在原有9户帮扶户的基础上，又主动承担了生格乡仲村、茶村59户建档立卡户脱贫任务，落实帮扶资金118.98万元。曲松县还实施了“能人回归”工程，出台鼓励能人回乡创业的优惠政策，促进能人经营特色产业，已有13名能人回乡创业，涌现出了琼嘎村藏药材种植加工专业合作社负责人洛桑金巴等具有代表性的能人，该合作社已带动35名贫困户实现脱贫，并将合作社纯利润的40%（17.248万元）用作42户80人贫困户受益分红，户均增收4106元。

5. 突出援藏帮扶。积极与“三省一公司”对接援藏扶贫工作，建立“市对县、县区对乡镇、乡镇社区对村居”的援藏扶贫帮扶协作机制。投资1678.1万元建设援藏扶贫项目13个，其中产业项目9个，投资1159.8万元；基础设施项目4个，投资518.3万元。共带动3041名贫困户人均增收508元。

6. 突出社会帮扶。以“10·17”全国扶贫日为契机，组织动员社会各界人士开展募捐活动，共募捐1856.63万元。洛扎县积极引导社会力量参与精准脱贫，县内49家企业、合作社和致富带头人主动包保了445户贫困户，占全县贫困户的38.84%，已落实各类帮扶资金670万元。乃东区大力推广“党员致富带头人+合作社+贫困户”的脱贫模式，引导党员致富带头人与贫困户对接，促使贫困户顺利脱贫，涌现出了以巴桑、巴桑次仁、其美斯达等为代表的致富能手“带富先锋”。

（五）强化社会兜底，确保率先“两线合一”。加大提标扩面力度，扩大社会保障兜底范围，率先在全区实现了低保线和贫困线“两线合一”。农村五保供养标准在现行每人每年4740元的基础上提高6000元，达到10740元。ABC三类农村低保对象最低生活保障补助资金标准每人每年分别提高600元、400元、200元，达到2770元、2030元、1223元。一二三四级残疾人生活补贴标准每人每月分别提高300元、250元、200元、100元，达到355元、305元、

255元、155元。60岁以上老人养老金标准在现行每人每月150元基础上提高30元达到180元,为70岁段老人每人每年发放健康补贴500元,将80岁段、90岁段、100岁以上老人健康补贴标准在现行每人每年300元、500元、800元基础上分别提高500元、1000元、1200元,达到800元、1500元、2000元。2016年对9303户21249人进行了兜底(其中低保户6513户18410人,五保户2790户2839人)。

(六)强化资金保障,确保投入及时到位。始终将资金保障作为脱贫攻坚的前提,在本级财政十分困难的情况下,优先保障扶贫资金,市财政整合脱贫资金2.6亿元,各县(区)投入扶贫资金1.06亿元,占上年度一般财政收入的31.6%;向自治区共争取9.4亿元脱贫攻坚资金。全年脱贫攻坚到位资金总计13.01亿元,全力保障了基础设施建设、产业扶贫等脱贫攻坚重点工作。

1. 加大基础设施投入。全市农牧区基础设施建设总投资完成79.17亿元,其中,自治区下达的5.6亿元生产扶持及小型基础设施建设项目资金已完成3.77亿元,各相关行业部门已完成水电路讯等基础设施建设投资75.4亿元,极大改善了农牧区群众生产生活条件。

2. 加大产业扶贫投入。按照"产业扶持资金优先安排"的原则,自治区财政资金到位3.8亿元,市级配套资金到位0.87亿元。向3个首批摘帽县(区)安排了1.98亿元的产业扶持资金。盘活存量资金1.7亿余元设立扶贫产业发展基金,占总存量资金的43.6%,有效缓解了产业资金需求缺口。

(七)强化宣传引导,确保扶贫扶智优先。以宣传工作"五个到位",营造了脱贫攻坚良好舆论氛围,广大干部群众参与脱贫攻坚的热情和信心高涨。

1. 入户宣传到位。广泛发动和组织村"两委"班子、第一书记、驻村工作队、乡镇扶贫专干等基层力量,当好脱贫攻坚的宣传员,深入16401户一般贫困户和低保贫困户开展入户精准宣传,发放1.6万余册宣传手册,入户率达100%,增强了贫困户内生动力,提高了致富奔小康的积极性、主动性。广大贫困群众通过参与易地扶贫搬迁项目建设、外出务工、回乡创业、互帮互助等方式,自力更生、艰苦奋斗、齐心协力、决战贫困。

2. 典型宣传到位。各级宣传部门积极组织协调新闻媒体和扶贫部门不断创新方式、拓宽宣传渠道,充分利用山南报、山南网、微信公众号、手机报、宣传标语等开展脱贫攻坚宣传,在市属媒体开设《精准扶贫 重在精准》专题专栏,重点宣传脱贫攻坚政策措施落实情况、推进工作典型做法、脱贫成效群众反响等。

3. 户外宣传到位。在349国道沿线和泽当城区制作了47幅大型户外公益广告和56幅公交站台公益广告。各县(区)也在醒目位置设置了大量户外广告。

4. 集中宣传到位。各村(居)委会联合驻村工作队召开村民大会,并以扶贫宣传日等集中宣传活动为契机,集中宣传重大扶贫政策。各县、乡、村积极倡导现代文明的生活理念和生活方式,教育引导群众感党恩、算富账、谋发展、思源泉、求稳定,不断增强贫困群众自力更生、艰苦奋斗、勤劳致富的荣誉感、幸福感和获得感,进一步坚定跟党走的信心和决心。

5. 媒体宣传到位。中央级媒体刊播山南市精准扶贫稿件60余篇,自治区级媒体刊播山南市稿件80余篇,市属新闻媒体刊播稿件706篇(条)。营造了全社会关心、支持、参与脱贫攻坚工作的良好氛围。

(八)强化督导考评,确保如期脱贫摘帽。为传导压力、增强动力、压实责任、解决问题、推进工作,着力强化专项督查、考核验收、第三方评估,确保了脱贫攻坚各项工作措施落到实处。

1. 狠抓专项督查。紧盯精准识别、精准施策,配合自治区专项督导10余次,市委、人大、政府、政协地级干部和脱贫攻坚指挥部督查组及"两办"督查室专项督导20余次,各县(区)开展专项督导共450余次,确保了各项工作扎实推进。

2. 狠抓考核验收。研究制定市脱贫攻坚考核验收办法,采取"群众自我评价、社会充分监督、县乡开展自验、专业机构审验"的模式,实行专项考核、随机抽查。根据《西藏自治区贫困人口脱贫考核办法》《西藏自治区贫困村退出与贫困县摘帽考核办法》要求,2016年10月份,各县(区)及时启动退出程序,月底完成了贫困人口退出审定、贫困村(居)退出审核和贫困县(区)摘帽申请工作。印发了《山南市2016年脱贫攻坚工作考核实施方案》,11月1日至8日,由12名地级干部带队,组成12个考核验收组分赴12县(区),对各县(区)贫困人口脱贫、贫困村(居)退出和贫困县(区)摘帽工作进行了考核评估。

3. 狠抓第三方评估。积极配合自治区委托的第三方评估机构,对3个摘帽县(区)和琼结县2016年脱贫攻坚工作开展情况进行评估。并邀请中国科学院地理科学与资源研究所作为第三方评估机构,对其余8县2016年脱贫攻坚工作进行评估。目前，两个第三方评估机构评估均已反馈初步意见。自治区邀请的评估组认为：山南市全面贯彻落实区党委、政府一系列重大决策部署，始终将脱贫攻坚工作作为第一政治任务，高度重视，扎实推进精准识别、精准帮扶、精准退出工作，脱贫攻坚工作取得阶段性成效。具体体现在四个方面，一是干部认识到位、责任体系架构完善。二是普遍重视可持续性发展和长效体制机制建设。三是对西藏贫困与反贫困问题认识到位，充分认识到扶贫的困难性和艰巨性。四是凝聚多方力量，构建了全社会扶贫大格局。五是聚焦产业扶贫，着力构筑脱贫攻坚长效机制。山南市邀请的评估组认为：山南市委、政府及各级党政组织高度重视脱贫攻坚工作，群众满意度高；通过脱贫攻坚工作，贫困农牧民群众获得感和幸福感指数较高，广大农牧民感恩、爱国、爱党之心极其强烈。贫困人口退出、贫困村（居）退出、贫困县区摘帽程序规范、审核严格、审定及时有效。同时，第三方评估组也发现了一些问题，比如基础设施薄弱、公共服务滞后、动态管理措施滞后、部分贫困户可持续发展动力不足。

4. 狠抓满意度调查。山南市将群众是否满意作为脱贫攻坚工作的第一标准。为此，全市采取考核调查、统计局抽查、第三方评估调查等方式，对群众关于脱贫攻坚工作的满意度进行了全方位调查了解。其中，市考核验收组走访了800余户贫困户；市统计局电话抽查了200户群众；第三方评估组对8个县的147个村居进行了调查。一是开展了贫困人口退出满意度调查工作。二是开展了贫困人口对实现“两不愁”“三保障”满意度调查工作。三是开展了贫困人口及基层干部对精准帮扶工作满意度调查工作。据统计分析，贫困人口在退出满意度、“两不愁”“三保障”满意度、精准帮扶满意度等方面满意度都达到了100%。此外，基层干部对精准帮扶的满意度也达到了100%。

5. 狠抓自治区考核配合工作。2016年12月5日至9日，自治区第三考核组深入3个脱贫摘帽县（区）、6个乡镇、12个村居、46户贫困户，对山南市2016年脱贫攻坚工作进行了考核验收。山南市委、政府及各级党政组织积极配合自治区第三考核组工作开展，有力支持了考核组各项工作开展。考核组对山南市2016年脱贫攻坚工作给予了充分肯定，特别是对能人带动、小微企业带动、产业扶贫、电商扶贫等方面取得的成效进行了高度评价；并要求山南市要认真总结工作经验、提炼亮点做法，力争打造出一批可在全区范围内推广的典型。

6. 狠抓国务院考核迎检工作。2017年1月份，国务院扶贫开发领导小组针对中西部22省，组织开展了2016年省级党委和政府扶贫开发工作成效考核工作。按照自治区脱贫攻坚指挥部的统一安排和指示要求，11日至18日，山南市扎实做好了桑日县和乃东区的省际间交叉考核和第三方评估。

2016年，全市共有6213户19151名建档立卡贫困户达到退出标准（其中一般贫困户13154人，社保兜底对象5997人），经第三方评估组抽样分析，一般贫困户中的72.19%人均纯收入达到8000元以上，低保贫困户的73.56%人均纯收入达到8000元以上；206个村（居）达到退出标准；乃东、曲松、洛扎3县（区）达到脱贫摘帽标准。

**二、经验启示**

一年来，在总结成绩的同时，得出以下启示：

——*上级政策是打赢脱贫攻坚战的重要指导。*山南市脱贫攻坚工作取得的成绩，是遵循党中央、国务院的统一部署和和自治区的具体安排的结果。党中央、国务院高瞻远瞩、加强顶层设计、强化高位推动和习近平总书记系列重要讲话精神为山南市脱贫攻坚工作开展指明了方向。同时，自治区吴英杰书记、洛桑江村主席、丁业现副书记、其美仁增副主席的系列指示为山南市脱贫攻坚工作开展提出了具体要求，自治区脱贫攻坚指挥部制定落实了一批体现中央精神、符合西藏实际、顺应群众意愿的好政策、好措施，各专项组、各相关部门在具体工作开展中及时指导，有力地推动了山南市脱贫攻坚各项工作顺利开展。

——*组织领导是打赢脱贫攻坚战的重要保证。*市委、市政府高度重视脱贫攻坚工作，坚持系统规划引领，强化顶层设计，做到了科学把握定位、工作精准有力，增强了主动性、掌握了主动权、打好了主动仗。通过层层成立、层层调整充实组织机构，确保了上下衔接畅、域内协调好、督促检查实，有力地推动了各项工作开展。

——*精准识别是打赢脱贫攻坚战的重要前提。*准确识别贫困人口，搞清贫困程度，找准致贫原因，是精准扶贫精准脱贫的前提。在全市范围内实行了“四表到户上墙”，各县（区）在此基础上创新识别方法，建立了“一本台帐”，确保把贫困人口、贫困程度、致贫原因等搞清楚，为打赢“第一战役”奠定坚实的基础。

——到户到人是打赢脱贫攻坚战的重要举措。脱贫攻坚需要始终扭住精准，精准到户，精准到人，找对穷根，明确靶向，做到因人施策、因户施策、因村施策。必须大力开展产业扶贫，增强贫困地区发展内生动力，“扶贫先扶智、治穷先治愚”，从源头上阻断贫困的代际传递，提高脱贫效果的可持续性，决不能让贫困现象代际传递。

——社会参与是打赢脱贫攻坚战的重要力量。深刻地认识到社会扶贫显示出来的巨大潜力以及对构建“大扶贫工作”新格局的重要作用。通过积极引导社会力量参与精准脱贫，推广“党建+扶贫”等脱贫模式，引导党员致富带头人与贫困户对接，为打赢脱贫攻坚战注入了强大动力。

——加大投入是打赢脱贫攻坚战的重要保障。财政投入在打赢脱贫攻坚战中发挥着主体和主导作用。要充分发挥自治区、市、县三级财政资金的引导作用和杠杆作用，多渠道争取和整合脱贫资金，撬动更多金融资本、社会资本参与脱贫攻坚，全力保障基础设施建设、产业扶贫、基本公共服务等脱贫攻坚重点工作。

——自力更生是打赢脱贫攻坚战的重要支撑。自治区第三方评估组充分肯定了山南市在转变群众观念，实现“要我脱贫”“要我富”向“我要脱贫”“我要富”的转变方面所做的工作。通过入户宣传、“扶智工程”等措施，山南市努力从根源上消除贫困土壤，逐步使群众成为了脱贫工作的主体，有力地促进了脱贫攻坚工作开展。

**三、2017 年工作计划**

尽管山南市脱贫攻坚工作取得了一定成绩，但仍存在产业脱贫金融贷款难和项目选择难、易地搬迁随迁工作开展难和生产资料处理难、脱贫群众政策性收入比例高等问题。

2017 年，山南市将严格按照中央、自治区脱贫攻坚工作安排和统一部署，在自治区脱贫攻坚指挥部的有力指导下，以大力实施“十大工程”为抓手，继续强化各项工作措施落实、强化宣传教育引导、强化督导检查推动，扎实推进脱贫攻坚各项工作，以优异的成绩向人民群众交上一份满意答卷。

（一）大力实施“梯次摘帽”推进工程。根据自治区脱贫攻坚指挥部下达的 2017 年脱贫工作计划任务，按照“1+5”专项规划的部署，认真谋划 2017 年脱贫攻坚工作，3 月份召开脱贫攻坚工作部署会议，安排脱贫攻坚重点工作，按照自治区工作部署，完善年度脱贫目标任务。

（二）大力实施“率先小康”巩固工程。按照全面建设小康社会的相关要求，制定脱贫县（区）率先建成小康社会的具体方案，在机构不撤、政策不变、力度不减的基础上，采取强有力措施，加强跟踪服务，切实抓好脱贫成效巩固，努力实现 206 个已退出贫困村（居）和已脱贫 19569 名建档立卡贫困户在 2020 年前全部达到小康标准的工作目标，确保乃东、曲松、洛扎 3 县（区）在率先脱贫摘帽的基础上率先建成小康社会。

（三）大力实施“产业富民”发展工程。充分挖掘自身资源优势，发展一批具有特色、具有市场竞争力的产业，强化“藏中清洁能源基地”建设带动，以光伏、光热电站建设和水电站建设为抓手，尽快完成在建的 4 座水电站和 3 座光伏电站的建设，加快开发 13 个光伏、光热项目和小流域水电开发，大力发展旅游电商、特色产品产业项目，与贫困户建立利益联结机制，大力促进产业富民。

（四）大力实施“技能提升”培训工程。制定出台 2017 年建档立卡贫困户劳动力“万人技能提升”实施方案，投入资金 2000 万元，按“一户一人”要求，对全市建档立卡贫困户劳动力中未参加培训的近万人进行各类技能培训，确保实现每户贫困户至少有一人掌握一门技术的工作目标，切实提高贫困户劳动力就业能力。

（五）大力实施“固边富民”搬迁工程。重点抓好“固边富民”工程，在边境乡（镇）建立一批边境小康建设示范村，进一步筑牢边境防线。在 2017 年 9 月底之前完成目前所有在建项目，让搬迁群众住进新房。突出抓好随迁工作，将海拔过高、气候过于恶劣而不适宜人类居住地区的群众搬迁到江北区域和各县（区）县城。按照“人口集聚、户资分离、户随人走、城乡一体”的思路，完善易地搬迁机制，让更多农牧民“进城来”、农牧业资源“活起来”、进城农民“融进来”。

（六）大力实施“生态补偿”就业工程。2016 年，自治区下达了 4.5 万个生态岗位，2017 年将通过适当放宽年龄限制和梳理人均可支配收入在 2855 元至 4100 元之间的边缘人口两个方面的举措，把 7220 个机动岗位全部落实到人，推动贫困人口转为护林员等生态保护人员，实现就业有依托、生活有保障。

（七）大力实施“爱心一家”帮扶工程。继续按照“政府引导、多元主体、群众参与、精准扶贫”的原则，认真落实好“六个帮扶”，鼓励支持民营企业、社会组织、个人参与扶贫开发，实现社会帮扶资源和精准扶贫有效对接。

（八）大力实施“十项提升”基础工程。继续按照市、县两级财政投入不得少于上年度本级财政收入的10%的要求，保证资金投入。同时，全市预计投入100亿元稳步提升“水电路讯网、教科文卫保”“十项提升”工程，进一步改善农牧区群众生产生活条件。

（九）大力实施“金融扶贫”助力工程。加强与农业发展银行西藏分行和国家开发银行西藏分行等金融机构的合作，进一步加大融资力度，加大对农牧区基础设施建设、小康示范村建设等方面的支持力度。积极利用扶贫贴息贷款、农牧户小额信用贷款、农牧户联保贷款、双联户担保贷款等贷款品种支持贫困户脱贫致富。

（十）大力实施“区域一体”联动工程。紧抓拉萨山南一体化发展机遇，大力推进区域、城乡统筹发展，切实加强与拉萨市和沿江县（区）的经济、技术、教育、卫生、人才、就业等协作，创新发展“飞地经济”，加强区域合作、优化产业布局、拓展对内对外开放新空间的大布局，建立联席推进、结对帮扶、产业带动、互学互助、社会参与的扶贫协作机制，实施“千村经济发展促进计划”，构建“拉山协作、县（区）联动、互利共赢”发展格局，促进区域优势互补、长期合作、聚焦扶贫、协调发展、实现共赢，助推扶贫重点村、贫困人口发展。

# 2016年山南市优化发展环境专项行动工作总结

优化发展环境专项行动是山南史上涉及领域最广、违规人数最多、整治难度最大的一项基础性工程，旨在全面、系统解决当前影响山南发展环境的“六难”问题，以实现发展环境更加优化、发展秩序更加规范、发展氛围更加和谐。专项行动启动一年来，在市委、市政府和市优化发展环境专项行动领导小组的坚强领导下，全市上下直面问题、强化举措、勇于担当、狠抓落实，专项行动各项工作有力有序有效推进，取得了阶段性重大成效。现总结如下：

**一、主要做法**

根据市委、市政府的决策部署和《市优化发展环境专项行动总体实施方案》的要求，在市专项办的统筹协调下，各县（区）、各专项工作组、各驻县（区）指导组、各驻点工作组扎实开展了调查摸底、教育引导、诉求解决、清理整顿、打击整治和建章立制等工作。

（一）以“高”的规格推动了专项行动有序开展。一是强化组织领导。市、县（区）两级及时调整充实了专项行动领导小组，针对典型案例和重点工作，实行了专班推进、包案负责机制。保留162名优秀干部继续在市专项办、泽当城区驻点工作组、驻县（区）指导组工作，确保了专项行动规格不降、力量不减。市委、政府主要领导高度重视，先后做出相关重要批示20余条，亲自主持召开领导小组会议、专题会议10余次，经常听取专项行动开展情况汇报，在市委（扩大）会、经济运行分析会等多个重要场合强调部署专项行动各项工作，有力推动了专项行动顺利开展。二是强化责任落实。签订了176份目标责任书，制定了任务分解表，明确了各县（区）和专项工作组、驻县（区）指导组、驻点工作组的职责任务，制定了各县（区）未整改问题清单，切实将任务分解到单位、责任落实到人头。市督促检查组、市人大调研组、市政府督查专员深入各县（区）开展实地督导检查近20次，各驻县（区）指导组长期蹲点督导，市专项办集中力量深入各县（区）开展全面督查，多次书面提出建设性指导意见。同时，将专项行动纳入年度综合考评，并与“先进双联户”创建评选挂钩，确保责任落到实处。三是强化工作调度。累计召开专题会议和工作例会60余次，以每周联席例会、每月专题会、周报月报和半月督查通报、半月整改通报等方式，建立了通报工作情况、落实领导指示、交流工作经验、协调解决问题的良好工作机制，形成了统一调度、分工合作和互相配合促进的工作格局。四是强化资金保障。市财政预算泽当城市规划区土地储备经费及专项行动工作经费5000万元，各县（区）共预算相关专项经费1770万元，为专项行动提供了强有力的资金保障。

（二）以“实”的措施找准了专项行动整治对象。一是注重摸底调查。围绕泽当城区和全市92个重点、难点村（居），69个驻点工作组累计入户85684户，入户调查率达100%、户主见面率达100%，认真制作填写了18类39项入户调查表，逐户建立了电子和纸质档案，成为全市土地房屋及经济普查的历史档案。围绕领导关心、群众关注、问题关键的重点行业和领域，扎实开展了地材开采、农牧民货运车辆、户籍管理等9个方面的专项调查，做到了情况清、底数明。二是注重分类汇总。根据入户调查情况，分类梳理出涉及土地类问题20464个、房屋类7590个、地材类151个、货运车辆类2852个、户籍类56077个，全面掌握了泽当城市规划区和各县（区）非法买卖租赁土地房屋系列问题及地材开采、农牧民货运车辆和户籍管理等方面的违法违规情况，为清理整顿和打击整治提供了基础数据。三是注重对策研究。按照“一类问题一套处理方案，一个问题一项举措”的要求，专题研讨50余次，反复征求意见建议，围绕本地干部、外来干部、本地群众、外来人员4类人群，详细制定了3套泽当城市规划区内非法买卖租赁土地房屋等系列问题集中处理方案。各县（区）针对实际制定了78个专项处理方案，尤其是琼结县为每家地材开采企业“量身”制定了“一企一策”专项整治方案，奠定了清理整治工作基础。

（三）以“浓”的氛围促进了专项行动深得民心。一是创新方式抓宣传。采取传统媒体与新兴媒体相结合的方式大力开展宣传报道，各级各类媒体累计刊播新闻1100条，设置各类户外广告400余处，张贴各类宣传标语2000余条。组织召开群众大会、党员大会等“八类会议”，向群众逐户发放讲解《致群众的一封信》《市优化发展环境专项行动宣讲手册》等各类资料13000余份，营造了专项行动浓厚氛围。二是突出重点抓教育。先后举办100余场法制教育讲座，按照“六必谈”“六勤”的要求，完成泽当城区2357户违法违规群众首轮教育谈话工作，群众对专项行动、惠民政策和相关法律法规的知晓率达到100%。三是选树典型抓引导。下发11期主动整改情况通报树立一批支持配合参与专项行动的正面典型，有效引导群众主动整改违规问题，特别是洛扎县一户致富带头人主动将“一户多宅”房屋赠与“结对帮扶”贫困户，实现了优化环境与脱贫攻坚“两个先锋行”的有机结合。下发了《关于在全市优化发展环境专项行动中进一步发挥基层党组织战斗堡垒作用和党员先锋模范作用的通知》。四是为民解困抓团结。始终把解决答复群众诉求作为专项行动“团结教育大多数”的重要举措，建立了泽当城区失地群众基本生活保障机制，首次兑现了623.21万元失地保障金；贡嘎、桑日县妥善解决了拉林铁路建设运输矛盾纠纷；曲松、扎囊县诉求办结率和群众满意率均达100%，切实增强了群众对专项行动的认同感。

（四）以“强”的担当确保了专项行动取得实效。围绕当前发展环境中面临的重难点问题，组织开展了清理整顿工作。一是聚焦专项整治。合并“一宅多户”5628户、死亡注销3508人、删除重复户口2025人，有效整治了违规分户问题；开展了泽当、乃东、结莎居委会“三资”清查，督促各县（区）完成了重难点村（居）“三资”清查工作；依法关停取缔和停业整顿违规开采地材企业93家，整治非法营运货运车辆714辆，制定实施地材销售运输及机械租赁参考价，有效规范了地材开采销售运输领域管理秩序；成立重点案例处置工作组，依法妥善处置了鑫龙机动车检测站违规用地问题，稳妥推进裕砻酒店涉嫌违规问题。二是聚焦城市建设。邀请中介机构测量泽当城区清理腾退土地工作，为土地收储和规划执行奠定了基础。琼结县通过专项行动顺利征收了恰玛村200余亩项目用地，隆子县投入2000余万元收储土地1000余亩，洛扎县完成县城13户城中村集中搬迁工作，解决了重点项目土地房屋征收难的问题。完成了泽当城市木材加工、铁器加工及物流仓储等专业市场搬迁选址和可研设计。三是聚焦环境整治。组织开展了商铺乱搭乱建、加工乱铺乱占、商品乱摆乱卖、车辆乱停乱放、垃圾乱堆乱倒、油污乱排乱洒等“六乱”现象联合整治工作，建成了各类过渡性停车场11处，特别是错那县结合文明卫生县城创建创新开展了“十个统一”县城环境整治工作。

（五）以“严”的处罚形成了专项行动强大震慑。按照“孤立打击极少数”的原则，扎实开展了风险防范、重点突破、依法打击等工作，为专项行动顺利推进保驾护航。一是坚持情报先行，针对清理整顿和打击整治重点对象，提前搜集了91条重要内幕性、苗头性、预警性情报信息，为打早、打小、打苗头提供了可靠依据。二是坚持未雨绸缪，对专项行动中可能出现的社会稳定风险隐患进行了全面系统的评估，提前制定了应急处突预案，市公安局动态备足了应急力量，组织开展了10余次实战演练，落实了应急处突措施。三是坚持重点突破，成立了重点案件专案组，以群众反映强烈、社会广泛关注的重点案件为突破口，依法查处了泽当城区职务侵占、强迫交易、倒卖土地等11起重点案件，有效打击了“极少数”重点违法人员。四是坚持依法打击，制定了《严厉打击工程建设领域违法违规行为的通告》，依法打击阻工闹事、强行要工的违法行为，在全市范围内通报了重点案例查处情况及其教训警示，释放了有法必依、违法必究的强烈信号，起到了打击一个、震慑一片、教育一方的良好效果。

（六）以“全”的制度巩固了专项行动工作成果。认真调查研究，注重顶层设计，形成了一批管长远、重规范、促长效的政策和制度成果。一是深入调查研究。派出地级领导带队的调研组再次分赴拉萨、昌都，重点考察学习了土地房屋征收、城市建设管理、支持重大项目建设等方面长效管理的好做法好经验。围绕问题集中的重点区域、行业领域和重要工作，先后深入开展了村情民意、耕地征收、村级集体经济发展等10余项调研工作，形成工作专报25期，掌握了相关基本情况，摸清了问题症结，为出台相关规范性文件提供了依据。二是强化政策设计。研究制定了《泽当城市规划区失地农牧民基本生活安置保障办法》《山南市乃东区规划范围内土地房屋征收补偿标准及安置政策》《山南市乃东区规划范围内居民住宅建设管理办法》《山南市地材销售运输及机械租赁参考价》《山南市农牧民货运车辆管理办法》《山南市规范地材市场秩序管理暂行办法》《山南市扶持发展村集体经济暂行办法》《关于演习训练用地和人畜转移安置补偿政策》等一批规范性文件。三是健全管理制度。制定了《山南市建设领域党员领导干部“十不准”》《山南市属地管理责任行政问责暂行办法》《山南市优化发展环境举报奖励暂行办法》等规范性文件,专门下发了《山南市人民政府办公室关于依法严厉查处市优化发展环境专项行动启动以来土地房屋领域新发生违规行为的通知》。

**二、工作成效**

通过一年的不懈奋斗,专项行动成效得到了自治区党委、政府的充分肯定,已成为山南对外的品牌和名片,群众参与率达100%、支持率达95%以上、满意率达90%以上。目前,全市专项行动查出问题总体整改率达75.6%,除泽当城区和加查外,其余各县(区)专项行动基本按照总体方案步骤要求推进。

(一)建设环境大幅改善。通过引导拆除违章建筑、打击非法买卖租赁土地、清理规范建筑市场,摘掉了城市肌体上的“毒瘤”,有效降低了项目建设土地征收成本,仅泽当城区拔除耕地上抢栽抢种树木将节省项目征地中的林木补偿费用近2000万元。全面制止了泽当城区干部群众违规建房、非法买卖租赁土地房屋等违法违规行为。通过建立实施泽当城区失地保障政策,切实消除了群众的后顾之忧,群众支持配合项目征地拆迁的积极性、主动性空前高涨,拉林铁路、大古电站、结巴水库等交通、能源、水利重大项目建设更加顺畅有序,预计2016年固定资产投资同比增长26.8%。

(二)市场秩序明显规范。通过开展地材领域专项整治,关停违规地材开采企业,全市地材领域采挖作业更加规范、企业布局更加合理、市场供需更加平衡、生态保护更加有力。通过开展货运车辆专项整治,加强了农牧民货运车队管理,依法经营、秩序规范、公平公正的货运市场环境有效形成。通过研究制定和全面执行地材销售运输及机械租赁的全市参考价和各县(区)指导价,垄断运输、欺行霸市、强行收费等违法违规行为得到依法严厉打击。

(三)民生福祉不断增进。坚持把解决群众诉求贯穿专项行动全过程,累计受理解决群众诉求6000余件,一大批事关群众切身利益的老大难问题得到了妥善解决,有效化解了一批信访疑难问题。通过依法拆除违章建筑、退还私占土地、解除土地房屋非法买卖关系,有效遏制了“以房生财”“以地牟利”“套取补偿”的不良社会风气,特别在山南城区腾退土地1300余亩,为集中收储土地、加快公共设施建设提供了条件。

(四)依法治市加快推进。通过开展法制宣传教育,群众对相关法律法规的知晓率达到100%,尊法、守法、用法意识明显增强。针对影响发展环境的执法力度明显加大,加查县依法处理了扰乱虫草采挖秩序人员58名,遏制了违法违规行为“增量”。群众依法有序参与经济社会发展的观念明显增强,掀起了主动交代整改自身违法违规行为的热潮,减少了违法违规行为“存量”。目前全市主动拔除耕地上抢栽抢种树木42万余棵,退还私占土地3593亩,主动终止非法出租买卖土地房屋合同182份,主动拆除违规建筑30万平方米,主动拆除违规占地占道围墙5.38万米,特别是浪卡子县78名党员和干部带头退还了私占集体土地19.2亩,加查县群众主动归还私占土地584宗1453.84亩、拆除违规建筑31处2万余平方米,形成了良好的社会导向。

(五)干部作风切实转变。广大干部职工坚持把专项行动与巩固群众路线教育实践和“三严三实”专题教育活动成果、“两学一做”学习教育及强基惠民活动有机结合起来,积极参与“优化环境先锋行”活动,严格落实“问题不解决不罢手、矛盾不化解不放过、工作不见效不收兵”的要求,深入摸底排查、广泛教育引导、全力化解纠纷、依法清理整治,群众工作能力、处理复杂问题能力、执行落实能力得到大幅提升,锤炼了务实的工作作风,密切了党群干群关系,5名副县级干部、3名正科级干部得到提拔,9名县级干部得到重用。

**三、问题与打算**

当前,全市优化发展环境专项行动总体进展良好,但仍存在一些不容忽视的问题。主观方面:一是重视程度仍需提高。个别单位和部门对专项行动重要性认识不足,工作主动性不强、安排部署不周、督促落实不力,个别县频繁更换专项办和驻点工作组成员,甚至出现“轮流驻点”现象,影响了工作的连续性,有的县专项行动工作力量十分薄弱。二是担当意识仍需增强。个别单位和部门存在抓小放大、避重就轻的问题,整改难度较大的问题推进缓慢,没有落实好属地责任和部门责任,敷衍塞责、应付了事、等待观望、推诿扯皮、回避问题、矛盾上交等现象仍然存在。三是工作热情仍需提升。个别单位和部门产生疲劳厌战情绪,对专项行动工作热情减退、力度减弱、不推不动,导致部分群众主动整改积极性减退,埋下了违法违规行为“反弹回潮”的隐患。客观方面：一是整治难度大。专项行动涉及人员多、问题领域广、遗留问题多、工作阻力大，部分问题相互交织缠绕，情况十分复杂，全面依法整治任务艰巨。在专项行动的高压态势下，顶风违法违规现象时有发生。二是主动整改少。部分违法违规人员对专项行动仍持怀疑态度或侥幸心理，不支持、不配合、不参与的问题不同程度存在，问题小的看大的、问题大的看严重的，一般群众看村居干部，村居干部看国家公职人员，公职人员看机关单位的现象比较突出，特别是党员干部带头主动整改少、发挥表率作用弱。三是基础功能弱。目前，泽当城区专业加工市场、物流园区、仓储区等城市基本配套功能缺乏，给专项行动所涉及的转移搬迁工作带来了很大困难。同时，城市规划、综合执法、城市管理等执法力量薄弱，在控违工作中难以实现违章建设“零增长”。

优化发展环境专项行动正处于下狠劲、用实招、破难题、出成效的关键阶段。下一步，我们将严格按照市委、市政府的部署要求，进一步坚定信心、强化担当、狠抓落实，着力抓好以下工作。

（一）着力抓好树典型、造声势的工作。一是以各县（区）特别是泽当城区为重点，通过深化教育谈话工作，引导国家公职人员、村居干部、“双联户长”“两代表一委员”中的违法违规人员发挥示范带动作用。二是将各县（区）主动整改情况纳入半月通报内容，充分利用各类媒体宣传报道主动整改问题的典型人员和典型事例，教育引导广大群众支持配合参与专项行动，着力营造“人人塑造形象，人人关心环境”的良好氛围。三是坚持受理解决群众合理合法诉求，切实维护好群众合法利益，以为民解困的实际行动引导群众支持配合专项行动。

（二）着力抓好定措施、快整治的工作。一是积极推动山南乃东区城市规划区内非法买卖租赁土地房屋等系列问题处理方案尽快出台执行，督促各县（区）结合实际制定处理方案，妥善处理剩余未整改问题。二是加快推进泽当城区违章建筑界定工作，逐起建立健全违章档案，为分步实施清理整顿工作奠定基础。三是按照国家公职人员中先领导干部后一般干部、外来人员中先干部后群众、流动人员中先企业后个人、本地群众中先村居干部后一般群众的“四先四后”步骤，分期分批依法化解各类违法违规“存量”；以对违法违规行为“零容忍”的态度，发现一起、查处一起，坚决遏制各类违法违规“增量”。四是督促各县（区）、各部门落实属地责任和部门职责，全面完成地材开采销售、货运车辆专项整治工作，加快推进裕砻假日酒店违建整治和鑫龙机动车检测站搬迁工作。

（三）着力抓好严打击、保稳定的工作。一是根据应急预案认真落实各项应急保障措施，做好处置各类突发事件的准备，及时摸排化解专项行动相关的矛盾纠纷和信访隐患，确保不出现影响和谐稳定的事件。二是以社会关注的违法违规重点案例为突破口，依法严厉打击不听劝阻、性质恶劣、情节严重的违法违规人员，严厉惩处幕后策划、挑唆指使、煽动闹事、非法参与、充当“保护伞”的党员干部、离退休人员，从严从重处理行为过激、聚众闹事、缠访闹访、越级上访的人员。三是对专项行动中涉及的各类案件快立快审快结，形成专项行动的强大震慑。

（四）着力抓好建制度、促规范的工作。一是尽快出台实施地材市场秩序管理、土地房屋征收、货运市场管理等方面已成熟的规范性文件。针对专项行动中发现的新情况新问题，及时协调推动市相关部门制定出台长效机制。二是切实加大专项行动期间制定出台的各类规范性文件、长效制度的宣传落实力度，切实提高广大群众的知晓率。三是加快推进泽当城区专业市场和安置小区建设，扎实推进泽当城区主要路段占道经营和车辆乱停乱放联合整治工作，着力建设管理规范、干净整洁、文明和谐的城市环境。

（五）着力抓好统全局、严督导的工作。一是紧紧围绕全市“三个重点、四件大事、两基地一核心”战略部署，督促各县（区）、市直各单位统筹推进专项行动各项工作，为全面建成全区较高水平的小康社会营造良好环境。二是根据各县（区）未整改问题清单，采取地级干部定期督查、专项行动指导组实地检查的方式，加大跟踪督查力度，确保圆满完成各项整治任务。三是市专项办根据各县（区）工作推进情况，及时召开专题会议，研究解决问题，协调部署工作，确保各项工作有力有序有效推进。

# 山南撤地设市工作总结

2016年1月，国务院正式批复同意撤销山南地区设立地级山南市。撤地设市是山南各族人民政治生活中的一件大事要事，是山南经济社会发展史上的一件喜事盛事。在自治区党委、政府的坚强领导下，在自治区撤地设市领导小组的有力指导下，在自治区相关部门的大力支持下，山南市委、市政府团结带领全市各族干部群众，统筹谋划、精心组织，严格程序、扎实推进，顺利完成撤地设市各项工作任务，撤地设市取得圆满成功。

**一、主要做法**

根据自治区安排部署，山南撤地设市工作定于6月底前全面完成。山南撤地设市恰逢“十三五”开局之年，与县乡领导班子换届、机构改革、“两学一做”学习教育等工作同步进行，时间紧、任务重、要求高。山南市委、市政府坚决贯彻落实自治区决策部署，提前谋划、周密部署、统筹推进；撤地设市各工作机构和有关部门群策群力、密切协作；全体工作人员加班加点、连续作战，确保了撤地设市各项工作高效有序推进。

*一是自治区高度重视，全力指导。*山南撤地设市工作启动以来，区党委、政府高度重视，陈全国书记先后两次主持召开区党委常委会议，研究山南撤地设市相关事宜。白玛赤林主任、洛桑江村主席亲自过问、亲自督促。吴英杰常务副书记、曾万明常委、嘎玛副主任、多吉次珠副主席多次听取山南撤地设市工作进展情况汇报，对撤地设市工作给予了有力指导，为我们做好撤地设市各项工作指明了方向。自治区民政厅等部门积极与中央有关部门沟通衔接，加快了撤地设市审批进程。自治区人大派出工作组赴山南指导撤地设市选举等工作。区党委组织部及时研究山南撤地设市工作，派出工作组赴山南调研，第一时间制定下发《山南撤地设市工作方案》，并对撤地设市工作进行了全程督促指导，确保了撤地设市各项工作程序合法合规、进展有条不紊。

*二是加强领导，健全机构。*成立了以市委书记张永泽同志为组长，市委副书记、市长普布顿珠同志为常务副组长，市委、人大、政府、政协相关地级领导为副组长，有关部门主要负责同志为成员的撤地设市工作领导小组，全面负责撤地设市各项工作的统筹协调。领导小组下设综合协调办公室、“三会”筹备工作组、组织人事和机构编制工作组等11个工作机构，抽调精干力量，配齐配强工作人员，明确各组职责分工，细化具体工作任务，确保了撤地设市各项工作有人抓、有人管。领导小组先后召开4次协调会，张永泽同志先后5次主持召开地委会议，对撤地设市每个重要环节、关键阶段工作及时进行研究部署，解决存在的困难问题，确保了各环节工作高效运转、无缝衔接，有力保证了各项工作顺利推进。各专项工作组和有关部门对承担的具体任务认真研究、挂图作战，严格标准、精益求精，通力协作、全力以赴，确保了工作进度和工作质量。

*三是周密安排，认真筹备。*为确保撤地设市各项工作在两个月内顺利完成，派出工作组赴林芝等市调研，在充分借鉴日喀则、昌都、林芝撤地设市好做法、好经验的基础上，认真研究制定《撤地设市工作方案》，明确了撤地设市的指导思想、工作原则、主要任务、步骤要求等。制作了撤地设市工作进度安排表、任务分解表、请示报告事项明细表，将撤地设市工作分为前期准备、筹备启动、全面实施、后续完善4个阶段，对每阶段工作任务、责任单位、完成时限作出具体要求，增强了工作的指导性和可操作性。制定了撤地设市社会稳定风险评估报告、“三会”筹备工作方案、安全保卫预案、后勤保障方案、财政管理体制工作方案等10余个工作方案，做到了谋划于早、安排于细、行动于快，确保了撤地设市各项工作环环相扣、压茬推进、万无一失。

*四是突出重点，开好“三会”。*“三会”筹备工作组及时制定了召开“三会”实施方案，认真讨论修改“三会”主题报告、领导讲话等会议材料，严格按程序向区党委报批报备，扎实做好“三会”前期筹备工作。严格把握程序要求，明确党代表、人大代表和政协委员的名额、分配原则及产生办法，按照自上而下、上下结合、广泛提名、反复酝酿、层层遴选、逐一审查的程序，认真组织推荐“两代表一委员”。在充分征求

意见、统筹考虑各方面结构比例的基础上，提出山南市“四大班子”成员及“法检”两长候选人建议名单。5月18日至21日，中国共产党山南市第一次代表大会召开，选举产生41名中国共产党山南市第一届委员会委员、8名候补委员、27名中国共产党山南市第一届纪律检查委员会委员，均以高票当选；市委一届一次会议选举产生市委常委16名，张永泽同志全票当选为山南市委书记；市纪委一届一次会议选举产生市纪委常委7名，吴维同志全票当选为山南市纪委书记。5月22日至26日，山南市第一届人民代表大会第一次会议召开，选举产生山南市第一届人民代表大会常务委员会组成人员33名、市政府领导班子13名，党宗莲同志全票当选为山南市人大常委会主任，普布顿珠同志全票当选为山南市市长，索朗扎西同志全票当选为山南市中级人民法院院长，刘志刚同志全票当选为山南市人民检察院检察长。5月22日至26日，山南市召开政协一届一次会议，选举产生政协第一届山南市常务委员会组成人员37名，丁哲峰同志高票当选为山南市政协主席。“三会”严格遵守法定程序，充分发扬民主，是团结、民主、创新、奋进的大会，是鼓舞士气、振奋精神、凝聚共识的大会，得到了全市36万各族干部群众的支持拥护，得到了社会各界的广泛赞誉。

*五是强化宣传，营造氛围。*以撤地设市为契机，大力宣传党的十八大以来山南改革发展稳定各项事业取得的显著成绩，大力宣传山南各族干部群众工作生活发生的显著变化，大力宣传山南撤地设市的重大现实意义和深远历史意义，通过持续、深入、广泛的宣传报道，为撤地设市提供了有力的思想舆论支持。从4月份开始，在报纸、电台、网站陆续推出一批专栏专题，组织刊发了一批理论文章，举办了多场专题文艺演出，为撤地设市做好预热性宣传报道。在国道349沿线、泽当城区制作发布了120幅大型户外广告和412幅公交站台公益广告，在主要街道、重点单位和沿街商铺悬挂国旗、彩旗和标语，营造出喜庆热烈的节日氛围。组织开展“央媒看山南”、“西藏新媒体山南行”采访活动，13家中央驻藏媒体、自治区主要媒体和6家网络媒体共40名记者对山南撤地设市、“十二五”时期成就及“十三五”发展规划等内容进行了集中宣传报道，中央电视台、中央人民广播电台、人民日报、人民网、新华网、西藏电视台等多家媒体进行了转载转发。邀请了印度、尼泊尔记者采访团赴我市采访，大力宣传推介山南，树立了山南市的良好对外形象。

*六是厉行节约，严肃纪律。*始终把中央八项规定、区党委“约法十章”“九项要求”贯穿撤地设市全过程，按照节俭、务实、高效的工作原则，精心安排相关会议和各类活动，坚决杜绝铺张浪费。“三会”筹备和召开期间，做到了会场统一选址，统一安排乘车参会，一律安排自助餐，简化会场布置，提高会议用品重复利用率。市委、人大、政府、政协和纪委揭牌仪式统一安排、一次完成，做到了隆重、节俭、高效。同时，严明党的政治纪律、组织纪律，严格执行中央“九严禁”换届纪律要求，从严查处跑官要官、买官卖官、拉票贿选等违反选举纪律和组织纪律的行为，以零容忍的态度正风肃纪，为撤地设市工作创造了风清气正、清廉务实的良好环境。

**二、取得的主要成果**

这次撤地设市工作进展顺利，达到了预期的目的，取得了显著成果。主要体现在以下四个方面：

*一是绘就了一幅好蓝图。*中国共产党山南市第一次代表大会审议通过了张永泽同志代表中国共产党山南地区委员会所作的题为《立足新起点 把握新机遇 努力把山南建成全区水平较高的小康社会》的报告，报告对山南市今后五年工作提出了“按照‘五位一体’总体布局和‘四个全面’战略布局，坚持党的治藏方略，牢固树立‘五大发展理念’，紧紧围绕‘两基地一核心’发展定位，大力实施‘七大战略’，加快‘六个模范区’和‘七个山南’建设，积极推进拉萨山南一体化发展，确保到2020年建成全区水平较高的小康社会，确保社会大局持续稳定、长期稳定、全面稳定”的总体要求，确定了“全市生产总值、财政收入、固定资产投资、社会消费品零售总额、城镇和农村居民可支配收入年均增长10%、15%、20%、13%、10%、13%以上。到2020年，人民生活水平全面提升，城乡居民人均可支配收入比2010年翻一番以上、接近全国平均水平，基本公共服务主要指标接近或达到西部地区平均水平，基础设施条件全面改善，生态文明建设取得明显成效，自我发展能力明显增强，社会大局持续长期全面稳定，建成安居乐业、保障有力、家园秀美、民族团结、文明和谐的全区水平较高的小康社会，建成国家公共文化服务体系示范区、国家生态文明先行示范区、国家新型城镇化建设试点地区、全区统筹城乡发展示范区”的奋斗目标，报告主题鲜明、目标明确、措施有力、求真务实、催人奋进，为我们描绘了山南未来发展的宏伟蓝图，为山南

迈向新征程、实现新跨越指明了方向，为我们干事创业提振了信心、增强了动力。

二是选出了一个好班子。我们把撤地设市作为加强领导班子建设的重要契机、作为深化干部人事制度改革的重要实践，按照中央好干部标准、民族地区好干部标准和区党委选人用人导向，认真贯彻干部选拔任用条例，严格按照干部选拔任用政策、原则和程序办事，坚持用好的制度、好的作风选人用人。选出了结构合理、素质较好，为大多数党员群众所满意的“两代表一委员”。全市共选出市党代表385名、市人大代表247名、市政协委员203名，受教育程度和整体素质进一步提高，职业、年龄、民族、性别等结构进一步优化。在党代会期间，党代表们积极参加了分组讨论，结合各自工作实际畅所欲言，共商发展大计，共谋跨越良策。在市人大、政协会议期间，广大代表和委员紧紧围绕经济发展、社会稳定、民生改善、环境保护、党风政风转变等问题积极建言献策，提出了一批有分量、有质量、有建设性的提案议案，体现了社会各阶层对全市改革发展稳定事业的高度关注和关心，全面展示了新一届“两代表一委员”的风采。选出了为广大人民群众所拥护的党政领导班子。党代会、人代会选举产生了新一届市委、市政府领导班子，同时，在严格推荐考察、广泛征求意见的基础上，扎实推进县乡两级领导班子换届工作，全市党政领导班子结构进一步优化，整体合力进一步增强，精神面貌进一步好转。新一届各级领导班子组建以来，以最快的速度投入到新的工作岗位中，树立了求真务实、敢于担当的良好形象，得到了广大党员干部群众的普遍认可。

三是开创了一个新局面。撤地设市后，山南由自治区政府派出机构转变为一级政府，有了更加健全的组织机构，在立法、决策等方面有了更多自主权，发展环境必将进一步优化，发展平台必将进一步拓宽，项目、资金、人才、技术的配置与凝聚能力必将进一步增强，发展成果必将进一步扩大，最终惠及山南各族人民。撤地设市有利于进一步优化政府机构设置、职能配置、工作流程，完善决策权、执行权、监督权既相互制约又相互协调的行政运行机制。撤地设市将实现行政机构与领导方式的重大变革，有利于促进政府法制化建设，有利于健全完善社会治理机构和加强基层政权建设，促进城市建设管理水平的有效提升。撤地设市有利于进一步简政放权，大大提高行政效能，集中主要力量办大事，推动山南市尽快建成藏中清洁能源基地、藏源文化旅游基地和具有比较优势、速度优势的山南核心经济区，促进山南迈向新的发展阶段。

四是营造了一个好氛围。我们把撤地设市作为推动“十三五”规划落实、促进山南经济社会长足发展和长治久安的重要契机，营造出风清气正、干事创业的良好氛围。营造了人心思进的干事环境。新一届市委班子把树立正确选人用人导向、持续加强和改进干部作风建设作为推动各项工作的突破口，结合“两学一做”学习教育，深入解决干部队伍中存在的作风懒散、缺乏担当等突出问题，营造了提振精神、人心思变，共谋发展、人心思干，创先争优、人心思进的良好环境。营造了心齐气顺的干事氛围。广大党员干部一致认为，撤地设市凝聚了改革发展共识，振奋了干事创业精神，汇聚起了强大合力，为山南“十三五”良好开局奠定了坚实基础。撤地设市使广大党员干部对旗帜的共识更加鲜明，对道路的共识更加坚定，对奋斗目标的共识更加自信，在全市上下形成了振奋精神谋发展、转变作风争一流的浓厚氛围。

**三、几点体会**

山南撤地设市工作，之所以能够顺利有序开展并取得圆满成功，是自治区党委、政府坚强领导、自治区有关部门大力支持、全市广大干部群众密切协作以及社会各界大力支持的结果。总结这次撤地设市工作，主要有以下体会：

一是必须坚持党的领导。坚持党的领导，是各项事业成功的根本保证。我们始终把自觉坚持和依靠党的领导贯穿于撤地设市全过程，坚决贯彻落实区党委有关撤地设市工作的安排部署，切实发挥市委总揽全局、协调各方的作用，牢牢把握撤地设市工作的方向，通盘考虑，依章办事，突出重点，把握关键，实现了党委意图和人民意愿的有机结合，确保了撤地设市工作的正确方向。

二是必须充分发扬民主。民主凝聚党心，团结成就伟业，党内民主是党的生命。我们最大限度地扩大群众对撤地设市各项工作的知情权、参与权、选择权和监督权，无论是在各种方案的起草、讨论，还是在选民登记、代表委员的选举和公示、会议讨论中都坚持走群众路线，使广大群众的愿望和要求得到充分的表达和尊重，使发扬民主的过程变成了集思广益、汇聚众智、共谋发展的过程。

三是必须坚持依法办事。依法办事是推进各项工作的重要遵循。市委严格按照法定原则、法定权限和法定程序行使职权、履行职责，依法处理和解决问题，确保了这次撤地设市工作循序推进、圆满顺利。广大代表和委员严格依照宪法和法律行使权利、履行职责，呈现出会风井然、选风良好、结果满意的喜人局面。通过撤地设市过程中民主与法治的良性互动，必将推动法治精神、法治意识、法治观念进一步熔铸于干部群众头脑之中，让依法办事蔚然成风。

新的起点燃起新的希望，新的蓝图昭示新的辉煌。我们将更加紧密地团结在以习近平同志为总书记的党中央周围，在自治区党委、政府的坚强领导下，解放思想、开拓创新，抢抓机遇、再创辉煌，为把山南建设成为全区水平较高的小康社会而努力奋斗！

# 山南概况

## 基本概况

【地理位置】 山南市位于冈底斯山脉和念青唐古拉山脉以南，雅鲁藏布江中游，介于北纬27° 08′ ~ 29° 47′、东经90° 14′ ~ 94° 22′之间。北与拉萨市相连，东与林芝市接壤，西与日喀则市为邻，南与印度、不丹等国毗邻。山南市总面积7.93万平方千米（其中印控区约3.13万平方千米），占西藏自治区总面积的1/15，边境线长630多千米，边境通道44个，其中季节性通道35个、常年通道9个，战略地位十分重要。中共山南市委、山南市政府的驻地乃东区泽当镇，位于雅鲁藏布江中游的雅砻河谷平原，海拔3580米，距贡嘎机场97千米、拉萨135千米。

【历史沿革】 “泽”意为玩要，“当”即塘，意为“坝子”，“泽当”二字全意为“玩要的坝子”“猴子玩要的坝子”，泽当东边贡布日山上有猴子洞，传说中猴子变人的故事就发生在这里，泽当镇因此而得名。6世纪，吐蕃赞普囊日松赞主要以泽当为中心区进行活动。7世纪，赞普松赞干布统一西藏，建立吐蕃政权，泽当成为吐蕃政权的政治、经济、文化中心。1912年，西藏地方政府在这里设有洛喀基巧堪布（即山南总管）。1956年8月，成立山南基巧办事处，驻地泽当。1959年12月，成立山南专员公署，属自治区人民政府的派出机构，驻地泽当，泽当成为山南政治、经济、文化中心。

【行政区划】 山南市下辖1个区（乃东区）、11个县（琼结县、扎囊县、贡嘎县、浪卡子县、洛扎县、措美县、错那县、隆子县、曲松县、加查县、桑日县），23个镇，59个乡，550个村（居）委会。边境县4个，边境乡（镇）24个，边境村（居）委会91个。民族乡5个（麻玛乡、勒乡、贡日乡、基巴乡和斗玉珞巴民族乡）。

【人口状况】 截至2016年年底，山南市总人口361080人，其中乃东69746人、琼结18293人、扎囊38586人、贡嘎51550人、浪卡子38057人、洛扎19958人、措美15045人、错那15522人、隆子35617人、曲松17202人、加查23862人、桑日17642人。农业人口298715人，非农业人口62452人。有藏族、汉族、门巴族、珞巴族等28个民族，其中藏族占96.2%、汉族占3.3%、其他少数民族占0.5%。门巴族915人、珞巴族234人。总户数114757户。

## 自然资源

【气候资源】 山南属高原温带半干旱季风气候。年平均日照时数为2600—3300小时。年平均气温在5.6℃左右，极端最低气温为零下27℃，极端最高气温为31℃。年降水量大约在200—500毫米，主要集中在6—9月。全年无霜期120天左右。年平均大风日为70天左右。

【土地资源】 山南市总耕地面积约156.96万亩（含印占区72.14万亩），其中水浇地面积73.72万亩，基本农田71.62万亩（第二次全国土地调查数据）。天然草场4638.68万亩，其中可利用草场4458.72万亩。

【文化资源】 山南是藏民族的摇篮，藏文化的发祥地。区域内有西藏第一块农田索当、第一座村庄索卡、第一座宫殿雍布拉康、第一座寺庙桑耶寺等西藏历史上诸多“第一”。有西藏民主改革第一村、第一批农牧民党员、第一个农村党支部等民主改革后“八个第一”。辖区有目前西藏唯一的国家级风景名胜区——雅砻河风景名胜区，总面积920平方千米，共分7大景区，58个景点。景区内有藏民族遗址20余处，藏传佛教文化遗址30余处。自治区级风景名胜区4个，即卡久风景名胜区、勒布沟风景名胜区、扎日风景名胜区、哲古风景名胜区。截至2015年年底，山南市共有各类不可移动文物730余处1300个点，各级文物保护单位317处，其中国家级重点文物保护单位16处18个点、自治区级重点文物保护单位85处87个点、县级重点文物保护单位216处；现有非物质文化遗产项目205个，其中国家级非遗保护项目15项、传承人11人，自治区级非遗保护项目43项、传承人51人，市级非遗保护项目34个，县级非遗保护项目113项、传承人143人；现有珍贵古籍3000余函。

【水利资源】 山南市水利资源丰富，拥有较长河流41条、湖泊88个（不含印占区）。湖泊蓄水量约170亿立方米，冰川蓄水量约10亿立方米，地下水约230亿立方米。年均径流量706.48亿立方米。雅鲁藏布江由西向东流经境内7个县，流程337千米，流域面积1.7万平方千米。天然水能蕴藏量3510万千瓦。雅鲁藏布江中游干流段共规划6个梯级水电站，装机容量325万千瓦，其中藏木51万千瓦、加查36万千瓦、大古58万千瓦、街需51万千瓦、巴玉78万千瓦、冷达51万千瓦。

【林业资源】 山南市控制线以内林地总面积407.09万公顷，实际控制线以内林地面积129.92万公顷，森林面积118.28万公顷，人工林面积3.26万公顷，活立木蓄积量为3449.7万立方米，森林覆盖率约24.79%。

【矿产资源】 山南市已探明的矿藏有37种，矿产地108处。优势矿产有铬铁、铅锌、岩金、铜，具有潜在优势的有石灰岩、水晶、矿泉水、大理岩、地热等矿产。辖区有全国最大的铬铁矿基地——罗布莎铬铁矿基地。铬铁、铅锌、岩金、铜矿累计探明储量分别达652万吨、249.5万吨、20吨、58.5万吨，远景储量分别有望达到1100万吨、600万吨、80吨、400万吨。

【植物资源】 包括花卉植物、药用植物、菌类，其中，花卉植物主要有滇藏木兰、滇牡丹、大白杜鹃、绒毛杜鹃、高山毛叶杜鹃、芒刺杜鹃、山杜鹃、长毛杜鹃、羽叶粉花绣线菊、金露梅、锡金海棠、大叶蔷薇、西康蔷薇、线叶毛蔷薇、高茎绿绒蒿、白花绿绒蒿、藏蓝绿绒蒿、美丽绿绒蒿、西藏绿绒蒿、大花绿绒蒿、尼泊尔绿绒蒿、小丛红景天等。药用植物主要有刺绿绒蒿、船盔乌头、西藏狼牙刺、翼首花、杉叶藻、虫草、贝母、雪莲花、天麻、红景天、三七、远志、爬地柏、银白杨、人参果、知母、当归、黄芪、黄柏、党参、狼毒等。菌类主要有虫草和茯苓等，食用菌繁多，珍贵的有猴头、刷把菌、牛肝菌、黄木耳、黑木耳、松茸等。

【动物资源】 鸟类有普通秋沙鸭、斑嘴鸭、绿头鸭、赤麻鸭、雪鸽、岩鸽、石鸡、西藏毛腿沙鸡、山斑鸠、喜鹊、红嘴山鸦、大嘴乌鸦、大杜鹃、小杜鹃、斑啄木鸟、棕腹啄木鸟、大山雀、高山旋木雀、小云雀、褐翅雪雀等。兽类有狼、狐、藏狐、赤狐、艾虎、黄鼬、果子狸、豹猫、野猪、高原兔、喜马拉雅旱獭等。

【特色资源】 山南市民族手工业产品涉及16个门类400多个品种，有独具民族工艺特色的氆氇、卡垫、地毯、藏被、水晶等产品。有优质青稞、油菜、大蒜和奶牛、牦牛、绵羊、藏鸡等高原特色农畜产品。有冬虫夏草、贝母、红景天、藏红花、三指雪莲花等100多种享誉世界的名贵药材。有丰富的松茸、蕨菜等林下资源。有马鹿、野驴等国家一、二级重点保护动物76种。

## 旅游资源

【藏文化发祥地】 山南位于冈底斯山和念青唐古拉山以南，雅鲁藏布江干流中下游，是藏族古代文明的重要发祥地之一。这里是著名神话神猴同罗刹女繁衍人类的产生之地，是西藏最早掌握垦荒种地、丈量田亩、水利灌溉、贮藏牧草、冶炼金属、烧制陶器等技能的市。这里创造出了雅砻文化和西藏历史上的众多第一：第一块农田、第一座宫殿、第一座佛法僧三宝俱全的寺院、第一部藏戏等。山南有藏王墓、桑耶寺、昌珠寺等名胜古迹，有闻名遐迩的神山神湖，如佛教理想中“胜乐金刚宫”的扎日神山，有位列西藏三大圣湖之一的羊卓雍错，有预示历代达赖喇嘛转世灵童、为众生启示未来命运的拉木拉错神湖等。山南曾两度成为西藏地方的政治中心，从这里崛起的雅砻部族创建了威镇四方的吐蕃王朝。所以，藏族人一般称山南为藏族文化的发祥地。

**【雅砻河风景名胜区】** 1988年，国务院批准山南雅砻河流域为全国第二批国家级风景名胜区——雅砻风景名胜区，这也是西藏第一个国家级风景区。该风景区地处藏南雅鲁藏布江中游河谷地带，阳光充足，空气清新，视野辽阔。由于海拔高，似有山低云矮、星月咫尺之感。风景区以泽当镇为中心，向东西延伸十大景区58个景点，形成雅砻风景名胜的景观网络。景点面积约1580平方公里，风景区内除雅拉香布山海拔6635.8米外，其余地带海拔高度在3450至3600米之间。地势南高北低，西高东低。雅鲁藏布江奔腾于高山深谷之中，水流湍急，景象壮观，世所罕见。江河两岸地势平坦，气候宜人，土地肥沃，村庄毗连，一派典型的藏南田园风光。

雅砻风景名胜区是以高原河谷地貌为特征，以藏民族历史、佛教文化遗存为内涵，融民族风情为一体，是具有文化保存、观光朝圣、风情体验、科学考察和学术研究等功能的国家级重点风景名胜区。

**【自治区级卡久风景名胜区】** 卡久风景名胜区位于山南市洛扎县拉康镇，是西藏南部独特的高原生态森林风景区。该景区内气候温和适宜，有雪山、森林、湖泊、瀑布、峡谷等壮美的自然风光，也有名贵药材茅膏草、极具医疗保健作用的地热等稀有资源。景区内动植物资源多样、自然生态系统稳固而完整。主要有以红豆杉等为代表的珍稀植物资源；以虫草、贝母、松茸等为代表的林下经济资源；以雪豹、麝、白唇鹿、棕尾虹雉等为代表的珍贵动物资源。历史优久的藏传佛教著名寺庙卡久寺坐落在景区内，是自治区级文物保护单位。卡久风景名胜区群山郁郁，杜鹃成林，从山上神湖流下的溪水，经过山谷的原始森林，早晚升云起雾。置身卡久景区，四周忽而云雾升腾、云海波涌，忽而云开雾散、晴空万里，如同神仙漫步云海；远望卡久景区，卡久寺雄踞山顶，在云雾缥缈中若隐若现，如幻如梦、如诗如画，恍如人间仙境。

**【自治区级勒布沟风景名胜区】** 门隅勒布，藏语称作“贝域吉莫穷”，意为隐秘的幸福之地，位于山南错那县境内康格尔多山南侧，平均海拔2400米左右。勒布多高山峡谷，自然纯美，森林如莽，瀑布横飞，属于亚热带温湿气候，年降雨量在1000毫米以上。景区内原始森林面积达36万亩，植被繁茂，原生态物种达140多种，林下资源极为丰富，堪称天然药材宝库和野生动物乐园。著名的药材有黄莲、天麻、红景天、五味子、冬虫夏草、贝母、黄芪、当归、党参等，还有野生野长的木瓜、猕猴桃、山核桃、杏桃、草莓、蔷薇果、枸杞、沙棘等。野生动物中已列入国家一级保护动物的有孟加拉虎、金钱豹、雪豹、小熊猫、藏野驴、野牛等；二级保护动物有猕猴、棕熊、獐子、四不像、黑熊、秃鹫、藏雪鸡等；三级保护动物有岩羊、狐狸等。此外，还有贝母鸡、野鸡、蛇等。勒布沟气候宜人、物种丰富、山川秀美、鸟语花香、四季常青。在古木与竹林相间的神秘原始森林中沿公路穿行，随处可见峭壁悬崖，嬉闹的猴群和飞流直下的瀑布。若在五六月份，这里还是杜鹃花的海洋，不同品种的花卉色彩斑斓，争相斗艳，堪称西域高原一绝。

**【自治区级扎日风景名胜区】** 扎日风景名胜区位于中印边境喜马拉雅山脉的藏南峡谷中，地处隆子县境内，平均海拔2600米。扎日藏语意为“圣山或草盛山”。扎日神山植被茂盛、草药齐全、气候宜人、风景秀丽、神圣洁净，既有漫山的鲜花、垂落的瀑布和圣洁的雪山，又有广阔的草原、悠然的峡谷、清明如镜的圣湖和一望无际的原始森林，是西藏的香巴拉，也是山南市原始生态保存最为完整的地域，世界二十四大名山之一的达瓜西日神山就位于景区内。传说该圣地主要由十三世纪前期噶举派得道高僧（活佛）仲贡·藏巴甲日于某一猴年开光，开光前莲花大师、白玛拉弥扎、阿底峡、杰贡益西多吉（达拉岗布活佛）等在此修行，均成正果，该地由此名声大振。此地还传说有108种树木，108种名贵药材，108眼圣泉，108座修行洞，108个神湖和108个天葬台等，历来是善男信女，骚客游人向往的“人间仙境”。

**【自治区级哲古风景名胜区】** 哲古风景名胜区位于山南市措美县县城东北部50公里，由美丽的哲古草原和哲古湖组成，是集雪山、草原、湖泊、野生动物于一体的旅游景区。哲古草原平均海拔4600米，草场总面积为322多万亩。草原上有大量的野生动物，主要以国家一级保护动物野驴为主，还有野羊、草狐狸、黑颈鹤、雪豹、丹顶鹤、猞猁、雪鸡、水獭、旱獭、灰鸭、斑头雁、豺狼。哲古湖面积约70平方千米，平均水深约20米，湖水清澈无暇，是青藏高原自然形成的独特高原湖泊。湖内生长着各种高原鱼类，夏季湖水解冻后，有成群的鸟类在湖面觅食，主要以高原黄鸭为主。哲古风景名胜区内一望无际的辽阔草原、碧波荡漾的圣洁湖水以及连绵起伏的雄伟雪山，既是一道靓丽的风景，也是当地牧民的主要牧场。

# 自然灾害

**【雹灾】** 8月4日18时至19时，贡嘎县东拉乡广嘎村、东拉村突降冰雹，持续一个小时左右。灾害涉及2村300户1144人，受灾农作物面积840亩，造成直接经济损失约52.21万元。

8月5日17时至24时，隆子县日当镇加洛村、预备村、塔新村一带突降冰雹，引发雹灾。灾害涉及3村37户123人，受灾农作物面积79.75亩，造成经济损失约1.95万元。

8月19日21时10分左右，贡嘎县朗杰学乡岗则村突降冰雹，灾害涉及该村57户425人，冬小麦轻灾面积300亩，造成直接经济损失7.2万元。

8月24日21时10分左右，贡嘎县江塘镇保吾村突降冰雹，灾害涉及该村80户323人，受灾农作物面积100亩，造成直接经济损失3.62万元。

8月25日19时至19时30分，浪卡子县卡龙贡热村、米巴村遭受强冰雹袭击，灾害涉及2村36户116人，受灾农作物面积231.5亩，造成直接经济损失共计5.75万元。

8月26日20时45分左右，贡嘎县朗杰学乡朗达村1、2、3组突降冰雹，灾害涉及该村92户477人，受灾农作物面积352亩，造成直接经济损失约14.34万元。

**【旱灾】** 5—7月，浪卡子县各乡镇持续高温少雨，各乡镇均出现不同程度旱灾。灾害涉及浪卡子县各乡镇7352户31296人，导致农田受灾26909亩（青稞绝收5815.1亩、小麦绝收40亩、油菜绝收1063.8亩，青稞重灾8175亩、小麦重灾315亩、油菜重灾1366.2亩，青稞轻灾7815.9亩、小麦轻灾705亩、油菜轻灾1613亩），死亡牲畜总数3074（头、只、匹），草场受灾5546412亩（干旱面积4823690亩、鼠害654098亩、虫害68624亩），估计造成经济损失约1380万元。

**【火灾】** 3月10日，洛扎县拉康镇发生森林火灾，过火面积14亩，受灾森林面积13亩。11月28日，桑日县与加查县交界处发生森林火灾，过火面积4359.87亩，受灾森林面积2143.38亩。

**【雷灾】** 9月4日17时左右，隆子县日当镇扎村萨布放牧区（北纬28° 35′，东经92° 20′）一带出现雷雨天气，1头牦牛遭雷击致死，造成直接经济损失0.8万元。

# 大 事 记

## 1 月

2 日 自治区副主席姜杰在地委副书记、行署专员普布顿珠陪同下来到浪卡子县白地乡叶色村和桑顶寺，看望慰问结对认亲户、寺庙僧人、驻村驻寺干部和基层干部群众。活动期间，姜杰副主席为白地乡小学捐赠了 22 台电脑。

4 日 雅砻水库工程导（截）流阶段验收会在雅砻水库工程现场召开，区水利厅副巡视员、高级工程师热旦，行署副专员丹增出席。会上，雅砻水库工程导（截）流阶段验收正式获得通过。

6 日 国家禁毒委督导组组长周成方一行到山南地区检查指导工作，山南地区召开会议向督导组一行汇报工作。地委委员、政法委书记、地区公安处党委书记龚兵主持汇报会，行署副专员、政法委副书记、地区禁毒委常务副主任格桑就山南地区禁毒工作开展情况作简要汇报。

▲ 山南地区召开党委（党组）意识形态工作责任制电视电话会。地委书记张永泽出席会议并讲话。

7 日 山南地委副书记、安徽省第五批援藏工作队领队张明，行署副专员张福臣一行赴安徽省合肥市参加“组团式”医疗援藏工作会议，协调衔接相关事宜。安徽省卫计委党组成员、副主任高超出席会议。会议就山南地区大卫生规划以及 2016 年度项目计划、人才资金计划、人才培养计划进行了商议，并确立了未来发展计划。

▲ 国务院批复同意山南撤地设市。

8 日 地委副书记、行署专员普布顿珠主持召开 2016 年第一次行署办公会议，安排部署 2016 年安全生产工作。

▲ 地委副书记、行署专员普布顿珠主持召开行署专题会议，审查《山南地区地直单位（含乃东县）保障性住宅项目设计方案》《泽当镇鲁琼大道设计方案》和《西藏山南市总体规划》等相关方案。

8—9 日 人大山南地区工委副主任扎西加措率在山南的自治区十届人大代表赴浪卡子县，视察“十二五”期间经济社会发展基本情况、重大项目建设情况及“十三五”规划纲要制定情况。

11 日 地委召开县委书记、地直有关行业系统党（工）委书记抓基层党建工作述职评议会议。地委书记张永泽对述职情况进行点评并讲话。

▲ 地委副书记、行署专员普布顿珠，地委委员、统战部长巴珠，地区政协副主席普布多吉、洛桑扎西分别率贡嘎县杰德秀镇优化发展环境专项行动指挥部成立慰问组，开展慰问“三老”人员和生活困难党员活动。

12 日 地委书记张永泽主持召开向区党委汇报地委理论中心组学习情况会议。地委委员、宣传部长赫沛作汇报。区党委宣传部副部长、区党委（党组）理论中心组学习情况专项检查组组长丁勇充分肯定了山南地区党委（党组）理论中心组学习情况。

▲ 2016 年山南地区文化、科技、卫生、法律和爱国爱教宣传服务“五下乡”活动在贡嘎县杰德秀镇克西村启动。地委副书记、行署专员普布顿珠宣布活动启动。地区政协副主席洛桑扎西在启动仪式上发表讲话。

13 日 甘肃省甘南州质安总站副站长万德佳带队的国家农村危房改造绩效评价考核组一行在隆子县考核 2015 年农村危房改造项目。考核组主要考核了隆子县 2015 年 578 户农村改造项目和 218 户农村危房改造建筑节能示范项目，重点对隆子镇 8 户

2015年农村危房改造建筑节能示范项目和日当镇7户2015年农村危房改造户进行了实地检查考核。

15日　山南地区优化发展环境专项行动领导小组办公室召开第二次专题会议，了解各县贯彻落实地区优化发展环境推进工作进程，部署近期工作。

▲　地委书记张永泽一行先后来到桑日县曲龙寺和颇章村，看望结对认亲户，慰问驻村、驻寺工作队。

18日　山南地区召开消防工作暨冬春火灾防控工作推进电视电话会，总结2015年消防工作，安排部署2016年消防重点工作。

▲　由西藏自治区发改委副主任徐景浙率队的西藏自治区农村信用体系建设检查组在琼结县检查指导工作。

16—19日　由西藏自治区教育厅副巡视员、基础教育处处长钟吉云带队的自治区基层党建工作考核组在山南地区考核基层党建工作，并就考核结果向地委反馈意见。考核组一行先后深入山南地区扎囊、曲松、加查等县的乡镇、村居以及地（县）直各机关单位，对基层党建工作进行了实地考核验收。

19日　山南地区召开工商行政管理工作会议。自治区工商局副局长王寿平出席。

▲　地委书记张永泽走访慰问了次仁拉姆、中拉巴等安置在泽当的省、地级老同志和十八军老战士、老党员、困难党员。

▲　山南地区举行驻泽当离退休老同志迎新春团拜会。地委书记张永泽出席团拜会并讲话。

20日　西藏自治区副主席房灵敏赴山南地区琼结县加麻乡加麻村，看望慰问结对认亲户，代表自治区党委、政府，代表陈全国书记和洛桑江村主席，向他们送去节日的问候。房灵敏还看望慰问了加麻村“两委”班子成员以及乡村教师代表。

▲　山南地委书记张永泽主持召开地委理论中心组学习会，传达学习习近平总书记在中央政治局“三严三实”专题民主生活会上的重要讲话、陈全国书记在区党委常委班子“三严三实”专题民主生活会上的重要讲话精神和十八届中央纪委六次全会公报。

21日　山南地区举行企业离退休特困职工“三大节日”（元旦、春节、藏历新年）慰问金发放仪式，会议向200位企业离退休特困职工和12个退休支部发放了慰问金。

▲　山南地委委员、纪委书记吴维到扎囊县桑耶镇前达村、念果村调研并看望慰问困难群众。

20—21日　自治区妇联检查组赴山南地区，对落实《区妇联2015年度目标管理责任书》情况进行督导检查，并看望慰问基层妇联工作人员。

▲　山南地委委员、政法委书记、公安处党委书记龚兵代表地委、行署到便民警务站、驻村工作点、寺管会等基层一线慰问。

23日　山南地委、行署召开联席会议，研究地区主要经济指标2015年预测及2016年计划说明、地区干部职工周转房分配改革试行意见及工作方案、各县各部门和国有企业综合考评情况、2015年度综治考评表彰以及错那、洛扎3个边境乡开展全民维稳固边试点工作等事宜。地委书记张永泽主持并讲话。

25日　政协第十届西藏自治区委员会第四次会议报到。

▲　自治区政协副主席宗洛·向巴克珠、金世洵到山南地区政协委员驻地看望了出席政协第十届西藏自治区委员会第四次会议的委员们，地区政协副主席克珠陪同。

▲　自治区人大常委会副主任嘎玛、新杂·单增曲扎、许雪光来到人大代表驻地，看望出席自治区十届人大四次会议的山南地区基层代表。人大山南地区工委主任党宗莲陪同。

▲　山南地区收听收看自治区维稳指挥部视频会议，随后，地区召开维稳视频会议，传达学习自治区维稳指挥部视频会议精神，安排部署山南地区近期维护稳定各项工作。

24—25日　山南电视台转播车及节目录制团队一行15人赴曲松县，现场录制了曲松县首届春节、藏历新年电视综艺晚会。

26日　山南地区举行签约仪式。与贵州茅台集团天朝上品酒业公司签订项目合作意向协议，共同开发地区矿泉水产业。

26—28日　出席自治区政协十届四次会议的山南地区政协委员，列席了自治区十届人大四次会议并参与了分组讨论。

27日　西藏自治区十届人大四次会议在拉萨隆重开幕。山南代表团认真审议政府工作报告、“十三五”规划纲要草案、计划报告、预算报告。人大代表、自治区党委常委、纪委书记王拥军出席山南代表团，并讲话。

28日　山南代表团继续审议政府工作报告、计划报告、预算报告。

▲　山南地委委员、宣传部部长赫沛前往加查县看望慰问基层宣传思想战线干部职工、惹米村贫

困户及驻村工作队员。

▲ 山南地委副书记、行署专员普布顿珠主持召开行署办公会，研究地区“十三五”时期“十大民心工程”实施意见制定及深化教育改革促进教育事业科学发展等相关事宜。

30日 山南代表团继续审议西藏自治区人大常委会工作报告、自治区高级人民法院工作报告和自治区人民检察院工作报告。自治区党委副书记、人大常委会主任白玛赤林出席山南代表团审议，并作重要讲话。

## 2 月

1日 全区经济工作会议在拉萨召开，山南地区在山南分会场收听收看。

▲ 山南地委委员、组织部部长邵昌深入地委组织部驻扎囊县松卡居委会检查指导驻村工作，看望慰问驻村工作队员。

2日 地区林业局开展以“湿地与未来：可持续的生计”为主题的第20个“世界湿地日”宣传活动，向市民发放宣传册，普及湿地知识，宣传湿地重要性，呼吁大家共同保护湿地资源。

▲ 山南地委副书记丁哲峰到联系点贡嘎县江塘村和联系寺庙夏竹林寺，亲切看望慰问结对认亲户、驻村工作队员和驻寺干部。

3日 山南地区春节、藏历新年电视综艺晚会在雅砻剧院成功完成录制。地委委员、宣传部部长赫沛在晚会录制现场指导录制工作，并与观众一起观看节目。

4日 山南地委、行署召开地区经济工作会议，认真学习贯彻中央、全区经济工作会议精神，全面总结2015年地区经济工作，安排部署2016年各项任务，表彰荣获2015年度综合考评先进县、先进单位和优秀企业。

19日 山南地委副书记、行署专员普布顿珠主持召开行署专题会议，研究地级领导带队开展精准扶贫调研工作。

21日 区党委常委、拉萨市委书记齐扎拉深入扎囊、贡嘎两县就自治区交通重点工程建设情况进行实地调研，详细了解重点工程前期筹备工作开展情况。区党委常委、自治区副主席、区党委宣传部部长、区交通运输厅厅长姜杰一同调研。

▲ 区党委书记陈全国同志及时主持召开区党委常委（扩大）会议，传达学习习近平总书记的重要讲话精神，并从六个方面研究部署山南地区区贯彻落实意见。

22日 自治区党委常委、拉萨市委书记齐扎拉赴山南地区隆子县调研，并就实施拉萨—山南一体化战略召开座谈会。

23日 山南地委副书记、行署专员普布顿珠深入田间地头，调研春耕备耕和农牧业生产工作。

▲ 山南地区宣传思想文化系统召开专题学习会，传达学习习近平总书记在党的新闻舆论工作座谈会上的重要讲话精神和陈全国书记在自治区党委常委（扩大）会议上的讲话精神。地委委员、宣传部部长赫沛出席并讲话。

24日 山南地区召开信访工作联席会议，传达学习中央和自治区信访工作相关精神，部署地区信访工作。地委副书记、地区信访工作联席会议第一召集人丁哲峰主持并讲话。

▲ 山南地委书记张永泽对认真学习贯彻习近平总书记在党的新闻舆论工作座谈会上的重要讲话精神，学习贯彻自治区党委书记陈全国在区党委常委（扩大）会上的重要讲话精神作出批示。

▲ 山南地委副书记、行署专员普布顿珠主持召开杰德秀镇优化发展环境专项教育活动指挥部会议，传达学习自治区党委书记陈全国和自治区党委常务副书记吴英杰的重要批示精神，进一步安排部署专项教育活动。

25日 全地区宣传部长会议在泽当召开。地委委员、宣传部部长赫沛出席并讲话，行署副专员燕红主持。

26日 山南地区召开广播影视工作会议。

▲ 自治区副主席边巴扎西到贡嘎县调研森布日“两江四河”流域造林绿化工程示范点建设情况。

27日 山南地区召开学校维稳和安全管理工作电视电话会议。

28日 山南地区纪检监察工作会议在泽当召开。会议总结山南地区2015年党风廉政建设和反腐败工作，安排部署2016年工作。地委书记张永泽出席会议并讲话，地委副书记、行署专员普布顿珠主持。地委委员、纪委书记吴维作工作报告。

29日 山南地区召开统战民族宗教工作会议。

▲ 山南地区召开春季农牧业生产工作会议。

▲ 政协第十届山南地区委员会常务委员会第十五次会议在泽当召开。

▲ 政协第十届山南地区委员会第六次会议在泽当召开。大会审议通过了十届六次会议议程（草

案）。审议通过了政协副主席陈海清的辞职申请，审议通过了3名常委古桑曲杰、韩志国、斯达平措的辞职申请。增选王霞、谭次仁、蒋明浩为政协第十届山南地区委员会副主席。

▲ 山南地区召开卫生计生工作会议。

## 3 月

1日 山南地委委员、宣传部部长赫沛就乃东县结巴乡滴新村大力发展合作社典型进行调研，并安排部署宣传报道工作。

▲ 山南地委副书记、行署专员普布顿珠主持召开2016年第三次行署办公会议，专题研究精准扶贫工作。

▲ 山南地区与区党委组织部撤地设市调研组举行座谈，共同商讨山南撤地设市、首届地级山南市领导机构组建和领导班子配备、县乡领导班子换届等工作。

2日 自治区党委政法工作会议在拉萨召开。区党委书记陈全国对会议的召开作出重要批示。

3日 自治区副主席、区党委统战部常务副部长、区党委政法委副书记、区民宗委党组书记、自治区赴山南地区维稳督导工作组副组长格桑次仁深入贡嘎、扎囊两县，看望慰问一线执勤民警、基层干部职工和寺庙僧人，督导检查维稳工作情况。

▲ 山南地区召开维稳工作汇报会，向自治区维稳督导组汇报2016年以来全地区维稳工作情况和近期维稳工作安排部署情况。

▲ 山南地区召开税务工作会议。

4日 山南召开全地区林业工作会议。

▲ 山南召开招商引资项目推进工作座谈会，分析规划2016年招商引资工作发展趋势和方向。

6日 山南地区举行维稳安保誓师大会。

7日 自治区人大常委会副主任嘎玛来到山南，看望慰问自治区人大常委会原副主任次仁拉姆，向她表达诚挚的问候和祝福。人大地区工委主任党宗莲陪同慰问。

▲ 山南地区召开教育工作电视电话会议。

▲ 由自治区人大常委会副主任嘎玛率队的调研组听取人大山南地区工委撤地设市工作进展情况汇报。

8日 山南地委委员、行署副专员柯东海在琼结县调研文化旅游产业发展情况。

9日 自治区农牧厅厅长杜杰率调研组在隆子县调研春耕备播和春季农牧业生产工作。

8—9日 自治区党委宣传部巡视员欧珠卓玛为组长的自治区强基惠民巡回检查组一行4人前往浪卡子县，对第五批驻村工作开展情况进行了实地检查。

10日 山南地区建筑工程建材工业总公司召开职工代表大会，总结2013年至2015年工作，安排部署2016年至2018年工作，表彰先进集体和个人。

11日 以自治区监察厅副厅长高宏生为组长的自治区纪委监察厅调研组在山南地区公安处调研党风廉政建设和反腐败工作，并召开座谈会。

▲ 自治区巡视组组长、区党委宣传部副部长欧珠卓玛一行在洛扎县蒙达村、拉隆村、拉郊村等9个村居检查指导强基惠民驻村工作开展情况。

▲ 山南地委与自治区纪委调研组举行座谈。地委书记张永泽汇报山南地区党风廉政建设和反腐败工作情况，自治区监察厅副厅长、调研组组长高宏生讲话。

▲ 自治区卫生厅厅长普布卓玛率督导组到山南检查督导人口信息化建设项目工作。

12日 山南地委书记张永泽，地委副书记丁哲峰与干部群众、部队官兵一同参加义务植树活动。

14日 自治区维稳指挥部召开视频会议，就进一步做好当前全区维稳工作进行再强调、再安排、再部署。自治区副主席、区党委统战部常务副部长、区党委政法委副书记、区民宗委党组书记、自治区赴山南地区维稳督导组副组长格桑次仁出席山南分会场会议。地委书记张永泽汇报山南地区维稳工作情况。

15日 区党委常委、自治区副主席、区党委宣传部部长、自治区赴山南地区维稳督导组组长姜杰深入山南地区贡嘎县、扎囊县督导检查维稳工作，视察值班备勤情况，看望慰问一线执勤民警和基层干部群众，了解新农村发展稳定情况。

▲ 山南地委委员、行署副专员、地区驻琼结县维稳督导组组长柯东海在琼结县检查指导维稳工作和精准扶贫工作开展情况。

16日 山南地委书记张永泽主持召开地委会议，传达学习全区组织部长会议和全区市县乡领导班子换届工作座谈会精神，讨论研究组织工作、基层党建和县乡换届等工作。

17日 山南地区人社、就业、四业办、扶贫办、妇联、残联、工会联合开展了以“搭建供需平台，促进转移就业”为主题的“春风行动”政策宣传活动。

▲ 山南地区推行权责清单制度工作动员培训会在泽当召开。自治区审改办专家围绕推行权责清单的主要任务、关键环节、需要把握的若干问题等方面做了专题业务培训。

18 日 山南地区妇联为 2015 年度符合全国妇联“两癌”救助条件的 21 名妇女发放了“两癌”救助金共计 21 万元。

▲ 山南地区与自治区城市执法体制改革调研组座谈，分析当前山南地区城市执法体制改革工作，并进行意见交流。

▲ 全地区基层党建工作会议在泽当召开。

▲ 第三批湖北“格桑花”支教团队出征仪式在襄阳市湖北文理学院举行，湖北文理学院、襄阳市民族宗教事务局负责人参加出征仪式。从 2014 年起，湖北文理学院先后派出 3 批 16 名支教团成员赴琼结支教。

16—18 日 由自治区教育厅副厅长达娃带队的脱贫攻坚督导组赴隆子县检查指导扶贫攻坚工作。

19 日 区党委常委、自治区副主席、区党委宣传部长姜杰在桑日县华新水泥西藏有限公司、乃东县山南贡桑禽业发展有限公司、琼结县雅拉香布矿泉水厂等地实地调研经济社会发展情况。

▲ 地区财政局举办第十六届公务替换车辆拍卖会，拍卖成交总额达 146.4 万元。

20 日上午 区党委常委、自治区副主席、区党委宣传部长、自治区赴山南地区维稳督导组组长姜杰在乃东县昌珠镇克松村、昌珠寺督导检查，代表区党委、政府和自治区党委书记陈全国、自治区主席洛桑江村走访慰问驻村、驻寺干部和基层干部群众等一线维稳力量。

▲ 山南地区邮政局开展《中国邮政开办一百二十周年》纪念邮票及回馈邮折的发行及销售专项检查工作。

10—20 日 山南成立专项检查领导小组，开展清理整顿人力资源市场秩序专项行动。

21 日 山南地区宣传文化系统召开党风廉政建设主体责任安排部署会议。

▲ 区党委常委、自治区副主席、区党委宣传部部长姜杰在山南地区宣传文化单位调研新闻舆论工作和媒体发展情况，了解群众精神文化生活，看望慰问基层新闻工作者。

▲ 山南地区在泽当镇开展“三月综治宣传月”集中宣传活动。

17—21 日 由国家督学、自治区副总督学、自治区教育督导委员会常务副主任旺堆带队的开学督导组，前往隆子县 9 所学校，督导检查该县 2016 年春季开学情况。

22 日 山南地区开展第二十四届“世界水日”和第二十九届“中国水周”宣传活动。

▲ 区党委常务副书记吴英杰来到贡嘎县杰德秀镇，深入田间地头，与农牧民群众谈生产、聊民生、话发展，实地调研春季农牧业生产和当前经济社会发展现状。

▲ 山南地区召开发展改革工作电视电话会议。

23 日 山南地区实验学校在便民警务站的大力支持下开展了一次师生参与校园反恐防暴的安全实战演练。

▲ 世界气象日。山南地区气象局结合今年世界气象日“直面更热、更旱、更涝的未来”主题，开展科普宣传系列活动。

24 日 山南地委、行署制定并下发了《山南地区“雅砻文学艺术奖”评选奖励（暂行）办法》，并正式设立雅砻文学艺术奖。该奖项是地委、行署对山南地区文学艺术创作作品的最高奖项。

▲ 山南地区落实 2015 年党风廉政建设责任制述职述责暨民主测评会在泽当召开。山南地委书记张永泽就落实地委党风廉政建设责任制主体责任和“第一责任人”责任情况进行述职述责。

22—24 日 自治区脱贫攻坚第六督导组组长、区教育厅副厅长达娃一行 6 人在浪卡子县督导检查精准扶贫工作。

25 日 山南地区举办“春风行动”暨第二十一届人力资源洽谈会。

▲ 山南地区爱国歌曲网络传唱进社区、进学校、进企业、进单位“四进”活动拉开序幕。

▲ 自治区卫计委调研组到山南调研“组团式”援藏工作

28 日 雅砻数字影院正式开业。

▲ 山南地区广播电视台藏语频道正式开播，结束了山南地区没有藏语频道的历史。

▲ 来自全地区各族各界的 1600 余名干部群众齐聚地区体育场，参加纪念西藏百万农奴解放 57 周年升国旗仪式。上午，自治区妇联在西藏民主改革第一村、全区爱国主义教育基地克松居委会举行妇女界庆祝“3·28”西藏百万农奴解放纪念日活动。

30 日 山南地委政法工作会议在泽当召开。

▲　山南地区检察长会议在泽当召开。

▲　山南地区召开地区信访工作会。

▲　山南地区召开国土资源工作电视电话会议。

▲　山南地区不动产统一登记局和不动产统一登记中心揭牌仪式在地区国土资源局举行，山南地区不动产统一登记工作正式启动。

▲　山南地区召开政法委书记、公安局长会议，总结“十二五”时期及2015年公安工作，安排部署2016年公安工作。地委委员、政法委书记、公安处党委书记龚兵讲话。

▲　区党委常委、自治区副主席、区党委宣传部长姜杰专程来到乃东县结巴乡桑嘎村视察“朗生互助组”爱国主义教育展厅，了解格桑村青稞加工厂特色产业发展情况，看望慰问吉汝拉康寺管会干部和寺庙僧人。

31日　山南地区发改委召开党风廉政建设工作电视电话会议。

▲　山南地区2016年基层法院院长会议召开。

▲　山南地区新闻舆论战线召开“学讲话、找差距、转作风、抓落实”活动动员大会。

▲　山南地委副书记、行署专员普布顿珠主持召开行署专题会议，研究拉萨至泽当快速通道项目建设相关事宜，对项目前期工作进行安排部署。

▲　山南地区召开2016年交通工作会议。

▲　山南召开2016年全地区司法局长会议。

▲　山南地委副书记、行署专员普布顿珠到地区财政局调研党风廉政建设工作。

31日　西藏自治区人民政府同意设立克西乡。山南地区的各县行政区划调整为82乡镇，550个村民居委会。

## 4　月

1日　山南地区召开拉林铁路建设项目企税专题座谈会。

▲　山南地区“四业工程”第一阶段工作汇报会在泽当召开。

2日　地委副书记、行署专员普布顿珠来到贡嘎县杰德秀调研优化发展环境专项教育活动，并主持召开了工作会议。

5日　湖北省与山南地区在武汉共商2016年中国西藏雅砻文化节承办工作。

▲　山南地区召开公检法党风廉政建设工作会议。

▲　山南地委宣传部召开互联网工作专题会。

8日　山南地区召开商务工作电视电话会议，总结经验，安排部署2016年商务工作。

▲　山南地区召开工会工作会议，总结2015年工会工作，表彰2015年度工会工作先进集体，安排部署2016年工作。

▲　由自治区教育厅、区脱贫攻坚指挥部教育脱贫组副组长达娃率领的自治区脱贫攻坚指挥部第六督导检查组在山南地区检查指导精准扶贫工作。

10日　自治区2016年第一批重点公路交通建设项目举行集中开工仪式，其中贡嘎机场至泽当专用公路新改建工程建设项目计划总工期为24个月，2018年建设完成。

12日　山南地委副书记、行署专员普布顿珠主持召开2016年第五次行署办公会议，研究召开山南地区扶贫开发工作电视电话会议、关于交办2016年度区地两级人大代表建议和政协委员提案等有关事宜。

▲　自治区实行最严格水资源管理制度。考核组在山南考核水资源管理工作，并召开座谈会，听取相关工作汇报。

13日　山南图书馆开馆。

▲　山南地区“四业工程”办公室与山南地区人社局联合组织的农牧民技能培训班开班。

▲　山南地区审计工作电视电话会议在泽当召开。

▲　山南召开创建第二批国家公共文化服务体系示范区迎检部署会议。下午，山南地区以电视电话会议形式召开全地区财政工作会议，总结2015年及“十二五”全地区财政工作，安排部署今年财政工作，研究“十三五”财政改革与发展的基本思路。

15日　山南地区行署召开政府系统廉政工作会议，总结2015年政府系统廉政工作，安排部署今年各项任务。

▲　全国三级医院对口帮扶山南地区县级医院工作部署会议召开。

▲　阳光财产保险股份有限公司山南中心支公司正式开业。全地区保险公司总数达5家。

17日　山南地区召开2016年冬虫夏草采集管理工作电视电话会议。

▲　湖南省第七批援藏工作队在地区一高举行“湘藏情”爱心助学金第三次发放仪式暨精准帮扶座谈会。

19日　山南地委党校举行2016年春季学期开学典礼。

▲　山南地区农村工作会议在泽当召开。

▲ 山南召开农牧业工作会议，全面总结2015年山南地区农牧业工作，安排部署2016年重点工作。

20日 山南地委巡察工作动员部署电视电话会在泽当召开。

▲ 山南地区邮政管理局在“万人小区”南门口举行智能信报箱启用揭幕仪式，这标志着山南80个智能信报箱正式启用。

▲ 山南首届成人藏文书法培训班开班，这标志着山南成人学习藏文书法平台的成功建立。

▲ 文化部对山南第二批国家公共文化服务体系示范区创建工作进行实地检查验收，当天上午，山南召开验收工作汇报会。验收组组长、文化部全国公共文化发展中心副主任罗云川出席会议并讲话。

▲ 山南地区科技局召开党风廉政建设工作会议。

▲ 地委副书记、行署专员普布顿珠率相关部门负责人到乃东县乃东居委会等地调研棚户区改造工作。

21日 第二批国家公共文化服务体系示范区创建工作验收组组长、文化部全国公共文化发展中心副主任罗云川率验收组一行在琼结进行实地检查验收。

22日 山南地区召开扶贫开发工作电视电话会议。

23日 第21个世界读书日，山南地区文联联合新闻出版局、地区图书馆、新华书店一同开展以“书香山南，魅力阅读”为主题的读书赠书活动。

25日 山南地委第一、二巡察组召开被巡察单位动员会，正式进驻地区交通局、农牧局、水利局和林业局四家单位开展专项巡察工作。

▲ 山南地区正式启动“央媒看山南”的主题活动。

27日 山南地区召开2016年水利工作会议。

▲ 山南地委组织部召开干部大会，会议宣布关于自治区党委同意免去邵昌的地委委员、组织部长职务，提名张定成为山南市委常委人选，任地委组织部部长的决定。地委副书记丁哲峰宣布任命决定并讲话。邵昌、张定成分别作表态发言。

28日 山南地委宣传部召开干部大会，宣布关于自治区党委同意免去赫沛的地委委员、宣传部长职务，提名为山南市委常委人选，任地委秘书长，燕红为山南市委常委人选，任地委宣传部部长的决定。地委副书记张明宣布任命决定并讲话。赫沛、燕红分别作表态发言。

▲ 地委办公室召开干部大会，会议宣布关于自治区党委同意免去姜太强的地委委员、秘书长职务，提名赫沛为山南市委常委人选，任地委秘书长的决定。地委副书记丁哲峰宣布任命决定并讲话。姜太强、赫沛分别作表态发言。

▲ 山南地区工业和信息化工作会议在泽当召开。

29日 山南地区召开一季度经济运行情况通报电视电话会议，全面总结山南第一季度经济运行情况，分析研判当前经济形势，安排部署二季度各项经济工作。

▲ 西藏自治区人大常委会副主任巨建华率调研组先后赴隆子、错那等边境县调研边境工作。

## 5 月

3日 自治区副主席汪海洲率调研组一行先后前往贡嘎县吉雄镇、杰德秀镇、天瑞农畜产品深加工有限公司，扎囊县羊嘎村金丝帽编织厂、县文化广场、玉布陶器厂实地调研精准脱贫、小城镇建设和特色产业发展情况。

4日 山南地区举办“我的中国梦·奋斗的青春最美丽”首届青年创业论坛，为山南地区创业青年提供互相学习交流的平台。

▲ 由国家文物局副局长、考核组组长宋新潮率队的国务院消防工作考核组在山南考核消防工作，并召开座谈会。

4—5日 自治区副主席汪海洲率调研组在乃东县调研重点项目建设推进力度和特色产业发展情况。

6日 山南地区召开粮食流通工作电视电话会议，总结“十二五”期间粮食流通工作，安排部署2016年粮食流通工作。

8日 由住建部世界自然遗产保护研究中心率队的调研组就雅砻河风景名胜区申报世界遗产赴山南调研，召开战略研究调研工作座谈会，推进雅砻河风景名胜区世界申遗工作进度。

▲ 山南地区公安处在第二高级中学山南考点组织人民警察执法资格考试。

9日 世界华人炎帝故里寻根节圣火采集、传递仪式在雍布拉康广场举行。

11日 山南地区召开2016年共青团工作电视电话会议，部署共青团工作。

▲ 山南地委书记张永泽率相关部门主要负责人，先后来到雅砻水库和泽当大道项目现场，视察调研重点项目建设情况。

12日 山南召开表彰先进医务工作者电视电话

会议，会议表彰了朱华波等10位“雅砻十佳最美医生”、央珍等10位“雅砻十佳最美护士”。

▲ 中国共产党山南市乃东区第一次代表大会隆重开幕。

▲ 山南地委书记张永泽主持召开地委会议，讨论研究撤地设市有关会议上的专题报告。

8—12日 自治区副主席汪海洲率调研组在隆子、错那、措美、洛扎、浪卡子调研边境乡镇经济社会发展和边境管控情况。

13日 水利部稽察组组长、特派员王鹏一行在山南稽查江北灌区和雅砻灌区项目实施情况，并召开意见反馈会。

▲ 中国共产党乃东区第一届委员会第一次全体会议召开。会议以无记名投票方式选举产生了中国共产党乃东区第一届委员会常委、书记、副书记。尼玛次仁同志全票当选为中国共产党乃东区第一届区委书记。张维、布阿林、陈春晖、夏仕全四名同志全票当选为中国共产党乃东区第一届区委副书记。通过了中国共产党乃东区第一届纪律检查委员会第一次全体会议选举结果的报告。

▲ 山南地区召开自治区督导调研组意见反馈会。自治区副主席汪海洲出席会议并讲话。山南地委书记张永泽主持会议，地委副书记、行署专员普布顿珠汇报山南地区经济社会发展情况。

14日 西藏自治区2016年首批公开考录基层事业单位工作人员笔试开考。此次考试，山南考区设2个考点60个考场，共有1496人参加考试。

▲ 山南地区第一期统战民族宗教干部政策宣传教育培训班开班。

▲ 山南地区召开重点项目建设推进会，通报当前项目进展情况，分析存在的困难和问题，安排部署今年项目工作。

15日 中国文联文艺志愿服务团在克松居委会开展“送欢乐、下基层”慰问演出活动，将文艺演出送到了百姓家门口，让老百姓近距离感受艺术的魅力。

▲ 自治区党委常委、自治区常务副主席丁业现一行在乃东、桑日等县调研易地扶贫搬迁工作。

15—16日 由交通运输部副部长、国家铁路局局长陆东福率领的赴藏调研组就拉林铁路建设项目在山南开展调研。自治区党委常委、自治区常务副主席丁业现陪同。

18日 山南举行撤地设市新闻发布会。

▲ 中国共产党山南市第一次代表大会各代表团召集人会议在地区科技文化中心举行。

▲ 中国共产党山南市第一次代表大会在地区科技文化中心举行预备会议。张永泽同志主持会议。普布顿珠同志通报中国共产党山南市第一次代表大会筹备情况。党代会应到代表、特邀代表385人。出席预备会议的代表、特邀代表373名。会议以举手表决方式，通过由10人组成的代表资格审查委员会名单，通过由35人组成的大会主席团名单，通过丁哲峰为大会秘书长。会议还通过了第一次党代会议程（草案）。

▲ 中国共产党山南市第一次代表大会主席团第一次会议在地区科技文化中心举行。会议以举手表决方式通过了由张永泽等16人组成的主席团常务委员会名单，通过了大会执行主席分组名单。会议通过了中国共产党山南市第一次代表大会代表资格审查委员会关于代表资格的审查报告。

19日 召开山南第一次党代会，各项筹备工作已进入尾声。

▲ 巴珠参加洛扎县代表团审议。

▲ 张明参加措美县代表团审议并发言。

▲ 丁哲峰参加贡嘎代表团审议并发言。

▲ 张永泽参加中国共产党山南市第一次代表大会乃东区代表团审议并发言。张永泽希望代表们，特别是基层代表讲真话、说实话，多提意见建议，以便更好地做好政府工作，接受人民的监督，不辜负人民的信任。

▲ 山南市第一次党代会大会主席团常务委员会成员吴维、柯东海、卜建才、龚兵、赫沛、格桑、王友华、丹增、燕红、张定成等，分别参加各代表团审议《中国共产党山南地区委员会工作报告》《中国共产党山南地区纪律检查委员会工作报告》和《山南地区2011—2015年党费收缴使用和管理情况报告》。

▲ 普布顿珠与桑日县代表团共同审议中国共产党山南地区委员会、中国共产党山南地区纪律检查委员会工作报告和山南地区党费收费使用管理情况报告。

18—19日 山南地区旅游局与错那县人民政府将共同举办“走进山南勒布”踩线考察活动。

20日 中国共产党山南市第一次代表大会主席团第二次会议在地区科技文化中心举行。大会副秘书长桑旦汇报各代表团审议《中国共产党山南地区委员会工作报告》《中国共产党山南地区纪律检查委员会工作报告》和《山南地区2011—2015年党费收缴使用和管理情况报告》情况。

▲ 中国共产党山南市第一次代表大会主席团第三次会议在地区科技文化中心举行。张永泽主持会议。听取大会秘书处关于各代表团讨论党代表大会选举办法(草案)和酝酿第一届市委委员、候补委员,市纪委委员候选人预备人选及推荐大会选举监票人情况的汇报。

▲ 中国共产党山南市第一次代表大会主席团第四次会议在地区科技中心举行。会议听取了山南市第一次党代会第二次全体会议第一阶段选举结果的汇报,通过当选人名单。会议还确定了中国共产党山南市第一届委员会第一次全体会议由张永泽主持,中国共产党山南市第一届纪律检查委员会第一次全体会议由吴维主持,两次会议召开时间为2016年5月21日。

▲ 中国共产党山南市第一次代表大会第二次全体会议召开。大会表决通过了《中国共产党山南市第一次代表大会选举办法(草案)》;表决通过了大会总监票人、监票人建议名单,宣布大会总计票人、计票人名单。

21日 中国共产党山南市第一次代表大会圆满完成各项会议议程,在市科技文化中心胜利闭幕。

▲ 中国共产党第一届山南市纪律检查委员会第一次全体会议召开。会议表决通过了《中国共产党第一届山南市纪律检查委员会第一次全体会议选举办法》(草案),推选了监票人,指定了计票人。

▲ 在山南市一届人大一次会议、山南市政协一届一次会议即将召开之际,市委副书记丁哲峰、巴珠分别来到人大代表、政协委员驻地,看望代表委员,向他们致以诚挚的问候,与他们共话山南市未来发展。

▲ 山南市委副书记普布顿珠、张明一行来到代表委员驻地,看望出席山南市一届人大一次会议的洛扎、错那、扎囊、贡嘎县代表,出席山南市政协一届一次会议的经济界、工商联界、农牧业和科学技术界委员。陈海清同志、普布同志一同看望。

22日 山南市政协一届一次会议在泽当举行预备会议。

▲ 山南市政协一届一次会议主席团在市科技文化中心举行第一次会议。会议审议通过政协第一届山南市委员会第一次会议主席团常务主席和常务主席会议主持人名单(草案);审议通过政协第一届山南市委员会第一次会议各次全体会议执行主席和主持人名单(草案);审议通过政协第一届山南市委员会第一次会议副秘书长名单(草案)。会议审议通过丁哲峰、克珠、普布多吉、加央、普布、尼玛扎西、洛桑扎西、王霞、谭次仁、蒋明浩为常务主席。会议审议通过索娜央金、黄政海、李绍荣、嘎达为市政协一届一次会议副秘书长。

25日 政协第一届山南市委员会第一次会议闭幕。市委副书记、市政协主席丁哲峰讲话。

▲ 国家林业局驻成都专员办党组书记、专员黄建华率检查组,在桑日县对中电投西藏桑日二期并网光伏电站项目使用林地情况进行检查。

26日 由市禁毒委员会牵头,联合共青团市委于5月24日上午在公安局大礼堂举行了禁毒知识竞赛。

▲ 山南市第一届人民代表大会第一次会议主席团召开第四次会议。会议通过了《关于山南市人民政府工作报告的决议(草案)》《关于山南市"十三五"规划纲要的决议(草案)》《关于山南地区2015年国民经济和社会发展计划执行情况与山南市2016年国民经济和社会发展计划的决议(草案)》《关于山南地区2015年财政预算执行情况和山南市2016年财政预算的决议(草案)》《关于山南市人大常委会工作报告的决议(草案)》《关于山南市中级人民法院工作报告的决议(草案)》以及《关于山南市人民检察院工作报告的决议(草案)》,并决定将以上决议(草案)提请大会表决。

▲ 政协第一届山南市委员会常务委员会举行第一次会议。会议审议通过了政协第一届山南市委员会副秘书长名单(草案);听取市委组织部作政协第一届山南市委员会专门委员会机构设置及人员构成说明。审议通过政协第一届山南市委员会常务委员会关于设置专门委员会的决定(草案),决定设立3个专门委员会,分别为提案委员会,经济资源环境社会教科文卫委员会,文史民族宗教法制委员会;审议通过各专门委员会主任委员、副主任委员名单(草案)。

▲ 由湖北省政协副主席刘善桥率队出席山南市五大班子揭牌仪式的湖北省党政代表团抵达泽当。市委书记张永泽在泽当饭店亲切会见党政代表团。

▲ 山南市委书记张永泽在泽当饭店亲切会见了由湖南省政府党组成员、省长助理袁建尧率队出席山南市五大班子揭牌仪式的湖南省党政代表团。

27日 山南市隆重举行市委、市人大、市政府、市政协和市纪委揭牌仪式。这标志着山南市(地级市)正式成立。自治区党委常委、组织部部长曾万明出席揭牌仪式并讲话。湖北省政协副主席刘善桥代表援藏省市致辞。拉萨市委副书记、市人大常委会党组书记、统战部部长达娃代表兄弟地市致辞。山南市委书记张永泽致辞。

▲ 山南市召开湖南省党政代表团考察工作座谈会。湖南省政府党组成员、省长助理袁建尧出席。下午，湖北省政协副主席刘善桥率党政代表团在山南市视察湖北省第七批援藏项目建设情况。

24—27 日 山南市旅游局组织各县旅游局及旅游企业参加了由国家旅游局与中国旅游协会在浙江省义乌市举办的第八届中国国际旅游商品博览会暨2016 中国旅游商品大赛活动。此次共选送了山南市具有特色的旅游商品参赛，扎囊县敏珠林藏香、洛扎县民族手工艺品（洛珠牌藏式包）及贡嘎县羊毛制品等旅游商品均入围，获得参加“2016 中国旅游商品大赛”的资格。其中，敏珠林藏香从全国 3300 多件参赛作品中脱颖而出，夺得了 2016 中国旅游商品大赛金奖。

30 日 山南市第一届党委议军会暨人武部党委第一书记述职会在泽当召开。市委书记、山南军分区党委第一书记张永泽主持会议并讲话。

▲ 山南市委书记张永泽在市科技文化中心为全市党员上“两学一做”学习教育专题党课。

▲ 自治区副主席甲热·洛桑丹增来到联系点——琼结县日吾德庆寺和加麻乡，看望慰问驻寺驻村工作队和结对亲戚。

31 日 区党委常委、西藏军区政委刁国新在联系点加查县调研指导，看望慰问寺管会干部职工、寺庙僧尼和结对认亲户。

▲ 山南市召开重点项目建设协调会议，安排部署今年重点项目建设工作。

▲ 山南召开全市公安系统电视电话会议，动员部署“忠诚教育月”活动。

▲ 自治区副主席甲热·洛桑丹增前往乃东区达杰林寺、雍布拉康以及扎囊县敏珠林寺，实地检查指导文物保护工作和基础设施建设有关情况。

30—31 日 由西藏自治区国土资源厅副厅长布琼率队的自治区耕地保护责任目标履行情况检查考核组一行先后前往乃东区、扎囊县、桑日县和曲松县，对山南市耕地保护责任目标履行情况进行实地检查考核。

## 6 月

1 日 山南市特殊学校举行庆“六一”活动，孩子们在老师的带领下表演节目、参加比赛，共度快乐的节日。

▲ 山南市委常委、宣传部部长燕红，副市长扎西加措一行先后来到市一小、三小、儿童福利院和泽当镇完小看望慰问少年儿童，为孩子们送去节日祝福，并向广大教育工作者致以崇高敬意。

▲ 由市委副书记、市政协主席、市委农村工作领导小组组长丁哲峰率队的山南市考察组一行到拉萨市曲水县，考察学习农村改革工作。

2 日 山南市政协召开干部职工大会。市委副书记、市政协党组书记、主席丁哲峰出席并讲话。

▲ 政协第一届山南市委员会举行第一次主席会议，对第一届市政协领导班子成员的工作进行分工。

1—2 日 自治区纪委调研组与山南市纪委进行座谈。自治区纪委常委、监察厅副厅长王卓兴出席座谈。

▲ 市藏医院医务工作者来到市儿童福利院开展献爱心免费义诊，并向孩子们赠送文体用品。

4 日 山南市公安机关举行 2016 年上半年西藏自治区公安机关（山南考点）执法岗位考试。

5 日 是第 45 个世界环境日，山南市在泽当举行了“推动绿色发展，共建美丽山南”主题宣传暨自行车骑行活动。

▲ 山南市召开国资监管工作会议。

▲ 由自治区统计局副巡视员巴桑带队的自治区“两规”终期评估组深入措美县开展“两规”终期评估工作。

6 日 华能藏木水电站举行 2016 年度珍稀鱼类增殖放流活动。共向雅鲁藏布江投放尖裸鲤和拉萨裸裂尻等西藏特有鱼类 6 万余尾。

▲ 山南市召开规范藏语文社会用字工作总结表彰暨藏语文工作会议。

▲ 山南市委常委、秘书长赫沛看望慰问市委办公室驻村工作队，并召开驻村工作座谈会。

7 日 高考第一天，山南 3464 名莘莘学子走进考场，为确保高考工作顺利进行，市委副书记、市长普布顿珠先后来到市一高考点和市国家教育考试指挥中心，视察山南市高考工作。市教育、公安、电力、环保、解放军第 41 医院等部门已全部进入临考状态，全力为考生保驾护航。

▲ 区人大常委会副主任嘎玛率自治区人大常委会指导检查组深入山南市浪卡子、隆子、桑日、错那 4 县 8 个乡镇，检查调研市县乡人大换届选举工

作情况汇报。

8日　市委副书记、市长普布顿珠赴拉林铁路桑珠岭隧道、巴玉隧道、藏木雅鲁藏布江特大桥等工程建设标段，实地查看工程进展情况，看望慰问施工人员。

▲　山南市人民医院首次在麻醉科建立麻醉后监测治疗室，成为全市范围内首家拥有麻醉后监测治疗室的医院。

▲　拉萨—山南一体化旅游推介会暨拉萨市与山南市区域旅游战略合作协议签约仪式在拉萨市举行，155家旅行社参加推介会。

11日　是我国第十一个文化遗产日，山南市在科技文化中心广场举行文化遗产日系列宣传活动启动仪式。

▲　山南市委常委、秘书长赫沛赴联系点琼结县东嘎村看望慰问寺庙僧尼、结对认亲户和驻村、驻寺干部。

12日　自治区副主席边巴扎西在浪卡子县羊湖景区实地调研景区精品化建设工作，详细了解旅游设施、经营管理、生态保护等情况，并与山南市进行座谈。

13日　湖南省广播电视台副台长胡卫箭一行在山南市广播电视台考察，并就对口援藏工作举行座谈会。

14日　山南市召开座谈会，欢迎来自安徽省的第四批短期援藏专业技术人才。

▲　“世界献血日”，山南市人民医院中心血站在白日街设置临时采血点，开展以“血液连接你我”为主题的宣传活动。

13—14日　共青团中央书记处书记、国务院妇儿工委委员罗梅率国务院妇儿工委“两纲”（中国妇女发展纲要（2011—2020年）》《中国儿童发展纲要（2011—2020年）》中期评估督导组一行到山南市就《中国妇女发展纲要（2011—2020年）》《中国儿童发展纲要（2011—2020年）》实施情况进行中期评估督导。

15日　山南市委副书记、市长普布顿珠为全市党员干部上“两学一做”学习教育专题党课，结合自己的思想触动和学习收获，从“知、学、改、做、促”五个方面与大家交流对“两学一做”的认识和体会。

17日　中组部调研组在山南市调研“两学一做”专题教育学习情况。

20日　山南市政协召开党组“两学一做”学习教育党课报告会。市委副书记、政协党组书记、主席丁哲峰作专题党课报告。

21日　山南团市委与安徽团省委青联代表团进行工作交流座谈。

22日　山南市委副书记、市政协主席丁哲峰来到贡嘎县，实地调研党风廉政建设主体责任落实情况。

24日　湖南省国土资源厅党组成员、省纪委驻厅纪检组组长唐新民率队的湖南省国土资源厅考察组到山南市调研，并与市国土资源局座谈。

▲　山南市举办以“搭建供需平台、助力精准扶贫”为主题的2016年贫困人口转移就业专场招聘会暨第二十二届人力资源洽谈会，为贫困待就业群众和各类用人单位搭建双向选择服务平台。

24日　山南市藏医院顺利完成第六次“仁青坐台”炼制任务。

▲　北京市昌平区政法委常务副书记梁士强一行来到琼结县，看望慰问琼结县强吉小学学生和援藏志愿者律师。

26日　第29个国际禁毒日，各禁毒成员单位围绕“无毒青春，健康生活”的宣传主题，在泽当繁华路段开展了重点突出、丰富多彩的禁毒宣传活动。

30日　“党在心中，放飞梦想”山南市庆祝建党95周年歌咏比赛在西藏民主改革第一村克松居委会隆重举行。

29—30日　自治区文化厅厅长岗青率调研组在乃东区和贡嘎、扎囊、错那三县调研文化工作开展情况，并召开座谈会。

## 7　月

1日　山南市召开党风廉政建设宣传教育月活动动员大会，总结第一个宣传教育月活动情况，安排部署第二个宣传教育月活动。市委书记张永泽出席会议并讲话。

▲　为期3天的山南市佛教协会第一届代表大会在泽当圆满闭幕。市佛教协会正式揭牌成立。

▲　山南市召开和谐模范寺庙暨爱国守法先进僧尼表彰大会。20座和谐模范寺庙、606名爱国守法先进僧尼获表彰。

3日　山南市政府与湖南省环保厅党组书记、厅长刘尧臣率队的考察组一行座谈，就山南市环境保护和援藏工作进行交流探讨。

4日　山南市收听收看自治区维稳指挥部视频会议。随后，召开维稳指挥部视频会议，安排部署当前和今后一个时期维稳工作。

▲　全区公安系统忠诚事迹报告团在山南市做

巡回报告。市委常委、政法委书记、市公安局党委书记龚兵聆听报告会并看望报告团成员。

▲ 人保财险山南分公司在桑日县绒乡进行政策性涉农保险赔偿资金发放仪式。活动中，共向受灾村民兑现了2015年政策性涉农保险赔偿资金194.39万元，受益面达绒乡13个行政村900余户。

▲ 山南市与安徽省水安建设集团考察组进行座谈，双方就推动多领域务实合作进行了广泛深入交流。

5日 山南市召开社会治安立体化防控体系建设研讨会，研究讨论了山南市立体化社会治安防控体系建设的基本构架、主要思路和对策措施。

6日 山南市新闻出版广电局召开党风廉政建设宣传教育活动月动员会。

▲ 山南市与安徽水安建设集团股份有限公司举行签订仪式，签订合作框架协议。

▲ 山南市召开人民政府督查专员聘任会议。6名政治立场坚定、熟悉政策业务的退休老干部获聘首批督查专员。

▲ 山南市“雅砻家园”小区正式揭牌。

▲ 山南市召开人大、政协一届一次建议提案交办会议。

7日 山南市工业和信息化系统援藏座谈会在科技文化中心召开。湖北省经信委副主任陶红兵出席座谈会。

8日 湖南省第四期短期专业技术人才援藏工作交流座谈会召开。

▲ 首届拉玉强钦青稞酒文化节在琼结县拉玉乡强吉村举行，村民们手捧美酒，载歌载舞。

9日 全国政协侨联界委员赴藏考察团在乃东开展侨务考察工作，并与市政府举行座谈会。

10日 安徽省委组织部副部长刘志宏率安徽省第六批援藏干部人才及接送团抵达山南。湖北省委组织部副部长蔚盛斌率湖北省第八批援藏干部人才抵达山南。湖南省发改委副主任、党组成员王亮方率湖南省第八批援藏干部人才及迎送团抵达山南。市委书记张永泽在泽当分别会见了安徽、湖北、湖南省援藏干部人才迎送团。

▲ 山南市与湖南、湖北、安徽三省农业援藏工作座谈会在拉萨召开。

▲ 山南市第一高级中学举办525大学生心理健康节之“心理健康手抄报比赛”，向学生普及了心理健康知识，树立了心理健康意识，引导学生热爱生活，发现幸福，塑造健康阳光的人格心灵。

▲ 天津医科大学组织专家医疗队伍来到山南市开展主题为“津藏瞳心光明行”活动，对山南市青少年学生进行视觉健康筛查。

12日 山南市召开大会，欢迎湖北、湖南、安徽第八（六）批援藏干部人才，欢送第七（五）批援藏干部人才，隆重表彰第七（五）批优秀援藏干部人才。湖北省第八批援藏干部总领队陈正祥，湖南省第八批援藏干部总领队廖良辉，安徽省第六批援藏干部总领队方旭分别发言。

11—13日 自治区民政厅副厅长、脱贫攻坚指挥部社会保障组副组长牛玉枝率调研组一行在贡嘎、扎囊、乃东等县（区）调研精准脱贫工作开展情况。

14日 山南市藏医院首个ICU病房（即重症加强护理病房）正式启用。

▲ 琼结县召开欢迎湖北省第八批援藏干部人才座谈会。

15日 全区首笔800万元“林权抵押”贷款发放仪式在山南市举行。

▲ 隆子县召开欢迎湖南省常德市第八批援藏干部人才座谈会。

▲ 浪卡子县召开迎接安徽省第六批援藏干部人才座谈会。

17日 教育部职成司司长葛道凯一行在山南市职业技术学校实地调研。

▲ 措美县隆重召开欢迎安徽省第六批援藏干部人才座谈会。

19日 山南市县处级领导干部经济管理高级研修班在清华大学开班，标志着山南市与清华大学签定的全面合作协议已经启动。

21日 由湖北省司法厅厅党委委员、省楚垣集团公司总经理吴顺发率队的湖北省司法厅赴藏考察团一行与市司法局座谈，并代表湖北省司法系统向山南市司法局捐赠援助资金30万元。

▲ 国家发改委稽查办副司级特派员魏东平一行到山南检查指导中央投资造林绿化项目实施情况。

19—21日 山南市委书记张永泽深入洛扎县，看望慰问各族干部群众，调研固边富民整乡推进试点、脱贫攻坚、边境管控、党的建设等工作。

22日 山南市举行2016年领导干部廉政知识考试。市委领导张永泽、普布顿珠、巴珠、吴维、龚兵、赫沛、格桑、燕红等参加考试。

22日 山南市举行“民族理论与政策的前沿与

热点问题研究”专题讲座，进一步加强干部队伍建设，提升领导干部业务能力和综合素质。

23日　山南市委巡察一组、二组召开第一轮专项巡察反馈会，向市交通局、林业局、水利局和农牧局四家单位反馈专项巡察情况。

24日　山南市民政局与安徽省民政厅党组成员、副厅长孙邦平率领的安徽省民政厅考察团就对口援藏工作进行座谈。

18—24日　区人大常委会副主任嘎玛率督导调研组一行先后深入山南市12县（区）的乡镇、村居，实地督导调研脱贫攻坚工作。

25日　山南市第二期统战民宗干部政策法规培训班开班。

▲　以湖南省公安厅副厅长李介德为团长的湖南省公安厅考察团一行与山南市公安局进行座谈，并向山南市公安机关援助资金310万元。

▲　山南市与国侨办海外专家咨询委员会考察团座谈。

▲　山南市召开2016年度征兵工作电视电话会议。

26日　山南市国家级残疾人职业培训基地揭牌。

▲　山南顺利通过了制度设计、过程管理、满意度测评、实地检查和集中评议五大方面验收工作，且验收结果已在文化部官网上予以公示。

28日　山南市纪委下发《关于重申严禁党员干部借子女升学之机大操大办的通知》，贯彻落实中央八项规定精神，持续纠正“四风”，狠刹党员干部借机操办“升学宴”“谢师宴”等不良之风，重申纪律要求、公布举报电话。

29日　山南市召开2016年上半年经济运行情况通报暨经济工作部署电视电话会议，通报全市上半年经济运行情况，安排部署下半年经济工作。

▲　国家发改委稽查组在山南召开“十二五”规划项目意见反馈会，就“十二五”期间山南重点项目工程进展情况、项目安排、项目验收、项目管理等工作情况进行了反馈。

▲　山南召开农牧业“三秋”工作电视电话会议，分析全市“三秋”生产形势，安排部署今年农牧业生产工作。

30日　山南市召开安全生产工作电视电话会议，全面总结上半年全市安全生产工作情况，深入分析当前形势，安排部署下半年安全生产工作。

## 8　月

1日　洛扎县首届库拉岗日文化旅游节在最美的季节拉开了帷幕。已成功举办33届的“八一”物资文化交流节，2016年起打造升级为文化旅游节。

▲　为期一个月的错那县门巴文化旅游展示月活动在麻玛乡中心广场举行。

▲　山南市委书记、军分区党委第一书记张永泽到军分区、武警支队、边防支队、消防支队，走访慰问解放军指战员、武警部队官兵，代表市委、市政府和全市各族人民向他们致以节日的问候，感谢他们为山南经济社会发展做出的重大贡献。

2日　湖北省第八批援藏工作队召开脱贫攻坚务虚会，传达学习张永泽书记重要批示精神，讨论研究“十三五”时期以及今年乃东区、曲松县脱贫摘帽工作思路、对策，并安排部署相关工作。市委副书记、湖北省第八批援藏工作队总领队陈正祥主持并讲话。

▲　教育部副部长朱之文率考察组一行深入山南市浪卡子县考察教育工作开展情况。

▲　山南市委副书记、湖北省第八批援藏工作队总领队陈正祥来到市委宣传部，调研宣传思想工作，看望干部职工并召开座谈会。

3日　山南市举行2016年特困离退休干部帮扶资金发放仪式，为14名困难离退休干部及遗属发放9.4万元帮扶资金。

▲　湖北省外侨办、武汉大学“侨爱工程医疗队——山南行”义诊活动启动仪式在市人民医院举行。

4日　普布顿珠主持召开江北综合开发务虚会。

5日　山南市政协召开第三次主席会议，研究通过市政协及专门委员会2016重点工作计划及市政协委员培训方案。

▲　山南市召开大学生志愿服务西部计划西藏专项工作总结表彰会，总结一年来志愿服务管理工作，安排部署下一阶段工作，并表彰了优秀项目办和优秀志愿者。

▲　山南市召开农牧民增收暨“三推进”工作电视电话会。

6日　海思科医药集团向山南市捐赠价值214.24万元的药品，用于支持山南市医疗卫生事业发展。

8日　山南举行“绚丽雅砻·大爱之城”文明山南六彩行志愿服务活动启动仪式。市委常委、宣传部部长燕红宣布“绚丽雅砻·大爱之城”文明山南六彩行志愿服务活动全面启动。

▲　山南市委副书记陈正祥来到市体育场和市

第二高级中学查看雅砻文化节开幕式活动及文艺晚会排练情况，并看望慰问全体演职人员。

9日　山南举行市广播电视台与山西传媒学院合作建立教学实践基地签订仪式座谈会，携手共建人才培养基地。

▲　全市脱贫攻坚工作推进会议在泽当召开。

10日　西藏文旅集团文化旅游产品推介会暨山南琼结吐蕃故都旅游区开业共享会在拉萨举行。琼结吐蕃故都旅游区将于9月5日正式开业迎客，为期3天的首届琼结吐蕃文化旅游节也将于同日开幕。

▲　普布顿珠率12县（区）、市直相关部门主要负责人先后深入错那县城入口文化墙和安徽广场、地热打钻点、湿地公园、错那二组棚户区改造项目、贡日荞麦加工合作社、勒乡特色小城镇、麻麻乡门巴民俗体验区、兴边富民扶贫就业中心、麻麻生态文明小康示范点等进行参观考察，详细视察了各项目建设进度和管理情况。

11日　雅砻文化节组委会在拉萨召开新闻发布会，介绍雅砻文化节相关情况，并就相关问题回答记者提问。山南市委常委、宣传部部长、雅砻文化节组委会主任燕红出席发布会，介绍相关情况并答记者问。

▲　山南召开旅游工作推进会议。

▲　普布顿珠召开全市新型城镇化建设暨项目管理现场交流观摩会。

12日　山南市食品药品监督管理局向山南宾馆和山南雅砻部落餐饮有限公司首次发放食品经营许可证，标志着山南开始全面推行“双证合一”。

11—12日　山南市委副书记、市长普布顿珠前往错那县督导调研脱贫攻坚工作，检查“六个精准”“十个一批”“五个计划”等工作部署落实落地情况。

14日　山南市与尼泊尔联邦民主共和国巴德岗市政府代表团举行座谈，并签订协议书，建立两市国际友好城市关系。尼泊尔巴德岗市代市长甘聂士·尼帕里出席并讲话。

▲　山南市委、市政府与湖北省党政代表团一行座谈。湖北省副省长、省援藏援疆工作领导小组副组长郭生练出席并讲话。

15日　“藏源·藏缘——腾飞山南”2016中国西藏雅砻文化节在泽当隆重开幕。湖北省副省长、省援藏援疆工作领导小组副组长郭生练，湖南省政协党组成员、副主席、省文联主席欧阳斌等对口援藏省市领导应邀出席。尼泊尔联邦民主共和国巴德岗市代市长甘聂士·尼帕里先生等应邀出席。

▲　共青团山南市委与湖北省青年代表团举行座谈。代表团向团市委捐赠了希望工程资金、阳光关爱计划资金共35万元。

▲　山南市与国开行西藏分行等17家金融机构签订“十三五”金融机构支持地方经济发展战略合作协议。

16日　山南市文化局与湖北省文化厅党组成员、副厅长陶宏家率领的湖北省文化厅代表团座谈。

▲　山南市委、市政府与湖南省党政代表团举行座谈。湖南省政协副主席、省文联主席欧阳斌出席并讲话。

▲　山南市委副书记、市长普布顿珠会见尼泊尔巴德岗市代市长甘聂士·尼帕里一行。

17日　中央改革办督察局副局长、巡视员于德宝一行到山南市调研基层综合性文化服务中心建设情况。

▲　2016年中国西藏雅砻文化节“合作·共赢”招商引资推介会在泽当举行。

18日　山南市召开不动产登记推进会，认真落实自治区有关会议精神，安排部署不动产登记工作。

21日　2016中国西藏雅砻文化节在山南市体育场圆满闭幕。

22日　山南市召开涉农部门党风廉政建设专题汇报会。

▲　中组部副部长，人力资源和社会保障部党组书记、部长尹蔚民到山南市调研基层就业、社会保障等相关情况，走访农牧民，了解群众意见建议。区党委常委、自治区副主席、区党委宣传部部长姜杰陪同调研。

23日　2016西藏琼结吐蕃文化论坛在拉萨举行。

▲　山南市人民检察院外网门户网站率先在全区检察机关中正式建成并开通运行。

24日　由国家林业局昆明勘察设计院王继山博士带队的一行4人工作组赴琼结县开展了为期4天的西藏林业有害生物普查工作。

▲　山南市第十八届离退休老干部工人运动会在乃东区泽当老干部活动中心开幕。

25日　山南市委副书记、湖北省第八批援藏工作队总领队陈正祥来到市一高，调研督导教育人才“组团式”援藏工作，并与湖北省援藏教师代表座谈。

▲　Autodesk中国教育管理中心总经理王东、营销总监张永军等一行到山南市职业技术学校洽谈

校企合作事宜。

▲ 湖北省人社厅对口援助山南工作座谈会在泽当召开。

▲ 以“藏源·藏缘——腾飞山南·魅力措美”为主题的哲古牧人节,在这丰收的季节正式拉开了欢乐的序幕。

26 日 山南市水利系统召开上半年工作总结会议,安排部署下半年工作。

▲ 拉萨至山南快速通道正式开工,标志着拉萨山南一体化发展迈出实质性步伐。

▲ 山南市召开包虫病流调工作电视电话会议,分析包虫病流行情况,安排部署包虫病流调工作。

28 日 山南市召开教育人才组团式援藏工作部署会议。

▲ 湖北省援藏干部来到山南市烈士陵园,缅怀革命烈士,祭扫烈士陵墓。

12—28 日 湖南省岳阳市文化广电新闻出版局和四川省成都市文化馆赴山南市开展 2016 年文化部“春雨工程——文化志愿者边疆行”活动。

29 日 全市宣传部长座谈会召开。

▲ 山南召开精准脱贫宣传工作推进会议。

▲ 山南召开全市援藏扶贫工作座谈会,研究援藏扶贫事宜,安排部署下一步援藏扶贫各项工作。

30 日 山南举行“把人间圣地·天上西藏寄出去”宣传推广活动启动仪式。

▲ 湖北省水利厅赴藏考察团与市水利局座谈。

▲ 全市互联网系统党建工作座谈会召开。

▲ 山南市委副书记、市长普布顿珠主持召开市维稳指挥部电视电话会议,安排部署近期维护稳定工作。

## 9 月

1 日 中共山南市委召开第八次常委(扩大)会,传达学习全区领导干部会议精神以及吴英杰同志在区党委常委(扩大)会和与七地(市)委书记集体谈话会上的重要讲话精神。

▲ 由中国民间文艺家协会副主席万建中等 17 名中国民间文艺家协会成员组成赴藏专家考察团,到山南市考察藏族传统节俗、非物质文化遗产和古村落等民族文化保护传承情况。

▲ 安徽省高级人民法院考察团与市中级人民法院座谈。

2 日 山南召开维稳视频会议,对近期维稳工作进行再次安排部署。市委书记张永泽出席会议并讲话。

▲ 山南市委召开“两学一做”学习教育第二次研讨会,围绕“学习系列讲话”开展专题研讨。

1—2 日 山南市人大常委会副主任陈海清率调研组赴隆子县调研人大工作开展情况。

4 日 区党委常委、组织部部长曾万明在山南市人民医院、市第二高级中学调研医疗人才组团式援藏工作。

5 日 乃东区结巴乡滴新村举行乃东区农村土地承包经营权确权登记颁证仪式,滴新村成为山南首领农村土地承包经营权证的村庄。

▲ 以“吐蕃故都·大美琼结”为主题的首届琼结吐蕃文化旅游节开幕。自治区政协副主席、工商联主席、总商会会长阿沛·晋源出席并宣布开幕。

▲ 武汉协和医院国家巡回医疗队抵达山南开展活动,并与乃东区座谈。

▲ 山南市政府召开会议与中信集团就城市建设、农业开发、旅游产业等项目进行研讨交流和项目洽谈。

6 日 山南启动了第 26 个民族团结月宣传教育活动。

▲ 山南市人民检察院组织召开座谈会,协调山南段拉林铁路项目建设预防监督事宜。

▲ 第一期全市农牧民施工队资料员初任岗位培训班在市第二职业技术学校举行开学典礼。

▲ 湖北省高级人民法院考察团到山南考察,并与市中级人民法院进行座谈。

7 日 山南市副市长董加峰主持召开金融机构座谈会,安排部署近期金融机构相关工作。

▲ 山南市法院系统召开司法体制改革动员会。

▲ 市委副书记、市长普布顿珠主持召开山南迎国务院第三次大督查工作推进会。

▲ 湖北省襄阳市党政代表团一行到山南考察,向琼结县援助资金 300 万元,并与山南市座谈。

6—7 日 山南市委书记张永泽深入加查县,看望慰问各族干部群众,调研脱贫攻坚、重大项目建设、安全生产、党的建设和党风廉政建设等工作。

8 日 安徽省科技厅对口援助山南工作座谈会召开。

▲ 安徽省淮南市委副书记、市援藏工作领导小组组长王崧率援藏工作考察组在山南考察,并与山南市政府座谈。

8—9 日 文化部党组书记、部长雒树刚在山南市调研文化工作。

9日　山南市第三高级中学揭牌并举行开学典礼，庆祝第32个教师节。

▲　国家发改委城市和小城镇中心副主任陈洪宛率国家发改委新型城镇化综合试点第三方评估调研组到山南市调研，并与山南市座谈。

10日　山南市第二中等职业技术学校举行揭牌仪式。

▲　山南市委常委、副市长、安徽省第六批援藏工作队领队方旭一行来到援藏教师驻地——雅砻家园，看望慰问辛勤耕耘在山南市的45位安徽省援藏教师，与大家共同庆祝第三十二个教师节。

7—10日　湖南省委政法委副巡视员、湖南省法学会副会长兼秘书长周小华率考察团赴山南考察，并与山南市委政法委及湖南政法援藏干部进行座谈。

11日　第三届藏博会旅游精品体验活动山南站接待筹备会议召开，对旅游精品体验活动山南站的接待工作进行统一安排部署。

▲　第三届西藏博览会展览展示馆正式开馆迎客。山南馆内，装饰鲜丽、色彩夺目，人头攒动、氛围热烈。山南馆的主题为“藏源雅砻、腾飞山南”。

12日　自治区党委常委、纪委书记王拥军到山南市调研中央八项规定精神落实情况。听取山南市委以及部分县区和市直部门落实中央八项规定精神情况专题汇报并讲话。

10—12日　区党委副书记、自治区人大常委会主任白玛赤林率中华环保世纪行——西藏行活动第一检查组，赴山南市贡嘎县、扎囊县、桑日县、加查县，调研生态文明建设工作，检查环境保护法贯彻实施情况。

14日　山南市召开乃东区农村改革试验区座谈会。

▲　山南市脱贫攻坚指挥部宣传组在曲松县堆随乡龙村开展了市脱贫攻坚“进村入户”宣讲暨《脱贫攻坚宣传手册》发放仪式。

15日　工业和信息化部党组成员、中央纪委驻部纪检组组长金书波率调研组在扎囊县调研国家烟草局扶贫项目。区党委常委、自治区常务副主席丁业现一同调研。

17日　山南市召开县处级领导干部经济管理高级研修班动员会。

18日　山南市委召开市委常委专题会，听取市委常委履行党风廉政建设主体责任情况汇报。市委书记张永泽主持并讲话。

19日　山南市政府召开会议，部署援藏项目建设专项督查工作。

▲　山南召开2016年重点建设项目推进会，盘点今年以来重点项目建设情况，研究部署下一步工作。

20日　山南首届孕产妇和新生儿死亡评审培训班在泽当开班，全市各级医疗机构负责人参加培训。

▲　中国农业发展银行党委委员、副行长林立率调研组到山南调研。

▲　山南举行第六期公共文化服务体系建设暨公共图书馆管理人员培训班开班仪式。

21日　普布顿珠主持召开产城一体示范区建设工作推进会。

▲　山南第一、二批边疆万里数字文化长廊建设项目现已顺利完成验收，并投入使用，率先在全区实现数字文化长廊全覆盖。

19—21日　市委书记张永泽先后来到隆子县日当镇、雪沙乡、三林乡、扎日乡、玉麦乡，深入公安派出所、执勤点、检查卡点和公路养护段，实地督导检查各项维稳安保和便民利民措施落实情况，看望慰问执勤官兵、公安民警和养路工人等，代表市委、市政府和普布顿珠市长向大家表示衷心的感谢和崇高的敬意。

22日　山南2016年环境保护考核工作考核培训班开班。

▲　山南市政府在拉萨举行新闻发布会，介绍山南“十二五”经济社会发展成就及“十三五”规划情况。

23日　以“天上氆氇，锦绣扎囊”为主题的扎囊县第二届氆氇文化节在扎囊县文化广场隆重开幕。

▲　国家督学、甘肃省教育厅党组成员、总督学李晶率国家验收组，到琼结县评估验收义务教育均衡发展工作

21—23日　山南市委书记张永泽到错那县，看望慰问各族干部群众，实地调研固边富民试点工程、脱贫攻坚和党的建设等工作情况。

24日　自治区副主席房灵敏在山南市调研教育人才组团式援藏工作，转达了吴英杰书记和洛桑江村主席的对教育人才组团式援藏教师的问候。

23—24日　国土资源部副部长王广华率调研组到山南市就不动产统一登记、永久性基本农田划定、农村宅基地确权和集体土地确权等情况进行调研，并与山南市座谈。

20—24日　自治区高级人民法院党组书记、院

长索达一行在山南市调研检查指导两级法院工作。

25日　山南市与安徽省卫计委赴藏考察团举行座谈，研究安徽省第二批“组团式”医疗援藏工作。

23—25日　全国人大常委会委员、财经委副主任委员乌日图率全国人大执法检查组在山南市调研《中华人民共和国安全生产法》贯彻落实情况。国家安全监管总局副局长李兆前一同调研。自治区人大常委会副主任赵正修，自治区副主席、区公安厅党组书记、厅长刘江陪同。

▲　以“多美加查、魅力达布”为主题的2016中国西藏雅砻文化节之加查县第五届达布核桃节开幕式文艺演出在县文化广场隆重举行。

▲　市委副书记、市长普布顿珠到山南烈士陵园，实地调研陵园修缮相关工作。

27日　山南市召开2016年经济工作百日大会战动员会。

25—27日　由自治区卫计委副主任白玛桑布带队的大型民族医医院巡查组一行在山南市巡查。

28日　山南市山洪灾害防治县级非工程措施项目培训班开班。

29日　水利建设质量工作考察组到山南市乃东区结巴乡进行专项调研并现场指导工作。自治区水利厅副厅长曲达陪同调研。

28—29日　文化部党组成员，副部长项兆伦率文化部调研组深入山南市调研。调研组一行先后深入错那、扎囊、贡嘎和乃东等县(区)，实地视察非物质文化遗产展演，参观国家级非遗项目——杰德秀邦典编制技艺、自治区非遗项目——扎其木雕技艺和泽帖尔编织技艺等。

30日　山南市民政局灾害信息管理系统培训班开班。

▲　全市旅游开发现场交流观摩会在琼结县举行。

▲　我国第三个烈士纪念日，山南在市烈士陵园举行公祭烈士活动。

## 10 月

1日　山南市各族各界代表齐聚市体育场，举行升国旗仪式，庆祝祖国诞辰67周年。

6日　区党委常委、组织部部长曾万明到浪卡子县普玛江塘乡调研基层党建工作。

10日　湖南卫视《平民英雄》栏目正式播出山南市贡嘎县平民英雄普布次仁在“6·10”重大交通事故中的英勇救人的事迹，节目一经播出，在湖南和山南两地都引发了强烈的社会反响。

11日　山南市副市长扎西加措率相关部门负责人一行6人，前往贡嘎县检查指导中小学校实施素质教育迎检工作情况。

12日　山南市教体局体育科特邀自治区藏棋协会筹备委员会秘书长阿旺边巴一行，在市体育场举办了首届藏棋培训。

13日　自治区党委书记吴英杰沿线调研了雅江中游500千伏变电站、光伏电站、水电站规划建设和拉林铁路等重点工程建设情况。他强调，要全力推进重点工程项目建设，大力发展清洁能源，抓紧抓实各项前期论证规划、加强安全生产等工作，着力破解瓶颈制约，切实打牢发展基础，带动扶贫工作抓紧抓实抓好，为山南地区发展稳定事业提供有力支撑。区党委常委、自治区常务副主席丁业现一同调研。市委副书记、市长普布顿珠陪同调研。

14日　山南市开展以“实施标准化战略，促进世界互联互通”为主题的宣传活动。

▲　山南市强基办召开2016年度创先争优强基惠民干部驻村工作考评动员部署会。

12—14日　区党委书记吴英杰到山南市隆子和加查县，深入基层一线、边境一线、项目一线，看望慰问部队官兵、基层干部、农牧民群众、寺庙僧人，视察指导基层党建、民族团结、强基惠民、维稳固边、寺庙管理、经济发展、生态保护、精准扶贫、重点项目建设等工作，作出了一系列重要指示。

▲　自治区党委书记吴英杰深入山南市边境乡村，亲切看望基层干部群众，调研指导当地经济社会发展稳定、基层党建、扶贫开发、创新寺庙管理等工作开展情况。

17日　是全国第三个“扶贫日”，山南市脱贫攻坚指挥部各成员单位开展了以“携手同行，共建幸福”为主题的一条街宣传活动。

▲　山南市新闻媒体领军人才工作室揭牌成立，领军人才培训工作正式启动。

14—17日　由中国社科院民族学与人类学研究所所长、研究员王延中率队的中国社科院国情调研西藏基地调研组一行赴山南市，就山南市全面建成小康社会现状、难点与对策等相关课题进行专题调研。

18日　山南市委书记张永泽主持召开市委第12次常委(扩大)会议，认真学习贯彻区党委书记吴英杰和区党委常委、常务副主席丁业现在山南市调研时的重要讲话精神。

19日　山南市财政局召开加快财政支出进度工作会，通报山南市前三季度预算执行情况，安排部署下一步财政工作。

▲　自治区扶贫办主任尹分水在琼结县调研精准扶贫工作。

20日　山南市召开综治委第一次全体会议，全面总结今年以来全市社会治安综合治理工作，表彰先进单位和先进个人，安排部署下一步工作。

▲　山南市委副书记、市长普布顿珠主持召开市人民政府党组会议。

▲　山南市首个国家级藏医“治未病”专科在市藏医院揭牌成立。

21日　山南市人大常委会召开第三次主任会议。

▲　山南市隆重举行全市民族团结进步表彰大会。

▲　由区扶贫办副主任陆华东率领的脱贫攻坚督导组在山南市检查指导脱贫攻坚工作，并听取山南脱贫攻坚工作情况汇报。

▲　大型民族原生态歌舞表演《藏源雅砻魅力山南》在湖北师范大学水上莲花大剧院拉开帷幕，为千名师生送上了一场精彩绝伦的视听盛宴。

22日　山南市召开全市维稳视频会议，对全市维稳工作进行再安排再部署。市委书记张永泽讲话。

19—22日　由自治区教育厅副厅长刘伯清带队，拉萨、林芝6所学校校长组成的自治区中小学实施素质教育督导评估团到扎囊县督导评估中小学校实施素质教育工作开展情况。

21—24日　自治区强基惠民调研组一行来到山南市，先后深入乃东区泽当镇乃东居委会，桑日县绒乡扎巴村，错那县勒乡、麻麻乡麻麻村，扎囊县吉汝乡吉汝村调研驻村工作情况，听取山南市强基惠民驻村工作汇报。

25日　山南市举行教育教学质量激励表彰大会，对教育教学质量先进县、先进学校、雅砻十佳美德少年和小考、中考、高考状元进行了表彰。

26日　山南市人民政府与北控清洁能源集团考察组进行座谈，共商有关合作事宜。

▲　市委副书记、市长、市优化发展环境领导小组常务副组长普布顿珠主持召开政府专题会议，研究优化发展环境专项行动有关事宜。

27日　由自治区政府法制办副主任张宏发带队的自治区经济社会发展调研组在山南市调研，并与山南市座谈。

21—27日　国务院扶贫办从国家各部委抽调人员组成联合督查组赴西藏开展脱贫攻坚督查工作。

22日　由全国总工会财务部副处长武小远率督查组到隆子县督查指导脱贫攻坚工作。

28日　市委书记张永泽主持召开市委常委会议，分析研究今年前三季度全市经济运行情况，安排部署四季度经济工作。

▲　自治区人大常委会委员、教科文卫委副主任委员嘎旺率调研组在山南市调研民办教育工作情况，并听取相关汇报。

29日　西藏自治区2016年高校毕业生第二批公开考录基层工作人员笔试开考。此次考试山南市考区设2个考点66个考场，共有1636人参加考试。

31日　山南市不动产权证书首发仪式在泽当举行，颁发首本不动产权证标志着山南市结束土地、房产、林地、草地等不动产分散登记的历史，全面进入了不动产统一登记的新阶段。

▲　山南市召开汇报会，向由交通运输部安全总监成平率队的国家禁毒委督导组汇报山南市禁毒工作情况。

31日　山南市委召开第15次常委（扩大）会议，传达学习中共十八届六中全会精神。市委书记张永泽主持会议。

## 11 月

1—2日　由区党委组织部副部长、编办主任仲崇东带队的自治区综治考评组到山南市检查“先进双联户”创建服务、平安创建、实有人口服务管理、矛盾纠纷排查、综治建设等工作。

3日　山南市委副书记、市政协主席、市委党校校长丁哲峰在贡嘎县岗堆镇普努村调研易地扶贫搬迁、党建等工作。

▲　山南市委副书记、市长普布顿珠主持召开市政府专题会议，听取扎囊县桑耶镇和贡嘎县杰德秀镇特色小城镇规划编制情况汇报。

4日　山南市委副书记、市长普布顿珠主持召开市政府一届二次全体会议，传达吴英杰书记在山南调研时重要讲话精神，对贯彻落实工作进行再安排、再部署。

3—4日　水利部参事咨询委员会主任矫勇一行在山南市调研防洪工程建设情况。

5日　山南市委副书记、湖北省第八批援藏工作队总领队陈正祥主持召开湖北省第八批援藏干部廉政教育报告会。市委常委、纪委书记吴维应邀作廉政教育专题辅导报告。

6日　中国共产党山南市代表会议在市科技文化中心召开，选举产生山南市出席中国共产党西藏自治区第九次代表大会代表。

7日　山南市召开迎接全区旅游综合执法大检查整改验收会议。

8日　山南市藏医院召开创建“三甲”民族医院动员大会。

▲　在安徽省铜陵市召开的2016年中国图书馆年会开幕式上，山南市等全国32个城市被文化部、财政部授予“国家公共文化服务体系示范区”称号。

9日　为期9天的全区U-13少年足球赛山南分赛在市体育场闭幕。经过一个月的激烈角逐，市重点业余体校代表队荣获冠军，扎其小学代表队、昌珠镇小学代表队和市三小代表队分别获得第二、三、四名。市一小、曲松镇小学代表队获精神文明奖，日当小学、市实验小学代表队获体育道德风尚奖。

▲　山南市召开抓党建促脱贫攻坚工作座谈会，安排部署山南市抓党建促脱贫攻坚工作。

▲　山南市委召开“两学一做”学习教育工作座谈会。

▲　山南市人民检察院党组书记、检察长刘志刚在贡嘎县人民检察院调研指导检察工作开展情况和班子建设情况。

24日—12月7日　山南市非遗传承人研习团在中央民族大学开展为期两周的“山南市非物质文化遗产研习项目——泽贴尔、邦典编织技艺”研习活动。

10日　山南市召开湖北、湖南两省第四批短期援藏专业技术人才欢送座谈会。

▲　山南市委召开“两学一做”学习教育“做合格党员”专题研讨会。

9—10日　山南市委副书记、市长普布顿珠前往措美县调研脱贫攻坚工作。

11日　2016中国国际旅游交易会在上海拉开帷幕。此次旅游交易会上，西藏自治区以“人间圣地，天上西藏”为主题参展。山南市委常委、副市长方旭来到旅游交易会现场，检查山南展台布展情况，看望慰问工作人员。

▲　山南市召开维稳工作电视电话会议，安排部署近期特别是自治区第九次党代会期间全市维稳工作。

▲　山南市召开一届市委第三轮巡察工作动员部署会议，安排部署一届市委第三轮巡察工作。

12日　山南市召开第36届雅砻物资交流会协调会，听取物交会前期筹备工作进展情况，安排部署下一阶段工作。

14日　市委常委、副市长廖良辉主持召开山南市首届雅砻文学艺术奖评选领导小组第一次会议。

▲　出席自治区第九次党代会的山南市代表团召开第一次全体会议。自治区副主席德吉、其美仁增出席会议。

15日　解放军某部向山南市赠送一面写有“党政军民携手同心、固边兴藏续写新篇”的锦旗，对山南市在部队驻训期间给予的大力支持和帮助表示感谢。

▲　参加自治区第九次党代会的山南市代表团第一次集中讨论吴英杰同志在大会上所作的报告。自治区领导白玛赤林、德吉、其美仁增参加讨论。

16日　山南市举办强基惠民活动第六批驻村工作队队长培训班，帮助第六批驻村工作队队长理清工作思路、明确工作任务、掌握工作方法、提升工作能力，切实增强驻村工作的责任感和使命感，迅速投身到强基惠民活动中去。

21日　山南市委副书记、市长普布顿珠在贡嘎县杰德秀镇调研特色小城镇示范点建设情况。

▲　湖北省第八批援藏工作队召开援藏工作推进会，安排部署下一步工作。

22日　山南市委召开第十六次常委（扩大）会议，传达学习中共西藏自治区委员会关于认真学习深入贯彻落实中国共产党西藏自治区第九次党代会精神的通知、自治区党委书记吴英杰的重要报告和重要讲话精神，书面传达学习八届区纪委工作报告。

23日　市委副书记、市长、市脱贫攻坚指挥部总指挥长普布顿珠主持召开山南市脱贫攻坚指挥部专题会，听取市脱贫攻坚指挥部11个专项组有关工作汇报，进一步安排部署全市脱贫攻坚工作。

24日　山南市召开“先进双联户”创建评选活动表彰大会，全面总结今年创建评选活动情况，表彰在全市“先进双联户”创建工作中做出突出贡献的先进集体和先进个人，安排部署下一步各项工作。

▲　山南市召开第五批驻村（居）工作总结表彰暨第六批驻村（居）工作动员电视电话会议，对69支先进驻村工作队、275名先进驻村干部和30个优秀组织单位进行了表彰。

25日　自治区召开创先争优强基础惠民生活动第五批驻村工作总结表彰暨第六批驻村工作动员大会。

26日　山南市召开2016年下半年和谐模范寺

庙暨爱国守法先进僧尼表彰电视电话会议。

28日　自治区副主席坚参率自治区农牧、水利等相关部门负责人深入山南市调研农牧业产业发展，乡镇农牧综合服务中心运行等情况。

29日　自治区副主席坚参率调研组一行深入隆子、乃东调研水利重点项目工作开展情况。

▲　共青团山南市第一次代表大会在泽当开幕。

▲　市委副书记、市政协主席丁哲峰主持召开山南产业扶贫专题协商座谈会。与会政协委员就推进山南市产业扶贫与相关部门负责人进行了交流互动，提出了当前工作中的不足和问题，提出了有针对性和建设性的意见建议。

30日　共青团山南市第一次代表大会圆满完成各项议程，胜利闭幕。会议选举产生了共青团山南市第一届委员会委员、候补委员。

▲　自治区副主席坚参先后来到乃东区民族哔叽手工编织专业合作社、雅砻物交会现场，实地调研农牧业特色产业发展和相关产品销售情况。

## 12 月

1日　山南市第36届雅砻物资交流会隆重开幕。

▲　山南市召开脱贫攻坚宣传报道工作推进会，总结回顾前一阶段工作，安排部署下一步工作。

▲　山南市委农村工作领导小组汇报会召开，自治区副主席坚参出席并讲话。

11月29日—12月3日　自治区环保考核组前往贡嘎、错那、措美、加查、乃东5县（区），实地考察山南环境保护工作并座谈。

1—2日　自治区副主席德吉来到山南调研卫生健康工作。

2日　山南召开司法改革工作座谈会，就司法改革工作中存在的问题进行探讨研究。

3日　山南市两级法院首批法官入额笔试在市职业技术学校举行，127名符合条件的法官参加了当天的考试。

4日　山南市在自治区人防办的技术指导和设备支援下，在泽当城区成功进行了首次防空警报试鸣演练。

5—6日　区党委副书记、自治区主席洛桑江村深入山南市措美县、琼结县、乃东区，就基层工作生活条件、基本公共服务、基础设施建设、精准脱贫产业基础进行调研。

7日　区党委副书记、自治区主席洛桑江村在山南市调研，听取市、县工作汇报。

8日　山南市召开中共十八届六中全会和自治区第九次党代会精神宣讲动员会。

15日　山南市召开2016年财政决算工作会议。

▲　山南召开安全生产工作会，安排部署迎接自治区安全生产考评相关工作。

▲　由自治区交通运输厅党委委员、巡视员索朗群佩率队的调研组一行在山南市调研泽贡快速通道建设情况。

19日　由中央网信办网络新闻信息传播局副局长唐宋率队的“冬行西藏”全国网络媒体西藏行采访团到达山南市进行采访活动。市委书记张永泽会见采访团一行。

17—19日　由湖南省农委牵头的旱粮产业体系专家组考察团一行先后深入贡嘎、扎囊、隆子、乃东等县（区），实地考察冬青稞生长、青稞加工企业、市农技推广中心种子库和主要农作物制种基地建设等情况。

20日　邮政储蓄银行自治区分行与扎囊县政府签订“产业扶贫战略合作”协议，这标志着制约扎囊乃至山南市资金瓶颈问题，得以有效缓解，为地方经济发展注入新的活力。根据协议，扎囊县政府存入风险补偿金2000万元，邮政储蓄银行为扎囊县授信1.4亿元，邮政储蓄银行已于当日向扎囊县政府发放首批扶贫贷款1000万元。

21日　自治区主席助理罗梅，自治区人民政府副秘书长才旦南杰率工作组到琼结县加麻乡昌嘎村看望慰问自治区政府办公厅驻琼结县第六批驻村工作队员，并与驻村工作队员一起座谈。

19—22日　自治区主席助理罗梅先后来到山南市乃东、浪卡子、洛扎、措美、琼结等5县（区），实地调研商务工作。市委副书记、市长普布顿珠陪同调研。

23日　平安小区、民心小区销售启动仪式在市住建局举行。平安小区和民心小区作为今年周转房分配改革工作的试点小区，分别有房源290套、200套，预计此次试点销售工作结束后，能够解决490户干部职工家庭的住房问题。

▲　由全国人大代表、自治区林业厅厅长云丹率领的在藏十二届全国人大代表视察组前往贡嘎县、扎囊县，实地考察精准扶贫、地方经济发展和社会稳定工作。自治区政府副秘书长才旦南杰陪同视察。

26日　山南市召开县（区）委书记、市直行业系统党（工）委书记抓基层党建工作述职评议考核电视电话会议。

27 日　市委副书记、市长普布顿珠前往琼结县加麻乡看望慰问首届全国文明家庭宗吉一家。

▲　山南召开全市维稳工作视频会议，分析当前维稳形式，安排部署岁末年初维稳工作。

25—27 日　市委常委、政法委书记、市公安局党委书记龚兵前往洛扎县，实地检查指导边境管控工作，深入执勤一线看望慰问政法干警和武警官兵。

28 日　自治区党委、政府召开 2016 年度全区和谐模范寺庙暨爱国守法先进僧尼表彰大会。

29 日　山南市与在藏十二届全国人大代表视察组座谈。十二届全国人大代表、自治区林业厅厅长云丹，自治区政府副秘书长才旦南杰主持座谈会。

30 日　西藏自治区召开维稳工作视频会议，就元旦和自治区两会期间全区维稳工作进行再安排、再部署。

# 中国共产党山南市委员会

## 综述

**【概况】** 2016年，山南市委贯彻落实自治区第九次党代会精神，贯彻落实自治区主要领导在山南调研时的重要讲话精神，围绕"两基地一核心"发展定位，突出稳定、发展、生态"三个重点"和改善民生、脱贫攻坚、夯实基础、拉萨山南一体化发展"四件大事"，大力实施"七大战略"，加快推进"六个模范区"和"七个SN"建设，实现"十三五"经济社会发展开门红。山南市在全国292个地级市政府效率排名中位居第三。扎囊县桑耶镇被确定为国家首批特色小镇，错那县麻玛村被评为中国最美休闲乡村，加查县被评为全国休闲农业和乡村旅游示范县。乃东区昌珠镇扎西曲登村和琼结县下水乡唐布齐村被列入中国传统村落名录。

**【"十三五"规划编制工作】** 确定山南"十三五"时期"两基地一核心"发展定位和发展目标，提出实施创新驱动、强基提质、区域一体、统筹发展、生态强市、民生优先、治理提升"七大战略"，编制完成"十三五"规划项目库，入库项目1651个262亿元，储备三年滚动计划项目1945个1627亿元。

**【"撤地设市"工作】** 党中央、国务院批准山南撤地设市后，自治区党委、政府高度重视山南撤地设市工作，倾注了大量心血，自治区主要领导多次过问、加强指导，给予大力支持。山南市委统筹谋划、加强组织领导，顺利召开中国共产党山南市第一次代表大会、山南市第一届人民代表大会第一次会议、政协第一届山南市委员会第一次会议，选举产生市委、人大、政府、政协第一届领导班子，指导乃东做好撤县设区工作，圆满完成撤地设市工作。

**【"两学一做"学习教育】** 组织市委理论学习中心组学习26次、专题研讨4次，各级党组织集中学习9000余次、专题研讨5100场次，各级党员领导干部讲党课6177次，人均撰写学习笔记2万字以上、心得体会2篇以上，梳理问题3000余条，形成整改清单600余份。创新开展了脱贫增收、优化环境、创先争优、爱民固边"四个先锋行"活动，结对帮扶建档立卡贫困户19191人、带动就业322人。党员带头开展边境巡逻140余次、排除安全隐患320处。为群众办实事、解难事4000余件。

**【"固边富民"工作】** 在拉郊、浪坡、勒3个边境一线乡镇创新开展固边富民整乡推进试点工程，将全部边民补助提高到2900元，设立专项补助资金212万元，试点乡常住一线边民每人每年补助资金最低享受5900元、最高达到7900元，有重要情报信息贡献的额外给予一次性奖励。鼓励洛扎、错那、隆子方向边民向边境一线迁居，搬迁贫困户40户120人到勒乡勒布沟，拟搬迁20户到肖站。新设拉郊乡白玉地区杰罗布村委会，拟搬入12户。

**【优化发展环境专项行动】** 选派8个驻县（区）指导组和73个驻点工作组500余名干部进驻97个村

(居),深入开展优化发展环境专项行动,集中开展农牧民施工队、砂石料场、货运市场专项整治,关停取缔和停业整顿违规开采地材企业93家,审理查处泽当影响发展环境的典型案件11件,退还私占国有和集体土地3593亩,拆除违章建筑830余处30万平方米,办结群众诉求5900余件,专项行动取得阶段性成效,得到自治区的充分肯定。

**【反分裂斗争】** 始终把维护祖国统一、加强民族团结作为着眼点和着力点,坚决贯彻中央对达赖集团的斗争方针,广泛开展反分裂斗争、民族团结、新旧社会对比教育,深入揭批十四世达赖政治上的反动性、宗教上的虚伪性、手法上的欺骗性,各族干部群众深刻认识到十四世达赖集团的反动图谋和险恶用心,自觉与十四世达赖集团划清界限,自觉维护祖国统一和民族团结。

**【社会治理】** 召开维稳专题会议40场次,研究部署维稳工作,全面夺取了全国全区"两会""三大节日"、3月敏感期、"扎日转山"、第三届藏博会、党的十八届六中全会、自治区第九次党代会等重要节点、重大事件、重要时段维稳攻坚战胜利。深化驻村、驻寺、便民警务站、"先进双联户"创建评选工作,山南被评为全区创先争优强基惠民活动优秀组织单位。"环山南安全工程"、5个"十个一"工作法、"四级信访接待日"制度全面落实。深化严打整治专项斗争,"5·16"系列电信诈骗案件侦破工作受到国务院表彰。强化安全生产,2016年安全生产死亡人数同比下降44.4%。

**【宗教管理】** 自治区寺庙"六建""一联系""六个一""九有""一个创建""一个覆盖""一个教育"全面落实。健全完善了党员领导干部联系寺庙制度,寺管会服务管理寺庙和僧尼实现常态化、规范化。组织开展了"涉宗干部教育培训、驻寺干部履职评估、宗教活动场所清查"涉宗领域"三个一"工作,对440余名涉宗干部进行法规政策培训,完成98个寺管会、660名驻寺干部的履职评估。严格落实"两个一律"政策,创新开展增强学经返回人员自立意识和公民意识"两个意识"教育,学经回流人员管理工作成效明显。圆满完成扎日、卡久、西扎"转山"民俗宗教活动维稳安保工作。

**【民族团结】** 全面落实党的民族政策,认真落实习近平总书记"加强民族团结、建设美丽西藏"的重要指示,大力推进民族团结宣传教育和进步创建活动,全年表彰民族团结进步模范集体138个、先进个人215人。开展第5届"感动山南十大人物"评选活动,评选"SN好人"4批。建成民族团结示范县1个、示范乡镇1个。

**【综合实力】** 2016年地区生产总值、全社会固定资产投资、社会消费品零售总额、城镇居民人均可支配收入、农牧民人均可支配收入分别完成129.6亿元、186亿元、45.2亿元、26700元、10258元,分别增长12.1%、27.5%、12.7%、11.8%、14.1%。完成财政收入13.56亿元,增长16.8%。

**【项目建设】** 狠抓项目争取、建设、管理工作,投资对经济增长的贡献率达67.6%。拉林铁路、贡嘎机场改扩建、贡嘎机场至泽当高等级公路、拉萨山南快速通道、加查和大古水电站、雅砻和结巴水库等一批重大项目加快建设。创新项目建设模式,健全落实分解责任落实项目、工作专班衔接项目、地级领导督导项目、贷款垫资建设项目制度,探索推行项目建设PPP、代建制、总承包制模式,梳理代建制、总承包、PPP模式和银行贷款项目258个384亿元,全年新开工项目245个。

**【特色产业】** 实施"产业倍增"计划,启动"沿江百亿产业走廊"建设,三次产业分别实现增加值6亿元、63.4亿元、60.2亿元。成功培育了"藏地圣田"青稞、"加玉"糌粑、"昌果"红土豆、泽当"泽贴尔"等一批特色农牧业知名品牌。"藏中清洁能源基地"加快建设,藏木水电站实现产值4.5亿元,拉郊和嘎堆水电站即将建成并网,建成和在建光伏16万千瓦。四个矿业基地稳步建设。培育了水泥、石材等主打建材产品,打造"雅拉香布""雅砻神水"天然饮用水品牌。"藏源文化旅游基地"加快建设,全年接待国内外游客277万人次、实现收入11亿元,分别增长20%、21%。

**【城乡发展】** 实施泽当镇和各县县城功能提升工程。启动3个特色小城镇建设,杰德秀镇26个项目完成招投标4个,勒乡6个项目全部开工建设,桑耶镇项目已提交自治区特镇办审批。乡镇周转房、保障性住房、农村危房改造加快推进。全区统筹城乡发展示范区签订项目22个，协议资金22.9亿元。拉萨山南一体化发展相关工作全面启动。

截至年底，招商引资签约项目42个，总投资195.7亿元。非公有制经济市场主体发展到1.88万户，注册资金181亿元，分别增长22%、17%。

**【脱贫攻坚】** 全市3775户1.36万名一般贫困对象达到退出条件，乃东等3县区达到摘帽标准。易地搬迁有力推进，15个集中安置点有序建设，754户2471人易地搬迁加快推进。产业扶贫成效明显，整合资金70.92亿元，梳理项目373个，在建项目77个、总投资8.87亿元，已完成3.08亿元。就业扶贫扎实有效，大力实施"双业"工程，转移就业8万人。帮扶协作创新开展，建立了援藏协作扶贫、军地携手扶贫、百企帮百村扶贫等模式，组织机关单位和干部职工结对帮扶3万余人，对接国家烟草专卖局，投入3.5亿元定点帮扶扎囊、贡嘎2县。协调华能、华电公司承担项目所在地加查、桑日县一般贫困户的10%的脱贫任务。

**【群众收入】** 深入实施农牧民增收"八大工程"和"一乡一策"增收办法，继续强化项目、产业、政策、劳务促增收举措，成功打造40个人均收入过万元的示范乡镇。2016年农牧民人均可支配收入达10258元，城镇居民可支配收入达26700元，比上年分别增长14.1%、11.8%。

**【社会事业】** 累计9个县义务教育均衡发展通过国家验收。教育卫生"组团式"援藏全面铺开，140名教师、60名医疗人才全部到位。投入资金5348.4万元，资助山南籍大学生6814名。人民医院易地迁建和市完全中学项目加快推进。市三高和"三省"高中"代培班"顺利开班。等级医院创建和医疗联合体建设稳步推进。全市550个村居全部建立卫生室。国家公共文化服务体系示范区成功授牌。打造藏历春晚和中国西藏雅砻文化节等文化品牌。

**【保障水平】** 创新实施就业创业"双业工程"和农牧民技能培训"百千万"工程，累计培训农牧民6578人，城镇新增就业4820人、登记失业率控制在2.1%以内，劳务输出7.8万人、创收3.23亿元。率先在全区实现"双集中"目标。乡镇周转房全部开工建设，建成率达98%。累计落实最低生活保障资金2.94亿元。设立1000万元的大病救助基金。出台26项惠民补助或工资提标政策，已落实资金5.99亿元、兑现19项。社保参保率达97%以上。

**【为民办实事】** "十三五"期间计划整合资金37亿元，实施"十大民心工程"。年内，落实资金7.1亿元，实施"十大民心工程"，深化创先争优强基惠民活动，落实资金4290万元、为民办实事7596件。

**【生态保护与建设】** 建立健全生态效益补偿、草原生态保护补助奖励和野生动植物肇事补偿机制。大力实施重点区域生态公益林保护、退耕还林、防沙治沙、"两江四河"等工程，全年完成植树造林52.98万亩、防沙治沙38万亩，成功打造西藏唯一的全国防沙治沙综合示范区。森林覆盖率达24.79%。羊湖生态环境保护、210处农村饮用水源地保护等项目有序实施。贡嘎县杰德秀镇杰德秀居委会、加查县安绕镇拉岗村被评为全国生态文化村。启动江北绿色生态长廊建设，创建国家级生态文明示范乡镇2个、自治区级生态乡镇13个、自治区级生态村居65个。

**【干部队伍建设】** 严格落实中央好干部标准、民族地区好干部标准和区党委选人用人导向，调整提拔县级干部356名，276名优秀村干部、乡镇事业干部和大学生村官进入乡镇班子，对85名高寒边境地区干部和101名腹心地区干部进行岗位交流，专项招聘114名非西藏生源高校毕业生。从优秀村（社区）党支部书记、村居委会主任中选拔乡镇公务员20人。与清华大学和四川大学合作开设山南培训班，分两期对100名县处级以上干部进行培训。

**【基层组织建设】** 认真开展党建促脱贫、党建带"三建"工作。圆满完成县乡领导班子换届工作。所有乡镇党政正职实现"一藏一汉"配备格局，村（社区）党支部第一书记实现全覆盖，大学生村官达404名。创新实施"边境党建长廊""一乡一品"工程、"十星模范村"创建等工作。整顿软弱涣散基层党组织132个。整合资金1.36亿元完成村级组织活动场所标准化建设示范点65个。坚持标准发展新党员3586名，其中农牧民党员2593名。

**【党风廉政建设】** 严格落实党风廉政建设主体责任

和监督责任，设立落实“两个责任”办公室，层层签订责任书，提出党风廉政建设“三必”“四有”要求，得到中纪委和自治区的充分肯定。在全区率先开展主体责任落实不力问责工作。开展全市第2个党风廉政建设宣传教育月。成立巡察办和三个巡察组，启动巡察工作。加大惩治腐败力度，各级纪检监察机关共受理问题线索187件，初核了结41件，立案审查54件，结案41件，给予党纪政纪处分51人，移送司法机关7人。“三公”经费明显下降。开展不作为、慢作为、乱作为专项整治，党员干部作风明显好转。

## 市委办公室

**【概况】** 2016年，山南市委办公室以邓小平理论、“三个代表”重要思想、科学发展观为指导，全面贯彻落实党的十八大，十八届三中、四中、五中、六中全会精神，贯彻落实自治区第九次党代会精神，按照习近平总书记“五个坚持”的重要指示和市委书记张永泽“五个表率”的具体要求，以打造“政治先进机关、工作示范机关、作风表率机关”为目标，以开展“两学一做”学习教育为载体，积极参谋服务，强化督办协调，狠抓服务保障，推动全市各项工作顺利开展。

**【综合文稿】** 紧贴工作思路和意图，始终站在全局的高度周密思考和研究问题，坚持“多精品、零次品”的要求，不断提高文稿起草水平，充分发挥以文辅政作用。先后起草市党代会、人代会、政协会、经济工作会议、农村工作会议、维稳工作会议、基层党建工作会议、扶贫开发工作会议、“两学一做”学习教育座谈会等大型会议材料150余篇，起草各类汇报材料70余篇，起草优化发展环境、脱贫攻坚等各类典型材料和理论文章5篇。

**【调查研究】** 围绕领导关注、群众关心的问题，整合方方面面的力量深入开展调查研究，努力为山南市委科学决策提供第一手资料。围绕拉萨山南一体化建设、边境地区发展、固边富民政策的制定和实施、基层组织建设、精准扶贫、优化发展环境、高原特色农产品基地建设、高原美丽乡村建设等进行专题调研，形成一批高质量的调研报告。认真贯彻落实自治区关于全面深化改革的部署要求，《SN地区构建公共文化服务体系的探索实践》等3期调研报告被区党委改革办转发采用。

**【公文处理】** 严格执行《西藏自治区党政机关公文处理办法》，规范公文内容格式和签转流程，全面启动全市规范性文件备案管理工作。全年起草核发各类公文900余期，传阅公文3000余件，规范性文件备案11件次，做到了文件起草审核符合方针政策、围绕工作大局、体现领导意图，文件收发传阅无积压、无遗漏、无泄密，文件备案管理及时、准确、规范。

**【信息服务】** 着重在突出及时性，确保信息实效；加强综合性，提高信息质量；增强参考性，提升信息价值上下功夫，全方位、多层次、宽领域筛选、编辑、报送信息，充分反映山南市工作动态和发展成果，为领导掌握情况、科学决策提供及时准确的信息服务。全年编发各类信息1500余期，其中220期被中央办公厅、区党委办公厅采用。

**【专项督查】** 重点督查区党委、市委重要决策部署落实情况，对自治区第九次党代会、区市两级经济工作会议、市第一次党代会、扶贫开发会议等重要会议明确任务进行细化分解，及时跟踪督促落实，向区党委上报情况报告95期，先后10余次得到区党委领导批示肯定。围绕3月敏感期、“三大节日”和中央、自治区重要会议活动等时间节点，开展维稳暗访督查40余次，发现和督促整改问题20余件，进行责任追究4人。对拉林铁路、拉萨山南快速通道、大古水电站、加查水电站、G349线贡嘎机场至泽当等重点项目，进行每月跟踪督查，开展实地督查12次、文稿督查16次、发现和督促整改问题6件次。创新实施脱贫攻坚工作包县督查制度，对分包的乃东区开展实地督查10次、发现和督促整改问题12件。抓好优化发展环境专项行动工作督查，开展实地督查6次，督促整改问题23件。抓好山南主要领导重要批示指示的跟踪督办，督办山南主要领导批办件26项，办结率100%。

**【协调推进】** 始终立足办文、办会、办事，充分发挥市委办公室的牵头协调作用，形成比较健全的综合协调机制。建立“四大家”秘书长联席会议制度、

SW 重大决策协调制度，在市委工作重点、重要事项、重大活动的安排上把握好节点节奏、轻重缓急，把各种情况考虑周全，把各项活动安排缜密，注重统筹好上下左右、方方面面的关系，照应各方关切、配置各方资源、调动各方力量，实现各方面工作的“无缝对接”，确保上传下达准确无误、沟通情况快捷高效、衔接联系环环相扣。与相关部门密切配合，先后圆满完成撤地设市、雅砻文化节、援藏干部轮换、县乡换届等重大活动以及中央、自治区各类调研组的接待服务工作。

**【会务接待】** 积极改进办会方式、优化办会流程、创新办会机制，切实强化会前协调、会中保障、会后落实，确保会议服务“周到、高效、安全”。全年共承办、协办全市经济工作会议、第一次党代会、人代会、政协会、农村工作会议、扶贫开发工作会等各类大型会议 350 余次，编发会议纪要 64 期。

**【参与优化环境】** 按照市委、市政府决策部署，全力支持、主动参与优化发展环境专项行动。先后抽调 3 名人员参与市优化发展环境专项行动并具体负责对扎囊县优化发展环境相关工作的组织指导，做好动员部署、调查摸底、集中教育、清理整顿、打击整治等各项重点工作，引导群众自行整改退还非法占地 70 余亩，受理群众诉求 127 件，排查调解矛盾纠纷 47 起。帮助扎囊县政府在认真研究、充分论证的基础上，出台《地材销售运输和机械租赁指导价》，有效规范建筑建材市场。完成扎囊县户籍清理、采石场整顿以及重点难点村的财务清查等工作。

**【撤地设市】** 按照区党委和山南市委关于撤地设市工作的时间进度和程序要求，抽调精干力量、组成工作专班，及时成立领导小组及综合协调办公室等 11 个工作机构，制订撤地设市社会稳定风险评估方案、“三会”筹备工作方案等 10 余个工作方案，做好了“三会”期间的组织协调、会务服务、宣传报道等各项工作。

**【机关党建】** 扎实推动市直机关“两学一做”学习教育规范有序开展，大力开展“四个先锋行”活动，成功举办“迎七一”暨“两学一做”知识竞赛、“党在心中、放飞梦想”歌咏比赛，指导市直机关组织参观廉政教育基地 20 余次，受教育党员干部达 2000 余人，开展慰问老党员、困难党员、福利院孤儿活动 30 余次。确定 13 个基层党组织为软弱涣散基层党组织，按照“一支部一方案、一问题一对策”进行集中整顿。举办入党积极分子和党务工作者培训班，对 166 名入党积极分子和 195 名党务工作者进行了集中培训。

**【党风廉洁建设】** 积极协调成立市委党风廉政建设主体责任办公室，承担市委常委落实主体责任相关工作的统筹协调、任务分解、检查考核、综合服务等职责，先后制定《关于进一步建立健全党风廉政建设主体责任工作制度的意见》《山南市党风廉政建设主体责任追究实施细则》《约谈提醒制度》等，建立党风廉政建设例会制度、党委（组）书记与纪委书记（纪检组长）廉政态势研讨会制度，扎实推动党风廉政建设主体责任落实到位。深入推进作风建设常态化，组织办公室党员干部职工观看反腐倡廉教育片 5 场 400 余人次。

**【驻村工作】** 按照自治区“七项任务”和市“十项任务”要求，充分结合驻点村实际和农牧民群众需求，以精准扶贫、优化发展环境为抓手，扎实开展驻村工作。办公室 92 名党员干部职工与 49 户贫困户结对认亲，投入结对认亲帮扶资金 5 万余元，落实扶贫项目资金 9 万元。第五批驻村工作队开展走访 500 余次，举办强农惠农政策、新旧对比感党恩教育宣讲 20 余次，受教育群众达 3000 余人次，慰问困难群众 349 人次，帮助培养入党积极分子 12 名，发展新党员 8 名，帮助完成 129 户 447 人精准扶贫建档立卡工作，通过采取就业培训、异地搬迁、政策扶持等帮扶措施，实现 29 户 133 人如期脱贫。驻卡热乡卡普村工作队荣获自治区级先进工作队，5 名队员分别荣获自治区、市、县“先进驻村工作队员”荣誉称号。

**【机要保密】** 全力做好日常密码通信保障工作，全年收发密码电报 18139 份、办理电报 284 份，办理网民留言 26 期，依托“520 加密系统”完成重要会议联调保障服务 49 次。全力提升应急密码通信保障能力，为市委领导提供随行通信保障 9 次 130 余天，派员协助做好桑耶寺管会及扎日转山期间密码通信保障工作。深入各县各单位开展密码安全保密检查，切实加大密码安全管理力度，先后组织全市 70 余名机要干部参加区内外密码干部培训班。保密工作方面，开展各类保密检查 16 次，检查涉密和非涉密计算机 500 余台，对部分县涉密介质清理工作进行了检查，发放保密检查结果告知单120余份、保密工作整改通知书11份，收集需销毁涉密文件7吨、涉密光盘7000余张、涉密计算机80余台，完成20余场各类考试压卷保密巡查工作。

**【档案方志】** 全年接收文书档案395卷、照片档案300余张，为678人次查阅档案262卷304件。协助自治区档案馆在泽当成功举办全区各地（市）、县档案馆业务人员及负责人培训班，有力促进全市档案工作水平整体提升。方志党史方面，全市第一轮修志工作全面完成，召开全市地方志工作会议，启动全市第二轮修志工作，《山南地区志（2001—2015）》编修工作进展顺利，《山南年鉴（2016卷）》公开出版发行。先后参与扎囊、浪卡子、洛扎、曲松等县的县志和年鉴审改工作，累计审稿400余万字。

**【综治安保】** 将市委大院大门作为安保第一道防线，安装车辆自动识别系统，对进出车辆和人员进行严格排查登记，共排查登记进出车辆7925辆、排查进出人员14550人。为市委大院内重要会议、重要活动提供安保服务70余次。加强院内外巡逻检查，及时对干部职工和商户进行安全提示，严防火灾盗窃等安全事故发生。积极参与综治主题宣传和消防宣传日、宪法宣传日等活动，扎实做好信访接待工作，全年共接待信访7件次，办结率100%。

**【学习教育】** 精心组织、认真开展"两学一做"学习教育，坚持个人自学与集中学习相结合，领导干部带头讲专题党课5次，组织专题研讨8次，撰写心得体会200余篇，学习笔记100余万字，确保学习教育取得实实在在的成效。

## 纪检　监察

**【概况】** 2016年全市各级纪检机关深入贯彻落实十八届中央纪委六次全会和八届自治区纪委七次全会精神，坚持"四个全面"战略布局，切实把严明政治纪律和政治规矩放在首位，聚焦监督执纪问责，深化标本兼治，创新体制机制，强化党内监督，践行"四种形态"，全面落实中央八项规定精神、区党委"约法十章""九项要求"和市委"十项规则"，着力解决群众身边的不正之风和腐败问题，努力建设忠诚干净担当的纪检队伍，不断取得党风廉政建设和反腐败斗争的新成效。

**【主体责任落实】** 督促主体责任落实。市县（区）相继成立了党委落实主体责任办公室和纪委落实监督责任办公室，签订《落实党风廉政建设责任书》，开展党风廉政建设责任制情况考评验收。深入联系县（区）和市直单位，采取召开党风廉政建设工作推进会、专题调研、廉政讲座等方式，对党风廉政建设工作常抓常管、真抓真管，形成一级抓一级、层层抓落实的良好工作格局。扎实开展纪委监督同级党委试点工作。市纪委采取参加市委常委会议、市委班子民主生活会、抽查个人重大事项报告等方式，对市委"三重一大"研究、执行民主集中制情况和遵守党委议事规则纪律三方面进行事前、事中和事后的监督，体现在监督中服务、在服务中监督。强化责任追究。对隆子县委、市住建局党组等13个落实主体责任不到位的单位和个人进行责任追究，其中约谈提醒7人、通报批评3人、诫勉谈话1人、党纪处分2人，并在全市进行通报，扩大问责影响力，传导责任压力。

**【监督检查】** 强化对维稳纪律执行情况的监督检查。按照自治区党委一手抓反腐败斗争，一手抓反分裂斗争的要求，对各县（区）、各单位的值班带班情况、驻村驻寺干部在岗情况、维稳措施落实情况等，开展30余次专项督查，对2名违反维稳纪律的干部给予党纪政纪处分，做到两手抓、两促进。强化对政治纪律执行情况的监督检查。"三大节日"和"萨嘎达瓦"宗教活动等重要时期，专门下发通知，重申政治纪律，明确要求共产党员、国家公职人员、离退休干部、青年学生一律不得参与宗教活动，对5名违反政治纪律的党员干部给予党纪政纪处分，严明政治纪律。强化对换届纪律执行情况的监督检查。在换届过程中，积极主动宣传换届纪律，组织党员干部观看《镜鉴》警示片，客观公正、实事求是、严肃认真做好"党风廉政意见回复"工作，回复党风廉政意见210余件次，涉及党员干部、人大代表、政协委员、先进个人1900余人次。

**【作风建设】** 开展作风建设专项检查300余次，确保节日风清气正。坚决查处顶风违纪问题。2016年共查处违反中央八项规定精神问题11起14人，给予党政纪处分10起12人，组织处理1起2人，主要涉及公车私用、公款吃喝、公款送礼等问题。完善《山南市本级国家机关和事业单位会议费管理办法》《山南市公务接待管理办法》《山南市行政事业单位公务车辆管理办法》《山南市差旅费管理办法》和《山南市本级国家机关和事业单位培训费管理办法》等制度，从源头规范会议、接待、差旅、培训等公务支出行为，全市“三公经费”呈明显下降趋势。坚决惩治“微腐败”。重点查处发生在群众身边的生冷硬推、吃拿卡要、与民争利、欺压百姓，以及不作为、懒作为、乱作为等“为官不为”和“庸懒散”等问题。在2016年执纪审查工作中，处置侵害群众利益不正之风和腐败问题线索39件，其中初查了结21件，立案18件，给予党纪政纪处分16人。

**【纪律审查】** 2016年全市各级纪检监察机关共受理问题线索209件，初核了结51件，谈话函询16件19人次，立案审查79件，给予党纪政纪处分82人（其中，给予党纪政纪双重处分28人，移送司法机关8人），涉及县处级干部14人、乡科级干部47人、科员及其他人员21人，收缴违纪资金1300余万元，以惩治腐败的高压态势，为山南市经济社会发展提供了强有力的组织纪律保障。严把第一道关口，扩大函询、约谈范围。在实践“第一种形态”中，免予党纪政纪处分1人，谈话函询16件19人次，初核了结问题线索51件，占处理问题线索的51.9%。准确运用“第二种形态”，坚持动辄则咎，及时纠正轻微违纪问题，全年给予党纪政纪轻处分54人次，占受处分人次的49%，其中给予警告处分19人次，给予严重警告、记过、记大过、行政降级处分35人次。谨慎运用“第三种形态”，坚持惩治腐败力度不减、节奏不变，严肃查处严重违纪违规案件，全年给予党纪政纪重处分56人次，占受处分人次的51%，其中开除党籍12人、开除公职8人、留党察看17人、撤销党内职务2人、行政撤职17人。

**【巡察监督】** 设立市委巡察机构。按照自治区党委和自治区巡视办的要求组建市委巡察工作领导小组，成立1个办公室、设立3个巡察组。任命巡察办主任1名、副主任2名，巡察组组长2名、副组长2名、副县级巡察专员2名，临时抽调巡察干部70余人次。启动三轮巡察工作。4月20日，启动对市交通局、林业局、农牧局、水利局四家单位的首轮巡察工作，问题线索移送纪检机关4条。6月30日，组建3个巡察组，启动对浪卡子、加查、错那三县发改委等共计36个县直单位的常规巡察工作，发现重点人的问题线索7条，已全部移交市纪委。11月11日，启动对乃东区泽当镇、昌珠镇，琼结县琼结镇、下水乡，桑日县桑日镇、绒乡6个乡镇的政治巡察工作。

**【廉政教育】** 不断丰富廉政教育形式。健全完善《山南纪检监察网》和“清廉山南”微信平台，依托城市公交站、户外LED显示屏等平台，深入开展党风廉政户外宣传工作。采取举办廉政知识讲座、播放廉政广告、编印廉政手册等多种形式，深入开展理想信念教育和廉洁从政教育，营造了“以廉为荣，以贪为耻”的浓厚氛围。对22起严重违纪典型案例在全市进行通报，深化执纪审查工作的政治效果、社会效果、法纪效果和治本效果。扎实开展“党风廉政宣传教育月”活动。按照市委的统一部署，各县（区）、各单位圆满完成了党章准则条例专题学习、“廉话山南”电视访谈、“主题系列”廉政公益广告展播、“家庭助廉”知识竞赛、廉政知识考试、廉政书画作品征集等各项活动，编撰《党风廉政建设宣传月》杂志，促进廉洁自律准则和纪律处分条例等党内法规的学习宣传和贯彻落实，使宣传教育月活动成为宣传党章党规党纪的重要平台，成为宣传“老西藏精神”“两路精神”和“列麦精神”、家规家风、乡规民约的重要平台。

**【自身建设】** 认真开展换届工作。5月，成功召开中共山南市第一届党代会，选举产生第一届山南市纪律检查委员会和27名市纪委委员。成功召开一届市纪委第一次全会，选举产生第一届市纪委常委和书记、副书记。12县（区）和82个乡（镇）纪委换届工作圆满完成，各县（区）纪委按要求配备了10～20名工作人员，设立2～3个内设机构。深入开展“两学一做”学习教育。通过集中学习、专题党课、理论研讨等方式，教育引导纪检干部自觉向以习近平同志为核心的党中央对表看齐，自觉用党章党规党纪和习近平总书记系列重要讲话精神指导实践、推动工作，把准监督执纪工作的政治方向。加大纪检监察干部培养使用力度。全年纪检监察系统内有25名干部提任调整到县处级领导岗位。委局机关10个内设机构的室主任全部配备到位，13名干部提任正科级岗位，4名干部提任副科级岗位，公开选调15名干部充实纪检机关和巡察机构队伍。努力打造过硬队伍。强化表率担当，认真贯彻执行民主集中制，完善议事和决策机制，健全集体领导下的个人分工负责制，市纪委班子整体合力得到充分发挥。强化教育提升，全年共选派174名人员参加各类业务培训，纪检干部能力素质明显提升。

## 组织　编办

【概况】 2016年，按照中央、自治区两级组织部长会议精神，站在组织路线服务政治路线的高度，紧紧围绕推进拉萨山南一体化进程，建设“六个模范区”“七个山南”，坚持党要管党、从严治党，围绕中心、服务大局，坚持抓主抓重、求新求变，提质提效、创先创优，各项工作取得新进展新突破新业绩。市委书记张永泽始终站在战略和全局的高度，研究部署党的建设和组织工作，主持召开7次市委常委会、2次专题会，听取情况汇报、研究解决问题、部署重点任务，对相关工作作出批示18次，倾注大量精力。市委组织部部务会和全体组工干部，不忘初心、围绕核心、高位求进，以创新担当实干精神，开创山南组织工作新局面。

【开展“两学一做”学习教育】 全市1633个党组织高度重视、精心组织，坚持领导带头、以上率下，在“两学”上从深，在“一做”上从实，实现46070名党员学习教育全覆盖，对党绝对忠诚深深烙印在党员灵魂深处，忠诚干净担当成为党员安身立命的根本。注重真学实学，强化真懂真信。市委理论学习中心组开展集中学习26次、专题研讨4次。各级党组织开展集中学习17429次、专题研讨6400余场次，开展知识竞赛、演讲比赛、征文比赛、爱国主义影片展播等主题活动250余场次。注重以上率下，强化示范引领。各级党员领导干部讲专题党课6152次，以普通党员身份参加支部生活1901人次，自学时间达30余天，人均撰写学习笔记2万字以上、心得体会2篇以上。在自治区“四项活动载体”基础上，创新开展“四个先锋行”活动、弘扬“列麦精神”、学习“中国好人”仁增等实践载体，充分体现学习教育的山南特色。针对学习教育薄弱环节，组成3个市级督导组，开展全方位全过程督查指导，针对不同领域不同层级党组织和党员特点，采取集中认真学、提升服务学、对标找差学、因人施策学等方式，确保学习教育入脑入心。各级党组织和广大党员干部坚持问题导向，围绕学做要求，对照《中国共产党廉洁自律准则》《中国共产党纪律处分条例》，聚焦思想、组织、作风、纪律等方面存在的突出问题，共查摆梳理问题600余项、3000余条。年内，已整改落实490余项、2800余条。

【党员干部理论武装和教育培训】 坚持把学习宣传贯彻党的理论和路线方针政策作为重要政治任务，引导党员干部更加自觉地在思想上政治上行动上与以习近平同志为核心的党中央保持高度一致，始终做到对以习近平同志为核心的党中央绝对忠诚。深入学习党章党规和习近平总书记系列重要讲话精神，坚持把党的十八届五中六中全会及自治区第九次党代会精神作为党员干部的必修课，纳入市委党校干部教育培训主体班次，共举办培训班18期，培训党员干部1809人次。大力实施人才智力援助“五大工程”，积极沟通衔接“三省”，采取挂职锻炼、业务进修、短期培训和“请进来”等方式，共培训各级各类干部人才1905人次，其中，“走出去”培训1315人次、“请进来”培训590人次。积极选派党政领导干部参加中央党校、全国组织干部学院、延安干部学院、区党委党校等举办的141个班次调训，受训834人次。借助北大、清华等名校平台，利用“三省”、区内外各级党校优势资源，创新开办“雅砻讲坛”。2016年，共举办“雅砻讲坛”专题讲座7期，培训6300余人次。

【强基础惠民生活动】 第五批驻村工作成效显著，全市549支驻村工作队在认真落实自治区七项任务的基础上，创新开展促进农牧民增收、深化创业意识教育、深化“十星模范村”创建活动三项任务。帮助村居理清发展思路2426条，找准发展路子2016个，创办经济实体612个；投入资金4289.6万元、落实项目2365个；投入资金2513.8万元，为群众办实事好事7596件；争取资金1.33亿元，实施扶贫项目246个；慰问五保户、贫困户、困难群众和“三老”人员65923人次，发放慰问金和慰问品价值966.5万元。

组织群众劳务输出3.6万人次，增加现金收入3831万余元；组织开展创业意识教育8635场次，开展农牧业实用技术和创业就业技能培训9432场次；累计评选表彰8个“十星模范村”，发放奖金80万元。调整57家市（中、区）直单位驻村点107个，向新设的洛扎县拉郊乡杰罗布村派驻工作队，550个村居实现派驻全覆盖。对第五批69支先进驻村工作队、275名先进驻村干部、30个优秀组织单位进行表彰奖励，第五、六批驻村工作顺利交接。市委组织部被自治区授予“全区创先争优强基惠民活动优秀组织单位”荣誉称号。琼结县加麻乡扎西村宗吉家庭被授予第一届全国文明家庭荣誉称号。

**【干部队伍建设】** 始终准确把握干部人事工作政策要求，严格按照习近平总书记“用一贤人则群贤毕至，见贤思齐就蔚然成风”的用人观，深入贯彻“好干部”标准，体现“好干部”价值取向，打造一支坚强有力的领导班子和宏大高素质的干部队伍。

**【县乡领导班子换届】** 坚持把县乡领导班子换届工作作为“重头戏”，以选优干部配强班子为核心，坚持严实作风和标准抓好换届工作。全市12县区、82个乡镇均圆满完成换届工作。及时成立以市委主要领导为组长的换届工作领导小组，抽调300名精干人员充实换届工作机构和督导组，召开65次专题会议研究部署换届工作，开展换届培训工作会和专题学习会202场次。始终绷紧换届纪律这根弦，紧扣“五个责任主体”24条责任清单的职责与落实，层层签订换届纪律承诺书1.1万余份。组建11个市级和82个县区级换届风气督导组，对各县区的换届风气进行拉网式、点穴式督查。认真落实“四必看”“四必谈”“四必训”等制度，组织观看“一片一书”等相关警示资料2.4万余人次，开展谈心谈话4万余人次，举办换届风气监督培训130余场次，营造雅砻大地风清气正的换届环境，实现零举报零上访零违规。严格审核1168名换届提名人选的档案、个人有关事项和廉政情况、12县区换届人事安排方案，严格审查12407名代表委员资格。依法依规选出具有先进性和纯洁性的代表委员，共选出县乡党代表6457名、人大代表4962名、政协委员697名。换届期间，共提拔调整县级干部340人，提拔调整科级干部566人，从门巴族、珞巴族干部中选拔3人担任乡镇党政正职，持续巩固乡镇党政正职“一藏一汉”格局，配出结构优功能强的好班子。

**【领导班子功能建设】** 组建59个干部考察考核组，对全市各级领导班子进行了立体式、多渠道、全方位考核调研，综合分析研判各级领导班子运行、整体结构、优化方向、后备干部储备等情况，形成了“一个班子、一套方案，一个干部、一份档案，一个调整、一篇汇报”，为抓好领导班子建设奠定坚实基础。全面贯彻中央好干部标准、民族地区干部“三个特别”“五个注重”要求和区党委“六个绝不使用”红线，认真执行干部任用条例，严把动议、民主推荐、考察、讨论决定、任职5个环节，全程纪实监督，坚决防止“带病提名”“带病提拔”“带病上岗”。注重年龄、民族、性别合理搭配，县区领导班子中，配备女干部的县区领导班子28个，女性干部占9.1%，汉族干部占42.1%，大专及以上学历干部占92.6%，40岁左右干部占班子成员总数的三分之一，平均年龄比换届前下降1岁。对4名在海拔4000米以上、在乡镇党政正职岗位上连续工作满8年、表现优秀的干部按副县级待遇提职，继续担任乡镇党政正职；对表现优秀的7名“十八军”“志愿军”后代和4名老党员后代提拔重用；选拔276名“三类人员”进入全市82个乡镇班子。对8名在县级人大、政协岗位上工作突出的干部，重用到县区党政领导班子中，对10名不能有效履行职责、能力不足、工作长期打不开局面的干部改任非领导职务，39名干部因健康原因调整岗位，旗帜鲜明地树立起激浊扬清、选贤任能的良好导向。

**【公选干部和援藏干部管理服务】** 重视公选干部的培养关怀，综合考虑各县区党政领导班子民族结构需求和公选干部的专业特点、工作结构、健康状况等情况，将16名公选干部安排到12县区负责脱贫攻坚工作，充实基层扶贫工作力量。衔接“三省”对第七（五）批165名援藏干部人才开展期满考核，组织开展欢迎欢送和表彰援藏干部人才活动，45人被评为自治区级优秀援藏干部人才、120人受到市级表彰，援藏工作顺利交接。

**【党员干部监督管理】** 牢固树立西藏管理干部没有特殊性的思想，以从严监督管理干部为重点，营造良好政治生态，推动管党治党走向“严、实、硬”。完成市管干部档案审核737卷，指导市直、县区审核干部档案1.73万卷，协助纪委、检察等部门查阅审核干部档案39卷,审核调出、调入干部档案296卷。对495名拟提任或转任副县级以上重要岗位人选的个人有关事项报告进行重点抽查核实,对46名领导干部的个人有关事项报告进行随机抽查核实,对134名后备干部的个人有关事项报告进行专项抽查核实。组织开展提醒谈话78人次、函询92人次、诫勉2人次。对6名县区委书记、12名县区委组织部长进行离任检查。对2名“带病提拔”县级干部的选拔任用过程进行倒查。全年共收到举报11件,已查实结案11件。扎实开展2016年市直单位、各县区“一报告两评议”工作,进一步强化干部选拔任用监督。

**【撤地设市工作】** 协助市委成立撤地设市工作领导小组,制定撤地设市工作方案及风险评估、“三会”筹备等10余个工作方案,重点抓好综合协调、会议筹备、组织人事和机构编制等工作,有力保证各项工作顺利推进。扎实抓好“三会”前期筹备工作,及时请示区党委组织部批复撤地设市总体安排。协助市委、人大、政协按照提名、酝酿、遴选、审查的程序要求,推选市党代表385名、人大代表247名、政协委员203名,圆满召开市第一次党代会、人代会、政协会,选举产生第一届山南市领导班子。

**【基层党建工作】** 调整充实市委党的建设工作领导小组,研究制订《山南市2016年基层党建工作要点》,细化分解党建工作62项重点任务,对全市基层党建进行了全面安排部署,层层签订基层党建工作责任书,明确工作责任,形成书记带头抓、一级抓一级、层层抓落实的工作格局。组织开展优化发展环境专项行动、基层组织整顿、抓党建促脱贫、换届工作“回头看”“七项重点任务”等专项督导82次。对各级党组织2016年基层党建工作进行全面考核。

**【基层党组织建设】** 强化党组织设置。优化调整党组织设置,新建党组5个、变更党委(党组)43个,指导成立贡嘎县克西乡党委和3个村(社区)党支部,全市各行业各领域党的组织和工作实现了“双覆盖”。突出“听党指挥”这个标准,按照“一支部一方案、一问题一对策”要求,整顿转化138个软弱涣散基层党组织。严格落实基层党建十条规定、“四议两公开”工作法、村干部轮流坐班制和“三务”公开等民主管理制度,基层党组织全年累计开展活动16647场次。

**【基层干部队伍建设】** 全年培养村居“两委”班子后备干部5219名。投入696.6万元举办村居干部文化素质提升培训班13期、培训1204人,划拨280万元专项经费培训贫困村居党支部书记549人。配齐配强乡镇党建专职副书记、纪委书记、组织委员和组织专干,确保每个乡镇抓基层党建工作的力量达到4人以上。村居党组织第一书记配备实现全覆盖。新选派48名乡镇机关干部到村居任大学生村官,大学生村官达到298名。从优秀村居党支部书记、村居委会主任中选拔乡镇公务员20名。及时调整不能胜任村居工作的党支部书记7人。

**【党员队伍建设】** 按照“控制总量、优化结构、提高质量、发挥作用”的总要求,全年共发展党员2664名,其中农牧民党员1930名。充分依托市委党校、农村党员干部现代远程教育平台和对口援藏优势,举办各类培训班278次、培训党员20797人次。注重党员服务。深入开展在职党员到村居报到服务群众、“党员干部进村入户、结对认亲交朋友”、脱贫攻坚结对帮扶贫困户等活动,有效发挥党员的先锋模范作用。认真落实党内激励关怀帮扶机制,投入58.31万元、帮扶223人。扎实做好“两优一先”推荐表彰工作和“七一”表彰活动,推荐表彰先进基层党组织48个、优秀共产党员61名、优秀党务工作者56名。积极开展“三大节日”和“七一”慰问,投入资金88万元,对1379名困难党员、“三老”人员进行慰问,最大限度凝聚人心。

**【党建工作】** 组织召开全市基层党建七项重点任务推进会,全面开展集中排查和整改落实工作。集中排查“流动党员”724人,未排查到“失联党员”和“口袋党员”。在全市范围内开展5类党员违纪违法问题集中排查工作,共排查处理违法违纪党员82名,其中,党代表11名、人大代表8名、政协委员4名,受到刑事责任追究的35名,受到行政处罚的24名。抓党组织按期换届排查整改。建立《山南市基层党组织按期换届检查工作台账》、基层党组织换届提醒等制度,对108个未按期换届的基层党组织进行及时整改。全市共有115名党员未按时交纳党费,已补交党费1.46万元。及时召开抓党建促脱贫攻坚工作座谈会,各级党组织制定帮扶措施2.5万条,解决资金800多万元、帮扶3.5万人次。全市2.15万名党员干部结对帮扶19191名建档立卡贫困户,捐款捐物折资 812 万元、帮扶 8.6 万人次。全市 6070 户 22569 名一般贫困户达到退出标准，占一般贫困户总数的 61.4%。

**【经费保障】** 按照每个农牧民党员每年 200 元、每个支部不少于 2000 元的标准，落实基层党建工作经费 765.52 万元。按照边境乡镇每年 6 万元、非边境乡镇每年 3 万元的标准落实乡镇基层组织活动经费。在实现村居干部报酬待遇翻一番目标的基础上，每年投入 550 万元，按照全市村居总数 20% 的比例，奖励优秀村居两委班子。投入资金 417.5 万元，落实村居民小组组长报酬待遇每年每人 2500 元。投入资金 1.63 亿，完成村级组织活动场所标准化建设示范点 67 个。打造乡镇党建示范点 12 个、机关党建示范点 19 个、村居党建示范 28 个。村集体经济年收入 10 万元以上的达到 123 个。实施乡镇、村居“两委”日常工作“十个一”工作法，出台了县级领导干部考察工作暂行办法、县处级领导班子和领导干部年度考核实施办法、基层党组织晋位升级工作办法、村居“两委”班子考核奖励实施意见、处置不合格党员制度，指导村居完善了“三会一课”“四议两公开”和村规民约、村务监督委员会等村级组织工作制度，构建加强基层党建工作的长效机制。

**【创新人才工作机制】** 始终坚持党管人才原则，突出“高精尖缺”导向，深入实施人才优先和人才强市发展战略，持续推进人才发展体制改革和政策创新，确保人才在全市经济社会长足发展和长治久安中发挥中流砥柱作用。

定期召开市委人才工作领导小组会议，分析人才形势、研究人才政策、服务人才需求。深入开展人才工作调研，修改完善《山南市“十三五”人才发展规划》。健全党委宏观领导、组织部门牵头抓总、职能部门分工协作、重点推进的人才工作三级联动机制。建立人才信息交流共享机制，组织实施人才资源信息库建设，基本实现重要人才信息“一点清”工作目标。积极协调上级业务部门，上报 2016 年度人才培训项目 3 个，争取项目扶持资金 395.7 万元；申报 2017 年度人才项目 8 个，拟争取扶持资金 680 余万元。

选派 15 名领军人才培养对象赴三省科研院所、企事业单位深造锻炼，成立 10 个领军人才工作室，培训应用型人才 75 名。深化“招才引智工程”。按照“选硬人”“硬选人”原则，衔接“三省”选派 137 名专业技术人才到山南开展短期援藏工作，从区外引进医疗卫生、广播电视、公安等领域紧缺专业技术人才 60 名，选拔 114 名区外优秀毕业生到山南市乡镇基层工作，选拔 6 名区外毕业生到山南市党群系统工作，引进医疗卫生高层次人才 1 名。与清华大学签订全面合作协议，选派 100 名县处级以上领导干部参加 2 期“清华大学—山南市县处级领导干部高级研修班”，选派 50 名市县人才工作者参加“四川大学—山南市人才工作者素质提升培训班”，完成“西部之光”2 名访问学者的申报工作，指导各县各单位认真开展党政人才、专业技术人才、高技能人才和农村实用人才的培训工作，人才队伍的整体素质和综合能力不断提升。

**【医疗教育人才组团式援藏】** 市委高度重视，注重高位推动，成立由市委书记任组长的组团式援藏工作领导小组，坚持把组团式援藏工作作为“组织部长工程”抓紧抓实抓好。制定出台《医疗人才组团式援藏工作管理暂行规定》《教育人才组团式援藏工作管理办法》。为组团式医疗人才解决周转房 31 套，发放绩效奖励 55.8 万元、伙食补助 20 万元。为组团式教育人才解决周转房 95 套，投入 3418.8 万元新建周转房 148 套，协调财政落实援藏教师年人均 6000 元生活补助和 800 元体检费，市财政安排 2016—2018 年专项资金 3000 万元，重点用于受援学校建设。积极衔接争取三省出台组团式援藏医疗教育人才在职称评定、职务晋升等方面的优惠政策。组团式医疗人才帮助成立 5 个专科治疗组，重点开展 4 个专科建设，在全区首次将“互联网 + 温湿度自动检测管理系统”应用到药品存储领域，新建细菌培养室，推出 38 项新技术，开展各类疑难手术 341 台次和疑难、死亡病例讨论 104 次，开通市人民医院远程会诊中心，开展远程医疗协作 85 次、医疗会诊 350 例。积极争取援藏资金 3800 余万元，创新推行省市联动“8+5”精准援助模式，加快市人民医院“三甲”创建进程。教育人才组团式援藏工作开局良好，广大组团式教育人才按照自治区“建好一所学校、代管一所学校、示范一个地区”的要求，围绕实现六项重点任务，坚持把精准定位作为教育援藏工作主线，创造性地开展各项工作，帮助提高受援学校软硬件水平，精准发挥传帮带作用，带动受援学校管理水平和教学质量的全面提升。

【公务员队伍建设与管理】 认真做好驻寺非公务员身份人员考录公务员和西部计划区外生源服务期满志愿者留藏考试工作，分别考录85人、92人。认真做好干部调动、交流工作，全年干部调动党委部门150余人。2015年全市参加考核公务员3787人，考核率99.7%。严格审核审批奖励事项，记三等功33人，嘉奖465人。认真做好公务员调配管理、统计、登记系统数据更新、试用期满考核、任职定级等工作，从严管理公务员队伍。

【政府职能转变和机构改革】 按照加强法治政府建设要求和主动适应城市管理、加大综合执法力度的需要，全盘考虑、科学谋划，认真研究制定《山南市人民政府职能转变和机构改革方案》，市政府工作部门在原有30个基础上增加至31个，其中，调整更名机构8个、新组建机构2个、精简合并机构1个、消化部门管理机构3个。严把三定格式、职能转变、职责理顺、机构编制“四关”，扎实做好市直部门三定规定审核工作。年内，已顺利完成市一级政府职能转变和机构改革，印发31个市政府工作部门的三定规定并组织实施。制定下发县区政府职能转变和机构改革的指导意见，按照“三审三返”原则，对12县区机构改革方案进行严格审核，12县区政府职能转变和机构改革方案均已审批印发。整合7个部门的执法职能，组建市综合执法局，全面推进综合行政执法体制改革工作，逐步形成“工作集聚、力量集合、资源集中”的综合执法大格局。顺利完成山南市和乃东区党委、政府、事业单位的机构更名，组建市人大、政协工作机构和专委会及市委巡察工作机构。

【权责清单工作】 严格按照“9+x”的分类依据，规范“三上三下”审核流程，严把格式、法规、内容审核关，认真开展一对一审核、法律法规审核、区市县集中联审。通过召开专家论证会、法制办进行合法性审查、提交市政府常务会议研究审议，确认市一级37家单位行政职权4033项，确认12县区行政职权总数42504项，市、县区两级权责清单分别在山南网和各县区政务网站公布。

【机构编制管理】 指导12县区通过组工网，每月更新机构编制实名制信息，实现自治区、市、县区三级机构编制实名制信息同步更新。认真贯彻执行“三个一”和“五个不准”规定，扎实做好机构编制监督、管理、调整、落实工作，全年共增设机构35家，调整机构41家；增加编制529名，调剂编制135名。严把“进人关”，严格控制编制和领导职数，对拟调人员实行层层把关、规范操作，确保编制使用效率。扎实做好2015年度事业单位登记、变更、注销等工作，实行统一社会信用代码。截至年底，市县区两级已登记事业单位108家，为48家事业单位办理网上登记并发放新版事业单位法人证，做到一个单位一张“身份证”，实现全国联网、异地查询。

【思想政治建设】 依托“两学一做”学习教育，组织离退休党员召开座谈会83场次、集中学习482场次、专题研讨68场次、讲党课114场次；经常性开展爱国主义、纪律规矩意识教育，与老干部签订责任状，明令禁止参加“转湖”“转山”等民俗宗教活动。投入102万元，提高集中安置点30个离退休党支部党建经费和班子成员补助，举办离退休党支部书记培训班1期，选派25名离退休党支部书记参加党校培训。

## 宣传　思想

【概况】 2016年是“十三五”规划的开局之年，是中国共产党成立95周年，是山南撤地设市之年。全市宣传思想文化战线，在市委、市政府的坚强领导下，在区党委宣传部高度重视和有力指导下，按照全区宣传部长工作会议的部署和要求，围绕壮大和巩固主流思想舆论，围绕推动社会主义文化大发展大繁荣，围绕加强和发展基层基础工作，围绕开创对外宣传工作新局面，切实推进维护意识形态安全防控体系建设，为促进山南经济长足发展和社会长治久安提供强大的思想保证、精神力量、道德滋养和文化条件。

2016年按照年初全市宣传部长会议提出的突出“五大主题宣传”、抓好“十项重点工作”、提升“五项工作能力”的总体思路，扎扎实实干工作、轰轰烈烈搞活动，全面推进各项工作。

【理论武装】 按照建设马克思主义学习型政党的要求，继续把用中国特色社会主义理论体系武装党员、教育人民群众放在思想理论建设的首要位置，进一步增强各族干部群众道路自信、理论自信、制度自信、文化自信。

强化理论学习，扎实推动学习型党组织建设。紧扣建设学习型党组织的目标，充分发挥各级党委（党组）理论学习中心组的龙头带动作用，制订下发《山南市委理论学习中心组2016年度学习计划》《山南市关于做好学习〈胡锦涛文选〉工作的通知》，结合“两学一做”学习教育，列出专题进行学习研讨，要求领导干部要做到学在前、做在前、干在前、走在前，认真研读习近平总书记系列重要讲话，不断拓展学习广度和深度，深化对中国特色社会主义和“中国梦”丰富内涵的领会。组织市委理论中心组集中学习26次；发放《习近平总书记系列重要讲话读本（2016年版）》藏、汉文版10余万册，发放《学习活页》6300余本，发放其他学习资料30000余册。

深化理论宣讲，切实推进理论武装通俗化。围绕“十三五”规划、优化发展环境、“五大发展”理念、撤地设市等设置专题，安排市委讲师团成员认真收集资料，结合山南实际备课。各级党委围绕学习习近平总书记系列重要讲话精神，邀请区党委党校和市委党校教授作专题辅导报告，深入解读习近平总书记系列重要讲话的新理念、新思想、新战略，深刻领会丰富内涵和精神实质。市委讲师团开展了进村入户宣传脱贫攻坚工作，发放《山南市脱贫攻坚宣传手册》20000册。各级党委成立宣讲团、组，深入田间地头、施工现场、虫草采集区，采取集中宣讲、座谈走访、现场问答、发放资料等形式，宣讲党的强农惠农政策，使广大农牧民群众直接了解和掌握事关自己生产生活切身利益的具体政策，明白自己应享有的权益，切实维护自己的合法权益。配合区党委讲师团完成了自治区“两学一做”学习教育宣讲团在乃东区、加查县的宣讲工作。

注重理论调研，进一步提升指导工作能力。根据市委的统一安排，各级党员领导干部深入联系点，围绕经济社会事业发展、党风廉政建设、党的建设、强基惠民活动、精准扶贫脱贫、维护社会稳定等课题，广泛开展调研活动，人均撰写调研报告1篇以上。完成了自治区社科联精准扶贫工作课题调研组在山南市的调研活动，全面掌握在精准扶贫工作中存在的共性问题和个性问题。完成了中国社科院在山南关于全面建成小康社会的调研服务工作。邀请湖北省社科院专家协助市委宣传部在全市开展精准扶贫调研，形成调研报告呈送市委市政府主要领导审阅，为市委市政府主要领导决策提供参考。市委书记与各县（区）、市直各单位党委（党组）签订《党委（党组）落实意识形态责任制责任书》，制定考评实施细则。12月上旬，组成7个考评组前往各县（区）、各部门进行督导检查，并形成情况通报上报区宣传部、下发至各县（区）、市直各部门。

**【思想教育】** 紧紧围绕习近平总书记“加强民族团结、建设美丽西藏”的重要指示精神，通过“五下乡”活动等，认真开展民族团结教育、新旧西藏对比教育、爱国主义教育等群众性宣传思想教育工作，进一步筑牢干部群众的思想防线，不断提升党对山南的执政地位。

民族团结宣传教育深入持久。在“山南好人”“感动山南十大人物”评选表彰活动中，注重推出加强民族团结的典型先进，积极树立民族团结典型模范。充分结合驻村、驻寺工作和优化发展环境、脱贫攻坚等工作，深入持久开展民族团结宣传教育。同时，组织媒体加强对民族团结模范典型的宣传报道，进一步引导舆论导向，积极营造浓厚的舆论氛围。

爱国主义教育、新旧西藏对比教育主题鲜明。开展“3·28”西藏百万农奴解放纪念日、“七一”庆祝建党95周年活动、“十一”升国旗等活动，采取举行演讲比赛、知识竞赛、主题班会、参观克松村陈列馆、祭扫烈士墓等形式，开展主题鲜明的新旧西藏对比教育和爱国主义教育，不断提升干部群众和青少年爱国意识。

“五下乡”活动贴近民生、形式多样。1月12日在贡嘎县克西村举办了“2016年山南市‘五下乡’宣传服务活动启动仪式”，同时，在杰德秀镇其他4个村居开设分会场，并首次发动地区4家民营医院参加义诊，是历年来规模最大的一次启动仪式。半年来，全市范围内广泛开展了形式多样、贴近民生的“五下乡”宣传服务活动，切实解决了广大农牧民群众在生产生活中的实际困难。

**【新闻宣传】** 围绕打好“五大主题”宣传战役，下发新闻媒体采访工作15期，新闻报道提示9期，组织召开新闻通气会3次，加大新闻宣传力度，努力为全市促进经济发展、维护社会稳定、凝聚鼓舞人心营造良好的舆论氛围。

做大做强主流媒体。《山南报》实现了由周二小报改为周三大报，在可读性、耐看性和内容设置等方面均得到进一步优化，得到了广大读者和各级领导充分肯定。山南广播电视台实现藏语频道播出，节目内容进一步丰富，推进主流媒体实现里程碑发展。

典型宣传亮点纷呈。组织媒体深入挖掘仁增同志先进事迹，并推出了仁增同志先进事迹系列报道，成功树立了优秀共产党员模范典型。组建仁增同志先进事迹报告团，巡回开展宣讲活动。组织媒体深入调研采访乃东区滴新村新农村建设典型经验，并推出了"滴新经验"系列报道，较好宣传推广了"滴新经验"，使典型宣传报道形成了规模，形成了声势。

主题宣传强势有力。做好脱贫攻坚宣传，制订下发《山南地区精准扶贫工作宣传工作方案》及2016年脱贫摘帽的曲松、洛扎、乃东三县单行宣传报道方案，开设专题专栏做好了精准扶贫精准脱贫宣传报道工作。协调服务自治区脱贫攻坚宣传报道组在山南市的采访报道工作。做好撤地设市宣传，制订下发《山南撤地设市新闻宣传方案》，组织市、县（区）媒体对党代会、人代会、政协会进行了全面报道，广大干部群众反响强烈，特别是山南报社出版的特刊和彩报不少读者收藏纪念。做好优化发展环境宣传，制定下发了《山南市关于优化发展环境专项行动宣传报道工作实施方案》，开设《优化发展环境》专栏，对优化发展环境的政策法规、重点部署、阶段工作、群众反响等进行了全面报道，特别是对《山南地委行署致全地区广大人民群众的一封信》《山南地区关于开展优化发展环境专项行动的公告》进行大力宣传，详细解读，出资近万元安排《山南报》藏文版增设1期专刊，加印1万余份，向优化发展环境重点难点整治区域农牧民群众发放，做到了家喻户晓、人人皆知。做好援藏工作宣传，制订下发《山南市"三省一公司"援藏干部轮换宣传报道工作方案》，对"三省一公司"的援藏工作、特色亮点、先进个人以及欢迎欢送会等宣传报道工作进行安排部署，相关报道于7月初陆续推出。做好"十三五"规划宣传，紧紧围绕山南市"十三五"总体规划，结合"脱贫攻坚""十大民心工程""两基地一核心""拉萨山南一体化发展"、重点项目建设等内容，做好了"十三五"规划宣传报道。积极做好"两学一做"学习教育宣传报道工作，为活动取得实效营造浓厚的舆论氛围。

央媒区媒报道声音响亮。共接待中央、自治区级媒体120余批（次）370余人次，中央级媒体刊播转发有关山南市新闻稿件1280多篇条，其中《人民日报》17条，中央电视台播出16条（其中《新闻联播》播出6条）。自治区级媒体播发有关山南市新闻稿件2943余篇条。据统计，山南市新闻在央媒、省媒刊播条数同全区七地市相比均保持在前三名。

**【文明创建】** 按照"一条主线"（培育和践行社会主义核心价值观），培育"三种风尚"（爱国守法、遵德崇礼、诚信友善），实施"四大工程"（文明城市创建工程、未成年人思想道德建设工程、志愿服务工程、刊播"讲文明树新风"中央第六次工作座谈会精神平面类和视频类公益广告）的思路，扎实开展精神文明建设。

公民思想道德建设不断加强。继续开展寻找"山南好人"活动，大力宣传身边的好人好事，前三季度工作选出38名"山南好人"，并利用山南报、山南网等媒体，刊登好人先进事迹，积极营造向善、行善的良好氛围，受到了广大干部群众的喜爱与好评。扎实推进第五届"感动山南十大人物"评选表彰活动，市12县（区）、市直部门单位共推荐候选人58人，经过筛选最终向市委推荐14人。积极组织开展第五届自治区道德模范推荐评选活动，共推荐爱国守法模范、助人为乐模范、诚实守信模范、孝老爱亲模范、敬业奉献模范19人上报自治区文明办。仁增、杨红波入选"中国好人榜"，分别荣获"见义勇为""敬业奉献"中国好人荣誉称号。制定《山南市关爱帮扶道德模范实施办法》，以重要节日、传统节日为契机，开展走访慰问道德模范活动，推动关爱帮扶活动制度化、长效化。

群众性精神文明创建工作成效显著。积极组织开展网上文明志愿者传播活动，在新浪、中国文明网、搜狐等网站通过微博、博客、QQ群、论坛等形式对道德模范先进事迹等进行传播，受到网友广泛跟帖。在市直各学校组织开展了"诵中华经典、做有道德之人"朗读比赛。举行了"绚丽雅砻·大爱之城"文明山南六彩行志愿服务活动启动仪式，为山南创建全国文明城市积聚了力量。

未成年人思想道德建设有效落实。以维护民族团结、反对分裂为主题，以"开学第一个课"为契机，在师生中开展爱国主义宣传教育。在清明节开展"网上祭英烈"活动，进行网上献花、网上留言、浏览革命纪念馆，倡导了网络祭祀、文明祭祀的新理念，参与学生达5000多人（次）。开展"童心向党"歌咏比赛，通过传唱歌颂党、歌颂伟大的祖国，充分表达学校学子祝福党的生日、赞美幸福学校的美好心声，积极培育学生们心向党、跟党走的高尚情感和远大志向。认真检查少年宫项目运行情况，及时完成10所2015年少年宫项目建设。

【网络文化管理】 按照年初工作目标责任要求，坚持一边抓建设，一边抓管理，互联网建设和管理工作呈现出良好的发展态势，为山南科学发展和维护社会稳定创造了良好的网上舆论环境。

全面加强党对互联网工作的领导。全面落实陈全国书记对互联网工作的指示精神，切实做好全市网络系统党组织建设和党建工作，研究制订《中共山南地区互联网工作委员会2016年工作要点》和《山南地区互联网信息办公室2016年工作要点》，修改完善《中共山南市互联网工作委员会各成员单位职责分工》，进一步明确职责任务、细化工作措施，理顺工作关系，形成了各司其职、各负其责、齐抓共管的强大工作合力。

网上正面宣传保持强劲态势。积极推动政务微信公众账号建设工作，制定实施了“山南发布”“网信山南”两个微信公众平台的建设方案，于2016年4月正式上线运行。以“撤地设市”“两学一做”学习教育等重大活动为契机，指导各网站开辟专题专栏32个，转载新闻报道、评论文章、政策解读等文章18000余篇。组织实施了“网络媒体山南行”活动，邀请自治区6家主流网络媒体对山南市各行各业进行了集中宣传报道，共原创发布各类图文、音视频稿件72篇（其中英文报道7篇），总点击量近200万次，阅读受众涉及120多个国家的网民，6篇优秀原创稿件被中央网信办在全国全网推送。积极开展网络评论，组织专兼职网评员集中开展舆论引导7次，撰写网评、短评800余篇，转发评论文章3000余篇（条），跟帖评论26800余条。编报《舆情信息》26期，呈送市委、人大、政府、政协领导，为上级领导及时准确了解涉山南舆论进行科学决策提供有力参考。

多措并举强化网络空间治理。研究制定了《网络舆情应急响应预案》和《重大网络舆情处置协调联动机制》，不断完善人工加技防工作模式，确保涉山南网上舆情平稳可控。强化舆情监控和处置，做到了三个“可控”。严格落实24小时值班制度，及早掌握信息源头。2016年，累计落实自治区网信办指令37条，果断处置“关于雅江观景台涂鸦负面舆情”等14起负面舆情，累计报发舆情专报18期，形成1万多字的舆情产品。积极开展网络安全检查，对全市登记备案网站运行情况进行普查，对全市各级、各部门广域网和专用业务网络进行了安全检查，并针对发现的问题责令限时整改，较大提升全市各级、各部门管网、用网能力。

互联网系统党建水平不断提升。以“党建工作责任制”为抓手，年初与各县互联网党工委和直属网站党支部签订党建工作责任书，明确工作重点，规范考核办法。制定下发了《关于加山南地区强互联网系统党员管理办法》等规章制度，积极推动山南市互联网系统党建工作制度化、规范化建设。实施了《山南市互联网系统2016年互联网系统党员干部教育培养计划》，着力抓好网站党支部书记、党建指导员和党员三支队伍的教育培养工作。山南市互联网共有系统中共正式党员131名，中共预备党员18名，积极分子32名。

【外宣工作】 充分抓住撤地设市和“2016·中国西藏发展论坛”两大契机，坚持正面宣传西藏和深入揭批达赖集团相结合，精心组织外宣战役，积极推动新闻发布，有效引导内外舆论，不断拓宽外宣渠道，提高了山南的知名度和美誉度。

强化外宣工程建设，提升对外传播能力。按照“抢占话语权、占领制高点、下好先手棋，打好主动仗”的对外宣传工作方针，以及制作外宣精品，推动涉藏外宣本土化的战略要求，通过精心酝酿、具体策划，做好《寻歌山之南》（暂定）纪录片拍摄制作工作。做好《废奴》《多彩西藏》《藏地传奇》等纪录片、宣传片在山南的拍摄工作。

加强新闻发布工作，积极引导公众舆论。紧紧围绕党委政府工作大局，着眼于宣传、落实政府重大方针政策、重点工作部署，加强政府自身建设，及时发布传播政府工作动态和信息，扎实深入推进新闻发布各项工作。1—9月，市委宣传部共召开了3场新闻发布会，为中心工作的顺利开展营造了良好的舆论氛围和外部环境。

完善“采访线”工程，增强接待服务能力。做好外宣点建设及外宣项目支持经费，隆子外宣点项目建设设计图纸和前期工作开展顺利，从区外宣办争取到加查县制作形象宣传片外宣项目支持经费10万元和市特教学校对外宣传经费10万元，向浪卡子县拨付国门形象建设工作经费15.325万元。积极选派人员参加“2016年中国西藏发展论坛”，扎实做好了“2016年中国西藏发展论坛”专家学者代表团赴山南市桑耶寺、克松村参观考察工作，考察期间各项服务、安保等工作做到万无一失，得到区党委外宣办、国务院新闻办领导的充分肯定。

【文化发展】 圆满完成了国家第二批公共文化服务体系示范区创建任务，全市广大干部群众精神文化生活不断得到满足。

文化设施日趋完善。市博物馆、市群艺馆改扩建工程等项目有序推进。完成了各县综合文化活动中心、新华书店和民间艺术排练场所、乡镇综合文化站、村居农家（寺庙）书屋、20个村居基层综合性文化服务中心等工程建设，文化基础设施条件不断改善。全国文化信息资源共享工程实现了市、县、乡、村四级全覆盖，乡村边疆数字文化长廊、150个数字农家书屋、广播电视“户户通”等工程顺利实施，全市广播电视综合人口覆盖率均达到98.2%以上。农村电影共放映12030场次，观众达75.34万人次。雅砻数字影城于3月28日正式运营。

文化精品不断涌现。大力实施文化精品工程，每年创造推出文艺作品120个以上，《果谐的春天》《雅砻春潮》等一批文艺精品荣获全国、全区大奖，享誉区内外并走上了央视舞台，极大提升了雅砻文化知名度。为550个行政村各配备了1名享受财政补贴的文化指导员，招募文化志愿者943名。全地区共有各类艺术团队17支、村级业余文艺演出队550支、卓舞队18支、藏戏队37支。

文化项目建设加快推进。投资1400万元的市群艺馆改扩建工程项目于4月开工建设。完成了市博物馆附属工程消防验收前期工作，正在实施安防设施建设和筹备布展。实施边疆万里数字文化长廊基层服务点建设，总投资1730多万元，全市82个乡镇、550个村分两批实施，通过政府采购所有设备配置到位，率先在全区实现数字文化长廊乡村两级全覆盖。

优秀文化弘扬发展。制定了戏剧剧种普查方案，全面启动戏曲普查登记工作。非物质文化遗产保护取得实效，完成了七个自治区级项目资金、第二批自治区非物质文化遗产传习基地申报工作。开展了山南六部传统藏戏剧目拍摄。成功举办了第十一个“文化遗产日”宣传展演活动，组织乃东区泽当藏戏队等三支民间业余藏戏队参加了全区第四届业余藏戏大赛。

文化市场得到净化。深入开展了“护苗”“净网”“秋风”“清源·固边”等专项行动和“4·26”知识产权宣传周宣传活动。协助自治区在山南举办了2016年全区“扫黄打非”业务骨干培训班。今年，共开展文化市场检查行动687次，检查各类文化经营场所2130家次，查缴盗版光碟1254张，删除反宣违禁歌曲76首，处置网络有害信息773条，开具责令改正通知书25份，查办案件6件，行政处罚1.8万元。委托自治区新闻出版广电局鉴定音像制品9次。

新闻出版事业稳步推进。完成150套农家书屋卫星数字设备安装工程。举办2016年“书香山南 魅力阅读”主题读书赠书活动，向市区读者赠送5900余册图书、杂志，向西藏大学文学院学生赠送《山南文艺》300余册。编辑出版发行《山南文艺》4期，共计8000册。开展《山南当代优秀藏文书法选集》的征稿、筛选、修改等工作。

切实丰富群众文化生活。成功举办了2016年山南市春节藏历新年电视综艺晚会、“3·28”庆祝西藏百万农奴解放纪念日、“五下乡”专场文艺演出、庆祝建党95周年歌咏比赛，配合西藏自治区话剧团圆满完成了7场《解放·解放》演出，广泛组织各级文艺团体深入基层开展“送欢乐到工地”慰问演出。成功举办了群众广场舞大赛，协助完成了中国文联赴山南市“送欢乐、下基层”慰问演出活动，积极参加中国深圳国际文化产业博览交易会，成功向外界展示了藏源优秀传统文化。推荐了第十七届群星奖参赛作品7个。圆满完成了第三届中国西藏旅游文化国际博览会展览展示任务，组织商户38家，近百种产品，参加了第三届藏博会销售额达251万元。市图书馆投入试运营，向社会免费开放服务，馆藏图书达16.5万余册。

【队伍建设】 党风廉政建设有效落实。根据市纪委的要求，年初积极做好自治区纪委检查组到市委宣传部检查党风廉政建设工作，并得到自治区纪委检查组的肯定。起草并签订2016年党风廉政建设目标责任书。今年，就党风廉政建设会议强调21次，召开专题研究部署会议8次。

干部人才队伍不断壮大。认真开展公开选调工作，面向全市选调了2名行政工作人员、9名专业技术人员，分别安排在办公室、报社、网信办工作，同时还从内地招聘6名新毕业大学生，有力加强了部机关各科室的工作力量。按照德才兼备、以德为先的用人标准，今年市委宣传部共调整干部15名，其中新提拔干部12名，调整岗位3名。

干部服务管理得到加强。积极参加中宣部、区党委宣传部组织实施的新任宣传部长培训班、涉藏外宣培训班、宣传干部业务骨干培训班、赴援藏三省跟班学习、互联网宣传管理工作培训班等各类培训班，培训宣传文化系统干部共70余人次。5月4日，部机关食堂投入运营，极大改善了干部职工用餐难的问题。

# 统一战线

**【概况】** 山南市委统战部内设3个行政机构，办公室、党外干部管理科、民族宗教科；1个事业机构，归国藏胞接待办。3个内设机构和1个事业机构级别均为正科级。部编制总数23个，其中行政编制9个，事业编制2个，机关其他编制10个，后勤事业编制2个。本部领导职数11个，其中部领导职数4个，内设科级领导职数7个。实配部领导4人，内设机构科级领导7人。现实有人数21人（包括市委常委、统战部部长），其中1名地级干部，5名县级干部（2名为虚职），5名正科级干部（1名未明确职务），3名副科级干部，3名科员，4名驾驶员。

**【统战工作】** 年内，山南市统战部认真落实中央、区党委、市委关于统一战线工作决策部署。抓好学习，提升能力。认真组织干部职工深入学习中共十八大、十八届六中全会、中央第六次西藏工作座谈会、中央统战工作会议、中央民族工作会议、全国宗教工作会议、《中国共产党统一战线工作条例（试行）》、全国统战部部长会议、全国城市民族工作会议、全国民委主任会议精神和自治区第九次党代会、区党委统战工作会议、区党委统一战线工作领导小组2016年第一次会议、全区统战民族宗教工作会议、自治区党委书记吴英杰在山南调研时关于民族宗教工作重要讲话精神以及山南市委一届一次会议、市委扩大会议精神等。通过学习，进一步提高干部职工政策理论水平，增强“四个意识”特别是核心意识、看齐意识，对“坚持藏传佛教中国化方向”“如何引导宗教与社会主义社会相适应”，对宗教工作既不能‘放，’也不能‘收’，关键是在‘导’上下功夫，‘导’之有方、‘导’之有力、‘导’之有效等统战工作重要论述有进一步深刻理解，为做好统战工作奠定理论基础。为认真贯彻落实中央、区党委、市委关于统战工作决策部署，制定出台《中共山南地委关于贯彻落实中央统战工作会议和中国共产党统一战线工作条例（试行）意见》，全市各部门、各县（区）、各乡镇、各寺管会认真传达贯彻落实，各部门召开专题理论中心组学习会累计120余次，专题辅导讲座60余次，统战系统干部职工书写学习心得体会870余份。

**【思想政治教育】** 坚持抓政治引领不放松，巩固共同思想政治基础。深入开展统战成员学习活动。在抓好统战干部自身学习的同时，以召开党外人士迎新春茶话会、党外干部和新的社会阶层人士培训会、纪念“3·28”百万农奴解放纪念日等活动为契机，先后召开座谈会、情况通报会4次，组织统战成员学习中央、区党委、市委重大会议、文件精神，通报山南市经济运行情况和市委、市政府重大项目、工程进展等情况。通过开展一系列学习活动，进一步加深广大统战成员对统一战线重要性的深刻认识，增强他们对中国特色社会主义道路、制度、理论、文化自信，把他们团结在党和政府周围。深入开展统战成员慰问活动。“三大节日”期间，对全市部分统战退休干部、宗教界代表人士、党外代表人士、非公经济代表人士、定居藏胞等统战对象进行节前慰问，送去慰问品、慰问金，使他们感受到党和政府的关心关怀。开展民族团结宣传教育活动。坚持以“民族团结月”“综治宣传月”“安全生产宣传活动”为契机，积极联合市民宗局在泽当城区主街道采取以悬挂宣传横幅、摆放宣传展板、发放宣传资料、设立咨询点等形式，宣传党的民族政策，活动中发放宣传资料6000余份、发放宣传光碟500余张。联合通信部门在全市手机用户中发送民族团结宣传短信，进一步丰富民族团结宣传形式。深入推进民族团结进步创建工作。年内，山南市隆子县斗玉乡珞巴民族乡被授予“西藏自治区民族团结进步创建活动示范乡（镇）”。推荐民族团结先进集体13个、民族团结先进个人19名，荣获自治区民族团结先进称号，全市表彰民族团结先进集体15个、先进个人20名。大力实施“兴边富民”和少数民族发展资金项目。

**【宗教培训】** 继续深入推进加强和创新寺庙管理工作。开展宗教人士教育培训，深入推进“一教育”“一服务”,从西藏佛学院、拉萨哲蚌寺邀请高僧大德和组织本市高僧大德、法律专家,深入偏远寺庙开展法制宣传教育8次、僧尼参加人数280余人;各县(区)统战、寺管会组织僧尼学习累计200余场次;选派100名僧尼参加自治区社会主义学院学习,积极协助配合自治区佛学院做好第四届僧人、第二届尼姑学制班在山南招生工作。深入开展“一创建”活动,表彰县(区)级和谐模范寺庙132座(次)、爱国守法先进僧尼1946人次,表彰市级和谐模范寺庙40座(次)、爱国守法先进僧尼1209名、先进寺管会20个、优秀驻寺干部100名、优秀宗教工作干部15名,落实表彰资金457.9万元;推荐自治区和谐模范寺庙20座、寺庙管理委员会20个、驻寺干部140名、优秀宗教工作干部15名。加强驻寺干部轮岗交流和关心关怀。山南市在寺管会之间、寺管会与县直部门之间提拔调整交流干部72名,落实桑耶寺管会干部生活补助10万元,为其他每个寺管会(89个寺管会)落实干部生活补助5万元,为每个特派员机构(9个特派员机构)落实干部生活补助2万元,改善驻寺干部生活待遇。继续深入推进宗教事务管理工作。落实领导干部联系寺庙僧尼制度,出台《中共山南市委办公室山南市人民政府办公室关于调整充实地级领导有关工作联系点的通知》,完善市级领导干部和市宗教工作领导小组成员单位主要负责人联系寺庙制度,进一步明确寺庙管理责任。

**【非公经济统战工作】** 年内,在非公经济人士中开展“守法诚信、坚定信念”为重点的理想信念教育实践活动,深入推进非公经济领域“两学一做”学习教育活动,进一步提高非公经济人士服务社会、促进发展的自觉性。调整充实市非公有制经济发展领导小组,指导错那、措美、贡嘎、浪卡子四县开展召开第一次会员代表大会暨商会成立大会各项筹备工作,对召开市工商联第一次会员代表大会暨商会成立大会有关事宜进行研究部署。推进“五好”县级工商联建设工作,两个县工商联受到表彰。调整充实山南市非公党工委,召开山南市非公党工委组成人员党建工作会议;发展非公党员5名、4名入党积极分子;统筹抓好非公有制经济领域安全生产工作,对重点非公企业安全生产工作开展情况进行督导,确保企业安全。

**【藏胞接待】** 对要求申请回国探亲的11批33名藏胞进行严格调查、审核,详细了解掌握其背景、家庭情况、个人表现、境内亲属基本情况等提出审查意见,批准28名藏胞回国探亲申请,接待9名回国探亲藏胞。坚持在归国定居藏胞和回国探亲藏胞中,大力宣传党的方针政策、宣传西藏翻天覆地变化、宣传山南市经济社会发展取得的巨大成就,使回国探亲藏胞亲身感受到家乡的巨大变化,了解党和政府对西藏的特殊优惠政策。“三大节日”期间,山南市统战部对全市20名归国定居藏胞进行走访慰问,送去慰问金20000元;对13名归国定居藏胞进行回访,送去慰问金13000元;为加查县特困归国定居藏胞解决生活补助10000元;为2名归国定居藏胞解决房屋维修费4万元,1名归国定居藏胞纳入易地搬迁范围。各县(区)统战部在“三大节日”期间,分别对本辖区归国定居藏胞开展看望慰问活动,送去慰问金、慰问品。

**【学习教育】** 认真按照中央、区党委、市委“两学一做”学习教育安排部署,制订《山南市委统战部“两学一做”学习教育实施方案》,成立领导小组,召开动员大会。组织干部职工集中学习党章党规、习近平总书记系列重要讲话精神等20余次,个人自学人均30余次,召开专题党课6次,干部撰写心得体会人均5篇。通过开展“两学一做”,进一步坚定党员干部理想信念,树牢宗旨观念,更加紧密地团结在以习近平同志为核心的党中央周围。努力营造爱国、敬业、诚信、文明、和谐的良好氛围。认真按照区、市关于强基惠民工作要求,深入推进驻村工作。截至年底,向市人社局争取两期农牧民技能培训班,培训农牧民60人,投入资金15万元;与市民宗局协调,争取桑普村防洪项目,投入资金28万元;走访慰问驻村联系点困难户、结对帮扶户,发放慰问资金3万余元。统战部驻村工作队被评为区、市、县三级驻村工作先进集体,3名工作队员被评为区、市、县三级驻村工作先进个人。

**【党政廉洁】** 坚持把党建、党风廉政建设工作摆在重要议事日程,与业务工作同部署、同落实,召开党建、党风廉政建设专题部署会议3次、专题学习会议10次以上,统战部4名退休干部党员的组织关系进行清查清理,组织党员干部开展“重温入党宣誓”活动,参观廉政建设教育基地、预防职务犯罪警示教育基地,进一步增强党员干部党性修养,筑牢拒腐防变的思想防线。年内，统战部加强与组织部门沟通，积极向市委汇报，5个县（区）统战部部长和市委统战部1名副部长得到提拔重用，2名副部长平职交流到市直重要部门，新配备相关县统战部长和市委统战部班子力量；新提拔调整部机关正科级干部5名、副科级干部7名，召开科室主要负责人工作述职汇报会。

**【“三个一”活动】** 4月1日，市委书记张永泽主持召开市委会议专题研究宗教工作，提出开展一次涉宗干部政策法规教育培训、开展一次驻寺干部履职评估、开展一次宗教活动场所清查工作的“三个一”工作要求和“五个持续解决”。出台《关于开展全市统战民族宗教干部政策法规宣传教育培训工作的方案》《关于开展全市驻寺干部履职情况评估工作的方案》《关于开展全市宗教活动场所清查工作的方案》，为“三个一”工作扎实开展提供保障。统战部先后举办两期涉宗干部政策法规培训班，培训240余名干部；选派涉宗干部赴湖北、湖南、安徽、北京、江苏等地学习、考察、培训，各县（区）统战部门采取以会代训、县城集中学习、跟班学习等形式，对县驻寺干部进行培训。通过市内集中、分散培训、区内外交叉参训，进一步提高涉宗干部履职能力和工作水平。成立市县（区）两级驻寺干部专项考核评估组，制定寺管会班子和驻寺干部履职评估评分细则，通过采取召开座谈会、发放民主测评表，组织个别谈话等方式，对干部进行专项履职评估，全面掌握驻寺干部五年来的履职情况，作为驻寺干部轮岗交流的重要依据，进一步促进驻寺干部工作积极性、主动性。结合寺庙“规范年”创建活动，进一步规范山南市宗教活动场所管理工作，制定《山南市宗教活动场所清理清查工作制度》，并对宗教活动场所违规违建问题进行全面清查处理。

**【宗教整治】** 根据市委、市政府优化发展环境专项行动统一部署，开展贡嘎县苏若林寺教育整治工作，处理违法违规僧人，清理贡嘎县杰德秀镇辖区7处群众私设小经堂、小佛堂、转经筒宗教建筑物，教育广大僧众。对洛扎县生格乡木村违规寺庙建筑进行拆除、对隆子县机甲拉康维修违规问题进行依法处理，没有造成任何负面影响；对隆子县日当寺僧人越级上访问题，成立集中教育整顿工作专项组，将3名越级上访僧人移交市优化法制教育培训点接受集中教育培训，并从市委统战部、市民宗局、市宗教办安排干部与僧人开展“一对一”结对帮教，僧人思想稳定。对全市僧尼、活佛、后勤人员、学经人员、社会流动从事宗教活动人员等八种人进行摸底调查，完善涉宗领域八种人的档案和管理目标责任制。

**【民俗宗教活动】** 为保证扎日“转山”民俗宗教活动依法、安全、有序，加强扎日“转山”民俗宗教活动管理，坚持“不炒作、不宣传、顺其自然”的工作要求，制定《山南地区宗教领域关于2016年扎日“转山”民俗宗教活动宗教领域维稳总体方案》，从全市涉宗部门和部分寺管会抽调32名干部负责隆子县机甲寺、洛扎县卡久寺、乃东区西扎寺“转山”工作。同时，市委统战部、市民宗局、市宗教办多次组成工作专班赴扎日督导“转山”民俗宗教活动，确保了转山”活动井然有序。10月15日，自治区党委书记吴英杰在山南调研期间对扎日“转山”民俗宗教活动管理服务工作给予充分肯定。

**【党外人士培训】** 为深入贯彻落实《中共中央关于加强新形势下党外代表人士队伍建设的意见》《中共西藏自治区委员会关于加强新形势下党外代表人士队伍建设的实施意见》和中央、区党委、市委统战工作会议精神，进一步做好新形势下山南市党外干部、党外代表人士、党外知识分子和新的社会阶层人士工作，努力建设一支高素质的党外人士队伍。

# 政法

**【概况】** 中共山南市委员会政法委员会（山南市社会治安综合治理委员会办公室），设有8个正科级内设机构，分别为办公室（法学会秘书科）、政工科、综治协调科、执法监督科、山南市维护稳定工作领导小组办公室（山南市防范和处理邪教工作领导小组办公室）、社会管理科（实有人口服务与管理科）、社会稳定科（反分裂斗争科、情报信息科）、山南市“先进双联户”创建评选工作办公室。核定编制29名，其中，行政编制12名，事业编制15名，后勤事业编制2名。

**【维护社会和谐稳定】** 按照区党委、政府关于打赢维稳攻坚战的要求,加大维稳督导力度,全力做好全国全区“两会”、3月敏感期、扎日“转山”民俗宗教活动、第三届藏博会、G20杭州峰会、党的十八届六中全会等重要节点、重大活动的维稳安保督导工作。始终坚持目标任务不变、既定责任不变、体制机制不变,突出做好重点县、重点乡镇、重点寺庙、重点目标、要害部位、核心区域和复杂敏感部位的防控工作,并根据重点时段、重要节点维稳任务需要,适时调整戒备等级,狠抓各项防控措施落实,确保防控工作无缝隙、无盲区、无空白、无漏洞。突出贡嘎、加查、浪卡子、桑日等重要方向管控,加强“环山南安全工程”,强化分段包干和沟通协作。严格执行便民警务站“十个一”工作法,认真组织开展走访调查、加强宣传教育、加大隐患排查,对辖区情况做到心中有数、心中有底。按照“预案常演”的要求,举行2016·维稳安保誓师大会暨武装拉动巡逻演练。充分发挥党政军警联防机制和边境地区8个联合执勤点及6个检查点作用,全面落实“一线堵、二线查”措施,严密过滤进出边境管理区人员、车辆和物品,有效封堵通外山口和出入境通道,深入开展打击非法出入境活动专项行动,有效防止不法分子潜入潜出和反宣品流入。根据市委、市政府的统一部署,在错那县浪坡乡、勒乡和洛扎县拉郊乡大力实施“固边富民”试点工程,出台《错那、洛扎3个边境乡固边富民工程实施方案》《边民参与维稳固边考评考核办法》,充分发挥边境动态观察员、边境情况记录员、边境情报搜集员、边境稳控协管员、边境问题报告员的作用,积极引导边民群众参与反分裂、反蚕食、反渗透、反偷渡行动。为3个试点乡镇边民落实专项补助资金212万元,错那、洛扎两县分别安排30万元、10万元用于“固边富民”试点工程。围绕猴年扎日“转山”民俗宗教活动,成立扎日“转山”指挥部,下设边境管控等12个工作小组,制定维稳安保总体方案、细化方案和应急处突预案,认真贯彻落实关于扎日“转山”安保工作的一系列决策部署和重要指示,实现区党委提出的“一个出不去,一个进不来”的目标要求,确保社会面局势平稳以及重特大道路交通事故“零发生”。强化重点人员管理“十个一”工作法,严格“四级”管控责任机制,依法严管“3·14”涉案、法会“回流”、寺庙清退、刑满释放等涉稳重点人。加强邻省藏区学经返回人员教育管理,严格落实“两个一律”政策,提出增强学经返回人员自立意识和公民意识“两个意识”要求,认真开展排查摸底、办班教育、帮助扶持、联帮联教、就业安置等各项工作。自市优化发展环境专项行动以来,法制教育培训领导小组紧密结合市委、市政府有关安排部署,迅速布建法制教育培训点基础建设工作,并从公安、检察院、法院、司法局等部门抽调专人充实法制教育培训领导小组办公室成员及其培训驻点管理人员,同时借鉴那曲地区比如县教育矫治中心工作经验做法,结合山南市教育转化人员实际,不断创新工作形式,深化工作思路,加强组织领导。积极探索创新社会治理体制,探索建立法制教育培训工作常态机制,努力为依法推进市经济和谐稳定发展和社会长治久安打牢法制基础。共搜集各类情报信息313条,编报《山南维稳要情》190期。对山南市第二中心小学、山南市应急指挥中心等一批重大项目进行社会稳定风险评估备案管理。年内,市维稳办对57个重大项目进行备案管理,对72项重大项目、重大活动社会稳定风险评估报告进行复核,下发复核意见72份,做到应评尽评。两办督查室、市维稳指挥部、市委政法委共联合组成18个督导检查组、先后18次深入县(区)、乡镇、村居和机关企事业单位开展维稳督导检查,确保安全和谐稳定。

**【社会治理创新】** 强化城镇治理,落实便民警务站“十个一”工作法,城镇管理点线面全覆盖。加强“9+X”综治信息系统建设,实施“1+5+X”管理模式,深化“市—县(区)—乡(镇)—村(居)—单元网格—双联户”模式的网格化管理体系。强化乡村治理,550个驻村工作队2200名干部常年驻村,落实自治区“5+2”和市十项任务。截至年底,共评选表彰“十星模范村”8个,帮助基层完善综治维稳制度4703条,落实资金4290万元,为群众办实事23652件。抓平安创建。围绕全面建设“和谐稳定模范区”,坚持重心下移、触角前移,从家庭、僧舍、楼院、科室、班级、车间、店铺、景点等“细胞”抓起,不断巩固深化系列平安创建活动,全市12个县(区)、82个乡(镇)、550个村(居)、9.6万户家庭、213座已颁证寺庙、339所学校、610余个单位荣获区、市、县三级表彰,平安建设覆盖率达100%。深化“四级信访接待日”活动,强化重点领域行业性、专业性矛盾纠纷排查调处工作,健全完善人大代表、政协委员等第三方参与矛盾纠纷排查工作机制,建立群众诉求转办、协调、整治、解释和跟踪督办机制,群众关注的热点难点问题得到有效解决,及时消除群体性越级上访的矛盾隐患。

年内，共组织53个工作组，深入基层、深入群众，全面排查化解各类矛盾纠纷和群访隐患，共排查化解各类矛盾纠纷976件。全市共有3043名领导干部参与接访活动，接待来信来访群众17批（件）38人（次），全部办结。积极探索推广精确治理、分类指导工作新机制，针对边境一线、农牧区、城镇和机关单位的不同情况，认真开展示范点建设工作。通过利用媒体宣传、以会代训宣传、走村入户宣传、街面集中宣传等形式，积极营造广大群众支持、参与创建活动的浓厚氛围，共开展各类宣传活2764场次，发放宣传册（单）79.7万余份、悬挂横幅1155条，张贴标语8754个，播放语音光碟1186余次，在中央、自治区级新闻媒体上发表34篇文章。采取集中办班、跟班培训、现场指导、参观交流等形式，层层进行培训，全面提高联户长履职能力，共举办从事“双联户”工作人员培训班468场次，举办联户长培训班2344场次，组织交流学习246人次，跟班学习277人次。全面深化“四个一”工作法，认真完成年度各级“先进双联户”评选表彰和联户长考核定级工作，及时兑现2015年各级“先进双联户”表彰奖励资金730.75万元，严把审批把关，狠抓政策落实，共有101名考生享受公务员考试加分政策，14名考生享受全国高考加10分政策，将1114名优秀联户长作为村（居）“两委”班子后备人选进行培养。强化联户保平安，共排查化解各类矛盾纠纷1077起、开展治安巡逻6.2万余次、整治安全隐患3156处、收集社情民意373条。强化联户促增收，72个联户增收项目实现经济效益1017.22万元、其中纯利润429万元，解决712名困难群众就业问题，累计发放工资341.25万元。强化联户树新风，共组织群众学习党的方针政策3883场次，开展新旧对比和感党恩教育2098场次、文艺汇演2725场次，播放爱国主义影片5857场次，组织联户群众帮扶困难家庭6827户21937人。强化联户助脱贫，从市本级财政产业发展联户增收扶持资金中安排450万元，助推乃东、洛扎、曲松3个首批脱贫摘帽县（区）脱贫攻坚工作，示范作用明显。

**【政法队伍建设】** 全市政法机关坚持以“两学一做”学习教育活动为主线，以提升“五种能力”为重点，切实加强政法队伍的思想、能力和作风建设，组织干部学习党章党规、习近平系列讲话、中央、区党委、市委有关讲话和文件精神，举办学习党章、习近平总书记系列讲话、党的治藏方略等专题研讨，参观克松红色教育基地、爱国主义教育基地，学习潘志荣、李培斌先进事迹、辽宁拉票贿选通报、违反中央八项规定有关通报。通过举办讨论会和撰写学习心得、论文评选等方式，认真学习和深刻领会党的十八大、十八届三中、四中、五中、六中全会、习近平系列讲话精神，增强了广大政法干警对中国特色社会主义的道路自信、理论自信、制度自信。坚持用中国特色社会主义理论体系教育、武装干警，突出理想信念、社会主义法治理念、职业道德教育，强化政治观念、大局观念、宗旨观念，教育引导全体政法干警坚定中国特色社会主义信念，增强担当中国特色社会主义事业建设者和捍卫者的责任感、使命感。通过调训、以会代训、分期轮训、上挂下派、岗位练兵等多种方式，有针对性组织开展以提高政法干警业务技能、拓宽知识面为重点的业务培训。年内，龚兵带队到湖南、湖北、安徽等三省考察学习立体化防控体系建设和综治工作；组织13名市县两级维稳办主任参加区党委政法委举办的应急管理与社会稳定研讨班学习培训。同时，紧密结合创先争优和“两学一做”学习教育活动，组织政法各部门开展学习型党组织建设，深入开展结对扶贫活动。先后组织19名干部分批深入隆子镇扎果村、列麦乡洋秀村、念堆村、聂荣娥村11户贫困户家中，与村民就2016年扶贫工作开展面对面交流探讨，在了解其思想的基础上，针对性地抓引导工作，引导群众摒弃“等、靠、要”的思想，积极参加人社局组织的技能培训，增强脱贫能力，真正实现从“要我脱贫”到“我要脱贫”的根本转变。并多次召开会议，安排部署精准扶贫工作，已初步拟定扶持1户贫困户养鸡、三户养牛、1户扶持开商店。

# 党校　行政学校

**【概况】** 山南市委党校内设科室9个，分别有办公室、教务处、总务处、学员管理科（函授处）、综合教研室、理研室、信息科、党史党建教研室和马列教研室。现有核定编制55人，实有人员47人（含第一支部书记1人）。

**【教学提升】** 坚持教学立校，积极探索并认真落实

“三个彰显”教学举措，不断提升教学质量和水平。创新办班形式，彰显“干部学府”的重要性。精心组织县处班、中青班、公务员初任培训班，科学合理设置学制和内容，认真解决“上下一般粗、左右一个样”的问题。课程安排中学校专兼职老师承担的专题总数142个，培训532名干部职工。计划外举办各类培训班次14个，培训学员726人（市计划外办班10个，共完成30多个专题、培训人数549人；那曲班2个班次，共完成20多个专题、培训人数75人；与区党校共同协办2个班，培训102人）。截至年底，共举办23个班次，培训1258名，超额完成党校和有关部门的培训计划。通过与异地交流、合作办学，构建起体现山南特色的“专家讲学+现场考察+互动交流”的“三三制”对外培训新模式，在更高层面上拓展了主体班合作办学新路，成为山南市委党校探索改革干部教育培训模式和培养路径的一项创新举措。创新专题设置，彰显“教学内容”的时代性。坚持“一个中心、五个重点”（即中国特色社会主义理论体系教育为中心，以理论基础、世界眼光、战略思维、党性修养、反分裂斗争为重点）教学新布局，把马克思主义原理、毛泽东思想、中国特色社会主义理论体系、“四个全面”战略布局等作为教学的核心内容，围绕党的十八大和十八届三中四中五中六中全会精神、中央第六次西藏工作座谈会和习近平总书记系列重要讲话精神，围绕“五大发展理念”“精准扶贫”，围绕区党委八届八次全委会、“拉萨——山南一体化战略”等党中央和区党委、山南市委的各项决策部署，开设一批教学新专题。设置新专题28个（23个汉语专题、5个藏语专题）。同时，加强同区党委党校的教学合作，探索教学合作交流新途径，共享优质教学资源，共同提高教学质量。创新教学方式，彰显“实践培训”的针对性。坚持“研究式教学”理念，突出学员的主体地位，调动“教”和“学”两个积极性、主动性，实现教学相长、学学相长。

**【科研提质】** 坚持科研强校，提升科研成果质量。年内，共撰写16篇，已发表10篇。另外，《选派驻村第一书记实证比较与优化对策研究》已获国家社科基金项目立项，实现市委党校国家级课题零的突破。

**【管理增效】** 坚持管理治校，动之以情、晓之以理、施之以制，提升党校管理水平。加强内部管理，利用群众路线教育实践活动和“两学一做”教育活动，在广泛征求意见建议的基础上，建立健全各项规章制度79项。加强教学管理，将对教师的教学质量评估结果纳入年度考核内容，作为奖惩依据。加强学员管理，严格学习纪律，严肃班风学风。

**【人才培育】** 坚持人才兴校，培养和造就一支政治硬、业务精、能力强、作风正、敢担当的专兼职教师和后勤服务队伍。利用“学科带头人培养计划”，注重发挥老教师的“传帮带”作用，重点培养高职称、高技能的专业人才。利用学习深造的机会，不断提高专兼职教师理论水平和实践能力。利用“雅砻讲坛”“领导干部上讲台”“送教下乡”和“党的方针政策大宣讲”等活动，实施“请进来、送出去”策略，促进党政干部、教学队伍的优势互补与资源共享。

**【基础保障】** 以改扩建工程为契机。党校争取到9144万元人民币改扩建资金（国家投入4000万元，政府配套资金5144万元），从而较好改善学校硬件建设滞后现象。在软硬件设施上一台阶，提升党校教学培训工作。

## 老干部工作

**【概况】** 年内，市委老干部局行政编制6名，事业编制4名，现实有4人；局领导职数3名，实有2名；科级领导职数2名，实有2名，其中1人在扎囊县桑耶镇松卡村任第一支部书记。市委老干部局下设泽当老干部服务站，是参照公务员管理的正科级事业机构，编制10名，实有9人。

截至年底，山南市共有离退休干部3738人，其中离休干部10人，退休干部3728人；区内安置3591人，区外安置147人；党员2587人。全市共有离退休党总支6个、党支部58个，建有离退休党支部活动中心3个，活动室57个（其中租用15个）。

**【“两项待遇”落实情况】** 全年邀请离退休老干部代表参加市委、市政府组织的重大会议、活动8次400余人次，通报全市经济运行和维稳情况共计7次，让离退休老干部了解党的方针政策和市委、市政府的工作部署，为山南发展稳定发挥参谋作用。4月26日至5月15日选派49名老干部参加区党委老干部局组织的云南健康疗养；8月20日至9月19日山南市组织100名老干部分两批赴云南省干部疗养院参观疗养，让广大离退休老干部充分共享改革发展的伟大成果。

年内，全市累计慰问离退休老干部6300余人次，其中走访慰问省级、地级、离休、十八军干部和长期病号代表共计200人次。召开团拜会、座谈会（茶话会）100余次，发放节日慰问金、慰问品共计约650余万元，台历3800封，切实把党和政府的关怀和温暖送到广大离退休老干部的心坎上。通过对特困离退休老干部及遗属的前期调研，8月3日，为14名特困离退休老干部及遗属兑现帮扶资金9.4万元。

**【思想政治教育】** 以"两学一做"学习教育为切入口，加强对党章党规和习近平系列讲话的学习。全年，共计发放各类专题学习资料1300余份，泽当离退休党总支为所辖12个离退休党支部的530余名党员发放党徽和藏汉版《中国共产党章程》，组织各类学习共计1200余次。召开"向党说句心里话"座谈会，表达对中国共产党的赞美之情和伟大祖国的感恩之情。开展"我与党心连心"征文活动，加深了爱党、爱国、爱社会主义教育。开展以老干部局局长、党支部书记带头讲党课、邀请党校老师讲党课、鼓励有威望老党员讲党课等活动，特别是在"七一"党的生日期间，市委组织部部务委员、老干部局局长亲自深入离退休党总支作题为《爱党忧党兴党护党继续为党和人民的事业增添正能量》的党课，全方位多角度地进行理想信念教育。开展参观城市发展变化、参观爱国主义教育基地、观看爱国主义影片、歌唱红歌给党听等活动，充分感受旧西藏的封建落后与新西藏的文明进步。全年，全市各级离退休党组织共召开座谈会83次，召开学习讨论68次，开展讲党课114次。

3月，老干部局与市委组织部一同召开山南市组织编制老干部工作，全面安排部署全年工作，同时在会议期间，专门利用半天时间，召开各县（区）老干部局长座谈会，传达全国老干部局长会议精神，部署全年的党建重点工作，签订党建工作责任书。年内，在市委老干部局的积极协调下，市政府召开专题会议研究并提高了老干部工作各项经费，使集中安置点30个离退休党支部的党建经费提高到每年每支部25000元，离退休党支部书记、副书记、委员的补助分别提高到每人每年3600元、2400元和1200元，为党建工作的顺利开展提供资金保障，促进支部班子的工作积极性，年内以上两项经费共计投入102万元。

**【离退休老干部发挥余热情况】** 通过召开座谈会、登门拜访、发放征求意见表等方式，组织200余名离退休老干部为市、县两级"十三五"总体规划共计建言献策20余条。组织开展"老西藏精神我见证"进学校、进机关活动，使党的理论和路线方针政策真正走进群众心中、引起群众共鸣。全年共有20余名离退休老干部进机关、进学校开展了"老西藏精神我见证"活动。推了6名老领导担任市政府督查专员；26名老领导担任市优化发展环境专项行动督查员、舆情员和参谋员，做好上下协调，全面监督工作；10名老领导担任换届风气特约监督员，为山南市各项事业顺利开展保驾护航。

## 党史　地方志

**【概况】** 2016年，山南市委党史研究室（市地方志办公室）在市委办公室的正确领导和区党委党史研究室（自治区地方志办公室）的具体指导下，按照国务院《地方志工作条例》和《全国地方志事业发展规划纲要（2015—2020）》要求，紧密围绕"两个全面"目标任务，开拓创新，奋发进取，较好地完成各项工作任务。

**【党史工作】** 按照区党委党史研究室要求，及时征求和报送对《西藏自治区党史工作规划（2016—2020年）》（征求意见稿）的意见建议。按照上级业务部门要求，积极在全市范围内开展党史文稿的征集工作。认真收集编写2016年大事记，坚持一月一整理、一季度一汇总，完成山南市1月至11月大事记的整理工作，累计整理汇总大事记约2万余字。

**【地方志工作】** 深入贯彻落实区、市两级地方志工作会议精神。及时调整地方志编纂委员会，切实加强对地方志工作的组织领导；召开专题会议，深入传达学习《全国地方志事业发展规划纲要（2015—

2020)》、自治区地方志工作会议精神和《西藏自治区贯彻落实〈全国地方志事业发展规划纲要(2015—2020)〉的实施意见》,统一思想,提高认识,增强做好修志工作的责任感和使命感;召开全市地方志工作电视电话会议,全面总结山南市地方志工作取得的成绩,对下一步工作进行具体的安排部署;按照《西藏自治区贯彻落实〈全国地方志事业发展规划纲要(2015—2020)〉的实施意见》要求,详细制定全市"十三五"时期山南市地方志书及综合年鉴编纂出版任务分解表,并与各县(区)签订目标责任书,明确任务分工、强化责任落实,全面启动全市第二轮修志工作。及时开展《山南地区志》续修工作。制定印发《山南地区志(2001—2015)》编修篇目及任务分工,及时开展第二轮山南地区志编修工作。该编修篇目共33篇120章,构建《山南地区志(2001—2015)》的基本框架,奠定《山南地区志》续修工作的基础。切实加强首轮县志扫尾工作。强化工作督导,对未完成首轮修志任务的扎囊、浪卡子、洛扎、曲松4县,通过电话督查、实地调研等方式,及时了解工作动态、解决实际问题、促进工作开展;做好志稿审核把关,按照《地方志书质量规定》要求,从志稿的体例、内容、行文规范等方面进行全面审核和修改,累计完成《扎囊县志》《浪卡子县志》《洛扎县志》《曲松县志》250余万字志稿的审改工作。年内,《浪卡子县志》《扎囊县志》已送往藏学出版社,《曲松县志》正在总编,《洛扎县志》已通过验收,全面完成第一轮修志任务。着力提升年鉴编纂质量。以打造精品年鉴为目标,扎实开展《山南年鉴(2016)》编纂工作。加强《山南年鉴(2016)》资料采集、稿件纂写、审核校对等环节把关力度,并在框架结构、内容组织、彩页排版等方面作重大更新调整和修改完善,使其更加符合年鉴编纂要求和山南实际,年内,《山南年鉴(2016)》已公开出版并发行。全力指导县(区)年鉴编纂工作。通过提供学习资料、交流编纂经验等方式,加强对乃东、琼结、扎囊、贡嘎、桑日5县(区)年鉴编纂工作的业务指导,同时认真审改年鉴样稿,严把年鉴资料的政治关、保密关、史实关,累计审改5县(区)年鉴样稿150余万字,确保年鉴质量,推动5县(区)首次年鉴编纂工作的顺利开展。

**【业务培训】** 采取"走出去、请进来"的方式,邀请自治区领导、有关专家到山南市开展地方志及年鉴业务培训,选派人员参加上级党史地方志机构组织的业务培训。同时,市地方志到措美参加措美县地方志工作推进会议,对全县修志工作进行指导和业务培训,推进措美县地方志工作。年内,累计组织开展集中培训2次,参加人员200余人(次),选派市县两级业务骨干到内地参加培训4人(次)。通过培训,提高业务人员理论水平和业务素质,为开展地方志工作打下坚实的基础。

# 山南市人民代表大会常务委员会

**【概况】** 2016年撤地设市后，5月正式成立山南市人大常委会。市人大机关核定编制29名，其中，行政编制21名，事业编制8名。市人大常委会核定领导班子职数9名，其中主任1名，副主任8名。市人大常委会办公室核定县级领导职数3名；内设行政机构核定科技领导职数5名，其中综合科（政工人事科）2名，其他科室各1名。市人大三个专门委员会各核定县级领导职数3名，共9名；内设行政机构各核定科级领导职数1名，共3名。

**【市一届人大一次会议情况】** 按照地区撤地设市领导小组部署要求，根据自治区十届人大常委会第23次会议作出的《关于成立山南市第一届人民代表大会筹备组的决定》，人大地工委党组坚持把自治区人大常委会、地委的领导贯穿筹备工作全过程，及早谋划，拟定会议筹备工作方案，积极与地委组织部衔接，向自治区人大常委会、地委请示，并先后三次派人到自治区人大常委会就撤地设市、召开人代会相关事宜进行专题汇报，得到自治区人大常委会、地委的高度重视和大力支持，保证撤地设市人大常委会相关工作顺利推进。根据自治区十届人大常委会第23次会议关于山南市第一届人民代表大会代表名额的决定，分给山南市代表名额254名，人大山南地工委及时成立代表选举委员会和代表资格审查委员会，科学制定代表选举方案，合理划分选区13个，分配代表名额247名（预留7名），代表资格审查委员会依法审查通过了各选区选举出的山南市第一届人民代表大会代表的资格，247名代表身份合法、选举程序合法、结构比例合理，依法确认了247名代表的资格有效，并在山南电视台、广播电台进行公告和张榜公布。2016年5月23日，山南市第一届人民代表大会第一次会议隆重召开，5月26日胜利闭幕。会议应到代表247名，因事因病请假6名，实到代表241名，共分12个代表团。按照大会通过的选举办法规定，严格程序标准，采取无记名投票的方式，选举产生山南市第一届人民代表大会常务委员会主任1名、副主任6名、秘书长1名，委员25名；选举市长1名、副市长12名；选举中级人民法院院长1名，选举山南市人民检察院检察长1名，表决通过了山南市第一届人民代表大会各专门委员会人员名单。同时，作出市人民政府工作报告、计划报告、预算报告、“十三五”规划和市人大常委会，市中级人民法院、市人民检察院工作报告的决议，开启山南发展稳定新征程。

**【县乡人大换届工作】** 召开专题会议，成立以市委主要领导为组长的换届选举工作领导小组及其办公室。各县、乡镇也成立相应的人大换届领导机构和工作机构，制定具体选举方案，科学安排换届工作，选派业务骨干参加自治区人大常委会举办的换届选举培训，督促各县相继举办换届选举培训班；协调各县人大及其常委会组成多个调研督导组，对本辖区乡镇实行分片负责制，及时了解掌握换届选举工作中出现的新情况、新问题，提出有针对性的整改意见，保证选举工作顺利开展，组织开展专题学习教育活动，发放《山南地区严肃换届纪律学习宣传手册》等资料，确保换届工作风清气正；根据相关法律规定和区党委的要求，山南县乡两级人大换届选举工作于2016年4月全面启动，全市共划分1868个选区，229240名选民参加投票选举，参选率达95%。全市

12个县(区)和乡(镇)人大换届工作于2016年10月全面完成,共选举产生县级人大代表1192人,乡镇人大代表3252人;指导各县严格依照法律程序,规范完成县乡两级国家机关领导人员换届选举工作,选举产生县人大常委会主任12名、副主任48名;县人民政府组成人员106人,县(区)长12名,副县(区)长94名;县人民法院院长12名;县人民检察院检察长12名;乡(镇)人大主席82名;乡(镇)长82名、副乡(镇)长241名,为山南市发展稳定提供有力的组织保证。

**【法律监督】** 根据自治区人大常委会安排,结合山南市实际,大力开展人民防空法、公益事业捐赠法等12部法律法规执法检查,针对检查中发现的问题,转交"一府两院"及有关部门办理意见建议39条,有效促进法律法规在山南市的正确贯彻实施。配合或受自治区人大常委会委托,对立法条例、促进科技成果转化法办法、食品安全法办法等10部新制定或需修订的法规草案进行调研,广泛听取各级人大代表、相关单位意见,向自治区人大常委会提交意见建议60余条,为全区科学立法、民主立法提供决策参考。充分利用常委会会议、"两学一做"学习教育、法制宣传月、宣传周、驻村工作队、"先进双联户"等平台,大力宣传宪法、民族区域自治法、食品安全法、环境保护法、安全生产法等法律法规,发放宣传资料3400余份,为全面增强干部群众尊法、学法、守法、用法意识打下坚实基础。

**【工作监督】** 常委会通过听取和审议市政府国民经济和社会发展计划执行情况、财政预算执行情况、本级财政预算调整方案、审计工作情况等工作报告,督促有关方面认真落实市委关于经济工作的决策部署,促进"十三五"规划全面实施。特别是对市政府年度经济指标完成情况、资金使用情况等开展了监督检查,作出相应决议决定。对全市商务工作开展情况进行调研,提出意见建议并上报自治区人大常委会。强化绿色发展理念,督促各级政府及环保部门落实最严格的环境保护法律制度,坚定不移地推动美丽山南建设。配合自治区人大常委会,开展"中华环保世纪行——西藏行"活动。对拉林铁路、泽贡高等级公路、大古电站等重点项目环境保护工作和市医疗废物处置中心、市垃圾填埋场运营情况等开展监督检查,对羊湖风景区开发保护建设、冬虫夏草资源保护与管理情况进行调研,发现12个方面的问题,积极督促相关部门对照问题及时整改落实。围绕市委中心工作,对市"十二五"规划目标完成情况和"十三五"规划纲要编制情况进行监督,听取和审议《山南市2012—2030年城市建设总体规划》,提出意见建议,形成相关决议决定;听取市政府优化发展环境工作报告,对乃东、琼结、加查、贡嘎等县(区)优化发展环境工作进行了实地调研,形成专题调研报告,向市政府交办意见建议5条;听取市政府关于精准脱贫工作情况报告,深入乃东、曲松、洛扎3个计划脱贫摘帽县进行视察调研,提出了抓项目、强落实、重教育、提质量等意见建议;对新修订的农村土地承包法和支农惠农政策落实、农牧科技创新、民办教育发展、藏医药传承保护等工作进行视察调研,听取工作情况报告,提出意见建议27条。

**【依法履职】** 组织90名市人大代表和基层人大干部开展依法履职、法律法规、业务知识等方面的培训,有效提升市一届人大代表履职能力和业务水平。始终坚持常委会组成人员联系代表制度、重大事项请示报告制度、定期走访代表和邀请代表列席常委会会议制度,先后邀请80余名市县两级人大代表列席常委会会议,有效拓宽代表的知情知政渠道。认真做好代表意见建议收集分类和交办等各项工作,全年共计收集和交办代表意见建议90余条,确保市一届人大一次会议期间代表意见建议的按时交办和常委会议期间委员提出意见建议的交付办理工作。

**【代表活动】** 认真组织基层人大代表和人大干部参加全国人大、自治区人大举办的学习、培训、视察、调研等活动,协调帮助洛扎、桑日、加查、隆子等县人大代表外出学习考察和交流活动。组织自治区驻山南十届人大代表和市级人大代表40余人次,对基层人大工作开展情况、自治区十届人大四次会议代表的意见建议办理情况、"十二五"重点项目建设情况、食品安全法贯彻实施情况等进行调研、督导和执法检查。积极指导各县(区)结合实际制订"人大代表之家"活动计划,认真组织代表学习党和国家的方针政策、法律法规,大力开展代表履职经验交流、与选民见面和报告履职情况等活动,依托全市95个"人大代表之家"和172个"代表小组活动室",共开展活动1006次、参与代表4300余人次,极大丰富了代表在闭会期间的各项活动。

**【议案办理】** 认真梳理分类市一届人大一次会议代表提出的建议66条，专门召开交办会议，交由22个主办部门和23个协办部门办理，并提出明确要求。选择群众关注、代表反映强烈、领导关心的10条意见建议，由常委会主要领导牵头，持续跟进、狠抓落实。组织两个检查组对代表意见建议办理情况进行督导检查，对重视不够、办理不力、答复不及时、代表不满意的单位及时督促整改。将代表意见建议办理纳入全市年度综合考评，逐条细化考评办法，有效增强了意见建议的办理时效。截至年底，市一届人大一次会议期间代表提出的意见建议答复率达100%、办结率达86%。

# 山南市人民政府

## 综述

【概况】 2016年,山南市政府认真贯彻落实自治区“九个一”“六个抓”工作要求,紧紧围绕“三个年”的定位,全力以赴推进“九个开好局”,经济社会保持了良好发展态势。全市生产总值、固定资产投资、社会消费品零售总额、农牧民人均可支配收入、城镇居民人均可支配收入分别完成126.53亿元、186.24亿元、44.74亿元、9908元、25894元,分别增长9.9%、27.6%、13%、10.2%、8.7%,完成财政收入13.56亿元、增长16.9%,实现“十三五”良好开局。山南顺利建成国家公共文化服务体系示范区,在全国292个地级市政府效率排名中位居第三,“十大民心工程”获得国务院通报表扬,安监工作荣获全国先进。

【基础工作】 牢固树立“四个意识”,坚定不移地向党中央、自治区党委政府和市委看齐,不折不扣贯彻执行党中央、自治区党委政府和市委各项决策部署。先后召开市政府一届2次全体会议、党组(扩大)会议,提出实施10个“四年行动”的落实任务,做到高度一致、绝对忠诚。扎实推进“六个模范区”建设,总体实现程度达到98.9%。严格按照自治区党委书记吴英杰“八个始终”“十个坚定不移”和“663”工作思路引领山南工作,对自治区涉及山南的129项任务进行分解落实。强力推进自治区“拉萨山南一体化发展”战略,明确了“十个一体化”发展方向,组建领导小组和工作专班,启动江北综合保护与开发规划编制,拉萨山南快速通道开工建设。及时召开脱贫攻坚、项目建设推进、经济工作百日大会战等会议,协助自治区完成“2016中国西藏发展论坛”调研和2016年第一批重点交通项目开工仪式。编制“十三五”规划纲要,出台“十大民心工程”、打赢脱贫攻坚战、加快天然饮用水产业发展、招商引资政策等意见、方案和规定。

【产业发展】 牢固树立“发展是解决西藏所有问题的关键”的发展理念,全力以赴谋发展、抓发展、促发展。农牧业实现“八连丰”,粮食总产达到16.41万吨(含薯类折粮)。改良黄牛5.32万头,年末牲畜存栏143.11万头(只、匹),肉、蛋、奶类产量分别达到3.03万吨、0.17万吨、6万吨,均有不同程度增长。泽贴尔等6个“三推进”项目成效明显。各类农牧民专合组织发展到1018家,总注册资金5.81亿元。一产实现增加值6.14亿元,增长5%。藏中清洁能源基地建设步伐加快,藏木水电站实现产值4.48亿元,8座光伏电站实现产值1.6亿元。加查和大古水电站有序建设,嘎堆和拉郊水电站、措美协信和曲松光伏项目进入电网接入调试阶段。“四个矿业基地”有序建设,地质找矿实现重大突破,努日铜矿项目环评顺利启动。成功打造了“雅拉香布”“雅砻神水”天然饮用水品牌。建筑建材、民族手工、生物制药等产业加快发展。二产实现增加值62.03亿元,增长12.1%。藏源文化旅游基地加快建设,羊湖景区“三化”建设、旅游“厕所革命”稳步推进,投资5145万元实施了加查聂曲、错那让荣等一批旅游基础设施项目,全年共接待国内外游客278.4万人次,实现总收入11.9亿元,分别增长19%、29%。中国西藏雅砻文化节、仓央嘉措情歌文化节等文化节庆品牌享誉区内外。餐饮住宿、物流商贸等现代服务业加快发展。三产实现增加值58.36亿元，增长8.2%。

**【投资消费】** 充分发挥投资、消费、出口“三驾马车”作用，拉动经济增长。创新建立工作专班衔接、地级领导督导、一门受理审批、半月梳理调度等项目工作制度，推行“集县成片、整合力量、统抓项目”和“一家单位整体设计、同类项目打包设计、分期付款督促设计”的前期工作机制。录入国家重大建设项目库项目1651个，总投资262亿元，储备三年滚动计划项目1945个，总投资1627亿元，梳理代建、总承包、PPP等模式和银行贷款项目83个，总投资354亿元。全年新开工项目245个，完成投资44.2亿元。拉林铁路、泽贡高等级公路、雅砻水库等项目加快建设。商贸服务中心、家具市场等项目有序推进。大力实施万村千乡工程，累计建成878家农家店、18个配送中心、15个乡镇商贸中心，落户快递企业9家，市场流通体系更加健全。贡嘎县全国电子商务进农村试点成效显著，乃东区国家供销合作社改革试点工作稳步推进。精心举办雅砻文化节民族手工艺品展销会和市县两级物资交流会，雅砻物资交流会成交量达到4.25亿元。累计建成边贸市场5个，全市进出口总额达到185万美元。

**【脱贫攻坚】** 把脱贫攻坚作为第一民生工程全力以赴推进，乃东等3县区达到摘帽标准，全市共脱贫3775户1.36万人。成立扶贫开发工作领导小组和脱贫攻坚指挥部，设立产业发展脱贫组等11个专项组，制定“十三五”脱贫攻坚规划和易地搬迁、产业发展、转移就业、政策保障、生态脱贫“1+5”专项规划。拓展深化提出“六个精准、十个一批、十个到位”攻坚措施，创新建立“四表到户上墙”制度。全市335户1034人易地搬迁任务全部开工，已完成易地搬迁148户487人。统筹规划15个易地搬迁集中安置点，集中安置率达到78%，重点实施泽当城区、加查莫热坝、桑日追塘坝3个市级易地搬迁集中安置点建设，已完成投资1.1亿元。坚持开发式扶贫，规划6大类373个产业扶贫项目、总投资70.9亿元，已开工77个、完成投资3.08亿元。对接落实自治区产业扶持资金3.8亿元。市县两级整合各类资金2.6亿元、明确将1.7亿元沉淀资金用于产业脱贫。通过扶贫就业楼向贫困户低价出租等方式，推动184个已建成的产业项目与5522户19241名贫困人口建立利益联结机制，提升产业脱贫效果。安排市直部门和企业对18个重点贫困乡、176个重点贫困村居进行重点帮扶，落实资金2448万元。完善领导干部扶贫联系机制，完成57家单位107个驻村点和扶贫点“两点合一”，组织全市机关单位和干部职工结对帮扶3.7万贫困群众，落实帮扶资金812万元。大力实施“百企帮百村”行动，对接国家烟草总局落实资金3.5亿元定点帮扶贡嘎、扎囊两县，对接华电、华能集团和44家民营企业开展结对帮扶。动员社会各界人士募捐扶贫资金1856.63万元。

**【民生民利】** 始终把改善民生、凝聚人心作为经济社会发展的出发点和落脚点，推动发展成果普惠各族群众。认真落实自治区民生“十件实事”。整合37亿元实施“十三五”时期“十大民心工程”，对26项惠民补助或工资进行提标扩面，2016年市县两级共落实资金7.1亿元。强基惠民为民办实事7596件。加大教育投入，市县财政投入教育的比例上调至25%，援藏资金投入比例上调至30%。隆子等3县义务教育均衡发展顺利通过国家评估验收，12县区验收通过率达到75%。高寒边远县完全中学泽当异地集中办学项目有序推进，山南籍大学生资助实现全覆盖。市县人民医院等级创建、医疗联合体建设和泽当人民医院项目稳步推进。设立1000万元的大病救助基金，全民免费健康体检、“两降一升”、先心病患儿免费救治等工作走在全区前列。科技对农牧业的贡献率达到47%。大力实施“双业工程”，累计培训农牧民9247人，劳务输出8.8万人、创收3.56亿元。城镇登记失业率控制在2.1%以内。社保参保人数达30.9万人次，各类保险参保率均达到97%以上。集中本级财力，提高五保老人、孤儿、城乡低保对象、残疾人、65岁以上老人、乡镇教师医生、聘用干部、环卫工等群体的工资和生活补助。

**【统筹发展】** 坚持“以城带乡、城乡一体”思路，区域统筹发展水平不断提升。泽当国家新型城镇化试点顺利通过评估，泽当大道基本建成，老城区供排水项目全面完成，和平路一期、湖北大道南延伸段启动建设。统筹城乡发展示范区加快建设，示范区水、电、路等基础设施建设扎实推进。与22家企业达成投资意向，签订正式入驻协议17个、协议资金22.9亿元。桑耶国家新型城镇化试点规划编制工作有序推进，勒、杰德秀两个自治区特色小城镇加快建设。4个高寒乡镇供暖试点工程全部完成，2680户农村危房改造、30个基层政权示范点加快建设。规划95个边境小康示范村，乃东区扎西曲登村、琼结县唐布齐村成功入选“中国传统村落”。建立了边境腹心地区差异化考评体系。乃东区农村综合改革试验区加快建设，措美县新型牧区综合体建设成效明显。

【改革开放】 坚持创新求变，注重内外联动，切实为经济社会发展注入了新活力。撤地设市圆满完成，组建市法制办、综合执法局和城投、旅投公司，恢复克西乡建制，新设白玉地区杰罗布村委会。大力推行简政放权，取消和下放行政审批事项141项。建立权责清单，明确市县两级职权。不动产统一登记、景区“三权”分置改革、“三权”下放医院、周转房出售试点等改革加快推进。完成了财政存量资金清理，共盘活存量资金3.91亿元。成功与尼泊尔巴德岗市建立国际友好城市。雅砻文化节和藏博会期间签约项目42个，总投资195.7亿元。成功与17家金融机构签订战略协议，获得授信1710亿元。非公市场主体达到1.88万户、注册资金181亿元、从业人员5.5万人，分别增长22%、17%、23%。金融存贷款余额达325亿元、261亿元，分别增长8%、13%。圆满完成援藏轮换工作，明确八(六)批援藏工作“三项任务”“四个严禁”要求和“七个优先”原则。医疗卫生和教育“组团式”援藏全面铺开，开设三个内地高中代培班，启动整体援教示范校建设。与安徽水安建设集团签订合作协议，开启“企业人才组团式援藏”新模式。

【优化发展环境】 为破解“六难”问题，选派73个工作组500余名干部进驻97个重点村居，开展优化发展环境专项行动。深入开展案件通报和法制教育引导群众主动整改，拔除抢栽抢种树木42万株，退还私占土地3593亩，终止非法出租买卖土地房屋合同182份，拆除违规建筑830余处30万平方米，拆除违规占地占道围墙5.4万米。建立群众诉求办理台账和办结销号制度，累计办结答复群众诉求6000余件。乃东区昌珠镇环境污染、泽当城区主要路段占道经营等一大批事关群众切身利益的问题得到妥善解决，兑现失地农民安置保障金623万元。完成户籍清理和“三资”清查等工作，集中开展农牧民施工队、砂石料场、货运市场专项整治，严厉打击私挖乱采、哄抬价格等违法违规行为，关停取缔和停业整顿违规开采地材企业93家，审理查处影响发展环境的典型案件11件。及时出台《失地农民安置保障办法》《建设领域党员领导干部“十不准”》《优化发展环境举报奖励暂行办法》等制度，明确地材销售运输和机械租赁等参考价。

【和谐维稳】 牢固树立维稳没有局外人的思想，严明维稳纪律，细化维稳措施，落实维稳责任，强化维稳督导，确保重要节点和敏感时段的稳定。建立学经回流人员联帮联教机制，开展涉宗领域“三个一”活动，明确“十项清理清查内容”，解决一批深层次问题。圆满完成扎日“转山”宗教活动安全保卫工作。配合驻军部队完成西部战区军事演习和国防动员支前实兵演练。来信来访案件办结率达96.2%，消除一批社会稳定隐患。创新开展固边富民试点工程，提高一线边民和边境联防队员生活补助。

【安全生产】 牢固树立“100-1=0”理念、红线和底线理念，突出重点行业和关键部位，深入开展监管监察、执法检查、隐患排查治理等工作，确保安全生产形势平稳，安全生产死亡人数同比下降43.4%。

【生态保护】 扎实推进国家生态文明先行示范区建设，大力实施植树造林、防沙治沙、节能减排等工程，完成造林绿化52.98万亩。羊湖生态环境保护、210处农村饮用水源地保护等项目有序实施，成功创建自治区级生态乡镇13个、自治区级生态村居65个。强化环境执法监管，主要污染物排放控制在自治区下达的指标范围内，主要江河湖泊水质和空气质量达到或优于国家标准。

【政府建设】 加强“四型”政府建设，树立为民、务实、清廉的政府形象。严格执行重大事项请示报告制度，凡涉及经济社会发展的重大问题和重要事项，都及时向市委请示报告；凡需市委研究的一律在市政府研究达成一致意见后提请市委审定；12县(区)政府和市政府各组成部门的重大事项均按程序向市政府请示报告，确保政府系统高效运转。坚持民主集中制，凡“三重一大”事项一律集体研究，严格落实“20万以上预算外资金集体研究决策”等规定，确保了决策科学民主。通过民主投票的方式，从3家咨询单位中选定江北综合保护与开发规划编制单位。大力弘扬“三有四不怕”“钉钉子”和“马上就办”的精神，积极践行“一线工作法”，推行承诺践诺评诺“三诺制”，有效推动各项工作落实。坚持一切为了群众、一切依靠群众，按照“政策法律之内的诉求真情实意解决，政策法律之外的诉求毫不客气纠正”的原则，对事关群众切身利益的热点问题进行回应。积极参加“两学一做”学习教育，组织政府系统主要负责人开展“缅怀革命先烈、重温入党誓词”活动，专题组织党风廉洁建设学习3次。坚决落实中央八项规定、区党委“约法十章”“九项要求”和市委“十项规则”，市本级“三公”经费比上年减少28.2%。政府系统各级各部门认真落实党风廉洁建设主体责任，全面落实党风廉洁建设“签字背书”制度，层层签订了政府系统党风廉洁建设目标责任书，传导压力、落实责任。建立党员干部违纪违法案件查办联动、财政审计联动检查、项目建设领域违法违规行为联动协查等机制，强化财政监管、审计监督、审计监察，营造风清气正的政治生态。

## 市政府办公室

【概况】 2016年，市政府办公室紧紧围绕市委、市政府中心工作，以“两学一做”学习教育为载体，坚持服务领导、服务基层、服务群众，突出综合协调、督查落实、信息调研、参谋决策等职能作用，积极转变工作作风，不断提高服务水平和工作效率，较好地完成参与政务、办理事务、协调服务等方面的工作任务。

【办文工作】 牢固树立“文稿质量是政务工作生命线”“政府行文代表政府形象”的思想意识，对领导讲话、上报下发各类文件等材料做到严谨细致，严把行文、运转、审批关，特别是在综合文稿起草上，努力吃透上级精神，体现领导意图，反复琢磨观点，精心锤炼文字，出色地完成经济工作会、季度经济运行分析会、项目调度会、市人民政府第一二次全体会、百日大会战等会议材料的撰写，以文辅政水平和领导满意度不断提升。紧紧围绕全市经济社会发展大局，瞄准经济社会发展重大问题、跟踪领导关注的焦点问题，顺利完成《“十三五”时期“十大民心工程”》《打赢脱贫攻坚战实施意见》等一系列推进山南长足发展和长治久安的政策性文件。积极总结、提升和宣传对山南市推进经济发展的新做法、新亮点，上报各类信息1300多篇，采用数量居全区第一，切实提升山南市的知名度和影响力。

【办会工作】 制定完善山南市人民政府视频会议制度、全体会议制度、常务会议制度、市长办公会议制度、党组会议制度、党组理论学习中心组会议制度等一系列会议制度，狠抓会前准备、会中服务、会后落实三个环节，力求会议审批程序严格，服务优质高效，组织周密细致，实现了各类会议不出纰漏、细致圆满的目标。先后筹备或协助筹备自治区主要领导到山南市调研的各类会议，雅砻文化节，市第一届党代会、人代会，旅游现场会、项目管理现场会、江北规划现场会等各类会议395余次。

【督办工作】 以制度为抓手，创新性地探索建立《市委办公室和市政府办公室联动督查机制》《市政府督查专员制度》《全市经济运行主要指标通报制度》，有针对性地对区、市两级经济工作等重要会议确定的目标任务完成情况，重点项目建设和涉及民生方面各项优惠政策落实情况，市政府党组会议、市政府常务会议、市长办公会议和专题会议决定事项落实情况进行了重点督查。2016年，共下发《督办通知》98期、《市长督办单》3期、《领导批示》88期，撰写《督查通报》6期、《督查专报》12期、《催办通知》28期，实地督查10余次，分解各项工作任务26期，确保市委、市政府各决策部署事事有回音、件件有着落。

【协调工作】 充分发挥办公室承上启下、协调左右、联系内外的桥梁纽带作用，紧紧围绕市委、市政府中心工作，主动与自治区政府办公厅及相关部门的衔接协调相关工作，加强与市委、人大、政协及市直部门衔接协调，热情主动为各级领导、部门和群众服务，确保拉萨山南产城一体化发展、江北综合保护开发、重大项目建设、特色产业发展、统筹城乡建设、援藏干部轮换等市委、市政府中心工作有效衔接、高效推进。

【来信来访办理】 市政府始终把信访工作纳入改革、发展、稳定总体布局，同研究、同决策、同部署、同落实，来访来信各项工作取得良好收效，得到自治区、市领导多次肯定。“四级信访接访日”活动有效开展，完善接访公示、台账建立、问题解决、督导考核、责任追究等配套机制，2016年全市、县（区）、乡镇、村四级政府、纪检、组织、公安系统共有2680名领导干部参与四级信访接待日，受理群众来信来访114批（件）269人次，妥善解决各类信访问题111件，办结率达到97.4%。截至年底，全市各级、各部门受理群众来信来访183批（件）449人次，信访总量和人次同比分别下降7.5%和0.8%；妥善解决信访件171批件（次），办结率96.2%；信访事项及时受理率、按期办结率、群众满意率分别达99.04%、100%、100%；开展矛盾纠纷排查化解工作997起，共排查各类矛盾纠纷452件，已成功化解444件，化解率达98.2%。

**【应急处突工作】** 强化应急管理制度建设，制定完善市政府总值班室工作规则、突发公共事件应急处置规则、应急信息报送规则，严格执行24小时全日制政务值班制度，充分发挥政府系统“指挥中心”作用，协助市政府领导及时、高效处置2起自然灾害突发事件，接收、办理自治区应急办、气象局等部门下达的应急工作指示5次、防汛工作动态56期、各县（区）、各部门突发公共事件7件，突发事件处置做到协调有力、反应迅速、信息报送准确无误。

**【财务管理】** 按照建设廉洁型机关的要求，紧密结合办公室实际，出台《市政府办公室各项经费报销管理暂行办法》，严格执行财经纪律和财务月报账制度，认真把好票据验收关、依据关、真实关、标准关、合规关，强化财务管理，规范账务运行和报账流程，切实从制度层面规避操作漏洞。以固定资产清查工作为契机，全面清查办公室近三年资产盘亏盘盈情况及历史遗留问题，创新性地建立科室具体负责、财务实时监督管理、资产出入严格登记的管理模式，确保资产有登记、有监督、无流失。2016年，主动邀请市审计局、市财政局检查、指导、分析办公室财务整体运行情况。

**【接待工作】** 按照坚持服务经济建设，服务机关工作的原则，紧紧围绕市委、市政府的中心工作，坚持热情周到、优质服务的原则，积极更新接待理念，及时改进工作方法，实时捏准接待标准和规格要求，努力开创“大接待”新格局。2016年共接待国外团6次、国家团25次，自治区团205次，援藏省市团43次，总计5128人，圆满完成市委、市政府交办的各项接待任务。山南市驻拉萨、成都办事处充分发挥联络作用，圆满完成援藏换届工作任务，促进山南与外地省、市的联系沟通。

**【后勤保障】** 结合办公室实际，制定《关于进一步规范职工食堂管理的意见》。以“保证运转、促进工作”为目标，坚持量力而行、尽力而为的原则，着力抓好干部职工周转房、机关食堂管理和市政府大院环境综合整治工作，大院基建项目建设工作成效明显，千方百计为市政府领导和办公室工作人员提供优质的办公条件和舒适的生活环境。按照“安全、准时、周到、节俭”的原则，合理安排车辆调度，严格公务车辆管理，注重对驾驶员的教育管理，确保全年用车安全和用车需求。

**【安全保卫】** 全面落实安全保卫职责，严格执行外来人员登记、疑人排查制和夜间12时至早6时大门封闭制、24小时值班巡逻制度，定期不定期对市政府领导办公区、住宅区、出租房等重点部位消防安全大检查，及时消除安全隐患，确保大院安保工作万无一失、不留盲点。2016年，在全市率先建立先进“双联户”联户长参与综治联系点精准扶贫制度，借助第三个扶贫日10名联户长向综治联系点扎囊吉汝乡4名建档立卡贫困户捐款6000元；积极参加市政府“六乱”整治活动，配合优化发展环境办公室，及时拆除商户违规建筑。

**【学习教育】** 办公室始终把学习作为一切工作的首要任务，紧紧围绕“两学一做”学习教育，采取集中学习和个人自学相结合的方式，充分利用党组理论中心组学习、干部职工大会、讲党课等活动，组织班子成员和干部职工学习了党的十八大、十八届六中全会、中央第六次西藏工作座谈会、自治区党委第九次党代会和八届九次全委会等中央、自治区和市委、市政府重大会议精神和法律、经济、文化等知识。全年开展集中学习36次，人均撰写学习笔记2万字、心得体会2篇，集中观影6次、180余人，参观警示教育基地2次、60余人次。

**【作风建设】** 按照“早安排、早行动和重落实、促成效”的原则，扎实开展“两学一做”学习教育、创先争优强基础惠民生活动。2016年，办公室与市委办联合组队，参加“两学一做”知识竞赛并获得第一名；办公室第五批驻村工作队争取资金近1265.4万元，为扎囊县吉汝村、阿宇村和乃东区泽当居委会办一些好事实事。办公室县处级以下党员干部职工与110家贫困户结成帮扶对子，按照每人结对两户、一户500元的标准，自掏腰包捐款赠物，为结对户解决实际困难和问题。

【廉政建设】 按照“一岗双责”要求，严格落实党组书记“六个方面”的主体责任、班子其他成员“四个方面”的主体责任，狠抓机关廉洁工作，切实做到把党风廉政建设和业务工作同部署、同推进、同落实。广泛开展以提高干部反腐倡廉意识和廉洁自律能力为核心，以建设廉洁型机关为目标的廉政教育活动，营造廉洁从政、廉洁自律的浓厚氛围。坚持按照抓早抓小、有病就治、发现问题及时处理的原则，严格执行廉政建设约谈制度。

【制度建设】 按照“把权力关进制度笼子里”的要求，坚持立足长远、务求实效，以改革创新的思路和手段，完善公务接待制度、车辆使用管理和维修制度、经费报销管理办法、理论学习制度、机关考勤制度、物品采购等规章制度，明确科室职能，理顺运行程序，推进市政府办公室工作标准化建设，从源头上为做好了保障，形成用制度管权管人管事的良好局面。

## 信访

【概况】 2016年，全年信访总量183件次449人次，较上年同比分别下降7.5%和0.8%。信访事项的及时受理率、按期办结率分别达到99%和100%。实现零进京上访、无大规模越级集体上访和无因信访问题引发的极端恶性事件和舆论负面炒作的“三无”目标任务，为全市经济社会长足发展和长治久安做出了积极贡献。

【体制机制】 制定出台《信访工作约谈制度》《疑难复杂信访事项督查督办制度》，着力探索建立律师参与信访工作机制、军地化解信访问题协调联动机制、信访积案及突出问题联合督查机制等。建立信访突出问题和积案化解责任制、重点人员教育稳控责任制，信访责任体系得到健全完善。加强信息资源互通共享，加大与综治、维稳等部门的沟通衔接，为隐患早发现、问题早解决，畅通了渠道、形成联动。

【积案化解】 以全区“信访积案化解攻坚年”活动为有利契机，突出铁路公路、电站水库、征地拆迁、扶贫搬迁等重大项目和重点领域，对久拖未决信访积案和疑难复杂信访问题进行限期集中攻坚化解，全面落实“控增减存”任务，7件信访积案已化解到位，顺利通过自治区督导检查，完成积案年内“清仓见底”目标。

【案件办理】 坚持抓早抓小抓快，健全完善工作机制，依托基层力量，把大量矛盾化解在当地。全年排查矛盾纠纷452起，化解444起，化解率达98.2%。积极推行“三重一大”信访隐患风险评估机制，切实提高初信初访一次性办结率，深化接访下访活动，全年共2680名领导干部参与接访四级接访，受理信访问题114件，解决111件，办结率达到97.4%。

【维稳值守】 全国“两会”、十八届六中全会、自治区第九次党代会、三月维稳敏感期等重大政治活动和重要敏感节点，严格落实区市两级维稳工作部署，按照既定戒备等级下维稳工作任务，开展值班带班和应急处突各项工作。先后两次派专人赴北京和拉萨开展信访靠前值守，共同维护首都及首府社会秩序。协助市政府驻拉萨办事处、驻拉萨维稳专班处理6起信访案件。

【规范接访】 按照“应录尽录”原则和“来访必登”要求，把信访事项全部纳入信访信息系统，规范登记办理和处理答复各环节业务。全面落实依法逐级走访办法，规范来访接待工作，引导群众树立依法信访、违法必究的法制意识。认真落实中办、国办关于依法处理涉法涉诉信访问题的意见，将涉法涉诉案件引入司法程序，做到履职尽责不缺位、不越位、不错位。

【舆论宣传】 顺应信息化步伐，完成市县两级信访机构《今日头条》入驻，为把握信访舆论主动权搭建平台。充分利用普法宣传、综治宣传等活动，制作发放藏汉双语宣传资料，以动漫等喜闻乐见的方式加以宣传，让群众更直观、更形象地了解信访法规知识，提高依法信访、依法维权意识。成立寻找最美信访干部评审工作领导小组，通过县区和部门推荐、领导小组评审、网上公布信息、纪检部门审核等程序，评选出8名市级最美信访干部，广泛接受社会监督。

# 藏语言文字工作

**【概况】** 2016年5月27日，山南撤地撤市正式挂牌，地区藏语文工作委员会办公室（编译局）更名为山南市藏语文工作委员会办公室（市编译局）。现在共有4个内设机构，即办公室、综合科、语管科和编译科。山南市藏语委办（市编译局）核定编制14名，实有干部22名，其中藏族19名、汉族3名。市藏语委办（市编译局），领导核定指数5个，现有正县2个、副调研员1个、副县3个，局内设机构领导指数8个，现内设机构领导有正科3个、副科5个、非领导1个（正科）。

**【翻译工作】** 完成市委、人大、市政府的文件、领导讲话、政协委员提案、"撤地设市""三会"、地方性法规、"十三五"规划等材料近35万多字的翻译任务；完成优化发展环境专项行动、"两学一做"教育活动、强基惠民活动、中国雅砻文化节以及市委组织部、统战部、市财政局、市公安局等单位交办的应急翻译任务近20多万字。在翻译窗口全年共接待4876人次，完成翻译各类横幅、招牌、户外广告、章子、路标等19万条。编写1800多条词语的《门巴族日常语藏汉门三语对照手册》和2000多条词语的《珞巴族日常用语藏汉珞三语对照手册》。通过下乡和日常翻译中整理规范县以下地名、重点宗教场所、山水等名称1600多条。加强跟班培训力度，不断提高基层翻译人员业务水平。

**【规范社会用字】** 先后开展专项行动4次。在"撤地设市"和"三会"期间共检查门牌、商铺牌匾、广告标语、标识提示等60多处，发现问题20多处，已整改到位20处，整改率100%。协助市政府办公室规范藏汉"双语"会议座签70余，帮助市委办公室翻译地级干部、市直各单位及其党政主要领导、各县四大家班子主要领导座签姓名藏汉翻译300余条。针对扎日转山民族宗教活动，对相关县、乡、村旅游景区；泽当镇至隆子县扎日乡路段；泽当至洛扎县卡久寺；重点宗教活动区域；街道的社会用字进行了大检查，确保社会用字安全、稳定工作。根据相关法律法规和有关规定，结合山南市实际出台《山南市社会用字管理办法》。

**【党建工作】** 以"两学一做"学习教育为契机，深入开展学习教育活动，全年集中学习12次，干部自学时间每天不少于1个小时，领导干部撰写学习心得10篇，其他干部撰写心得体会30篇。开展党章党规学习及交流活动、县级干部讲党课教育、组织观看警示教育片，为全市藏语文事业科学发展提供了坚强的思想、政治和组织保证。

**【党风廉政工作】** 自始至终抓好党风廉政建设和反腐倡廉工作。严格遵守"八项规定""约法十章""九项要求"和"十项规则"。重大事宜坚持党组集体研究决定、任何事项按照章程办事、办事公开透明、公平公正，严格控制。截至年底，"三公"经费开支同比减少30%。全年保持零违纪。

**【维稳工作】** 认真实行24小时值班、带班和零报告制度，在重大节庆和敏感节点，及时传达学习维稳会议和文件精神，确保了大事不出、中事不出、小事不出。截至年底，山南市藏语委办（市编译局）无一起维稳和安全生产事故发生。

**【驻村工作】** 山南市藏语委办（市编译局）安排专人负责驻村工作，先后11次深入驻村点慰问调研，并形成调研报告5篇；召开维稳、脱贫攻坚工作专题会3次；看望慰问驻村工作队13次，慰问建档立卡户10户、32人，慰问金6900元；"三大节日"期间共出资7450元购买慰问品慰问贫困群众；"三八妇女节"期间出资2000元慰问西卡雪村广大妇女。

# 中国人民政治协商会议山南市委员会

**【专门委员会工作】** 提案委员会工作　市政协一届一次会议共提交提案117件，审查立案111件，提案涉及发展稳定、民生改善、生态环境等方面。通过召开提案交办会议，建立提案办理台账，组织开展“回头看”，加大跟踪问效力度，所提的提案已经解决或意见建议被采纳的31件，占28%；所提的问题正在解决或列入计划逐步解决的41件，占37%；因条件所限或其他原因待解决的28件，占25%；暂时难以解决、已向委员做出说明或留作参考的11件，占10%。

经济资源环境社会教科文卫委员会工作　精心选定产业扶贫专题，认真组织开展调研活动，为助推产业扶贫、产业富民献计出力。围绕“实施转移就业培训、促进贫困人口就业”专题，深入扎囊、隆子和相关部门开展调研，形成专题调研报告和发言材料，提出4条建议，在区政协专题议政性常委会上受到好评。为促进山南市绿色低碳产业发展，推动形成“沿江百亿产业走廊”、拉萨山南一体化等重大发展战略框架的构建，9月20至23日，由市政协副主席洛桑扎西带队，由市政协经济资源环境社会教科文卫委员会组织市政协经济界、工商联界、农牧业界、文化艺术新闻出版界、中共界部分委员到拉萨进行为期4天的考察，重点考察拉萨市城市规划展览馆、达孜工业园、城关区健康净土产业园等多家企业和基地，形成《绿色低碳产业发展情况考察报告》，提出11条有针对性的建议意见，得到市政府主要领导的充分肯定。

文史民族宗教法制委员会工作　协助推进寺庙规范化、法制化管理，深化和谐模范寺庙创建活动，组织宗教界和少数民族界委员深入错那、隆子、洛扎等3个边境县的重点寺庙进行调研视察，推动各项维稳措施落实。积极开展寺庙法制宣传教育和爱国爱教宣传服务下乡活动，组织宗教界委员深入寺庙和信教群众，宣传党的宗教政策和利寺惠僧政策，解疑释惑、化解矛盾、凝聚人心。完成《2015年政协年鉴》《政协志》（2001—2015）初稿编撰工作，编辑整理《山南市藏传佛教重点寺庙目录型简介》有关资料，启动《山南市文史资料选辑（第五辑）征集工作》。

**【全体委员会议】** 地区政协十届六次委员会议　2016年2月29日，政协第十届山南地区委员会第六次会议召开，会议应到委员165人，实到116人，符合《政协章程》规定。会议由地区政协党组成员、副主席加央主持。大会审议通过《政协第十届山南地区委员会第六次会议议程》（草案）、1名副主席辞职申请、3名常委辞职申请、《选举办法》（草案）和选举总监票人、监票人、计票人、唱票人名单。补选政协第十届山南地区委员会3名副主席。

市政协一届一次委员会议　2016年5月22日至25日，政协第一届山南市委员会第一次会议举行。会议应到委员203人，实到178人，符合《政协章程》。市委书记张永泽，市委副书记、市长普布顿珠，市人大主任党宗莲等市委、人大、政府领导出席会议并指导，市委书记张永泽在大会开幕会上作了重要讲话。大会听取和审议通过了政协第十届山南地区委员会常务委员会工作报告（草案）和政协第十届山南地区委员会常务委员会提案工作情况报告（草案）；听取并讨论“一府两院”工作报告、“十三五”规划纲要（草案）、预算报告（草案）、计划报告（草案）；选举产生政协第一届山南市委员会主席1名、副主席9名、秘书长1名、常务委员26名。不是市政协委员的驻山南全国政协委员、自治区政协委员；政协办公室主任、副主任及政协副秘书长、各专委会副主任人选；没有市政协委员的地（中、区）直各部门（含武警支队、边防支队、消防支队）负责人列席会议。

**【常务委员会会议】** 地区政协十届十五次常委会 2016年2月29日，政协第十届山南地区委员会常务委员会第十五次会议召开，会议应到常委会组成人员32人，实到23人，符合《政协章程》规定。会议由地区政协党组成员、副主席加央主持。大会听取地委组织部负责人关于增补地区政协3名副主席、免去1名副主席职务的说明；增补2名本届政协委员；审议通过3名副主席人选名单；审议通过1名副主席辞职申请；审议通过3名常委辞职申请；审议通过7名政协委员辞职申请；审议通过《关于召开政协第十届山南地区委员会第六次会议的决定》（草案）。

市政协一届一次常委会 2016年5月26日，政协第一届山南市委员会常务委员会第一次会议召开，会议应到常委会组成人员37人，实到37人，符合《政协章程》规定。会议由市委副书记、市政协党组书记、主席丁哲峰主持。会议审议通过政协第一届山南市委员会常务委员会第一次会议议程（草案）；审议通过政协第一届山南市委员会副秘书长名单（草案）；听取市委组织部作政协第一届山南市委员会专门委员会机构设置及人员构成说明；审议通过了政协第一届山南市委员会常务委员会关于设置专门委员会的决定（草案）；审议通过各专委会主任、副主任名单（草案）。

**【重要活动】** 8月23日至9月1日，由市政协党组成员、副主席加央带队，组织部分政协委员到林芝、日喀则市进行为期8天的学习考察，形成《山南市政协赴林芝日喀则市学习考察的报告》。

10月8日，市政协党组成员、副主席、市发改委党组书记王霞主持召开民主监督座谈会，听取市公安局特警支队等3个未开工建设项目情况介绍，对市公安局特警支队、乃东区公安局业务技术用房、乃东区昌珠镇基础设施建设3个未开工项目进行专项监督，提出尽快开工建设的具体建议，并形成专项监督情况报告及时报市政府主要领导，促进项目按期开工。市政协经济资源环境社会教科文卫委员会和有关部门负责人参加会议。

按照《山南市2016年脱贫攻坚工作考核实施方案》的要求，11月2日，市政协副主席加央、王霞、蒋明浩分别带队到加查县、桑日县、曲松县开展脱贫攻坚考核工作。考核小组按照任务分工，制订详细的考核方案，到达各县后立即投入工作角色，采取听取工作汇报、查阅相关资料、召开座谈会、进村入户实地调查、开展问卷调查、个别访谈的形式，按照《山南市贫困人口、贫困村（居）退出机制实施办法》，坚持公道正派、敢于担当的原则，仔细收集汇总数据，认真进行检查评估。

11月10日，市委副书记、市政协党组书记、主席丁哲峰主持召开市政协党组理论中心组学习会，并作重要讲话。市政协党组副书记普布多吉，市政协党组成员尼玛扎西、洛桑扎西、王霞、蒋明浩，市政协党组成员、秘书长、办公室党组书记郭建军出席。市政协副主席克珠及在家县级干部、科级干部列席。

11月29日，市委副书记，市政协党组书记、主席丁哲峰主持召开产业扶贫专题协商会，并做了重要讲话。市领导吴维、丹增、张福臣、克珠、普布多吉、普布、尼玛扎西、洛桑扎西、王霞出席。会议听取山南市产业扶贫专题调研情况、有关单位和县（区）产业扶贫情况介绍。与会政协委员就推进山南市产业扶贫与相关部门负责人进行交流互动，提出工作中的不足和问题。会后形成《关于产业扶贫协商情况专题报告》，提出7个方面的主要问题和6个方面的建议。

# 对口援藏

**【概况】** 截至年底，山南市共完成对口援藏投资0.4051亿元（含1‰以外完成投资），共实施项目13个（含1‰以外项目）。其中湖北省6个，完成投资2218万元；安徽省3个，完成投资1200万元；湖南省3个，完成投资463万元；中粮集团1个，完成投资170万元。

**【资金管理】** 年内，山南市已到位对口援藏资金33256万元，其中安徽10980万元；湖北省10584万元；湖南省10692万元，中粮集团1000万元。

**【干部轮换】** 年内，第八（六）批援藏干部96人，其中湖北省37人，湖南省39人，安徽省18人，中粮集团2人。

**【对口项目】** 为了确保第七（五）批对口援藏项目收尾，资金收口工作，受援双方通过联合审计的形式开展第七（五）批援藏项目的审计工作，认为项目贯彻落实"援藏项目应突出改善农牧区生产生活条件、改善农牧民生活"重点，立足"两个倾斜"基本不变。在资金管理上，坚持"多方会签"制度，严格履行资金审批程度，按工程进度和施工合同拨付建设资金，坚持项目跟着规划走、资金跟着项目走、监督跟着资金走，确保建设项目专款专用，做到项目建设安全、资金使用规范。

**【"组团式"援藏工作】** 为深入贯彻落实中央第六次西藏工作座谈会和第六次全国民族教育工作会议精神，充分利用援藏省市优质的教育、医疗资源，帮助山南整体提升教育、医疗水平，开展医疗、教育"组团式"援藏工作。年内，卫生"组团式"援藏人才64名，其中湖北省14名，湖南省16名，安徽省34名；教育"组团式"援藏人才140名，其中湖北省50名，湖南省45名，安徽省45名。"组团式"援藏工作的开展，贯彻落实中央和援藏省市"组团式"援藏工作精神，增强山南在经济建设和人才队伍建设方面的活力。

**【人才培训】** 利用对口援藏省（市）科教人才聚集的优势，采取送出去、引进来的办法，通过干部到内地挂职锻炼、邀请内地专家到山南市开展农牧、医疗、教育、会计、工程管理等各专业知识培训及基层干部到市直部门进行以岗代训等人才培养方式，三省共选派1200名短期技术人才进藏开展培训工作，其中湖北省440名，湖南省460名，安徽省300名；在人才智力培训上，累计投入1050万元，开展27个培训项目，培训班次46余次，共培训山南市2384余名干部职工及各类人才（其中送三省培训1030人，本市培训1354人），强化人才培养力度，提高人才队伍综合素质和专业水平，促进山南市人才队伍由"输血型"向"造血型"转变。

**【"十三五"对口援藏规划编制情况】** 按照中央第六次西藏工作座谈会和国家发展改革委"十三五"时期对口支援西藏经济社会发展规划编制工作座谈会精神，以市委、市政府确定的"适度前瞻、整合资金、科学操作、补齐短板"思路，重点突出"基层优先、民生优先、造血优先、扶困优先、团结优先、智力优先、就业优先"原则和"严禁楼堂馆所、严禁变相楼堂馆所、严禁锦上添花项目、严禁形象工程"和"一批标准医院、一批标准学校、一个生态文明小康示范村、一批堡垒工程、一个产业园区、一个素质提升工程、一批智力援藏项目、一批交流项目、一批扶持项目、一批柔性项目(人才培训项目)"的工作要求,在多次与三省衔接的基础上,按照8%的增长比例确定了"十三五"对口援藏资金,共计19.0077亿元,其中安徽省6.526亿元、湖南省6.2725万元、湖北省6.2092亿元。为严格落实好中央的两个"80%"和市委、市政府确定的工作重点,山南市重点投向民生、农牧区基础设施建设。其中投向民生资金达17.238亿元,占规划投资的90%;投向基层资金达16.066亿元,占规划投资的84.5%。

# 群众团体

## 工商联

【概况】 中共山南市工商业联合会机关党组、山南市工商业联合会机关。机关设办公室（信息中心）、组织会员科（地区非公党工委办公室）、经济联络科（宣传教育科、商会秘书科）3个正科级科室，总编制10名，其中行政编制5名、事业编制5名，核定县级领导职数3名，科级领导职数3名。机关实有编制10名，县级4名（含1名离岗休养干部），科级5名。

【学习教育工作】 按照区、市统一安排部署，在机关党员干部中组织开展“两学一做”学习教育，坚持与深化业务相结合，统筹谋划，协调推进，结合机关整体工作组织学习有关文件政策、会议精神、领导讲话和业务知识，开展相关专题研讨活动和服务非公有制经济发展实践活动。选派干部参加各类考察学习，机关2名干部到日喀则参加由区工商联组织召开的学习习近平总书记在3月4日参加全国政协十二届四次会议民建、工商联届委员联组会时的重要讲话精神座谈会，提高做好非公经济工作的认识。1名干部根据安排随市团出访日本考察，学习借鉴发展经济经验。1名干部赴清华大学参加山南市县处级领导干部第二期经济管理高级研修班，组织选派琼结县政府县长赴香港参加中国西部旅游人才培训班，丰了干部的理论知识。

【系统综合建设】 坚持抓班子、带队伍、促工作，及时调整机关班子成员分工，明确班子成员职责，强化对机关工作的组织领导。积极开展机关干部选调工作，促进干部队伍建设。认真落实党风廉政建设主体责任、“第一责任人”责任和“一岗双责”，完善和落实各项制度，层层签定责任书，组织开展各项工作和活动，践行“三严三实”，持续推动机关党风廉政建设工作深入开展。加强机关党建研究和工作落实，完成机关支部成员换届，围绕基层党建“七项重点任务”，做好薄弱环节的整改提高。指导错那、措美、贡嘎、浪卡子四县做好召开第一次会员代表大会暨商会成立大会的筹备工作。组织推进“五好”县级工商联创建工作，乃东区和扎囊县工商联被授予“全国‘五好’县级工商联”称号。推荐琼结县工商联为全国“五好”县级工商联候选单位。组织安排12县（区）工商联负责人统一到日喀则市参加工作交流观摩会，学习经验，为深化工作打牢基础。

【非公经济发展】 调整充实市非公有制经济发展领导小组，强化对全市非公有制经济工作的组织领导。加强会员队伍的教育管理工作，引导会员企业加强自身管理与建设。注重质量，新发展会员16名。推进安全生产宣传督导工作，落实安全生产措施。推荐1名民族团结先进个人和1个民族团结先进集体受到市级表彰。先后选派44名系统干部、非公经济人士及党员到北京、四川、陕西、林芝和区市党校、区社会主义学院学习培训，提高经济和党建理论知识，助推企业建设。配合市委统战部做好非公经济领域统战工作史料、有关情况等材料汇总上报工作。协调解决会员企业药品招标、落实不定时工作制等问题和困难，促进企业发展。配合财政等部门加强自治区非公有制经济发展专项扶持资金的使用监管，发挥资金效用。参加扎囊县2016年非公企业论坛（年会），对继续深化好非公有制经济工作提出要求。加强非公经济发展调研工作，指导会员企业开展生产经营、员工教育、组织建设等工作。11月，会同市委统战部举办山南市党外干部暨新的社会阶层人士培训班。

**【非公组织党建】** 调整充实市非公党工委组成人员，召开市非公党工委成员单位会议。与各县非公党工委、直属非公党支部签订党建工作责任书，落实党建工作第一责任人责任。对照基层党建“七项重点任务”开展薄弱环节工作的整改提高。在非公党组织、党员中开展“两学一做”学习教育和理想信念教育实践活动，指导督促抓好各环节工作，确保成效。完善党员个人基本信息、党组织建设台账和党员发展台账。按程序将直属支部中5名中共预备党员转为正式党员。发展党员3名。指导3个非公党支部按期换届。对直属6个党支部工作进行了考验收。成立直属党支部1个，看望慰问老党员、困难党员各2名，引导协调山南健民医院党支部、四川邛崃流动党支部开展对口帮扶及慰问活动。推荐市级优秀共产党员1名并受到表彰。推荐1名非公经济模范人物为市党代表。协调市委组织部向6个直属支部落实党建返还经费各2000元。落实12个县（区）及直属党支部每名党员每年70元标准的党建预算经费。通过了全区基层党建工作抽查。年内，全市非公经济组织中共有党员550名，共建立党组织64个。

**【“百企帮百村”工作】** 制订《山南市工商联会员企业“百企帮百村”精准扶贫行动实施方案》，组织民营企业开展精准扶贫行动。召开山南市非公有制企业参与精准扶贫工作安排部署会议，加强对各县（区）工商联和会员企业开展“精准扶贫”行动的工作督导，保证整体成效。到年底，全市参与“百企帮百村”精准扶贫行动的民营企业达到172家，结对帮扶贫困村54个，带动贫困户1629户7894人。民营企业共实施项目335个，投入资金1780.22万元，其中，产业帮扶项目16个，投入资金134.5万元；就业帮扶项目73个，投入资金572.5万元；技能帮扶项目25个，投入资金117.9万元；公益帮扶项目221个，投入资金955.32万元。

**【服务基层群众情况】** 坚持党的群众路线，落实“两学一做”要求，始终牢固树立宗旨意识，服务于基层群众。组织机关党员干部持续开展党员进社区和与基层群众结对认亲交朋友活动，主要领导带头赴联系点扎囊县桑普村入户了解群众生产生活情况和指导发展，并开展慰问活动。关心和支持驻村工作，多次赴驻村点实地开展调研，协调解决困难问题，先后为驻村工作解决2.8万元的各项经费。根据市委、市政府统一安排，主要领导驻乃东区担任优化发展环境指导组组长，紧密围绕工作中心，突出工作重点，加强请示协调，妥善解决系列问题，推动乃东区优化发展环境整体工作的全面深入开展。

## 工会

**【概况】** 山南地区工会办事处受自治区总工会委派，现指导管理山南市工会组织690个（其中机关292个，事业37个，企业224个，农民工组织137个），职工38927人（其中农民工13092人），会员32718人（其中机关12157人，事业1811人，企业6080人，农民工12670人）。地区工会办事处机关下设办公室、综合科（组宣科）、法律保障科3个科室和1个困难职工帮扶中心（参公管理事业单位）；现有党组书记、处主任各1名，副主任1名，调研员1名。工会职工游泳馆有偿服务实体1个。

**【作风建设】** 山南市总工会扎实开展好“两学一做”学习教育工作，及时成立以党组书记为组长的“两学一做”学习教育工作领导小组，领导小组下设办公室。从健全工作制度、强化宣传引导等方面入手，坚持分类指导，细化责任分工，明确工作职责，层层传导压力，形成党组统一领导、办公室统筹协调、有关科室密切配合、全体党员广泛参与的工作格局中。截至年底，工会组织党组理论中组学习5次；专题研讨3次，县级党员领导干部落实讲党课任务3次，集中学习16次，组织开展党课5次。召开“两学一做”学习教育座谈会2场次，制订实施方案和学习计划6个，发放学习材料20本。召开支部党员大会学习讨论6次，干部职工人均撰写心得体会2篇，学习笔记已过万字。安排1名参加市直属机关工委举办第25期入党积极分子培训，参加第三期党总支（党支部）

书记培训。结合庆祝建党95周年系列，举办重温入党誓词、党史党章知识竞赛、“两学一做”主题演讲、歌咏比赛、参观廉政教育基地、观看警示教育片等系列活动，以丰富多彩的活动促学习教育深化。

【维权工作】 认真贯彻落实“切实维权”的要求，依法维护职工合法权益，增强责任意识、忧患意识、监督意识，有力地促进社会和谐稳定。牢牢把握维护职工合法权益这个工作核心，加强工会基层组织建设。扎实推动以职代会为主要形式的企业民主管理工作。以职代会制度为主要载体的企业厂务公开在国有企业中全面实行，企业职代会制度基本建立健全，职工的知情权、参与权、决策权、监督权得到较好的落实。深入开展集体合同续签工作。按照全总、区总整体部署，在国有企业中积极推行以劳动报酬、劳动安全、工作时间、休息休假、养老保险等为主要内容的平等协商签订集体合同制度，本着“企业改制到哪里，集体合同就新签、重签到哪里”的原则，加强集体合同的签订，努力从制度上保障职工的合法权益。根据《西藏自治区总工会关于推荐评选全国、西藏五一劳动奖状、奖章和工人先锋号的通知》精神，把好质量关，对先进集体和个人推荐对象的基本情况进行查证核实，在本单位和市主要媒体上进行公示；推荐评选出山南市建筑总公司职工嘎玛为全国五一劳动奖章；推荐评选出山南市人民医院妇产科为西藏工人先锋号；推荐评选出桑日县白堆乡白堆村农民工加律为西藏五一劳动奖章获得者。根据自治区总工会的要求。对5名人均收入较低的全国劳模申报了“全国劳模生活困难补助金”；对2名因本人患慢性疾病和因抚养直系亲属造成困难的全国劳模申报“特殊困难帮扶金”并上报自治区总工会审批。在对劳模的管理服务方面，按照区总要求为15名全国劳模按照每人2000元的标准发放劳模慰问金，对77名自治区劳模按照每人每年2200元的标准，发放16.9万元。根据自治区总工会规范化建设目标任务，山南市总工会在全市企事业单位中广泛开展厂务公开职代会规范化创建活动，完善厂务公开职代会工作制度和组织制度，充分发挥职代会的作用，切实落实职工的知情权、参与权、表达权和监督权，依法维护职工民主政治权利，促进企事业单位的健康发展。根据市普法办、市综治委的统一安排，结合自身工作实际，以学法、守法、用法为基础，3月、6月、9月，由单位主要领导带队，各科室主要负责人为成员的宣传组，积极开展了建设平安山南宣传日、宣传周、宣传月等活动。主要宣传了《中华人民共和国劳动法》《中华人民共和国工会法》《中华人民共和国反分裂国家法》等法律法规，共发放各类宣传资料5000余份。

【帮扶工作】 加强和完善困难职工帮扶“网格化”建设，建立健全困难职工档案数据库，开展困难职工帮扶、职工医疗互助等帮扶活动，解决好困难职工最关心、最直接、最现实的利益问题。根据自治区总工会关于《开展2016年困难职工家庭高校毕业生阳光就业行动和金秋助学活动的通知》，上报区总低保区内区外院校、非低保区内区外院校学生工35人，市总工会救助农牧民工子女“金秋助学”104人。发放助学救助资金5万元。根据山南市委、市政府2016年慰问经费协调会的安排，按照2016年“送温暖”每户慰问金1000元的标准，对195户在档困难职工进行慰问，共计19.5万元。根据《西藏自治区总工会关于开展服务职工系列活动的通知》，积极开展“温暖职工心贴心工会服务在基层”为主题的送温暖、送文化、送法律、送政策、送医送药活动启动仪式，在启动仪式上，为147名环卫工人发放了慰问金，共计2.94万元；为国庆期间坚守岗位的18个便民警务站支出节日慰问款1.8万元。国庆期间看望慰问国企困难职工17人，共计1.7万元；邀请市藏医院的专家、医生为职工开展诊疗，为职工送医送药共计3万余元；开展送法律送政策活动，发放宣传册600余册，共计3000元。根据自治区总工会劳动经济部“关爱女职工行动”的安排，为山南市在档182位女职工开展“两癌”筛查活动，以每人500元“两癌”筛查体检费的标准，共计9.1万元。按照《西藏自治区总工会困难职工帮扶中心困难救助办法》中的救助标准，为山南市721名困难职工开展生活救助、医疗救助、子女助学救助、大（重）病救助，共计支出130.9万元。跟据《山南市干部（会员）职工疗休养管理暂行办法》，组织寺管会人员和职工75人分两批赴海南和成都进行为期18天的疗休养工作，市总工会为每人补助0.5万元，共计37.5万元。

【职工文化生活】 以弘扬和宣传社会主义核心价值观为主线，充分发挥工会作用，推进职工文化活动阵地建设，开展丰富多彩的职工文体活动，推动职工文化企业文化不断向前发展。继续抓好“安康杯”竞赛工作。确定江南矿业、建工总公司、泽当饭店等15家企事业单位作为参加全区“安康杯”竞赛活动的重点单位，同时要求其他企业也要结合自身行业特点积极参与此项活动。在竞赛活动中，提高企业管理者安全生产意识和管理水平；积极组织开展群众性安全生产活动，不断增强广大职工的安全健康意识和技术素质，树立正确的安全生产价值观，为促进安全生产形势稳定好转，实现经济社会持续健康发展建功立业。根据自治区总工会职工万名技能培训（五年规划）的要求，工会共自筹培训费56.4万元，协同市双业办在地区雅砻工矿公司、泽当饭店、客运公司三个国企和1区6县举办印刷技术培训、国家旅游服务业标准化项目职工培训、藏式唐卡绘画、农机使用和维修及编织技能等农牧民工技能培训。广泛开展“我争做、我推荐山南好人”活动；在职工中推广关注“高原劳动者”微信公众号活动；做好“让母亲温暖过冬——我为家乡送礼物”公益活动；围绕“十三五”规划的各项任务，加大实施职工素质工程建设力度，在全地区企事业职工中广泛开展职工技能比赛活动。积极推动“创建学习型组织，争做知识型职工”活动，加强职工文化阵地建设，继续开展“职工书屋”建设，申报桑日县总工会、琼结县总工会、错那县总工会、长盛路桥公司4家单位为“职工书屋”建设候选单位。

**【队伍建设】** 不断优化工会队伍结构，加强工会干部队伍建设，充实新生力量，加强培训，提升素质，充分调动工会干部干事的积极性、创造性。通过走出去请进来、以会代训、交流学习等方式加大了对工会干部的培训力度，提高工会干部的业务工作水平，推动工会工作再上新台阶。牢固树立面向基层、心系群众的作风，围绕新时期工会工作的难点和重点，坚持经常深入基层、深入企业、深入职工群众，了解职工需求，倾听职工呼声；坚持廉洁从政，全面落实中央八项规定、区党委“约法十章”“九项要求”和地区“十项规则”，不断提升党员干部廉洁从政意识。为切实加强对会费的收缴，处领导和财务人员深入到各县调研，对各县、各单位工会经费收缴、管理、使用情况进行审计，已对8个县总工会财务审计，对存在问题提出整改。

**【维稳工作】** 充分发挥工会组织联系职工群众桥梁纽带作用，深入开展安全生产活动，继续加强企业文化建设，实行人性化管理，贴近职工思想实际，开展有针对性的思想工作，确保职工队伍和谐稳定。建立健全劳动人事关系预警机制和应急预案，做到妥善处理职工群众信访问题，积极协助配合相关部门处理好来信来访性事件，把“双联户”服务管理工作纳入年度工作计划，作为社会治安综合治理工作的重要组成部分，调整充实“先进双联户”创建评选工作领导小组，制订实施《山南市总工会“双联户”服务管理工作实施方案》，制定矛盾联排制度、纠纷联调制度、治安联防制度等工作制度并张贴上墙，有效推动各项措施的落实，按照市双联办统一制作的山南市双联户户长工作台账，积极按时做好台账登记工作，实行“四个一”工作法，并将“四个一”工作法与年度“先进双联户”评选工作和联户长考核定级工作相结合，促进“先进双联户”评选工作公平、公正、公开；二是组织江南矿业、雅砻工矿、客运公司、泽当饭店等企业，开展形式多样的“安康杯”竞赛，确保杜绝人民生命财产为主的事故隐患和职业危害治理活动，确保职工的劳动安全与健康。激发职工群众爱党、爱国情怀，坚实职工队伍稳定，打牢社会稳定基础。

# 共青团

**【概况】** 2016年5月，国务院批准成立山南市后，共青团山南地区委员会正式更名为共青团山南市委员会机关。

山南共青团拥有团员36759人，团组织1757个，形成以共青团组织为核心，以青年工作委员会、青年联合会、学生联合会、青年志愿者协会等为依托的青年组织体系。同时，积极履行全团带队职责，带领山南少先队事业蓬勃发展，现有少先队员18905人，少先队组织1025个，建立起较为完备的山南青少年工作体系。

共青团山南市委机关内设办公室（组宣部）、青工青农部、学少部（青少年活动中心）三个部室，总编制12人（行政编制9人，事业2人，工勤1人）。现实有17人，其中县级干部3名，科级干部5名，科员及工勤人员9名，平均年龄35.7岁。

**【感党恩、听党话、跟党走】** 牢牢把握政治性的根本属性，深化青少年理想信念教育。引导全市广大团员青年深入学习贯彻党的十八大、十八届三中四中五中六中全会、中央第六次西藏工作座谈会精神、习近平总书记系列重要讲话精神，认真学习领会中央、区党委、市委党的群团工作会议精神，自治区第九次党代会及市第一届党代会、“两会”精神，做到真懂真信、入脑入心，坚定理想信念。围绕中国梦主线，组织承办“我的中国梦——奋斗的青春最美丽”西藏优秀青年先进事迹巡回分享会，联合市委宣传部、市教体局、山南报和山南网开展了“中国梦·青春行——庆祝西藏3·28百万农奴解放纪念日”知识竞赛活动，举办“我的中国梦 奋斗的青春最美丽”山南地区首届青年创业创新论坛及“红领巾相约中国梦——关注十三五，创造新生活”主题教育实践活动。全市各级团少组织开展“我的中国梦”主题系列教育引导活动共60余场次，参与青年达7600余人次，通过主题教育活动引导青年敢于有梦勇于追梦勤于圆梦。始终坚持“三个倡导”，抓住“3·28”“五四”“六一”等重大契机和重要时间节点，深入开展“与人生和信仰对话”“学雷锋、树新风”“弘扬雷锋精神、共建和谐山南”青少年群众性精神文明创建及“社会主义核心价值观”主题团日等特色活动200余场次，覆盖青少年3万余人次。积极开展“向上向善好青年”“最美中学生”“最美青工”“青年致富带头人”等优秀典型评选活动，超过2万青少年参与评选投票，通过宣传学习与实践认知，引导广大青少年知行合一、勇于担当，努力做社会主义核心价值观的真诚信仰者、坚定践行者、广泛传播者。以民族团结教育、反分裂斗争教育为主线，深入推动爱国主义教育，持续深化“民族团结代代传”宣传教育、青少年万人交流、“红领巾心向党”“感党恩、知党恩”“团结稳定是福、分裂动乱是祸”、手拉手结对子等活动，不断促进各族青少年交往交流交融，大力宣传社会主义新西藏的新发展、新变化、新生活，深入揭批十四世达赖集团的反动本质，坚决同一切分裂破坏活动作斗争，不断夯实共同团结奋斗、共同繁荣发展的思想基础，努力建设具有强大凝聚力和可持续发展的爱国统一战线。共组织20名各族优秀青少年代表，前往北京、石家庄及对口支援三省等地参加夏令营、同心营及手拉手等活动。始终抓住网络宣传工作队伍建设这个“牛鼻子”，持续开展网络文明志愿行动，克服团市委人员编制少的困难，指定专人专项负责山南共青团手机报、山南共青团微信——青春雅砻、“青年之声——山南”互动社交平台运作，抓住重要节日、重大事件纪念日契机，结合热点话题、敏感事件及时发出共青团声音、表明共青团态度、展现共青团作为，传递青春正能量，营造良好网络生态。已发送手机报45期、微信245期，关注人数达615人并在持续增长，山南共青团网络正面引导力不断提升。

**【创新创业创优】** 牢牢把握先进性本质要求，引导广大青年在助力山南市打赢脱贫攻坚战中建功立业。积极参与“平安山南”建设，组织动员全市1042名平安志愿者参与治安巡逻、矛盾隐患排查、纠纷调解等活动189次。大力动员青年依法有序投身山南市安全生产、流动人员管理、驻村驻寺、“先进双联户”创建评选及城镇网格化管理等工作，共同维护社会和谐稳定，实现山南市持续稳定、长期稳定、全面稳定。围绕“创新创业创优”主题，举办山南市首届青年创业论坛，组织11个青年创业项目参加了首届西藏青年农牧民创新创业大赛，其中7个项目入围首届西藏青年农牧民创新创业大赛半决赛，2个项目分别获得三等奖和优胜奖，奖励扶持资金13万元，27个青年创业项目参加首届西藏共青团创新创业创优成果展，展销收入达32万余元。选派4名优秀青年农牧民代表赴京参加创业技能培训并考察新农村建设示范村，引导青年农牧民参与电子商务、旅游服务、特色农牧业等产业扶贫项目，在全市掀起“大众创业、万众创新”的热潮。新建见习基地1个，见习应届毕业生13人，帮助青年转移就业76人，围绕“共青团助力脱贫攻坚”主线，结合实际制定《共青团山南地委关于开展“青年文明号”一对一帮扶活动的实施方案》，号召青年文明号单位与贫困农牧民家庭进行一对一结对帮扶，截至年底，共为贫困家庭解决住房、升学、创业启动资金及医疗费用5.1万元，通过结对帮扶，引领贫困户脱贫致富。联合市青年文明号单位华康医院在隆子等8县开展“关爱百姓健康·免费体检活动”18次，发放价值30余万元的药品，受益群众达2.88万人。同时积极推报西藏矿业有限公司及扎囊县氆雕工艺农民专业合作社两家企业的一线生产车间、班组为2013-2014年度“西藏自治区青年安全生产示范岗”，新增3家自治区级“青年文明号”单位，引导广大青年在一线岗位建功立业。促进山南市国家公共文化服务体系示范区建设，发扬志愿服务精神，全年招募各类文化志愿者1179名，认真做好志愿者岗前培训、信息登记、志愿协议签订等各项服务管理工作，组织引导志愿者全面参与山南市雅砻文化节及图书馆和博物馆等文化场馆的志愿服务；积极响应市委宣传部“绚丽雅砻，大爱之城”号召，及时组织动员志愿者参与“文明山南六彩行”志愿服务活动，为建设“文明山南”添砖加瓦。切实加强与团区委及各县项目办在招募、培训、派遣、管理和服务等方面的沟通协调，健全完善项目服务管理体制机制，始终坚持“安全第一”原则，及时与志愿者、用人单位签订安全健康责任书，严格执行志愿者请销假制度和考勤制度，建立日、周、月平安报送制度，动态掌握志愿者在岗和出行等情况，始终牢记“娘家人”责任，及时协调解决志愿者在工作、生活、学习中存在的困难，确保志愿者在藏服务期间的政治安全、人身安全、心理安全。年内，全市共有西部计划志愿者 215 人（其中 2015 年志愿者延期 69 人，2016 年新接收 146 人）服务于山南市 10 个县（区）、45 家单位。另有 88 名 2014 届志愿者依据留藏政策扎根山南，为改善山南人才结构、弘扬社会文明新风、促进民族交流交往交融做出了积极贡献。深入推进百乡千村青少年绿化行动，广泛动员青少年参与生态环保志愿服务活动，在全市各级团组织的组织引导下，全年共植树 22.7 万余株，开展各类“禁白”活动 36 场次，组织各类环保宣传活动 20 余场次，参与青年达 1.2 万余人次，发放宣传资料 2000 余份，为把山南市建成国家生态文明先行示范区做出应有贡献。推动受援各项工作有序开展，结合山南市“六个精准”“十个一批”“十个到位”的精准脱贫要求，在和安徽、湖北、湖南三省团省委的反复沟通协商下，达成 2016 年度援助项目计划 48 项、资金 100 万元。通过山南团市委赴内地、内地“三省”团委赴藏双方线下面对面的对接及双方各项目负责部室责任人线上的积极沟通推动，已落实包括青年就业创业、民族团结交流、“领头雁”培养计划、阳光关爱计划、团少干部培训等 29 个项目，落实计划内援助资金 65.1 余万元、计划外资金 42.9 万元。

**【服务青少年健康成长】** 牢牢把握群众性的根本特点，尊重青年主体地位，贴近青年实际需求，维护青少年权益，服务青少年发展。按照实现“输血”与“造血”相结合原则，全力配合市“双业办”抓好农牧民青年实用技能培训，制订《共青团山南市委 2016 年关于开展农牧民青年实用技能培训方案》，指导各县（区）团委开展技能培训工作。全年共争取到农畜产品加工、卡垫编织、藏式家居制作等各类农牧民技能培训经费 33.75 万元，组织 190 名青年农牧民参加实用技能培训，已就业 2 人。借助对口受援有利契机，组织 20 名有意愿从事电商生意的青年代表赴湖南参加电商技能培训，逐步培育出符合形势发展要求的电子商务人才队伍，助力农牧区经济发展。全年共争取到国酒茅台、芙蓉学子、华融湘江银行绿色助学、湖北希望工程助学金 87.6 万元，优先考虑脱贫攻坚建档立卡户、孤儿、单亲、残疾和低保等特困家庭的学生，帮助 243 名贫困学生解决就学困难。协调落实湖南省第七批援藏干部人才“湘藏情”爱心助学活动，为市一高 37 名受助学生发放了 7.4 万元助学金，对其中 5 名特困生发放精准帮扶资金各 1 万元。另外，为桑日、措美、扎囊等 5 县的基层小学争取到“希望厨房”项目 5 个，投入 25 万元。深化“大手牵小手——青年志愿关爱行动”，积极组织青年志愿者、青年文明号单位利用节假日、双休日为福利院儿童开展“春暖童心——送温暖 献爱心”、结对辅导学业、过集体生日等活动，携手特殊学校 50 名学生深入敬老院开展“月圆中秋·爱满山南”敬老爱幼慰问活动，发放共计价值 2 万余元的慰问物资。深化关爱农民工子女及留守儿童行动，全年开展学习辅导、亲情陪伴、自护教育、感受城市活动 50 次、时长 499 个小时，累计受益人数 408 人。新建“七彩假期”青年志愿者关爱服务阵地 20 个，组织 150 余名志愿者积极开展心理疏导、读书指导，开设第二课堂等志愿关爱活动，受益儿童达 2000 余人。深化与市边防支队联合开展的爱民固边关爱困难儿童公益募捐活动，共设立“爱民固边关爱困难儿童公益募捐箱”12 个，募集爱心善款 1.6 万余元。坚持“真情促回归”，联合乃东区团委举办“粽情端午，爱在雅砻”赴市看守所看望慰问在押人员，送去价值 2000 元节日慰问品和 500 本各类书籍。深化“青少年维权岗创建”活动，全市共有“青少年维权岗单位”53 家，其中国家级 1 家、自治区级 4 家、市级 6 家、县级 42 家，新增 2 家“自治区级”青少年维权岗。组织市青年志愿者在市各高中、初中举办 2016 年“12355·轻松伴你行”考前心理辅导讲座 13 场次，为应届考生减轻心理压力，5000 余名初高中应届毕业生从中受益。推进青少年法律知识普及工作，全年共计开展法律讲座 113 次，法制展览 21 次，法制宣传 52 次，发放各类宣传资料 9 万册，受益青少年群体达到 8 万余人。

**【基层团少组织】** 着力打造青年想得起、找得到、靠得住的“青年之家”。在巩固传统领域团建基础上，推进非公有制企业、农村专业合作组织等新兴领域团建，推进城乡区域化团建，推动行业团建，团的基层组织网络覆盖到更多青年。2016年新增学校团支部2个、国有企业团支部1个，新建“两新”团组织3家、直属团组织2家，新建青工委2家，覆盖团员青年300余人。按照坚持标准、控制规模、提高质量、发挥作用的总要求和团区委《关于做好2016年西藏共青团发展团员工作的通知》具体要求，根据2015年全市人口统计数据，确定2016年全市发展团员1800名，重点抓团员的政治意识、组织意识、模范意识教育，努力把各方面先进青年更多地吸收进团组织。同时，积极履行“全团带队”职责，发展1600名少年儿童成为光荣的“红领巾”，源源不断地为党输送新鲜血液，为全面建成小康社会发挥生力军和突击队作用提供了坚强组织保证。坚持分级培训、幅度适中原则，坚持理论武装、党性锻炼与技能培训并重，根据上级团组织安排部署，组织45名各级团少干部前往北京、河北、浙江、江西等地参加团中央2016年“培养计划”“国培计划”、全国基层团干部学习贯彻团中央改革方案精神示范、全国扶贫开发重点地市团委书记调度、全国少先队工作者、全国中学团委书记等培训班，提高团少干部做好青少年群众工作的能力水平。同时，对接银行业金融机构4名优秀青年干部赴县级团委挂职1年。贯彻落实全团“青年之声”推进工作电视电话会议精神，通过“团帮青、专帮青、青帮青、政帮青、社帮青”等多种方式，构建青年就业、婚恋、心理、维权等多个服务体系，使服务青年工作真正落到实处。年内，全市12县（区）均已开通“青年之声”，入驻“青年之声——山南”的各领域专家已由上年的28名增至300名，平台累计访问量达47万人次，青年创业、交友、心理、维权等各个领域咨询、求助和问题反映1100余条，团组织有效回复330余条，在全区“青年之声”工作考核中排名第一，“青年之声——山南”联系服务青年的积极作用正在逐步显现。

**【作风建设】** 按照“从严治团”的要求，切实加强团干部作风建设。全力推进两学一做”学习教育，落实“三会一课”制度，把深入学习习近平总书记系列重要讲话精神同学习党章党规贯通起来，引导党员干部认真落实全面从严治党要求，团市委党组中心组进行专题学习研讨，班子成员带头学习讲党课，机关党支部组织党员干部定期不定期集中学习交流，普通党员干部强化个人自学，带着具体问题学、对着突出问题改，在坚定理念信念、增强宗旨意识、强化纪律观念上取得新进步。截至年底，组织集中学习8次、个人自学17次、上党课3次、专题讨论3次，购买下发学习教材1本，撰写学习心得体会19篇。在做好规定动作的同时，结合共青团职能，认真做好自选动作，组织市各级团干部、团员青年代表开展了“学习三会精神·勇担时代重任”主题学习讨论会，组织31家青年文明号单位开展“助力脱贫攻坚·争做合格党员”五下乡活动，宣传党的惠民利民政策、金融知识政策、免费义诊、与贫困户进行结对帮扶，发放各类慰问品和慰问金共计1.9万元。开展“创先争优先锋行活动”，认真落实党员干部联系服务群众制度，以“两学一做”学习教育为主线，以促进创先争优强基惠民活动为抓手，开展“结对认亲交朋友活动”，组织党员干部与团市委驻村点龙巴村10户贫困户进行结对帮扶，针对实际困难进行精准帮扶，为贫困户解决扶贫资金3万元，支持驻村工作开展。团市委驻龙巴村工作队千方百计为驻村点村民办实事解难事，全年争取环保、农田、民生等项目共计资金47.87万元，为改善龙巴村村民生产生活条件，促进龙巴村经济发展和谐稳定做出积极贡献。认真落实中央“八项规定”、区党委“约法十章”“九项要求”和市委“十项规则”，严格执行党员廉洁自律准则和纪律处分条例，严格执行民主集中制，认真落实领导班子民主生活会制度和《中国共产党党组工作条例》，认真履行党组政治领导、党建、党风廉政建设责任，及时科学讨论研究“三重一大”等重大事项的决策，不断完善首问责任制、责任追究制度，进一步加强党组班子成员和各部室的绩效管理，认真落实日常工作和受援工作月报制度，切实提高工作效率，推进机关作风建设转变。党组抓党风廉政建设责任制的主体责任意识强化，组织召开党风廉政建设专题会议，制订《共青团山南市委关于调整党组班子和党组班子成员2016年党风廉政建设工作岗位责任制分解方案》《共青团山南地委2016年度党风廉政建设工作计划》《共青团山南市委党风廉政宣传月活动方案》，并与各部室签订《共青团山南市委2016年党风廉政建设责任书》、与全体党员签订《共青团山南市委党员干部廉政承诺书》，确保团市委党员干部不敢腐。从严从实抓好责任落实，为做好团的工作提供坚实作风保障。

# 妇联

【概况】 根据《关于撤地设市后县处级机构更名的通知》(山机编发〔2016〕4号)文件和《关于撤地设市后市直科级以下事业单位更名的通知》(山机编发〔2016〕7号)通知精神,山南地区妇女联合会更名为西藏山南市妇女联合会机关;山南地区妇女儿童活动中心更名为西藏山南市妇女儿童活动中心(市妇女培训中心)。根据(山机编发〔2014〕9号)和(山机编发〔2016〕19号)文件精神,年内,山南市妇联核定编制14人,其中行政编制8名、事业编制5名、后勤事业编制1名、县级领导职数3名(2正1副)、科级领导职数6名(4正2副)。下设办公室、权益部、城乡部及妇女儿童活动中心(事业编制)四个部室。全市共有12个县级妇女联合会,83个乡(镇)级妇女联合会,595个村妇代会,69个地(中)直妇委会。

【"两学一做"专题教育】 全市"两学一做"专题教育开展以来,市妇联党组高度重视,把此项工作作为首要政治任务,根据市委的统一部署,立足妇联实际,制定实施方案。结合党章、习近平总书记系列重要讲话精神,认真落实市委《关于进一步抓严抓实领导机关党员干部"两学一做"学习教育的通知》精神。要求每一名党员要深入学习自治区第八次党代会和区党委八届五、六、七、八次全委会部署,学习贯彻落实吴英杰书记在区党委常委(扩大)会议上的讲话精神。并根据市委组织部《关于做好党员队伍在思想组织作风纪律等方面存在问题查摆整改工作的通知》要求,召开思想组织作风纪律方面存在问题查摆整改部署会,切实为广大干部职工把好"脉",筑牢思想防线。制定《关于做好党员队伍在思想组织作风纪律等方面存在问题查摆整改工作的方案》,进一步摸清基层党组织和党员底数,按照"五个好"标准,认真查找问题和不足,并进行梳理汇总、分析研究。县级领导班子讲党课6次、专题研讨5次、召开专题报告会1次、参观教育基地2次、召开座谈会1次。5名县级领导干部与9户群众结对认亲,办实事2件,投入资金10000元。领导干部学习笔记达到5000字以上,撰写心得体会28篇。

【强基础惠民生活动】 认真开展"感党恩、批达赖、守法纪、保稳定、促发展"教育活动,成立领导小组、制定活动方案、召开动员大会、制定学习计划,严格考勤制度,确保活动扎实开展。期间,组织新旧西藏对比教育活动及参观新旧西藏对比展板各5场次,组织村民结合"3·8"妇女节、"3·28"百万农奴解放纪念日,邀请"三老"人员、优秀农牧民党员代表举办感党恩专题讲座。开展党在西藏的惠民政策宣讲活动。广泛开展了十八届五中全会、中央第六次西藏工作座谈会、习近平总书记系列重要讲话精神、区党委八届八次全委会精神、"中国梦"、社会主义核心价值观为主题的政策宣讲教育。此项活动共组织集中学习3次,参加人数前后共计130余人次,发放宣传材料60多份,探访农户22户。将精准扶贫列为工作重点。进行前期的动员活动准备工作,协助乡人民政府,通过走村入户,向村委会书记和主任、村委成员详细的了解本村的贫困情况,妥善安排了相关工作。

【维护稳定工作】 全市各级妇联组织充分利用"妇女之家"这一平台,教育引导广大妇女始终坚定理想信念,始终保持对党的绝对忠诚,在反分裂维护稳定中做到认识不含糊、态度不暧昧、思想不动摇。充分发挥乃东区和11个县"巾帼志愿者"职能,开展矛盾纠纷调解、3月维稳敏感期治安巡逻、安全隐患排查等工作,减少了不和谐因素产生的途径。坚持24小时值班、领导带班、零报告和安全隐患排查制度,确保"三不出"。把"平安家庭"创建活动作为社会稳定和精神文明建设的一项重要工作纳入富民惠民整体规划,把预防和制止家庭暴力作为社会治安综合治理的重要内容,作为建设"平安家庭"的主要任务,以家庭和谐促进社会和谐稳定。

【优化发展环境建设】 加大优化发展环境专项行动宣传。发挥妇联组织桥梁纽带作用,以各类宣传节点、各大节日为契机,加大优化发展环境的宣传力度,提高广大家庭和妇女参与优化发展环境专项行动的自觉性。强化优化发展环境专项行动教育。利用妇女培训阵地,把优化发展环境建设的要求纳入到妇女教育培训体系中,引导广大妇女树立优化发展环境的思维方式和价值导向。推动优秀妇女在优化发展环境专项行动中发挥示范带头作用。树立正面典型,发挥引导和示范作用,鼓励广大妇女积极参与经济建设、积极参与社会和谐稳定,共同营造良好的发展环境。在驻村点全面了解村情民意，重点对私搭乱建、非法买卖租赁土地、房屋违规建设等情况进行详细统计，逐一登记注册中华人民共和国集体土地使用证和各类调查表，宣讲政策落实到户到人，确保入户率，户主见面率，群众对惠民政策、优化发展环境策略、法律法规等有了全面了解。

【“三八”妇女节活动】 2016年是“三八”国际劳动妇女节106周年，由市妇联领导带队看望慰问综治联系点琼结县加麻乡3名贫困母亲并送去节日的祝福及价值1000元的慰问品，到乃东区和琼结县慰问尼姑及驻寺女干部并送去价值2000余元的用品；各级妇联围绕纪念“三八”，开展法律法规宣传、看望慰问贫困妇女、单亲母亲、“两癌”患者等形式多样的活动。“三八”维权周期间，山南市各级妇联组织共开展送温暖活动50余次，送去慰问金、慰问品（折价）共计329640余元，发放各类宣传资料5700余份，共计10000人受益。

【妇女儿童合法权益维护工作】 利用家长学校举办讲座，加大对留守儿童的教育引导和心理疏导。年内，山南市共有家长学校53所，家长接受教育率达90%，截至年底，各县（区）共开展“家教”培训24次，培训人数达18000余人。切实为妇女群众办实事，做好事。2016年配合人社局开展“春风行动”和“2016年转移就业贫困人员专场招聘会暨第二十一届人力资源洽谈会”，招聘会共发放宣传资料5000余份，提供免费服务人数500余人，成功介绍女性就业人数300余人，其中女性就业人数达120人。落实“母亲水窖”项目8个，项目国家投资216万元，使430户、1634人（其中妇女儿童1021人）受益。开展“两癌”贫困妇女救助工作，2016年将57名“两癌”患病贫困妇女情况录入全国妇联农村妇女“两癌”救助系统，并争取21万元资金对2015年筛查出的21名“两癌”贫困患病妇女进行全面救助。做好农牧区妇女就业培训工作。向区妇联争取妇女就业培训资金13万元，在乃东和措美两县开展卡垫藏毯编织和民族手工艺加工、家政服务培训等3期培训班，培训妇女75人次。并接待日喀则市妇联2批38名民族手工业及妇女创业团到山南市参观考察，扩大两市妇女致富带头人、创业能手间的交流合作。基层妇联组织积极向相关部门沟通、协调，争取培训资金418.1万元，举办农牧民妇女培训班81期，培训妇女人数1006人，就业人数611名。截至年底，妇女劳务创收18368.3万元，劳务输出妇女50651人。

【妇女组织建设】 市委组织部在基层党建验收工作中将“党建带妇建”作为重要内容列入考评范畴并进行专项考评，极大地推进妇联组织建设。充分发挥妇女在基层民主政权中的作用，村居妇代会主任进“两委”比例一直巩固在100%。完善矛盾纠纷调处机制，积极发展妇女信访代理员。推进“妇女之家”建设，拓展活动阵地。年内，山南市共有“妇女之家”631个，其中机关16个、乡镇47个、村居554个、尼姑寺7个，企业7个，实现村级“妇女之家”全覆盖。截至年底，共选派妇女干部参加上级机关举办的各种培训班8期，15人次。各县（区）妇联立足本县实际举办业务培训班，增强基层妇联干部业务能力。

## 残疾人工作

【概况】 山南市残疾人联合会机关系独立的副县级单位，单位内设办公室、综合科和教育就业科三个正科级行政科室；下设两个正科级全额拨款事业单位，分别是山南市残疾人康复中心和山南市残疾人托养服务中心。山南市残疾人联合会有人员编制13名，其中行政编制8名，事业编制5名，核定理事长、副理事长职数3名（副县1名、正科2名）；核定内设机构领导职数6名（正科3名、副科3名）；核定事业单位科级领导职数4名（正科2名、副科2名）。实有正式干部职工16名，公益性岗位人员12名，共计28名。

【残疾人扶贫】 年内，山南市残疾人联合会机关成立领导小组，制定残疾人脱贫攻坚工作方案，明确专人具体负责此项工作。抽调8名医生及相关工作人员组成四个工作组分赴各县（区），对市扶贫办建档立卡中的持证残疾人和疑似残疾人的劳动能力进行集中鉴定。摸清贫困残疾人的劳动能力情况，为开展残疾人精准扶贫奠定基础。经鉴定，山南市符合条件列入建档立卡中的残疾人数为4327人，其中有劳动能力的1403人；无劳动能力的2924人；五保户884人；低保户1747人；贫困户1696人。做好贫困残疾人家庭危房改造核实和无障碍设施改造工作。共核实贫困残疾家庭危房改造户 244 户，确认为危房改造对象的 107 户（已改造的 19 户），已按要求及时录入住建部门危房改造系统。为洛扎县 25 户残疾人家庭实施无障碍设施改造，兑现资金 8.75 万元。配合市民政局落实残疾人“两项补贴”，共落实资金 1416.228 万元。其中落实困难残疾人生活补贴 12064 人，落实资金 796.224 万元；落实困难重度残疾人护理补贴 4697 人，落实资金 620.004 万元。开展“干部职工结对帮扶”活动。制订结对帮扶工作方案，对隆子县加玉乡共果村和欠堆村的 8 名贫困户进行入户调研，干部职工自筹 3700 元对各自的结对户进行帮扶。

**【残疾人就业】** 年内，山南市残疾人联合会机关赴各县（区）督导检查兴办残疾人就业经济实体情况。全市兴办乃东区“藏贴尔”民族手工艺福利有限公司、曲松县拉加里服饰加工厂、加查县兴旺编织厂、洛扎县服装和小产品加工厂、错那县拿日雍措扶贫开发有限公司等残疾人就业经济实体五个，已安置残疾人就业 104 名。加大残疾人技能培训力度。市残联根据实际，认真研究制订《“十三五”期间残疾人就业培训工作方案》，依托各县（区）残联开展残疾人技能培训，各县已培训残疾人 140 名，山南市残联为各县发放培训补贴费 87.64 万元。选送 22 名残疾人参加区内外就业技能培训，其中赴自治区参加盲人按摩及缝纫、厨师培训的残疾人 21 名；赴北京参加盲人按摩培训的 1 名。截至年底，全市参加培训的残疾人共 162 人。做好按比例安排残疾人就业工作。加强残疾人就业保障金征收工作，截至年底，已缴纳单位 29 个，收缴残疾人就业保障金 210.5551 万元。全市按比例安排残疾人就业 120 人。加强残疾人创业扶持力度。为 4 户残疾人发放创业扶持资金 8 万元。对各县（区）自主创业残疾人进行摸底调查，自主创业残疾人共 107 人。对全市城镇残疾人就业情况进行全面调查统计。山南市城镇残疾人共 416 人，其中已就业 176 人。组织 46 名有就业能力和意愿的残疾人参加自治区首届残疾人专场招聘会。2016 年，全市通过按比例就业、技能培训、自主创业等各种形式共实现残疾人就业 331 人。

**【残疾人康复】** 年内，山南市残疾人联合会机关组织康复技术员赴乃东区结巴乡和洛扎县洛扎镇开展辅助器具适配活动，共筛查残障人士 277 名，现场适配辅助器具 84 件。协助自治区残联在贡嘎县开展社区康复服务，筛查残疾人 122 人，适配辅助器具 69 件。投入资金 15.425 万元，为错那、洛扎、乃东、曲松等县白内障患者实施白内障复明手术，手术将于年底前全部完成。免费为 17 名残疾儿童提供康复训练服务，其中 15 名残疾儿童享受“彩票公益金智力残疾儿童康复救助项目”。为 5 名住宿偏远的残疾儿童及家人提供住宿，帮助他们解决住宿难题。投入 35.6 万元增设测听室，并配备相关仪器。开展康复培训。对 13 名残疾儿童家长进行日常护理培训；选送 6 名人员赴自治区康复中心和北京进行业务培训。开展康复转介工作。2016 年，进行康复转介 6 人，其中将 3 名残疾儿童转介到区康复中心适配矫形器，另 3 名残疾儿童转介到区康复中心进行水疗康复。2016 年，市残联免费为残疾人发放轮椅、助听器、靠背架等各类辅助器具共 295 件。

**【“两学一做”学习活动】** 根据市委的统一安排部署，山南市残疾人联合会机关在全体党员中认真开展“学党章党规、学习近平系列讲话、争做合格党员”学习教育，认真完成各阶段的工作任务。高度重视，精心筹划。成立以党组书记、理事长为组长的学习教育领导小组，领导小组下设办公室，为学习教育的正常开展提供组织保障。结合实际，制订《关于在全体党员中开展“学党章党规、学系列讲话，做合格党员”学习教育实施方案》，明确“两学一做”学习教育的重要意义和具体工作方法。抓好动员，营造氛围。及时召开“两学一做”学习教育动员座谈会，对单位学习教育工作进行具体安排部署，在党员中营造浓厚的学习氛围。强化学习，提高认识。制订《“两学一做”学习教育工作计划》，为每名党员发放学习资料，对班子成员、党支部成员、普通党员的学习内容分别作明确规定，广大党员根据不同层次，有区别的开展学习。创新载体，突出特色。开展藏汉“双语”学习教育和以残疾人脱贫攻坚为主要内容的“脱贫增收先锋行”活动和以亮明身份、承诺践诺、示范引领为主要内容的“创先争优先锋行”活动，做到以学促做、学做结合。

**【强基础惠民生活动】** 年内，山南市残疾人联合会机关派驻 4 名人员赴隆子县开展驻村工作。积极宣传党的各项方针政策。在驻村点开展党的十八届三中、四中、五中全会及中央第六次西藏工作座谈会宣讲活动,将党的方针政策及时传达到千家万户。认真开展新旧西藏对比和反分裂斗争教育,使村民知党恩、感党恩,普遍受到爱国主义教育。深入110户村民家中开展入户调查,发放便民联系卡160余份,走访群众360余人,摸清村情民意,帮助村委会理清发展思路。争取到总投资240万元的普玉村村委会新建项目和293万元的香油水渠项目。截至年底,两个项目正在施工建设。狠抓维稳工作。充分发挥“双联户”作用,建立村民出入登记制度;以“交通安全”和“消防安全”为重点,逐户排查安全隐患;加强矛盾纠纷调处力度,及时化解矛盾纠纷,有力维护村居稳定。在“三大节日”期间,和中行山南分行为驻村点110户群众发放慰问物资3.26万元。出资8800元举办藏历新年、“七一”建党节等庆祝活动。年初在驻村点开展党员结对认亲交朋友活动,10名人员自筹7500元对15户贫困户进行帮扶。关心驻村干部,落实相关政策。单位多次对驻村工作队进行慰问,及时落实驻村队员生活补贴,想方设法帮助解决生活困难。截至年底,市残联共投入强基惠民资金13.0842万元。

**【基础业务工作】** 年内,山南市残疾人联合会机关认真完成残疾人基本服务状况和需求信息数据动态更新工作。指导各县(区)对本县各乡镇民政助理员、村(居)第一支部书记或驻村工作队长进行培训,对13564名残疾人进行调查,入户率达97.13%,圆满完成工作任务。在“三大节日”和“全国助残日”期间,对乃东哗叽编织厂的20名残疾员工和桑日县20名特困户、洛扎县25户重度残疾人进行慰问,发放慰问金5.6万元。为10县(区)残联争取中央财政专项彩票公益金项目。其中,为6个县配备残疾人流动服务车;另外4县(区)的102.9万元购车资金已到位,已报市财政集中采购。做好残疾人信访工作。2016年,共接待残疾人来访3件24人。通过协商,使国旗厂22名残疾人的就业问题得到妥善解决;对另2名残疾人咨询的享受“两项补贴”情况和机动轮椅车燃油补贴情况进行调查并及时给予答复,使残疾群众的信访诉求得到圆满解决。做好残疾人教育和文体工作。开展残疾儿童融入性教育工作,根据工作开展情况,将为市特殊教育学校、市一小和三小下拨融入性教育资金。加强与残疾人艺术团的沟通和联系,为艺术团下拨活动经费5万元。选送7名残疾人参加第六届全国特殊奥林匹克运动会,其中5人获得第1名,2人获得第3名,市残联为获奖运动员兑现奖金及训练补助13.7万元。做好市残疾人康复中心建设项目的前期准备工作。做好二代残疾证办证工作。2016年新办残疾证6484个,注销残疾证1653个。截至年底办证残疾人共15013人。

**【党建工作】** 年内,山南市残疾人联合会机关定期召开党建专题会议,安排各阶段党建工作。认真制订党建工作方案、党建工作计划和党建工作台帐。党组书记与党支部书记、党支部书记与每位党员层层签订《党建工作目标管理责任书》。全体党员结合工作职责,对年内需要解决和达到的目标做出公开承诺,广泛接受干部群众的监督。对党支部书记进行换届选举,产生新一届支部领导班子。对党支部书记和党务工作者进行专题培训,提高党支部书记的业务能力。单位解决3000元活动经费开展了“七一”庆祝活动,评选表彰模范党员。以“走进困难家庭,帮扶困难党员”为主题,组织在职党员开展进社区服务群众活动,全体党员捐款2000元对结莎居委会的3名贫困党员和1名模范党员进行走访慰问。并先后捐款2700元为前来康复治疗的6名残疾儿童购买爱心物资,为曲松县1名发生车祸导致瘫痪的群众捐款,发挥党员的先锋模范作用。健全各项规章制度。制定完善民主评议党员、谈心谈话等10余项党建规章制度,规范党支部工作。坚持民主集中制原则,对“三重一大”事项坚持集体研究,做好发展党员及党组织关系排查和党费收缴工作。2016年,预备党员转正1名,新吸收入党积极分子2名。

**【党风廉政建设】** 党组高度重视,多次对党风廉政建设工作进行强调部署。市委和市政府分管领导也多次听取单位党风廉政建设工作汇报,对党风廉政建设工作作出重要指示,并与单位主要领导签订党风廉政建设目标责任书。主要领导与每位干部职工也层层签订《党风廉政建设工作责任书》,形成党组统一领导、党组书记负全责、党风廉政建设领导小组办公室抓落实的党风廉政建设工作机制。推进党务政务公开。制作党务政务公开栏,定期对“三公”经费、党费收缴、考勤等情况进行公示,接受大家的监督。开展“党风廉政建设宣传教育月”活动。组织全体党员参观市廉政教育基地,观看两部警示教育片,进行廉政知识问卷测试,教育广大党员自觉做到自重、自省、自警、自励。

# 法　治

## 公安

【概况】 2016年，山南市两级公安机关在市委、市政府、维稳指挥部及上级业务部门的坚强领导下，紧紧围绕“三大节日”、两会、3月敏感时段、撤地设市、“萨嘎达瓦”宗教活动、雅砻文化节、G20峰会、“扎日”转山、藏博会、区党委换届、十八届六中全会、优化发展环境、反恐防暴等核心维稳工作，突出抓好严打整治、“扫黄打非”“四项建设”、深化改革等重点业务工作，精心组织，周密部署，高度戒备，严阵以待，严密防范，确保了各重要节点的绝对安全和全市社会大局的持续稳定、长期稳定、全面稳定，促进各项公安业务工作的协调健康发展。

【社会面管控】 强化薄弱地方、复杂区域、敏感部位的管控，以辖区派出所、便民警务站、寺庙警务室为依托，积极动员各群防群治力量，做到巡控无缝隙、无盲区、无漏洞，始终保持对重点区域、重要民生设施、重要时段的巡逻守护。

【严打整治】 紧紧围绕年初工作安排，始终保持对危安犯罪、严重刑事犯罪、毒品犯罪、经济犯罪以及盗抢骗、多发性侵财案件的严打高压态势。2016年，共立刑事案件391起，破277起，破案率为70.84%，抓获刑事案件作案成员253人，挽回经济损失449.2万元。其中，八大类案件立17起，破17起(年前1起)；盗窃立221起，破173起；诈骗立85起，破23起；毒品案件立21起，破21起，缴获各类毒品600.653克；经济案件立12起，破10起；其他案件立35起，破33起。在山南市公安机关侦办的“系列盗窃寺庙财物案件”中，市委、市政府主要领导高度重视，市公安局及时成立专案组，对案件情况分析研究，制订相应的工作措施。专项办积极协调各类资源，行程遍及山南、拉萨、昌都、日喀则、林芝各地大小寺庙150余座，排查走访僧尼、群众2100余人次，破获涉及全区除阿里外六地市92座寺庙，作案近200起、资金达60余万元的盗窃案件，抓获犯罪嫌疑人5人。案件告破后，撰写形成《我区寺庙盗窃案分析研究及对策》并上报公安厅，并得到厅领导的充分肯定。

在打击治理新型电信网络违法犯罪专项行动中，市公安局形成联席会议制度，加强与各单位的协作。共紧急止付被骗资金86.5万元，破获“5·16”系列电信诈骗案件，“10·11”电信诈骗，代破外地案件7起，外地代破山南市案件6起，抓获10名犯罪嫌疑人，追回赃款188万余元。

【社会治安突出问题整治】 本着“打防结合、预防为主、依法管理”的方针，狠抓防范控制工作，严厉打击各种违法行为。加强对娱乐服务场所、治安复杂场所、人员密集、特种行业以及企业、学校等的清理排查整治；深入开展管制刀具清理，落实报备登记、申报审批、实名销售登记等制度，坚决依法打击非法生产、贩卖管制刀具、弩、仿真枪等行为；深入开展治爆缉枪专项整治；严格落实成品油管理、加油站实名登记等制度，严厉打击地下非法生产、加工、销售成品油和易燃易爆物品的违法犯罪活动；加强寄递物流业安全检查；全面加强实有人口服务管理，改造完善旅店业人口登记管理系统。截至年底，共受理查处治安案件252起，同比增加17.21%，查处违法人员584人次，同比增加25.05%。清查各类场所2829家次，检查重点单位、部位1142家次，收缴管制刀具71把，散装柴汽油487公升，群众上交、工作收缴仿真枪20支、气枪3支、各类子弹1841发、炸药42.9公斤、雷管421枚、导火索772米。办理居住证11877张，登记出租房屋15203间。年内，共检查涉危涉爆单位及烟花爆竹批发店、零售点198家次，整改安全隐患15处，签订涉爆人员具结保证书482份。

明确组织机构、人员组成、职责分工，与公安厅、各地（市）、各县（区）紧密联系，做好协调工作。在日常工作中加强“两限一警”督导力度，及时发现和纠正跟车管理工作中的各类不作为及不依规依法执法问题，严肃落实跟车责任，杜绝违规事件的发生，确保区党委部署要求落到实处。

2016年交警部门加大对摩托车、出租车集中整治力度，严查“三超一疲劳”、不按规定车道行驶、酒后驾驶、涉牌涉证等严重交通违法行为，最大限度地预防和减少道路交通事故的发生。同时，加强对农村道路的交通安全管理。截至年底，两级公安交通管理部门共出动警力6万余人次，出动警车1.5万余台次，查处各类交通违法行为19978人次，同比增长23.9%，接报道路交通事故51起，同比持平，造成8人死亡（同比下降65%）、54人受伤（同比下降26%），直接经济损失434800元（同比下降6%）。

**【优化发展环境专项整治】** 为维护山南地区社会主义市场经济秩序，整顿规范地材开采、销售及运输市场秩序，严厉打击建材领域、地材领域、运输领域、建筑领域及非法买卖土地违法犯罪活动，市公安局抽调精干警力成立“9·15”专案组。专案组共走访调查大小工地50余处，建设单位40余家及镇区各居委会、县辖乡镇村和邻县，走访群众1000余人，制作询问笔录300余份，收集、分析各类统计报表500余份，采集现场照片200余张，核实比对各类信息500余条。已对11起案件进行立案侦查并依法移送起诉8起9人。

在优化环境专项行动中，制订下发《山南优化发展环境户口登记管理专项清理整顿工作实施方案》，全面梳理户籍业务档案和人口数据，全面清理解决山南市户口登记管理中存在的“错、重、假”，违规分户立户，死亡未注销等问题。年内，山南市共清理整顿“一宅多户”5963户；注销重户2025人；清理死亡未注销4717人，已注销；清理参军、服兵役未注销户口427人，已注销；清理公职人员未迁户4325人，已将其户口及时迁出；合并违规分户3056户；清理无相片人员8567人。

8月，市局相关部门、乃东区公安局共出动警力620余人次，车辆210余台次，各部门共清理包括张贴传单、喷印广告等各类形式的小广告1800余份。截至年底，两级公安机关共查处“牛皮癣”小广告违法案件6起，抓获各类违法人员16人，收缴各类非法小广告1053张。

**【基础设施建设】** 2016年财政为山南市公安局解决36个专项项目2816.75万元。“十二五”期间，市、县两级资金全部到位项目共15个，总投资14196万元。已主体竣工项目14个，投资12915万元，因项目置换或征地等因素未开工的项目1个，投资1281万元。“十二五”结转“十三五”监管场所建设项目共22个，总投资7350万元。积极与自治区公安厅、市发改委协调完善山南市公安机关“十三五”项目库，共确定“十三五”项目13个，总投资15901万元。积极与市国土、住建、发改和各县国土、住建、发改等协调，办理“十三五”项目前置手续，已办完前置手续的有3个，计划投资2416万元。

**【“两学一做”和忠诚教育月专题教育】** 召开动员部署会，成立领导小组，制订工作方案、学习计划及督导方案。完成对自治区“两学一做”督导组及公安厅“忠诚教育月”督导组的迎检工作并获得充分肯定。年内，召开专题研讨会2次、支部集中学习32次、座谈会25次、“讲党课”29次、开展“手抄党章100天”活动。组织民警参加山南市升国旗唱国歌活动，参观西藏民主改革第一村及克松居委会，观看《红河谷》《忠诚与背叛》《雪域铸警魂》等影片，开展清明节“缅怀先烈”纪念活动，认真开展“读忠诚书刊”活动，发放《全区公安系统“忠诚教育月”活动学习读本》《雪域公安英雄颂》450套，开展“牢固梳理五种意识、熔铸忠诚警魂”为主题演讲比赛，邀请退休干部、英模、优秀党员等5名代表讲述忠诚履职、无私奉献的“忠诚故事”。

**【强基惠民活动】** 完成市局驻普玛江塘乡沙空、萨藏两村第八、九批驻村工作队员及驻克西村第五、六批驻村队员轮换工作。关怀驻村民警，及时将每月的活动经费及慰问金2000元、新标准的驻村补助发放至各驻村工作队。

【体制机制改革】 深入贯彻落实公安厅改革办分解的125项改革任务和《中办、国办下发的公安改革“1+3”意见方案》，通过创新立体化社会治安防控体系，加快推进警务体制机制改革，全面实行打击犯罪新机制，深入推进户籍制度改革，完善户籍登记管理、清理整顿等工作，切实抓好公安部16项便民利民措施落实，公安部18项车检改革措施落实，深化执法规范化建设工作，规范健全执法办案制度机制，规范窗口服务，解决群众反映强烈的执法突出问题。为深化落实国家和自治区关于地方机构改革和部署要求，规范和统一管理、理顺职责关系，明确责任、整合交通管理资源，提高泽当城区道路交通管理工作效率，促进泽当城区道路交通健康有序发展，根据当前公安改革要求，将原有交警支队泽当大队承担的泽当城区道路交通秩序管理、泽当城区道路交通事故处理、泽当城区道路交通安全隐患排查治理等职能工作移交给乃东区公安局，切实做到道路交通管理勤务更科学、指挥更高效、反映更迅速、纠违更及时、服务更到位、管理更有力。

根据《公安部关于加快推进公安机关保安企业脱钩改制工作的通知》、西藏自治区人民政府、公安厅文件精神，山南市公安局成立由主管领导牵头，相关部门主要领导为成员的脱钩改制工作领导小组，全面负责山南市保安服务公司脱钩改制相关工作。6月17日，在市局特警支队金盾保安公司办公地对山南金盾公司的所有人员、财产及业务全部移交给中保强盾保安服务有限公司山南分公司，同时对山南金盾保安公司留下的财务、业务等进行妥善安排和清点，相关工作已全部完成。

## 检察

【概况】 山南市检察院设有办公室、政治部、纪检组、反贪局、反渎局、侦查监督一处、侦查监督二处、公诉一处、公诉二处、预防处、控申处、刑事执行检察局、民行处、技术处、计财处、法律政策研究室、案件管理处、法警支队等18个内设机构和自设机构检察委员会办公室（综治办）。所辖乃东、贡嘎、扎囊、桑日、隆子、琼结、洛扎，浪卡子、加查、措美、错那、曲松等12个县（区）检察院。2016年，山南检察机关编制312名，实有干警316名。山南市检察院编制94名，实有干警92名，

【审查逮捕起诉】 年内，两级院侦查监督部门共受理审查逮捕案件148件229人；经审查，批准逮捕或者决定逮捕95件121人；不批准逮捕53件108人；复议案件1件2人，维持原决定1件2人。复核案件8件13人，维持原决定6件7人，改变原决定2件6人。批准延长侦查羁押期限3件3人。受理立案监督案件6件，督促公安机关立案2件，督促行政执法机关移送涉嫌犯罪案件1件。受理侦查活动监督案件9件，向公安机关发出纠正违法通知书6份，发出检察建议5份。两级院公诉部门受理移送审查起诉案件171件229人；经审查，提起公诉164件229人；不起诉32件48人。办理羁押必要性审查案件41件43人。受理二审上诉案件2件2人，支持抗诉案件2件14人，法院发回重审1件1人，依法改判1件13人。办理未成年人犯罪案件2件4人，附条件不起诉1件1人。

【双反案件】 年内，两级院反贪部门共立案侦查贪污贿赂案件33件33人；办理大案6件6人，占立案总数85.7%，办理要案1件1人，占立案总数14.3%。侦查终结案件18件18人，移送起诉16件16人。通过办案，为国家和集体挽回经济损失近1000万元。两级院反渎职部门共受理线索5件，立案3件2人，其中立案1件2人，以事立案2件。移送不起诉1件1人，法院判处免予刑事处罚1人。

【预防职务犯罪】 年内，开展预防职务犯罪专题讲座5次；参观职务犯罪预防警示教育基地24次，参观人数1064人；开展预防调查3次，撰写预防调查报告3份，发出检察建议3次；开展预防调研13次，撰写调研报告4篇；进行各类法制宣传活动10场次，散发藏汉文宣传资料2千余份，提供法律咨询12人次；撰写职务犯罪年度综合报告4篇和典型案例分析8篇；录入全国行贿犯罪档案网络的行贿案件11件12人，开展查询服务工作298件次，出具查询告

知函298份。联合中铁企业在全区率先制定《检企共建预防职务犯罪工作联系配合制度》。

**【检察审查】** 年内，审查法院裁判文书200余份，提出检察建议进行纠正1件；受理民事申请监督案件1件；办理行政执法监督案件7件，发出检察建议8份；出台《推进民事行政检察工作服务民生专项活动实施方案》，对各县中小学食堂卫生、食品安全、环境破坏和污染情况进行排查，发现案件线索1件，发出检察建议1份；办理行政执法监督案件3件，发出检察建议3份。

控申部门共受理举报、控告4件4人，受理审查民事监督案件1件1人，受理审查刑事被害人救助1件1人。评查涉法涉诉信访案件6件，督促整改办案瑕疵13处。申报创建全国检察机关文明接待室。编写《山南市检察机关控告申诉检察工作手册》，制定控申业务工作流程图。

**【羁押审查】** 加强对指定居所监视居住场所检察和社区矫正检察监督工作，共建立社区矫正人员档案110份，发出检察建议纠正脱管1名，收监执行1名。开展羁押必要性审查案件6件6人，建议相关办案机关变更强制措施，被采纳检察建议4件4人。实行巡回检察制度，接待在押人员法律咨询150余次，约见在押人员21次；开展安全防范大检察5次，查处违禁品3件，提出纠正意见7次。

**【案件管理】** 加强统一业务流程监控，对进入检察诉讼环节的案件进行流程监控，共监控案件23件，口头提醒23人次。公开案件程序性信息350件，重要案件信息发布8件，法律文书63份；接待律师38人次；制定《山南市人民检察院案件质量评查方案》《山南检察机关案件质量评查暂行办法》《山南检察机关案件质量评查评分参考标准》，共评查案件148件，评选优秀案件141件。

**【培训学习】** 年内，山南市检察院采取“普通检察官出题考检察长”的方式，开启提升领导班子实战能力的新模式。市委主要领导作出重要批示，要求在全市推广学习。提拔任用一批科级干部，向组织部门推荐提拔县级干部7名。继续实施“211”岗前培训，选派90余名干部到区内外培训。邀请对口援藏检察机关业务专家授课，选派7名部门负责人挂职基层院副检察长。山南检察机关侦监、公诉业务实训基地和民事行政业务实训基地先后落户乃东区院、琼结县院。深入开展“两学一做”学习教育，坚持党组理论中心组学习制度、“三会一课”制度，办好“检察课堂”，贯彻落实“四讲四有”和“六种人”，做到心中有党，在党言党，爱党护党。签订党风廉政建设责任书，完善“一案双查”“一案三卡”机制，加强领导干部和检察人员的监督管理，增强检察队伍的凝聚力、向心力和战斗力。共选派16名干部开展强基惠民活动，帮助各村建立健全相应机制，千方百计为村集体经济发展找门路、谋发展。刘志刚检察长先后深入隆子县日当镇卡当村、扎囊县拉杰措拉康、诺迪康药业联系点实地调研，共捐赠物资25万元，争取项目1个，为联系寺庙解决饮水工程项目资金40万元。

**【检察受援】** 年内，山南市检察院推进“358”人才受援计划，实施“第三台手术”，率先实行组团式的检察受援工作。从湖南、湖北、安徽三省检察机关协调24名援藏业务专家到山南指导工作。借助实训基地，邀请湖南、湖北省检察机关业务骨干进藏开展新闻、侦监、公诉、案管、司法鉴定、电子证物等业务教育培训。三省检察机关为两级院提供资金援助260万元，从湖北援藏资金“大盘子”中争取到1300万元，用于山南市检察院预防职务犯罪警示教育基地项目建设。

## 法院

**【概况】** 山南市中级人民法院属正科级单位，内设机构19个，分别是立案庭、刑一庭、刑二庭、民一庭、民二庭、行政庭、审监庭、执行局、赔偿办公室、审判管理办公室、研究室、政治部、纪检组（监察室）、行装处、办公室、司法技术辅助办公室、编译科、技术信息科、法警支队，内设机构科级领导职数55名（19正36副）。人员核定编制为102名，实有人数100名，其中副地级干部1名，正处级干部2名，副处级干部5名，正科级干部38名，副科级干部29名，科员16名，工人9名。

2016年，山南市中级人民法院忠实履行各项审判职责，全年共受理各类案件109件，审执结101件，结案率92.66%。为维护山南社会大局和谐稳定、助推经济健康发展、保障人民安居乐业、促进社会公平正义做出积极贡献。

【学习教育】 年内,山南市中级人民法院深入学习贯彻中共十八大及十八届三中、四中、五中、六中全会及习近平总书记系列重要讲话精神,紧紧围绕“努力让人民群众在每一个司法案件中感受到公平正义”的目标,坚持“司法为民、公正司法”工作主线,以开展“廉洁司法教育活动”“规范司法行为年”“基本解决执行难”“两学一做”专题教育为契机,狠抓队伍建设,忠实履行司法审判职责,为山南市和谐稳定和经济发展发挥积极作用。

【刑事案件】 山南市中级人民法院依法惩治刑事犯罪,全力维护国家安全和社会和谐稳定。把反对分裂、维护稳定作为压倒一切的首要政治任务,认真落实维护稳定各项措施,严厉打击危害国家安全犯罪,依法严惩故意杀人、伤害等严重刑事犯罪,依法打击盗窃、诈骗、贪污贿赂等多发性犯罪。年内,共受理刑事案件40件,审结39件,结案率97.5%。

【民事案件】 山南市中级人民法院依法审理各类民事案件,服务经济社会发展。树立“关注民生、服务群众、维护民权、消除民怨”的民事审判基本理念,坚持“调解优先,调判结合,案结事了”的民事审判原则。共受理民事案件61件,审结57件,结案率93.44%。积极推进家事审判改革。2016年5月,市中级人民法院和辖区乃东法院被确定为全区“家事法庭”试点法院,中级法院将家事审判法庭与少年法庭合建,打造婚姻家庭、少年案件审判专业平台。结合实际制订《家事审判实施方案》,探索建立《家事案件审判流程》,结合案件特点合理设置流程,进一步提升家事案件审理效果。试点以来,积极开展妇女儿童权益保护工作,共受理家事案件共30件。

【行政诉讼】 山南市中级人民法院依法化解行政争议,推动法治政府建设。始终坚持平等保护行政机关和行政相对人的合法权益,坚决支持依法行政行为,大胆纠正违法行为,推进法治政府建设。共受理2件行政诉讼案件,结案2件。

【案件执行】 山南市中级人民法院依法运用执行措施,努力实现人民群众诉讼权益。在高院、市委和市检察院的部署协调下,集中调配人力、物力、财力,在两级法院组织开展“执行案款集中清理发还”活动。以清理发还为契机,着力在两级法院实施公正执行、文明执行、阳光执行,促进两级法院执行工作跨上新台阶。中级法院共受理各类执行案件6件;结案3件,结案率50%。

【司法公开】 山南市中级人民法院强化司法公开工作,提升法院内部质效。扎实开展裁判文书上网工作,在互联网公布各类裁判文书共82篇(其中藏文裁判文书公开40篇);邀请人大、政协及社会各界的代表参与庭审观摩活动,对审判人员的程序操作、言行举止、驾驭能力、秩序保障等方面进行评审。共开展庭审观摩6次,邀请人大代表、政协委员、廉政监督员参与观摩6人次。。

【便民服务】 山南市中级人民法院落实司法为民,彰显司法的人文关怀。完善法律咨询、诉讼指导、风险提示等便民服务机制,完成诉讼服务大厅建设,为弱势群体和困难群众开辟诉讼“绿色通道”,在司法程序上,最大满足人民群众的诉讼需求;充分利用车载流动法庭广覆盖、宽服务、方便快捷的优势,继续开展“流动法庭行万里,送法维权进万家”活动,通过法制宣传、流动立案、巡回开庭,进一步增强司法服务的主动性。年内,车载流动法庭行程22.275万公里,巡回办案43件;进一步落实司法救助机制,高度关注弱势群体,大力开展司法救助。共为11件案件的当事人减、免、缓诉讼费3.9508万元,有力保障困难群众的诉讼权利和合法权益,切实体现社会主义司法的人文关怀。

## 司法行政

【概况】 山南市司法局内设办公室、法治宣传科、基层工作科、律师公证仲裁管理科、安置帮教科、法律援助工作科、政治部和社区矫正支队8个行政科室,以及市公证处和西藏雅砻律师事务所2个事业单位。市司法局机关核定政法编制44人,实有38人,党员

31 人。在编人员中有女性 13 人，男性 25 人；藏族 23 人，汉族 15 人；研究生学历 1 人，大专及本科学历 23 人；局领导班子 5 人，平均年龄 48.7 岁。

**【党风廉政建设】** 加强基层组织建设，充分发挥党组的战斗堡垒作用。深入学习习近平总书记系列讲话、党章、党规、准则、条例等法律法规，切实增强班子的执行能力和履职能力，使局领导班子成为“学习创新、民主团结、勤政为民、清正廉洁、公正执法”的坚强核心。本着“重教、严管、厚爱”的干部队伍管理方针，狠抓干部管理制度的修订完善和落实，有效促进干部队伍的规范化建设。完成 2016 年中央司法警官学校招录审核工作，审核通过 99 人。

认真学习中共十八届四中、五中、六中全会、中央第六次西藏工作座谈会等中央、自治区、市委、市政府相关会议精神的传达学习。组织业务骨干，深入基层对各县（区）局社区矫正、法治宣传、基层人民调解、法律服务等业务工作进行了督促指导及培训，有效提高了基层业务水平。经市委、市政府批准，成功举办山南市 2016 年司法行政业务培训班。通过采用集中培训的形式，利用五天时间对十二县（区）司法局长及业务骨干开展了人民调解、安置帮教、法治宣传、社区矫正和人民监督员相关业务培训；为选任的 15 名人民监督员颁发了任命书和人民监督员工作证。积极与市委组织部和三省司法厅沟通协调，2016 年安排十二县局及局机关社区矫正工作人员 15 人赴对口援藏的安徽省司法厅，开展为期一个月的跟班培训，切实提高全市社区矫正工作人员的业务水平和工作能力。在司法部、区司法厅和市委组织部的亲切关怀下，2016 年共安排 6 名干部分别赴中央党校、司法警官学院、清华大学、四川大学等地参加理论及业务培训。

全面贯彻落实中央纪委十八届五次全会精神、《中国共产党党员领导干部廉洁从政若干准则》和中央“八项规定”等廉政精神。坚持从严治党、从严治政和从严治警的方针，不断完善局机关内部廉政机制。继续推行党务、政务公开，加强对机关支部的工作指导，加大对班子成员、各部门党风廉政建设的督促检查，将党风廉政建设纳入全年工作考核之中，确保党风廉政责任制落到实处。全体党员干部均能严格贯彻落实中央“八项规定”、区党委“约法十章”“九项要求”及市委“十项规则”，没有出现违反党员领导干部廉洁自律规定、利用各种名义大操大办、收钱敛财、奢侈浪费和公车私用等情况。

按照市委“两学一做”学习教育工作座谈会精神，局党组高度重视，积极安排部署，认真组织实施。及时成立市司法局“两学一做”学习教育领导小组和督导小组；结合实际制定具体的实施方案、督导方案和各类学习安排。同时，在市委提出的“四个先锋行”基础上，立足全市司法行政实际，以“两学”（学党章党规、学系列讲话）“四抓”（抓思想建设、抓改进作风、抓制度落实、抓创先争优为平台）创新开展了“法律服务先锋行”活动。自“两学一做”学习教育开展以来，共组织开展“两学一做”集中学习 12 次，安排自学 37 次，专题讨论交流会 8 次 16 人，撰写心得体会 87 篇，制作展板 2 块。市司法局驻加查县冷达乡玛岗村、仲沙村工作队紧紧围绕“十项任务”深入扎实开展创先争优强基惠民工作。积极加强驻村工作队自身建设，为驻村各项工作的有效推进提供了坚强保障。同时，配合村第一支部书记强化了对村“两委”班子的传、帮、带、导、扶和党员队伍建设工作。强化措施，严格落实各敏感时期、敏感节点的社会管控工作，确保两个村的和谐稳定。扎实开展法治宣传工作，制作十八届五中全会、区党委八届八次全委会和市委扩大会议精神宣传展板，累计开展各类法治宣传、惠民政策、反分裂等教育 28 场，受教育人数 840 人（次）。在元旦、春节、藏历新年、“3·8”“3·28”“5·4”、望果节期间，两个工作队共投入资金 47200 元，开展节前慰问和文艺活动。年内，两个驻村工作队共开展为民办实事、慰问共投入资金 19750 元。积极与市科技局协调沟通，为牧民解决两辆价值 16000 元的太阳能发电机；利用为民办实事经费为玛岗村购置一台联合收割机。申报《加查县仲沙村强基础惠民生整合资金申请报告》。

**【法治宣传】** 以“七五”普法为主线，深入开展工作。2016 年，坚持法治教育与法治实践相结合，以开展法律“七进”“民主法治村”创建为抓手，大力开展了以《中华人民共和国宪法》《中华人民共和国民族区域自治法》和维护社会稳定、促进社会发展为主要内容的法律法规宣传教育，各族干部群众的法治观念、法律素质不断增强，社会法治化管理水平进一步提升。根据国家和自治区两级普法办的相关安排，结合山南市实际，制订并下发《山南地区 2016 年普法依法治理工作要点》。调整充实“七五”普法领导小组成员及成员单位，制定下发《山南市“七五”普法规划》。积极抽调法治宣传和法律援助工作人员组成“法律下乡”小分队，参加在山南市贡嘎县杰德秀镇举办的2016年山南市科技文化卫生法律和爱国爱教宣传服务“五下乡”活动启动仪式。认真做好优化发展环境专项活动法治宣传教育工作，起草落实《优化发展环境法治宣传教育实施方案》及《优化发展环境法治宣传培训工作细化方案》。市普法办利用全市司法行政业务培训的有利时机，对十二县（区）基层普法工作者近30余人进行普法工作培训。2016年全市共开展各类法治宣传活动1600余场（次），发放宣传资料29万余份，发放法律书籍3万余本，解答法律咨询2500余人（次），受教育人数达42万余人（次）。

**【社区矫正】** 认真贯彻落实《西藏自治区社区矫正工作实施办法》，强化组织领导、健全工作机制、狠抓措施落实，建立健全社区矫正工作制度、部门职责和工作台账，确保社区矫正工作组织到位、管理到位、措施到位，各项工作扎实推进。针对山南市实际编印《社区矫正工作办法、流程、制度》500册，《社区矫正工作台账》2400本，《社区矫正工作档案盒》1500个。根据区司法厅关于加强社区矫正信息录入工作的通知精神，严格按照信息录入工作要求，初步完成全市社区矫正人员信息录入工作。为规范社区矫正工作，及时成立社区矫正安全隐患排查整治工作领导小组，并制定印发落实《山南市司法局社区矫正安全隐患排查整治工作方案》。根据司法部《关于加强G 20杭州峰会期间社区矫正安全稳定工作的通知》和区司法厅《关于做好“雪顿节”和G 20杭州峰会期间社区矫正安全稳定工作的通知》要求，积极加强督促指导，扎实开展社区服刑人员摸排清查工作。

**【人民调解安置帮教工作】** 紧紧围绕改革发展稳定大局和市委市政府中心工作，充分发挥人民调解工作第一道防线作用，按照“调防结合，以防为主”的要求，充分做好日常矛盾纠纷和“三大节日”、3月敏感月、市第一届党代会、人代会、“萨嘎达瓦”“扎日转山”等各敏感节点的矛盾纠纷排查化解工作。据统计共排查、受理调处矛盾纠纷246件，成功调处239件，未调解成功起诉至法院7件（6件婚姻纠纷，1件劳资纠纷），调处率100%，调解成功率98%。按照组织网络健全、人员衔接规范、帮教责任落实的总体要求，认真开展了安置帮教工作。

**【人民监督员工作】** 按照有关规定和程序结合山南市实际严格选任市人民监督员15名，并建立完善个人档案。根据区司法厅统一安排，组织山南市13名人民监督员和市局1名负责领导参加全区人民监督员培训工作。积极与市人民检察院沟通协调，建立完善人民监督员工作程序、工作制度、工作职责及人民监督员参加案件监督评议（检察活动）登记表、回执单、通知单等相关工作制度和工作清单。认真做好全市人民监督员业务培训工作，为人民监督员颁发任命书和人民监督员工作证。2016年共受理人民检察院申请人民监督员参与监督评议案件11起，共选派人民监督员35人（次）参与案件监督评议，提出评议意见。检察院完全采纳人民监督评议意见4起，7起案件在等待市检察院意见反馈。

**【法律服务】** 法律服务工作依托法律援助、公证和律师三个平台，秉承“化解社会矛盾、创新管理方式、服务弱势群体”的工作理念，恪尽职守，热情服务，积极开展优质高效的法律服务工作，全面提升了山南市法律服务工作的整体水平。同时，为解决山南市部分县（区）域没有专职律师的现实问题，积极沟通协调，为局机关争取“1+1”法律援助律师1名；为乃东区、琼结县、扎囊县、贡嘎县、洛扎县、桑日县各争取志愿律师1名。市法律援助中心及各县（区）共办理各类法律援助案件116件，为当事人挽回经济损失达405.8万余元。2016年市法律援助中心荣获司法部颁发的第五届全国法律援助“先进集体”荣誉称号。西藏雅砻律师事务所担任8家法律顾问，办理案件5件。西藏山南市公证处共办理各类公证831件，接待来访累计达1470人（次），涉及标的额4200万元。

**【受援工作】** 2016年认真贯彻执行中央第四、第五、第六次西藏工作座谈会和全国对口援藏工作会议精神，始终站在讲政治、讲大局的高度，加强与三省司法厅的沟通与联系，2016年邀请并陪同完成三省司法厅共三批31人赴藏考察团的相关工作，争取援助资金共计95万元。圆满完成“十二五”规划市司法行政业务用房建设项目，并已于年底投入使用；督促十二县（区）司法局认真完成了“十三五”全市首批12个乡镇司法所规划、征地、初设等前置手续的办理和入库工作。

**【维护稳定工作】** 根据区党委、山南市委和一线指挥部的维稳部署和要求，以“维护稳定工作”为中心，充分发挥司法行政职能作用，在行动上周密部署，落实上紧密结合实际，紧紧围绕“三不出”“四无”目标，扎实推进各项维稳措施的有效落实。认真做好“三大节日”、全国“两会”“三月重要时期”“3·10”“3·14”“萨嘎达瓦”、雅砻文化节等重要节点和日常的维稳部署工作。同时，根据市委、市政府和市委政法委的统一安排和部署，多次安排人员组成维稳督导组，深入部分县、乡、村进行维稳督导；并结合全市司法行政工作实际，多次组织司法局工作组对十二县（区）司法局维稳工作和司法行政工作进行检查指导，平均每县达到两次以上。

**【社会治安综合治理】** 全面贯彻“打防结合、预防为主、专群结合、依靠群众”的综治工作方针。成立由党政一把手任综治工作领导小组组长的司法局社会治安综合治理领导小组。调整充实综治、平安单位、反邪教工作、国家安全人民防线、扫黄打非等领导小组；强化对出租商品房和办公区域的服务管理工作，加强防火、防盗等安全生产工作，对流动人口做到底数清、情况明。加强车辆（私家车）的管理和驾驶员的交通安全教育管理工作，签定《车辆及驾驶员管理责任书》。根据《“双联户”服务管理工作实施方案》，层层签订责任书，建立工作台账，确保“双联户”活动的有效扎实开展。加强商品出租房流动人口的服务管理工作，实行专人建档管理制度，建立工作台账，对承租人的户名、户主、经营项目、从业人员、办理流动人口计划生育工作相关证件等内容逐项登记在册，做到底数清、情况明。

# 经济综合管理

## 发展改革

【概况】 2016年,实现地区生产总值126.53亿元,增长9.9%,完成计划的97.7%。其中,第一产业实现增加值6.14亿元,增长5%;第二产业实现增加值62.03亿元,增长12.1%;第三产业实现增加值58.36亿元,增长8.2%。完成全社会固定资产投资186.24亿元,增长27.6%,完成计划的104.6%。实现本级财政收入13.56亿元,增长16.8%,完成计划的100.7%。完成税收总收入21.6亿元,增长16.1%,完成计划的105.4%。财政总支出完成126.08亿元,增长3.5%。实现社会消费品零售总额44.74亿元,增长13%,完成计划的98.7%。农村居民人均可支配收入9908元,增长10.2%,完成计划的97.4%;城镇居民人均可支配收入25894元,增长8.7%,完成计划的98.6%。

【项目投资】 按照"重大项目建设年"总要求,充分发挥北京、拉萨项目专班作用,全力争资上项。成功录入国家重大项目库项目1651个,262亿元,储备三年滚动计划项目1945个1627亿元,梳理代建制、总承包、PPP模式和贷款项目258个384亿元。全年新开工项目245个,完成固定资产投资186.24亿元,其中国家投资在建项目725个,完成投资167.37亿元,增长40.8%,完成计划的111.7%。完成社会投资18.87亿元,下降31.2%,完成计划的67.4%。

拉林铁路山南段、泽贡专用公路、农村公路、边防公路有序推进,加桑公路二期工程竣工投入使用,标志着山南市顺利实现县县通油路的目标。全年完成交通基础设施投资45.21亿元,完成全年计划的112%,全市公路通车总里程达到6946公里,县(区)、乡镇、村公路通畅率分别达到100%、96.3%、54.6%。藏中清洁能源基地建设加快推进。大古电站成功实现大江截流。拉郊电站于今年初已实现并网发电,嘎堆水电站顺利实现下闸蓄水,国电投二期、曲松光伏电站顺利并网发电,措美中汇、措美协和光伏电站进展顺利。全年完成能源项目投资26.37亿元。获得自治区批准和备案待建光电项目28个,总投资160亿元,总装机容量107万千瓦。2016全年计划发电量1.6亿千瓦时,产值1.8亿元。截至年底,发电量1.74亿千瓦时,实现产值2亿元。产量和产值同比增长55%,超额完成年初计划。实施泽当大道、周转房、公租房、泽当老城区给排水管网以及各县县城道路和给排水等项目,城市面貌焕然一新,全市常住人口城镇化率达到32%,完成市政投资11.4亿元,完成全年计划的105%。加快实施雅砻水库、江北灌区以及水源地保护、小型农田水利县建设等项目,特别是雅砻水库已进入收尾阶段,全年完成水利基础设施项目投资8.3亿元,完成全年计划的117%。

【脱贫攻坚】 2016年,全市共有6213户19151名建档立卡贫困户达到退出标准,206个村(居)达到退出标准,乃东、曲松、洛扎三县(区)达到脱贫摘帽标准,已上报自治区待批复。实施产业扶贫项目77个,完成投资3.08亿元。加查莫热坝、桑日追塘坝、泽当城区和桑耶等15个集中安置点和754户2471人易地扶贫搬迁点建设加快推进。完成可研或初设的易地同步搬迁项目68项，涉及7284户、26230人，总投资24亿元。

**【富边工程】** 完成4个边境县一县一本生态文明小康示范村建设规划，上报96个边境村建设实施计划，涉及边境人口5.5万人，计划总投资55亿元。全年落实生态补偿脱贫转移就业岗位3.69万个，为贫困人口每人每年增收3000元。

**【民生政策】** 年内，山南市“十大民心工程”受到国务院通报表扬。整合各类资金5.99亿元，强基惠民为民办实事7596件。落实各类惠民资金，出台26项惠民补助或工资提标政策，特别是边民补助在自治区安排补助资金的基础上，提高近70%。

**【公共服务】** 年内，3县义务教育均衡发展通过验收，累计已达9个县。市三高、二职建成并招生开学。洛扎、隆子两县人民医院成功创建二级甲等医院。就业、社会保障、双集中、全民免费健康体检等工作走在全区前列。国家公共文化服务体系示范区成功授牌。城镇登记失业率控制在2.1%以内，五大社保参保率达97%以上。

**【农牧业发展】** 围绕农牧业增效、农牧民增收目标，投入资金近26亿元，加快实施江北灌渠、小农水利重点县建设、农业综合开发、连片高标准农田建设等130余个农村经济发展项目和农村产业发展项目。谋划乃东千亩蔬菜基地、百万规模禽类养殖基地，琼结万头仔猪繁育基地，浪卡子万只绵羊改良基地等能农村产业发展“百千万”工程，农村产业化经营水平不断提高，土地产出效率日益显现。粮食产量持续保持连年增收，产量15.9万吨，增长1.2%。蔬菜产量3.17万吨，肉类产量2.65万吨。

**【工业经济】** 工业品产销良好，实现销售产值24.95亿元，增长21.2%。成功打造“雅拉香布”“雅砻神水”天然饮用水品牌，华新水泥三期120万吨生产线审批工作有序推进。重点企业支撑有力，藏木电站全年发电量16.68亿千瓦时，实现产值4.63亿元。主要矿产品价格逐渐回暖，江南、华钰等矿业生产规模不断扩大。全年完成规模以上工业企业增加值12.21亿元，增长6.2%，工业总量居全区第二、增速全区第四。

**【服务业发展】** 深度开发藏源寻根游、环羊湖自行车体验游等精品线路，积极打造中国西藏雅砻文化节、措美哲古牧人节、仓央嘉措情歌文化节等品牌。全年共接待国内外游客超过277万人次，实现旅游总收入11亿元，增长17.9%和19.6%。全年实现消费品零售总额44.74亿元，增长13%。金融机构存贷款余额分别达到309.76亿元、251.7亿元，增长2.89%、8.74%。非公市场主体发展到1.88万户，注册资金181亿元，增长22%、17%。

**【试点示范工作】** 国家新批准乃东区全国农民工返乡创业试点、桑耶镇全国第三批新型城镇化试点建设、桑耶全国127个特色小镇、乃东区农村产业融合发展试点等国家级试点，措美、洛扎、隆子、浪卡子四县成功纳入国家重点生态功能区。扎囊、乃东县（区）起草编制试点工作实施方案。大力开展泽当镇新型城镇化试点。编制完成《泽当镇全国第二批新型城镇试点工作实施方案》，启动泽当东入口、西入口、下穿式隧道、市人民医院迁建、市完全中学等重大项目规划设计，实施泽当大道、贡布路改扩建等重点工程。加快推进统筹城乡示范区建设。启动统筹城乡发展示范区核心开发区市政道路、给排水、综合电缆管沟等基础设施建设，入园投产企业1家，在建企业1家。稳步推进全区特色小城镇建设，率先在全区启动杰德秀基础设施建设，勒乡基础设施建设也顺利启动。

**【重点领域改革】** 年内，撤地设市圆满完成。顺利完成权责清单编制工作，政府效率全国排名第3。开创受援工作新局面，顺利实现七（五）批援藏项目收尾，开展教育、卫生组团式援藏工作，组团式援藏人才分别达到140人和64人。七（五）批与八（六）批援藏工作顺利接续，扎实推进“十三五”援藏规划编制。乃东区自治区级农村改革试验区工作取得示范性效应。放管服改革扎实推进，围绕项目审批权下放，千方百计提高承接能力和审批效率，政务环境明显改善。

**【生态文明建设】** 大力推进生态文明先行示范项目建设，实施生态保护、人工造林、农业综合开发等10大类项目，完成投资16.08亿元。对照53项衡量指标，已实现26项指标。落实资金3.7亿元，实施12县（区）生态安全屏障防沙治沙、12县（区）重点公益林建设、乃东区等4县（区）生态安全屏障防护林、浪卡子县黑颈鹤保护区三期工程、乃东江北苗圃等一批重点生态环境保护和生态修复项目。加快污水垃圾无害化处理设施建设，实施了贡嘎、曲松污水处理收集系统和18个乡镇垃圾填埋场(转运站)，全市可持续发展能力显著提升。

**【综治维稳】** 全面落实区、市维稳措施，巩固山南是全区最安全、最稳定地市之一的良好局面。宗教领域“三个一”、学经回流人员管控和“两个意识”教育工作成效明显。安监工作受到国务院表彰并荣获全区第一名。“先进双联户”创建工作荣获全区第一名。全社会治安综合治理工作荣获全区第二名。

## 粮食流通

**【概况】** 2016年，山南市各级粮食部门深入学习贯彻党的十八大和习近平总书记系列重要讲话精神，坚持以马列主义、毛泽东思想、邓小平理论理论、“三个代表”重要思想和科学发展观为指导，认真按照中央、自治区和山南市关于粮食工作的决策部署以及2016年区市两级粮食流通工作会议的安排，以保障粮食安全为核心，坚持做好粮食购销工作，有力推进依法管粮，切实加强储备粮管理，着力实施“粮安工程”和放心粮油工程，重点抓好粮食援藏工作，深化国有粮食企业改革，全面加强干部职工队伍建设，各项工作取得明显成效。

**【粮油安全管理】** 以保障粮食安全为目标，市粮食局广泛征求相关部门关于粮食安全县(区)长负责制考核的意见，协调市政府出台山南市粮食安全县(区)长负责制考核办法。

**【粮食购销】** 严格粮食收购资格审核，坚持敞开收购农民余粮政策，认真遵守“五要五不准”收购准则，组织全市国有粮食企业全年收购农民余粮180万公斤，采购粮食30万公斤，销售供应粮食450万公斤。切实履行监督检查职责，协调市县(区)两级财政解决粮食监督检查经费共计84万元，为依法管粮提供了资金支持；认真开展全区库存粮食交叉检查活动，全年检查储备粮管理情况4次、检查放心粮油经营情况3次、联合质监、工商等部门检查市场粮油质量2次，维护正常粮食流通秩序；大力开展“食品安全日”、世界粮食日和粮食科技宣传周活动，加强管粮法律法规宣传，推广普及粮食安全和储粮安全科技知识，营造良好的依法管粮氛围。切实加强粮食质检体系建设，积极从援藏渠道争取实验场所建设资金(已到位150万元)，认真接收国家粮油检化验设备(由于实验场所待建尚未安装)，抽样检测粮食样品120余份，保障了粮油食品质量安全，顺利通过自治区人民政府食品安全验收。切实加强自治区储备粮管理，以强化日常管理和定期检查相结合，规范储备粮管理制度，落实管理责任书，加强管理人员培训，严格管理考核，同时采取层层分解任务的方式，加大自治区储备油小包装轮换销售力度，确保自治区储备粮数量真实、质量完好、储存安全。切实依法统计粮食流通情况，定期组织人员采集市场粮油价格并及时上报信息，依法开展农户存粮调查、社会粮食供需平衡统计调查和粮食产业发展状况调查，为宏观决策提供科学准确的依据。

**【“粮安工程”管理】** 认真梳理上报山南粮食“十三五”建设项目，并录入国家发改委项目审批平台。切实加强在建项目管理，严格遵循项目建设基本程序，认真执行项目建设法人负责制、监理制、招投标制、合同制等制度，监督管理项目建设进度和资金拨付，确保山南国家粮食储备库建设项目、改扩建项目、桑日粮库、洛扎拉康粮库等4个项目建成(仅改扩建项目附属工程尚未验收)，总计拨付项目建设资金1510.3万元，落实总投资的88.6%。全面实施2015年度仓储设施维修项目，落实投资347.3万元，加强项目建设资料整理，确保项目顺利通过验收。

**【“放心粮油”建设】** 在抓好市级放心粮油配送中心和示范店经营情况的基础上，切实加强对浪卡子、错那、隆子、桑日、曲松、加查放心粮油工程建设的指导，协助企业争取政府资金，整合投资180.57万元，建成6县放心粮油店并顺利通过初验，使全市放心粮油经营网络建成率达64%(2个配送中心、7个放心粮油店)。规范放心粮油经营管理，截至年底，放心粮油配送中心配送粮食110万公斤，销售收入668万元，实现利润54万元；各放心粮油店销售粮食200.42万公斤，实现利润114.8万元。依托放心粮油工程，加大“三包学生”口粮供应力度，坚持质量保障，创新供应服务，全市粮食部门“三包学生”口粮供应覆盖率达到87%。

【受援工作】 认真梳理“十三五”粮食援藏项目，编制援藏项目库，3次赴内地衔接粮食援藏工作，加深与内地援藏省市粮食部门的联系。接待中粮集团援藏考察组和安徽省粮食局援藏考察组，深化与中粮集团产销协作项目的合作，购进中粮粮源近1800吨，协调安徽省粮食局落实市粮食局化验室土建项目资金150万元和监督检查车辆1辆，并邀请2名技术人员到山南市实地培训面粉加工技术人员，加工优质面粉100吨，为雅砻粮油购销公司面粉加工全面投产奠定基础。部分落实“十三五”援藏项目资金，在全国粮食援藏工作会议上与对口援藏三省粮食部门达成投资共计601万元的项目援藏协议，已到账150万元。

【国有粮食企业改革】 推进市直粮食单位整体规划工作，委托市规划设计院对粮食辖区进行土地规划和整体规划，完成红线图设定。按照市委有关文件精神，规范山南国家粮食储备库、雅砻粮油购销公司干部职工福利发放工作，实现正常福利发放制度化，推进企业分配制度改革。对山南国家粮食储备库领导班子进行充实，优化企业管理结构。积极办理雅砻粮油购销公司面粉“贡布日”商标注册和生产许可手续，认真制定方案，争取安徽瑞福祥食品有限公司托管雅砻粮油购销公司，为企业改革提供了思路借鉴。

【驻村工作】 全面落实市委市政府维稳决策部署和工作措施，完善维稳工作制度，规范维稳补助发放，加强维稳值班和巡逻，重视排查处理维稳隐患，基本稳控粮贸中心商户上访隐患，确保粮食系统和干部职工队伍的稳定，服务全市社会稳定大局。选优配强驻村干部，精心部署驻村工作，投入资金8万元，切实帮助驻村工作队和基层驻点村解难题、办实事，深入开展精准扶贫调研，认真确定结对帮扶关系，组织干部职工落实帮扶资金6300元，推进驻村“5＋2”任务的落实。

# 工业和信息化

【概况】 山南市工业和信息化局（市政府国有资产监督管理委员会）内设9个行政机构（办公室、政工人事科、产权管理科、运行监测协调科、企业改革科、中小企业科、工业科、监事会工作科、信息化科），机关核定编制人数22名。其中行政编制12名，事业编制10名。核定局（委）领导职数4名，内设行政机构科级领导职数16名。机关核定后勤事业编2名。市国有企业人才人才培训中心核定事业编制2名。总计26名编制。

【公司组建】 山南市工业和信息化局（市政府国有资产监督管理委员会）紧紧围绕“调结构、转方式、促改革、稳增长”这一主题，积极探索有效的运营模式，成立山南城市建设投资有限责任公司、山南旅游文化投资有限责任公司，注册资金总额6000万元（其中城投5000万元，旅投1000万元）。两家国有资本投资公司，推动产业集聚和转型升级，优化国有资本布局结构。两家投资公司作为山南投融资运作的专业平台，依法自主开展国有资本运作，按照权责对应原则切实承担起国有资产保值增值责任。

【信息化方面】 全面推进电子政务（一期）工程建设进度，已有43家市直机关和12县（区）的79家单位完成设备安装及布线工作。强化网络安全监管，市三家通信运营商落实电话和互联网用户实名登记率达到100%。

【工业发展】 基于山南市产业优势，组织力量编制《山南市“十三五”时期产业发展规划（讨论稿）》，已提交市政府审定后下发；认真贯彻落实区、市两级关于加快发展天然饮用水产业的决策部署，成立两个工作专班，对全市天然饮用水资源分布、水质、水温、水量等情况，进行深入调研，形成《天然饮用水水源地调查评价报告》。围绕加快发展天然饮用水产业，在征求自治区水办、各市直部门和各县意见的同时，2016年4月，就扎实推进对口援藏工作，由政府分管市长带队，赴湖南、湖北和安徽三省经信委进行深入对接。三省经信委高度重视，表示将按照对口援藏的总体要求，健全对口支援长效机制，明确产业援藏政策措施，促进园区、企业间交流合作。

【民族手工业方面】 为提升山南市民族手工业产品和品牌在区内外的知名度，安排各县（区）工信局组织100余家民族手工业企业（合作社）的500余种产品参加2016年雅砻文化节，还组织14家优质民族手工业企业(合作社)参加西藏自治区第三届藏博会,均得到广大区内外消费者的一致认可和青睐,部分企业通过展会还寻找到有合作意向的伙伴。

【国有企业改革】 2016 年,经多次咨询自治区证监局、券商等相关中介机构,江南矿业已符合向全国中小型企业股份转让系统有限公司进行股份挂牌转让的条件,拟适时启动新三板上市工作。

## 财政

【概况】 2016 年是"十三五"规划开局之年,在市委、市政府的正确领导下,市财政局主动适应经济发展新常态,以撤地设市为契机,围绕年初区市两级经济工作会议、财政工作会议确立的目标任务,始终牢牢把握"稳中求进"这个总基调,拧紧"稳增长、调结构、促改革"这个总开关,全力组织收入,着力改善民生,不断深化改革,努力为全市经济社会发展提供强有力的资金保障。

【财政收入】 市财政局注重挖潜保收,致力于培植财源税基,促进财政收入稳定增长。全年财政收入完成 13.56 亿元,增长 16.84%,财政收入占 GDP 的比重达 16.36%。受营改增扩面、企业所得税地方部分减免政策等影响,全年税收形成本级收入 9.25 亿元,同比增长 6.11%,占一般公共预算收入的比重达 68.26%。营改增为企业减轻负担,企业将减税部分用于发展生产,增强企业发展后劲。全年市直国有企业实现营业总收入 6.6 亿元,同比增长 40%;实现利润 4650 万元,同比增长 7.8%。2016 年,全市招商引资在建项目(企业)84 个(家),其中续建项目(企业)24 个(家),新引进项目(企业)60 个(家)。完成招商引资到位资金 20 亿元,同比增长 2%,其中固定资产投资 15 亿元,上缴税收约 11 亿元,招商引资项目(企业)的持续性增强,贡献度提高,山南市财源税基夯实。

【财政支出】 市财政局紧紧围绕经济社会发展大局,围绕全市重点工作,全面落实"五大理念",按照当前可承受、今后可持续的原则,综合运用财政资金、政策手段,调整优化支出结构,提高财政资金使用效益。2016 年全市财政支出达 126.08 亿元,同比增长 3.48%,用于民生等重点支出占比达 95.63%,支出结构进一步优化。全年共落实资金 13 亿余元,保障"十大民心"工程、精准扶贫等全市重点工作顺利推进。其中,安排 880.19 万元支持撤地设市工作,安排 5000 万元用于优化发展环境,安排 1361 万元用于扎日转山维稳工作、安排 7.1 亿元持续推进"十大民心"工程;安排 10.5 亿元用于精准扶贫工作,其中市本级投入精准扶贫资金 10695 万元,落实中央和自治区精准扶贫产业发展资金 37485.94 万元,落实中央和自治区生态补偿岗位资金 11383.8 万元,融资贷款 45454 万元,推动精准扶贫工作深入纵深发展。全年落实资金 4.84 亿元,支持乃东区农村改革试验区、3 个特色小城镇等项目加快建设;新建乡镇周转房 3024 套、保障性住房 3196 套(户)、农村危房改造 2680 套,实施 30 个基层政权示范点建设等。落实资金 3.6 亿元,支持农业农村基础设施建设,加强农业综合生产能力建设;深入推进农业结构调整,大力发展现代农业和高效农业,提高农业科技含量。全年共落实基建资金 34.53 亿元,落实前期经费 0.5 亿元,支持拉林铁路、加桑二期、雅砻水库、加查和大古水电站等重大项目建设。整合产业发展资金,推进建筑建材、民族手工、天然饮用水等产业稳步发展,"藏承堂"等一批特色农牧业知名品牌成功打入内地市场。在自治区标准上再次提高 26 项补贴标准。为城镇低保每人每月发放 200 元生活补助,为农村低保按 A、B、C 类每人每年分别发放 600 元、400 元、200 元生活补助;60 岁以上老人按每人每月 30 元标准发放养老补贴;提高残疾人生活补贴和重度残疾人护理补贴;孤儿基本生活补助提高至每人每月 1100 元;五保户供养标准提高至每人每年 10740 元;建立孤儿和五保户集中供养专职护理人员补助制度,按每人每月 500 元标准发放;健康老人补贴发放标准放宽至 70 岁,按每 10 岁一个阶段每人每年分别再补贴 500 元、800 元、1500 元、2000 元;为市本级环卫工人按每人每年 3600 元发放生活补助;对考核优秀的村居两委班子奖励 5 万元;为聘用干部每人每月发放 1200 元的生活补贴;为农牧半脱产人员每人每月发放 1000 元的生活补助;设立了扶贫发展基金、大病救助基金和失地保障金;为 16 ~ 65 周岁及 65 周岁以上边民分别给予每人每年5000元、3000元的维稳固边专项补助；边境联防队员生活补助标准提高200元；对乡镇食堂按每年5万元的标准进行补助；对寺管会（含寺庙派出所、警务室）食堂予以补助。落实教科文卫资金30.35亿元，将本级教育配套资金由20%提高至25%，建立了教师生活补助机制，出台《山南市教师生活补助资金管理办法》，扩大农牧民子女考大学资助范围，提高资助标准，制定在职干部职工子女上大学奖励政策，促进教育均衡发展。支持基层科普行动计划和“三区”人才支持计划等，实施科技强市战略。建立民间艺术团在岗人员生活补助机制，公共文化服务体系示范区顺利通过国家验收，支持“藏源藏缘”雅砻文化节和“春晚、藏历新年”等重大文化活动成功举办。稳步推进市人民医院、藏医院、妇保院等级创建工作，全力支持医疗联合体建设、疾控中心“组团式”援藏、分级诊疗、“互联网+健康医疗”等医疗体系改革。建立大病救助基金，提高乡镇医护人员、村医、兽医等工资、生活待遇。始终坚守和谐维稳、安全生产、生态保护“三条底线”，落实资金4.07亿元，配合行业主管部门积极完善各项激励奖惩措施，确保实现社会和谐稳定、长治久安、生态环境持续良好的目标。

**【财政改革】** 不断深化财政体制改革，坚持用改革的方法解决发展中的问题，通过深化改革增强体制机制活力，提高财政运行效率。加强全口径预算管理，实现四部预算统筹、统编、统批、统管，做到各有侧重，有机衔接。除保密事项外，市本级政府预决算和所有市直部门预决算全部实行了公开，县（区）级同步进行。全市预算内资金管理单位共108家、统发工资单位104家、财政其他资金管理单位91家均通过电子化改革平台支付财政资金。盘活存量资金3.91亿元，其中安排1.7亿元设立扶贫产业发展基金，大力支持扶贫产业发展工作，其余用于补短板领域。为提高支出透明度，切实规范公务支出行为，在积极借鉴其他兄弟市区成功经验基础上，推选25家预算单位作为公务卡推行试点，为实现公务卡结算强制化、常态化奠定基础。积极推动政府采购管理和执行分离，实施政府采购代理制，完成采购“摇号参与”改革，促进政府采购活动公开透明。全年共组织采购活动388次，涉及预算资金2.34亿元，节约资金2696.7万元，节约率11.5%。转变政府职能，拨付资金2017.59万元，将城市环卫、城市公交、城市绿化等工作通过政府购买服务方式交付于市场运作，充分发挥市场在资源配置中的作用。年内，成功举办第十五届公务替换车辆拍卖会，起草《山南市本级行政事业单位经营性房产处置办法》，最大限度地预防国有资产流失。年内，对县（区）财政局进行财政资金安全检查，邀请湖南省财政厅专家到山南市财政局指导开展内部审计，对各单位预决算公开情况进行抽查，积极配合自治区和市一级审计部门对财政的各项审计工作，同时，制定出台《财政审计联动机制》，确保切实发挥全方位的财政监督作用。

**【干部队伍建设】** 强化学习型机关建设，坚持定期学习，并实行学习到会情况通报制，保证学习时效性。年内，共组织学习23次，上党课11次，组织讨论4次，参观廉政基地建设2次，开展廉政谈话32人（次）。同时，选派20余人参加全国、全区财政业务培训，增强市财政局干部职工的履职能力。始终坚持正确的用人导向，严格按照干部选拔任用工作条例，将群众公认度高，能干事创业的人员选拔充实进二级班子，共提拔调整干部14名，基本形成能上能下的用人机制。始终坚持集体领导、民主决策，对干部进行四个意识教育，凝聚工作合力；简化办事流程，提高工作效能；狠抓作风转变，杜绝“门难进、脸难看、事难办”等现象。全面落实“一岗双责”，保持常抓的韧劲、抓长的耐心，以“钉钉子”的精神抓好中央八项规定、区党委“约法十章”“九项要求”和市委“十项规则”的贯彻落实。开展以案为鉴学习讨论会，引导全体干部职工严守党纪政纪，筑牢拒腐防变的思想防线。

# 商务

**【概况】** 2016年，山南地区撤地设市后，山南地区商务局于6月更名为山南市商务局。根据《山南市人民政府办公室关于印发山南市商务局主要职责内设机构和人员编制规定的通知》（山政办发〔2016〕112号），局内设7个行政机构（办公室、市场秩序科、市场体系建设和运行科、商贸服务管理科、对外贸易和边境贸易管理科、山南市盐务管理局、外国投资管理和经济合作科），局所属事业单位2个（国际交流和商务信息中心、供销合作社）。核定编制24名，实有在编人员30名，现有县处级党员干部4名，机构建制相对健全。

**【消费情况】** 全年实现社会消费品零售总额44.74亿元，增长13%，总量和增速均居全区第三；培育消费新热点，繁荣城乡消费市场。2016西藏雅砻文化节民族手工业商品展销活动，累计销售1989万元，签订购销协议金额630万元，参加活动群众达7.6万人次，带动商贸行业消费3.85亿元；积极组织38家民族手工业生产企业参加自治区第三届藏博会，累计销售291万元，签订购销订单70万元；第36届山南雅砻物资交流会上市品种821种，累计商品成交额约4.2亿元。引导商贸流通企业开展促销活动。利用“三大节日”、端午节、中秋节、国庆等重大节假日开展商品促销活动，营造节日气氛，拉动节日市场消费。

**【商务惠民情况】** 巩固万村千乡工程完成17个配送中心、15个乡镇商贸中心和800家农家店，城镇社区便民商贸服务设施完善；开展家具家电购置补贴工作，争取补贴资金3159.61万元，召开家具家电补贴工作专项会议，与各县签订《山南市落实家具家电补贴政策目标责任书》，积极推动此项工作开展，现已兑付补贴资金2985.84万元，有效刺激农牧区消费；狠抓“碘盐推广”工作，认真落实碘盐配送责任制，实现和保持农牧区碘盐配送率100%的成果。

**【市场秩序管理】** 积极开展强化市场监管、打击侵权假冒、诚信兴商等专项行动，联合相关部门开展成品油市场、碘盐市场等专项整治行动，有效地维护市场经济秩序。截至年底，成品油价格运行基本平稳，供求基本平衡，成品油共销售71199.76吨，增长9.25%；山南市在全区率先启动单用途商业预付卡行业管理试点工作，检查经营主体22家，完成备案初审12家，加强保护消费者合法权益，防范资金风险，维护商贸领域正常秩序。

**【市场监测】** 加强市场运行监测统计，坚持对各样本企业的监测常态化，及时定期报送4大类、13个市场监测信息，有数据、有分析、有报告。通过《山南商务天气预报》对外发布市场动态，为社会各界提供相关公共信息服务；在2016年2家的基础上新增16家市场监测样本企业，建立健全监测报告制度，确保全市商品市场监测网络和应急调配机制的正常运转，重要商品市场供应不脱节、不断档。

**【电子商务】** 山南市将电子商务作为经济转型发展和精准扶贫的重要抓手，积极推进贡嘎县电子商务进农村综合示范县建设工作，落实扶持资金1850万元。贡嘎县积极引进神州买买提电子商务公司，在电子商务进农村工作中把县域电商发展与精准扶贫紧密结合，积极开展特色品牌培育和农特产品营销推广工作，集中精力对邦典、氆氇、铜器、藏鸡蛋、红土豆等特色农产品开展品牌挖掘、策划、设计、展示、网络推广及营销。通过淘宝贡嘎特色馆、神州超买网贡嘎站等平台上线销售，在线销售额达30.8万元。整合神州买买提的培训资源，加大机关、学校、乡镇的培训力度，加强农牧民电商知识普及、企业和农牧民经济合作社电商转型、未就业大学生电商人才孵化培训，实现电商人才培养的目标，已累计培训500人次。

**【重点项目建设】** 根据《关于印发进一步沟通衔接2017年中央预算内计划项目的通知》要求，山南市积极汇报衔接，已基本确定“十三五”商务规划项目12个，总投资9380万元，包括农畜产品流通基础设施建设项目6个、重要商品储备6个。积极做好供销合作社综合改革试点工作，及时制定工作实施方案，积极探索供销社发展新模式，初步建成与农牧民利益联结紧密、为农服务功能完备、市场化运行高效的合作经济组织体系和综合平台；并已完成贡嘎县康松传统民族服饰专业合作社升级改造项目和贡嘎县堆氆氇改扩建项目，总投资156万元。

**【活动开展】** 深入开展“两学一做”专题教育活动，认真落实党风廉政建设责任制，深入推进廉政风险防控工作，强化目标管理，明确责任，规范权力运行程序，健全完善商务工作长效推进机制，从体制机制上防范廉政风险；认真开展创先争优强基惠民活动，全力支持驻村工作，截至年底，共计派驻驻村队员6批48人（次），2名第一支部书记，惠民资金投入逐年增加，实施一大批民生项目，帮助和推动所驻村的经济发展；认真落实社会管理综合治理和安全生产工作责任制。

# 审计

【概况】 2016年，山南市审计局定编44名，其中，行政编制38名，事业编制3名，后勤事业编制3名。实有在职干部职工47人（含3名援藏干部）。内设1个副县级审计机构，12个正科级行政审计机构，1个正科级事业科室，分别为经济责任审计处（副县级）、办公室、法规科、财政金融审计科、行政事业审计科、社会保障审计科、固定资产投资审计科、经贸外资审计科、农业与资源环保审计科、派出审计一科、派出审计二科、派出审计三科、派出审计四科、审计信息中心（事业单位）。

【综治维稳工作】 及时调整充实由局党组书记为组长、局长为副组长、班子其他成员及各科室主要负责人为成员的局社会治安综合治理、双联户服务、国家安全、普法依法治理、安全生产工作领导小组等，加强“护院队”“三支队伍”及“群防群治”队伍建设，把目标管理责任和综治具体任务层层分解，逐级签订《社会治安综合治理责任书》《市审计局“双联户”服务管理工作责任书》以及《安全生产责任书》，做到责任到人，落实到位，并下设了办公室，保证了此项工作有领导、有组织、有措施，为综合治理工作的开展提供了强有力的组织保障。相继召开20余次维稳、安全生产、“双联户”、民族团结等专题会议，深入学习领会区党委和市委有关维稳文件和会议精神，在思想上、言行上与党中央、区党委保持高度一致。在按时完成国家审计署、区审计厅和市委市政府交办的各项审计业务工作的同时，认真完成责任范围内的矛盾纠纷、安全隐患排查、值班带班、流动人口管教等工作，做到社情民意早知道、纠纷隐患早化解、大事小情有人管，从源头上遏制了矛盾纠纷及不稳定事件的发生，确保维稳防控工作“无盲区、无空白、无漏洞”，实现“四无”“四个严防”“三不出”的工作目标，确保市审计局责任区内社会局势全面稳定、长期稳定、持续稳定，努力构建平安审计、和谐审计的良好氛围。

【审计工作】 2016年，市审计局共审计（调查）17个项目，完结17个项目，完成年度计划的121%（年初拟定审计项目计划14个）。查出主要问题资金29418.57万元（违规资金10480.82万元，管理不规范资金18937.75万元）；其中上缴市国库1905.37万元，上缴县国库1982.45万元，归还原渠道资金6488.73万元，指明要求纠正金额758.03万元，应调账处理金额14058.87万元，收回县国库限期盘活统筹安排使用资金4225.12万元。向市纪委移送案件1件，涉及金额91.54万元，提交审计报告49篇，上报专题报告、信息91篇。针对存在的问题，就规范财务处理、建立健全内控制度等方面提出审计建议104条，在推动重大政策贯彻落实、维护财经法纪、保障改善民生、维护群众利益、加强党风廉政建设和反腐败斗争等方面发挥重要作用。

【县级财政预决算审计】 围绕财政审计“永恒”主题，拓宽财政审计思路，将预算执行审计和财政决算审计、专项资金审计相结合，深化财政审计“一体化”建设，在广泛调研的基础上，有重点地对措美县人民政府2014—2015年度财政预算执行及其他财政收支情况进行审计。查出主要问题资金9407.44万元（违规资金149.11万元，管理不规范金额9258.33万元），其中上缴县国库资金47.02万元，归还原渠道资金46.05万元，调账处理金额7115.71万元，指明要求纠正资金86.1万元，收回县国库限期盘活统筹安排使用资金2112.56万元。针对存在的问题提出审计建议4条。

【经济责任审计】 2016年，受市委组织部委托，重点地对市直4个部门主要领导任期经济责任履行情况进行审计。查出主要问题资金10483.87万元（违规资金1080.16万元，管理不规范金额9403.71万元）。其中，上缴市国库资金447.12万元，上缴县国库资金47.02万元，归还原渠道资金541.38万元，指明要求纠正资金392.63万元，应调账处理金额6943.16万元，收回县国库限期盘活统筹安排使用资金2112.56万元，移送市纪委案件线索一起，涉及金额91.54万元。

【民生资金审计】 根据国家审计署、区审计厅的统一安排部署，结合自身职能，继续把“民本审计”“和谐审计”作为工作的出发点和落脚点，配合区审计厅对基本医疗保险基金和医疗救助基金进行审计；对全市城乡低保专项资金进行审计调查；统筹安排人员对城镇保障性安居工程进行跟踪审计(含13个子项目)。通过审计,查出主要问题资金6468.8万元(违规资金),其中,上缴市国库350.73万元,上缴县国库217.23万元,应归还原渠道资金5900.84万元。主要表现在:城镇保障性住房租金未实行“收支两条线”管理,滞留应当下拨的财政资金,应缴未缴保障性安居工程项目结余资金等。针对存在的问题,提出审计建议39条。通过审计,在维护社会稳定、保障和发送民生、推动城镇化建设进程、促进经济平稳较快发展等方面取得明显成效。

【固定资产投资审计】 2016年,主要对湖北、湖南、安徽三省第七、五批援藏和贡嘎县德吉新村小康示范村建设项目资金及工程管理情况进行审计。查出主要问题资金3050.52万元(违规资金2771.22万元,管理不规范资金279.3万元)。其中,上缴市国库1103.41万元,上缴县国库1667.35万元,指明要求纠正资金279.3万元,归还原渠道资金0.46万元。针对存在的问题,共提出审计建议42条。

【专项资金审计】 为促进政府部门合理有效使用财政资金,年内,对西藏自治区成立50周年大庆活动经费管理使用情况进行审计。查出违规资金7.93万元,上缴市国库资金4.1万元,上缴县国库资金3.83万元。针对存在的问题,提出审计建议4条。

## 外事与侨务

【概况】 2016年5月,山南地区外事办公室正式更名为山南市外事侨务办公室。2016年11月政府机构改革后,内设科室5个,分别为综合科、礼宾接待科、边境管理科、出国境管理科、侨务科(涉外项目科),核定总编制15名。实有干部职工18人(含提前离岗休养1人),其中干部15人(办领导4人,正科4人,副科4人,科员2人,提前离岗休养1人)。

【礼宾接待】 始终按照“计划周密、安排有序、职责明确、协调配合、内紧外松”的要求,精心制订接待方案,高度重视接待细节,全市外事侨务接待工作做到把握原则、精心接待、注重实效、确保安全。全年共接待来自美国、法国、瑞典、尼泊尔、不丹等外国政府官员及友好人士团组7批65人次(其中外宾45人次,内宾20人次),较上年相比批次下降14.3%,人数增加38.5%。坚持外事接待与涉藏外宣有机结合,大力宣传和推介山南改革开放和发展变化取得的丰硕成果,外事接待与涉藏外宣实现双赢。

【因公出国(境)管理】 坚决贯彻落实因公出国(境)管理相关规定,认真履行因公出国(境)初审职责,重点对全市因公出国(境)团组出访内容、团组、人员、经费使用等进行初审。严格履行初审报备报批流程手续,落实因公出国(境)团组和人员行前外事纪律教育制度,保证全市因公出国(境)团组和人员顺利出访。全年共办理因公出国(境)5批10人次,较上年相比批次下降50%,人数下降37.6%。认真落实自治区地厅级领导因公临时出国计划,圆满完成市委常委、副市长格桑率团一行6人赴尼泊尔和市政府副市长黄金城率团一行6人赴日本友好访问任务。

【友城友协工作】 加大与尼泊尔巴德岗市建立国际友好城市关系推动工作力度,积极与全国友协和自治区外事侨务办公室衔接沟通和请示汇报,成功邀请尼泊尔巴德岗市政府代表团一行10人访藏,正式签署中国西藏自治区山南市与尼泊尔巴德岗市建立友好城市关系协议书,双方正式建立国际友好城市关系,山南市国际友好城市关系实现零突破。

【侨务援藏工作】 认真贯彻落实全国侨务援藏工作会议精神,汇总梳理形成40个项目的侨务援藏项目库,编制《山南市五年侨务援藏工作规划》和《山南市侨务援藏重点项目》,并将项目库中11个资源优势项目分别函询湖南、湖北、安徽三省外侨办,确保侨务援藏项目符合市情和对口援藏工作实际。起草《山南市关于贯彻落实全国侨务援藏工作会议精神的实施意见(送审稿)》。积极配合市人大常务委员会做好自治区人大常委会副主任维色赴山南市开展《中华人民共和国归侨侨眷权益保护法》和《中华人民共和国公益事业捐赠法》执行情况调研。配合自治区外事侨务办公室接待国侨办组织的“海外专家咨询委员会考察团”。加强与湖北、湖南、安徽三省外侨办的联系沟通,成功邀请湖北省外侨办武汉大学“侨爱工程医疗队——山南行”医疗队一行10人赴洛扎县、琼结县、边防哨所等开展为期8天的医技培训、义诊和发放药品等活动，共就诊患者723人次，健康咨询55人次，免费发放2万余元药品。

【干部培训】 加强全办干部整体综合业务能力建设，将每周星期五下午固定为“每周一课”时间，安排1名业务骨干进行集中授课，形成勤学业务、多增技能、提升能力的浓厚练兵氛围。加强业务干部培养锻炼，采取选派干部参加外交部、国侨办等业务培训班，共推荐6批7人次参加外交部、国侨办组织的业务培训。

【强基惠民活动】 “三大节日”期间，共为驻村点70户村民、7户贫困户和2名老党员发放毛毯、大米等价值近2.2万元的慰问品。从2012年至2015年为民办实事结余经费中为林堆村购置一台4LZ-7型联合收割机。继续加强与相关部门衔接沟通，分别争取91万元和11.5万元项目资金，实施了农田灌溉水渠和人饮改扩建项目两个项目。加强与相关部门的沟通衔接，帮助驻村点申请修建车棚资金15.2万元。坚持把驻村工作与精准扶贫工作结合起来，采取思想扶志、培训扶技、结对扶困、产业扶贫、就业扶助等方式，大力推进了脱贫增收。一般干部职工与驻村点贫困户结成帮扶对子9户，拟定脱贫措施3条，送去慰问金5400元，帮助实现劳务输出收入7万余元。

# 安全生产监督

【概况】 2016年山南撤地设市后为市政府工作部门。年内，山南市安全生产监督管理局内设办公室、政策法规科（规划科技科）、监督管理科（职业健康科）、执法支队、应急救援指挥中心和教育培训中心（危险化学品登记中心）6个科（室），全局编制为23人，实有24人。

【安全生产形势】 2016年，全市共发生各类生产安全事故63起，死亡13人，受伤51人，直接经济损失1122278元，同比分别上升16.6%、下降43.4%、下降28%、上升138.9%。其中道路交通事故49起，死亡10人，受伤49人，直接经济损失415800元；火灾事故10起，无伤亡，直接经济损失681478元；工矿商贸事故4起、死亡3人、受伤2人，直接经济损失25000元。全年未发生较大及其以上事故，安全生产形势平稳可控。

【安全责任落实】 全市各级各部门严格落实“党政同责，一岗双责，齐抓共管，失职追责”要求，牢固树立安全生产底线意识、红线意识，切实把安全生产纳入经济社会发展总体规划，认真落实属地管理、综合监管和行业监管职责，市、县（区）、乡（镇）、村（居）“四级五覆盖”全面完成，各级党委一名领导联系安全生产、各级政府一名常务副职分管安全生产，安委会主任均由政府主要领导担任。82个乡（镇）、550个村（居）均成立由主要领导挂帅的安委会或安全生产领导小组，配备安全监管员与信息员。重点企业“五落实，五到位”全覆盖。

【经费投入】 市委、市政府持续加大对安全生产的投入加强。全年市级财政安全生产投入500万元，其中安排安全生产工作专项经费100万元、解决“两化”体系建设资金104万元，市安全监管部门综合技术与业务支撑保障体系建设项目前置手续顺利完成，各县（区）安排安全生产专项经费不少于20万元，部分县安全生产工作经费达到了100万元，实现每年递增10%。市、县（区）安全监管部门执法车辆、执法装备、办公设备逐步配备完善，工作条件得到极大改善。

【体系建设】 着手创建安全生产预防控制体系、隐患排查体系、安全标准体系、联动执法体系、约谈惩戒体系、巡查体系、社会共治体系等“七大体系”，配套出台《安全生产举报奖励暂行办法》及安全生产巡查、约谈、联动执法、隐患排查、片区包办、黑名单、保险、工作报告等“八项制度”。修订《生产安全事故应急救援预案》与道路交通、非煤矿山、建筑施工、危险化学品、消防、特种设备等分项预案。开展企业安全生产标准化创建达标工作，金属矿开采企业完成“六大系统”建设，11座加油站完成二级达标确认工作，烟花爆竹批发企业标准化仓库投入使用。隐患排查治理标准化数字化系统已建设完成，正在录入企业信息，2017年2月上线试运行。在部分乡（镇）、村

（居）、社区试点开展社会共治体系建设，把安全生产与社会治安综合治理网格化管理有机结合，将安全生产纳入“双联户”工作格局，发挥综治干部安全生产监督员、举报员、排查员作用，并通过村民大会表决的方式将安全行为纳入村规民约，取得较好成效。

**【职能权责】** 理顺安全监管部门综合监管责任与负有安全生产监管职责的行业部门行业监管责任之间的关系，明确各有关部门安全生产工作职责和权责清单，初步构建起“党委政府统一领导、部门依法监管、企业全面负责、从业人员积极参与、社会监督支持”的工作格局。同时，按照“管行业必须管安全，管业务必须管安全，管生产经营必须管安全”的要求，把行业力量发动起来，强化行业监管职能，充分调动各行业监管部门的监管积极性、主动性，安全监管工作合力明显增强。

**【监管执法】** 按照既定计划，针对各重点行业（领域）和重点部位，按照“全覆盖，零容忍，严执法，重实效”原则，围绕隆子县“扎日转山”等各项佛事活动和“三大节日”、全国全区“两会”“撤地设市”“雅砻文化节”、十八届六中全会、区第九次党代会等敏感节点和重要时段，开展“打非治违”“六打六治”“三查三改”、安全生产大检查、大整治月等重点活动，大力开展专家会诊、联合执法与交叉检查，在道路交通、建筑施工、非煤矿山、危险化学品、烟花爆竹、消防、特种设备、旅游、校园、职业健康等领域开展了专项整治，对非法违法生产经营建设行为坚决落实“四个一律”措施，从严从快处置，规范安全生产秩序、净化安全生产环境、提升安全生产水平。全年共组织开展执法检查351次，暗查暗访31次，检查生产经营单位1636家（次），排查隐患3187处，完成整改3123处，整改率达98%，停产整顿违法企业6家。

**【宣传教育】** 围绕安全生产“九进”和“安全生产月”“安全生产山南行”等活动，开展各类宣传29次，编发手机信息30余万条，山南电视台录制安全生产专题片和局长访谈录进行播出，制作电视公益广告在电视台全年滚动播出，建设2块户外大型公益广告牌。每季度编发1期《山南安全生产》期刊，收录全市安全生产决策部署、领导指示、重大活动、亮点工作等并通报有关情况，受到市委、市政府及各县（区）、各部门的好评。邀请湖北省安全生产专家在山南举办1期安全监管业务培训班，在援藏三省各举办1期业务培训班，制作最新版《安全生产监管执法手册》分发至市、县两级监管人员，有效提升监管能力。

## 统计管理

**【概况】** 山南市统计局内设5个行政机构（正科级）：综合科、办公室、社会统计科、专项统计科、社会经济调查队（参公事业）；一个事业单位：计算中心。国家统计局山南调查队设7个职能科（室）（正科级）：办公室、工交投资调查科、农业与农村住户调查科、城镇住户与贸易调查科、法规科、价格调查科、专项调查科。

**【统计执法】** 6月22日至24日，山南市统计局开展统计法治培训工作会，全市12县统计部门专业人员和限上共计80余人参加培训。6月25日至8月12日，对山南市30家企业、单位（项目）完成统计执法检查工作。

**【统计服务】** 深化决策服务，从“统计数”向“分析数”转变，从“出数”向“出谋”转变，围绕经济运行、民生改善等重点工作，加强调查研究，着力提高统计分析的针对性和前瞻性。上年共有3篇统计分析得到市委书记张永泽批示，编发统计分析、月报、手册、年鉴，向各单位、社会各界提供统计咨询600余次。

**【农业普查】** 全区农业普查试点工作5月在山南举办，在试点中完成乃东区索珠乡的4个行政村的试点工作，全区七地市业务骨干及乡镇普查员共54人参加此次综合试点入户登记工作。为切实做好山南农业普查工作，防止在普查中出现大雪封山等情况出现，山南市农普办在隆子县农普办的大力协助下，10月31日—11月4日，在隆子县玉麦乡和扎日乡开展普查工作。为贯彻《西藏自治区人民政府关于开展第三次全国农业普查的通知》精神，经请示市政府同意，山南市第三次全国农业普查动员及培训会于11月10日成功举办，共130余人参加此次培训。

12月为农业普查宣传月，队利用“物资交流会”“法制宣传日”等活动以及宣传海报、手机报、电子屏幕、电视台等媒体进行宣传活动。

【党风廉政建设】 4月19日，召开统计调查系统党风廉政工作电视电话会，签订党风廉政责任书，安排部署局队廉政工作。专门制订《局队年度党风廉政建设和反腐败工作任务分工》，严格落实党组统一领导，“一把手”负总责，班子成员“分片承包”，科室负责人“一岗双责”的工作机制。

# 经济合作

【概况】 根据《中共西藏自治区委员会办公厅西藏自治区人民政府办公室关于印发〈山南市人民政府职能转变和机构改革方案〉的通知》《山南市人民政府办公室关于印发山南市经济合作局主要职责内设机构和人员编制规定的通知》精神，设立山南市经济合作局，正县级，为山南市人民政府工作部门。山南市经济合作局内设5个正科级行政机构，分别为办公室、投资服务科、项目规划科、经济协作科、信息管理科；核定编制总数15名，其中行政编制9名，事业编制4名、后勤事业编制2名。局领导职数4名；内设行政机构科级领导职数8名。

2016年年底，全市招商引资在册企业（项目）170个，其中实体企业26个，非实体企业144个；完成招商引资到位资金20亿元，同期相比增加2%，其中固定资产投资15亿元。招商引资上缴税收达12亿元。

【招商环境建设】 本着“亲商安商富商”“诚信双赢”的原则，切实履行首问负责制度、全程跟踪服务制度等多项工作机制，并将招商引资企业纳入联审联批项目范围，简化办事程序，提高办事效率。局主要领导带头深入各县（区）开展招商引资工作调研，摸清招商引资工作底数，督促招商引资工作开展，同时对基层招商引资人员进行引导和教育，开展招商引资调研、对接、督查等工作达200余人次。

【统筹城乡发展示范区建设】 全面启动统筹城乡发展示范区的基础设施建设工作，筑巢引凤的成效逐渐显现。示范区水、电、路等基础设施建设加紧建设中。示范区已达成投资意向企业22个，其中已签订正式入驻协议企业（项目）17个，涉及现代农牧、藏医藏药、文化旅游、民族手工、高新技术仓储物流等产业。在10月26日举办示范区项目启动仪式，开工项目有藏南生物科技有限公司，一期拟投资2000万元，建设年产10吨的阿胶加工项目；雅砻福安农牧科技股份有限公司投资6000万元，建设牦牛肉加工厂项目；优创综合产业园管理有限公司拟投资2250万元，建设5000平米以上的产业孵化基地项目。

【招商引资】 2016年中国西藏雅砻文化节招商引资推介会成功举办，区内外企业客商90家151人参会。推出了6大类32个重点招商项目，涉及绿色产业项目、全域旅游目的地建设项目等，发放各类宣传资料800余份。会议期间签约项目22个，总投资134.8亿元，其中签订正式协议18家，签约资金112.3亿元，签订意向协议4家，协议资金22.5亿元，主要有三川控股集团投资的雄曲流域梯级电站开发项目、成都新博美集团的O2O平台建设项目、绿金在线藏药保健品研发和电子商务项目，参加第三届中国西藏旅游文化国际博览会，签订20个招商项目，项目资金达60.9亿元，有桑日县藏嘎水电站项目、饮用水开发项目、种植示范基地项目等，涉及农牧、医药、文化、能源、商贸流通及工业类等方面。赴北京、湖南、湖北、安徽等地开展招商推介宣传活动，举办招商引资推介会4次，发宣传资料600余份，与东方园林、金福腾农业科技、天乐泰力等企业进行对接。参加“西博会”，对山南招商引资资源、环境、项目进行宣传推介，与企业建立联系沟通。加大以商招商力度，着力发展中介代理招商。与4家中间代理机构达成协议，代理招商工作稳步推进。加大援藏招商力度，充分利用援藏契机，加强与湖南、湖北、安徽三省的联络对接，产业援藏招商全面加强。

【招商宣传】 成功召开市招商引资暨统筹城乡发展示范区推进工作会、市招商企业与金融部门恳谈会和市招商引资业务培训会。在全市范围内发布招商政策、优化招商引资环境、提升招商业务人员的水平，坚定在全市开展大招商、招大商的浓厚氛围。同时，通过网络、电视、报纸等媒体多渠道、全方位地宣传山南的资源优势、政策、服务等环境优势，提高山南市的知名度。2016 年发放宣传资料 4000 余份，举办企业座谈会 10 余次，接待客商 800 余人次。

【招商项目编制】 结合自身资源优势，聘请项目编制专业机构，长远谋划，策划编制“十三五”招商引资项目库，项目突出区域优势、产业优势、特色优势，有较强支撑和辐射作用，为招商工作奠定基础。对各类项目、对接的招商引资企业进行分类统计、汇总、更新，建立招商资源库，利于跟踪、推进项目进展。

## 扶贫 农发

【概况】 2016 年 5 月，山南市扶贫开发领导小组办公室和山南市农业综合开发办公室。内设综合科、扶贫科、农发科、政研规划科、社培科、工程科、项目评审科。人员编制 45 人。实有人员 50 人。

【脱贫攻坚工作】 全市 22827 名一般贫困户达到脱贫标准，完成年度计划的 179%；244 个贫困村（居）达到整村退出标准；乃东、曲松、洛扎 3 县（区）达到脱贫摘帽标准。

认真开展建档立卡“回头看”，组织扶贫专干、第一支部书记和驻村工作队走村入户、反复核实，识别出 19191 户 57844 名建档立卡贫困群众。围绕“扶持谁”“谁来扶”“怎么扶”“如何退”四个关键问题，创新实施了贫困户精准识别、精准施策、精准管理、精准推进的办法，实行《贫困户精准识别表》《帮扶责任人帮扶措施统计表》《“一户一档、一人一法”台账》《贫困户收入台账》“四表到户上墙”，并根据致贫原因，因户因人精准施策，全市共对 19191 户 57844 名建档立卡贫困户制定落实脱贫措施 2.12 万条。起草《中共山南市委、山南市人民政府关于打赢脱贫攻坚战的实施意见》，明确到 2018 年实现全面脱贫，2020 年建成全面小康社会的总体目标。协调相关部门，科学编制了《山南市“十三五”脱贫攻坚规划》和易地搬迁、产业发展、转移就业、政策兜底、生态脱贫“1+5”专项规划，精心制订宣传报道、健康扶贫、金融精准扶贫、教育扶贫、两线合一、结对帮扶、劳动力转移就业、督导考核工作制度、基层组织引领带动办法、精准扶贫考核奖惩办法和贫困对象退出机制实施办法 11 个脱贫攻坚配套方案。

采取邀请自治区领导和有关专家授课、脱贫攻坚指挥部各专项组组长讲课等方式，对 12 县（区）民政、财政、教育、人社、扶贫等相关部门工作人员和各乡（镇）党委书记、乡（镇）长、乡村扶贫专干进行政策和业务知识集中培训，截至年底，共培训 882 人，有效提高基层干部和扶贫专干政策解读能力和业务能力。

坚持定向施策、分类扶持、精准滴灌，联合相关部门，统筹实施“十个一批”脱贫措施。产业扶持到户到人，立足各县（区）资源禀赋和产业基础，筛选确定种养殖业、民族手工业等 6 大类 373 个项目，总投资 70.92 亿元，其中已开工建设项目 77 个，总投资 8.87 亿元，完成投资 3.08 亿元。易地搬迁到户到人，“十三五”期间建档立卡内 335 户 1034 人易地搬迁已全部开工，完成投资 7106 万元，共建设 15 个集中搬迁点，集中率达 78%。固边富民到户到人，提高边民补助和边境联防队员生活补助标准，并为长期生活在边境一线、承担边境巡逻执勤等任务的农牧民发放维稳固边专项补助。加快推进固边富民搬迁工作，已完成 10 户搬迁任务。年内，已完成边境小康示范村可研编制工作 51 个，涉及 4704 户、1.48 万人。转移就业到户到人，落实生态补偿脱贫转移就业岗位 3.69 万个。通过举办 8 场贫困人口转移就业专场招聘会、采取“企业 + 贫困人口 + 培训机构”的订单式技能培训模式、充分发挥项目带动作用、鼓励创业就业，共实现 4161 名建档立卡贫困人员转移就业。同时，实现 104 名建档立卡贫困残疾人就业。基础设施建设到户到人，综合考虑贫困人口数量、贫困发生率、脱贫时限等因素，坚持把资源和资金向扶贫重点县、乡、村倾斜，合理分配自治区下达的 5.6 亿元基础设施项目建设资金。

按照“政府引导、多元主体、群众参与、精准扶贫”的原则，突出“六个帮扶”，健全完善大扶贫帮扶体系。对确定的 15 个重点贫困乡、176 个重点贫困村，明确由市直主要部门和大型国有企业、民营企业进行包乡、包村帮扶。2.15 万名干部职工结对帮扶 1.9 万户建档立卡贫困户，实现了建档立卡贫困户帮扶全覆盖。并充分发挥党员先锋模范作用，组织开展生产生活帮助。大力实施“百企帮百村”行动，组织央企定点帮扶贫困县、国有企业积极参与整乡帮扶工作，44 家民营企业包户 145 户。全市 209 名能人累计带动 3245 名贫困人口脱贫，人均增收 1.5 万元。

积极与“三省一公司”对接援藏扶贫工作，13 个援藏扶贫项目共带动 3185 名贫困人口脱贫。组织动员社会各界人士开展募捐活动，共募捐 1856.63 万元。

在市脱贫攻坚指挥部的统一安排下，11 月 1 日至 8 日，组织 12 个由地级领导带队的考核组，到各县（区），对 2016 年贫困人口脱贫、贫困村（居）整村退出和贫困县脱贫摘帽进行考核评估。积极配合自治区委派的第三方机构，做好对乃东区、洛扎县、曲松县和琼结县的考核验收；并为市政府聘请的第三方机构提供全面到位服务，对其他 8 县 2016 年脱贫攻坚工作开展评估。

**【农业综合开发】** 截至年底，共落实项目总投资 15152 万元，实施项目 32 个，已完成投资 22200 万元（其中续建项目 23 个，完成投资 17117 万元；新建项目 9 个，完成投资 5083 万元），完成年初任务的 92.5%。实现新增总产值 6626.73 万元，带动群众增收 2309.01 万元。

全市土地治理开发总规模达 11.33 万亩，包括建成高标准农田 5.28 万亩、生态综合治理 6.05 万亩。已完成土地平整 1.27 万亩，改良土壤 0.8 万亩，衬砌渠道 78.5 公里，渠系建筑物 680 座，田间道路 16.8 公里。

新增灌溉面积 1.01 万亩，改善灌溉面积 5.32 万亩，新增粮食 350.49 万公斤、油料 25.5 万公斤、干草 1320.8 万公斤、蔬菜 60.6 万公斤，农牧业综合生产能力进一步提高，有力促进农牧业增效、农牧民增收。

**【“两学一做”学习教育】** 按照区党委、市委部署要求，以党支部为基本单位，以“三会一课”等党的组织生活为基本形式，以落实党员教育管理制度为基本依托，共组织开展集中学习 13 次，组织到市检察院开展警示教育活动 1 次，组织参观克松村爱国主义基地 1 次，组织参观烈士陵园 1 次，各支部组织专题学习 6 次，观看爱国影片 6 部；党员干部开展结对认亲交朋友活动自筹资金 2.2 万元；扶贫办办每人笔记平均达到 2 万字左右，撰写心得体会 2 篇；县级党员干部讲党课 6 次，开展专题学习研讨 6 场，7 名县级干部、18 名科级干部作发言，参加研讨的县级党员干部达 22 人次，受教育党员干部达 150 余人次。广大党员干部理想信念坚定、党性修养提高、工作作风转变、突出问题解决，为民务实清廉的政治氛围形成。

**【党风廉政建设】** 坚决贯彻落实中央八项规定、区党委“约法十章”“九项要求”和市“十项规则”，“三公经费”同比下降 20%。认真落实党风廉政建设“主体责任”，层层签订党风廉政建设目标责任书，完善《市扶贫办财务管理规定》《市扶贫办车辆管理制度》《市扶贫办考勤制度》等制度。组织开展以“深学党章准则条例，力推两个责任落实”为主题的 2016 年党风廉政宣传教育月活动。

**【驻村工作】** 主动选派 2 名优秀干部到村（居）担任第一书记。充分利用创先争优强基惠民活动平台，把表现优秀的驻村干部作为重点培养对象。截至年底，办党组为 3 个驻村工作争取项目 2 个，共计投资 2898 万元，其中 2016 年农业综合开发土地治理项目 1 个，投资 2868 万元；扶贫开发互助资金项目 1 个，投资 30 万元。

# 食品药品监督管理

**【概况】** 2016 年 5 月，山南地区撤地设市，山南地区食品药品监督管理局（山南地区食品安全委员会办公室）更名为山南市食品药品监督管理局（山南市食品安全委员会办公室）。内设办公室（政工人事）、食品监督管理一科、食品监督管理二科、药品监督管理科、医疗器械监督管理科、应急管理科；直属食品药品稽查局、食品药品检验所、藏药评审中心三个事业单位。人员编制 27 名（其中行政 12 名、事业 13 名、后勤 2 名）；领导职数 24 名，其中县级领导 5 名，科级 19 名。截至年底，全市医疗、药品、医疗器械生产经营使用单位共 604 多家，餐饮、保健食品和化妆品经营单位 2402 多家，证照齐全，合法经营。

**【行业审批】** 优化和规范食品生产、流通、餐饮服务 3 项行政许可的流程，实现提速增效。全年共受理食品生产许可 8 家、经营许可 46 家，审批核发 5 家经营企业医疗器械经营许可证和医疗器械经营备案凭证。接待食品生产经营许可咨询 56 人次，实现现场办结率、提前办结率、按时办结率分别达到 100%，群众评议满意率达 95% 以上。

【食品安全执法】 2016年,共开展食品安全集中整治活动24次、出动执法人员102人次,出动执法车辆40台次,检查食品生产、经营、餐饮企业、机关事业单位食堂278户次。食品快筛检测6个项目、68批次,下达监督意见书5份,整改项目5项。全市食品安全抽检抽样共完成178个批次,完成率100%,合格率达99%。对市辖区禽肉、蔬菜、水果等农产品进行抽样检测,完成40批次抽样检测,检测合格率达100%。

【市场秩序监管】 按照既定工作方案对辖区内26家药品生产、零售、批发企业及医疗机构、私立医院等进行跟踪检查和日常监督检查,清理过期药械149品种,价值30052元,立案9起,结案9起,罚款8.22万元。2016年,全市餐饮服务、食品生产(流通)、药品生产经营、医疗器械经营企业共上缴税收4.2亿元。对市疾控中心、3家医疗机构、4家私立医院的所用的疫苗和体外诊断试剂开展监督检查,对查出的问题要求限期整改到位。对市3家医疗机构和3家民营医院的部分医疗器械进行3个品种6个批次的抽样,确保抽样工作如期完成。

【食品药品安全宣传】 坚持把宣传教育摆在突出位置,不断强化宣传舆论引导,提高群众对餐饮服务食品安全的知晓率,大力倡导科学饮食,切实普及餐饮服务食品安全知识,筑牢人民群众餐饮食品安全意识防线。以综治宣传月、法制宣传日等活动为契机,利用广播、电视、互联网等新闻媒介,充分发挥驻村工作队、第一支部书记等基层组织力量,宣传食品药品安全等相关法律法规。全年共开展食品药品安全生产科普知识活动10余次,发放宣传资料8000余份,悬挂宣传标语14幅,接受现场咨询350余人次。投资9万余元制作题为“人民群众利益无小事,饮食用药安全是大事”的大型户外宣传牌,为营造社会共治氛围奠定坚实基础。

【创新工作】 推进学校食堂规范化管理建设工作,提高学校食堂食品安全规范化管理水平,深化学校食堂食品安全监督管理工作内涵,控制食品安全风险,有效预防集体性食物中毒事件的发生,保障学校食品安全,努力实现全市完小、100人以上托幼机构食堂食品安全规范化管理率达到100%的目标。深入推进餐饮服务“明厨亮灶”工程,力争全市各类餐饮单位“明厨亮灶”工程达到85%以上。

【精准扶贫】 结合区、市两级精准扶贫的总体部署要求,深入调研结合14户的贫困实际,制订帮扶计划。采取干部职工捐款、单位自筹的方式,设立7万余元的精准扶贫基金,确保结对认亲的14户贫困户如期脱贫。

【受援工作】 加强沟通、衔接,分别与湖北、湖南、安徽三省局签定2015—2020年《对口援助山南市食品药品监督管理局工作协议书》,实现项目援助、人才援助、资金援助、基层援助。2016年,湖南、湖北两省局分别协调经济实力雄厚、食药监管水平强的相关市(州)局对口援助山南8个县(区)局。

# 质量技术监督

【概况】 2016年,山南地区撤地设市后更名为山南市质量技术监督局。总编制36人,内设6个正科级机构,分别是办公室、质量监督管理与认证科、标准计量科、特种设备安全监察科、执法队和质量计量特种设备监督检验测试所。

【质量提升】 年内,推进质量振兴战略,市政府统领,市质量和标准化工作领导小组办公室(市质监局)牵头,12县(区)政府和29个市(中、区)直部门共同努力,完成自治区政府2015—2016年度质量工作考核,山南市获得B等次(全区政府质量考核最高等次,山南连续两届获得B等次)。质量安全、质量发展、品牌创建和标准化发展工作纳入市“十三五”时期国民经济和社会发展规划。研究制定《山南市“十三五”质量发展规划》,呈市政府研定,力争年内出台。召开2016山南市质量工作暨质量振兴工作电视电话会议,市政府与所有成员单位签订质量振兴目标责任书。完成首届雅砻质量奖评选工作,市政府明确在年底全市经济工作会议时表彰。质量振兴工作经费纳入市财政预算,每年给予50万元资金支持。

【品牌创建】 请示市人民政府研究印发《山南市加强地理标志产品保护工作的意见》,明确每年安排10万元专项资金用于特色产品资源普查、发掘、宣传和培育，每个项目给予3万元专项支持。联合自治区产品质量监督检验所、云南省产品质量监督检验研究所、湖北省出入境检验检疫局技术中心完成优质青稞品质检测和优势分析工作。6月23日，山南市委书记张永泽在《隆子黑青稞品质检测结果喜人》（隆子黑青稞品质检测专报第1期）上作出重要批示："市质监局抓基础、创品牌的做法很好，望继续保持相关工作，拿出经得起检验的检测结果，为把黑青稞打造成山南品牌作出贡献"。完成《西藏自治区质量技术监督局关于征求贯彻落实支持西藏申请地理保护产品保护工作方案2016—2020年（征求意见稿）》意见建议、《山南市质量和标准化工作领导小组成员单位标准化工作职责及联络机制汇总表》和西藏自治区地理标志产品保护工作办公室山南成员名单的上报。第八批3个国家级农业标准化示范区（国家黑青稞种植综合标准化示范区、国家农业新型经营体系建设、国家昌果红土豆种植综合标准化示范区）通过国家验收。第九批农业标准化示范区项目（藜麦种植标准化示范区）已通过自治区质监局初审，待国家标准化管理委员会终审。泽当饭店通过国家服务业标准化试点单位验收。政务服务中心批准建设服务业标准化试点单位（省级）。申报的洛扎粉丝国家地理标志产品保护，即将进行技术审查。"隆子黑青稞糌粑""泽帖尔（泽帖、泽当哗叽）""加查核桃"地理标志保护产品《生产技术规程》和《产品标准》西藏地方标准着手征求意见。协同委托第三方，着手调研制定《山南市品牌发展规划》和《山南市国家地理标志保护产品培养规划》。增强服务沿江百亿产业走廊和园区经济的主动性。在生产许可，物品编码，商品条码，技术支撑，品牌培育等方面给予支持，聚集要素，提升沿江产业走廊和园区经济发展"含金量"，夯实创建全国知名品牌示范区基础。

**【质量基础】** 完成生产企业质量状况普查和企业执行产品标准普查，立足找差距、补短板，即将形成可行性解决方案。认真贯彻落实《西藏自治区政府关于贯彻落实计量发展规划（2013—2020年）的实施意见》。集中1个月时间，开展贵重金银首饰销售店（加工店）、土特产店、餐饮店（卤菜店）、水果店、茶叶店、粮油店在用计量器具专项整治，检查店铺86家次，计量器具145台件，合格128台件，抽查商品920件，合格895件。集中对山南市区各土特产销售店开展了在用计量器具监督执法检查。检查销售店19家，检查在用计量器具35台，合格31台，抽查定量包装855件，合格840件。联合市卫计委和食药监局对全市19家医疗机构医学计量设备调查摸底，全市县级以上医疗机构共有19家（其中15家公立医院、4家私立医院，未包含四一医院）。在用医学计量设备包含临床检验类、医学影像类、人工脏器类、核医学类、放射治疗类等6大类863台件。开展了物流行业计量器具专项执法检查工作。夯实认证认可基础。开展了强制性认证产品和认证机构监管，加强8家社会性实验室资质认定（计量认证）检查，强化2家机动车安检机构专项检查，组织开展能力比对验证。夯实检验检测基础。发扬首创精神，经自治区质监局党委同意，自治区计量测试所与山南市质监局综合所签署《计量测试技术合作协议》，从根本上解决山南市质监局综合所法律主体责任缺失、设备资源重复配置、人员能力提升慢、检验检测时效不强等问题。强化分片区检验工作。开展加油机、衡器、压力表、锅炉、电梯、起重机械等"岗位带兵"活动。山南市质监局荣获全区质监局系统2016年度"计量比对暨能力比武"一等奖。

**【质量宣传】** 市委宣传部同意以质标办名义设立2块"质量振兴"主题户外公益宣传牌，分别在雅江大桥桥头和扎囊县雅江特大桥桥头（均为藏汉双语，内容分别为：弘扬工匠精神，勇攀质量高峰。坚持质量振兴战略，服务拉萨山南一体化建设），已经建成。借助市委党校培训平台开展质量发展战略和质量安全底线宣讲，130余人听取宣讲，把质量发展战略和质量安全底线思维延伸到了基层。印发藏汉双语的《山南市质监局便民服务手册》《消费品常识》《特种设备常识》和《计量常识》共30000余册。把质量安全知识宣传到各县、各乡镇、各村居。

**【质量安全工程】** 推行"双随机、一公开"制度，加强制造业尤其是生产许可证企业事中事后监管，严厉打击降低标准生产的行为。检查制造企业180家次，查处问题15起，督促全部整改。

结合山南市实际情况，探索电子商务产品质量监管制度。制订重点消费品监管目录。开展纸品、儿童用品、农资、食品相关产品、家电家具5类等重点消费品质量整治。检查各类主体200家次，查处、整改问题25起。持续推进建筑建材、汽车配件、洗涤剂"三大执法"打假。把建筑建材执法打假延伸到重点项目，突出加强水泥及水泥制品、泡沫夹芯板、钢材、防水卷材、电线电缆等建筑建材执法打假工作，联合山南市住建局制定《开展建筑建材专项整治的方案》，两部门组成联合工作组赴12县（区）建筑建材生产企业、重大项目现场进行督查。

加强生产领域、流通领域产品质量监督抽查，抽查水泥、配装眼镜、建筑预制砖、电杆、成品油、纺织品等135批次产品，合格率为92%。根据山南市实际，为推进产业品牌商标建设，开展“三推进”工作，抽取藏毯、围巾、藏装、氆氇等82批次产品，合格率为68%。组织委托送检汽车轮胎等样品4组，合格3组，合格率为75%。针对监督抽查和专项抽查和委托送检不合格事宜。山南市质监局协调援藏省质监局专家予以现场指导解决。

**【特种设备安全监管】** 研究印发《山南市加强特种设备监督管理工作的意见》。推进锅炉安全“大会战”和电梯安全“攻坚战”。主动服务12县（区）人民医院高压氧舱建设。加强12县（区）18家液化气站监管，召开液化气瓶专项整治工作会议，与18家液化气站签订《气瓶安全充装承诺书》，印发《关于严禁充装达到报废年限液化气瓶的通知》。检验气瓶达到10000只。印发《山南质监局开展“安全生产月”“安全生产山南行”活动的实施方案》，从6月1起集中开展为期一个月的宣传咨询、警示教育、打非治违和隐患排查治理行动。印发《山南市质监局“保一月、稳两会、迎三节”方案》（8月30日至9月30日“一月”，G20峰会和藏博会“两会”，国庆节、中秋节和雪顿节“三节”），从8月30日起集中开展为期1个月的宣传咨询、打非治违和隐患排查治理行动。两次为期1个月的专项整治，均覆盖12县（区），检查特种设备使用单位390家次，设备2105台次，排查隐患165起，指导督促100%整改。开展三大节日、3月份、萨嘎达娃节、市“三会”等关键节点特种设备专项整治，排查隐患40起，尤其在“三会”期间，加强科技文化中心、泽当饭店、雅砻河酒店等重点部位检查，共检查特种设备使用单位82家次360台设备，排查整治隐患25起，特别对科技文化中心，派专人驻点，确保电梯全面安全。

**【质量安全知识培训】** 推动智力援藏，4月邀请湖北省特检院专家团对拉林铁路（山南段）、藏木水电站和华新水泥（西藏）有限公司等在用特种设备检查会诊，对12个县（区）质量协管员及重点企业负责人共计60余人开展特种设备安全知识培训。8月，山南市质监局主办，山南市质量技术协会承办的山南市第二期起重机械作业人员培训班开班，近60人参加培训学习。为提升山南市质量监管服务水平，做好12县（区）政府质量考核工作，9月中旬对各县质量和标准化工作领导小组组长、领导小组办公室主任、质量协管员和相关企业负责人共60余人开展质量振兴工作暨质监业务知识培训。

**【队伍建设】** 按照自治区、山南市关于加快制定权责清单的要求部署，研究制定山南市质监局的权责清单共7类（行政许可、行政处罚、行政强制、行政检查、行政确认、行政奖励、其他类）152项，已通过市审改办审核定稿。认真开展优化行政审批流程和标准化建设工作，山南市质监局承办的行政审批事项全部进入市政府政务服务大厅。制定“双随机、一公开”制度，建立监管企业和执法人员目录。启动“双随机、一公开”工作。

为巩固“三严三实”专题教育成果，深入推进“两学一做”学习教育，山南市质监局形成一批制度成果。加快导入ISO9000质量管理体系，质量手册、程序文件、作业指导书，经局长办公会审议、批准发布。按照中央、自治区和山南市廉政相关规定，山南市质监局严格财务管理制度，制定《山南市质监局财务管理制度》，规范差旅费报销、油料管理、采购、借款、接待等工作。制定和完善行政执法精细化程序手册，既可作为新进人员“短、平、快”学习指导文件，又为推进“双随机、一公开”夯实基础。

**【法治质监建设】** 认真贯彻落实《西藏自治区质量技术监督局贯彻落实〈法治政府建设实施纲要（2015–2020年）〉》要求，制定《山南市质监局加强“七五”普法规划》，启动“七五”普法工作。大力开展法律“六进”活动、法律进万家活动、广场宣传活动，举办各类宣传培训50余场次，受众6000余人次。同时，在内部大力开展法律大讲堂、案例分析、QQ群微信群学法活动。加强行政执法工作监督检查，及时做好政府信息公开工作，接受群众监督，促进依法行政。

**【党风廉政建设】** 抓好党组主体责任和纪检监督责任落实，推进党风廉政建设和反腐败工作；推进惩防体系建设，建立风险防范责任制以及严格的责任追究制度，推进廉政风险防控工作的落实；强化党风廉政教育和制度建设，切实增强质监队伍反腐倡廉和严于律已的责任感，筑牢廉政勤政思想防线。

【精准扶贫】 落实《中共山南市委山南市人民政府关于打赢脱贫攻坚战的实施意见》和《山南地区脱贫攻坚结对帮扶工作方案》，全力做好创先争优强基惠民驻村点脱贫攻坚工作。按照1名县级干部帮扶1户贫困户，2名科级干部帮扶1户贫困户，3名一般干部帮扶1户贫困户，对创先争优强基惠民驻村点的16户一般贫困户开展结对帮扶工作，每季度给予每户300元资助，组织了30名农牧民群众进行民族手工纺织技能培训，帮助转移就业5人。通过协调争取和单位自筹等方式，为驻村点捐助电脑50台。

# 国家税务

【概况】 2016年6月，山南地区撤地设市。6月22日，国家税务总局批准山南地区国家税务局更名为山南市国家税务局，山南地区国家税务局稽查局更名为山南市国家税务局稽查局，机构级别均不变。山南市国家税务局下设12个全职能正科级县（区）国家税务局，内设机构13个，直属机构3个，事业单位2个。核定编制人数180人，其中行政编制164人、事业编制16人，市局编制人数为72人、12个县（区）局编制人数为108人。截至2016年12月31日，全市国税系统实有在职干部202人，平均年龄36岁，其中公务员159人、事业干部15人、工人4人，离退休人员33人。负责辖区16362户纳税人的税收征管工作。

【税收总量】 2016年，组织各项收入21.6亿元，同比增收2.99亿元，增长16.1%，继2013年税收总量突破10亿元后，仅用三年时间收入总量突破20亿大关。实现减免税7.71亿元，其中促进小型微利企业发展减免3444万元。

【税收改革】 稳步实施“营改增”，入库四大行业改征增值税2.69亿元，“营改增”试点纳税人共计5002户，累计减免税4300万元，实现行业税负只减不增。自治区党委副书记丁业现、山南市市长普布顿珠、副市长张永林对“营改增”工作给予了重要批示和肯定。全面推进资源税改革，促进资源行业持续健康发展，全年共计入库资源税2357万元。落实《深化国、地税征管体制改革方案》，前台涉税业务统一归口至乃东区国税局通办。推进“三证合一”和“两证整合”改革工作。其中“三证合一”登记1444户，两证整合登记119户。以风险管理为导向，成立风险办，集中优势应对税收风险，入库各项税款1.03亿元。突出政府主导地位，建立第三方涉税信息共享机制，入库各项税款2062.51万元。

【便民办税】 牢固树立“服务至上”理念，认真开展服务工作。结合便民办税春风行动，深入开展“问需求、优服务、促改革”专项活动。全面落实首问责任、限时办结、预约办理、延时服务制度。积极推行免填单，减轻纳税人办税负担。全力推行办税事项通办业务，方便纳税人就近办税。全市共计12014户增值税小规模纳税人实行简并征期，实现征纳“双减负”。通过门户网站、办税服务厅、易拉宝、公交站等渠道，全面落实“二维码”税收政策告知工作。征纳关系更加和谐融洽，纳税人满意度进一步提升。

【税收征管】 通过领导带头率先学、专题辅导系统学等形式，切实提高干部学法、懂法、用法的意识和能力。以开展法治税务示范单位创建活动为契机，全面推进依法行政，曲松县国税局被命名为“西藏国税系统法治税务示范基地”，同时被列入全国税务系统法治基地公示名单。综合运用办税服务厅、门户网站、12366等三大宣传阵地，开展全方位、多渠道、立体化的税收宣传。成立公安税务联络机制办公室，联合办案，依法打击税收违法犯罪活动。加强税务稽查工作，加大重点领域执法力度，保持税法威慑态势，全年共查补税收547万元。对部分县局开展了专项执法督察，责任追究6人次，经济惩戒3人次，批评教育2人次，公开检讨3人次。

【税收信息化建设】 利用信息化手段，加强征管流程的规范化，规避执法风险点。完善逻辑校验和数据审计规则，提高数据采集、录入的准确性和完整性。加强数据存储管理，深化数据应用。推行第三方外部信息查询和电子抵帐、金税三期工程运维管理平台、发票查询等系统，持续构建信息管税的新格局。全力打造多元化电子申报缴税新模式，积极推行财税库银横向联网和网上申报，818 户纳税人开通财税库银业务，推行网上申报 935 户。继续开展基层税务机关标准化建设，投资近 180 万元，完成市局和县局标准化视频会议室建设，投资近 130 万元，完成六个县局高清监控建设。

**【队伍建设】** 深化干部人事制度改革。拓宽选人用人视野，配强配优科级干部，加强干部岗位交流。选拔任用正科级干部 6 名，副科级干部 23 名，62 位人员进行岗位交流。同时，配备党组书记和纪检组长，使基层县（区）局领导班子成员达到 3 人。加大干部培训力度，规范干部培训管理，组织干部参加总局、区局举办的各类培训 37 期，参训人员达 149 人次，开展内部各类培训班 9 期，参训人员 876 人次。加强组织绩效管理和个人绩效管理，完善指标体系，强化结果运用。在绩效考核中办公室、货物和劳务税科、人事科、浪卡子县局、错那县局、曲松县局取得了很好的成绩，督察内审科、稽查局、车购分局和洛扎县局、措美县局、乃东区局排名靠后，急需加强改进，努力提升。奋力推进数字人事前期各项工作，确保运行顺畅。组织离退休干部开展“走基层、看变化、强党性”爱国主义专题教育活动。开展创先争优活动，树立先进典型，杨红波同志荣获“中国好人”“全国税务系统先进工作者”“西藏道德模范提名奖”“雪域高原好税官”等称号。

**【“两学一做”活动】** 把“两学一做”定位为强党建、转作风、促发展的净化工程，坚持“学”为先、“改”为重，全面落实从严治党各项要求。印发党建和思想政治工作要点，制定党建领导小组及办公室工作规则，逐级签订责任书，层层传导压力，督促党建工作落实。强化武装理论，深化党性教育，加强培训辅导，提升干部政治素养。聚焦“七项重点任务”，开展自查整改，补交党费 180 人次合计 6700 余元。加强系统党组织建设，在 12 个县（区）国税局成立单独党支部、设立党组。深化巡视整改和全面自查自纠工作，制定整改措施，建立分类台帐，实行销号制。加大巡视整改力度，先后对 30 人次进行通报批评，经济责任追究 11400 元，退回多发放的津贴补贴 83506 元，各县（区）局退回支出 108188.77 元。

**【党风廉政建设】** 严格要求执行中央八项规定、自治区党委“约法十章”和“九项要求”，强化对干部教育、监督和管理，制定案件通报反馈制度。落实廉政谈话制度，对新提拔任用的 37 名正、副科级干部开展任前廉政谈话，对 40 名县（区）局局长、各科室负责人、纪检组长进行任中廉政谈话。对三起涉税金额较大的案件进行了“一案双查”，开展明察暗访，发挥纪检监察部门的监督和震慑作用。层层签订《家庭助廉责任承诺书》和《拒绝举办和参与“欢送会”“升学宴”“谢师宴”承诺书》。开展“党员廉政示范岗”评选活动，强化党员干部公仆意识，推进服务型机关建设。

## 工商行政管理

**【概况】** 截至年底，各类市场主体 1.89 万户，注册资本 277.98 亿元，同比分别增长 22.49% 和 29.39%。其中，非公经济市场主体 1.83 万户，注册资金 173.44 亿元，从业人员 5.38 万余人，同比分别增长 22.83%、17.04%、21.18%；农民专业合作社户数达到 1188 户，出资额 7.03 亿元，成员总数 1.8 万人，同比分别增长 28.85%、27.39% 和 18.46%。

**【“先照后证”改革】** 根据国务院工商登记前置改后置审批要求，严格执行工商登记前置审批项目目录，提高社会投资热情，释放市场活力，为确保“先照后证”改革各项举措落地生根，积极推行“双告知”制度，以“数据多跑路企业少跑腿”的工作思路，推动市场主体登记信息在工商与审批部门、行业主管部门之间的互联互通，切实为企业松绑减负。年内，已发放 1485 张告知函。

**【“五证合一”“两证整合”改革】** 在巩固“三证合一、一照一码”改革成果的基础上，根据国家工商总局《关于贯彻落实〈国务院办公厅关于加快推进“五证合一”登记制度改革的通知〉的通知》要求，2016 年 10 月 1 日，在全市范围内对各类企业和农民专业合作社（含分支机构）实施“五证合一、一照一码”登记制度模式。年内，山南市已发放新版营业执照 90 户。11 月 3 日，自治区工商局召开全面实施个体工商户“两证整合”登记制度改革工作电视电话会议，山南市工商局高度重视，周密部署，通过加强领导、强化指导、加强宣传、完善硬件设备四项措施，认真做好前期准备工作，保证“两证整合”改革的顺利实施。

**【电子化登记】** 按照自治区工商局的统一部署，山南市已开通全程电子化登记（除电子营业执照），企业登记申请、受理、核准、公示等各环节均可通过网络平台实现，创新登记方式实现降低办事成本、提升服务水平的目标。年内，山南市通过电子化名称核准的共计5户、设立登记4户。

**【市场退出机制】** 认真落实《西藏自治区市场主体简易注销方案（试行）》，通过改变公告方式、缩短公告期、减少注销登记提交材料等改革方式，促使企业退出机制更加顺畅，解决广大市场主体“进门容易出门难”的问题。让部分名存实亡的企业可以快速、便捷地退出市场，在一定程度上挤掉市场上企业数量上的“泡沫”，从而可以让有关统计数据更能反映真实情况。截至年底，共注销适用简易注销办法企业1户。

**【商标广告管理】** 按照统筹兼顾、整体推进、梯次衔接、分类指导、重点突破原则，加快培育发展山南特色产品商标，发展壮大优势资源产品品牌。召开全区工商系统商标战略实施现场会。会议明确“十三五”实施商标战略计划，为山南市进一步实施商标战略起到积极的助推作用。认真完成商标增量任务。按照“提质增量”的工作目标，将发展注册商标指标量化，年内新增注册商标142件。截至年底，山南市共拥有注册商标704件，同比分别增长25.2%，其中涉农商标495件，拥有著名商标13件，地理标志商标2件，国际商标1件。同时，“六书两卡”制度全面推开。认真开展走访企业活动。积极走访各大企业，做好第七批西藏自治区著名商标续展申报工作和第十批西藏自治区著名商标推荐认定工作。经调研，已提请市政府注册“加查虫草”“加查木碗”“加查石锅”地理标志商标，并完成了申报初期工作；已推荐“益西卓嘎”“紫尚品”“雅龙饲料”为第十批著名商标名录。大力发展广告业，吸引外地广告公司落户，促进广告技术和经营理念的全面升级，激发广告市场活力，促进广告产业向专业化、规模化、品牌化方向发展。截至年底，全市登记注册214家广告经营单位，注册资本9650万元，2015—2016年度广告经营额为1716万元。查处广告违法案件2起，共清理违法广告77起。

**【市场秩序监管】** *市场主体信息公示* 年内，山南市已公示2015年度年报市场主体1.54万户，年报公示率99%；案件公示率达93.3%。

*企业公示信息抽查* 截至年底，已抽查60户，其中正常56户，不予配合情节严重企业2户，通过登记住宿（经营场所）无法联系企业2户。

*经营异常名录信息管理* 年内，全市被列入经营异常名录的市场主体351户，其中未按规定报送年报并公示年报企业328户，公示信息隐瞒真实情况、弄虚作假企业9户，未按规定公示即时信息企业9户，通过登记住所（经营场所）无法联系企业8户。

*规范市场秩序* 截至年底，共立案查办各类案件130起，案值57.57万元，罚没款26.39万元。查处不正当竞争案件14起。

*打击传销和规范直销* 开展创建“无传销社区、无传销乡镇（村）、无传销校园”活动，共创建无传销社区、校园、乡镇（村）34家；加强执法排查力度。排查出租屋1300余户，排查宾馆、招待所600余户，排查涉嫌参与传销人员23人，将立案查处的4名参传人员信息录入打传信息系统。

*流通领域商品质量监管* 按照自治区工商局统一部署，针对销售汽车内饰行业、床上用品销售店开展摸底调查工作，对30个批次的商品进行了抽样检查，对5家销售汽车内饰店和2家床上用品销售店内抽检不合格的商品依法进行了立案处理，罚没款6.8万元。

**【市场专项整治】** 按照国务院《关于促进市场公平竞争维护市场正常秩序的若干意见》和《山南市工商行政管理局2016年经济检查工作实施方案》要求，充分履行职能，加大各类市场专项整治行动，规范市场行为，维护全地区市场稳定。认真开展“扫黄打非”工作及电信网络违法犯罪专项整治工作。深入开展“珠峰工程”“清源2016”“净网2016”“护苗2016”、治理“黑广播”、打击电信网络新型违法犯罪等专项行动，检查经营主体2325户次，立案查处2起销售仿制军服案件，查缴盗版、非法出版物、音像制品、淫秽色情等300余册（盘），删除违禁歌曲10余首，对29家酒吧、KTV等娱乐场所违法行为进行了责令整改。开展安全生产大检查。对烟花爆竹、加油站、加气站等重点风险行业开展专项检查。认真开展打击假冒商品案件。以化肥、农药、种子及农机配件为重点，加强农资市场监管，严厉打击制售假冒伪劣农资坑农害农违法行为；以旅游景区、周边各类市场及其服务场所为主要区域加强旅游市场监管；强化汽油、柴油、煤油等易燃易爆物品的清查，拉网式排查整治地下收油倒油点，采取严厉措施杜绝私油在农贸市场、商场超市、店铺门面等市场范围内流通，切实规范成品油销售行为。截至年底，检查市场主体2600余户，收缴不合格品种20余种，700余公斤，价值1.3万元。

【消费者权益维护】 消费者投诉举报受理处理　充分发挥"12315"平台作用，提高"12315"投诉举报电话接通率，严格执行24小时热线工作制度，及时处理消费者诉求。全面落实消费环节经营者首问责任和赔偿先付制度，促进消费纠纷有效解决。截至年底，12315指挥中心共受理消费者投诉267件，调解率100%，争议金额53.35万元，为消费者挽回经济损失40.59万元。

构建消费维权共治体系　认真开展宣传活动。充分利用"3·15"国际消费者权益日等，以"新消费我做主"主题为主线，面向社会广泛宣传新《中华人民共和国消费者权益保护法》《中华人民共和国商标法》《侵害消费者权益行为处罚办法》等有关法律法规，开展"金融知识普及边疆行"等活动。全系统累计发放宣传资料1万余份，宣传手册2500余本，悬挂横幅标语54条，市委领导电视讲话1期，成效显著，影响广泛。开展消费维权培训班。邀请湖南省消费者委员会吴卫秘书长，在全系统范围内召开了关于消费维权的培训班，受训人达50人。发布消费提示。围绕缺斤少两、商品质量问题、节假日购物等，通过报社、微信平台发布消费提示，告知消费者投诉渠道，营造消费者自觉维权氛围。截止年底，发布消费提示10起。

【法治工商建设】 通过加强法治宣传教育和执法监督，开展案卷评查、"一季一考""一月一交流"、业务培训等活动，牢固"法无授权不可为，法定职责必须为"的执法理念，规范行政执法办案，推进法治工商的建设。截至年底，面向全系统干部培训72次、参训人数278人次；面向企业培训11次、参训人数676人次；开展"一季一考"活动3次，"一月一交流"4次；开展法律法规宣传活动140次、发放宣传资料4.7万余份、人数629人(次)、悬挂法制宣传横幅126条、制作普法宣传栏67个。

【干部队伍建设】 加强基层党建工作。制订出台《山南地区工商局2016年党建工作要点》《山南地区工商局2016年党建工作计划》《山南地区工商局关于2015年基层党建考核反馈意见的整改方案》，明确具体任务和工作办法，局属党支部按照要求，同步实施，同步推进；深入开展"两学一做"学习教育，制订系统"两学一做"学习教育实施方案和学习计划，5月21日召开"两学一做"活动动员会，以党支部为单位开展各项学习教育活动。截至年底，共开展集中学习、专题研讨、专题党课、知识竞赛、演讲比赛等活动42次，撰写心得体会70份。开展"两学一做"学习教育活动取得的经验做法先后被西藏日报、山南市"两学一做"学习教育活动办转载报道，得到市委书记张永泽肯定和批示："市工商局在'两学一做'学习教育中，充分结合行业实际，以'创先争优先锋行'为载体，认真做好'五个践行者'，成效明显。"落实党风廉政建设责任制。5月11日召开2016年山南系统党风廉政建设工作会议，对全系统党风廉政建设工作进行安排部署；制定《关于落实党风廉政建设党组主体责任和纪检监督责任工作的实施方案》《落实党风廉政建设责任制分工实施意见》，完善"一岗双责"主体建设，并层层签订责任书，压实党风廉政建设责任；严格贯彻落实中央八项规定精神、区党委"约法十章"和市委"九项要求"，严格执纪监督，截至年底，开展执纪监督10次，下发督查通报10期。加强干部选拔任用工作。按照《自治区工商局科级干部选拔任用工作办法》，启动科级干部选拔任用工作，并严格按照干部选拔任用工作程序，做好各环节各项工作，为配齐配强科级干部队伍打好基础。

【维护稳定工作】 制订下发《山南市工商局2016年度综治维稳总体预案》和《2016年社会管理综合治理责任书》，积极参与社会治安综合治理工作，切实加强对重点市场、重点区域的动态监管，认真排查化解各类矛盾纠纷；充分发挥"双联户"作用，做好出租房及流动人口管理；抓好单位内保工作，严格执行带班值班制度，落实责任，确保安全。推进"强基惠民"工作，全面贯彻落实强基惠民"十项任务"，严守驻村工作纪律，真心实意为群众办实事、解难事，成为村情民意的"知情人"、群众信赖的"知心人"、发展稳定的"管用人"，切实夯实维稳根基。积极落实脱贫攻坚各项工作要求，为所驻村申报项目8项，协调资金193.9万元；落实了羊毛梳理机、围栏项目、引水工程项目，共投入资金42万元；发放慰问金12.61万元。

# 国土·环保·住建

## 国土资源管理

**【概况】** 2016年6月，市城乡规划职责划入市国土资源局，组建成立市国土资源和规划局。主管全市土地、矿产等自然资源规划、管理、保护及合理利用，负责不动产统一登记、城乡规划管理、地质灾害防治、土地储备的政府工作部门。内设机构有办公室（政工人事科）、耕地保护科（土地利用科）、不动产登记局（地籍管理科）、矿产资源管理科、地质环境科、城乡规划局6个行政机构和山南市土地储备中心、山南市国土资源信息技术中心（市不动产登记中心、市规划研究院）2个事业单位。人员编制31名，实有干部职工44人。

**【土地管理利用】** 严格落实耕地保护责任制，明确县（区）耕地保护主体责任，细化耕地保护目标任务，高标准完成自治区下达的耕地、基本农田保有量分别不低于85万亩、72万亩的目标任务。积极保障发展建设用地，建立土地预审“绿色通道”，优先保障边防维稳、易地扶贫搬迁、水利水电、交通能源等重大项目及时落地，2016年共出具预（初）审意见131件、总面积30824.03亩；经自治区审批项目用地165件、总面积1982.96亩（全部为2015年上报用地）。大力实施土地开发整治，在乃东、浪卡子、贡嘎、扎囊、加查五县（区）开展耕地占补平衡项目，实现了全市耕地占补平衡。开工建设投资1338万元、规模10000亩的贡嘎县甲竹林镇高标准基本农田项目。验收浪卡子、曲松县土地整治项目和琼结、曲松、桑日县高标准基本农田建设项目。强力推动永久基本农田划定工作，按照从城市周边入手，规模从大到小、空间由近及远、质量由高到低依次推进，开展乃东区城市周边永久基本农田划定工作，完成全域12县（区）永久基本农田划定方案论证审核，划定成果得到国家土地督察成都局的充分肯定。不断优化土地储备结构，制定出台《山南市泽当规划区土地储备实施细则》等文件，加强火车站周边、行政事业单位经营性房产占地和城市边角地块等土地的储备工作，2016年共储备土地1029.36亩。积极盘活土地市场，规范土地市场运行，泽当规划区出让土地总面积81.4亩，上缴土地出让金6251.31万元。

**【矿产勘查开发】** 推进矿产勘查开发，立足矿产资源优势，大力打造铬铁、铅锌、岩金、铜多金属矿四个矿业基地，推进地质找矿和矿产开发“双突破”，全年共备案探矿权94个，新增铬铁矿石量101万吨、铅锌金属量65.58万吨、岩金金属量36吨。全年共备案金属及水汽矿产采矿权14个，备案非金属采矿权93个，实现矿业总产值7.88亿元。严格矿政监管，落实政府“一支笔“审批制度，共审批8个非金属采矿权。开展全市地材开采领域专项整治行动，重点整治规范扎囊县江北孤西鸟、白鸡山、鑫玉等采石场，矿产开采秩序得到明显规范，原有的162家地材开采点已整合为97家。按照管行业、管业务必须管安全生产的要求，切实加强行业安全生产监管。征收入库矿产资源补偿费222.33万元。加大协调服务，组织召开扎西康整装勘查区地质找矿工作推进会，有序推动全市地质找矿工作。大冶努日铜矿环评工作启动,玉峰则当铅锌矿采矿权核准立项待自治区政府批准,康达五金岭矿泉水采矿权转让和西藏矿业罗布莎铬铁矿V矿群采矿权整合已完成。规范矿业发展基础,《山南市砂石土矿业权设置方案》已获得国土资源部备案批准,编制《错那、措美、浪卡子三县矿产资源总体规划》,规范非金属采矿权审批与管理,为矿产资源勘查、开发利用和保护提供依据。

**【不动产登记和土地确权】** 有序开展不动产统一登记工作,完成市、县(区)两级职责整合、机构设立、人员划转、平台建设、经费保障、窗口设置、舆论宣传、地籍区(子区)划分八项工作,实现全域12县(区)不动产权证首发"全覆盖",提前完成国土资源部和自治区党委、政府提出的2016年底前"停旧发新"目标,达到与全国同步,走在全区前列。有序推进农村宅基地和集体土地确权工作,宅基地共确权登记70603宗,已发证68784宗,除乃东区因开展优化发展环境专项行动未完成外,其余11县均实现100%发证。在乃东区试点的基础上,启动隆子、桑日、曲松、洛扎4县的农村集体土地所有权确权工作。市级土地利用总体规划已获自治区批准,12县(区)规划已通过自治区国土资源厅审查。

**【城乡规划管理】** 加大城市规划编制力度,泽当镇系列规划的编制工作进展显著,总体规划已通过市人大常委会审议。控制性详细规划及城市设计导则、园林绿地设施、环境卫生设施、静态交通设施等专项规划形成初步成果。错那、隆子2县县城总体规划通过初审,正等待市规划委员会审查。优先保障重点工程,多次召开规委会或专题会,及时开展市人民医院整体搬迁工程、完全中学、易地扶贫搬迁工程、拉林铁路与市政配套设施等重点项目规划审批。加强规划管理,规范"一书两证"核发程序,2016年全系统共核发选址意见书1885份,建设用地规划许可证41份,建设工程规划许可证653份,拟定规划设计条件615份。结合机构改革和简政放权,下放乃东区规划范围内规划审批权限,加大乃东区规划管理人员业务培训指导。

**【地质灾害防治】** 强化责任,按照职责分工和属地管理的原则,严格做到了会议部署、预案制定、巡查监测、汛期值班、灾情速报、应急处置、联合预警七个到位,初步形成全天候、全地域地质灾害防治立体格局。深入"4·28"错那县地质灾害现场,全力开展抢险救灾、灾害调查及处理善后工作。加大排查,组织各县(区)、联合横向合作协议单位,对12县(区)地质灾害隐患进行了全面排查,共排查出隐患点1593处(其中泥石流749处、滑坡279处、崩塌383处、不稳定斜坡181处、地裂缝1处),并分类归档、建立台账。加强防治,投资5571万元,开展洛扎县城不稳定斜坡及泥石流等9个地质灾害和地质环境保护治理项目。编制山南市地质灾害防治规划,开展贡嘎和加查县城市水文调查,错那、措美、浪卡子三县1:5万地质灾害调查,洛扎和隆子县1:5万地质灾害详细调查项目,夯实地质灾害防治基础。健全机制,建立矿山地质环境保护机制,完成88个采、砂石场矿山地质环境保护与恢复治理报告的审查,收缴保证金1123万元。加强地质灾害宣传演练,组织各县(区)、矿山企业等多次开展地质灾害演练,受教育群众达5000余人次。吸纳91名群众为地质灾害群测群防员,其中87人为贫困人员,人均年增收3000元。

**【其他工作】** 受援工作成效显著,2016年三省共举办业务培训班3期,到位援藏资金200余万元,按照倾斜基层的原则,将80%的资金用于改善基层办公条件。开创国土资源系统立体援助新格局,安徽省4个地(市)局、湖北省武汉市局与山南5个县(区)局结成"一对一"帮扶对子,援助开展城镇地籍变更调查、矿产资源总体规划编制和1∶5万地质灾害调查等多个技术项目,还支持援藏资金共60万元。信息化建设步伐加快,整合援藏资金600余万元,建成市县(区)两级视频会议系统、不动产登记平台,为搭建"数字国土"奠定了坚实基础。国土资源和规划发展环境不断优化,圆满完成权责清单编制和城乡规划、国土资源执法监察职能划转工作,抽调7名干部脱岗参加全市优化发展环境专项行动,牵头开展鑫隆汽车监测站违法用地处置、泽当国有空地排查等专项行动。机关党建、党风廉政建设不断深入,把"两学一做"学习教育、脱贫攻坚、优化发展环境专项行动、党的群众路线教育等任务作为推进机关党的建设的重要载体,全面加强了党的意识形态建设、作风建设、反腐倡廉建设。综治维稳工作不断加强,严格按照市委、市政府常态阶段和敏感时期的具体要求,以开展社会治安综治治理工作为基础,把维护稳定作为压倒一切的政治任务来抓,切实做到看好自己的门、管好自己的人、办好自己的事。同时,立足部门职责，加强土地、矿产和驻村领域的矛盾纠纷排查化解。创先争优强基础惠民生驻村工作不断推进，加强研究与部署，指导和督促全面落实自治区“七项任务”和山南市“十项任务”，投入资金70余万元设立贫困户创业扶持基金、购买了皮卡车、开展防洪设施建设等，建立干部结对帮扶贫困户制度，确保让农牧民群众得到实惠。

# 环境保护

**【概况】** 山南市环境保护局内设6个行政机构（正科级），分别为办公室、规划与项目科、环境监测科、环境影响竖价科、污染防治科（辐射环境管理科）、自然生态保护科（山南市生物多样性保护与生物环境安全管理办公室）。山南市环境保护局机关核定编制总数20名。其中行政编制11名，事业编制9名。核定局领导职数4名，内设行政机构科级领导职数10名。山南市环境保护局机关核定后勤事业编制2名。

山南市环境保护局设有3个事业单位（正科级），分别为山南市环境监察支队（山南市环境应急与事故调查中心）、山南市环境监测站（山南市辐射环境监测站）、山南市环境工程评估中心（山南市固体废物监督管理站），均为市环境保护局所属正科级事业单位，核定事业编制均为2名，核定科级领导职数均为2名。

**【环保宣传】** 召开生态文明建设宣讲会议，邀请专家专题讲解中央、自治区关于生态文明建设相关精神和新《环保法》等法律法规。借助“6·5”世界环境日、“4·22”世界地球日、“3·22”世界水日等平台，通过群众宣讲、舆论宣传、低碳骑行、专家讲座等形式开展全方位宣传。开展环保宣传进“农牧区、企业、学校、社区”活动，营造人人关心、人人参与、人人践行环境保护的良好氛围。

**【环境监管】** 山南市出台建设生态文明先行示范区、生态强市、环保能力建设、美丽山南建设等方案和意见。正在研究制定山南市加强生态文明建设实施意见、生态文明创建四年行动实施方案。健全联动协调机制，建立环保联席会议、项目环评并联审批、部门联合执法检查、网格化监管机制。健全执法监管机制，建立“四不两直”（不发通知、不打招呼、不定路线、不要陪同，直奔现场、直接曝光）执法检查制度，健全部门专项督查和舆论监督相结合的工作机制，实行监督检查和重点典型案件专案督办，完善停产整治、限期整改、领导约谈等追责制度。市、县（区）两级财政每年安排不少于3000万元和1800万元的环保专项资金，用于生态创建、环保设施、环境综合整治、环境监察监测等工作。市县两级财政共投入5150万元，用于环保基础设施建设和环保能力建设。此外，市级财政每年分别投入86.4万元和10万元，为重点乡镇配备45名环保监督员，在省道101线聘请21名保洁员。制定下发环保考核细则，细化综合考评办法，坚持将县域环境质量考核纳入全市年度经济社会发展综合考评体系。

**【环境重点领域监管】** 根据边境高寒县和沿江腹心县地域特点和发展定位，制定有差异化的监管方式和监管领域。突出重点企业。根据全市企业现状，研究制订国控、区控企业环保监督管理方案，对西藏矿业、江南矿业、华新水泥、华钰矿业等重点企业开展定期不定期检查。突出重点项目。制定下发了全市重点建设项目、雅江中游水电站建设项目环境监管工作方案，对拉林铁路、泽贡高等级公路、大古水电站、加查水电站等重点建设项目多次开展环境监管大检查。突出重点领域。针对县域环境综合整治、城乡饮用水源地、医疗机构环境安全现状，定期不定期组织开展专项执法检查。

**【环境质量安全】** 在及时、快速办结建设项目环境影响评价的同时，坚决杜绝“三高一低”项目进入山南。年内，共审批建设项目环境影响评价报告书8个，报告表227个，登记表113个，开发建设规划和重点建设项目环境影响评价执行率达100%。加大水电、矿产、旅游等重点资源开发和重大基础设施建设环境执法监管，扎实开展“环保专项行动”，全年共开展重点企业、项目、领域联合执法和专项执法检查240多次、下达整改通知书、整改函12份，及时发现并查处环境违法案件20个。办理环境来信来访2起、“12369”环境投诉39起，处结率100%。市本级财政投入1780万元，共建成43个（其中今年13个）自治区级生态乡镇234个（其中今年65个）自治区级生态村。2015年羊卓雍错生态环境保护项目完成90%,210处农村饮用水源地保护项目全部完成。实施贡嘎县东拉乡生态环境保护、曲松县东嘎湿地和贡嘎县森布日湿地生态环境保护项目。泽当镇污水处理厂及配套管网工程建成并调试运行,贡嘎、扎囊、曲松污水处理厂及配套管网工程正在建设。重点开展泽当城区、重点城镇大气、饮用水源地环境质量监测和江南矿业、华钰矿业等国控企业监督性监测。淘汰黄标车、老旧车1014辆,超额完成淘汰任务。

# 住房和城乡建设

**【概况】**“三定”方案核定26个行政编制,6个参公占事业编制,4个事业编制,2个后勤事业编制;核定县级领导职数5名,行政科级领导职数14名,事业科级领导职数10名,科级非领导职数7名(主任科员3名,副主任科员4名)。

内设正科级行政科室7个,分别为办公室(政工人事科)、住房保障与公积金监督管理科(市住房制度改革办公室)、城乡建设科、工程质量安全管理与建筑节能科、建筑市场管理科、人民防空建设管理与指挥通信科、公有房屋管理与房地产市场监督科。内设正科级事业科室5个,分别为山南市住房资金管理中心、山南市工程质量监督站(市工程质量检测中心)、山南市建设工程招标投标管理办公室、山南市建设工程交易中心、山南市建筑工程抗震中心。

**【保障性住房建设管理】** 开工建设82个乡(镇)3024套周转房,总投资4.7亿元,完成投资4.5亿元,已基本建成入住,进度在全区范围内位于前列,并顺利通过自治区验收组验收。2015年保障性住房基本建成,包括公租房建设1324套、棚户区改造1017套、公租房(周转房)维修改造806套,总投资2.2亿元,累计已完成投资1.7亿元,除市直、乃东因整合建设的外已全部建成。2016年度保障性住房项目计划建设3145套,包括公租房490套、棚户区改造1652户、周转房360套、公租房(周转房)维修改造643套,总投资2.25亿元,已开工建设1655套,完成投资0.69亿元,除市直、乃东、错那因整合建设的外,其余均已全部开工建设(除加查外,其余各县公租房、周转房建设都完成计划建设任务;棚户区改造乃东、加查、桑日、措美、错那、浪卡子、琼结、国资委未完成计划建设任务)。2016年全市完成5400余套保障性住房入住,极大缓解保障性住房供需矛盾,改善住房条件,并在雅砻家园保障性住房分配入住中对残疾等特殊人群优先配租,社会反响良好。市直周转房分配改革工作取得突破性进展,完成平安小区、民心小区首批372套出售工作。

**【城乡建设】** 以现代化区域性中心城市为发展目标,提升和完善泽当中心城镇功能,实施泽当大道、老城区供排水工程二期、2015年为民办实事、泽当镇和平路一期、湖北大道南延伸段等市政基础设施建设项目,总投资2.2亿元,已完成投资1.6亿元。加大县城市政基础设施建设力度,2016年各县(区)续建、新建市政项目共计40个,总投资12.57亿元,其中续建项目17个,新建项目23个,累计完成投资5.14亿元。三个特色小城镇示范点建设完成相关规划编制工作,除桑耶镇因规划定位调整需进一步修改方案外,其余两个乡镇均在全区率先获得项目总体规划批复。杰德秀镇计划投资4.64亿元,建设项目26个,已开工建设2个项目,完成投资约1900万元;勒乡计划投资1.69亿元,开工建设6个项目,完成投资约2330万元。山南市人民医院异地迁建项目,总投资约4.5亿元,完成可研、初设审查等前期工作及临建工程。积极试点开展高海拔乡镇供暖、供氧工作,错那县供暖工程一期已投入使用,效果良好。2015—2016年积极开展传统村落申报工作,根据住建部公布的第四批传统村落名录,山南市的乃东区扎西曲登村、琼结县下水乡唐布齐行政村2个村成功入围,并已完成村庄保护规划编制的初步审查工作,将落实相应保护项目资金;完成3个历史文化名镇、2个历史文化名村申报工作,待住建厅审核批准。

**【雅砻风景名胜区管理】** 完成740万元的桑耶景区环境整治及景区基础设施项目建设,严格风景区内不准采石采砂的监管,2016年经审批的30家采沙厂,均不在风景区内。风景局及相关县投入800余万元,编制完成景区总体规划、重要景区景点详细规划及重要风景资源所在县城的旅游总体规划。积极开展雅砻风景名胜区申遗工作,完成资料收集及申遗方案的制定工作。针对建设部风景名胜区管理执法检查组提出的存在问题,及时制订整改方案,成立雅砻河风景名胜区保护管理执法检查整改协调领导小组，已基本完成整治工作。

【住房公积金管理】 面对归集、贷款任务形势严峻的情况，强化管理、规范运作，多措并举扩大住房公积金的宣传范围，加大贷款发放力度，认真做好收贷工作，不断提升工作标准、提高服务质量，更好的服务于广大干部职工。个贷率取得新突破，全市全年发放个人住房贷款497户，金额2.4亿元，增长1.31亿元，增幅120%。全市全年归集住房公积金6.24亿元，增加3.07亿元，增长103%；全市全年提取住房公积金2.71亿元，增长1.04亿元，增幅62%；全市全年回收贷款7355万元，增长39%。全市累计归集住房公积金32.09亿元、期末归集余额达16.76亿元、累计发放个人住房贷款11.56亿元、累计提取住房公积金15.32亿元、住房公积金贷款余额5.15亿元，分别较上年增长35%、45%、36%、25%、65%。

【建筑市场管理】 严格执行工程报建制度，结合实际，下发《关于建筑工程尚未办理施工许可相关手续有关事项的通知》，规范施工许可证办理流程及相关要求。全面推行五方责任主体终身责任制，签订五方责任主体"两书"1600余份，落实项目五方终身责任制标牌41个；公共资源交易中心建成投入使用，实现电子化招投标全过程监管，全年交易项目801项，金额达52亿元。深入开展建设领域拖欠工程款和民工工资清理工作，多次组织开展排查工作，对排查中发现的问题及时进行调解处理，受理调处拖欠投诉7起，涉及人数24人，涉及金额54.88万元，追回工人工资36.86万元。加大农牧民建筑施工队关键岗位人员培训力度，协助"双业办"开展培训12班次，培训人员1540人，合格人员1085人，合格率71%，提升全市农牧民建筑施工队关键岗位人员从业素质。在山南市备案的区内外施工企业达159家，中介咨询公司备案达69家；完成70家施工企业新版资质换发工作，14家施工总承包企业、1家劳务分包公司资质初审工作及3家城市园林绿化三级资质审批工作。

【工程质量安全监督】 加大质量安全监督力度，全年共办理工程质量安全监督手续的工程项目163个，工程竣工验收备案41个项目，全年质量安全监督巡查项目1000余次，下发《整改通知书》21份、《停工通知书》5份，全市建筑领域工程整体质量和安全水平得到较大提升，工程建设过程中的各类质量通病得到有效控制，全年工程质量零投诉，未发生重大质量安全事故。不断加大建筑建材检测力度，全年检测建筑用砂、混凝土试块、钢筋等约5000余组，建筑材料检测见证取样率达99%，确保送检材料的真实代表性，完成地基承载力检测约300项、土工类检测试验约100点，对不合格的坚决清理出施工工地，确保工程质量。进一步制订和完善工程质量安全备案台帐，结合工作实际，制订《山南市建筑工程安全隐患排查登记表》《施工现场安全检查台帐》《工程质量安全检查处理（处罚）台账》等近40种台帐，有效完善相关工作制度及工作流程。深入开展建设工程领域质量安全大检查，全年对全市所有在建工程开展安全生产大督查2次，检查工地117个，下发建设工程质量安全隐患整改通知书19份，下发建设工程质量安全隐患停工通知书5份。对"三县一公司"下达《行政处罚事先告知书》，对1家建筑施工企业进行处罚，对2家监理单位负责人进行约谈；日常巡查工地89次，发现安全隐患120起，提出整改意见90条，隐患整改率90%以上。加大液化气站的安全生产巡查力度，加强隐患排查，实行分级管理和属地管理相结合、以属地管理为主的监管原则，加大日常安全监管力度，对不符合规范要求的当场下发了限期整改通知书，全年开展液化气站大检查2次，下发整改通知书2份，日常巡回检查8次，提出整改意见18条，隐患排查24处，整改率达100%。开展汛期安全生产工作监督检查，深入12县（区）对汛期安全生产工作进行监督检查，督导各县（区）按照要求，结合实际开展防汛工作，为房屋建筑和城市基础设施正常运行和社会和谐稳定起到积极的推动作用。

【自身建设】 认真开展"两学一做"学习教育活动，组织干部职工学习一系列文件精神，切实解决机关在作风方面存在的突出问题，营造干事业、谋发展、思进取的良好氛围。抓好领导班子建设，严格党内政治生活，认真贯彻执行民主集中制，坚持"三会一课"等制度。认真执行党风廉政建设责任制，带头履行"一岗双责"，落实反腐倡廉工作各项部署，加强党风廉政建设定期检查、定期考核，确保责任落实到岗位、落实到人员。强化各项维稳措施，严格执行值班带班制度，认真做好社会治安综合治理和"双联户"各项工作。深入开展"强基础惠民生""结对认亲"等活动，取得良好的社会效益。

# 农牧业·水利·林业·电力

## 农牧业

【概况】 根据《中共西藏自治区委员会办公厅西藏自治区人民政府办公厅关于印发〈山南市人民政府职能转变和机构改革方案〉的通知》(藏委厅〔2016〕21号)精神,经山南市机构编制委员会(市政府职能转变和机构改革领导小组)审核,并经市人民政府批准,设立山南市农牧局,正县级,为山南市人民政府工作部门,其前身为山南地区行署工作部门。农牧局内设10个行政机构(正科级),分别为办公室、政工人事科、种植业管理科、畜牧草原水产科、兽医科(屠宰监管办公室、重大动物疫病防治指挥部办公室)、农牧业产业化科、科技教育科(政策法规与市场信息科)、农业机械化管理科、农畜产品质量安全监管科(市抗灾办公室)、计划财务科。1个所属事业单位(正科级)为畜禽良种繁育中心。下辖4个单位:市农业技术推广中心,为副县级事业单位(内设3个正科级机构:农业科学研究所、农业技术推广服务站、土壤肥料工作站);市畜牧兽医总站(市动物疫病预防控制中心),为正科级建制事业单位;市草原工作站(草原监理站),为正科级建制,参照公务员管理事业单位;市动物卫生及植物检疫监督所,为正科级建制参照公务员管理事业单位。农牧系统共有干部职工172人。其中局机关37人(编制38个),市农业技术推广中心66人(编制70个),市畜牧总站51人(编制35个),市草原工作站9人(编制8个),市动物卫生及植物检疫监督所7人(编制8个)。全系统有县级干部15人(其中调出5人),年度实际在岗县级干部10人,党组成员有9人组成,副调研员1名。全系统专业技术人员97人,其中高级职称7人,中级职称29人,初级职称33人,技术员28人。

【农业生产】 2016年,山南市播种面积50.21万亩(含复种),粮、经、饲播种面积分别达35.09万亩、9.20万亩、5.92万亩(其中青稞播种22.62万亩,较上年增加1.33万亩),通过高产创建、测土配方施肥、良种繁育推广等工作,提升种植业发展水平,全年实现粮食总产16.41万吨(含薯类折粮),其中青稞产量9.49万吨,较上年增加0.38万吨;蔬菜总产7.01万吨,较上年增加0.36万吨。粮食安全特别是青稞安全以及重要农产品供给得到保障。

【畜牧业生产】 全市年底牲畜存栏143.11万头(只、匹),禽类累计存栏突破260万只,各类新生仔畜成活46.77万头(只、匹),成活率达到95.94%;成畜死亡率控制在1.3%以内;各类牲畜出栏54.08万头(只、匹),全市肉奶蛋产量分别达到2.65万吨、4.95万吨、0.18万吨。黄牛改良工作实施顺利,实际完成黄牛改良冻配任务53249头,占计划任务的100.28%。春秋季强化免疫工作顺利完成,全年未发生重大动物疫情。

【农机化水平】 2016年,全市拥有各类农业机械86323台(套),农机总动力达78万千瓦;完成农机深松整地1.1万亩;耕、种、收综合机械化水平达67.8%。共落实农机购置补贴资金3332.412万元,占总资金的67%。全年未发生农机安全事故，实现零死亡目标。

【农畜产品质量】 开展综合执法检查、集中清理整顿、农资打假等专项行动41次，执法人员出动137人（次），全市无农畜产品质量安全事件发生，农牧业安全形势平稳。2016年新建31眼抗旱机井，储备钾肥30吨、抗旱剂（旱地龙）5吨、氨基酸2吨、喷雾器450部；饲草料1715.1吨，防抗灾周转金500万元。

【乡镇农牧综合服务中心建设】 致力于解决农业科技推广和科研成果转化最后一公里的问题，全市已经建成并投入使用的乡镇农牧综合服务中心66个，在建17个。12县（区）83个（含甲竹林镇）乡镇农牧综合服务中心共有人员1143人，其中县（区）级288人，乡（镇）级855人。

【农牧业产业化发展】 全市共有各类农牧民专业合作社1018家（其中全国农牧民专业合作社示范社8家，全国农牧民专业合作社加工示范社2家），实现总产值15790万元，辐射带动人均增收660元。全市涉农企业23家，其中自治区级龙头企业2家，市级龙头企业6家，实现总产值17160万元，辐射带动人均增收810元。

【农牧业项目建设】 产业脱贫项目，完成“十三五”产业脱贫规划编制，总投资70.9164亿元，计划脱贫7637户16850人。截至年底，开工项目82个，完成14个，实际完成投资34133.2万元，实现产业脱贫1678人。农牧业基础设施项目方面，完成投资30402.73万元，其中“十二五”项目完成投资26232.73万元，2016年批复项目完成投资4170万元。

【草原生态建设】 全市草补奖禁牧草场面积400万亩，草畜平衡面积4058.91万亩，草补奖资金9729.63万元已经全部兑现落实（禁牧和草畜平衡资金8627.86万元、牧草良种补贴资金131.70万元、牧民生产资料综合补贴306.95万元、天然草原监督员补助663.12万元）。2016年草原生态保护补助奖励机制工作市级初验已完成，各县（区）正在积极开展整改工作，已向各县（区）下拨草奖资金11375.93万元。基本草原划定已经完成基本草原划定内业资料、外业采点等工作。冬虫夏草采集工作顺利进行，全年发放采集证19355本，采集人数累计达19745人，总产4751.3斤，总产值达2.13亿元。

【农村土地经营权确权登记颁证试点工作】 2016年，山南市乃东区农村土地经营权确权登记颁证试点除泽当镇、昌珠镇以外，各乡镇已完成调查、测绘、公示、审核等工作。共测绘地块12757块，确权面积17917.01亩，发放证书222本；耕地流转104.86亩，土地经营权抵押贷款206万元。

# 水利

【概况】 山南市水利局于2016年5月正式由山南地区水利局更名为山南市水利局，内设行政机构7个，分别为办公室、财务科、规划建设管理科、水政水资源科技科（节约用水办公室）、水土保持科、农村水利科、山南市人民政府防汛抗旱指挥部办公室；事业机构四个，分别为灌区管理局、重点水利水电项目管理办公室、水利工程建设与安全监督站、山南市水土保持检测中心。局机关所属和所属事业单位在职干部职工42人。其中少数民族干部22人，占干部总数52.38%；具有研究生学历4人、大专以上学历的31人、中专（高中）学历7人；水利专业工程师4人。

【水利投资】 截至年底，全市水利投资完成目标任务为7.10亿元。年内，已完成投资7.64亿元，超额完成5400万元，投资完成率为108%。全年共新建、续建水利项目51个，其中，新建项目32个、续建项目19个。

【重点工程建设】 重点水利工程建设扎实稳步推进。年内，雅砻水库工程完成投资2.24亿元，累计完成投资4.16亿元。江北灌区各项工程按年度进度顺利实施。结巴水库工程完成投资1.0557万元，累计完成投资2.65亿元。

【农田水利】 农田水利基本建设有序推进。投资7353万元（含部分重点县及专项县投资），修复水毁灾损工程125处，疏浚河道14.54公里，清淤沟渠

129.44公里,维修水池塘129座,新修(加固)堤防56.77公里,新增供水能力近34.46万立方米,改善灌溉面积7.37万亩。新(续)建小型农田水利重点县、专项县19项,概算总投资3.13亿元。完成全市农村饮水巩固提升工程"十三五"规划的编制、复核、审查和2016年度工作实施方案、投资计划分配工作。第一批6县20个农村饮水巩固提升工程点已全部开工建设,第一批2000万项目资金已落实到位。完成2016年摘帽县(曲松、乃东、洛扎县)第二季度抵押补充贷款3953万元的资金分配计划及方案编制工作。完成小农水项目审计工作。配合自治区审计厅完成了对乃东、桑日、琼结3个县区"十二五"小型农田水利工程项目的审计工作。四是边境县小水电建设稳步推进。完成总投资为7309.31万元的洛扎县一、二级电站、措美县当巴电站、隆子县县电站等7座电站技改维修工程的审查审批工作。完成总投资为502万元的2015年续建增效扩容项目4项,年底完成绩效考核及完工验收工作。维修养护项目实施到位。完成自治区级2015年及2016年小型农田水利及农村饮水工程维修养护103个项目的方案编制及评审工作,已下达市级2016年小农补助资金867万元,共实施项目38项。

**【防汛救灾】** 截至年底,全市防汛救灾工作紧紧"围绕一个中心、强化两项保障、狠抓三项措施",取得防汛救灾工作新成效。汛期,全市各县区共投入抗洪抢险14380人次,投入运输设备318班次、机械设备575台班,投入防汛编织袋44.73万条、砂石料6.71万方、铅丝笼、铁丝203.68吨、木料3015方、抗灾用油19.26吨、抗灾用电2640度。全市共落实防汛资金809万元,召开防汛抗灾救灾专题会议7次,市县两级天气预报视频会商会议5次、专题会商会议3次,编发动态、简报、信息70余期,在山南网、山南报发布防汛工作情况4期。

**【项目前期工作】** 截至年底,全市申请列入到全区"十三五"水利发展规划内的水利项目有258个,总投资57.08亿元。其中,国家投资项目103个,投资25.46亿元;抵押贷款项目155个,投资31.61亿元。完成前期工作(已概批)53个(其中2016年已开工建设19个、2017年计划实施34个),完成可研批复15个,待批复及正在编制报告的122个,尚未开展前期工作的68个。

**【水利行政执法】** 加大水利执法执行力度。年内,全市共审批水土保持方案94个,征收水土保持费25.64万元,征收水资源费17.55万元。加大水执法检查力度。年内,与自治区水保局对拉林铁路工程、贡嘎机场至泽当专用公路新建改建工程、隆子县扎西康铅锌矿等10个工程项目,进行一次大规模的水保措施监督检查,并向协和光伏发电工程等16个重点项目下发了水土保持整改通知单。加强工程安全和质量稽察检查力度。严格落实"四不两直"质量与安全稽察工作法,全市水利行业安全生产已连续14年零事故。

**【水资源管理】** 为加强水资源管理,全面落实国家水资源管理考核各项制度,年初,市政府与各县区签订《2016年实行最严格水资源管理制度目标责任书》,要求各县区要严格落实水资源管理"三条红线",把水资源管理工作提上重要位置,制订出适合各县区的具体实施方案,把此项工作抓好抓实。已完成《山南市水功能区划》的编制和审核工作,农田灌溉用水有效利用系数测算工作也已委托自治区相关部门正在开展。

**【水利扶贫】** 以水利项目为依托,积极与自治区水利厅协调,争取到隆子县觉拉乡农业综合开发工程,总投资为1322万元,受益人口涉及觉拉乡罗堆村、觉拉村、年扎村3个村的666户1562人。利用水利工程项目建设,积极吸收项目区农牧民参与工程建设,全年带动农牧民增收达1.1亿元。实施政策扶持脱贫,安排12县区2910名水生态保持监管员岗位,每人每年工资为3000元。

**【督查检查】** 年内,共开展防汛专项督导检查9次,排查安全隐患23处,下发各类通知65份,确保汛期人民群众生命财产安全;开展水利工程质量和行业安全生产督查,共派出专项检查组12次,检查水利工程建设项目33个,发现各类隐患42个,下发整改清单8份,责令停工整顿1个;开展1次财务专项检查,发现问题5项,下发整改通知5份,确保水利资金安全。

**【干部队伍建设】** 狠抓"两学一做"学习教育。成立"两学一做"学习教育领导小组和办公室,制订出台学习教育实施方案、督导方案,细化了各项工作任务。狠抓干部能力素质培养。落实学习制度，坚持领导干部带头参加集中学习、带头参加讨论交流。加强送学培养，积极开展干部教育培训。注重抓好岗位锻炼。坚持把本职岗位作为增长才干的主阵地，积极选调人员充实到合适工作岗位。

**【党建党风工作】** 全面落实党风廉政责任。山南市分管副市长与市县水利局、市水利局与各科室均层层签订党风廉政责任书，明确要求在水利工程项目验收中不允许收受红包。紧密结合市委对山南市水利局的巡察工作，压紧压实“两个责任”，制定切实可行的整改方案，逐项逐条扎实进行整改，加强党风廉政和反腐倡廉教育。扎实开展第十七个党风廉政建设宣教月活动，把《中国共产党廉洁自律准则》和《中国共产党纪律处分条例》等十项法规制度纳入机关党员干部日常教育的重要内容，邀请市委党校老师进行1次廉政教育授课，结合“两学一做”学习教育，深入开展党纪教育、示范教育、警示教育和岗位廉政教育，筑牢机关党员干部拒腐防变的思想道德防线。开展党建进工地活动。全面落实党建各项工作任务，扎实开展党建各项工作，把党建工作开展到了重点水利工程施工工地，以党建工作促工程进度、工程质量、工程管理。全年，共开展党建进工地宣传4次，组织集体活动2次。

# 林业

**【造林绿化】** 2016年，山南市完成绿化任务529780.8亩（其中植树造林109881.2亩），项目总投资20389.8万元（其中植树造林总投资12727.8万元）。年内，所有造林绿化任务已全部完成。完成重点区域生态公益林建设工程17028.6亩（计划完成17028.6亩）；完成拉萨周边造林绿化工程30400亩，封山育林40000亩（计划完成造林30400亩，封山育林40000亩）；完成西藏生态安全屏障保护与建设工程防护林建设任务38760亩（计划完成38760亩）；完成两江四河造林任务6855亩（计划完成6855亩）；完成退耕还林16230.6亩（计划完成16230.6亩）；完成扎囊大桥两头亮点工程607亩（计划完成607亩）；完成西藏生态安全屏障保护与建设工程防沙治沙379899.6亩（计划完成379899.6亩）。

**【城镇园林】** 完成泽当城区园林绿化补植补栽计划面积2209.2平方米；完成总投资为350万元的泽当至藏王墓绿色通道工程、昌珠镇至雍布拉康两条绿色通道工程；完成总投资达90万元、面积为300亩的贡布日山体补植补栽任务；对山南市城镇绿化工作采取新管理模式，健全考核机制，城镇园林管理不断正规。

**【野生动物保护】** 配合自治区林业厅，完成全国第二次重点保护野生植物资源调查；兑现2015年重点陆生野生动物造成公民人身及财产损害情况的损失补偿资金972.07万元；野生动物疫源疫病监测工作进展顺利，落实野生动物疫源疫病监测已到位专项资金15万元，全年共救护野生动物156头（只）。

**【自然保护区及湿地保护建设】** 完成总投资为257万元的浪卡子县片区重要湿地生态效益补偿试点建设项目；完成总投资为162万元的雅江中游黑颈鹤自然保护区二期项目，项目财政审计和财政决算已完成，做好迎接自治区验收的各项准备。实施三期项目39.05万元的设备政府采购工作和四期项目的申报以及前置手续的办理工作；投资314.68万元的西藏自治区雅鲁藏布江中游河谷黑颈鹤国家级自然保护区及周边湿地生态效益补偿试点项目正在实施；实施投资300万元的拉姆拉措湿地公园试点、投资500万元的曲松下洛国家公园补助奖励、投资400万元的琼结国家湿地公园（试点）湿地保护与恢复工程；申报错那县城周边湿地及拿日雍措湖泊国家湿地公园（试点）项目。

**【林政管理】** 对建设项目征占用林地严格按照《西藏自治区林地管理办法》进行审核上报的同时，严格加强各建设项目征占用林地的监督，发现问题及时处理。截至年底，已通过山南市林业局审批转报的征占用林地建设项目有20项，已得到批复的有11项，待批复的项目有9项。审核面积425.0773公顷；主动沟通衔接上级业务部门，对重点项目协助业主单位完善《项目使用林地可行性研究报告》等相关资料，并在林勘费用方面帮助业主积极与自治区林规院沟通、协商，给予适当减少；在重点公益林管护方面,认真按照中央财政森林生态效益补偿基金“一个方案”“两个办法”和《西藏自治区公益林管护办法》等进行管理。各县每年按期签订管护合同,落实管护责任人;及时拨付和落实中央财政森林生态效益补偿基金6954.82万元;积极推进依法行政,深入开展林业专项治理活动。2016年8月,由森林公安局牵头,林政、野保等相关科室配合,在全市范围内开展打击征占用林地违法犯罪专项行动,重点打击各种非法侵占林地、毁林开垦、乱砍滥伐、乱捕乱猎国家保护的野生动物、森林纵火等违法犯罪行为。截至年底,山南市发生林政案件8起,处罚人员15人/次,罚款3.2万元,没收木材2.5方、小叶杜鹃800袋、红景天3200斤、野生动物1只。

【灾害防控】 完成总投资为1697万元的山南森林重点火险区综合治理工程二期项目;认真贯彻落实区、市两级森林防火工作会议精神,及时排查和整改火灾隐患;申报总投资为2356万元的林业有害生物综合治理体系建设项目,该项目已列入2017年中央预算内西藏专项林业投资计划;协助自治区林业厅顺利完成全区第一次林业有害生物普查工作;按照《植物检疫条例》规定,对全市42个苗圃和12县(区)外购苗木及时进行检验检疫,为山南市生态建设提供保障。

【林业产业建设】 全市共建有林业苗圃42个,年出圃苗木500余万株。其中中心苗圃出圃苗木50万余株,引进和培训乡土树种苗木50余万株。加查县现有核桃1.7万余亩47.23万余株,年产核桃近600吨,产值达1200余万元。投资1.2亿元的“贡嘎机场至泽当专用公路新(改)建工程”公路绿化项目已通过市政府评审;投资约1.5亿元的市民公园建设项目,积极争取立项;落实拉萨—山南一体化战略,积极推进江北防护林和沙化土地治理工作,争取在江北再造一条雅江防护林,服务一体化发展战略和沿江百亿产业走廊。

【生态脱贫】 全市通过生态补偿措施解决脱贫就业岗位23671人(其中通过重点公益林管护解决脱贫就业岗位18343人,通过野生动物疫源疫病监测解决就业岗位2039人,通过自然保护区管理解决脱贫就业岗位971人,通过湿地生态保护解决脱贫就业岗位718人,通过沙化土地保护解决脱贫就业岗位1600人),全部是建档立卡贫困人员,为每人每年发放补助资金3000元,已发放7101.3万元。2016年实际到位管护补助为6552.59万元(不含专业管护费),增加2605.43万元;在全市4个有林县设置20个专业管护站,专业管护人员104名,共落实管护工资231.84万元;农牧民群众通过参与造林项目、资源保护工程、林业产业、退耕还林等实现收入约9089万元。其中,造林绿化工程带动群众增收6900余万元;退耕还林政策补助459万元;兑现野保员(病虫害监测员)工资30余万元;林业产业增收1000余万元;全市苗圃落实民工工资700多万元。

【党建工作】 局党组认真落实党建第一责任,从健全领导班子、健全学习制度、严明政治纪律、加强廉政建设、深入开展驻村工作、扎实开展“两学一做”学习教育等方面强化党的建设。2016年7月,改选局机关党支部,加强党建工作的组织和领导。开展“两学一做”学习教育。每周组织全体党员干部开展学习活动。截至年底,“两学一做”学习教育学习次数达到26次;局班子成员上党课6次、发言6次;各部门负责人根据自己的工作特色针对如何“学党章党规”“学系列讲话”“做合格党员”发言8次。

【党风廉政建设】 认真贯彻八届自治区纪委六次全会,山南市反腐倡廉工作会议精神,以大力开展“两学一做”学习教育为契机,认真执行中央八项规定精神和自治区“约法十章”“九项要求”及市“十项规定”,党组严格履行主体责任人责任,成立工作领导小组,层层签订责任书,局党组与各科室签订党风廉政风险点防控表。坚决执行“三有四必”要求,组织学习各类违纪通报9次,积极开展第二个党风廉政宣传教育月活动,加强机关作风和效能建设,把党风廉政建设工作提高到一个新水平。健立完善了财务管理制度、公车使用管理制度、三公经费制度等27项制度,并在局机关悬挂廉政格言牌11块,不断强化机关内部管理。把开展专题教育与业务工作紧密结合,全力推动稳定和改革发展各项工作,做到学习教育与业务工作有机融合、相互促进。

【巡察整改】 按照市委的统一部署,2016年4月25日至6月15日,市委巡察一组对市林业局进行为期50天的巡察。坚持以问题为导向,将市委巡察一组反馈的问题和提供的意见建议,梳理细化分解为

47 条具体整改措施，制定整改事项一览表，一项一项列出问题清单，一条一条细化整改措施，逐一对号入座，建立工作台账，明确责任领导、牵头部门、责任人、协办部门及人员和整改时限、工作要求，做到整改完成一件销号一件，问题不解决绝不放手。在市委巡察领导小组和市委巡察办以及市委巡察一组强有力的监督指导下，市林业局巡察整改工作取得实效。截至年底，细化的 47 条整改措施中的 38 条措施已全部整改到位，整改落实率为 80.85%。

**【强基惠民】** 市林业局共为三个村两委在两大节日期间送去慰问金 0.3 万元；建房椽子木 500 根（市场价 35 元 / 根），折合 1.75 万元；薪材 15 车（包括东风、拖拉机等大小车辆，平均市场价 300 元 / 车）折合 0.45 万元；为各驻村工作队解决造林苗木 1 万余株（3 元 / 株），折合 3 万元。

# 电力

**【概况】** 国网西藏电力有限公司山南供电公司（以下简称“国网山南供电公司”），是国网西藏电力有限公司的下属分公司，正处级建制。公司负担地区 11 县、36 万人的供电工作，人口通电率 93%，营业户数 13420 户。2016 年，国网山南供电公司负责运行维护的变电站共有 110kV 变电站 8 座（泽当变、冲木达变、赤康变、加查变、措美变、日当变、洛扎变、曲松变），变电总容量 327.3 兆伏安；35kV 变电站 34 座，变电总容量 75.63 兆伏安。110kV 输电线路 12 条，全长 612.653 公里；35kV 输电线路 13 条，全长 302.251 公里。

2016 年，山南电网负荷及供电量持续保持较快增长趋势，年度最大网供负荷为 10.185 万千瓦，日最大供电量 184.95 万千瓦时，累计供电量 5.45 亿千瓦时，最大负荷环比增 30.47%，供电量环比增长 30%。完成售电量 49197.26 万千瓦时，同比增长 21.01%。

**【人力资源】** 2016 年，按照全面建设“三集五大”机构调整和人员调配工作要求，完成公司机构编制和岗位序列调整工作，公司机构设置更加扁平。截至年底，国网山南供电公司共设立部门 13 个；公司员工总数 228 人，其中，藏族及其他少数民族 104 人，汉族 124 人；管理人员 54 人，技术人员 14 人，生产人员 150 人，分别占职工总数的 23.68%、6.14% 和 65.79%。具有专业技术资格 145 人（高级 1 人，中级 11 人，初级 134 人），占职工总数的 63.6%；具有技师的 1 人，高级技能等级资格 51 人，中级技能等级资格 56 人，初级技能等级资格 1 人，分别占职工总数的 22.37%，24.56% 和 0.44%；学历层次为硕士研究生 2 人，占在职职工总数的 0.88%，大学本科 96 人，占在职职工总数的 42.1%，大、中专学历 109 人，占在职职工总数的 47.8%；高中及以下文化程度职工 21 人，占在职职工总数的 9.21%。全年新增加员工 36 人。

2016 年公司共有 10 名职工考取二级建造师资格；组织开展变电运行专业竞赛，通过笔试考试、现场操作等形式，检验一线员工的理论水平和实操能力；组织 2016 年以后参加工作的员工进行综合知识考试，测试大学生员工现场分析、判断、解决处理实际问题的能力，有针对性地“压担子”，调整任用中层干部 1 人，新提拔 1 人，提拔主任助理 7 人，激发大学生学习的积极性和主动性，提高员工独立开展工作的能力和意识，引导和督促大学生员工成长成才。

**【电网建设与发展】** 2016 年曲松 110 千伏输变电工程、泽电泽地入地工程、鲁桑“π 接”工程建设任务全面完工，累计完成投资 12616 万元。110 千伏电网建设项目涉及 7 项，总投资 68652 万元，2016 年计划投资 37544 万元，截至年底，完成投资 26431 万元，完成 2016 年投资的 70.4%。35 千伏及以下电网建设项目涉及 17 项，总投资 60160.4 万元，2016 年投资完成 29365.9 万元，完成 2016 年投资的 48.81%，已开工建设 9 项。

2016 年，国网山南供电公司积极推进城网建设与改造和中心村农网改造升级工程建设，与 11 县 1 区政府签订小城镇（中心村）农网改造升级工程合作协议，加快工程前期手续办理落实进度，确保工程顺利推进，8 月，昌珠 110kV 城网输变电工程和浪卡子、洛扎、扎囊、措美、日当等 5 个 110kV 农网输变电工程陆续开工建设，年内完成工程总投资 6.26 亿元，基本完成工程建设目标。

**【经营管理】** 以人财物集约化管理为核心，积极推进全员绩效管理工作进程，全面推进实施全员绩效管理工作。不断加强综合计划和预算管控力度，理顺资金支付审批流程，计划和预算的执行情况明显好于往年。深化综合计划和全面预算管理，从严控制指标和项目调整，加强重点指标监测分析和预警预控，严格财务基础管理，细化提质增效措施。修订印发全年"24节气表"和年度重点工作任务分解，明确公司年度重点和常规工作。开展同期线损，开展用户低压脱扣排查整治、用电信息采集系统建设、客户地理信息采录和营配调数据贯通等工作，基础管理数据质量极大提升；加强线损管理，着力降损增效。持续加大电费回收工作力度，规避经营风险，连续13年实现电费结零。发现违约用电及窃电共9起，追回电量95594千瓦时，追补电费及违约使用电费合计232129.56元。开展物资清仓利库，累计利库物资491项，金额848.9万元。坚持审计检查全覆盖，扎实开展专项审计、项目建设审计和代管县公司审计。规范物资报废流程管控，保证实物收发和系统入账、出账的一致性。

【安全生产】 落实本质安全工作要求，强化安全管理基础，及时部署安全工作。深入开展安全监督检查，各类隐患287条，整改271条。开展农电隐患排查整治，及时安排农电设备检修消缺，提高农网故障处理能力。开展基建现场安全监督检查，走访拉林铁路等重点工程现场，开展安全用电和电力设施保护宣传。成立应急基干分队，完善公司应急管理体系，开展安全生产法律法规考试累计43场次，开展"一把手"讲安全课、帮扶安全培训等各类活动12场次，人员参培率达100%。截至年底，公司安全生产形势总体平稳，实现连续安全生产828天。

【营销工作】 开展同期线损，开展用户低压脱扣排查整治、用电信息采集系统建设、客户地理信息采录和营配调数据贯通等工作，基础管理数据质量极大提升；加强线损管理，着力降损增效。持续加大电费回收工作力度，规避经营风险，连续13年实现电费结零。发现违约用电及窃电共9起，追回电量95594千瓦时，追补电费及违约使用电费合计232129.56元。

【用电服务】 加强业扩报装全过程管理，严格执行限时办结制度，保证客户早接电、早用电。积极推广"电e宝"互联网支付平台，拓展用户缴费渠道。加强营配调业务协同，严格规范欠费停电、故障抢修工作流程，客户满意度明显提高。落实山南市委、市政府要求，完成乃东变电站拆除、人民医院异地搬迁等工作。圆满完成山南撤地设市、雅砻文化节、扎日转山等重要时期、重点活动的电力保障，累计投入人员96人次、车辆12台次，得到了市委、市政府的高度肯定。

【三个建设】 认真学习中共十八届六中全会和习近平总书记系列重要讲话精神，深入开展重温入党誓词、讲党课、主题党日等纪念建党95周年系列活动；扎实开展"两学一做"学习教育和"三亮三比"主题活动，公司党委理论中心组共集中学习14次，各党支部共集中学习30次，领导干部共讲授党课6次。顺利完成公司基层党组织换届选举。着力加强队伍建设，落实培训工作要求，累计开展各类业务培训2期，参培人员30余人次。积极参加国网公司党群队伍技能竞赛、法治企业知识竞赛等，均取得较好成绩；公司职工的创新成果《悬挂式笔记本电脑支架》获全国电力职工成果获奖项目三等奖。调控中心获国家电网公司企业文化建设示范点提名。落实常态化驻村工作要求，严格综治维稳、信访、舆情等常规重点工作管理，有效保障企业安全稳定。

# 交通·旅游·邮政·通信

## 交通运输

【概况】 山南市交通运输局正式设立于2016年11月11日，正县级，为山南市人民政府工作部门。内设正科级行政科室9个（办公室、政工人事科、规划建设科、财务科、公路养管科、总工程师办公室、交通行政执法管理科、农村公路科、交通运输科（安全生产监督管理科））；所属正科级事业单位3个（交通基本建设工程质量监督站、公路建设项目管理中心、公路工程试验检测中心）；独立正科级事业单位7个（路政管理所、日当养护段、曲松养护段、扎囊养护段、洛扎养护段、交通规划公路勘察设计院、道路运输管理局（地方海事局））。全系统共有编制728名，局领导职数6名，局机关编制26名，实有人员28名；局属事业编制702名，实有人员223名。

【项目建设】 2016年，在市委、市政府的坚强领导下，在自治区交通运输厅、公路局的大力支持和指导下，按照市经济工作会议、季度经济运行分析会议的任务和要求，坚持积极主动、超前谋划、统筹协调、深入推进，始终从战略高度抓好交通基础设施建设、交通运输服务、行业监管等工作，圆满完成各项目标任务，顺利实现“十三五”良好开局。落实固定资产投资45.21亿元，占全年计划投资的112.1%。其中重点项目完成投资34.1亿元，占全年计划投资的104%（其中泽当大桥至增期公路完成投资1.9亿元；增期至日多公路完成投资1.78亿元；扎日至形穷普张边防公路完成投资0.1亿元；加桑二期公路完成投资4.45亿元；勒至杜让尚边防公路完成投资1.1亿元；贡嘎机场至泽当专用高等级公路完成投资24.77亿元）。农村公路完成投资11亿元，占全年计划投资的142%。公路基础设施总量稳步增加、质量快速提升，路网结构和功能不断完善。

【发展规划】 规划编制科学合理，发展体系不断完善。编制完成《西藏自治区农村公路建设规划（2016—2025）山南市分规划》，计划到“十三五”末实现乡镇100%通铺装公路，85%以上的建制村通铺装公路的目标。组织编制交通扶贫、边防公路、公路养护、客运事业等专项规划，基本形成较为完整的公路交通运输发展规划体系，绘就山南综合交通运输发展宏伟蓝图。截至年底，山南市12个县（区）、79个乡镇、300个建制村实现通畅，通畅率分别达到100%、96.34%和54.6%。公路总里程达到6946.36公里，其中国道1253.66公里、省道1388.11公里、县道1491.07公里、乡道717.78公里、专用公路607.27公里、村道1488.47公里。

【道路养护】 年内，山南市交通运输局养护管理协调发展，应急能力不断增强。组织实施公路安全生命防护工程566.67万元，实施公路灾毁恢复工程512.52万元，突出国省干线路基修整、路面维护、安防设施更换及应急保通等重点工作，注重预防性养护，确保国省干线的安全通畅。国省干线油路优良路率69.18%，MQI（公路技术状况指标）值77.3，砂石路优良路率59.56%，较好的完成年初确定的目标。同时，狠抓扎日转山期间的保通工作，安排养护工人、机械入驻一线，对扎日转山相关路段进行全线养护及抢险保通，争取1000多万元资金实施转山路段生命防护设施，确保扎日转山期间道路交通安全畅通。

【行政治理】 年内，山南市交通运输局制定《交通运输依法行政要点》等规章制度，建立“事中事后监管”“双随机一公开”等依法行政监督机制。公开权责清单250项，对已确定的行政权力和责任清单予以分类，明确各交通职能部门权责，制作流程图、服务指南并在市级网站上予以公示。出动交通综合执法人员2534人次，检查车辆3376台次，暂扣违规车辆70台、受理举报65起。受理行政许可32件，收取占(利)用公路补偿费21.97万元，查处超载货运车辆279台次，卸载170余吨，收取补偿费9.8万余元。

【安全稳定】 年内，山南市交通运输局贯彻落实习近平总书记关于安全生产的重要批示指示精神，切实做到“党政同责、一岗双责、齐抓共管、失职追责”，持续开展“平安交通”“安全生产月”“平安工地”“打非治违”等多项安全专项行动。开展质量安全综合大检查2次，下发整改通知书11次，出具正式检测报告46份，开展专项检查42次，工地巡查62次，工程项目质量监督覆盖率达100%。特别是针对江西丰城“11·24”特别重大事故，及时开展交通领域安全隐患排查整治活动，排查企业35家次，发现整改隐患3处，安全生产基础进一步夯实、责任进一步落实。全年公路建设及水上安全领域未发生安全生产事故，实现零死亡零事故的目标，交通运输领域安全生产态势持续稳定好转。着力做好建设项目、营运汽车、历史遗留难题等重点领域、重点人群信访工作，落实依法逐级信访制度，及时分类处理信访诉求，开展矛盾纠纷集中排查调处。据统计，截至去年底，共办理(接待)群众来信来访11批(件)次，信访总量下降8%，妥善解决信访问题11批(件)次，办结率100%。

【改革升级】 年内，山南市交通运输局运输改革稳步实施，转型升级加速推进。改制旅游车辆23辆，改制市际班线客运车辆55辆，在全区范围内率先完成旅游班线体制改革及市际班线客运改革任务。投资160万元，更新农村渡船8艘，提高水上交通通行能力和安全保障能力。新增新能源公交车5辆，重点在泽当城区公交线路上推广使用，开辟完善公交线路10条，城市公交系统初具规模。投资2000万元，建设山南二级物流站，现已验收合格，即将投入使用。兑现“两限一警”补贴资金845.7万元。全年客运量、客运周转量完成120万人次、23057万人公里；货运量、货运周转量完成225万吨、79031万吨公里。

【党风党建】 深入学习贯彻中共十八届六中全会和自治区第九次党代会精神，认真落实全面从严治党党委主体责任，扎实开展“两学一做”学习教育，认真学习贯彻《关于新形势下党内政治生活的若干准则》《中国共产党党内监督条例》。加强党风廉洁建设，强化监督执纪问责，深入抓好巡视反馈问题整改落实，突出重点领域和关键环节廉洁风险防控。完成市委巡察组专项巡察反馈对全系统8大类17条问题的整改落实。完善《山南市交通运输局岗位责任制》《山南市交通运输局责任追究制度》等30余项规章制度，加强思想政治建设，完善干部管理制度，营造风清气正、干事创业的良好政治生态。大力弘扬“两路精神”，不断夯实基层党组织建设。

## 旅游

【概况】 2016年，全市旅游系统认真贯彻落实党的十八大、十八届五中、六中全会以及中央第六次西藏工作座谈会精神，紧紧围绕“藏源文化旅游基地”建设目标，积极打造藏源山南旅游品牌，突出抓好项目建设、积极推进产业融合，不断规范行业管理，强化旅游市场营销，提高旅游服务质量等重点工作，全市旅游业发展呈现出持续稳定的发展态势。

【旅游接待】 2016年，共接待国内外旅游者2784223人次，比上年同期增长18.49%，实现旅游总收入119143万元，比上年同期增长29.21%。

【规划编制】 为全面提升景区服务质量，围绕“把西藏打造成为重要世界旅游目的地”的战略部署，在正视规划、抓牢重点的前提下，切实把握设计的准确性和实用性，积极争取规划资金，科学合理布局、加快景区建设。2016年市政府下达投资任务为4912万元，全年完成旅游投资4950万元，重点建设加查东环线、桑日沃卡温泉、山南市藏南旅游环线等旅游基础设施，推进扎囊县江津景点、措美县哲古草原景点、浪卡子县曲色景点、贡嘎县岗堆森布日景点乡村旅游基础设施建设；扶持乃东赞堂居委会、贡嘎森布村、桑日达沽村、错那勒村乡村旅游发展；加快羊湖旅游厕所、桑耶旅游厕所、桑日旅游厕所等30座景区厕所建设。为适应山南市当前旅游发展形势，推动山南旅游业发展，及时修编《山南地区旅游总体规划》以及编制“十三五”旅游发展规划，与浙江远见旅游设计有限公司成都分公司签订委托编制合同，委托其为山南市修编旅游发展总体规划及编制“十三五”旅游发展规划，截至年底“十三五”旅游发展规划已基本完成，正在对“总规”内容加紧完善中，《山南市旅游总体规划》12月编制完成。羊湖景区规划方面，已在山南网、山南旅游政务网上发出招标公告遴选羊湖规划方案，羊湖规划编制正在有序推进。2016年，把旅游扶贫工作作为重中之重来抓，派出工作组对国家旅游局为山南市所确定的30个旅游扶贫村进行摸底调查，最终确定乃东赞堂居委会、贡嘎森布村、桑日达沽村、错那勒村乡村作为试点扶贫村，解决每村补助资金100万元，待试点成功后将实行30个旅游扶贫村全覆盖。同时，在广泛征集各县需求后，确定600名旅游厕所保洁员，600人全部为建档立卡贫困人口，每名保洁员每年补助3000元，共兑现补助资金180万元，加快推进旅游扶贫工作。

**【旅游服务】** 羊湖景区精品化建设得到区旅发委大力支持和山南市委、市政府的高度重视，两县及珠穆朗玛旅游开发公司积极配合，通过近5个月的共同努力，取得一定的成效，环境卫生有所改变，违章建筑正在拆除，山顶厕所已拆除2座，扎囊县顶峰加油站新建旅游厕所，江塘检查站新建游客服务中心，4280观景台、岗巴拉山顶“三化”建设工作扎实推进，岗巴村乡村旅游接待点及各观景点和厕所的规划设计正加紧进行，群众经营秩序有所好转。市旅发委和两县紧紧围绕“试点先行、逐步推进、严格标准、创建精品”的目标，按照《西藏自治区旅游精品化试点工作总体方案》和《山南市旅游景区精品化试点工作方案》要求，多次召开专题会议，对羊湖景区精品化建设工作进行专题研究，在5月25日召开的迎接旅游旺季开展旅游服务标准化建设年活动动员部署会上就围绕如何开展旅游景区精品化试点工作，推进景区标准化建设，完善景区服务标准化等多方面进行了动员部署。根据市政府主要领导的指示，组织浪卡子、贡嘎两县旅游部门及相关群众前往纳木措、巴松措等景区就景区旅游安全生产、基础设施建设、旅游市场秩序、旅游投诉处理、乡村旅游发展、景区标识标牌等方面的内容进行了现场学习，为扎实开展羊湖旅游景区精品化建设工作奠定良好基础。8月25日，副市长方旭就加快推进羊湖景区“标准化、精品化、和谐化”建设，在贡嘎县召开推进羊湖景区“三化”建设现场会。会议从统一思想、明确目标、加强督查、落实责任等四个方面就羊湖整改工作进行强调，根据要求制订羊湖景区“三化”创建工作方案，贡嘎、浪卡子两县分别制定各自范围内的细化方案及实施细则。12月16日，副市长方旭再一次就旅游“三化”建设暨厕所革命工作进行督导检查，本次督导检查对贡嘎县、扎囊县、浪卡子县、珠穆朗玛旅游开发有限公司、泽当饭店开展旅游“三化”建设整改情况，以及对涉及旅游厕所革命的相关点进行督导检查。二是摸底调查，掌握情况。为切实推进羊湖景区精品化建设进程，多次深入羊湖景区摸底调查。按方案要求和自治区提出的31条整改意见，对景区服务质量与环境质量进行全面自查，针对景区找问题，针对问题出措施，及时分解任务、责任落实到人；针对羊湖景区公共设施、服务水平、环境质量、安全生产、文化内涵等方面存在的问题，进行分门别类、逐条梳理，提出有针对性的解决方案，方案对江塘检查站、3900、4280、岗巴拉山顶、象鼻山观景台、扎玛龙观景台、曲色观景台等场所的环境卫生、餐饮卫生、厕所管理、违规建筑、景区工作人员持证上岗、参与经商群众服务质量等多方面整改作出具体安排。按照羊湖景区精品化建设的要求，采取明查暗访、定期检查和随机抽查等方式深入景区开展检查，对羊湖旅游景区精品化试点工作进行监督跟进，委派专人到羊湖景区蹲点督导，就企业、浪卡子和贡嘎两县涉及拆迁现状进行实地督查，确保违规建筑拆除、环境卫生好转、经营秩序改善、厕所环境达标，通过督查有效促进了羊湖景区“三化”创建进程。截至年底，对江塘检查站、3900、4280、岗巴拉山顶、象鼻山观景台、扎玛龙观景台、曲色观景台等场所的环境卫生、厕所管理、违规建筑拆除等整改事项已基本落实到位。

【旅游宣传】 为全力推进山南市旅游旺季旅游宣传工作，山南市旅游发展委员会与全国各大广告公司合作印制山南旅游地图50000册，《藏源山南》旅游宣传画册5000册，山南旅游明信片3000套，刻有山南旅游6分钟旅游宣传片的U盘2000个。为推进拉萨—山南旅游一体化建设，解决山南旅游可进入性瓶颈，构建便捷快速的旅游道路交通网络，建立推进旅游城市和旅游景区开发建设，有效提升旅游服务和旅游产品供给水平。6月8日，山南市旅游发展委员会与拉萨市旅游局共同举办“拉萨—山南一体化旅游推介会暨拉萨市与山南市区域旅游战略合作协议签约仪式”，全区155家旅行社负责人及10余家新闻媒体参加推介会。推介会上重点展示山南市旅游资源、介绍旅游发展情况，并与拉萨市旅游局签订“拉萨市与山南市区域旅游战略合作协议”，将为拉萨山南两地旅游业的相互促进、共同繁荣，培养拉萨——泽当“一小时经济圈”奠定基础。10月28日在拉萨成功举办山南旅游推介会，同步开启了“藏源寻根”之旅、藏中旅游东环线（拉萨、林芝、山南三地市环线）、穿越藏南最美边境线自驾游（山南旅游南环线）、边境休闲养生之旅、山南市区周边游等10条精品线路，拉萨、山南构成“藏中旅游极”的基础不断夯实、深化。借助西藏卫视平台，每天在西藏汉语卫视频道“西藏新闻联播”结束后播放两次“藏源山南”旅游形象宣传广告。通过拉萨分众传媒公司把山南旅游宣传片30秒版投放至拉萨各大星级酒店及高档楼宇等，且每天滚动播放；在武汉地铁电视（1+2+4号线）每天滚动发布山南旅游旅游形象宣传片；利用拉萨公交车接触面广、游客覆盖率高的移动媒体属性在30辆公交车上继续投放山南旅游宣传车体广告；继续与西藏民航空港经济发展有限公司合作，制作120万张印有山南旅游宣传图片的登机牌，在贡嘎机场停车场、国内到达厅投放了藏源山南旅游宣传广告画面；在拉萨火车站出站口1、2、3、4号站台的灯箱广告牌上发布了山南旅游宣传广告画面，通过不断加大在各类媒体上的宣传力度，大大提升山南优质旅游资源的曝光率。5月28—31日，山南市旅游发展委员会与错那县人民政府共同举办“走进山南勒布”踩线考察活动，共邀请区内50家旅行商、拉萨及山南新闻媒体记者共100余人参加活动，并通过专题旅游推介、实地踩线等方式了解和掌握山南旅游情况，通过西藏电视台、山南电视台、拉萨电视台、中国西藏新闻网、西藏日报、西藏商报、山南报、山南网及山南旅游政务网、公众微信微博等对活动进行全方位的宣传报道。9月30日，在市政府组织安排下，山南市旅游发展委员会联合琼结县政府做好山南旅游开发现场工作会，向全市各行业部门介绍琼结县旅游开发的先进经验，为山南市下步景区“三权”分离、政企联合开发奠定坚实基础。山南市旅游发展委员会积极参加第三届藏博会，全面配合展馆布展，提供100余幅图片供山南馆和自治区主题馆布展，在藏博会上发放宣传资料（旅游地图、宣传画册、炫彩明信片）10000余份，热心服务游客，接受咨询共计200余次。加强线路推广，联合自治区旅发委开展一次涉外高端精品线路体验游，并参与在拉萨举办的旅游高峰论坛。雅砻文化节期间，山南市旅游发展委员会加强与人民网、乐途旅游网、中国西藏新闻网等知名网站合作，建立“神奇西藏藏源山南”专题二级页面，对山南微旅行136篇优秀文章及“行摄藏源山南”活动成果图片进行集中宣传推广，并在山南市泽当饭店、山南宾馆、雅砻河酒店等游客聚集场所开展“行摄藏源山南”旅游图片展。8月顺利启动“藏源山南 多彩雅砻”首届旅游原创歌词歌曲大赛。积极协助各县开展系列旅游活动，向浪卡子、洛扎等6县拨付雅砻文化节专项扶持资金共计95万元，用于举办洛扎“库拉岗日文化旅游节”、浪卡子“2016环羊湖自行车体验游”、措美“哲古牧人节”扎囊“氆氇文化节”等特色节庆活动。为深入贯彻落实市委、市政府关于进一步打造“藏源山南”旅游品牌，加大西藏旅游东环线推介力度的总体要求，借加桑公路升级改造完成、东环线油路全线畅通之机，全力掀起2016年“冬游山南”旅游热潮，11月2—14日，副市长方旭带队，山南市旅游发展委员会组织东环线上县（区）旅游部门、各旅游企业共同赴厦门、杭州、合肥、上海、重庆、成都、六地市举办“藏源山南”东环线冬季专题旅游促销推介会。此轮推介会共发放山南旅游地图、旅游线路介绍单、山南宣传画册、影像光盘共计10000余份，400余家旅行社、20余家电视、网络媒体参加了推介。在每场推介会上，山南市地接社与当地组团社均签订旅游客源合作协议，同时向每个推介城市中实力雄厚且有意拓展山南旅游线路的旅行社授予了“西藏山南旅游办事处”牌。

【行业监管】 10月11—14日，山南市举办为期4天的山南市旅游业务知识培训。此次培训由湖北省旅游委出资并选派优秀的专家教授来到山南传授经验，全市十二县（区）分管县长、旅游局长以及旅行社和旅游企业参加培训，在培训中教授《全域旅游》《旅游扶贫的策略》《旅游产业转型升级的新思维、新方向》《旅游管理与旅游产业发展》《旅游供给侧改革》《乡村旅游的跨越式发展与精准扶贫》《旅游服务标准化与产业提升》《旅游品牌的打造与宣传营销》等课程知识，丰富理论素养，完善知识结构，为做好旅游服务工作起到很大的促进作用。年内，按照市委、市政府统一部署和要求，与12县（区）旅游局、7家星级饭店、4家旅行社分别签订《山南市2016年度旅游行业安全生产责任书》《2016年度星级酒店消防安全责任书》《2016年度旅行社安全责任书》，将全年安全工作目标任务逐一分解落实到每个单位、每家企业，细化各旅游企业的安全主体责任，明确安全生产责任目标和措施办法，同时为健全山南市家庭旅馆、农家乐标准化管理，对2014—2015年新增的334家普通家庭旅馆开展三证收集、整理和归档工作。为确保行业安全，分别3、6、9月综治宣传月开展旅游行业安全生产大检查活动，6月15—30日积极配合自治区旅游行业综合执法大检查第五检查组对山南市12县（区）景区、宾馆和室内星级饭店、旅行社、车船公司等38各单位开展综合执法检查；归纳梳理共计31项180条具体问题，截至年底，山南市已完成90%整改工作。为给市委市政府做决策部署提供准确实时的数据支持，做好“五一”“雅砻文化节”“十一”等特殊节点的旅游统计报送工作，抓好旅游饭店网上统计填报系统及旅游景区网上填报系统的报送审核工作，积极配合自治区旅发委完成山南市旅游投诉处理和报备工作。

## 邮政

【概况】 截至年底，全市邮政企业从业人员共有300余人。普遍服务网点90个（其中农村网点71个，占网点总数的79%），邮筒83个，报刊亭13个；共有城市投递段道17条，农村邮路1条，农村投递路线单边总长5921公里。民营快递企业共有9个品牌，快递营业网点17个，快递企业从业人员50余人。

【学习教育】 2016年，山南市邮政管理局紧紧围绕习近平总书记系列重要讲话精神、中共十八届历届全会、自治区第九次党代会精神，采取局党组集中学习、干部职工自学等形式，准确把握会议精神实质和精髓，着力找准会议部署与要求同自身业务工作的切入点和突破口，明确业务工作的方向和重点。截至年底，局党组累计组织集中学习36人次，个人自学达到100学时。

【政策执行】 坚持依法治邮，增强法治意识，完善法规体系，提升治理能力，组织干部职工系统学习《中华人民共和国邮政法》《邮政法实施细则》《邮政普遍服务监督管理办法》《快递市场管理办法》《邮政行业安全监督管理办法》《邮政业消费者申诉处理办法》《国家邮政局行政复议暂行规定》等政策法规，促进干部职工依法行政、按章办事的意识，促进邮政监管业务的全向发展。

【开展“两学一做”专题活动】 按照市委“两学一做”教育的总体安排部署和自治区邮政管理局的具体要求，中共山南市邮政管理局党组紧密结合自身实际，依托“三会一课”、党组中心组理论学习会等党的组织生活制度为基本形式，以落实党员教育管理制度为基本依托，针对领导班子和党员干部、普通党员的不同情况制定学习计划，通过领导讲党课、观看教育影片、开展座谈交流、撰写心得体会等方式，突出问题导向，坚持学改结合，注重制度完善，在党支部自我净化、自我提高，树立清风正气、严守政治纪律政治规矩、强化宗旨观念等方面，干部职工的作风明显转变。

【智能信报箱建设】 年内，由市财政解决316万元，企业投入320万元在山南市54个单位、23个住宅小区、2个居委会建设首批智能信报箱，共计80台主柜、163台副柜共4380个格口，于2016年4月底正式投入运营，成为7个地市率先建成并投入使用智能信报箱的地市，人民群众用邮向智能化水平迈进。

【邮政检查和督导】 2016年，山南市邮政管理局不定期抽调人员成立专班，对全市范围内邮政、快递网点开展专项抽查。重点检查邮政营业场所限定或指定用户使用高资费邮政业务、搭售其他商品及邮件查验、邮件损失赔偿、邮政企业处理用户投诉、邮票发行监督等问题。截至年底，共检查服务网点205处，累计出动人员615人次。其中，开展集邮市场专项检查56处，出动检查人员168人次；开展新邮发行监督检查26批，出动检查人员52人次；开展机要通信监督检查26处，出动检查人员78人次。开展快递业务监督检查78次，开展邮政业统计专项检查1次。

**【社会监督员】** 山南市邮政管理局及时调整和优化山南市社会监督员队伍，从政协委员、人大代表、政府部门等有社会监督工作经验的人员中选聘社会监督员18人。2016年6月，对全市邮政特邀监督员进行业务培训并进行工作经验交流，制定完善监督员管理制度，切实提高监督员的管理工作。截至年底，山南市邮政特邀社会监督员认真履行监督职责、及时反馈监督信息108条，圆满完成交予的各项工作任务，为全市邮政市场健康有序发展做出积极贡献。

**【测试信件寄递】** 山南市邮政管理局高度重视测试信件寄递工作，指派专人对此项工作负总责，要求所有人员配合完成此次工作。截至年底，共完成432封测试信件制作及分类，同时强化二次核对，确保测试信件信息的正确性与完整性后准时寄出，完成邮件时限测试交寄工作。

**【行业安全生产】** 按照建设“五个邮政”的要求，山南市邮政管理局多项措施，确保了邮政行业的安全稳定。充分利用市“安全生产月”“安全生产山南行”“9·16”平安山南宣传日等宣传平台，广泛宣传《中华人民共和国邮政法》《西藏自治区邮政条例》《邮政业消费者申诉处理办法》《禁限寄物品常识》《禁限寄物品规定》等政策法规，提高邮政业法律法规的知晓率。围绕快递企业安全运营这一要求，注重抓源头管理和全程跟踪，组织开展快递企业安全生产专题培训，从制度安全、财产安全、交通安全、生命安全入手，对快递企业负责人培训讲解《中华人民共和国安全生产法》《安全生产标准》《场所安全设计规范》《收寄验视制度》《行业业务操作规范》等内容，强化企业安全生产主体责任意识、红线意识和服务意识，夯实快递企业健康、安全、稳定发展的基础。2016年以，累计开展宣传活动6次，发放宣传资料2000余份；组织开展快递企业从业人员寄递安全生产培训4次。

**【邮政执法检查】** 年内，与邮政企业、申通、圆通、宅急送等快递企业签订《西藏山南市邮政管理局安全保障建设责任书》，明确人员安全、车辆安全、邮件安全及生产场所安全等执法检查的重点；结合自治区局的工作要求和市综治办的工作部署，以重点时段专项检查和日常巡查为主，采取联合交运、文化、公安、消防、工商、国安、安监等行业部门联动执法的形式，对全市各邮政网点、快递网点开展行政执法检查活动，确保邮路全时、全程安全，确保寄递渠道不出现非法有害出版物、易燃易爆和危化物品。2016年，共与邮政业一线员工签订安全生产责任书10份，累计检查寄递网点210个，出动人次650人次，其中专项检查9次，联合检查1次。

**【邮政安检设施】** 2016年3月，经自治区邮政管理局向自治区人民政府申请出资为山南市邮政、快递企业配备6台安检机，面对机器少，企业多的问题，山南市邮政管理局及时协调各寄递企业进行科学合理分配，并邀请市公安处特警支队技术人员进行安检机使用培训，确保安检设备及时投入使用，为山南市所有进出口邮件“三项制度”落实到位提供基础条件。截至年底，全市共有69.59万件出口邮(快)件全部进行收寄验视、实名登记、过机安检，达到三个100%的目标要求。

**【重大活动监管】** 2016年，山南市邮政管理局围绕全国“两会”、山南市“三会”、自治区第三届藏博会、G20杭州峰会等大型会议活动的安全稳定工作，突出寄递渠道绝对安全这一目标，严查“三个100%”落实、严堵非法出版物、严控报刊杂志销售终端、严把邮政收寄流转关口，确保了寄递渠道的安全畅通。同时，积极配合市相关职能部门深入扎实开展“扫黄打非”“清源”“固边2016”“禁毒”等专项行动，累计开展联合检查督查22次，较好地落实“禁限物品查缴、非法出版物查堵、标准作业流程查验”的工作部署和要求。

**【党建和党风廉政建设】** 山南市邮政管理局坚持把机关党的建设、党风廉政建设作为全局工作的总揽，以“两学一做”教育活动为契机，注重抓领导、抓班子、抓党员的思想、政治、组织、作风、纪律等方面的建设，进一步提升了凝聚力、向心力和战斗力。在机关党建方面，中共山南市邮管局党组始终坚持把政治纪律和政治规矩挺在前面，着力在忠诚、干净、担当上做文章，认真践行群众路线、“三严三实”和“两学一做”要求，注重理论政策、法律法规、业务知识学习常态化，学习交流、工作沟通、问题商讨经常化，有效强化了政治意识、大局意识、核心意识和看齐意识，做到了讲政治、懂规矩、守纪律。在2016年的“两学一做”教育中，中共山南市邮管局党组紧紧围绕“四讲四有”和“五个方面”的总体要求，突出问题导向，累计开展集中学习和讨论交流25次，查找和整改突出问题3条，干部群众和服务对象满意率达到95%，在学党章党规、学系列讲话，做合格党员上做到了靶向准、无杂音、反响好。在党风廉政建设方面，以中央“八项规定”、《中国共产党廉洁自律准则》《中国共产党纪律处分条例》《中国共产党问责条例》以及西藏自治区“约法十章”“九项要求”和山南市“十项规则”的贯彻落实为抓手，深入持续地开展学习讨论，切实把各项规定作为开展工作的底线来对待，切实把政治纪律、组织纪律、廉洁纪律、群众纪律、工作纪律、生活纪律的具体规定体现到每一个工作环节。同时，深入把握行业规律，认真分析违纪违法风险点，细化责任清单和负面清单，划定行业从业红线和高压线，坚持每一起纪委通报必学习，每一起典型案例必分析，每一次会议必讲党风廉政建设，每一次督导必查风险防控情况，做到了常警示、长提醒。同时，结合机关事业单位“不作为、慢作为”的一些倾向性问题，山南市邮管局着力抓任务分解、限时办结、过程跟踪、过时问责等工作举措，有效防止“不作为、慢作为”现象在本单位、本系统的出现。2016年，通过摆事实、查问题、帮疏导等形式，累计开展党风廉政建设专题学习19场次，有效强化干部职工的廉洁意识。

## 电信

【概况】 2016年，在山南市委市政府和区公司的正确领导和大力支持下，公司上下从严治党、从严治企，忠诚“一个核心”、强化“四个意识”，紧紧依靠广大员工，围绕“2+5+6”部署，以强烈的政治责任感和社会担当，服务社会，推进转型，加快发展。全年完成主营业务收入8859.45万元，主营业务收入增长102.58%，市场份额达到40.16%。员工充分分享企业改革发展红利，公司事业再创辉煌，再树丰碑。

【党风党建】 企业党建全面加强。全面深入开展“两学一做”学习教育活动，强化“四个意识”，以习近平总书记为核心的党中央保持高度一致，维护以习总书记为核心的党中央的权威。公司党委班子成员带头讲党课，扎实推动“两学一做”学习教育活动，成立“两学一做”领导小组，制订印发《分公司党委2016年理论学习中心组学习方案》《分公司党委2016年党的理论学习方案》，严格按照学习计划及方案认真落实，统一配发学习资料，精选学习课件内容，集中学习活动41场次，同时对“两学一做”理论知识进行集中测试，做到知学践行。坚持民主集中制，召开党委会、总经理办公会和专题办公会258次；严格执行“三重一大”集体决策制度，凡涉及“三重一大”事项的，都经过党委班子集中讨论确定，使相关工作符合规范，流程透明。加强选人用人工作。大力落实党风廉政建设主体责任和监督责任，积极落实纪检监察体制改革，严格落实中央八项规定精神，深入开展“四个专项治理”，形成用制度管人、管事、管权的良好局面。始终保持班子团结一心、脚踏实地、埋头苦干，保持党组织坚强的政治核心和领导核心作用。

【网络建设】 年内，网络能力快速提升。网络建设突出广覆盖、补盲点、智能化、大带宽，网络维护着眼保通、网优、装维服务提升和客户感知，持续推动网络运维向运营转型。加大全市4G网建设，县及以上覆盖率达到100%；实现“乡乡通光宽”，光宽端口数达到6.7万个，光端口占比达到86.4%，光端口占用率达到78%，落实区公司要求的“50兆起步，百兆主推，千兆引领”的全新光网络能力。实施11个县本地OTN传输系统扩容，实现所有县域具备2个及以上10GE单端口接入能力。更为扁平、更为互联网化、更为开放、更为低成本、更为贴近客户需求的网络服务体系逐步建成。

【业务发展】 年内，双规模发展再创新高。始终坚持早发展快发展重点发展，增量与存量并重，聚焦长市资费合一、取消漫游费、全流量计费。建立前后端联动责任体系，以百兆为目标开展提速降费和光小区挂牌，推动融合发展，巩固宽带领导者地位。连续五年实施渠道一把手工程，进一步增强渠道销售能力。以三个转变为抓手,达到两个并重,即从注重渠道数量向销售能力和销售份额转变,从单一渠道向跨界渠道转变,从粗放运营向精细运营转变,由规模为主转向价值规模并重,由增量为主转向存量增量并重,进一步提升能力,加大产能。推进营维一体化,突出互联网+业务拓展。贯穿全年常态化实施存量用户二次销售及服务关怀工作。全年累计新发展移动用户4.42万户,完成年度目标的103.11%,移动出账用户净增0.8万户,完成年度目标的109.24%;全年累计新发展有线宽带用户2450户,完成全年目标的101.98%。全年存量用户收入累计完成6580万元,完成年度目标进度为107%,收入保有率达到70%。流量经营实现流量收入1706万元,占收比达到17.65%。

【深化改革】 深化改革持续推进。划小承包和倒三角支撑体系建设深入推进,实现全市县局、厅店、乡镇全覆盖,全区已划小单元30个,转换身份参与划小承包的合同制员工86人,派遣制员工14人。强势的一点响应指挥体系加强力的综合服务支撑响应体系基本形成。配置7名人员,承接30个划小单元提出的综合业务支撑需求、合同流程以及财务报账等共14项支撑内容,并引进第三方记账公司,负责CEO的月报、年报、工商及税务等衔接工作,为小CEO提供管家式的强力支撑服务,确保小CEO60%以上的时间和精力用于经营工作。

【强基惠民】 责任担当日益凸显。按照自治区党委、山南地委和区公司的要求,克服人员紧张、值班任务重等困难,合理调配,制定维稳安防应急处置预案,出台维稳保通举措,全年开展班子领导带班、值班、零报告工作,特殊重要时期实行护院队巡逻值班制度,出色完成敏感时间段的重要通信保障任务,积极落实提速降费、用户实名制、垃圾短信整治、防范打击通讯信息诈骗等各项任务。持续整治服务短板和服务热点,杜绝群体性投诉、重大投诉、媒体曝光等重大服务事件。在推进城区网络智能化演进的同时,将光网宽带向乡镇延伸,实现"乡乡通光宽",进一步彰显公司作为信息化建设主力军的地位和作用。强基惠民工作中发挥电信企业优势,上项目做实事,将网络扶贫和驻村扶贫结合起来,切实把党的政策传递到百姓心中,把党的温暖送到百姓心间,展现公司讲政治顾大局、担得起重任、经得起考验的政治品格和一心为民的情怀。

【管理建设】 年内,企业管理进一步提升。创新施工队伍选择机制,集体决策,集中采购,日常考核,有效加快支撑市场一线的需求速度,防范廉洁风险。加强安防基础设施建设和安全生产工作。实施以框架+订单的采购模式,缩短采购供应时限,增强风险防范。开展档案专项整治,规范档案管理,以用人、采购、工程项目、资产处置为重点,尤其是会议记录、纪要以及重大、敏感事项有关的研究、审批、检查、立项等重要档案,做到及时移交。坚持以人为本,让更多的员工成为好员工,让更多的好员工成为富员工,这也是公司秉持的文化和机制的价值点。工资、薪酬、福利、待遇向一线倾斜,向基层倾斜,向低收入群体倾斜,向边远艰苦县局倾斜,向骨干员工、核心员工、优秀员工倾斜。落实《员工福利手册》,实现员工福利规范化、公示化、体系化、聚合化。实行强制性休假制度,充分关爱员工身心健康。持续开展为员工办实事办好事工作,投入专项资金改善县局员工的生产生活条件。

## 移动

【概况】 2016年,中国移动西藏山南分公司运营收入1.7500万元,增长8.8%;纳税370.1663万元;拥有在网客户98851户,无线基站1585个,2G网络覆盖全地区82个乡镇、542个行政村,覆盖率分别达100%、83%。行政村光缆覆盖率达67.33%,乡镇光缆覆盖率达到100%。传输线路8275公里,家宽端口51881个,专线2482条。

【网络建设】 山南分公司坚持实施"广覆盖"工程,网络覆盖率逐年提升。加快推进边际网工程、旅游线路工程、边境覆盖通信工程等边境及旅游景点2G网络覆盖。2016年,共计投资5000万元建设边际网和16年旅游线路工程,投资3000万元打造4G网络建设,有效提升移动网络覆盖率。启动小区宽带质量提升工作,重点整治室外线缆布放、光交箱规范命名和多媒体箱线缆标识,累计完成山南市8个小区的家宽整治。2016年家宽工程建设第一、二、三批家庭宽带预覆盖工程总计投资达3414万元。按照光缆线路的维护规程进行巡查、整改，对特殊地段进行重点盯防，消除隐患。对光缆衰耗、重点地段进行架高整治，其中二干增高168处，本地网增高32处，自然灾害区域杆路迁移58处，衰耗整治70处，提升传输网络运行稳定性。

**【信息化建设】** 2016年，中国移动西藏山南分公司与公安、教育、组织部等合作，提升经济社会运行效率。开展公安高清智能卡口建设项目、超速抓拍监控等项目，助力公安系统准确高效快速处理各类信息和打造警务信息化奠定了基础；开展建立教育信息化项目，将内地先进的教育模式、教育理念、教育方式引入山南，缩短山南和内地的教育差距，将具有十户联防、多人聊天、电子通讯录等多项功能的产品"双联户管家APP"渗透至贡嘎县红星村客户中；向错那县政府提交了以社区监控、家宽+Wi-Fi为主，集团号簿、互联网机顶盒为辅的信息化解决方案，助力麻玛乡信息化建设和家庭旅馆软件设施提升。同时积极与地方部队沟通，加强互联网进军营信息化业务合作项目。

**【服务水平】** 以"客户为根、服务为本"为宗旨，全面促进企业整体服务质量的不断提升。为全面提升客户服务感知，分公司制订客户、直销、渠道三支一线窗口队伍；推行"五个一"服务举措；制作服务、网络质量监督名片，开通监督热线；完善自营厅休息区服务设施，增加客户免费体验区，为环卫工人提供爱心饮水、休息区服务。持续开展"为民服务"客户接待日活动；同时，利用网厅、微厅、天猫商城等电子渠道为客户提供更为便捷的在线服务，全面提升分公司窗口服务水平。2016年，客户共计投诉32件，咨询53件，均在48小时解决，切实提高投诉的处理及时率和满意率。

**【市场发展】** 从市场资源、端口、布线等方面精确定位核心覆盖点，深入聚类、行业市场，利用优惠政策，挖掘农村市场潜在客户，实现客户规模与价值双提升。完善渠道管理组织架构，实现地、县、乡（村）三级渠道管理模式，加大农村渠道投入力度，多角度提升渠道活跃度。2016年，累计渠道家数307家，渠道份额达65.88%，核心渠道174家，核心渠道占比达56.67%，乡镇渠道覆盖率为97.53%。为满足客户通信需求，有效提高客户满意度，取消漫游费，降低客户通信支出。同时结合农村市场特点，大力推广惠农网产品，为农牧民客户带来更多通信实惠。

**【新业务开发推广】** 注重新业务发展，形成新型产品和特色业务体系，加快新业务开发推广。借助天上西藏官网平台，以独家专题形式对2016年西藏雅砻文化节进行精品深度传播；设计制作文化节开幕式炫幻门票，为山南旅游市场发展开辟另一扇视窗。借助天上西藏网络，与市旅游局全面开展信息化合作，有效带动信息化在地区各产业的延伸。充分挖掘客户传统业务需求，开发本地特色的《山南手机报》《教育手机报》，同时持续发展一县一报。与山南医保局合作开发医保通业务，通过语音及短信两种服务形式，为参保用户提供实时查询功能。围绕错那县政府提出的"旅游开发和边防管控"思路，积极提供整体解决方案，将智慧旅游与边境安全相结合，努力打造现代化、智能化的安全旅游城镇。

**【社会责任】** 对存量非实名用户进行整改，完成对前台入网双照片采集。投入约300万元对实名制系统进行维护、支撑，专项落实实名制工作，通过制度规范、人员培训、明检暗访等多种途径对实名制进行落地和管控，实名率实现100%。积极配合地区维稳要求，先后完成在物资文化交流会、桑耶寺佛会、雅砻文化节等重大活动通信保障任务。尤其是隆子县扎日神山转山活动，开通应急基站、扩容小区和调整业务信道，实时监控网络运行情况，最大程度的满足用户的业务需求。全年应急共计84人次，24车次，通信保障工作投入资金达到100万元。先后开展道德讲堂、"最美移动人"活动，建立"员工关爱救助基金"，积极救助困难群众。开展"创先争优，强基惠民"活动，帮助隆子县扎日乡曲桑村理清发展思路，找准发展路子，提升村民人均收入。坚持"服务上门"，竭力帮助群众解决用电、就医、上学等困难，让群众得到实惠。2016年4月15日，分公司举行"中国移动爱心图书和多媒体设备"捐赠活动，向山南市多所小学、中学捐赠爱心图书馆12所，图书2400本；多媒体教室10间，多媒体设备10套。

截至年底，分公司共创建16个精神文明单位，分别为国家级1个、自治区级2个、地市级6个、县级7个。

## 联通

**【概况】** 截至年底,公司累计完成主营业务收入1666万,收入完成同比下降11.20%;收入完成率为83.85%。

**【存量经营完成情况】** 移动存量用户保有率47.72%,同比增长12.65PP,同比增长10.26%,移动存量用户收保率67.69%,同比增长3.07PP。移动存量用户收入为820.73万元,占年度收入的78.43%。宽带存量用户保有率41.52%,同比下降21.80PP,宽带存量用户收保率83.52%,同比下降2.04PP。宽带存量用户收入为84.74万元,占年度收入的71.82%。截至年底,发展用户14460户,同比增涨22.56%。

**【客户维系】** 设定每月18日为用户会员日,用户可在每月当天参加存费送费活动,有效保障用户的在网时长的延长。根据用户的不同星级等级,制定特殊用户的终端合约活动专属方案,增加存量用户续约率。由客服部对积分高于1000分的目标用户进行电话外呼兑换,保障用户权益的同时增添用户对联通的服务感知。不定期对营业厅进行巡检,强调服务规范及营业厅环境规范,并结合NPS测评对营业厅服务热点问题进行梳理整改,提升服务感知及客户口碑等。

**【网络覆盖】** 截至2016年12月,分公司具备开通条件的移网在网运行GSM站点130个,WCDMA站点154个,LTE站点39个。累计完成覆盖山南市全市1个市辖区、11个县城。固网在网ONU设备44个、累计完成覆盖1个市辖区、5个县城。

**【重点工作】** 为改善干线传输质量,投资691万新建浪卡子—洛扎—措美传输干线(48公里)320公里;投资109万元新增10个县城分组传输设备,部分都已完工。设计新建用于山南—林芝波分新建投资400万(设计阶段)。为提升移动网络覆盖能力,2016年新增3G站点50个,4G站点45个,3G室内分布1套,总计投资1509.39万元,因主设备到货较晚,还没有进行施工。为提升固网用户体验,投资110万元用于全市主干光网络新建,并对全市29个小区进行全光网络新建,15个小区进行了光改。总投资386.67万元,已完成33个小区,剩余11个小区处于施工阶段,累计改造端口1088个,新建2012个端口。针对交通部门公路改造、市政府统一居民安置点、水利部门新建水库等项目共计迁改16.4公里,共计迁改费用10.3万元。

## 铁塔

**【概况】** 铁塔山南分公司于2014年12月24日揭牌成立,分公司核定编制42人,在岗人数34人。其中汉族23人,藏族11人;本科及以上学历15人,大专学历11人,中专学历1人,其中中共党员13人。2015年至2016年通信基础设施建设投资将近2亿元,建设通信基站近1000个。

**【项目建设】** 2016年,山南分公司在工程建设方面从强化基础、团队管理、制度完善、规划预案、环节把控等环节入手,加强管理,不断完善;倒排工期,严格落实考核,取得较好的成绩;全年共计承接运营商建设需求630个,项目审批100%完成交付,全年需求满足率达到了100%,交付及时率也达到100%,完成移动通信基础及配套设施的建设保障任务,项目建设投入总资金达到8566万元。

**【日常维护】** 维护工作严格遵循“平稳过渡、柔性衔接”的原则,主动做好维护对接工作,通过多种渠道构建与运营商的维护对接机制,实现维护工作有效协同。2016年10月,山南市分公司全面开展接维工作,代维人员编制36人、油机47台,车辆17辆,各县配置2人1辆车。依托运维监控系统和运营商网管系统,采取日跟踪、周通报、月分析三项措施,落实日常管控,推进维护落地。铁塔整治共计99站,蓄电池整治数共计47站,机房整治数共计73站,开关电源整治数共计24站,标准化基站整治共计111站,太阳能站点整治37站,外市电整治49站。

2016年4月13日21时55分,缅甸发生7.2级地震，西藏山南地区震感强烈。分公司第一时间启动应急预案。15 分钟内应急人员、应急设备、应急车辆及应急物资集结到位，整装待发。去电三家运营商核实地震对通信的影响。分公司设立“4·13”缅甸地震应急保障指挥部，召开应急会议，安排部署六个维护巡检小组对 6 个边境县，次日对基站塔房做全面巡检工作，保障边远农牧区的通信正常。

**【业务运营】** 2016 年山南分公司总共承接需求 521 个，需求转化订单率为 100%，需求转化订单及时率为 100%，订单交付及时率为 100%，年度需求满足率为 100%，本年交付共享率为 45.94%，交付起租完成率 100%。

**【党风廉政建设】** 严格遵照“两学一做”、增强“四个意识”“约法十章”要求，紧紧围绕年度经营工作目标，认真贯彻落实区、市两级公司年度工作会议精神，深入推进党风廉政建设责任制的落实，求真务实，开拓进取，负重拼搏，务实苦干，各项工作稳步推进。积极承担社会责任和维护社会稳定的政治责任。配合市维稳一线指挥部完成反恐应急拉练，完成雅砻文化节等重大节日、敏感日期间的通信保障工作。认真做好应急备灾、党政通信、战备应急通信、边防通信、基层政权通信、抢险救灾等特殊通信保障工作。

# 金 融

## 中国人民银行山南市中心支行

【概况】 中国人民银行山南市中心支行内设办公室、货币信贷统计科、货币金银科、国库科、会计业务科、征信管理科、人事科、纪委监察室、保卫科、宣传群工部、科技科等11个部门。现有职工98人,其中在册行员84人;援藏干部2人,青年志愿者2人,聘用制员工10人。平均年龄为40岁。其中行级领导8人、正科级11人、副科级26人、科级非领导职务19人,一般干部22人,中级职称39人、初级职称17人,干部78人、工人5人,党员67人。2016年底,全市各项存款余额为309.76亿元,增长2.89%;各项贷款余额达251.72亿元,增长8.74%。

【规划推进】 2015年山南市政府对落实金融政策、扩大有效信贷投放、提升金融服务、改善金融发展环境、破解金融发展难题5个方面40项具体任务进行分解落实,中心支行继续跟进政策落地情况,督促相关部门积极落实政府决定。成功推动市政府与在藏金融机构签订“十三五”战略合作协议。2016年8月15日,山南市委副书记、市长普布顿珠代表山南市政府与在藏21家金融机构签署“十三五”战略合作协议,此次签约规模大、规格高、影响深,开启山南市政府与在藏金融机构全方位、多层次、多领域的战略合作新篇章,得到自治区常务副主席丁业现的肯定性批示“山南市委、市政府高度重视金融工作,充分发挥金融撬动作用,成效显著,为金融业发展创造良好的外部环境,值得充分肯定。”

【信贷支持】 引导辖内金融机构盘活存量、用好增量,增加对关键领域和薄弱环节的信贷支持,要求商业银行认真履行社会职责,做好各项金融精准扶贫工作,助力全市打赢脱贫攻坚战。积极引导农行山南分行与自治区林业厅、农行区分行沟通协调,并主动与贷款客户进行沟通衔接,充分做好前期各项准备。7月15日,成功举行西藏自治区首笔“林权”抵押贷款(贷款额度800万元)发放仪式,实现西藏辖区林权抵押贷款业务零的突破。10月27日,在人行山南中支的引导下,在农行区分行和区邮政公司的支持下,山南市成功办理首笔邮银合作贷款。

【精准扶贫】 指导各金融机构积极对接总分行的工作部署,为辖区争取更多的金融资源,在信贷资源配置、产品和服务方式创新、信贷管理权限设置等方面,向农牧区倾斜。精准对接各种金融服务需求,确保贫困县实现“贷款增速高于辖区贷款平均增速,涉农贷款增速高于辖区涉农贷款平均增速”的目标。

指导各金融机构合理调剂信贷资源,在“四卡”的基础上,创新精准扶贫金融产品和服务方式,稳步审慎推进农村“两权”抵押贷款,满足农牧民群众和农牧生产企业信贷资金需求。依托助农取款服务点,完善基本金融服务,打造惠农支付综合金融服务平台,努力实现“户户有银行卡,村村有金融服务”的目标。运用金融精准扶贫信息系统,对贫困户家庭基本情况、资产构成、生产生活、就业就学状况等内容实行“一户一档”,及时掌握贫困户信息;推进农村信用体系建设工作，协调政府、银行、保险等部门落实配套扶持政策。加强调查研究，主动撰写调研报告，其中《山南市实施金融精准扶贫工程助力打赢脱贫攻坚战》等多份金融参阅件得到市委书记张永泽的肯定批示。

中支“一把手”、分管领导带队，前往2016年“摘帽县”调研，与县区政府领导开展座谈，下乡深入农牧区了解易地搬迁资金拨付情况及政策需求，实地调研产业项目，摸查情况，解决实际问题。依据各县汇总审定的建档立卡贫困户花名册，对符合贷款条件的建档立卡贫困户提供免抵押、免担保5万元以下，期限3年以内的小额信用贷款。截至年底，已发放的扶贫小额信贷贫困户达7803个，人数达25767个，扶贫小额信贷余额达35440万元。山南市首批“摘帽县”提前超额完成到户贷款信贷扶持任务。

推动建立金融精准扶贫配套制度安排。中支出台《2016年山南市金融助推脱贫攻坚工作计划》《山南市关于金融支持精准扶贫工作的实施方案》；并及时转发《关于进一步落实精准扶贫金融政策和信贷资金安排的意见》（拉银发〔2016〕118号）文件，认真贯彻落实文件精神，用好、用足、用活精准扶贫金融政策；积极以正面激励为导向，从业务和机构两方面采取差异化监管政策，引导银行业金融机构将信贷资源更多投向扶贫领域。

**【金融改革创新】** 加大金融基础设施建设。积极引导各银行机构加大自助银行、ATM机、POS机终端、助农取款机具等便民设备的布放。截至2016年底，共有ATM机186台、POS机终端总数达到1488台，累计建成助农取款点707个，助农取款实现山南市550个行政村的全覆盖。年内共发生取款业务33850笔，取款金额达2611万元，转账业务3174笔，金额达3857万元。截至年底，发放惠农卡等特色卡16195张，惠农卡存量达42107张。

继续开展政府性资金国库直拨工作，将直拨业务变成山南国库常态业务，稳步推进2016年农村低保资金国库直补到户工作。截至年底，国库直拨涉及四个镇，涉及资金共计59.77万元，涉及农户数为365户。山南市四家商业银行共发行国债1637.1万元，兑付国债506.45万元。加强系统运行管理，确保稳定运行。2016年上半年实现山南辖区12个（区）县财税库银横向联网全覆盖，通过横向联网完成电子缴税亿元，扎实推进个体工商户协议签订工作，山南全辖横向联网签约户数达818户，其中市级322户，通过横向联网完成电子缴税13亿元，占全辖征收税款的60.18%。财税库银电子缴库业务占比不断提升。

认真做好人民币投放回笼工作，加大小面额现金投放，多次在菜市场、超市、寺庙、学校周边商铺等地开展残币兑换上门服务，共投放10元以下小面额现金3429万元，同比增长19.7%。大力宣传反假货币知识，加大打击假币力度，维护人民币正常流通秩序。高度重视纪念币发行工作，认真落实纪念币网上预约、公示制度，保证纪念币发行工作公平、公开。

2016年，组织人员对农业银行浪卡子县支行和贡嘎县支行开展综合执法检查，规范金融机构经营活动。加强对辖区新设机构筹建情况的监测，顺利完成邮政储蓄银行山南市支行开业管理工作，促成其于2016年9月11日正式对外营业。稳步推进金融消费权益保护工作。

扎实做好对银行机构“两综合、两管理、一保护”工作，全面推进山南市金融消费权益保护工作，完善金融消费权益保护工作机制，进一步规范银行业依法合规经营，不断提升服务质量。加大打击假币力度，维护人民币正常流通秩序。健全洗钱风险预防体系，加强辖区反分裂融资资金监测工作，率先在西藏实现反分裂融资资金监测县域全覆盖。

**【金融生态环境】** 将琼结县建设农村信用体系试验区经验总结成“琼结模式”，并在曲松、洛扎、贡嘎、扎囊、错那五县进行推广。将信用县农户“金银铜卡”额度提高到10万元、8万元、7万元，实现了从能够满足农牧民生产生活需求到能够满足农牧民发展需求的跨越；农村信用体系建设试验区建设有效推动农村信贷发展，截至年底，琼结县农户贷款余额为13247万元，增长9.5%。

扎实做好应收账款融资服务平台推广工作，深入企业调研，引导企业利用应收账款融资服务平台拓宽融资渠道。2016年山南市成功完成首笔应收账款融资业务，融资金额达1亿元。推进机构信用代码证发放管理，截至年底，机构信用代码证累计发放6119笔。加大失信惩戒力度，依法严厉打击逃废债行为，切实解决银行诉讼难、执行难、抵贷资产变现难等问题。

为提高广大金融消费者的金融知识水平和维权能力，使金融消费者更好的了解金融、利用金融，享受金融发展带来的成果，人行山南中支以宣传金融知识和提高金融消费者维权意识为核心，以创建和谐金融生态环境和服务农牧区建设为重点，在普及金融知识的道路上，坚持问题导向，不断发现问题，探索总结，从转变宣传理念、组建讲师队伍、拍摄金融视频、运用现代科技、传统方式用新招五个方面大胆创新，形成一整套开展金融宣传教育的新思路，开启金融宣传教育的"新模式"。

认真开展强基惠民驻村工作，把宣传政策、维护稳定与引导群众脱贫致富有机结合起来，截至年底，累计争取项目资金500余万元，修建蓄水池、磨房等基础设施；开展结对帮扶，行领导以认亲戚的方式，与驻村点村民结对子，分别帮扶慰问，中支个人累计捐款达5万余元，发放慰问物资20余万元。

## 中国农业银行股份有限公司山南分行

**【概况】** 截至年底，农行山南分行在职员工713人，经营机构76个，其中1个营业部、12个一级县支行、1个二级支行、3个分理处、59个营业所，直接服务"三农"的县及县以下营业机构占机构总数的94.7%。农行山南分行始终以"服务城乡 造福百姓"为工作宗旨，承担着山南市全辖1个区、11个县、58个乡、24个镇、595个行政村的金融服务职能。年内，全行业务产品涉及存贷款业务、结算业务、银行卡、自助银行、网上银行、电话银行、现金管理、国际业务、第三方存管、消费信贷、开放式基金买卖、代发工资、代理保险、国债、养老金、医疗保险等业务。截至年底，全行各项存款余额为207.32亿元，较年初增长15.28%，各项存款市场份额73.07%，较年初增加9.87%。各项贷款余额82.55亿元，较年初增长43.92%，各项贷款市场份额32.79%，较年初增加8.02%；

**【党的建设】** 全行认真开展"两学一做"学习教育，认真贯彻落实党章党规、习近平总书记系列重要讲话，十八届系列全会以及自治区第九次党代会精神，在全行开展党员佩戴党徽及手抄党章活动。全年积极分子转预备党员4人，预备党员转正11人，全辖432名党员补缴了党费；新成立2个党支部，将贡嘎县支行党支部改建为党总支，将机关支部分设为3个党支部；对达到任期的4个基层党支部开展换届选举工作。持续推进全面从严治党主体责任。制定《农行山南分行2016年县支行和分行机关本部党风廉政建设及案件事故防范目标责任制量化考核办法》和《农行山南分行2016年党风廉政建设责任书》，党委召开党风廉政建设专题会议4次。组织辖内各党总支、党支部重点对照《关于新形势下党内政治生活的若干准则》和《中国共产党党内监督条例》召开2016年党员领导干部民主生活会，共征求到意见建议46条，全部分解到职能部门重点进行督办落实。扎实开展"知法·守法·敬法"警示教育活动及学习教育"回头看"工作，查漏补缺、抓好整改。积极推进县域青年英才选拔、培养工程。全年共组织各项培训209期，参训人员达894人，共接收新员工60名，全部分派到基层一线岗位。

**【重点工作】** 金融支持"三农"力度持续加强。全年累计发放涉农贷款13.24亿元，余额达36.33亿元，较年初增长11%；扶持农牧民经济合作组织3家；全行三农金融服务点达到649个，覆盖率达到100%。积极支持重大项目建设。配合农行西藏分行完成泽贡高等级公路、中铁五局（集团）、十二局等重点单位在山南项目贷款发放工作，到12月底公司类贷款余额达48.93亿元。大力培育小微企业。累计投放小微企业贷款10笔，金额0.38亿元，贷款余额达1.92亿元，较年初新增808万元，贷款增速为4.4%，贷款户数较上年增加3个，截至年底，小微企业贷款户数达29户，小微企业贷款获得率为100%，小微企业贷款继续保持"三个不低于"监管要求。截至年底，已发放建档立卡贷款证8805张，新发放贷款3.54亿元。创新"三农"业务产品。2016年，发放西藏首笔农村妇女创业贷款100万元、首笔林权抵押贷款800万元；对各行产业扶贫做摸底调查，与市政府签订"政府增信机制+银行贷款+产业扶贫"模式下的合作协议，拓展广大农牧民群众的融资渠道，在山南市打造农业银行承担社会责任，坚持"面向三农"的形象。

**【内部管理】** 2016年，全行始终坚持依法治行、合规经营，加强"双基"管理，有效开展"两加强、两遏制"及"回头看"等活动，加大发现问题整改力度，顺利实现全年"零"案件目标。全行狠抓降本增效，切实向成本宣战，全行费用支出0.94亿元，下降10.28个百分点，其中招待费、会议费等重点管控费用在近三年持续下降的基础上，再降22.22%；成本收入比6.22%。全年开工建设项目17个，竣工验收项目11个。

【企业文化建设】 召开山南分行首届家属联谊会，举办员工摄影比赛，组织社会各界人士开展了“世界环境日”骑行活动，与市属单位开展篮球赛等一系列全民健身活动。认真落实“四项制度”。2016年应交流人员30人，已交流29人，强制休假1人，交流轮岗率达到100%。持续推进创先争优强基惠民工作。积极听取驻村队的建议和意见，解决驻村人员的实际困难，完成山南网和山南电视台对农行驻村点的采访工作，开展为驻村点捐物活动。继续办好人文关怀“十二件实事”。新建基层网点“职工之家”13个，固定资产投资91万元，为基层营业所员工解决职工食堂经费补贴，为高海拔网点安装制氧设备，开展文化体育及职业技能竞赛活动，在总、分行帮扶基金基础上，工会自筹资金3.45万元，对6名困难员工进行帮扶，慰问离退休、内退员工157人，发放慰问金47.1万元，强基惠民驻村工作得到地方党政部门的充分肯定。切实做好新闻宣传，提升社会形象。联系西藏电视台、山南电视台报道新闻14次，在《山南网》《山南报》等媒体上刊登新闻宣传稿件20余篇。开展迎宾大道、英雄路178根户外灯杆广告制作发布及全辖2016年度VI用品日常管理维护工作。

## 中国银行股份有限公司山南分行

【概况】 中国银行股份有限公司山南地区支行设1个营业部，1个县支行。山南分行本部内设综合管理部、业务发展部、监察保卫部、营业部共4个部门。8月，山南地区撤地设市，正式更名为中国银行股份有限公司山南分行。

截至年底，开办的业务品种有办理人民币存款、贷款、结算、办理票据贴现、代付、销售政府债券、代理收付款项及保险业务、人民币信用卡业务、外币存款、兑现外币贷款、汇款、票据的存兑和贴现以及经上级授权的外汇借款、担保、办理代客外汇买卖、信用卡的发行、代理国外信用卡的发行及付款、国际结算、资信调查、咨询、见证业务，银行网银、第三方存管业务等业务。

【经营情况】 截至年底，中国银行山南分行各项存款余额297413万元，各项贷款余额819326万元，实现利润总额61067万元。

【产品创新】 年内，中国银行山南分行在多项新产品方面实现突破，即开办山南市（或自治区分行）第一笔跨境人民币结算业务，开办第一笔国内信用证敞口业务；第一笔国内信用证收单业务；第一张银行承兑汇票开票业务，第一笔同业投融资（SPV投理财）业务；第一笔债券分销业务和第一笔累计收费业务。加强个人消费贷款业务，扩大产品种类，促成个人住房公积金委托贷款业务的开展；在传统汽车消费贷款的基础上，推进汽车专项信用卡分期业务。

【维护社会稳定】 2016年，中国银行股份有限公司山南分行在做好日常金融服务和金融稳定工作同时，围绕“持续稳定、长期稳定、全面稳定”的总目标，强化维稳意识，并与员工签订维稳工作责任状，明确职责；敏感期实行24小时行领导带班、员工值班制度，加强巡逻，确保分行安全。截至年底，分行维稳形势良好，未出现任何维稳方面的问题。

## 中国建设银行股份有限公司山南分行

【概况】 截至年底，山南分行员工57人，平均年龄35岁。其中中长期劳动合同员工55人，定向招聘员工2人。中共党员23人，占比40%；藏族和其他少数民族员工19人，占比33%；学历结构，研究生2人、本科34人、大专17人、中专及以下学历4人。

内设部（室）6个：办公室、风险管理部、财务会计部、纪检监察部、业务部（批发业务部、零售业务部合署办公）和安全保卫部，营业网点3个。

设立自助银行服务区7处，投入存取款一体机12台，取款机5台。其中附行式自助银行服务区3处，分别位于营业部、雅江支行和藏木支行；离行式自助银行服务区4处，分别位于民族路、泽当花园、白日街、结沙居委会。

【负债业务】 截至年底，建行山南分行一般性存款时点余额41.57亿元，较年初新增6.00亿元，增幅16.9%。

**【资产业务】** 截至年底，建行山南分行各项贷款时点余额86.76亿元，较年初新增18.47亿元，增幅达到27.1%。全行不良贷款余额2.43万元，较年初减少3.26万元，全行不良率0.00028%，资产质量持续保持优良。

**【产业发展】** 建行山南分行非常重视对能源产业以及交通运输业方面的信贷融资支持，在雅江流域的水电资源开发以及拉林铁路、泽贡高速等重点项目建设上加大信贷支持力度，以确保项目顺利施工。全年累计投放贷款34.98亿元。支持加查电站、大古电站的前期项目建设，已确保电站顺利施工，支持拉林铁路项目更好、更快地建成。向泽贡高速项目发放6亿元的流动资金贷款，推动山南拉萨一体化发展。向山南市雅砻水库项目提供5000万元的信贷支持，推动山南市基础设施项目的建设。

**【社会民生】** 加强与市财政局的业务合作关系，为山南市各机事业单位提供更为便捷的金融服务。积极做好人民医院、藏医院的金融服务工作，为以上两家医院提供上门收款服务，减轻医院财务人员的压力，提高医院的资金管理水平。为山南市新设学校提供金融服务，主要涵盖代发工资、个人贷款、公务卡、银校卡等产品，为新设学校的财务管理方面提供了方便。

**【区域合作】** 加大与山南市发改委、经合局等相关部门的沟通与合作，为推动区域合作奠定良好的基础。与政策性银行签订协议，做好“十三五”期间重大项目的资金承接工作，积极沟通项目信息，力争通过与政策性银行合作，为山南市符合条件的项目提供更大力度的资金支持。

**【金融服务】** 为山南市民提供更为高效、便捷的金融服务，结合山南市地方经济实际，优化离行自助设备布局，加大自助设备投放建设力度。2016年，新设2个离行式自主银行服务区，推进多功能自助银行、智慧银行的建设力度，布放智慧柜员机5台，按建总行统一部署推出“龙支付”业务，实现“银行服务为主”向“便民综合服务”转型，为山南市民提供便捷的金融服务。同时力推助农POS机一台，为农牧民提供更为方便的金融服务。

**【风险管理】** 完善制定《建行山南分行2016年风险内控检查实施方案（试行）》，采用按季开展全行各部门内控检查、按月开展网点关键风险点监控调阅检查、不定期开展专项检查等方式，对存在问题进行充分暴露并督促整改，提升员工合规意识及全行内控水平；定期开展合规业务培训，将事后监督为主前移到事前预防为主；积极配合银监局、财政部、总分行营运与渠道管理部、财务会计部等内外部监管机构各开展监督检查工作，各项检查未发现严重违纪问题。

**【纪委监督】** 组织员工开展合规制度学习，内容涵盖新188条、山南分行问责实施细则、《中国共产党章程》《中国共产党纪律处分条例》《中国共产党廉洁自律准则》《中国共产党问责条例》和违规违纪典型案例。参观反腐倡廉警示教育基地1次。通过学习和警示教育，用形象生动的案例帮助员工筑牢拒腐防变思想防线，有效防范违规违纪行为发生。通过微信群向全行员工推送涉及管理制度、党章党规和“两学一做”相关信息51期。组织党员收看警示教育片《永远在路上》，党员和团支委成员分别递交观后感。

**【渠道建设】** 为更好地适应山南市经济建设新趋势，2016年在山南市商业区新设2处自助银行服务区，满足山南人民的业务需求；通过在网点内设置智慧柜员机、电子银行体验区、大堂经理积极引导客户激活使用电子银行产品，有效发挥信息技术在银行业务中的作用，为山南市金融现代化建设步伐提供渠道保障。

**【党建工作】** 山南分行党委认真履行主体责任，周密安排部署、精心组织开展，切实把抓好学习教育活动的责任扛在肩上。党委书记切实履行第一责任人的职责，认真审定实施方案，及时过问重点任务，并按计划带头讲党课；各领导班子成员认真履行“一岗双责”，切实抓好分管部门的学习教育。

山南分行严格按照中央关于开展“两学一做”学习教育的安排部署和区分行党委具体要求，制订《山南分行在全行党员中开展“两学一做”学习教育工作实施方案》并及时召开“两学一做”学习教育工作部署会议，成立活动领导小组，明确教育目的和意义，安排部署活动实践载体。

落实党建阵地，丰富“党员之家”建设，党支部坚持“三会一课”制度，过好组织生活。制订《山南分行2016年党委中心组学习计划》，明确党委中心组成员，按计划认真开展学习活动，撰写心得体会。加强组织与制度建设，以制度促党风廉政建设。根据山南分行领导班子调整情况，及时调整党风廉政建设领导小组，通过制定《中共中国建设银行山南分行委员会工作细则（试行）》《山南分行“三重一大”监督管理暂行办法》《中国建设银行山南分行落实党风廉政建设党委主体责任实施方案》《中国建设银行山南分行落实党风廉政建设纪委监督责任措施》《中国建设银行山南分行党风廉政建设纪委监督责任考核实施细则》等相关制度，规范党委工作流程，明确纪委监督职责，使党风廉政建设有制度保障。

**【精准扶贫】** 切实做好各敏感时间节点的维稳值班工作，着力建设平安银行；高度重视驻村工作的有序开展，顺利开展第五、六批驻村工作队轮换工作，严格实行驻村工作队成员轮换制度，克服“三大一紧缺”等困难，积极响应山南市委号召，保障人、财、物需求，以饱满的热情投身驻村工作；将驻村与精准扶贫结合起来，成立扶贫工作领导小组，定期召开扶贫工作联席会议，沟通、协调推进扶贫工作，采取慰问、购买生产生活用品和教学资助等形式，实施精准扶贫，全年投入资金2万余元；顺利通过脱贫摘帽验收，实现脱贫目标。

## 人保财险山南分公司

**【概况】** 人保财险山南分公司承保业务包括车险、企业财产险、普通家财险、工程保险、普通意外保险、旅游保险、责任保险、政策性涉农保险等。

**【指标完成情况】** 2016年，山南分公司保费收入7594.82万元（其中企财险28.19万元，家财险0.18万元，责任险237.5万元，交强险1894.43万元，商业车险3930.98万元，货运2.37万元，意外险831.83万元，工程险84.83万元，能繁母猪险71.45万元，健康险513.05万元），完成全年任务计划的100.26%，较上年同期增幅23.37%。应收保费157.01万元，应收保费率2.07%，综合费用率30.56%。直接赔款2704.16万元，赔付成本3171.72万元，综合赔付率56.96%，综合成本率87.52%。实现承保利润748.54万元，承保利润率12.48%。

全年共接报案5076件，其中车险案件4685件，非车险案件391件；共处理案件5707件，其中交强险1596件，商业险3804件，非车险307件。农牧民小额意外险共接案件249件，赔款金额449.54万元。政策性农业保险共接报案236件，共计赔款2452.92万元，其中种植业赔付126.29万元，养殖业赔付2127.94万元，农房赔付163.79万元，能繁母猪赔付34.9万元。

**【党风廉政建设】** 2016年，山南分公司在抓好日常工作的同时，始终围绕“政治引领，服务保障”等方面下力气，不断推进党建工作规范化、科学化、现代化。着力创建学习型党组织，全面加强思想建设。把党的十八大四中、五中、六中，自治区第九次党代会精神作为干部和党员教育培训的重中之重。着力开展教育实践活动，全面加强作风建设。深入开展以为民务实清廉为主要内容的党的群众路线教育实践活动，促进作风大转变、服务大提升、工作大突破。着力完善干部工作机制，全面加强领导班子和干部队伍建设。着力健全完善长效机制，全面加强制度建设。整体工作抓创新，重点工作抓突破，日常工作抓规范，活动载体抓特色，确保党的建设长抓不懈，科学发展。

**【改革工作】** 按照国务院提出的“自2016年5月1日起，在全国范围内全面推开营业税改征增值税试点”，山南分公司为确保改革的平稳、有序、顺利进行，立即成立领导小组，周密安排，明确责任，与地方税务部门充分沟通，采取各种有效措施，2016年5月1日，顺利完成系统切换，“营改增”工作平稳着陆。

为落实保监委关于在全国推行“商业车险费率改革”工作的安排，按照西藏保监局及区分公司下发相关文件要求，山南分公司从3月开始进入“商车费改”上线前的培训、系统切换、测试、考试、提前续保和对出险较多的交通运输企业进行上门解答等工作。2016年5月13日，正式启用新条款、新费率、系统切换，率先签出合格第一单，顺利完成“商车费改”工作。

**【PICC品牌建设】** 2016年，山南分公司在山南电视台、山南网、山南报对政策性保险知识、索赔需知进行宣传；在县、乡镇开展政策性保险现场赔付会，对广大农牧民群众进行保险知识培训和宣传手册的发放；派出37个（120余人次）保险知识宣讲组，深入各乡镇对广大农牧民群众进行保险知识尤其是政策性涉农保险知识的讲解，受课达400余人次，自然村和行政村覆盖率达80%，提高广大农牧民群众的保险意识。

**【精准扶贫】** 为深入贯彻落实中国人民银行等部委《关于金融助推脱贫攻坚的实施意见》、人行拉萨中心支行等部门《关于金融支持精准扶贫工作的实施意见》文件精神,发挥保险行业体制机制优势,创新保险助推脱贫攻坚的思路和途径,山南分公司积极作为,开辟政策性涉农保险理赔绿色通道。开展农牧民意外伤害保险,2016 年共计赔付 449.33 万元;大病补充医疗保险共计赔付 353.26 万元,有效缓解人民群众"因意外事故返贫、因病致贫返贫"的问题。

【内部风险管控】 为降低发生洗钱、保险诈骗等金融风险,山南分公司从源头承保系统入手,与公安身份信息核查系统联网,确保客户身份信息的真实性;在支付管理方面建立大额交易和可疑交易登记及报告制度,从源头上控制洗钱;制定完善一系列涉农保险内控管理机制,确保不发生系统性金融风险;加强反洗钱培训,使全体员工深刻领悟反洗钱工作的重要性,强化全体员工反洗钱专业知识;加大反洗钱宣传力度,参加人行组织的反洗钱宣传,制作反洗钱宣传栏、宣传册;加强社会治安综合治理,在敏感期严格执行 24 小时值班制度,提高全员三防一保意识,维护社会稳定。

## 中国人寿保险股份有限公司山南市分公司

【概况】 中国人寿山南市分公司始终秉承"成己为人,成人达己"的文化理念,积极倡导"讲政治、顾大局、负责任"的企业使命,勇担社会责任,发挥保险功能作用,积极主动融入和服务地方经济发展。2016 年公司深入贯彻全系统及自治区工作会议精神,遵循"重价值、强队伍、优结构、稳增长、防风险"的经营思路,按照"凝人心 强管理 重转变"的要求,经过山南分公司全体员工及营销员的努力,三个业务渠道呈现跨越式发展,业务管理加强,有力地支持山南经济发展。

【指标完成情况】 截至年底,山南分公司实现保费收入 6866.58 万元,增长 91%,其中个险渠道完成保费 2864.55 万元,增长 73%,团险渠道完成保费 1196 万元,增长 869%,银保渠道完成保费 2805 万元,增长 55%。共计完成理赔 450 件,理赔金额 460 万元。

【运营管理及服务】 运营部各岗位人员要严格按照区公司运营部的管理制度和要求,做好本职工作,充分发挥运营部的服务支持功能。柜面共完成新单 1500 余件、保全 1000 余件、理赔 450 余件以及各类调查 30 余起,对 2016 年的业务档案进行整理以及归档。通过学习内控手册和运用管理制度制度,掌握反洗钱相关要求。按时按质完成各类理赔、生调件,严把理赔质量关。

【综合管理】 综合部积极转发各类文件,做到各类文件的及时传达反馈及归档;全面落实岗位责任制度,为管理上台阶做到有力支撑;严格落实各项管理制度,确保公司有序运行。认真做好每天 24 小时在岗维稳值班工作,达到"大事不出、中事不出、小事也不出"的"三不出"目标。单证管理人员对单证进行彻底盘点清查,结合上半年单证人员变更,邀请区公司单证管理员对山南单证进行现场指导和检查。严格领取、入库、验收、发放程序,加强重控单证管理力度。山南撤地设市后根据印章管理办法,完善公司各类印章的刻制申请,加强印章使用的日常检查和管理工作,有效防范风险。按照区公司和当地政府的要求,积极开展反洗钱、反集资诈骗、销售督查、纪检监察、"诚信我为先"、社会综合治理等工作,规范综合部所属的后勤管理保障工作。

【品牌宣传】 2016 年积极加大与山南市委市政府的沟通汇报,4 月取得市政府下发的《山南地区行署办公室关于在十二县及各单位开展人寿保险宣传工作的通知》;8 月促成区公司与山南市政府签署《十三五战略合作协议》;开展"关爱孤寡老人 我们在行动""美丽山南 人人有责"等公益活动。参加人民银行组织的保险金融知识演讲比赛,荣获个人一等奖、积极开展保险进单位、进社区、保险下乡等活动,参与保险知识下乡宣传(藏语版)的视频录制工作,在展现行业积极向上的精神面貌的同时,体现公司品牌理念,提升公司在山南市的影响力。

【党建工作】 继续开展"两学一做"专题教育活动。牢固树立起作风建设没有终点的思想意识,深入推进"两学一做"专题教育,密切党群干群关系,树立起党员干部良好形象,营造出敢干事、能干事、干成事的良好氛围。大力强化廉洁纪律、工作纪律、财经纪律。把纪律和规矩摆在前面,形成"尊重规矩、维护规矩、敬畏规矩、执行规矩"的工作环境。加大对党风党纪的监督管控力度,对违反党的纪律的各种行为要敢抓敢管、绝不姑息,切实推进党风廉政建设责任制的贯彻落实。

# 医疗·卫生

## 卫生　计划生育

【概况】 2016年撤地设市后，山南地区卫生和计划生育委员会更名山南市卫生和计划生育委员会，为山南市人民政府正县级工作部门。负责全市医疗卫生、卫生监督、疾病预防控制、妇幼保健、优生优育、藏医药发展、卫生应急、红十字会等工作。市卫生计生委核定编制27名，其中行政编制20名，事业编制1名，后勤事业编制2名，所属事业科室事业编制4名。领导职数5名，内设行政机构科级领导职数14名。实有在职干部职工41人，含援藏干部3人。内设8个行政科（室）和2个事业科（室），均为正科级建制。委下属事业单位2个，均属正科级，分别为市妇保院、市疾控中心。市妇保院编制59名，现有职工73人。市疾控中心编制58名，现有职工47人。

【体制改革】 以强化公立医院内涵建设为改革主要内容，完善医院各项规章制度及岗位职责，稳步推进医院管理制度化和规范化，提升医院管理水平。强化政府办医主体责任，继续落实了政府对医院的运行的全额拨款，医院收入全额返还设立医疗卫生机构发展基金，70%用于自身建设，30%用于绩效奖励。2016年农牧区医疗制度补助标准达到年人均455元，到位资金1.34亿元。稳步推进等级医院创建工作，洛扎、隆子县人民医院成功创建二级甲等医院，措美县人民医院通过自治区二级医院终审，扎囊县人民医院通过市二级医院评审组初评。

【服务体系建设】 2016年续建项目15个，总投资5060万元，2015年完成投资2152万元，2016年完成投资2893万元。2016年已下达投资项目8个，总投资3364万元，2016计划完成投资1637万元，完成投资1500万元。垫资建设2个，总投资619万元（措美县哲古镇卫生院379万元，措美县妇幼保健站240万元），完成投资186万元。“十三五”国家投资卫生建设计划项目37个，总投资27563万元，“十三五”三省援藏项目计划项目18个，总投资42975万元。2015年12月7日由安徽省投入110万元援助的山南市远程会诊中心正式投入使用，完成疑难病例会诊3例，已开展远程教学6次。2016年5月18日山南市人民医院病理、心电图远程适时会诊平台正式投入使用，完成远程病理会诊128例，疑难心电图会诊5例。按照《医疗机构管理条例》《中华人民共和国执业医师法》等相关规定，2016年，向乃东区人民医院、山南市特殊教育学校医务室、扎囊县和加查县藏医诊所审核下发《医疗机构执业许可证》。2016年9月乃东区卫生服务中心正式挂牌运营，结束乃东区一直无县级医院的历史，改善乃东区医疗卫生服务水平，为山南市整体医疗服务水平的提升增强动力。

【受援工作】 2015年，首批医疗人才“组团式”援藏来自安徽省4市7家“三甲”医院18个学科专业的20名援藏医疗人才对口支援市人民医院工作圆满完成，取得阶段性成效。市人民医院管理水平更加规范、医疗服务能力明显提升，医疗人才队伍业务水平逐步提高、医疗设施设备更加完善、专科能力建设初见成效，人民医院三级乙等医院得到有效巩固。2016年，安徽省31名“组团式”援助市人民医院专家、湖南省16名“组团式”援助市藏医院专家、湖北省12名“组团式”援助市妇幼保健院专家、湖北和安徽疾控中心“组团式”援助市疾控中心5名专家全部到位开展工作。医疗人才组团式援藏向县（区）辐射工作稳步推进，贡嘎等10县（区）人民医院已与对口援助医院签订帮扶协议，乃东区、扎囊县待国家卫计委批复确定对口援助医院，曲松等6县（区）对口援助医院已完成援藏专家选派工作。提升医疗人才“组团式”援藏工作质量，加强援藏人才管理，《山南市推进医疗人才“组团式”援藏工作实施细则》和《山南市医疗人才“组团式”援藏专家管理办法》完成，待市委、市政府研究同意后下发实施。

**【公共卫生服务】** 积极做好春、夏季传染病的防控和艾滋病、结核病、鼠疫、手足口病防治工作，确保山南市全年无重大疫情。乙肝、卡介苗、百白破等9种国家免疫规划疫苗接种率保持在97%以上。协助市残联对山南市贫困残疾人的劳动能力进行集中鉴定。邀请三省36名专家分12个调查组进藏开展包虫病流调工作，调查10503人，发现阳性88例，疑似30例。组织三省精神病专家进藏到对12县（区）县疑似精神病例进行确诊，确诊399例。积极开展优化卫生环境活动，通过多种措施对全市旅店、美容美发、沐浴场和大型娱乐场所、个体诊所、民营医院等130家公共卫生场所进行全面监督检查。抽调人员组成卫生监督执法督导检查组对12县（区）卫生依法行政和卫生开展情况进行督导检查。建立食品安全长效机制，组织食品安全相关成员单位开展了2次联合检查，制定食品安全值班表，认真贯彻落实“日报告”“零报告”制度，有效地保障广大群众饮食安全，有效净化医疗卫生行业环境。加强藏医治未病工作，以市藏医医院为中心，辐射全市12个县（区）、82个乡镇卫生院和275个村（居）的藏医药服务体系四级覆盖。市藏医院拥有藏医脾胃和预防保健等4个国家级重点专科，藏医放血和拔罐等70余种特色疗法，尿诊和药浴2项国家级非物质文化遗产。藏医院制剂准字号达到122种，申报待批准字号达到45种，制剂生产品种达到290余种，产量达到33吨，销售收入达到1470余万元。组织专班，积极对接自治区有关部门和市委、市政府，启动山南市创建自治区和国家卫生城市工作。

**【两降一升】** 规范基层妇幼健康管理工作，加强业务培训，制定实施《孕产妇和5岁以下儿童死亡评审工作方案》，成立领导小组，建立评审专家库，坚持实事求是的原则，开展孕产妇和5岁以下儿童死亡评审，从而保障母婴安全，降低孕产妇和5岁以下儿童死亡率。2016年提高妇幼卫生工作的投入力度，及时兑现住院分娩的农牧民孕产妇可享受2000元的生活补助和每天30元的（按人均10天的标准）提前待产生活补贴，陪护人员可享受300元的一次性奖励，孕产妇及护送者（一名家属、一名村医）分别享受30元、30元、50元的奖励。“两降一升”成效得到进一步巩固，住院分娩活产数4930人，住院分娩率为98.68%，较2015年提高0.6%；5岁以下儿童死亡54人，死亡率10.81‰；婴儿死亡50人，死亡率10.01‰；孕产妇死亡2人，死亡率40.03/10万。5岁以下儿童、婴儿和孕产妇死亡人数均与去年持平。

**【健康扶贫】** 调整充实以委党组书记孙红章为组长的市卫生健康扶贫工作领导小组，设立专门的办公室，多次组织工作组赴12县（区）开展健康扶贫调研，多次召开卫生健康专题会议，对12县（区）卫生局举办软件培训，制定《山南市“因病致贫、因病返贫”工作实施方案》。按照“一地一册、一户一档、一人一卡”的原则，对山南市12458人“因病致贫、因病返贫”已建档立卡的贫困家庭人员进行核实；经核实，山南市建档立卡因病致贫因病返贫4069人、4247人次，山南市“因病致贫、因病返贫”人口疾病种类有88种，其中疑难杂症24种217人次，地方病3种47人次，慢性病49种1904人次，传染病3种232人次，其他常见病9种1847人次。按照精准到户、精准到人、精准到病，实施分类救治原则，截至年底，山南市“因病致贫、因病返贫”建档立卡贫困人口4069人中，已治愈388人，占目标人数的9.54%；实施慢病健康干预管理2367人，占目标人数的58.17%；其他疾病管理1269人，占目标人群31.19%；死亡45人，占目标人数的1.1%，及时核销“因病致贫、因病返贫”建档立卡贫困人口农牧区资金780.18万元。

**【人才队伍建设】** 加大现有卫生技术人员培训力度，对100名在岗村医分两期、每期50人进行为期4个月的培训，对最后一批“一村两医”60名学员，开展轮训并发放乡村医生执业证书；以军队医院帮助培养基层医务人员为契机，及时组织选派12名乡镇医务人员在解放军第41医院参加培训；完成由市卫计委主办、市人民医院、市妇幼保健院承办的2015至2016年儿科医生转岗培训工作（12名）；组织完成县级医院骨干医师培训和助理全科医生（81名）培训工作；邀请对口援助湖南、湖北和安徽三省卫生计生专家进藏对山南市卫生计生系统开展了妇幼保健、疾病预防控制、卫生监督、公共卫生服务、农牧区医疗管理等培训20余次，培训1000余人次，卫生人才增量提质工程继续推进。完成2016年度全国卫生专业技术资格考试和全国医师资格（756人）考试考务工作；做好2014、2015年度专业技术资格考试和护士执业资格考试合格人员（228名）专业技术合格证办证和护士资格证办证工作和2015年度医师资格考试合格人员（145名）医师资格证办证工作；完成121人的护士注册和145人的医师注册办证工作，完成社会医疗机构护士（20名）和医师（35名）注册办证工作。推进卫生人才队伍提质增量，2016年，从内地引进27名卫生计生专业人员和新招录129名卫生专业毕业生充实到各级医疗机构。

**【卫生惠民工程】** 2016年度全民免费健康体检工作1月1日全面启动，5月8日全部完成，完成全民免费健康体检32.1万余人次，体检建档率达到100%，兑现全民免费健康体检资金4328.91万元；共发现44459个疾病人数，占总人数的13.83%，针对全民健康体检中发现的慢性病和重症精神病患者形成建档、随访、干预管理工作长效机制，制订《山南市全民健康体检发现病例的诊治和健康干预工作方案》。与城乡居民健康体检同步完成儿童先心病筛查任务。全市共初筛27654人，疑似先心病228人，共确诊28例，完成12名具备手术指征患儿的救治工作。在湖南省儿童医院的大力支持下，组织开展全市唇腭裂患儿筛查人数达19名，符合手术指征的7名患儿于2016年10月15日在市藏医院进行免费手术。做好免费孕前优生健康检查工作，截至年底，完成免费孕前健康检查696人。完成白内障复明手术231人、两癌筛查1925人。认真贯彻执行农牧区“一孩、双女”和特殊子女家庭扶助政策，落实“一孩、双女”扶助资金511.776万元，扶助5331人，落实特殊家庭扶助资金283.596万元，扶助1382人。积极开展“幸福母亲救助工程”，对洛扎县生格乡24名母亲发放免息小额贷款共计50万元。

**【卫生宣教】** 开展2016年度山南市科技文化法律和爱国爱教“五下乡”活动，开展卫生系统“送医送药送健康”活动，发放宣传册6000余份，药品200余种，价值17.63万元。积极组织“世界防治麻风病日”“3·24”世界防治结核病日、“4·25”全国儿童预防接种日、“碘缺乏病防治”“职业病防治法”“世界环境日”等宣传活动。将《山南市卫计委2016年妇幼健康行动计划项目实施方案汇编》下发12县（区）卫生局和县（区）妇幼保健站，编印《西藏山南市卫计委孕产妇和新生儿死亡评审与妇幼保健培训督导资料汇编》。举办2016年度“山南市十佳雅砻最美医生”和“山南十佳雅砻最美护士”评选活动，表彰卫生行业涌现出来的医技精湛、医德高尚、扎实工作的先进个人，大力宣传他们的感人事迹，在卫生行业系统中树立楷模，掀起学习榜样的热潮。

2016年，市卫计委在抓好业务工作的同时，统筹推进强基础惠民生，党风廉政建设、社会治安综合治理和“两学一做”学习教育工作，密切党群干群关系、夯实党的执政根基、筑牢防腐拒变的铜墙铁壁、武装政治理论头脑，维护社会和谐稳定。

## 疾控中心

**【概况】** 山南市疾控中心位于山南市乃东区格桑路11号，是山南市卫计委下属科级建制非营利性全额拨款事业单位，内设9个业务科室和2个职能科室。编制58名，其中领导职数4名，现有人员48人，专业技术人员38人，工勤人员10人，专业技术人员中副高级职称1人、中级10人、初级27人。拥有500MAX光机、PCR测定仪、紫外分光光度计、高效液相色谱仪、生物安全柜等比较先进的仪器设备。

**【免疫接种】** 年内，对山南市12县区及市级小学以及托儿所进行新生入学预防接种查验补种工作，应查学生数14724人，实查学生数14716人，查验率为99.94%，托儿所共查156所，其中地直4所，查验率为100.00%。九种疫苗应接种数为62936人次，实种数为62032人次、接种率为98.56%，连续十年来未发生过免疫规划相关传染病。1—12月按网络直报统计分析，山南市甲类传染病0例，发生法定乙、丙类传染病15种，共864例，全年未发生突发公共卫生事件及重大传染病疫情。

【AFP及麻疹监测】 1—10月对全市级医疗单位被主动监测AFP共90次，应报告次数90次，实际报告次数90次，报告率100%。检查门诊12321例，无发现AFP病例。全市各县区疾控中心应询报告次数360次，实际询报告次数360次，报告率100%。迟报2次，占实报次数的0.6%，无未报数。监测病人数为16239例，发现1例疑似AFP病例。1—10月对全市级医疗单位被麻疹病例主动监测，共监测10次，监测人数为6086例，无麻疹病例。

【地方病防治】 鼠疫防治工作：路线法调查8956.3公顷，见獭数498只，旱獭密度达0.055只/公顷。共放鼠夹2000夹次，捕获数23只，捕获率1.15%，其中藏仓鼠18只、田鼠5只。鼠疫疫情处置工作：迅速处理错那县卡达乡西午村加纳沟放牧点发现一起鼠间疫情。并以疫点为中心，半径5公里的范围内开展保护性灭獭灭蚤工作，共灭獭面积889公顷，投药堵主洞2020口、废弃洞3532口，投服预防药SMZ135人。在此同时，库局乡热朗沟发生了鼠间疫情，能够及时做到疫情防控工作落实到基层，跟紧做好鼠间密度监测和保护性灭獭工作。灭獭面积共为800公顷，旱獭密度降为0.001只/公顷，投药堵主洞577口、废弃洞1154口，投服预防药SMZ121人次。

年内，山南市12县区第一次全面展开包虫病的流调工作。B超检测：11个县应调查数为9600人，实际调查数为10503人，其中阳性检出人数为88人，检出率为0.837%。血清检测：疑似病例血清共38份，经实验室检测确认阳性为10例。犬粪检测：共检测952份，检出阳性为72份，阳性率7.6%。问卷调查：随机问卷调查共2525人，包虫病知识知晓达61.9%。按照大骨节病防治项目工作方案要求，对山南市乃东县、桑日县两个病区乡所在小学中7～12岁儿童100人进行X光机拍片、摸清大骨节病发病情况，结果显示未检出X线拍片阳性病例，证实山南市疾控对大骨节病综合防治干预措施有一定的成效。两个县的101大骨节现症病人中（乃东51例、桑日50例）药物治疗改善率调查，结论治疗前后改善率达1.8%。

根据中央转移支付项目方案要求，对山南市5个项目县（洛扎、曲松、隆子、琼结、乃东）进行8—10岁儿童甲状腺B超检查，共检查1000个学生，肿大率为1%；并对全市的0—2岁儿童和孕妇共发放碘油丸7126粒，完成率100%；对山南市五个县五所小学8—10岁儿童开展了尿碘检测工作。年内，山南市麻风现症病人共3例，均分布在隆子和错那两县，按联合化疗治疗方案要求每个病例正在正规治疗中，治疗率100%。

2015年，市疾控结防及12个县（区）发现肺结核新涂阳患者46例、复发涂阳患者3例、初治失败1例、涂阴患者245例、结核性胸膜炎39例、肺外结核18例、未查痰6例、诊断并治疗结核病人共358例。从业人员健康体检316人次。10月份自治区督导组现场质控140张未出现定性、定量错误，顺利完成2016年完成实验室质量控制工作（EQA）。并利用3.24世界结核病防治宣传日，在桑日县绒乡人员比较密集的街道开展了“社会共同努力，消除结核危害”为主题开展结核病防治宣传，发放各种宣传资料15000张，接受咨询群众达300余人次，取得良好的宣传效果。

根据不同人群的特点，开展多种形式的宣传工作。对孕产妇、暗娼，按照尊重、自愿、保密的原则，在知情同意后进行调查。孕妇血样采集400人份，暗娼血样采集共400人份，从暗娼的400人中筛查出HIV阳性1例，经自治区复检为HIV阳性，检出梅毒阳性者30人，阳性率为7.5%、未检出HCV阳性者。从孕妇的400人中未检出HIV感染者、检出梅毒阳性者32人，阳性率为8%、未检出HCV阳性。

2016年4月17—19日，在山南市性艾专业人员和乃东区联合到乃东区看守所和市看守所共采集131人次血，并进行艾滋病基础知识宣讲，同时发放宣传册50多本。2016年9—10月在地区职校和二高共采样800多人次的血，并宣讲有关艾滋病预防知识，发放800多本宣传册。

【慢性非传染病防治】 心血管病高危人群早期筛查和综合干预项目工作开展情况：本年度实际筛查4397人，检出高危对象674人，高危检出率15.33%，完成了674个高危对象心脏和颈动脉超声检查、心电图检查、问卷调查、项目核查、综合干预等高危对象调查内容，并将高危对象纳入短期、长期随访管理。

2016年，山南市高血压患者管理人数16203人，登记管理率92.38%，规范管理14872人，规范管理率91.78%，血压控制人数6443人，控制率39.76%，糖尿病患者登记管理68人，登记管理率100%，规范管理64人，规范管理率94.12%，血糖控制23人，血糖控制率33.82%。

2016年6月28日—7月17日、9月18—25日，湖南和湖北省、安徽省专家先后赴藏，在市卫计委、市疾控中心、各县卫计委、疾控中心等部门专业人员的协同下，深入对口（区）县的各乡镇，走村入户，共接诊全市疑似患者539例，确诊392例，排除147例，完成全市重性精神疾病诊断复核及危险评估。

2016年，乃东区共发生死亡155人，报告死亡155人，漏报0人，报告率100%，填写死亡医学证明155人，填写率100%，网络报告155人，网络报告率100%。

2016年，乃东区共报告恶性肿瘤25例，填写肿瘤报告卡25例，上报市疾控25例，上报率100%，漏报零例。

**【公共卫生监督】** 依照《2016年国家食品安全风险监测计划》结合山南市食品风险监测任务，全年对乃东区及11个县进行食品采样工作，共完成110份样品的采样任务，其中理化采样10份、微生物100份。并在规定时间内完成监测样品检验结果数据的录入工作，已完成微生物50份和理化10份。全年完成416份水样的采集。其中，农村饮用水枯、丰水期186个监测点、372份水样，城市饮用水枯、丰水期22个监测点44份水样。中心卫生监督科人员陪同上级专家携带大量先进放射诊疗检测设备对市疾控中心、人民医院、藏医院、妇幼保健院、华康医院、建民医院等6家医疗机构及其放射诊疗设备的质量控制和辐射防护开展为期8天的检测工作，共完成DR、CT、牙科机，骨密度机等21台设备部分指标的检测。

截至年底，完成本辖区公共场所从业人员健康体检315人（其中甲肝阳性1人、肺结核阳性1人），发放健康证312人。在雅砻文化节节前对辖区内公共场所用品进行了消毒效果监测，共计检查公共场所20家。抽检公共场所用品用具共16个样品，其中合格样品15个，不合格样品1个，合格率为93.8%。

2016年4月28日，卫生监督科和宣教科联合在桑日县的华西水泥厂院内开展"健康中国，职业病先行"为主题的宣传活动。发放各类宣传材料252份，现场咨询16次，接受咨询人数104人，张贴宣传达画30份。全年对辖区102家公共场所经营单位进行日常监督检查，对发现的问题及时提出了整改意见。

**【卫生检验】** 2016年，对山南市哨点医院采集的流感病例标本进行实验室核酸检测，共检测122份咽拭子标本，其中8份是乙型阳性。完成国家流感中心质控考核样品10份合格率达到100%。根据《2016年国家食品安全风险监测计划》要求完成食源性致病菌检测135份，化学污染检测11份均为合格。并根据《2016年国家饮用水风险监测计划》要求完成416份，协助其他单位完成122份，共计538份水样，其中菌落总数超标36份，大肠菌群超标235份。协助卫生监督科完成公共场所从业人员体检316人，检出甲肝阳性4人。共检测公共场所用具及餐具32份，其中7份大肠菌群超标，游泳场所水质检测2份均为合格。

**【健康宣传教育】** 2016年，山南市共创建6家健康促进医院和1家戒烟门诊。按照项目要求，山南市优选市人民医院、市藏医院、41解放军医院、市妇保医院、扎囊县卫生服务中心和洛扎县卫生服务中心这6家医疗机构进行为期两年的健康促进医院创建工作。

根据西藏自治区中央补助地方健康素养促进行动项目工作要求，及时举办乃东区健康素养监测工作基线调查员培训班，共培训调查员12名。经过前期国家严格抽样，确定乃东区270户居民为调查对象。

年内，12个县和82个乡镇卫生院均设置专门健康教育固定宣传栏，做到每季度更换一期健康教育内容。截至年底，全市共更换宣传栏685期。2016年，中心在全市共举办健康知识讲座101场，其中进机关讲座5场、进工地讲座10场、进学校讲座49场、进农牧区讲座37场，受教育人数达12370人次。并组织各级医疗卫生单位的专业人员，对重点人群和场所，积极开展以农村慢性病防治为重点的健康宣教"五进活动"。全市82个乡镇、554个村（居）委会均按计划和要求共开展公众健康服务101场次，覆盖县、乡、村、学校不同目标人群50000余人。

**【党风廉政和精神文明建设】** 认真实施《市疾控中心党风廉政建设责任制实施方案》，积极开展风险岗位廉能管理活动、商业贿赂专项治理等工作，组织全体干部职工观看反腐倡廉警示片，筑牢拒腐防变思想防线。同时严格执行中心《医用耗材采购管理制度》和《生物制品采购制度》，没有收到任何有关廉洁自律方面的投诉。认真开展社会治安综合治理，积极开展创建平安单位，落实各项安全生产责任制，没有发生任何治安刑事案件和安全责任事故。中心将精神文明建设作为重点工作来抓，并列入单位的重要议事日程和目标管理内容。积极开展发展创先争优活动，加强职业道德建设，规范工作行为，实行挂牌上岗和首问责任制。加强疾控文化建设，积极开展道德实践，创建“文明单位”“无烟单位”“卫生单位”活动，使单位的环境进一步优化、美化，干部职工的精神面貌焕然一新。

## 人民医院

**【概况】** 2016年，全院有事业编制307名，编制床位500张，内设50个正科级机构，6个副科级机构，院领导职数5名（2正3副），科级领导职数44名（21正23副）。现有干部职工405人，编制内292人，其中高中级职称81人，大专以上学历192人；编外人员168人，其中援藏医疗人员32人，西部计划志愿者8人，公益性岗位34人，临时工95人。设有6个党支部，党员120名。实际开放床位328张。设有内一科、外一科等43个临床医技科室，13个职能科室。

**【医疗业务】** 全院门（急）诊量114025人次，日均312人次，单日最大门诊量达600人次，比上年同期增加6793人次。出院8353人次，比上年同期增加1256人次，增长率为17.70%。手术1798台次，较上年同期增加212台次，增长率为13.4%。其中，外科1236台，妇产科237台，眼科270台，耳鼻喉科55台。门诊无痛胃肠镜17台、无痛人流手术85台。全年床位周转27.74次，比上年增加1.06次；出院病人平均住院日13.47天，较上年减少0.35天。急危重症抢救成功率89%。血站全年总采供血量达到175000ML。医院业务收入首次突破亿元大关，达到1.3亿元人民币。

**【思想政治教育】** 开展“两学一做”专题教育扎实有效。先后研究制订《山南市人民医院“两学一做”学习教育活动实施方案》等方案，上报专题教育简报82期，上级部门和网站采用信息18次，发放《习近平总书记系列讲话读本》等学习资料420本，编发学习教育办公室文件38次，市人民医院开展“四化”助力“三甲”创建活动等3期简报得到市委书记批示，在全市范围内进行交流。坚持中心理论组学习制度。全年共组织中心理论组学习14次，专题辅导1场次，党委班子成员撰写调研报告1次（5篇），党员干部撰写心得体会2次（共245篇），设立6处学习教育宣传栏，党委班子成员讲党课7人次，各党支部书记讲党课5人次，集中开展专题讨论4次，党委班子成员赴驻村点结对认亲交朋友2次，共结对认亲10户，帮扶资金10000元，28名科级干部到驻村点结对认亲交朋友2次，共结对28户，帮扶资金28000元。

**【“组团式”援藏】** 安徽省委在选派20名第一批医疗援藏专家的基础上，第二批选派32名医疗专家援助山南市人民医院；在向市人民医院异地迁建项目中安排1亿元作为基础设施建设资金外，统筹安排3000万元用于改善和更新医院医疗设备条件；按照自治区党委关于山南市人民医院于2019年争创“三级甲等”综合医院要求，将儿科、妇产科、心内科、重症医学科（ICU）等4个学科确定为医院重点建设专科。

**【人才培养】** 年内，采取请进来、走出去等形式，大力培养培训在职干部。选派2名业务骨干作为山南市领军人才分别赴湖北省协和医院和安徽省安医大附一院进行为期一年的进修培养。分别成立放射医学工作室和神经外科工作室，先后赴内地多个省市引进27名医学院校应届毕业生，公开招录学科带头人1人。指派90余人参加区内外举办的学术交流和专家业务讲座，选派6名业务骨干到区内外友好协作医院进修深造。经医院职称评审委员会研究通过并上报上级有关部门，18人成功取得医疗、护理中级职称专业资格，2人取得副高职称专业资格，1人取得正高职称专业资格。承接区内外医学高校实习带教60人，接收山南市县级医院骨干医师培训班带教15人，接收基层医院全科医师转岗培训5人、接收各县（区）医院进修12人。市委组织部从内地医院引进高端人才一名，2016年10月正式工作。

**【项目建设】** 投资1755万元的市人民医院儿科病房楼建设项目已竣工验收。投资3580万元的医技综合楼建设项目正在实施财政部门投资评审工作。投资6.2亿元的市人民医院异地迁建项目前置审批手续正在完成，利用两年时间建成并移交市人民医院投入使用。顺利完成和编制申报市人民医院“十三五”项目库录入工作，在十三五期间实施山南市精神卫生防治中心、援藏专家公寓楼、职工周转房等基础设施建设项目。圆满完成山南市首台64排128层高端螺旋CT的采购、安装应用工作。自筹1100余万元的医院部分诊断和治疗设备已投入临床应用，为组团式援藏专家发挥优势和干事创业提供了良好的平台。协调各方受赠200余万元的病理、心电适时远程会诊设备和检验生化设备，弥补医院设备紧缺的实际，成为山南市唯一的集医疗、教学、影像、病理及心电图会诊为一体的最大会诊平台。

**【重点工作】** 成功举办山南市人民医院建院60周年院庆暨第二届学术交流会，全区100余名领导、专家和学者受邀出席。保质保量按期完成全市1950余名城镇居民和僧尼健康体检任务；高质量完成8706名征兵和小考、中考、高考学生的体检任务，全年完成8692人次驾驶员和健康体检。历时3个多月组织5名专业骨干深入琼结、桑日、曲松和加查县完成国家关于高原性心脏病筛普查工作任务，共普查32850人，筛查12580人。圆满完成撤地设市、雅砻文化节等重要节日、庆典期间的干部保健任务，全年干部保健达34789人次。

**【党建和党风廉政建设】** 以开展“两学一做”活动为契机，不断推动党建和党风廉政建设。按照组织程序做好党支部换届选举工作，对院5个党支部进行改选，政治觉悟高、思想素质好的科室负责人被选为书记、副书记或支委，加强基层党支部战斗堡垒作用。加强对党员干部的教育引导，以健全制度和转变作风为抓手，注重医德医风教育和反腐倡廉教育。认真履行两个责任和“一岗双责”制度，严格执行中央八项规定、区党委九项要求、约法十章和市委十项规则，医院“三公经费”同比下降12%以上。

**【公益性服务】** 围绕市委、市政府关于民生工作的决策部署，主动承担保障和改善民生的重要职责，积极服务群众、服务基层。通过与内地援藏省市医院建立远程综合服务平台。积极落实“先住院后结算”诊疗服务模式，为全市12县（区）开通医疗救治“绿色通道”。深化“无假日门诊”服务。把优化门诊服务流程，方便群众就医作为服务群众的重要举措，强化弹性排班，错峰服务。坚持开展“送医送药下基层”活动。集中开展免费义诊10次、健康教育7次，免费发放药品20.5万余元，收益群众3300人次。走访慰问医院离退休职工，发放节日慰问金12.4万元。

# 藏医院

**【概况】** 2016年，门诊常规就诊人次127066人，增加33.3%，其中医保病人43600人。出院人次3877人，增加28.9%，其中医保住院病人1239人；出院者平均住院日15.6，减少15.4%。各种辅助检查人次140684人，增加40%；藏医特色疗法人次13440人，增加40%；生产藏药品种196种，增加4.1%；销售收入2066万元，增加11.4%；实现利润825.6万元，增加37.6%；上缴税金416万元，减少4%，完成本院历史上第六次仁青坐台炮制炼制共计260斤。全年总收入13192万元，其中业务收入9822万元（含制剂室收入），业务收入中医保收入6219万元，占医疗业务总收入80.2%，财政经常性补助资金2470万元，财政专项资金900万元。

**【“三甲”创建】** 年内，医院主要领导随市政府分管领导和卫计委主要领导一起赴湖南衔接组团式医疗援藏相关事宜，首批16名组团式医疗援藏队员于7月进藏，为医院创建工作提供强有力的人才、智力以及指导保障力量。结合医院实际，制订实施《山南市藏医医院创建三级甲等民族医医院实施方案》，召开三级细则分工大会，层层分解任务，明确目标要求，全院上下形成了“千斤重担大家挑，人人肩上有目标”的良好创建氛围。作为医院，按照上级有关部门的要求，从生活、住房、工作环境、政治待遇等各方面给予鼎力支持，截至年底，由于湖南省援藏公寓楼迟迟未能投入使用的情况下，医院将各位老师先后安排在泽当饭店和山南宾馆。为确保明年年底顺利通过三级甲等民族医院，年中院领导再次前往湖南省就明年增派短期援藏力量、创“三甲”急需援助设施设备等方面与湖南省卫计委等相关部门衔接，湖南省同意明年增派10名创“三甲”急需短期援藏力量，远程医学教学配套设施设备也正在积极争中。

**【科室建设】** ICU、手麻科、治未病科三个重点科室的相继成立,为顺利通过”三甲”评审赢得了重要筹码。医院先后成立了ICU、手麻科、治未病科等三个临床一级科室,其中ICU和治未病科又是作为新的住院病房,分别开了6张病床和20张病床,填补医院在急诊急救方面历史上空白,设置住院病房治未病科还是全区首个,标志着医院从过去的重治疗向重预防重大观念转变,标志着医院在发挥藏医药特色优势及健康医学模式推进方面又迈出坚实的一步。配备专职人员,单独设立了院感办,并投入资金74万余元完成消毒供应室净化装修及规范化建设任务,于年初正式投入使用。超声、心电、检验、内镜室、口腔、耳鼻喉科、眼科、手麻科等一些重要小科室从大科室单独分离,明确负责人员,参照大科室管理。

**【设施设备】** 医院先后投入资金900余万元,新购置多功能心电监护仪等ICU配套设施设备、耳鼻喉科支气管镜、电子胃镜、电子腹腔镜、骨密度仪、肝功能分析仪等必要医疗设备。添置各科室急需办公电脑、打印机等设施设备;配备职工食堂公务接待餐厅桌椅、患者病灶室燃具设施、临床科室主任办公设备、名老藏医工作室配套设施设备、康复和微生物实验室配套设备;按照撤地设市相关要求,所有门牌、楼顶标示标牌重新进行更换。全年后勤服务中心各种修缮费用及车辆维修等零星开支共计60余万元。

**【基础设施】** “十二五”扫尾项目全部落地。包括总投资1200万元,总建筑面积3400平方米的湖南省第七批援藏项目——综合保障楼;总投资989万元,总建筑面积4000平方米的国家投资及医院自筹联合新建的职工新住房楼;总投资350余万元的东院改造项目之道路硬化、停车场、篮球场、绿化、门诊给排水工程。相关财政投资评审、审计等工作也与年底全部完成;医院先后投入资金140余万元,新实施药浴楼及综合保障楼暖通工程、示教室改造工程、耳鼻喉科及ICU净化改造工程、职工食堂装修工程、实验室微生物室改造工程以及名老藏医工作室建设工程等。“十三五”重点项目开局良好。医院下属制剂室整体异地搬迁新建作为“十三五”期间山南市人民医院重大项目之一,该项目得到市委市政府主要领导高度重视,同意从江北开发区工业园内为医院解决93亩建设用地。项目前期工作正在加紧实施过程中,项目预计总投资8000万元,总建筑面积15000平方米,主要建设内容包括制剂厂房(GMP、GPP标准)、质检楼、办公楼、非遗传习基地、藏医药文化馆以及配套附属工程等。

**【信息化建设】** 投入资金569.50万元,与成都成电医星数字健康软件公司签订山南市藏医医院藏医信息化建设合作协议。项目前期数据录入以及布线、设备安装、搭建培训环境、人员培训等工作已基本完成。

**【科学研究】** 先后申报19项院内科研项目,涉及领域包括新药研究、标准化研究、古籍文献研究、学术思想研究、诊疗方案的研究、非物文化研究等等,其中《藏医火灸对脑溢血康复期肢体功能恢复的临床疗效研究》被列为国家中医药管理局科研课题,获得40万元专项经费;《50种常见病藏医诊疗研究》《藏医泻疗法治疗胆囊疾病临床疗效分析》《藏医五谷浴治疗“培根果乃病”临床疗效研究》被列为市级科研项目,分别获得16万元、6万元、6万元科研专项经费;承担完成自治区藏医药管理局委托的《藏医三基训练》《临床用药指南》以及《临床藏药目录》编辑、校对工作,现已进入出版阶段;医院国家级重点专科之藏医“脑病”和“治未病”两项学科申报获批为国家中医药管理局继续教育项目,先后培训73人次,获得学分73分;医院自身被申报获批为自治区藏医医院住院医师规范化培训协同单位,先后承担48名全区藏医住院医师规范化培训任务。组织专门力量开展《藏族十明学》编辑、整理以及出版工作;圆满组织实施全市第五届藏药材鉴别大赛。开展10余项新技术、新项目,填补医院多项空白,包括外科开展的肝包虫病肝切除术、肱骨干骨折开复位内钢板固定术,胆肠内引流术;内科开展的无痛胃镜、无痛肠镜检查项目、肝脏储备功能检测项目;耳鼻喉科开展的纤维支气管镜检查项目,内窥镜下鼻甲切除术;ICU开展的血气分析仪检查项目;功能检查科开展的骨密度检测项目、丙型肝炎病毒抗体检测(HCV)项目;外治科开展的皮舒康和舒心膏两种新药。骨病科开展的“嘎玛晶门”“卡卓晶门”“卡普晶门”“阿吉晶门”等四种“晶门”和“五谷浴疗”“杂意垂果”“骨折固定器”的新技术、新产品。

**【人才培养】** 坚持通过请进来、走出去、在岗培训、师承教育、重点培养、远程教学等多种形式，先后选派25名有关ICU、眼科、儿科、护理、管理等相关专业自身骨干力量到湖南省人民医院、省肿瘤医院、自治区藏医院等区内外各大医院进行中、短期进修深造；配齐配强中层领导干部，新调整提拔19个区级干部、其中8名正科级干部；组织专人，利用4个多月时间，参与完成全市性干部和工人档案清查工作，其中包括101名干部和39名合同制工人。全年组织在岗人员医护专业业务培训场次56次（含科室内部培训），其中全院性专题交流讲座场次36次，参与培训人次1680人；承担区内外藏医药后备力量的实习带教任务。先后接受区藏医学院实习生24名，甘肃、青海、云南等兄弟省市藏区藏医进修实习人员37名，接受山南市为期一年的基层藏医骨干培训学员共5名，由自治区藏医药管理局组织的县乡藏医全科医师及医技人员培训学员共35名；第五批名老藏医学术继承学徒今年完成全部学业，年底将毕业，本院4名学徒，其中1名学徒获得博士学位，2名学徒将获得硕士学位；依托援藏力量，在院内开展一对一或多对一师傅带徒弟拜师学艺活动，通过“拜师学艺”形式，重点培养一批有潜力的本院自身年轻医务骨干。积极参与由国家中医药管理局组织的“国医大师”评选和“最美中医”评选相关活动以及自治区藏医药学会组织的“强巴赤列青年奖暨企业卓越奖”的评选活动”。年内正式职工退休7名，新增正式职工9名，其中新分配5名，调入4名，新聘用人员5名。

**【驻村工作】** 年内，医院克服人少业务工作量繁忙的困难，按时、按要求，足额选派驻村工作人员到驻村工作点加查县冷达乡嘎玛杰唐村和邦达村开展强基惠民活动，全年仅队员补助经费共计357600元，比上年同期递增17.6%，其中医院补贴213600元；比上年同期递增33.3%。两队车辆油料、办公用品、宣传报道、办实事经费等共计89400元，比上年同期递增31.3%。医院自筹资金58.24万元，为嘎玛吉塘村修建饮水工程，有效解决全村群众吃水难的问题；为巴达村建设藏药材种植基地，壮大村集体经济；先后为三名贫困户盖建新房；结对认亲发慰问金18.24万，其中第一支部书记办实事经费3万元、两村扶贫慰问金5.3万元，“三大节日”慰问金8.4万元；此外，工作队自身积极从相关部门争取资金15万元，实施建设嘎玛吉塘村蜜蜂养殖项目；发挥自身优势，全年为驻村点开展免费义诊人次4678人，送医送药折合人民币9万元。

**【综合能力建设】** 继续狠抓已被自治区藏医药管理局获批的6个科研项目落实工作和院内新科研成果鉴定及新一轮科研项目申报工作；继续狠抓制剂室制剂准字号申报工作；继续狠抓院级重点专科升级工作，年内力争骨病、外治专科申报为自治区级重点专科；继续狠抓发挥藏医药特色优势措施优化与落实工作；继续狠抓名藏医工作室和学科建设工作，发挥门诊窗口作用，加大门诊、住院之间上下联动机制，全面提升临床综合能力；继续狠抓学术研究与学术思想讨论工作，年内开展“藏源山南、藏医论坛”活动；继续狠抓院内科研成果转化和藏药工艺改变研究，加强与湖南省中医药研究院、中医院、中医药大学等合作力度，在申报项目、新药研发、课题研究等方面有所突破，为医院科研工作再上一个新的台阶奠定基础。

**【人力资源管理】** 加大力度强化40岁以下医护人员的学习、生活、工作，建立严格的管理体系。完善医院劳动制度及各级各类人员职责；完善医院简介、科室简介、专家简介；完善绩效考核管理制度，开发绩效考核软件、使医院绩效考核更趋合理、更趋科学；完善医疗保险管理制度，严格执行医保相关政策，坚决打击各种违反医保相关政策的医疗行为，确保医保政策的稳定性、合理性和持续性，为医院发展带来更大的收益。完善后勤服务管理制度，确保水、电、房以及锅炉、制氧、电梯等后勤保障系统安全、高效运行，为临床一线提供放心的后勤保障；完善人才聘用机制，引进有资格证的聘用岗位护理人员；加大人才交流力度，选派优秀年轻藏医后备力量赴那曲、昌都、果洛等地进修取经；选派科室主任和相关人员到新疆、内蒙、辽宁等地民族医院考察学习先进管理、先进经验。依托医院作为全区藏医住院医师和全科医师规范化培训协同医院有力平台，积极承担全区及全市基层藏医医疗机构选送的实习、进修、归培等任务。

**【基础设施建设】** 继续实施2016年计划采购项目之彩色超声等23项急需设备采购工作；更新CT设备及其配套房屋改造；继续跟进门诊四五楼改造为院史馆、药材标本室、图书阅览室等2016年未完成项目，争取早日建成投入使用。年内统一更换全院各种标识标牌。

# 教育·科技·气象

## 教育

【概况】 2016年,山南市共有各级各类学校393所,其中中等职业技术学校2所、高级中学3所、初级中学14所、九年一贯制学校1所、小学90所、教学点54个、特殊教育学校1所、幼儿园228所;在校学生55789人,其中高中生9470人(含中职生2999人),初中生12973人、小学生24159人、在园幼儿9028人、特校生159人;各级各类学校正式在职职工5204人,其中中职教师277人、普通高中教师530人、初中教师1385人、小学教师2200人、特教教师40人、学前教师549人、其他事业人员223人,专任教师4668人。

【协调发展】 山南市教育局坚持加快发展学前教育、均衡发展义务教育、特色发展高中教育、转型发展职业教育的原则,扎实推进学前双语教育改革试点工作,琼结隆子加查三县义务教育均衡发展通过国家验收组评估认定,年内,已有9县通过国家验收、走在全区前列,扎囊贡嘎两县素质教育和扎囊桑日曲松三县三类城市语言文字工作通过自治区评估,市三高、二职、二幼、三幼建成并于9月份招生开学。

【教育培训】 年内,山南市教育局紧紧围绕立德树人根本任务,深入开展新旧西藏对比教育、民族团结教育、反分裂教育,开展民族团结教育“七个一”活动、社会主义核心价值观“三进”活动等,增强学生“五个认同”“四个自信”。组织开展“师德师风宣传教育月”活动,举办党务工作者培训班、校长培训班、中小学会计人员业务培训班、德育工作暨少先队辅导员培训班、电子白板专题培训等培训活动,提高教师队伍建设水平。大力实施教育质量提升计划,开展为期2个月的常规管理专项督查,组织初中高中送课送教、高中联考命题、初三高三复习指导等活动,教育教学质量稳步提高。2016年,山南市中考整体成绩排名全区第二名,仅次于拉萨市。三所高中各批次上线人数为1880人,上线率76.73%,比去年提高1.34个百分点。根据山南市教育教学质量激励表彰办法规定,大力表彰2016年度教育教学质量先进县、先进学校、雅砻十佳美德少年和各类考试状元,兑现教育教学质量激励资金874.405万元。

【教育改革】 年内,山南市教育局深化教育改革,大力实施教育资源配置优化行动、教育教学质量提升行动、教师队伍规范建设行动、教育治理能力提升行动“四大行动”,落实十九项支撑工程,稳步推进学校布局调整。扎实推进依法治教,积极建立法律顾问制度,聘请一名律师作为局机关法律顾问,同时要求各县(区)教育局为本县(区)聘任法律顾问。创新执行新进教师、内地西藏班名额抽签分配制度,坚持按照学科需求、向基层边远地区倾斜的原则,完成300名公招教师的分配和199名内地西藏初中班名额分配。扎实推进教育人才组团式援藏工作,140名援藏教师全部到位;赴三省挂职的70名山南管理人员、骨干教师已抵达三省相关学校。扎实推进整体援教示范校创建，提出把一高打造成全区最好的学校，把二高打造成“五个标杆”，把三高打造成“三张名片”的具体发展目标。在援藏三省开设山南高中“代培班”，招录120名山南籍初中毕业生，均已顺利开学。从内地省份引进10名专业人才到市二职、三高工作。

**【优惠政策】** 年内，山南市教育局严格落实“三包”政策和营养改善计划。年内，共下达“三包”资金16379.95万元、寄宿生交通补助518.17万元、高中免费教育经费1889.36.72万元、城镇学前免费教育资金1476万元、营养改善计划资金2846.48万元。严格执行大学生资助政策，制定《山南市大学生资助管理暂行办法》《实施细则》，全年共落实资助资金5348.4万元、资助大学生6814人。认真落实教师生活补助政策，制定《山南市教师生活补助资金管理办法》，下拨自治区级乡村教师生活补助资金2100.6万元，市县两级共兑现本级教师生活补助资金2324.7万元。做好教育扶贫工作，制订《山南市教育局（体育局）关于打赢教育脱贫攻坚战的实施方案》，完成对隆子县雪沙乡结对帮扶工作安排，制定雪沙乡3个学前点建设规划，按照贫困户就业需求制定技能培训计划。

**【安全管理】** 年内，山南市教育局以山南市《学校安全工作管理暂行办法》为抓手，明确各县、各乡镇、教育局、学校和相关部门在学校安全管理工作中的责任，层层签订目标责任书，把学校安全工作纳入领导和教职工的岗位目标责任制。依托综治宣传月、平安宣传周、“9·16”平安宣传日、安全生产宣传月等节点，做好课前三分钟安全教育工作，定期邀请公安、消防、卫生等部门工作人员进校讲座，开展安全常识教育、网络安全教育、心理健康教育。围绕增强安全防范能力，邀请市公安特警支队干警对学校安保力量进行专项培训，学校管理人员、保安、后勤人员、宿管员296人和学生代表129人参加培训。组织开展应急处突演练43次，累计参加学生23000余人次。严格执行专人护送、学生交接制、“两限一警”制、车辆检修制等制度，确保学生交通安全。与市卫生部门建立学校食堂食品安全监管工作合作机制，严格落实食品留样制，确保学生吃的安全。为每个项目安排一名监工，严防在施工过程中发生安全事故。严格执行24小时值班制度和信息零报告制度，加强巡逻防控工作，确保各类敏感节点、关键时段安全稳定。开学前、学期中、放假前均组织专项安全检查工作，作为年底考评的重要内容，增强做好安全工作的责任感和紧迫感。由266名家长、213名学生组成安全监督员，全时段监督学校安全工作。

**【党风党建】** 扎实推进“两学一做”学习教育活动，成立领导小组，印发《山南市教育局（体育局）“两学一做”学习教育实施方案》《教育系统“两学一做”学习教育督导方案》，召开“两学一做”学习教育活动座谈会、专题研讨会，局党委班子成员深入各联系学校讲党课，局机关科级党员干部、市直学校领导作学习交流。在新成立的市三高、二幼、三幼建立党组织，选优配强党组织班子。做好党员发展工作，加大在优秀青年教师、教学一线教师和优秀普通高中生、中职生中发展党员力度。截至年底，山南市教育系统共建有党支部132个，实现基层学校党组织全覆盖；拥有在职教职工党员2596人，占到在职教职工总数的54.46%。举办市教育系统第二批基层党支部书记培训班。深入推进“三联三进一交友”活动，开展党员结对帮扶、巾帼义务辅导站、“党员进教室、德育进课堂”等实践活动，充分发挥党员在教书育人中的先锋模范作用。

**【廉政建设】** 年内，山南市教育局严格落实党风廉政建设党委的主体责任，全力支持市纪委第五纪检组履行监督职责，制定年度党风廉政建设工作计划，层层签订党风廉政建设责任书，先后召开2次全市教育系统党风廉政建设部署会，确保责任落实到位，做到“三必”“四有”。认真开展第二个党风廉政建设宣传教育月活动和教育系统财务廉政风险排查整治专项行动，组织学校党支部书记、校长向局党委述职述廉活动，每个月定期不定期开展作风建设明察暗访，每逢节假日专项部署党风廉政建设，确保抓党风廉政建设的力度不减。严格执行“三重一大”集体研究制度，并邀请第五纪检组负责同志全程参与、全面监督，组织对市直8所学校领导班子和班子成员进行考核，完成市三高、实验学校、二幼、三幼领导班子的选拔任命。落实廉政文化进校园、考试招生阳光工程、三包物资集中采购配送、新进教师抽签分配等好经验、好做法，提高工作透明度。严格贯彻落实中央“八项规定”、区党委“约法十章”“九项要求”和市“十项规则”，切实改善工作作风。

# 职业技术(教师进修)学校

【概况】 西藏山南市职业技术(教师进修)学校是一所以中职教育为主,短期实用技能培训、师资培训、继续教育四位一体的国家级重点中等职业技术学校。现有1个校区和2个教学实训基地,占地面积达14.9万平方米,建筑面积近5.58万平方米,拥有校内实训场地11个,校外合作实训基地23个。下设办公室、总务处、教务处、培训部、德育科、团委、教研室、招生就业科、信息部、保卫科10个内设机构。教职工172人,专任教师153人,其中双师型教师58人,占专任教师总数的38%。全日制中专在校生1951人,国家开放大学在册函授学员1255人,其他各类短期培训学员达1032人次,学年在册学生规模达4238人次。学生升学、就业率稳定在85%以上。

学校以"中餐烹饪与营养膳食""汽车运用与维修"3个国家级重点建设专业为龙头,民族手工艺设计与制作、现代农学、畜牧兽医专业为骨干,以及学前教育、医学护理、建筑施工等为基础的12个专业41个教学班。

【党建工作】 按照政治坚定、业务精通、作风优良的队伍建设要求,加强学校党总支的思想政治建设、组织建设和作风建设,为学校各项工作的开展提供强有力的思想、组织、制度和能力保证。学校党委负责人与各党支部签订2016年党建工作目标责任书,形成了一级抓一级、层层抓落实的工作格局。制定下发《山南市职业技术学校2016年党建工作计划》,明确基层党建工作责任,细化基层党建工作任务。坚持民主生活会议制度,年初组织召开领导班子民主生活会,积极征求意见建议;坚持理论中心组学习制度,班子成员在坚持自学的基础上进行9次党委中心组集体学习;坚持民主集中制,认真执行"三重一大"议事制度,凡是涉及大额资金、项目、人事及学校发展的重大问题,都提交党委会讨论决定,党政"一把手"末位表态,本学期共召开22次党委会议、20次校务会议,以程序规范权力。注重干部的培养,严格按照《党政领导干部选拔任用条例》有关规定及好干部标准,积极沟通市委组织部,选拔任用6名正科级干部和3名副科级干部,调动干部的工作积极性。结合实际制订下发《山南市职业技术学校开展"学党章党规、学系列讲话,做合格党员"学习教育实施方案》并作统一部署,对照中央"四讲四有"、自治区"六种人"要求,特别是市委书记张永泽提出的"五个表率"要求,认真落实"三会一课"制度,党委书记、副书记带头上专题党课,各支部内进行学习教育专题研讨活动,撰写符合个人实际的交流发言稿,领会"两学一做"的精神实质和深刻内涵。同时以"两学一做"学习教育为抓手,带着问题学,针对问题改,把正风肃纪、立规执纪贯穿始终。为充分发挥党员的先锋模范和战斗堡垒作用,弘扬正气,树立标杆,激励各党支部和广大党员坚定信念、对党忠诚、履职尽责、奋发有为,在庆祝建党95周年之际完成"两优一先"评选推荐工作,学校党总支组织委员次珍荣获"山南市优秀党务工作者"荣誉称号;学校第三(互联网)党支部获得自治区互联网党工委颁发的"优秀基层党组织"荣誉称号。同时,在校党委组织召开的"七一"建党95周年表彰大会上,表彰学校各方面表现优异的20名优秀共产党员和4名优秀党务工作者,年内,吸纳2名年轻教师为预备党员。学校党委积极落实党建带团建的工作目标,指导团委开展好各项工作。校团委承办学生入党积极分子党课培训班,聘请市委党校老师郑小梅、向亚克、罗雄文及学校的老师索朗卓嘎、土登达杰给学生讲专题党课,从优秀团员中,吸纳一批入党积极分子。在西藏共青团纪念"五四"运动97周年暨第12届"西藏青年五四奖章"表彰大会上,共青团西藏自治区委员会授予山南市职业技术学校校团委"2015年度全区五四红旗团委"荣誉称号,真正实现党建带团建,党团共建的目标。

【廉政建设】 学校紧紧围绕"深学《关于新形势下党内政治生活的若干准则》《中国共产党党内监督条例》,力推两个责任落实"的目标,聚焦监督执纪问责,始终把纪律挺在前面,持之以恒落实中央八项规定精神,严肃查处学校内部不正之风,为公正高效廉洁教育提供有力的纪律保障。学校调整充实了党风廉政建设领导小组,下发《山南市职业技术学校关于调整充实反腐败工作领导小组的通知》《山南市职业技术学校关于调整充实贯彻落实惩防体系工作领导小组的通知》《山南地区职业技术学校关于调整充实党风廉政建设领导小组的通知》等文件,加强党风廉政建设工作的组织领导；明确责任分工，制订2016年党风廉政建设和反腐败工作计划措施，印发《山南市职业技术学校领导班子及班子成员在党风廉政建设中的职责和任务分工》，明确领导班子及成员的主体责任，校党委领导班子成员及各科室负责人按年初签订的《2016年党风廉政建设目标责任书》，严格落实“一岗双责”。利用LED电子屏、宣传栏、手机短信、微信公众号、QQ群、清风职教廉政文艺晚会等形式加强廉政宣传教育的同时要求党员干部始终绷紧“廉政弦”，积极查摆在思想政治、工作作风方面的问题，坚持“逢会必讲、有案必学、有警必示”，组织副科级以上干部集中收看了《守住第一次》《忠诚与背叛》《代价》等三部警示教育片，坚持用身边事教育身边人、用发生的腐败典型案例和部分忏悔录警示人，使广大教职工坚定信念，夯实精神支柱。多次组织全体党员大会或按支部集中开展学习《党章》《中国共产党廉洁自律准则》《中国共产党纪律处分条例》《关于新形势下党内政治生活若干准则》及《中国共产党党内监督条例》等专题学习会议，教育引导广大党员干部要筑牢拒腐防变思想道德底线，做到思想上清廉、政治上清明。对教职工的工作作风进行专项检查，每月至少一次的原则，对学校教师的坐班和上课情况进行全面的查处。纪检组全年查办案件2起2人，通报3起11人，其中1人给予党内警告、取消正科提拔资格；一人扣发工资、大会通报批评及大会书面检讨处理。通过狠抓教师的作风建设，树立学校教师讲纪律、守规矩的意识。

【精准帮扶】 学校驻村工作队紧紧围绕“八项目标要求”和“十一项主要任务”，以科学发展观为指导，努力创建新农村建设，推动扶贫脱困工作。先后制定完善十三项办法、职责、制度，为驻村各项工作有序开展提供制度保障。校驻村工作队集中力量开展入户摸底调查工作，认真研究制订工作计划、方案，围绕“四个抓手”，扎实开展工作。立足村情民意，结合实际积极协调解决群众反映的难题。两村驻村工作队先后申报和争取到十多个项目，近300万元项目资金，其中有5项已落实投建，其余申报项目已列入“十三五”规划中，完善帮扶工作机制，成立联合帮扶工作领导小组，健全和完善主要领导负总责、分管领导具体抓、驻村队员定点帮的帮扶工作机制，切实把扶贫工作列入驻村工作点的重要议事日程，与学校整体工作同安排，同部署，明确责任，狠抓落实，提高了帮扶工作的质量和效益。完善帮扶工作措施，多次入户，具体分析致贫因素，汇总信息、统计数据、建档立卡制订了有效的脱贫计划及措施。三林村共有建档立卡低保户25户49人，转移劳动力就业21人，帮助创业4户；格西村认真安排村56名党员对村里22户低保贫困户和4户五保贫困户，共计50人进行结对帮扶。通过各种技能培训、转移劳动力就业、帮助家庭创业、五保户实行政府兜底政策的方式，实现全村脱贫致富。学校在隆子县的驻村工作任务圆满完成，取得预期效果，学校驻隆子县格西村工作队荣获隆子县2015—2016年“先进驻村工作队”荣誉称号。

【校园安全保障】 学校全面贯彻落实区地两级关于维护稳定的一系列决策部署，明确责任、细化措施、扎实抓好校园内外安保工作，确保校园稳定、师生安全。严格落实日常校园维稳值班、行政值班、护校队巡逻等制度，切实做到守好岗、当好班、尽好责，确保校园日常安全。同时对非常态维稳工作，做到严格按照戒备等级的要求，认真贯彻落实敏感日校园安全工作各项措施，突出对校内食堂、住宿区、教学区等关键部位的安全隐患排查，突出对师生安全责任的落实，确保各项敏感时段平稳有序度过。

【队伍建设】 结合有效课堂研究，开展校本研训活动，坚持开展“教学质量月”活动，通过活动的开展挖掘和发现教学教研骨干。支持教师外出学习，培养学科带头人、骨干教师，鼓励教师积极参与课题研究与申报。打造一批信念坚定、能力过硬、作风扎实的中层干部队伍。学校通过三级培训平台，推荐10人次到内地相关院校发展深造；2人次在成都财贸挂职锻炼；近50人次在区内外考察交流、调研学习。

【教学质量】 结合学校自身实际，制定畜牧兽医、现代农学专业教学大纲，设计科学合理的课程，撰写专业发展方案。初步规划建成农牧专业实训、实验室；完成实训、实验室相关制度的制定；完成实验室标本制作的选择与订购；完成试验牛羊的口蹄疫、禽流感预防注射和牛羊鸡圈舍的消毒工作；完成学校果园、温室的施肥、除草、水渠修建、病虫害防治、冬季防护等工作。

12月17日组织的烹饪、酒店、学前教育专业部分师生，在乃东区五保集中供养中心开展“送温暖、献爱心，传承文明、回报社会”社区服务活动，扩大学校的社会认知度和影响力。国家开放大学山南教学点、师资培训中心、汽车驾驶培训学校在成人教育、社会培训累计招收、培训学员达到1642人。为山南在2018年提前实现精准脱贫任务中，发挥职教优势，做出应有的贡献。

【教育管理】 学校始终把学生思想道德建设工作摆在重要位置，面对德育工作的新形势，新问题，面对学校德育工作现状，不断探索德育工作的新思路，新方法，从实处入手，抓住关键，严格管理，取得一定的效果。

继续把学生行为习惯的培养作为学生教育管理的突破口，采取多种措施，着力培养学生文明礼貌、仪容仪表、勤俭节约、讲究卫生等习惯的养成。通过强化制度建设，把管理细化到学生学习和生活的每一个环节；配备专门人员，加强督查。加强了对学生学习习惯、行为习惯的督查和养成；加强宣传引导，教务处、德育科、团委充分利用校会、班会、黑板报、国旗下讲话等途径有计划、有针对性地对学生进行爱国主义教育、民族团结教育、法制教育、安全教育、心理健康教育等，对全体学生尤其突出行为习惯的养成教育，做到重点清，要求明，措施实，让每一个学生熟知良好习惯的内容，从思想上内化为自己的行动；结合一些节庆日，开展系列活动；在校园内大力开展普法教育。通过讲座、知识问答等途径和手段，让学生去学法、懂法、守法。学校同时还开展了对学校环境美化和班级文化建设工作。在楼梯过道布置了学生作品、宣传标语，学校门口橱窗定期更换宣传内容，展示教学业绩、弘扬先进事迹、宣传相关知识。

【后勤工作】 本着“服务育人”的宗旨，学校充分调动全体后勤人员的工作积极性，使后勤工作做到人尽其才，物尽其用，提高服务质量，服务效率，确保一线教育教学工作的顺畅。积极培养后勤人员责任心，提高其主人翁意识，平时多做有心人，提高安全意识，及时发现问题，解决问题，将安全隐患消灭在萌芽状态。签订伙食监督员责任书，每天检查食堂伙食运转情况，每月召开学生代表会，征求学生意见，及时做好整改；核实“三包”经费及助学金的实际人数与实充人数的校对和统计工作；加强了校园绿化工程，在校园西面山坡及新建汽驾场地进行了大规模的植树绿化工作；每月坚持检查学校各个区域的公共财产损坏情况和修缮工作。

【合作交流】 对外合作交流是自治区中职学校发展的重要途径和载体。为推进“中国职业技术教育学会援助西藏职业教育座谈会”成果，结合学校自身发展需求，积极主动作为，先后与广东省贸易职业技术学校、广东省旅游职业技术学校、浙江省宁波鄞州职业高级中学和宁波甬江职业高级中学进行业务接洽，与4所学校建立援助合作关系，在师资队伍建设、专业建设、课程体系建设、实训室建设等方面，达成具体援助合作事项，并已逐步开始落实。完善对口支援工作机制，深化合作内容，拓展合作领域。完成汽修、烹饪专业49名学生与黄河交通学院和成都财贸学校学生间的互动交流学习；完成在成都财贸3名烹饪教师的培训和2名干部的挂职锻炼；完成动漫制作专业、平面设计专业、美容美发专业教师在宁波甬江职高的培训和动漫制作专业4名国赛学生的强训。

## 第二中等职业技术学校

【概况】 2015年12月，山南地区编委下发《关于设立山南地区第二中等职业技术学校的通知》，核定学校事业编制144名，县级领导职数5名（2正3副）；内设9个正科级科室，人员编制9正9副。2016年4月，山南地委下发《中共山南地区委员会关于成立中共山南地区第二中等职业技术学校党委的通知》，5月选强配齐学校党委班子和校级班子。截至年底，学校在编干部职工共115人，其中正县级干部2人、副县级干部4名（1名援藏干部）、教辅人员2人、专任教师106人、合同制工人1人。

2016年9月10日，学校举行揭牌仪式。西藏自治区教育厅副厅长吴爱珍和山南市委常委、宣传部部长燕红出席揭牌仪式并讲话；山南市政府副市长扎西加措主持揭牌仪式，自治区教育厅职成处处长普布次仁，山南市人大教科文卫专门委员会副主任姜安、政协副主席谭次仁、市教育局（体育局）局长赤列边巴、人社局局长李虹、财政局副局长贺志强、职业技术学校纪检书记普布曲珍出席揭牌仪式。

【办学理念】 学校建立适逢推进全面建成小康社会、适应经济发展新常态和推进拉萨山南一体化进程之际，学校牢牢把握机遇，坚持以服务为宗旨、以市场为导向、以就业为目标的办学原则，坚持“立足山南、面向全区、辐射周边，主动为地方经济建设和社会发展服务”的办学宗旨，不断丰富“产教融合、校企合作、创新发展、全面成才”办学模式，构架“学业合格+技能特长”工学结合的人才培养模式，加强校企合作、校校合作，积极探索“2+1”“1+2”办学机制，实现学生的学分制及弹性学制管理，坚持学制教育与职业教育并举，努力培养实用型的高素质技术技能型人才，促进民族文化艺术、民族传统工艺等事业发展。

【基础建设】 学校占地面积200余亩，校园分为教学区、办公区、运动区和生活区。总建筑面积40284平方米，现有教室60间、实训楼1栋、图书楼1栋、学生宿舍180间。学校发展和建设已纳入山南市“十三五”规划，二期建设项目投入资金1.5亿元，本着急需先建的要求，2016年11月开建实训厂房2栋、信息中心、田径场等基础设施设备建设。

【专业建设】 为切实保障科学、合理设置专业，学校以经济社会发展趋势、市场需求、学生就业前景为重点，经过认真调研论证，拟定开设土木水利、文化艺术、财经商贸、医疗卫生、加工制造、公共管理与服务、农林牧渔7大专业类型的14个专业。2016年已开设建筑工程施工、建筑装饰、工艺美术、民族服装与服饰、电子商务、物流服务与管理、中医护理、机电设备安装与维修、电子电器应用与维修、文秘共10个专业。截至年底，在校生已达1048人，25个班级，其中从市职业技术学校按专业分流433人、2016年招生615人。

【师资队伍】 学校依据教育部、自治区教育厅的相关文件精神，确保人才培养质量和办学水平，按照高标准、高起点、高学历的“三高”要求，严把师资入口关，努力建设一支数量充足、素质优良、结构合理、特色鲜明、专兼结合，适应现代职业教育教学的“双师型”师资队伍，通过市职业技术学校分流、全区选调、内地引进和政府分配等途径已配备教职员工115人，其中专任教师106人，8人为硕士研究生学历，本科学历占90%以上。

【管理机制】 为确保学校各项工作的顺利开展，高度重视开学各项工作，先后多次召开专门会议筹划、部署相关工作，分别制订《分流学生报到工作方案》《2016级新生报到工作方案》，从学校管理、后勤保障、入学教育、新生军训、教学计划等方面做详细安排，确保开学各项工作的顺利进行。学校结合实际，借鉴区内外中等职业学校日常管理机制，制定出台《教师管理实施办法》《教学管理制度》《学分制管理办法》《班级管理“一日十项”量化考核办法》等规章制度，逐步完善党建、党风廉政建设和反腐败工作、维稳、综治、“双联户”、安全等管理机制，实现学校的规范、科学、人性、有序管理。

【交流合作】 随着社会经济的发展，职业教育在促进经济社会发展上所发挥的积极作用越显明显，学校充分利用学校现有资源，努力寻求校企合作、校校合作伙伴，努力开办面向农牧民、面向产业发展、面向精准扶贫的技术技能短期培训班。8月，已与琼结县卫生所、西藏大学艺术学院、西藏阿云电子商务有限公司等签订合作协议书；成功承办山南市2016年全市农牧民施工队资料员、材料员初任岗位培训班4期，近600名学员参加培训。

2016年10月，学校学生足球队参加全市“U—17青少年足球赛”荣获亚军；学校14级工艺美术班扎西罗布同学入选“国家中等职业教育资助育人百名成才典型”。

# 科学技术

【概况】 2016年，市科技局在市委、市政府的正确领导下，在自治区科技厅、科协大力支持和鄂湘皖三省的无私援助下，坚持以邓小平理论、“三个代表”重要思想、科学发展观为指导，认真贯彻落实党的十八大、十八届三中四中五中六中全会、习近平总书记系列重要讲话、中央第六次西藏工作座谈会、区党委八届七次八次全会和市委一届一次会议、市政府1届1次2次全体会议精神，积极适应经济发展新常态，按照“引创结合，重点突破，夯实基础，支撑发展”的工作方针和“建平台、攻专项、促转化、广普及”的总体要求,紧紧围绕“两基地一核心”发展战略,推进拉萨山南一体化进程,以资源优势为基础,以改革创新为动力,深化科技体制改革,夯实科技发展基础,加强科技支撑引领,促进创新驱动发展,为建设全区水平较高的全面小康社会和经济长足发展、社会长治久安提供强有力的科技支撑。

**【经济发展】** 全年共组织实施各类科技项目54个,总投资1882.4万元,完成年度1500万元目标的125.5%,同比增长23.2%;利用“五下乡”、科技活动周、全国科普活动日等活动开展科普宣传工作,全民素质提升;完成2015年度全市1108名农牧民科技特派员考核工作,兑现一次性生活补贴664.8万元。

**【科技项目】** 组织实施国家级科技项目2个120万元,分别为琼结县彭波半细毛羊繁育技术集成示范项目、贡嘎县“昌果红土豆”提纯复壮与高产栽培技术示范项目。组织实施中国科协“基层科普行动计划”奖补项目3个30万元,建设隆子、错那、加查、乃东、曲松、桑日中学科技馆6个180万元,建设寺庙科普活动站3个15万元。组织申报实施自治区级科技项目16个1074.8万元,分别为“春青稞新品种‘山青9号’高产栽培技术集成与示范”项目、“乃东县酸奶加工工艺技术标准化与品质提升”项目、“西藏夏黑葡萄限根栽培技术示范与推广”项目、“加查县蓝莓新品种引进与示范”项目、“山南农业科技园区奶牛繁育示范”项目、“强基惠民送科技”项目、“三区”人才支持计划科技人员专项计划。组织实施自治区科协“基层科普行动计划”奖补项目3个12万元。组织实施本级财政科技经费389万元(其中科技三项经费280万元,科普经费86万元,科协事业费13万元,科研经费10万元),农牧民科技特派员创业奖励补助资金项目6个61.6万元。

**【科协(科普)宣传】** 加强科普宣传工作,利用“五下乡”、科技活动周、全国科普活动日等活动开展科普宣传,开展科普宣传15次,展出科普宣传展板180余块,悬挂标语、横幅、挂图100多幅,发放各类科普图书资料10万余份,受益群众6万余人次;开展农牧区免费义诊4次,免费义诊人数达1750多人次,发放药品价值8万余元。加强科普设施建设,建设加查、隆子、错那、乃东、曲松、桑日等六县中学科技馆,落实装修布展经费18万元,落实扎囊、琼结等八县科普大篷车,修建了隆子县扎果寺、扎囊县扎塘寺、琼结县日吾德庆寺等3个寺庙科普活动站,为开展科普工作提供了物质保障。组织29名中学科技馆教师、科协干部参加2016年中学科技馆科技教师专题培训班、湖南省科协干部援藏培训班、“互联网+科普”专题班、地市科协主席培训班,极大的提高山南市科普工作者的业务水平和工作能力。对650名农牧民开展实用技术、科普知识等能力培训,提高农牧民群众综合素质。加强科技科普宣传力度,利用西藏人民广播电台等媒体平台,播放展示山南科技取得的成果,取得良好社会效益。利用行业手机报推送科普手机短信2万余条,受益群众达5000人次。

**【科技特派员管理】** 完成2015年1108名农牧民科技特派员年终考核,兑现2015年度农牧民科技特派员一次性生活补贴664.8万元,并对做好2016年农牧民科技特派员考核服务管理工作进行安排部署。5月、10月分别组织62名农牧民科技特派员到自治区农科院、安徽省参加种植业、蔬菜种植技术培训,提高农牧民科技特派员服务“三农”的能力。

及时选派50名科技人员到基层开展科技服务工作,并下拨工作经费100万元。修改完善山南农业科技园区总体规划。经市科技局与湖南省科技厅协调联系,湖南省科技厅委托湖南省农科院帮助修改完善农业科技园区总体规划。7月22日市政府同意对园区规划进行修改完善。经过两个多月时间,已初步完成园区总体规划,9月向自治区农科院、贡嘎县及市直相关部门征求了意见建议,进行修改完善。10月14日,市政府召开专题会议征求《园区总体规划》修改意见会,11月报市政府常务会议审定。

**【科技援藏】** 6月,山南市副市长索朗曲巴带领市科技局负责人赴湖北、湖南、安徽三省科技厅汇报衔接科技援藏工作。三省科技厅领导在听取科技援藏工作情况和科技援藏需求汇报后,对科技援藏需求进行一一答复,表示将加大科技援藏力度。“十三五”期间,三省科技厅每年预算40万元、5年200万元,共计600万元,用于科技管理业务技能培训、农牧民科技特派员科技知识技能提升培训及新型科技人才培训。同时,将不断加大对山南农业科技园区优质奶牛繁育技术示范、藏药材种植栽培技术示范、智能温室优质特色瓜果蔬菜等科技产业的支持力度。第四次全国科技援藏座谈会后,山南市与对口援藏的湖北、湖南、安徽三省科技厅进行了座谈，衔接了“十三五”时期科技援藏项目需求。截至年底，湖北省科技厅已完成科技援藏项目濒危藏药材人工栽培技术研究开发与新藏药品种研发项目资金60万元立项，项目资金近期拨付到位；湖南省科技厅已完成科技援藏项目山南农业科技园区规划设计和科技培训中心建设70万元立项，项目资金近期拨付到位；安徽农业大学、安徽省农科院园艺研究所、安徽省农科院土壤肥料研究所、中澳学院等四家机构与市科技局签订了合作协议。

**【党的建设】** 结合“两学一做”学习教育，利用党组理论学习中心组学习会、周五干部职工集中学习日、“三会一课”等方式，重点学习党的十八大、十八届三中四五中六中全会、十八届中央纪委五次全会、中央第六次西藏工作座谈会、习近平总书记系列重要讲话、总书记总理在全国科技“三会”上的重要讲话和区党委八届七次八次全委会、八届区纪委七次全会、市委一届一次会议、市政府1届1次会议、区市维稳工作会议和市纪检监察会议、民族团结工作会议、宣传工作会议等会议精神，教育引导全体干部职工对党绝对忠诚，毫不动摇地坚持党的基本理论、基本纲领、基本经验、基本要求，增强道路自信、理论自信、制度自信、文化自信，牢固树立政治意识、大局意识、核心意识、看齐意识，坚定不移向以习近平同志为核心的党中央看齐，自觉在思想上政治上行动上始终与党中央、区党委和市委保持高度一致。全年共召开党组理论中心组学习会11次。

认真落实党风廉政建设“964”责任体系，坚持把党风廉政建设纳入党建工作的总体目标，与业务工作同安排、同部署、同检查、同考核。严格执行“三重一大”集体决策和民主集中制，对“三重一大”事项做到集体研究，特别是对项目资金安排主动邀请市纪委第四纪检组、财政等部门领导监督指导，不搞“一言堂”“家长制”。同时，进一步强化对“一把手”的监督，进一步完善党务公开、政务公开制度。严格落实党组主体责任，牢固树立不抓党风廉政就是失职的意识，做到守土有责、守土负责、守土尽责；严格落实党组书记第一责任人责任，牢固树立党组书记对党风廉政建设负全面责任、直接责任、首要责任，做到“五个亲自”（亲自部署、亲自过问、亲自协调、亲自督办、亲自批办）、“三必”（逢会必讲、有案必学、有警必示）；班子成员认真履行“一岗双责”，高度重视分管科室党风廉政建设工作。加强党风廉政建设宣传学习教育，结合“两学一做”学习教育，组织党员干部10余次集中学习《中国共产党章程》《中国共产党党组工作条例》《中国共产党廉洁自律准则》《中国共产党纪律处分条例》《中国共产党问责条例》《关于新形势下党内政治生活的若干准则》《中国共产党党内监督条例》等一系列党规党纪和习近平总书记系列重要讲话精神。层层签订责任书，市委市政府分管领导与市科技局主要领导、局党组书记与班子成员、分管领导与科室负责人、科室负责人与科室干部层层签订《落实党风廉政建设责任书》，同时，修改完善党风廉政建设规章制度10余项，并认真督促落实。加强公务车辆管理，严格执行节假日车辆封存制度，建立公务用车封存台帐，确保了公务车辆规范运行。认真开展第二个党风廉政宣传教育月各项活动，组织干部职工参观烈士陵园，重温入党誓词，接受警示教育。加强廉政文化建设，搭建党风廉政建设文化走廊，悬挂廉政挂图12幅，制作廉政建设宣传展板3块。为进一步巩固党的群众路线教育实践、“三严三实”专题教育活动成果，结合工作职能，修改完善《市科技局党组会议制度》《市科技局局长办公会议制度》《市科技局党组理论中心组学习制度》《市科技局财务管理制度》《市科技局车辆管理制度》《市科技局干部职工管理制度》等规章制度10余项，并编印成册，发放全体干部职工，认真贯彻执行。严格执行“三公”经费、大宗物品采购、财政预算及执行情况等公开制度，严格执行公务员津贴补贴规定以及专项资金的管理、使用。全年无超规格接待、无不正当理由出行、无不合理开支等情况。加强对重点科室、重点人员的监督管理，做到“重点节日”前早招呼、早提醒，确保干部队伍健康成长；加强对项目资金监督管理，根据相关文件要求，加强对各项目承担单位资金使用、项目效益等情况的监督检查力度，确保项目资金安全、高效使用。全年未发生干部违法违纪现象、未发现违规使用项目资金现象。

**【民族团结】** 局党组把民族团结工作与业务工作相结合，与业务工作同部署、同落实、同检查、同考核。利用党组理论学习中心组、周五干部集中学习日、“三会一课”等形式，组织干部职工认真学习习近平总书记系列讲话精神，尤其是在中央第六次西藏工作座谈会、中央民族工作会议、中央统战工作会议和全国宗教工作会议等重要会议上的重要讲话精神，教育引导干部职工正确处理好“多”与“少”的关系，藏族同志要主动多关心“少数”汉族同志。利用五下乡、科技活动周、全国科普活动日等为契机，对干部群众开展民族法制教育、法律法规宣传教育活动，使广大干部群众民族法制观念得到明显提高。坚持“团结、教育、疏导、化解”的方针，紧紧抓住民族工作中的热点、难点问题，妥善处理影响民族关系的问题以及突发事件，积极调处化解矛盾，使影响民族团结的不安定因素得以及时化解，把问题解决在萌芽状态，确保民族团结和社会稳定。局领导班子关心爱护干部职工，坚持落实干部职工每年体检制度。在满足工作需要前提下，鼓励干部职工休假，确因工作需要不能休假的，要及时足额兑现未休假补助。

**【“两学一做”学习教育】** 按照市委、市政府的统一安排，结合实际迅速启动，召开动员大会，党组书记作专题辅导党课，形成学习教育的良好氛围；建立学习计划，明确学习的重点和内容，并及时整理学习文字资料，做到学有记录、学有成效。截至年底，召开党员干部集中学习会20余次。抓好集中学习，做到“三个一”。即制订一份学习计划，每周组织一次集中学习，每人撰写一篇学习心得，同时，采取不同形式自学，切实做到有笔记、有心得体会、有检查，每名党员撰写心得体会不少于2篇。截至年底，全体党员干部均有1万字以上的学习笔记。围绕中心工作，开展好讨论。围绕市委、市政府重点工作和目标，开展大讨论活动，教育党员干部强化创新意识，敢于担当、敢于负责、敢为人先、勇立潮头，做示范，强实践，确保全年工作目标任务顺利实现。

**【强基惠民活动】** 围绕自治区强基惠民活动“5+2”任务（即建强基层组织、维护社会稳定、拓宽致富门路、深化感恩教育、办好实事好事、落实惠民政策、推进扶贫开发）和市创新开展的促进农牧民增收、创业意识教育、创建“十星模范村”三项任务总体要求，统筹安排第五批创先争优强基惠民活动，解决轮换运转经费6000元，保证驻村工作队顺利开展各项创先争优强基惠民活动。第五批工作队队员严格遵守驻村工作各项纪律，坚持与群众同吃、同住、同学习、同劳动，走村入户，开展各类调研工作。同时，紧紧依靠村“两委”班子的力量，做到指导不主导，协助不添乱，扎实开展好各项驻村工作，积极争取自治区强基惠民送科技计划项目资金20万元、本级农牧民科技特派员创业补助22万元、县财政项目资金4.5万元，共计46.5万元，新修建藏香猪养殖基地；争取县财政资金6万元，对人畜饮水工程进行维修。认真开展“节前慰问活动”，在“三大节日”前夕，对五保户、贫困户、低保户和“三老”人员进行走访慰问。积极对村民开展春耕备播和接羔育幼技术培训工作，利用空余闲暇时间，对村民开展动物疾病预防、种子选购等开展了技术指导和服务。局领导多次深入驻村点开展走访调研、慰问活动，认真做好贫困户结对帮扶活动，全体干部职工对驻村点8户贫困户19人进行结对帮扶，投入帮扶资金4000元。积极做好第五、第六批驻村队员轮换工作。

## 气象

**【概况】** 山南市气象局共有内设机构4个（办公室、人事科、业务发展科、计划财务科），直属事业单位4个（气象台、财务核算中心、大气探测中心、气象科技服务中心），地方气象机构2个（山南市防雷减灾管理办公室、山南市人工影响天气办公室），山南市气象科技服务与产业实体1个（山南雪云科技工贸有限责任公司）。局下辖隆子、贡嘎、错那、加查、浪卡子、琼结6个县级气象局，独立设置和管理的国家级措美、桑日、曲松、洛扎、扎囊、错那勒布沟6个国家级无人气象自动观测站和桑耶镇、哲古镇、古堆乡、琼结加麻乡、浪卡子普玛江塘、隆子扎日和斗玉乡、错那曲卓木乡8个区域无人自动气象站，业务管理县级气象局——洛扎县气象局、扎囊县气象局。

截至年底，全市气象局部门在职职工104人，藏族90人，占总数的87%，研究生1人，大中专以上学历占98%，聘任至副研级高级工程师岗位的有3人（五级岗1人，七级岗2人），聘任至工程师岗位的37人（八级岗9人，九级岗11人，十级岗17人）。形成一支结构合理、学历层次和业务素质较高的气象科技和专业技术人才队伍。

**【基层县局建设】** 完善基层预报服务人员上挂培训制度，完成一次上挂轮训和洛扎县局人员入驻前的培训，建立市县两级预测预报视频会商制度，确保预测结论的精准与统一，决策建议的规范和科学性。两项举措的落实，基层县局的预测水平和服务产品质量得到明显提升，琼结、隆子、错那等县局结合当地实际，先后推出全新的微信藏文预报服务产品，获得群众的普遍认可。

**【气象保障】** 出色完成山南撤地设市及2016年西藏雅砻文化节期间的气象保障服务，并荣获雅砻文化节“先进集体”；通过提供气象资料信息、开展人工降雪、专派应急服务组等方式，出色完成2015年年底山南市桑日、加查交界森林火灾气象保障服务工作；根据大型工程保障服务需求，建立4个隆子县日当机场气象条件评估自动站和3个闪电定位仪，建立拉林铁路加查大桥气象条件评估自动气象站。

**【“三农”服务】** 与当地农牧、农技推广中心保持密切联系，推动农业气象服务中心规模化建设；及时召开市县两级“三农”启动会，组织人员积极开展服务需求调研，亚堆村、日当镇、隆子镇3个农业气象信息服务站相续挂牌，完成乡镇信息服务网站升级改造工作。

**【综合气象观测业务】** 综合气象观测杜绝各类责任性事故；完成泽当观测站、隆子等5个站的集约式风塔建设及业务切换工作；针对基层装备保障薄弱点，组织大探中心技术人员先后下派基层县局，开展2轮次基层装备保障的面对面与实战型一体的培训；7名基层装备保障人员参加安徽省局培训中心接受装备保障培训。

**【气象宣传】** 按照气象科普业务化、常规化的思路，开展5场次气象科普“进农村、进校园、进寺庙”宣传培训活动，着力把气象科普知识转化为防灾减灾效益；在山南市职业中学建立首个学生教学用自动气象站；组织结沙乡完小学生，开展一次科普“夏令营”活动；在“3·23”“5·12”等节点，开展气象科普一条街宣传活动。

**【党建工作】** 适时开展理论学习，扎实推进“两学一做”学习教育活动，巩固和拓展群众路线和“三严三实”教育活动成果。邀请市党校专家讲师开展《准侧》《条例》的专题讲座和“两学一做”专题讲座；派出纪检工作人员对基层县局、职能科室开展廉政建设巡视工作；开展“四风”回头看检查和整治工作；“两学一做”和精准扶贫工作紧密结合，派遣县处级干部和职工代表先后深入隆子县斗玉乡、桑安曲林乡、新巴镇对帮扶对象家里进行慰问，建立完善的结对帮扶卡。

**【维稳综治】** 山南市气象局把维护稳定作为硬任务和第一责任，构建起维护稳定的长效机制，建立人防、物防、技防维护稳定安全系统；常态化开展“平安单位”创建活动，认真落实安全生产责任制，未发生任何安全事故；严格管理流动人口，认真推行“双联户”联保管理方法；继续选派精兵强将进驻斗玉乡开展“创先争优强基惠民”活动。

**【基础设施建设】** 完成贡嘎县气象局搬迁基础设施建设项目的前期准备工作和项目申报工作；完成新建洛扎县气象局基础设施建设项目设备采购及安装等收尾工程；顺利完成浪卡子县气象局基础设施扩建改造项目建设任务；顺利完成山南市气象局基础设施维修、泽当气象站房屋维修项目；完成多功能职工俱乐部升级改造，满足职工文化生活需求；建立气象综合工作宣传液晶电子显示屏、气象文化宣传栏，对维稳值班室配备电脑和网络；对职工生活区供电设施进行改造，彻底排除多年来的供电安全隐患。

通过统筹部署、加大投入、创新举措，在推进业务现代化的前提下，提升局机关行政工作、文化建设和后勤保障工作的现代化水平。

**【洛扎、扎囊2县气象局挂牌】** 9月1日和12月30日，先后挂牌启动洛扎、扎囊2县气象局，在地方气象维持经费上，得到市、县政府的大力支持，使得各项气象服务得以正常开展。

## 地震

**【概况】** 山南市地震局组建于2011年7月，核定事业编制3名，其中核定副县级领导职数1名，科级领导职数2名。

**【宣传教育】** 深入开展防震减灾科普知识宣传教

育。利用防震减灾云 MAS 宣传教育平台,手机宣传短信全网发送 25 条,覆盖 1.1 万人次。通过广播、电视,积极宣传报道山南市各行各业在防震减灾工作中突出的先进典型,加大正面宣传力度,全年共计播出防震减灾工作新闻 56 条,公益广告 13 条。组织观看科教片《小南海之谜》,进一步增强公众的防震减灾意识。在山南城区公交车站点设置 100 面防震减灾公益宣传广告,广泛宣传和普及地震灾害常识、防震减灾知识和避灾自救互救技能,扩大防震减灾科普宣传的深度与广度,增强广大公众对防震减灾事业的认同和共鸣。举办街头宣传活动,利用"5·12"防震减灾日、全国科普日等时机,共向社会公众发放防震减灾宣传资料 12 种 10000 余份,宣传挂图 50 套(500 张),摆放展板 10 块,努力营造民众自觉依法参与防震减灾良好氛围。

**【应急演练】** 积极开展地震应急演练活动和地震应急预案桌面推演。全市各级消防部队和各学校积极参加由政府组织牵头、多部门共同参与组织开展地震应急演练活动。通过演练,进一步锤炼山南市地震救援队的意志,增强地震应急救援队的救援实战能力,提高大家的地震应急自救互救能力,取得良好的效果。在市委党校组织开展山南市地震应急预案桌面推演工作,地震应急预案桌面推演过程,检验《山南市地震应急预案》的针对性、可操作性和实战性,提高市、县(区)地震应急指挥、抢险救援、地震应急联动和组织协调能力,确保地震发生后应急工作能够迅速、高效、有序开展。

**【培训学习】** 年内,地震局不断加强群测群防体系建设。在市委党校举办山南市 2016 年第一期防震减灾应急救援工作培训班,对来自全市 12 个县(区)、46 个成员单位的分管领导和联络员共计 116 余人开展相关业务和救援技能培训,使各县(区)、各部门充分认识防震减灾事业的重要性,让大家更好地熟悉防震减灾应急救援工作相关知识,增强责任意识,找准自身的定位,为有效开展抗震救灾工作奠定坚实的基础。

开展防震减灾知识进党校活动,提高山南市领导干部应对突发事件的处置能力。按照《2016 年西藏自治区防震减灾科普宣教工作要点》(藏震防发〔2016〕2 号)通知的要求,联合市委组织部、市委党校,将防震减灾知识纳入到党校培训课程,积极开展防震减灾知识进党校活动,将防震减灾知识教育培训明确纳入危机管理和社会管理培训中,作为主体班学员的必修课,200 余名学员参加讲座。

**【项目建设】** 年内,地震局认真做好山南综合地震台建设项目开工各项工作。完成山南综合地震台建设项目规划拟选址意见书、建设项目环境影响登记表等相关手续,并与乃东区泽当镇乃东居委会达成征地协议,该项目正在进行施工许可报建中,预计 2017 年上半年完工。该台站的建成将大幅度提升山南市震害监测预报能力,为山南经济跨越式发展和社会长治久安提供更为可靠的地震安全保障。

**【抗震设防能力】** 严格按照第五代地震动参数区划标准做好抗震设防,对各类建筑由第三方专业机构进行施工图审查。积极按照第五代地震动参数区划图要求,做好各类建筑的抗震设防工作。

# 文化·广电

## 文化事业

**【概况】** 2016年11月，根据《中共西藏自治区委员会办公厅西藏自治区人民政府办公厅关于印发〈山南市人民政府职能转变和机构改革方案〉的通知》精神，设立山南市文化局（市文物局），正县级，为山南市人民政府工作部门。将原市文化局（市新闻出版局、市文物局）综合管理的新闻出版职责、承担的扫黄打非和版权保护工作职责划入市新闻出版广电局（市版权局）。

山南市文化局（市文物局）总编制有28人，其中领导职数为6人，内设8个行政科室、1个事业科室，实有人数为28人。市艺术团编制59人、实有40人，市群众艺术馆编制28人、实有18人，市图书馆编制2人、实有8人，市博物馆编制2人、实有10人。12县（区）设有县（区）文化广播电影电视局（新闻出版局、文物局）行政机构，每县编制有4～5人；全市12县（区）设立了县综合文化活动中心，各县（区）综合文化活动中心编制不少于5人，并下达122名编制，现有工作人员131人；全市82个乡镇设立乡镇综合文化站，各乡镇综合文化站编制不少于3人，并已下达408名编制，有工作人员413人。

截至年底，全市有各级各类公共文化机构有专业人员544人，文化志愿者943人，业余文化工作者8000余人，市县两级组建了各类艺术团队17支，550支村级业余文艺演出队，9支卓舞队，34支民间业余藏戏队。全市共有各类不可移动文物730余处1300个点，各级文物保护单位317处，其中国家级重点文物保护单位16处18个点、自治区级85处87个点、县级216处；现有非物质文化遗产项目205个，国家级非遗保护项目15项、传承人11人，自治区级非遗保护项目43项、传承人51人，市级非遗保护项目34个，县级非遗保护项目113项，传承人143人；现有珍贵古籍3000函。全市互联网上网服务营业场所、歌舞娱乐场所共87家。

**【示范区创建】** 截至年底，累计投入资金3.73亿元，建立市、县（区）、乡、村四级公共文化服务设施网络，全面提升公共文化服务基层、惠及群众的能力和水平。10月25日，山南市公共文化服务体系示范区创建工作顺利通过文化部、财政部的考评验收，山南市被正式授牌命名为“国家公共文化服务体系示范区”。

**【项目建设】** 截至年底，自治区确定文化项目10个，计划投资1.314亿元；文物项目16个，计划投资2.3亿元。同时，向文化部争取投资1730万元的“边疆万里数字文化长廊基层服务点建设”项目，在全区率先实现乡村数字文化全覆盖。基本完成市博物馆新建项目和市群艺馆改扩建项目建设，正在制定市博物馆展陈设计方案。实施文物保护维修项目20个（其中新建项目10个、复工项目10个），总投资1.016亿元，已完工项目13个。

**【文化遗产保护】** 开展藏文古籍查漏补缺和可移动文物普查工作，登录珍贵藏文古籍2500余函，文物13000余件。启动藏戏普查登记工作，建立非遗数据库，登录34支民间藏戏队，制定《山南市非物质文化遗产保护管理办法》,公布命名34个山南市首批非物质文化遗产代表性项目名录。

**【群众文化生活】** 年内,开展送戏下乡活动,下乡演出800余场次。与湖北省合作举办2016中国西藏雅砻文化节。圆满完成第三届“藏博会”展览展示任务。举办首届群众广场舞大赛和曲艺大赛等活动,深受群众欢迎。开展山南市首届“雅砻文学艺术奖”评选工作。

**【文化交流】** 邀请湖北省歌舞团、阿里地区象雄艺术团和那曲地区班戈县民间艺术团在雅砻文化节期间开展文艺演出,加强交流学习。协助湖北生命之舟残疾人艺术团和拉萨“卡达嘎布”盲人乐团举办专场晚会。协助完成自治区话剧团大型话剧《解放·解放》在山南巡演活动。先后接待拉萨市文化局、那曲地区文化局、南木林县、尼玛县考察组到山南考察公共文化服务体系建设。同时,积极参加由文化部在西安举办的全国历届群星奖获奖精品展演、西藏电视台藏历年新年晚会、第三届藏博会原生态节目展演、西藏自治区“10·17”扶贫晚会、第四届西藏业余藏戏大赛暨第五届藏戏展演等活动,并首次在拉萨成功举办优秀节目展演和优秀书法摄影作品展。

**【文化市场】** 梳理权责清单,核定行政审批项目29项,规范文化行政审批管理。加强文化市场监管。开展网吧转型升级试点工作,完成转型升级网吧3家。文化市场监控平台上线激活率达到97.93%。开展“护苗”“净网”“秋风”“清源·固边”等“扫黄打非”专项行动,确保意识形态领域安全。开展“4·23读书日”和“4·26”知识产权日宣传活动。承办2016年全区“扫黄打非”业务骨干培训班。

**【文化队伍】** 邀请四川省成都市、安徽省马鞍山市、区文化厅、区图书馆等区内外相关专家,举办公共文化服务体系建设与效能提升、公共图书馆管理人员、文化志愿者、文化市场暨新闻出版业务等6期培训班,共培训基层文化业务骨干620余人,并组织80余名文化干部参加区内外各类培训。按照文化部相关要求,选派10名非遗传承人到北京参加“西藏山南非物质文化遗产研习班”。同时,加强民间艺术团队伍建设,贡嘎、琼结、措美三县民间艺术团新招演员18名,缓解演员队伍老化问题。

# 广播电影电视

**【概况】** 市新闻出版广电局(市版权局),2016年政府机构改革中,原山南地区广播电影电视局与原新闻出版局合并成立,于2016年10月正式挂牌。主管全市新闻出版广播影视新闻宣传、事业建设、产业发展、播出安全等工作。

山南市新闻出版广电局(市版权局)下属广播电台、电视台、调频广播转播台、有线电视台、广播电视网络管理中心和电影发行放映站共6个正科级事业单位。局系统共有编制115名,其中行政编制16名,事业编制99名,实有干部职工116名(含6名援藏干部),其中行政公务员18名、专业技术人员76名、工勤人员22名。局机关县处级领导职数4名,科级领导职数12名;年内,局内设6个正科级行政科室,实有干部职工19名,其中局领导6名(含援藏干部1名,调研员1名)。全市11县设有县级广播电视转播台和调频转播台,12县(区)设有县级电影放映管理站,共有农牧区基层放映队76支。

主要承担贯彻执行国家关于新闻出版广播电影电视工作的方针政策和法律法规;组织推进全市新闻出版广播电影电视领域的公共服务,组织实施全市新闻出版广播电影电视重大工程,指导、监管全市新闻出版广播电影电视重点基础设施建设;对从事新闻出版广播电影电视节目制作民办机构的监管;指导全市新闻出版广播电影电视和信息网络视听节目服务的科技工作;监管广播电影电视节目传输、监测和安全播出;规划和管理广播电视网络及市委、市政府和市委宣传部交办的其他事项。

2016年,全系统深入学习贯彻习近平总书记系列重要讲话精神和党中央治国理政新理念新思想新战略,不折不扣落实市委、市政府决策部署,圆满完成了各项工作任务,实现“十三五”精彩开局。2016年市新闻出版广电局荣获自治区级创先争优强基惠民活动优秀组织单位,市广播电视台被区党委宣传部评为全区新闻宣传工作先进集体,《七个山南》系列专题片荣获全区优秀新闻作品奖。

**【新闻宣传】** 2016年,市新闻出版广电局牢牢把握正确政治导向和舆论导向，引导全行业弘扬主旋律、传播正能量，初步构建定位明确、特色鲜明，功能互补、覆盖广泛的舆论引领新格局。2016年，完成撤地设市、中共山南市委员会第一次会议及“两会”的宣传报道工作和广播电视防汛抗灾舆论引导工作，圆满完成雅砻文化节的宣传片、开幕式、晚会录制工作及2017年藏历新年电视联欢晚会的承办工作。2016年8月9日与山西传媒学院合作在市广播电视台建立教学实践基地。市广播电视台成为西藏自治区第三个“山西传媒学院教学实习基地”，必将很好地促进山南广播电视新闻人才队伍专业素质的进一步提高。2016年10月，经市新闻出版广电局与湖南卫视合作，贡嘎县平民英雄普布次仁在6·10重大交通事故中的英勇救人事迹在湖南卫视《平民英雄》栏目播出，受到两地引发强烈的社会反响，为弘扬主旋律，传播正能量起到很好的社会反响和正面宣传效果。全年市广播电视台共播出汉语新闻3080条、藏语新闻2730条，向西藏电视台、西藏广播电台报送新闻870条，采用376条，采用率达43.2%。

**【广播电视覆盖及管理】** 2016年，市新闻出版广电局牢固树立“安全播出是广播电视工作生命线”的核心理念，抓台站管理、抓项目建设、抓督导检查，安全播出保障能力和水平有效提升。让基层每家每户群众都能看到电视节目，听到党的声音，是广电人不懈奋斗的目标。2016年，市新闻出版广电局共发放8170套新增户“村村通”设备，更新置换53031套第一代“户户通”直播卫星接收设备。县级有线数字电视工程建设已完成招投标，正在实施桑日、琼结、隆子三县广播电视高山无线发射铁塔建设项目和市广播电视台90米广播电视铁塔及洛扎、加查、错那三县70米广播电视铁塔建设项目。项目建成将大大提高山南市广播电视综合人口覆盖率，截至年底，山南市广播电视综合人口实际覆盖率达到98%以上。2016年，在全市组织开展打击非法安装使用广播电视卫星接收设备整治行动20余次，出动执法人员145人次，有效打击非法经销和非法安装使用广播电视卫星接收设备行为，确保广播电视安全播出万无一失。组织开展“扫黄打非”整治行动687次，出动执法人员1864人次，净化文化市场，为创建安全文明的社会环境提供有力保障。

**【公共文化服务】** 2016年，市新闻出版广电局认真落实中央和自治区决策部署，守住民生底线、补齐民生短板，努力让各族群众享受到标准化、均等化、优质化的新闻出版广播影视服务。年内，泽当主城区有线数字电视覆盖用户1.8万余户，11县有线模拟电视用户达到8000户以上，全市卫星直播用户达到94739户。2016年，全市农村电影共放映16211场次，观众达96.74万人次，平均每月每个行政村放映两场以上。县级数字影院正在安装调试放映设备，即将投入使用。雅砻数字影城于2016年3月28日正式运营，截至年底，共放映2852场次，销售4.42万张票，票房总收入达到280.32万元，影院纯收入达到136.68万元，深受群众的欢迎。全市548个农家书屋和249个寺庙书屋发挥良好作用，乃东区被评为全区“书香之县”，琼结县琼结镇被评为全区“书香之乡”，洛扎县洛扎镇吉堆居委会和拉康居委会被评为全区“书香之村”。为保证农牧区群众正常收听收看广播电视，结合“五下乡”活动，为农牧民群众、寺庙僧尼、乡镇干部职工、驻寺干部等提供现场更换维修广播电视卫星直播设施，更好地满足广大人民群众的精神文化需求。

**【党建和党风廉政建设】** 2016年，市新闻出版广电局坚持思想建党和制度治党，严明政治纪律和政治规矩，强化党的建设和队伍建设，不断增强全面从严治党的系统性、创新性、实效性。深入开展“两学一做”学习教育，着力在读原著、学习原文、悟原理，领会核心要义和精神实质上下功夫，抓好整改落实，认真开展优化发展环境和精准扶贫工作，制订《新闻出版广电系统精准扶贫工作实施方案》及《新闻出版广电系统精准扶贫结对帮扶明细卡》等一系列扶贫攻坚措施，确保通过组织建设，切实提高队伍整体素质，做到学而信、学而用、学而行，获得一致好评。始终高度重视干部教育培训。年内，市新闻出版广电局举办专题廉政党课、廉政谈话、廉政建设知识测试活动、观看预防职务犯罪警示教育基地等各类教育培训活动20余次，增强了干部队伍的整体活力，为履职尽责、推动发展提供坚强保证。始终按照“一岗双责”、党政同责的要求，认真履行党风廉政主体责任，规范议事程序，严格实行党组会议书记末尾说话制，与78名党员干部签订《党风廉政承诺书》，与41名非党员干部签订《廉洁自律承诺书》，层层传导压力，同时在节假日召开党风廉政专题会议，对坚决刹住“四风”等不正之风作强调，时常教育干部职工“常思贪欲之害，常怀律己之心”，为推进市新闻出版广电局党风廉政建设工作奠定良好基础，实现“两手抓、两不误、两促进”。

# 民族　宗教

**【概况】** 山南市民族宗教事务局人员编制总数为 26 名，其中行政编制 12 名、工勤编制 1 名，事业编制 2 名，机关其他编制 11 名，县级领导职数 5 名，科级领导职数 10 名。内设 6 个正科级行政机构，即：办公室、民族科、宗教一科、宗教二科、法制宣传教育科、山南市佛教协会办公室。现有干部职工 26 名。2016 年 6 月 28 日至 7 月 1 日山南市召开佛教协会一届一次会议，现会长 1 名，副会长 3 名、常务理事 20 名，理事 61 名，秘书长 1 名，副秘书长 1 名。

**【民族宗教会议】** 2 月，召开全市统战民族宗教工作会议，认真学习区统战民族宗教工作会议精神，制定任务分解方案，安排部署各项工作。同时，对民族宗教领域维稳、重点任务督查、兴边富民项目和寺庙维修项目管理等方面向各县民宗部门下发文件 110 余份，召开业务工作推进专题会 6 次。

**【民族宗教领域重点工作】** 认真贯彻落实区、市维护社会稳定一系列决策部署，把民族宗教领域稳定作为硬任务和第一责任，认真制定了维稳应急预案，深入贯彻维稳十项措施，强化民族宗教领域信息分析研判，密切关注和全面掌握民族宗教领域动态，确保全市宗教领域持续和谐稳定。强化安排部署。先后召开维稳工作部署会 10 余次，下发维稳通知 20 余份，做到了各项精神快速传达、尽快落实。强化措施落实。在全国、全区“两会”“三大节日”、3 月重要时期、G20 峰会、十八届六中全会等重要节点期间，市民宗局带头抽调 30 余名涉宗干部，深入各县（区）统战、民宗、宗教部门和寺管会督导检查寺庙维稳措施落实、干部在岗、僧尼在寺等情况，确保各项维稳措施落到实处，实现寺庙大事不出、中事不出、小事也不出的目标。认真抓好传统宗教活动管理，坚持从严审批各类佛事活动。年内，成功举办敏珠林寺“珠巴嘎杰”、昌珠寺“美朵曲巴”、桑耶寺“次久节”等 104 余场大中小型佛事活动，活动期间未出现任何不稳定因素，满足信教群众的需求。加强“扎日转山”民俗宗教活动管理，结合山南实际，制订《山南地区宗教领域关于 2016 年“扎日转山”民俗宗教活动宗教领域维稳总体方案》，从全市涉宗部门中抽调 32 名干部分别安排在各“转山”点抓宗教领域安保工作，整个“转山”活动秩序井然、安保严密，未出现任何危安事件，做到了“不炒作、不渲染、顺其自然”的要求，得到自治区党委书记吴英杰的充分肯定。强化宗教领域情报信息处置工作，积极配合安全、国保等部门对 6 期宗教领域情报信息进行分析研判，并及时做好处置工作，防止了不稳定因素发生。加强社会流动从事宗教活动人员的管理。严格按照“五级管理”责任，全面实施乡镇统战委员（民宗联络员）敏感时期每周清点人数、每月走访了解、每季度汇报的工作机制；牢固树立以业管人、以业安人、以业育人、以业富人的管理理念，加强对社会流动从事宗教活动人员的职业技能培训，年内，350 名非法社会流动从事宗教活动人员中有 40 名已通过驾驶技能培训。认真开展四省藏区学经人员摸排工作。根据区、市关于四省藏区学经人员摸排工作的总体部署要求，相关部门抽调人员，成立山南市教育转化工作专班组，制订《学经回流人员教育转化工作实施方案》《宣讲人员工作守则》《教育计划》《“一对一”帮教育工作方案》等，明确教育转化工作的指导思想、目标要求和工作措施；从市直 15 家相关单位和部分寺管会抽调23名授课人员安排授课；从市级涉宗部门选派6名干部，指定为市教育点上6名学员“一对一”帮教对象，每周四定期进行辅导帮教，学员思想状态稳定，教育转化成果显著。

**【民族团结】** 始终把维护祖国统一、加强民族团结作为工作的着眼点和着力点，牢牢把握各民族共同团结奋斗、共同繁荣发展主题，深入推进“民族团结模范区”建设，有力促进了民族团结进步事业健康发展。深入开展民族团结宣传教育活动。充分利用“3·28”西藏百万农奴解放纪念日、综治宣传月和“民族团结宣传月”等重要活动、重要节点，采取丰富多样的形式，开展民族团结教育“七进”活动，引导各族干部群众牢固树立“三个离不开思想”，培育中华民族共同体意识、增进“五个认同”。9月“第26个民族团结宣传月”活动中，联合市相关部门在泽当城区主街道采取以悬挂宣传横幅、摆放宣传展板、发放宣传资料、设立咨询点等形式，在群众中广泛宣传党的民族政策，帮助群众解疑释惑。活动中悬挂宣传横幅30余条、发放宣传资料6000余份、发放宣传光碟500余张。积极联合移动公司在全市移动手机用户中发送了“各族干部群众要牢固树立‘团结稳定是福、分裂动乱是祸’的思想，维护民族团结，构建和谐西藏”为主题的民族团结宣传短信，丰富民族团结宣传形式。同时，充分发挥山南电视台、山南报、山南网舆论宣传阵地作用，广泛宣传民族团结模范集体和先进个人典型事迹，营造了人人维护民族团结、争当民族团结先进个人的良好风气。开展民族团结示范点建设，山南市隆子县斗玉珞巴民族乡被自治区授予“西藏自治区民族团结进步创建活动示范乡（镇）”，并进行挂牌，年内，2个民族团结示范县、12个民族团结示范乡镇全面建成。深入推进民族团结进步创建评选活动。经市委批准，10月21日召开山南市级民族团结表彰大会，对15个集体、21名个人进行表彰。同时，山南市13个集体、19名个人受到自治区表彰。配合做好脱贫攻坚工作。严格按照“五位一体”的大扶贫格局和2018年全面脱贫的目标要求，积极向自治区相关部门沟通协调，争取2016年第一批少数民族发展资金（兴边富民行动）资金计划9500万元，按照要求，该项目资金全部整合到脱贫攻坚工作上。做好文艺创作扶持项目。按照要求，积极协调配合宣传部门，认真做好2016年度文艺创作扶持项目推荐申报工作。申报《吉祥门隅》《哲巴卓舞》2个集体、《旧西藏农奴生活》《塑像描摹（康卡绘画）》2名个人，申报扶持资金达75万元。抓好复工项目落实工作，2015年少数民族发展资金（兴边富民行动）复工项目共计50个，总投资3541万元。专门组织项目督查组利用10多天时间，先后深入浪卡子、洛扎、隆子、贡嘎、错那等县43个项目实施点进行了督查。所有复工项目已开工建设，完成投资3541万元，完成投资率达100%。

**【宗教事务管理】** 始终贯彻落实党的宗教政策，认真履行教育、管理、服务、引导工作理念，依法依规管理各项宗教事务，确保寺庙和谐、佛事和顺。认真履行教育职能。年内，协助市委统战部、市宗教办从西藏佛学院、拉萨哲蚌寺邀请高僧大德和组织本市高僧大德、法律专家，深入边境高寒县偏远寺庙开展法制宣传教育巡回宣讲8余场次、僧尼参加人数280余人；县涉宗部门、各寺管会组织僧尼开展法制宣传教育300余场次，播放爱国影片150余场次，市、县涉宗部门召开僧尼座谈会26场次，发放宣传资料3000余份，僧尼参学率达99.9%。选派了100名僧尼参加自治区社会主义学院学习，提高僧尼的综合文化知识水平。深入实施“百名高僧大德培养”工程，采取多种措施，积极培养政治立场坚定、宗教造诣高、信教群众中有威望的僧尼的培养和重用，市佛协换届中及时对部分高僧大德吸纳到新一届佛协组织中。深入开展和谐模范寺庙暨爱国守法先进僧尼表彰活动，年内，表彰县（区）级和谐模范寺庙132座次、爱国守法先进僧尼1946人次；表彰市级和谐模范寺庙40座、爱国守法先进僧尼1029名，兑现表彰资金121.2万元；表彰先进寺管会20个、优秀驻寺干部100名，优秀涉宗干部15名、落实表彰资金457.9万元；推荐自治区和谐模范寺庙20座、优秀寺管会20个、优秀驻寺干部140名、优秀宗教干部15名。激励广大僧尼争创和谐模范寺庙、争当爱国守法先进僧尼的积极性和主动性。5月出台《中共山南市委、市政府办公室关于调整充实地级领导有关工作联系点的通知》，完善地级领导干部和市宗教工作领导小组成员单位主要负责人联系寺庙制度。4月1日，市委书记张永泽召开市委专题会研究解决民族宗教工作时提出了宗教领域开展“三个一”（即开展一次涉宗干部履职情况评估、开展一次涉宗干部政策法规宣传教育培训、开展一次宗教活动场所清查工作）和“五个持续解决”（即个别领域持续解决谁统战谁的问题，持续解决即管肚子、又管脑子的问题，持续解决意识不强、嗅觉不灵的问题，持续解决牵着鼻子走的问题，持续解决重办事、轻教育管理的问题）的工作措施，以“三个一”“五个持续解决”工作与寺庙“规范年”创建活动紧密结合起来，出台《关于开展全市统战民宗干部政策法规宣传教育培训工作的方案》，于5月、7月，举办全市第一期、第二期涉宗干部政策法规培训班，对市级统战、民宗、宗教部门科级以上干部和部分县（区）统战部长、民宗局长、部分寺管会书记（主任）和副主任130余人进行培训。选派30余名民族宗教干部、驻寺干部参加国家民委、国家宗教局、自治区社会主义学院举办的各类培训，提高统战、民宗、宗教干部和驻寺干部履职能力和工作水平。制订《山南市宗教活动场所清理清查工作制度》和《山南市宗教活动场所清理清查工作方案》，开展宗教活动场所清查清理工作。先后清理拆除了贡嘎县杰德秀镇辖区7处群众私设小经堂、转经筒宗教建筑物；拆除了隆子县机甲寺违规建筑物和洛扎县生格乡木村违规寺庙建筑物；教育整治隆子县日当寺僧人多次越级上访，要挟政府提出不合理诉求的问题，未造成任何负面影响。年内，各级寺管会走访慰问僧尼家庭每户2次以上，投入资金71万余元；为寺庙、僧尼、僧尼家庭办实事823件，投入资金达210余万元；对所有在编僧尼进行免费健康体检，僧尼低保、五保实现应保尽保，有效解决僧尼及其家庭实际困难问题。完善活佛档案，对全市藏传佛教寺庙活佛档案进行认真审核和登记造册，做到一活佛、一档案；注重活佛后续教育培养，2月组织3名新认定的活佛到桑耶寺、安孜拉康学习考察，并对3名活佛进行慰问，送去慰问金15000元。做好寺庙维修立项工作。规划编制了“十三五”期间全市宗教活动场所维修项目共88个，资金达1.02亿元。2016年至2017年自治区已纳入总盘子的项目共有27座、计划落实资金2559万元，项目前期筹备工作已完成，待国家投资批复后全面组织实施。

**【佛协组织建设】** 经市委、市政府批准，2016年6月28日至7月1日召开山南市佛协第一届一次代表大会。会议听取山南地区佛协第六届常务理事会工作报告，规划五年佛协工作；选举产生新一届佛协组成人员，安排佛协理事61名、常务理事20名，正副会长4名、正副秘书长各1名，落实14名新增理事、常务理事、副秘书长生活补助。为发挥好党和政府与信教群众之间的桥梁纽带作用提供坚强的组织保障。

**【“两学一做”学习教育】** 按照市委统一部署，5月26日，召开“两学一做”学习教育动员部署会议，成立领导小组、制订学习方案，动员全体党员干部深刻学习和领会习近平总书记系列讲话精神，学习党章党规，做一名合格共产党员。先后组织党员领导干部集中学习共50余场次，召开座谈会3次，开展专题党课5次，个人学习笔记平均达2万字左右。

**【党风廉政建设和党建工作】** 始终坚持把抓党建工作和落实党风廉政建设责任作为工作重点来抓，认真履行“第一责任人”的责任。成立以局党组书记为组长，局班子成员、各科室负责人为成员的党风廉政建设工作领导小组，制订《市民宗局2016年党风廉政建设工作方案》《党建工作方案》，细化任务；按照党风廉政建设责任制要求，市委市政府分管领导与党组书记、党组书记与班子成员、班子成员与科室负责人层层签订《党风廉政建设责任书》；市委、市政府分管领导高度重视分管单位党风廉政建设工作，4月、7月分别召开统战、民宗系统党风廉政建设专题会，听取汇报并安排部署党风廉政建设工作，为凝聚思想，推动廉政工作有促进作用。同时，在党建党95周年和党风廉政建设宣传月活动中，组织党员干部开展知识竞赛、重温入党宣誓、廉政基地参观学习以及困难党员慰问活动；结合精准扶贫“结对帮扶”工作，现有的25名干部职工与加查县拉索村15名贫困户建立帮扶机制。主要领导先后4次到驻村点调研和指导基层党风廉政建设工作，形成调研报告2篇。班子其他成员和党员干部深入结对户各达2次；全年给驻村点群众生产生活和基础设施建设方面解决困难问题共4项、争取资金240余万元，党员干部给各自帮扶户慰问帮扶资金累计达2.8万余元。

# 军 事

## 武装警察

【概况】 中国人民武装警察部队西藏山南地区支队（简称山南支队），下设司令部、政治处、后勤处三个部门，下辖1个直属大队，1个教导队，17个中队级单位。主要担负山南地区执勤处突、反恐维稳、抢险救灾和战时防卫作战等任务。

【维护稳定】 立足"多能一体、有效维稳"，突出"三场维稳战役"筹划指导，认真贯彻落实湖北、杭州会议精神，紧盯思想、能力、设施等软硬隐患，采取自查自纠、联查联改等方式，扎实开展勤务检查鉴定、安全教育整顿活动，强力推进"四防一体化"建设、执勤隐患治理和AB门建设，着力提高执勤目标安防系数，实现固定执勤安全无事故目标。着眼"稳内、御外、控边"的战略要求，紧盯重点时段、重要节日、重大活动和敏感时节，准确研判形势任务，细化区分"六个维稳节点"，科学统筹力量，严密组织部队行动，累计动用兵力X万余人（次），车辆X余台（次），圆满完成执勤战备维稳任务。积极探索军事训练"八落实"方法途径，运用"六种组训模式"，组织实战化训练，抓紧抓实新大纲试训、新兵训练、指挥员训练、人装结合和岗位练兵，圆满完成"八落实"试训任务和X个课目战训法演示，加大反恐防袭、紧急出动演练，重视特勤排、应急班"拳头"力量建设，组织三期勤训轮换，选送特战、侦查队员参加总队培训，组织预提指挥士官集训，新训工作抓得紧而实，官兵军事素质明显提升。认真贯彻落实中央第六次西藏工作座谈会精神和治边稳藏方略，遵循刚柔相济的制胜机理，扎实开展综合维稳"六共"活动，巩固加强民族团结，夯实维稳群众基础。浪卡子中队先后被总队表彰为"六共"活动先进集体、自治区表彰为"民族团结先进集体"，推荐扎囊县中队参加地区"民族团结先进集体"评选表彰，加查县中队长普珠被地区表彰为"民族团结先进个人"。

【安全工作】 突出安全工作基础工程、保底工程重要地位，广泛开展"学法规、用法规、守法规"和"正规依法从严管理"教育整顿活动，严格落实一日生活制度，从党委机关抓起、从领导干部严起、从突出问题治起，强化法治思维和行为习惯，维护保持正规的"四个秩序"，开展正规化达标验收，达标率居总队之首。认真贯彻落实总部"八个规范"网上集训精神，紧紧扭住"人车枪弹酒、水火电毒密、小散远直弱"，严密组织核心涉密人员政治考核，突出军械库、加油站、物资库的守卫警戒，开展百日安全竞赛、密切内部关系、枪弹安全管理、车辆运行秩序治理整顿、安全大检查和"三有三责"群众性建安创安活动，有效防范和消除各类安全隐患。严格落实武警党委《禁酒令》和"八严"纪律规定，采取实地检查、电话随访等方法，重点加强官兵八小时以外和在外人员的教育管理，"一选两退"工作组织严密，专项清理官兵持有因私出国（境）证件和网上涉军有害信息，加大私家车管理力度，集中纠治倾向性问题，设立监督电话，发现问题及时查处，大力整肃军纪，提升安全工作质量内涵。发挥安全委员会职能作用，建立健全党委统揽、主官负责、分管专司、官兵尽责的长效机制，每逢任务转换和敏感时期，及时派出工作组加强督导，定期研究分析形势，从严追责问责，部队实现了持续安全稳定。支队勤务做法、安全工作、机要干部队伍教育情况被总队转发。

**【机关队伍建设】** 深入贯彻《军队基层建设纲要》（以下简称《纲要》），领会实质精髓，把握要义要点，抓好新老《纲要》对照学习研讨，深化转化总队两批《纲要》培训成果，逐项逐条内容对照规范落实，紧盯经常性基础性工作的末端效果，利用周交班会讲评、月办公会排序、季夺优胜旗等激励措施，树立大抓基层的鲜明导向。广泛开展机关、基层干部大练“双六功”和支部班子岗位练兵活动，采取以会代训、难题会诊、结对帮带、函授作业等形式，以部队建设常用法规为主学内容，以本职岗位为实践提高的平台，不断提高两官认识问题、分析问题、解决问题、依法抓建的能力。重视配齐配强大（中）队主官，组织中队主官互换军政岗位，调整机关和基层干部交叉任职，结合不同任务安排机关干部下队当兵、代职锻炼，增强按纲抓建本领；贯彻总部《关于进一步规范基层工作指导和管理秩序若干规定》等制度，规范抓建秩序，健全落实“三会一线”统筹指导和“一二一”工作运行机制，用好“三治四建”“三帮一提高”活动，帮实建强“三个一线”。规范落实“九项经常性工作”，细化日、周、月、季工作流程，持续整治基层建设中不统一、不规范、不见底的常见病多发病。落实常委包片、股（室）挂钩帮建制度，组织联合工作组实施考帮建，在面对面指导帮建中提高部队建设标准和质量内涵，今年，重点帮建的措美县中队进步明显。

**【后勤保障】** 以建设现代后勤为目标，严把后勤保障重心，深度破解部队保障难题。按照“后勤变前勤”要求，重视“一组五队”建设，积极搞好后勤岗位大练兵活动，认真组织炊事员集训、司务长集体办公和后勤业务培训，严密组织财务大清查，强化审计监督，修订完善《支队财务管理规定》，压减行政消耗性开支X万元、接待费X万元；有序推进支队机关、干部公寓房和直属大队、教导队规划建设；带着感情、带着责任为基层办实事，投入X万元彻底解决基层“五难”问题，积极协调2名官兵到内地住院治疗，为1名官兵办理评残手续，解决4起官兵家庭涉法问题，拿出X万余元救济补助困难家庭官兵。扎实开展“伙食管理规范年”活动，巩固深化“引智工程”建设成果，统一规划协调驻镇部队两业生产，收益达X多万元，完善集中采购和副食品统一供应模式，强力落实早餐“两个一”标准，持续推行“6+2+1”供餐模式，深入开展后勤服务下基层活动，服务保障效能得到提升。

**【检查指导】** 3月10—15日，总队政治部王天祥主任一行工作组深入山南支队，全面指导“三月敏感期”维稳备战工作，检查调研学习贯彻两级党委扩大会议精神、推进年度工作开局起步情况。5月23日至27日，总队陈晗副政委率工作组参加指导山南支队党委民主生活会。期间，陈副政委逐一与支队党委常委谈话，工作组成员分别与机关股长、大（中）队主官个别谈话，查阅相关资料，进行理论考核，并深入部分基层中队实地检查调研、座谈了解、帮带指导。

**【党委扩大会议】** 3月7—8日，山南支队召开党委三届十二次全体（扩大）会议，集中传达学习总部、总队全会精神，总结分析2016部队建设形势，研究部署新年度工作任务。

## 公安边防

**【概况】** 2016年，山南边防支队党委凝聚全警共识，在继承中发展，在发展中创新，有力推动班子建设更加规范、维稳管控更加有力、政治工作更具活力、后勤保障更加精细，部队各项工作取得长足进步。

**【党建工作】** 始终坚持党委带头、率先垂范，创建模范党组织、大队党委班子建设、“两学一做”学习教育扎实推进、有效落实，部队抓党建带队伍、促中心、正风气成效显著。抓好党委议教、中心组学习等制度，分层建立正（副）书记、党委委员、普通党员党委主抓学习贯彻党的十八届六中全会精神，树立“四个意识”，做到“四个服从”，引导官兵以忠诚于党、敢于担当、主动作为的精神和态度，全力做好维护稳定各项工作。严格落实民主集中制，全年召开全委会2次、常委会19次，表彰奖励35个集体、48人，班子议事决策全部贯彻执行，凝聚力号召力公信力提升。大力推行党委“一线工作法”，严格落实领导干部当兵制度，问谏服务对象、问需基层官兵。严格落实“两个责任”，强化纪委监督执纪，以优良的党风生成过硬的警风。年内，圆满召开支队第三次党代会、加强大队党委建设现场会和“两学一做”学习教育专题民主生活会，切实以立说立行的务实作风推动各项工作深入开展。

**【维稳控边】** 年内，山南边防支队始终牢固树立稳定压倒一切的思想认识，强化主业意识，守好主阵地、打好主动仗。着力构建纵深拦截、横向策应的“防范网”，在扎日“转山”安保工作中，先后17次深入边境一线调研，研究论证安保方案，设立基本指挥部和前进指挥所，增设边防执勤卡点，成立应急处突、应急救援、后勤保障分队，圆满完成扎日“转山”边防安保工作，赢得各级党委政府一致肯定。在重大敏感节点维稳管控工作中，全体官兵充分发扬长期作战、连续作战的顽强作风，以“七项业务大会战”和“固边”系列行动为抓手，严密二线查控，加强社会面管控。共检查出入边境管理区人员19.3万人次、车辆8.7万台次，劝返无证及持无效证件人员193人，堵截查获绕关避卡和网上追逃人员6名，实现边境地区“四无”“三不出”“三稳定”的工作目标。在总结固化承办总队边境管控体系建设现场会成果的基础上，围绕“坚持科技引领，强化体系建设，着力锻造山南方向边境管控维稳利剑”主题，建成以“支队统筹调度、大队前沿指挥、基层合力控边”的“上下联动、左右配合、协同作战”的边境管控战斗实体，开创以“五个体系化”控边模式为轴线的山南特色边境管控体系。

**【群防固边】** 年内，山南边防支队维护山南边境地区安全稳定作为核心任务，动态部署群防力量、拓展区域合作平台，形成党政主导、改革创新、信息支撑、情报定位的群防组织战线。通过实施全民维稳固边试点，提高常住居民维稳固边专项补助和护边联防队员生活补助标准，激发边民全员参与边境防控热情。同时创建“红旗村”，开展“扶贫攻坚”，打造“红袖章”服务队、双联户护边队、安全检查队、摩托车巡逻队等全民维稳控边试点工程，有效加固边境管控薄弱环节，有效推进“警民联防常态化”。

**【“四项建设”】** 山南边防支队把“四项建设”作为部队全面发展的“强心剂”，将推动部队全面建设发展和维护驻地经济社会稳定高度融合、并轨推进。自筹资金155.3万元，建成全区首个“一体化”通信指挥体系，实现监控、视频、网络无缝衔接。加强党委议管议训工作，定期召开常委会、行政办公会研究岗位技能练兵，常态化开展反恐、巡防、查控、应急等实战技能训练，加快转变战斗力生成模式。选派3名军事骨干赴新疆、5名军事骨干赴内地轮勤轮训，以点带面有力夯实部队实战化根基，取得总队实战化训练全区第二的成绩。完善支队应急响应机制，加大兵要数据信息采集力度，着力打造部队扁平化指挥体系。紧盯建设法治边防总要求，深入开展《西藏自治区边境管理条例》学习宣传、规范执法执勤操作流程。加强执法主体建设，官兵执法资格考试通过率达96%。开展专项督导检查，纠正执法问题，加大执法流程监管。组织各级开展模拟办案52次，有效提升官兵执法办案水平。认真落实部局“9·29”会议和总队“两个经常性”工作座谈会精神，坚持“五个基本原则”，贯彻执行《基层建设要则》，狠抓部队“四个秩序”，在勤务多、出警率高的情况下，支队党委始终把安全稳定工作牢牢抓在手中，与队伍建设紧密结合起来，与部队日常管理教育紧密结合起来，保持部队安全稳定的良好态势。

**【从严治警】** 年内，山南边防支队始终强力推进铸魂育警工程，发挥政治工作生命线作用。全面推行“政治工作上一线”，紧紧围绕扎日“转山”安保任务，把思想政治工作落实到动员部署、岗位战位及执勤一线点滴中去，围绕“两学一做”学习教育和“讲党性、迎考验”主题教育，认真开展“事业观、苦乐观、婚恋观”“强军路上话改革”“强党性、使命书写忠诚”等系列活动，积极引导官兵投身改革强军实践，打牢听党指挥的使命根基。加强警营文化建设，完成隆子大队部、勤务中队警营文化建设，不断激发昂扬向上的队伍活力。坚持宣传工作引导、先进典型引路，与业务工作同频共振，全年组织典型挖掘、集中采访活动15次，内网上稿160余篇，省级媒体上稿30篇，中央级媒体上稿32篇，受到社会各界广泛关注，扩大了部队影响力。把解决官兵的思想问题和现实问题相结合，加大从优待警力度，走访慰问困难党员官兵及家属6次，发放慰问金5.4万元。组织心理咨询师开展“基层系我心·阳光警营行”活动，预防官兵“心理感冒”。制定《普玛江塘边防派出所官兵从优待警管理规定》，彰显党委爱兵之心。按照总队《党风廉洁建设和反腐败斗争工作意见》，完成支队党风廉洁文化长廊建设，开展读书思廉、板报宣廉活动，畅通“春暖边陲·花开兵心”微信宣传平台，从源头上铲除腐败滋生的土壤和条件，正党风、转作风。涌现出全国公安现役部队先进基层党组织加玉边防派出所、普玛江塘边防派出所党支部，自治区民族团结进步先进集体普玛江塘边防派出所等先进典型。

【后勤保障】 年内，山南边防支队始终以保中心、保重点、保基层为牵引，在实战考验中提升后勤综合保障能力。坚持以有为争有位，以实绩赢支持。全年，争取地方经费601万元，用于隆子、扎日方向7个单位的基层配套设施以及官兵周转房建设，同时协调驻地党委政府为9个新上点派出所争取72套周转房，极大地改善了基层所站生产生活条件。积极拓展总队“后勤财务规范化”建设现场会成果，坚持正规化管理出效益，以问题为导向，结合财务工作大清查“回头看”工作要求，自查自纠后勤管理问题110余个。以部局油料供应管理专项检查为契机，进一步规范油料管理及经费使用程序。全年完成8个综合整治项目，生格、拉郊完成主体工程，拉康、勒布完成招投标工作，基层基础条件发生了翻天覆地的变化。同时，坚持以基层需求、官兵健康为出发点，投入170.45万元，用于基层单位冬季取暖用煤、给养器材采购，为部队全面建设发展奠定了坚实的基础。

## 公安消防

【概况】 2016年，在公安部消防局、西藏自治区消防总队两级党委和山南市委、市政府及公安局的坚强领导下，山南消防支队始终保持进取心、敬畏心、责任心，统揽消防工作和队伍建设全局。始终聚焦防火灭火、应急救援和维稳处突三大中心任务，突出抓好战斗力和队伍、稳定、基础等重点建设，圆满完成全年各项中心工作和建设任务，实现既定目标。2016年7月改名“山南市消防支队”。

【组织建设】 紧紧围绕“两学一做”和“改革强警”两项重大教育，从党委、支部，领导干部、一般党员和青年官兵划分不同层次，量身定做教育目标、方式、内容和要求，创建并推行“考勤、考试、考评”的学习教育制度，自上而下开展政治教员授课比武活动，丰富日常教育形式和内容，激发官兵学习热情，在全区消防部队政治教员比武活动中，支队在政治处主任、政治教导员、政治指导员各条战线上取得好成绩。

【业务开展】 2016年，支队各级共开展“六熟悉”1168次，重点单位消防设施测试714次，灭火救援实战演练880次，修订重点单位灭火预案423份，修订类型预案160份。截至年底，支队共处置火灾事故14起，出动车辆33辆次，出动警力168人次。开展抢险救援25起，出动车辆40辆次，出动警力203人次，开展社会救助4起，出动车辆7辆次，出动警力29人次，参加公务执勤827起，出动车辆586辆次，出动警力4438人次。

【消防宣教】 在综治宣传月、安全生产月、“5·12”防灾减灾日和“119”消防宣传月等活动期间，开展形式多样、内容丰富、针对性强的消防安全宣传活动。2016年，全市共组织开展消防宣传活动102次，发放宣传资料10万多份，发送消防宣传品1.5万多个。广泛开辟消防宣传阵地，利用山南电视台、《山南报》、山南网等媒体，通过微信、微博，便民警务站LED显示屏、户外视频、出租车顶灯等，向广大群众宣传消防知识，拓宽消防宣传的覆盖面。

【火灾防控】 依靠联席会议、责任书考评等平台载体，推动消防安全各个责任主体履行职责，主动而且有效作为；紧紧依靠冬春火灾防控、夏季消防检查、易燃易爆场所消防安全专项治理等重大专项行动，加强各领域火灾隐患排查整治力度；依靠日常监督检查和综治宣传月、安全生产月、“119”宣传月等有利时机，利用电视、网络、报纸和微信微博等传统与新兴媒介，利用党校、中小学校教育资源和平台，深入开展消防宣传教育，提高社会群众抗御火灾综合素质。

全年，全市各级消防部队共检查社会单位14175家次，督促整改火灾隐患或消防违法行为12390处，下发《责令改正通知书》7763份，下发《行政处罚决定书》25份，责令“三停”单位3家，罚款194000元。

【后勤保障】 2016年，支队本级先后完成3辆消防车、1364件（套）各类消防装备器材、17套通信装备，总计价值534.025万元的车辆装备采购工作；各县区累计投入300余万元，购置2辆消防车、1000余件（套）个人防护装备、400余件（套）抢险救援器材、400余件（套）灭火救援器材。11县消防队站除上级拨付资金2200万之外，11县本身投资3669.9万元，年内，贡嘎、桑日、琼结、加查、扎囊、措美六县基本完成主体建设。支队培训基地建设约30亩用地已完成选址，政府正按程序审批。同时，桑耶寺中队翻建和勒布沟队站建设等项目已经纳入“十三五”规划当中。

【党风廉政】 依托承担全区廉政文化试点建设任务契机，扩充建成廉政教育基地1个，文化长廊11条，营区廉政景观13处，创作廉政文化书法摄影作品20余件，实现支队、大队、中队三级廉政文化的全面铺开；探索推行纪委“半实体化”运行模式，出台《实施意见》《共同预防职务犯罪》等文件，健全廉政制度常态化运行体系；开展《家庭助廉》和公述民评，构建部队、家庭、社会“三维监管”体系；配合和自主实施10名干部离任经济责任审计和任期经济审计，审计金额约1270余万元；清查113名在职干部家属从业情况，高压整治违规收受违规、网外执法、体外循环、指定消防产品等执法腐败行为。

# 民政与社会保障

## 民政

【概况】 山南市民政局核定总编制42名,其中局机关核定编制总数18名(行政编制11名,事业编制5名、后勤事业编制2名)。所属事业单位编制17名,独立事业编制7名。内设6个正科级行政机构、6个所属事业单位(5个正科级、1个副科级)和1个独立事业单位(烈士陵园)。截至年底,有在职人员39名,包括局领导7名(调研员、副调研员各1名),干部17人,工人及工勤人员15人。

【社会救助】 按照山南市社会救助联席会议践行"两学一做"规范低保政策落实工作推进会部署,结合扶贫建档立卡"回头看"工作,各县核查工作已接近尾声,核查后农村低保6168户17812人(不含贡嘎县甲竹林镇低保人数),其中重点保障4835人,特殊保障4626人,一般保障8351人。城镇低保1955户2712人。落实全年低保补助资金6235.4万元(其中低保补助资金4840.78万元,市"十大民心"提标资金1394.6万元),与上年同期减少14%;下拨城乡低保临时救助和特困人员救助供养资金3187.05万元;下拨城乡医疗救助补助资金4571.6万元,与上年同期增长1.04%,现累计救助8556人次;救助高校特困生372名,落实资金86.3万元。

【社会福利】 做好"五保"对象应保尽保工作,规范申请审批程序,建立新增五保人员核查制度。年内,全市现有五保供养对象2882人,其中集中供养1645人,分散供养1237人,除传染病、精神病和不愿集中的外,有意愿集中入住率达100%,下拨五保供养补助金3145.28万元(其中市提标资金863.4万元),与上年同期增长1.17%。做好五保供养及孤儿基本生活补助提标工作。五保标准在现行每人每年4740元供养标准基础上提标6000元,达到10740元;孤儿基本生活补助在现行每人每月1000元的补助标准上提标100元,达到1100元,已下拨提标资金64.05万元。做好孤儿保障工作。为加强规范管理,制定出台《山南地区儿童福利院规范管理(试行)办法》《福利机构突发事件应急预案》《岗位奖惩管理办法》等制度。建立孤儿数据库,截至年底,全市集中收养孤儿564人(其中那曲籍孤儿174名),落实生活补助资金488.5万元,实现孤儿100%集中入住。

【防灾减灾】 加强汛期值班工作。认真落实汛期24小时轮流值班制度和领导带班制度,秉承灾情就是命令、灾情就是生命的原则,坚持在第一时间奔赴受灾点,第一时间核查灾情、第一时间评估灾情、第一时间实施救济救助。截至年底,山南市因地震、洪涝、暴雨等灾害的影响,造成1.69万人受灾,倒塌房屋124间,损坏房屋832间(严重274间,一般558间),529.5亩农田受损,直接经济损失3540.78万元,比上年同期增长2.17%。做好救灾物资的储备。全市51个物资储备库(地级1个、县级11个、乡镇39个),共储备各类物资36631件,落实2015—2016年冬春受灾群众自然灾害生活补助资金900万元,比上年同期减少670万元。开展"5·12"防灾减灾科普宣传和示范社区建设,增强广大群众防大灾、抗大灾、救大灾的意识。举办首期灾害信息管理系统培训班,培训人数24人，投入资金3.1万元。

**【残疾人生活保障】** 按照《关于做好残疾人两项补贴落实工作的通知》相关要求，积极协调市残联对全市12个县的重度和困难残疾人进行调查摸底，年内，山南市符合条件的重度残疾人4697人（每人每月110元），困难残疾人12064人（每人每月55元），落实"两项补贴"资金1416.23万元（其中自治区及市落实配套资金1132.98万元）。提高残疾人生活补助标准，在现行残疾人每月50元的基础上，为一级、二级、三级、四级残疾人提标300元、250元、200元、100元，提标后分别达到350元、300元、250元、150元，落实提标资金2764.38万元（其中市级配套资金1389.88万元）。

**【失能老人和高龄老人鉴定统计】** 由民政局、残联、人民医院等部门联合组成工作组，对低保家庭中60～70岁失能老人进行鉴定。全市共有60～70岁失能老人和70岁以上高龄老人1303人，落实资金78.18万元（其中自治区及市配套资金62.54万元）；与市老干部局、人社局对全市70岁以上农牧民老人进行分段统计汇总，共有13570人（其中70～79岁老人10207人，80～89岁3089人，90～99岁267人，100岁以上7人），对70～79岁老人每人每年发放500元，80～89岁老人在现行每人每年300元的基础上提标500元，达到800元，90～99岁老人在现行每人每年500元的基础上提标1000元，达到1500元，100岁以上老人在现行每人每年800元的基础上提标1200元，达到2000元；下拨健康补贴资金798.92万元。

**【双拥共建和优抚安置】** 开展三大节日、八一建军节拥军优属、拥政爱民慰问活动，落实慰问资金46万元，比上年同期增长51%。接收并安置2015年冬季退伍兵45名，举办山南市首期退役安置军人技能培训，培训人数45人，投入经费8.3万元。落实自主就业一次性地方补助、优待抚恤金、医疗保障金、退伍安置经费1054.6万元。加大烈士陵园服务管理工作，开展清明节、"9·30"烈士纪念日、"两学一做"主题教育活动，截至年底，累计接待瞻仰参观人员1万余人次。

**【社会事务管理】** 加强地名、行政区划和社会事务管理，全面完成12县（区）的地名普查工作，撤地设市圆满完成，相关行政化调整、地名标志更换和设置工作已基本完成；严格社会组织登记注册管理，全市注册登记的社会组织50家，以建立党组织35家，党员816人；全面完成2014—2016年第四轮县域勘界联检工作；开展农村留守儿童、妇女和老人的统计调查工作；加强福利彩票销售管理工作。截至年底，山南市福利彩票销量历史性地突破1亿元，超额完成全年8100万元目标任务，比上年同比增长4409万元。

**【项目建设】** 截至年底，"阳廷安班"雕塑、荣军院项目正在施工；老年日间照料中心的选址、初设、环评、地勘等工作已完成，已进入评审环节；福利院供暖工程项目已完成可研、初设及概算评审工作，现已进入招标环节；落实"双集中"机构供暖工程项目3478万元，各县已基本实施完成，市福利院供暖项目已完成设计及投资概算工作。2016年项目总投资6410万元。

**【结对帮扶】** 结合帮扶村实际，对隆子县准巴乡20户精准扶贫户进行"一对一"帮扶，捐助帮扶资金7800元，捐助冰箱、洗衣机20台，解决隆孜县扶贫建档立卡低保户中2人就业。

# 人力资源　社会保障

**【概况】** 2016年6月22日，山南地区人力资源和社会保障局（地区公务员局）更名为山南市人力资源和社会保障局（市公务员局），内设10个正科级行政机构和7个正科级事业单位。行政机构分别是办公室、规划财务科（社会保险基金监督科）、公务员科、人力资源管理科（军官转业安置科、自主择业军队转业干部工作科）、专业技术人员管理科（事业单位人事管理科、市外国专家局）、劳动关系科、工资福利科、社会保险科、调解仲裁管理科（劳动人事争议调解仲裁院）和劳动监察局。事业单位分别是市劳动就业服务局（职业介绍中心、职业技能鉴定中心）、市社会保险局、市城乡居民养老保险局、市医疗保险局、市人才流动中心（市高校毕业生就业服务中心）、信息中心和市人事考试中心。编制核定总数54名，其中行政编制16名，机关事业19名、事业16名；核定县级领导职数6名（2正4副），核定科级领导职数34名（17正17副）。现有干部职工70名（含2名援藏干部，下同），其中县级干部7名，正科级干部18名，副科级干部15名，科员13名，事业单位工作人员3人,工人14名;汉族30名,藏族35名,其他民族5名。

**【养老保险制度改革】** 完成教育系统1007名退休人员数据采集工作,完成全市466家机关事业单位3497名离退休人员数据采集、审核、上报工作;开设机关事业单位基本养老保险基金专户。

**【事业单位人事制度改革】** 出台《山南市事业单位岗位设置工作方案》,指导督促市直各单位推进岗位设置管理工作,批复36家事业单位岗位设置方案,核准岗位总量1681个。

**【医疗保险领域改革】** 完善城镇居民大病保险政策,减轻参保人员的经济负担;推进异地就医管理服务,为参保群众提供优质、便捷的服务;取消全市定点医药机构行政审批,实行协议管理。

**【工资福利改革】** 完成市国资监管5家企业职工工资标准调整工作,人均月增资1714.52元;完成机关事业单位在职及离休人员增资预拨工作;继续稳慎实施机关事业单位工作人员提前退休和离岗休养工作,审批286人,其中副县级及以上干部31名,科级及以下干部、专业技术人员和工人共255人。

**【就业脱贫】** 围绕市委、市政府关于精准扶贫工作的部署要求,通过实施精准识别、就业援助、技能培训、创业带动等措施,转移就业脱贫工作取得阶段性成效。全市实现转移就业脱贫4917人,其中培训就业脱贫2502人;重大产业项目带动脱贫1043人;创业带动脱贫330人;企业吸纳脱贫1042人。全市城镇新增就业5220人,免费职业指导3700人,免费职业介绍3128人、职业介绍成功1905人,开发就业岗位3352个,城镇登记失业人员1129人,城镇登记失业率2.1%控制在自治区既定目标任务2.6%以内。

**【技能培训】** 立足山南市经济社会发展大局,针对企业用工需求、重大工程项目建设,整合培训资源,加大培训资金统筹力度,认真开展实用性、短期性职业技能培训,推行“双证”制度,不断提升劳动者素质,增强各类人员就业能力。全市共投入资金1554万元,举办各类培训班183期,培训各类人员10522人,培训合格率95%,培训后就业率70%以上;对2249人进行职业技能鉴定,合格1908人。

**【劳务输出】** 坚持城镇转移就业、扶持就近就地就业和返乡创业三结合,强化劳务输出的组织领导,立足传承和保护地方文化,把资源优势转化为经济优势,做强做实12县(区)劳务品牌,切实提高劳务输出的组织化、规模化程度,更加有效地开发利用本地农畜产品资源,促进农牧区人才技术的集中利用,带动更多农牧区富余劳动力转移就业。年内,全市实现劳务输出8.8万人、17.6万人次,劳务创收3.56亿元,人均创收4045元。

**【公共服务】** 坚持把就业困难群体就业摆在就业突出位置,走访援助对象562人,帮扶困难群体就业510人,城镇零就业家庭动态消除;加快转变高校毕业生就业理念,安排6名山南籍高校毕业生参加就业见习,并及时兑现补贴资金,实现山南籍高校毕业生充分就业;充分发挥公益性岗位托底安置作用,为机关事业单位补充岗位30人,新增岗位17人,发放公益性岗位补贴4176.48万元;对6所职业培训机构、1所职业技能鉴定站和1所职业介绍中心进行年检,推动了职业介绍、技能培训、技能鉴定工作规范化、科学化、制度化发展;推荐3名农民工和“哗叽”编制合作社为全国国家优秀农民工和优秀农民工工作室称号;注册并发布山南劳动就业微信公众号,实现信息发布更加快捷通畅,服务群众更加及时有效。

**【社会保险】** 加快实施全面参保登记计划,及时召开社会保险网上申报及数据比对和机关事业单位数据采集暨“全民参保登记计划”工作部署会,制订出台《山南市“全民参保登记计划”实施方案》,成立山南市实施全民参保计划工作领导小组,促进和引导各类单位和符合条件的人员长期持续参保。全市各项社会保险参保人数达322467人次,其中基本养老、城镇基本医疗、失业、工伤、生育保险参保人数分别达到201351人、54183人、14700人、26401人和25832人,参保率均达97%以上;征缴保费40728.38万元。

社会保险待遇水平稳步提高。认真执行自治区制定的阶段性降低社保费率,企业职工基本养老保险单位缴费比例由现行的20%降低为19%,失业保险单位缴费比例由1.5%降低为1%;积极做好企业离退休特困职工和长期病号帮扶工作,发放帮扶资金20万元;做好企业退休职工的养老金预发工作,涉及2960人,700.74万元;根据自治区提标要求,从1月1日起,城乡居民基础养老金标准由月人均140元提高到150元。同时,按照山南市“十大民心工程”,

为年满60周岁及以上城乡居民每人每月发放30元的地方补贴；城镇居民基本医疗保险蔡振给补助标准由年人均380元提高至420元，基本医疗保险住院医疗费用报销起付线标准持续降低，住院费用报销比例、年度最高支付限额稳步提高，特殊门诊病种数量不断增加，“两定机构”覆盖面进一步扩大，参保人员负担切实减轻。全市支付各类社会保险待遇36232.92万元，社保基金运行总体平稳。

**【队伍建设和人事改革】** 完成2015年度行政机关公务员考核和连续三年考核为优秀记三等功的审核、报批、备案工作，确定优秀等次919人；加大培训力度，组织开展公务员初任培训班3期，共计培训127人；在湖南省举办政府系统公务员综合管理业务培训班，20人次参训，拓宽干部视野，提高能力素质；评选上报组织、扶贫等14个系列先进集体和个人；积极配合自治区人社厅做好高校毕业生第一、二批公开考录和西部志愿者专招工作，设置7个考点，150个考场，为3677名考生提供公平公正的竞争环境，接受公开考录和定向派遣738人；组织3名省部级以上荣誉获得者参加疗养。

完成2015年度专业技术人员考核评定工作，确定优秀等次1064人；做好科技工作者和知识分子“三大节日”慰问工作，发放慰问金8万元；开展专业技术人员资格确认和职务聘任工作，确认中级专业技术职务任职资格319人，聘任中级319人、高级84人。组织专业技术人员短期培训和高研班、专家下基层活动、专业技术人才知识更新工程等活动，累计培训专业技术人员98余人次；加强高层次人才队伍建设，选拔2名专业技术人员享受国务院政府特殊津贴，落实1名高级专家享受自治区政府津贴待遇，选拔12名专业技术人员参加第二期西藏少数民族专业技术人才培训，推荐上报3名学术带头人，参加区内外高级研修班15人；稳步开展2016年人才引进工作，引进医疗卫生、广电等紧缺专业人才60人。

通过积极开展高校毕业生公开考录、从驻藏部队拟退役士兵（士官）中考录乡镇公务员等方式，充实基层公务员（工作人员）队伍，夯实了基层基础。专技人员考试顺利实施。建立人事考试监考人员信息库，组织全国经济资格、全区政治等考试3场次，3594人参加，积极宣传《中华人民共和国刑法修正案（九）》考纪法规，净化考试环境，提升舆情判断能力；人事调动工作扎实有序开展，为500余人次办理调动手续，保证干部的正常流动；人事军转安置工作圆满完成。高效完成计划安置和自主择业军转干部任务，完成2016年计划分配军转干部档案审核和移交、岗前培训任务，共安置自主择业军转干部126名，为1070名自主择业军转干部调整并补发了退役金，确保自主择业军转干部管理服务工作上新水平。

**【劳动用工管理】** 推动建立企业工资集体协商制度，积极稳妥扩大工资集体协商覆盖范围；深入贯彻落实劳动合同法及其实施条例，完善劳动关系三方协调机制，依法主动调整劳动关系，推进集体合同制度攻坚计划，不断扩大集体协商和集体合同覆盖范围，提高农牧民工合同签订率和履行质量，全市国有企业劳动合同签订率100%，发放劳动合同8766份，依法鉴证352家用人单位6136名劳动者18408份合同。

**【劳动保障监察】** 深化劳动保障监察网络化、网格化建设，加强执法力量和基层服务设施建设，深入开展专项检查和日常检查活动，及时查处和纠正劳动用工违法行为，切实维护用人单位和劳动者合法权益。全年共开展各类宣传活动30余场次，发放宣传资料1.8万余份，接待咨询2万余人次，检查用工单位1656家，受理各类投诉案件266起，结案259起，为3074名劳动者追回工资2602.01万元，征缴农民工工资保证金6052.2万元，清退800.7万元。

**【劳动人事争议调解仲裁】** 强化基层调解组织建设，仲裁调解制度和办案程序不断规范，基层劳动争议调解组织不断健全，信访工作机制不断完善，截至年底，共受理各类劳动争议案件41起，结案40起，为40名劳动者追回劳动报酬409.11万元，建立基层调解组织72个，配备专（兼）职调解员421人。出台《山南市职工非因工伤残或因病丧失劳动能力程度鉴定工作实施意见（试行）》，工伤认定和劳动能力鉴定不断加强，年内，受理工伤认定44起，工伤认定40起，行政复议4件，行政诉讼2件，劳动能力鉴定16人次。

**【“两学一做”学习教育】** 召开“两学一做”学习教育动员部署会，制订《山南市人社局在党员中开展“学党章党规、学系列讲话，做合格党员”学习教育实施方案》，认真学习党章、准则、条例及习近平总书记系列重要讲话，切实增强广大党员政治意识、大局意识、核心意识、看起意识。学习教育中，共组织开展讲党课活动10余次，开展专题研讨4次，达到党员全部受教育的目的。

# 县情概况

## 乃东区

【概况】 乃东区位于雅鲁藏布江中游河谷地段，西接扎囊县、北接墨竹工卡县、南与琼结、隆子、措美三县环绕，东与桑日、曲松县毗邻，是山南市委、市政府所在地。全区平均海拔3650米，是天然的雪山冰川，也是雅砻河的源头。下辖5乡2镇、47个村(居)委会，常住人口6.3万人，流动人口1.5万人，其中农牧民人员3.7万人。全区幅员面积2200余平方公里，耕地11.17亩，拥有天然草原255.72万亩，可利用草场245.39万亩，林地面积77792.284公顷，占土地面积的35.61%（土地面积为218471.090公顷）；森林面积71376.539公顷，占林地面积的91.75%，森林覆盖率32.67%，林木绿化率32.78%。主要旅游景点有2个AAA级。2016年，第一产业完成1.11亿元、增长6.2%，第二产业完成12.2亿元，增长5%，第三产业完成30.21亿元，增长10%。全年接待游客13.8万人次，实现旅游综合收入988.9万元。完成劳务输出1.15万人，转移就业2.3万人次，实现创收14920万元，城镇登记失业率控制在1.2%；居民基本医医疗保险、基本养老保险参保率均达97%以上，城镇职工五大保险参保率100%，在编寺庙僧尼“两险一保障”全覆盖，社会救济救助全面落实，城乡低保实现动态调整下的应保尽保，有意愿的五保老人集中供养率达100%，有寺庙、拉康、日追25座，僧尼153人。

【农牧业】 全年实现农牧业产值1.11亿元，增长6.2%。全年落实播种面积6.05万亩，粮、经、饲比例调整为74 : 19 : 7，实现粮食产量2.3万吨(其中青稞1.02万吨)；新生仔畜3.57万头(只、匹)、成活率98%，牲畜出栏率达38.9%。五大特色基地全面提档升级，实现糌粑销售收入587.3万元，实施黄牛改良9505头，完成藏鸡养殖145万只，泽当城区蔬菜供给率达到65%以上。

【教文卫事业】 设立武汉援藏教育基金，提出三年教育提升计划，全年资助农牧民子女上大学964人、资助金额近700万元，加快推进偏远学校撤并工作，教育均衡发展进一步加强；7个乡镇农牧综合服务中心和科普活动站全面建成，科技特派员覆盖47个村居；第二批国家公共文化服务体系建设顺利验收，雅砻文化节群众广场舞、原生态非遗参演节目荣获一、二等奖，泽当“嘎尔巴谐玛”成功登上2016年藏历年春晚；社会用字规范工作全面加强；区人民医院建成运营，医疗援藏成效显著，5岁以下儿童死亡率控制在8.4‰，孕产妇实现“零”死亡，“两降一升”、疫病防控、食品药品监管不断深化，城乡居民及在编僧尼健康体检率达到100%。

【社会保障】 全年共投入培训经费54.15万元，开展各类技能培训班11期，培训农牧民群众290人次，培训后就业率达到60%；转移就业2.34万人次，完成目标120%；实现创收14963.1万元；完成目标任务420%。完成131个公益性岗位劳动合同签订(续签)；城镇登记失业率为1.2%。举办2场“转移就业贫困人员专场招聘会暨乃东区人力资源洽谈会专场招聘会”,800余人参加,180余人达成就业意向。

全年全区企业职工基本养老保险参保522人,完成目标任务100%,征缴基金584.05万元,完成目标任务106%;城乡居民养老保险参保25293人,完成目标任务97%,征缴基金280.31万元,完成目标任务106%,兑现2016年1—10月城乡居民养老金12218人次619.41万元。城镇职工基本医疗保险参保2623人,完成目标任务101%,征缴基金998.53万元,完成目标任务101%;城镇居民基本医疗保险参保2056人,完成目标任务98%,征缴基金10.1万元,完成目标任务98%;城镇职工1—10月医疗报销98人次56.63万元,城镇职工1—10月生育报销17人次13.4万元。失业保险参保747人,完成目标任务104%,征缴失业保险金91.46万元,完成目标任务104%;工伤保险参保2326人,完成目标任务100%,征缴工伤保险金71.36万元,完成目标任务102%;生育保险参保2196人,完成目标任务103%,征缴生育保险金138.64万元,完成目标任务105%,城镇居民医疗、生育保险报销32人次22.1万元。

全年缴存民工工资保障金183.1万元;共组织开展劳动执法监察5次,检查用人单位45户,涉及用工9037人,劳动保障执法覆盖面达100%;督促各用人单位、企业签订劳动合同3247份,从源头上有效保障农牧民工的合法权益,促进劳动关系的和谐稳定发展。投诉举报案件查办有力,畅通投诉渠道,设立温馨调解室,做到有案必查、依法处理,对群众举报投诉案件及时组织人员深入用工单位进行详细了解,发现一起,查处一起,做到事事有着落,件件有回音。全年共受理劳务纠纷案件7起,结案7起,结案率100%,为50余名农牧民工追回被拖欠工资35万元。

**【旅游业】** 昌珠民俗文化街成功运行,藏源文化旅游公司、雅砻河大酒店旅行社筹建工作有序推进,山南市顶级信息科技有限公司顺利入驻。全年接待游客13.8万人次,实现旅游综合收入988.9万元。

**【生态保护】** 实施5处人居环境综合整治、159户民房改造及3处村级基层政权建设。完成5个乡的总体规划,推动泽当镇新型城镇化建设、结巴门中和桑嘎村小城镇建设及扎西曲登等传统村落保护工作;制定出台《山南市乃东区规划范围内居民住宅建设管理(暂行)办法》《泽当城市规划区失地农牧民基本生活保障暂行办法》等一系列规范性文件,落实失地群众安置保障金623.21万元,泽当城区道路交通管理、城区垃圾清扫处置及食品药品监管职能承接工作成效明显。

**【维护稳定】** 全面落实自治区和市维稳措施,加强干部驻村驻寺工作,强化维稳纪律落实和监督,圆满完成西扎转山民俗宗教活动和重点时段的维稳安保工作。“先进双联户”创建工作被评为全区先进、西扎转山民俗宗教活动组织管理工作受市委政府表彰。全年安全生产态势良好,未发生重大安全事故。

**【项目建设】** 全年开复工项目93个,完成投资16.84亿元(不含市直),录入国家重大项目库项目180个、总投资34.6亿元,排全市第一。雅砻水库、结巴水库等重大项目强力推进,3个易地搬迁安置小区、棚户区改造、物交会及专业市场搬迁项目前期全面完成,2015年乡镇周转房顺利通过验收。

**【精准扶贫】** 2016年,乃东区脱贫工作高标准通过。确定雪村苗圃、锦泽商砼、万头生猪养殖等23个产业扶贫项目,总投资6.3亿元,开工9个,完成投资1亿元,占全市产业脱贫项目总投资的40%;本级财政为7个乡镇产业发展投入资金700万元。按照“两年任务一年完成”的要求,2016年易地搬迁户7户30人已全部入住,发放3551个生态岗位资金761.8万元,1605户4976人贫困户结对帮扶实现全覆盖,设立产业发展风险补偿基金1000万元、农村土地承包经营权抵押贷款增信金100万元,发放扶贫贷款1.46亿元。截至年底,乃东已脱贫1941户、5322人,占脱贫总任务的99.9%,顺利通过国家精准扶贫成效第三方评估考核考核验收。

**【援藏工作】** 第七、八批援藏工作顺利交接,第八批援藏工作队继续拓展“武汉模式”,筹集设立产业扶持、科技兴区、教育发展、医疗救助和党建文宣5类基金共计1800万元,为乃东区实验小学建设落实1‰计划内资金1500万元,安排700万元定向支持各乡镇产业项目。向乃东区人民医院派出4名三年期和4名半年期的医疗援藏人才,援藏工作成效明显。

**【特色产业】** 积极推进乃东区从“农牧大县”向“农牧强县”转变,从“传统农业”向“现代农业”转变,从“单一一产”向“三产融合”发展转变，依托乃东区现代农业示范县项目，重点发展“白青稞、红土豆、绿色蔬菜、禽类养殖、奶牛养殖”五大特色产业，大力发展休闲农业、设施农业，通过培育一批主导产业突出、产业链条完整的农牧业产业化示范园区、龙头企业和合作专业组织示范社，提高产业化经营效益，打造规模化、标准化、产业化特色产业基地，推动城乡一体化建设。

# 琼结县

**【概况】** 琼结县地处西藏南部、雅鲁藏布江南岸的琼结河谷地带，琼结河横贯南北，平均海拔3850米，全境长44千米，东北与乃东区相连，西南与措美县接壤，西北与扎囊县为邻，全县西、南、北三面环山，东南为狭窄谷地，地势西高东低。境内有一条季节性琼结河贯穿全境，流入雅砻河至雅鲁藏布江，气候属高原温带季风半干旱气候类型。琼结县山地峰峦起伏相连，群峰林立，山峰众多，大部分系海拔4900～5120米的草山，海拔5000米以上的山峰有13座，其中较大的有琼果罗布日（“日”和“拉”是藏语山岭之意）、卓玛日、杂日贡桑、日吾等。县城距山南市28公里。琼结县辖琼结镇、加麻乡、下水乡、拉玉乡1个镇3个乡，20个行政村，71个自然村，全县共有6127户，总人口18293人，其中农村人口16504人。琼结县地域面积103000公顷，琼结县主要以农牧结合为主，主要农作物有冬小麦、青稞、豌豆、油菜等，畜牧业主要牲畜有牦牛、黄牛、山羊、绵羊等。耕地面积1827.4公顷，粮食播种面积1183.79公顷，经济作物耕地面积383.88公顷。森林覆盖率23.31%，林地面积26290.369公顷。国家级野生保护动物有藏羚羊、岩羊、黑颈鹤、雪豹、天鹅、獐子、藏野驴等，已探明矿产资源有锑、铬铁、水晶石、玉石等。主要旅游景点有国家级重点文物保护单位藏王墓、自治区级重点文物保护单位强吉庄园。2016年完成生产总值32567万元，增长-0.8%；其中第一产业完成2643万元，增长3.3%；第二产业完成14157万元，增长-6.9%；第三产业完成15767万元，增长4.6%。全社会固定资产投资40738万元，完成邮政业务总量60万元，完成电信业务总量320万元。固定电话用户210户，使用率85%；移动电话用户3560户，使用率80%；互联网用户417户。社会消费品零售总额4925万元。接待旅游158000人次，实现旅游收入711万元，增长270%。地方财政收入2501万元，增长27.9%。年末城乡居民储蓄存款余额7938万元。全年农村居民人均纯收入9823元，不断促进群众转移就业，全县城镇登记失业率控制在2.1%以内，共输出劳动力8621人次，创收5127.32万元，分别完成全年目标任务的143%、227%。截至年底，参加城镇失业保险511人，参加基本养老保险237人，城镇职工参加基本养老保险9813人。全县共有寺庙、拉康、日追17所，僧尼120人。

**【党建工作】** 年内，琼结县委认真履行党建第一责任，坚持全面从严管党治党，在全县及时召开2016年党建工作部署会、党建工作推进会，与各级党组织签订党建工作责任书，制定出台《琼结县关于加强基层党建工作规范化建设的意见》《关于在全县推行党建“四四”工作法的通知》《规范县乡机关党员干部行为的通知》，为推动全县基层党建工作、加强干部管理、规范干部行为、整顿干部作风奠定坚实的基础。召开琼结县第九次党代会，本届党代表149名，选举县委委员32名，县委常委14名、纪委委员11名、纪委常委5名（空缺1名）。3乡1镇配齐44名乡镇班子成员，党政正职一藏一汉，大学生村官、第一书记、村干部转录公务员进入乡镇班子，每个乡镇班子成员藏汉比例达到7∶4。隆重召开“庆祝建党95周年表彰大会”，对2016年度5个先进基层党组织、25名优秀共产党员和优秀党务工作者进行表彰。全年共发展党员137名，其中农牧民党员93名，全县党员人数达2981名。2016年开展各类党员培训人数达163人次。扎实开展“两学一做”学习教育，投入资金16万元，在拉玉乡强吉村建成全县首个农牧民党员学习教育基地。

**【廉洁建设】** 中共琼结县委把反腐倡廉工作作为党的建设和治理体系建设的重要内容，以八项规定为切口，以作风建设为重点、以涤荡“四风”为靶标，以解决问题为抓手，持之以恒抓作风建设。9月18日，召开党风廉政建设主体责任汇报会，听取全县4个党委（党组）和2名领导干部履行党风廉政建设主体责任汇报，专题传达学习王拥军在山南调研座谈会上的讲话精神，将党风廉政建设责任制考核纳入年度综合目标考核，层层签订目标责任书，层层压实责任，层层传导压力，确保两个责任落到实处。

**【农牧业】** 全面落实各项支农惠农政策，深入开展农牧业技术培训，推广良种 19200 亩，农作物播种面积 2.74 万亩，粮食产量达 10441 吨，粮、经、饲比例为 65 ∶ 21 ∶ 14，农作物结构更趋合理。大力发展绵羊短期育肥、禽类养殖、生猪养殖等特色产业，全年完成牦牛养殖 3100 头、藏鸡 8718 只、生猪 2400 头、短期育肥 2000 只。实施黄牛改良 3806 头。

**【科技工作】** 2016 年，琼结县面向经济社会发展和服务“三农”的工作方针，开展“五下乡”“科技活动周”“科普日”等活动，发放科技宣传资料 1393 余册；经过科学成果转化，实现生猪从一年 1 胎到一年 2.3 胎的转变；获批“科普惠农兴村计划”和“科技三项费”项目 19 万元；全年科技进步对农牧业发展的贡献率达到 40%，对经济贡献率达到 37%，科学技术普及达率 90%。

**【教育事业】** 截至年底，琼结县教育“三包”“营养改善”等惠民政策全面落实，及时兑现 2016 年农牧民子女大学生资助金 323.8 万元，惠及大学生 425 名，加大投入力度，全面推进义务教育均衡发展工作，高质量通过国家县域义务教育均衡发展评估认定。全县 12 名小学生和 15 名中学生考入内地西藏班，小学四年级抽测考试全市排名第一，荣获山南市 2016 年度教育教学质量先进县第一名。

**【医疗卫生】** 年内，县本级财政安排 300 万元开展琼结县二级综合医院创建工作；开展全县常规免疫规划工作，免疫接种率达到 98% 以上，传染病得到有效地控制，配合湖北省专家开展可包虫病流行病调查工作，配合市人民医院开展心血管病筛查项目工作；县人民政府解决新农合大病报销资金缺口 400 万元，报销 422 人次；城乡居民及僧尼免费健康体检全面覆盖，通过先心病筛查确诊一例病人到湖北省经手术并治愈；落实卫生惠民政策，兑现农牧区“一孩双女”扶助资金 411840 元，兑现“特别扶助”扶助资金 407040 元，兑现农牧民孕产妇补助资金 372850 元。

**【文化事业】** 2016 年，琼结县国家公共文化服务体系初步建成，并荣获山南市公共文化体系建设先进县。成功举办首届拉玉强钦青稞酒文化节。组织 160 名久河卓舞农牧民群众演员参加 2016 年中国・西藏雅砻文化节开幕式活动，并获得原生态节目展演二等奖。组织 22 名农牧民群众演员参加中央电视台中文国际频道（CCTV-4）《非常传奇》节目录制。制作发行《琼结・达娃卓玛》音乐专辑 CD 版。组织编写《吐蕃故都・琼结》书籍。投资 79 万元建设加麻乡群众文化广场。年内，开展群众文化活动 13 场（次），“送文艺下乡”活动 60 场（次），“送电影下乡”1000 场（次），观影人数达 42350 人（次）。

**【社会保障】** 年内，琼结县加大民生投入力度，投入 1180 万元实施民生“十件实事”。社会保障覆盖面不断扩大，各险种参保率达 98% 以上，全民参保局面基本形成。就业创业积极推进，在山南市 12 个县（区）率先成功举办两届人力资源洽谈会，投入资金 150 余万元完成农牧民培训 1600 人次，其中建档立卡贫困户 253 人次。不断促进群众转移就业，全县城镇登记失业率控制在 2.1% 以内，共输出劳动力 8621 人次，创收 5127.32 万元，分别完成全年目标任务的 143%、227%。

**【旅游业】** 截至年底，投资 5160 万元实施旅游步行街改扩建项目、五世达赖喇嘛故居、达娃卓玛故居、日吾德庆寺遗址内部提升完善项目、奴玛泉水开发项目、强吉庄园维护项目、次仁炯寺修缮项目等，旅游硬件设施不断完善，旅游发展环境不断优化。成功举办了以“吐蕃故都，大美琼结”为主题的 2016 西藏・琼结吐蕃文化旅游节。召开山南市旅游开发现场交流观摩会，展现琼结丰厚的文化旅游资源和深厚的历史文化底蕴，提高琼结旅游的知名度，开启琼结文化旅游新篇章。全县各景区（点）及农家乐全年共接待游客 15.8 万人次，实现旅游收入 711 万元。

**【生态保护】** 2016 年，琼结县实施县城绿化托管、县城垃圾托运和 15 个水源点保护项目，各村（居）实现保洁员全覆盖，落实草原生态补助奖励机制，及时兑现草原生态补助奖励资金 183.7 万元。加麻乡、下水乡、拉玉乡已成功创建自治区生态乡（镇），17 个行政村成功创建自治区生态文明村，加麻乡已通过环保部专家组国家级生态文明乡镇考核。全面推进重点林防护、防沙治沙、植树造林等绿化工程建设，完成植树造林 200 亩，栽植苗木 1.1 万余株，造林保存率 100%，成活率 90%。投入 30 余万元开展铜绿金龟、杨二尾舟蛾等少类森林病虫害防治工作，防治面积达 6000 余亩。

**【维护稳定】** 开展社会治安综合治理工作，推进“平安琼结建设”，全年共受理治安案件 4 起，调解 1 起，处理 1 起；受理刑事案件 4 起，破获 2 起，侦查中 2 起。全面落实“三级信访接待日”制度，全年共办理群众来信来访 8 批（件）次、50 人次。2016 年共发生矛盾纠纷 10 起，调处 10 起，调处率 100%，涉及金额 225.5 万元，2016 年试用“周转金制度”和“救助金制度”为 187 名农民工解决拖欠工资 419 万元。办理人大代表议案和建议、政协提案共 20 件，办结率达 90%。认真落实安全生产“党政同责、一岗双责”制度，层层签订目标责任书，投入资金 229 万元在县城主要路口实施交通红绿灯项目，加强重点行业、领域安全生产整治和督查，全年未发生重大安全事故。积极开展优化发展环境专项行动，投入资金 80 余万元实施县城环境综合整治和恰玛专项整治，取得较好成效。2016 年，琼结县荣获全市“先进双联户”创建活动先进县称号；综治工作荣获全市第一名。

**【项目建设】** 年内，琼结县人民政府制定《西藏琼结县招商引资若干规定（暂行）》等一系列优惠政策，先后赴湖北、河北等地开展招商引资活动，全年招商引资完成 5600 万元。投资 4 亿元实施了青阿路、文成公主路、县影剧院、赞巴易地扶贫搬迁、加麻水库和县城供水等 101 个项目，全县 20 个行政村、50 个自然村、7 个寺庙通水泥路，通达通畅率分别达 100%、71%、77%，通达通畅率均居全市首位。大力度策划项目。县财政安排项目前期经费 200 万元，完成三年滚动投资计划项目前置手续 131 个，已录入国家项目库 107 个，总投资 10.7 亿元；录入自治区在线监管审批平台 96 个，总投资 9.7 亿元。

**【精准扶贫】** 年内，形成“政府、企业、社会”三位一体脱贫攻坚格局。相继出台《中共琼结县委琼结县人民政府关于打赢脱贫攻坚战的实施意见》《琼结县“十三五”脱贫攻坚规划》《琼结县扶贫攻坚结对帮扶工作方案》。建立总投资 12.4671 亿元包含 14 个扶贫产业项目的项目库，县扶贫商贸楼、民族手工业园、游客接待中心项目已完成招投标。健全了“5+1”帮扶体系，全县 4 名正县联乡包村，20 名县级领导联村包组，20 支驻村工作队 80 名工作队员全面进村入户，71 个单位 1301 名机关干部结对帮扶 3729 名贫困群众，江南矿业等 16 家企业深入一线参与脱贫攻坚，形成了党员干部、能人、驻村工作队、企业、援藏 + 社会全覆盖帮扶体系。构建了“扶志、扶技、扶业”三位一体精准扶贫体系，对接市“万人技能培训”工程，实施县精准扶贫产业园、绿色产业园“定向培训”计划，为贫困户提供护林员、保洁员等岗位 2255 个。组织全县干部职工捐款 79.21 万元成立教育基金，为 156 名贫困大学生落实助学资金 108.45 万元。完善“考核、退出、评估”三位一体脱贫考核机制，制定贫困户“一超六有”和贫困村“一低七有”标准。2016 年全县完成一般贫困户脱贫任务 229 户 839 人，经验做法和扶贫成效得到国家脱贫攻坚督查组和自治区精准扶贫第三方评估组的充分认可。

**【援藏工作】** 2016 年 7 月，县委、县政府高度重视湖北省襄阳市第七、八批援藏工作队轮换交接工作，多次组织召开会议，要求各级各部门要及早安排，切实做好援藏干部期满考核、轮换接待、后勤保障等工作。9 月 5 日，襄阳市党政代表团抵达琼结考察指导工作，看望慰问援藏工作队员，并捐赠 345 万元资金。襄阳市第八批援藏工作队在征求多方意见的基础上，结合湖北省援藏总队“精准援藏助力精准脱贫”的援藏工作主题，明确了“234+X”的援藏工作思路。即，坚持援藏工作向基层倾斜、向精准扶贫倾斜，注重当前与长远相结合、输血与造血相结合、硬件与软件相结合，发挥理念援藏、项目援藏、人才援藏、社会援藏作用，构建全方位、多层次、宽领域的立体式对口支援体系。2016 年，襄阳市先后选派专业技术人才 20 人（包括三年期专业技术人才 5 人，三年期组团式支教老师 4 人，半年期组团式支援卫生系统 4 人，短期技术人才 7 人）。县委、县政府根据援藏人才知识结构、专业特点和工作经历，对其工作进行合理分工，充分发挥援藏技术人才各自才能，其中 8 名援藏医生出诊达 1000 余人次，成功完成重大手术一次；文广系统援藏人员撰写县级新闻稿 47 条，市级新闻稿 6 条，参与琼结各项宣传、宣讲和文艺创作。

**【特色产业】** 年内，琼结县特色优势产业加快推进。投资 7 亿元的丰华光伏发电项目顺利推进，雅拉香布与 5100 矿泉水达成合作意向，投资 6 亿元的协鑫、国电投光伏发电项目已获自治区发改委备案批复。

## 扎囊县

【概况】 西藏自治区山南市扎囊县地处西藏中南部、山南市西北部、雅鲁藏布江中游、冈底斯山南侧，县境地跨28° 27′ 50″ ~ 29° 34′ 53″、东经90° 03′ 34″ ~ 90° 38′ 6″、北纬，平均海拔3620米，地势中间低两边高，主要以山地为主，具有明显的高原河谷垂直气候。水资源总量3.4亿立方米，其中地表水2.6亿立方米，地下水0.8亿立方米，可利用水资源1.8亿立方米；总体气候属于半干旱大陆性温带高原季风气候，气候总体特征为冬长夏短、春秋相连、冬季寒冷干燥，冬春季多风沙且降水少；主要物产有青稞、小麦、蚕豆和油菜等。扎囊县距离拉萨市100公里，距离山南市政府所在地泽当45公里。全县下辖三乡两镇共62个村（居）委员会，其中包含5个居民委员会和57个村民委员会，总人口4.1万人。全县辖区面积217300公顷，主要以第二和第三产业为主，农业包括冬小麦、青稞和马铃薯、油菜等作物；畜牧业包括牦牛、犏牛、绵羊、山羊、马等。耕地面积6280公顷，粮食播种面积3353.3公顷，经济作物耕地面积1073.3公顷。森林覆盖率38.28%，林地面积91826.7公顷。国家级野生保护动物有鹿、藏羚羊、獐子、豹子、班头雁等，已探明矿产资源有铬铁、锑、铜、铁、陶土等。主要景点有西藏第一座佛法僧俱全的桑耶古寺“AAAA”级景区一处、生产名誉全国的藏香生产地－敏珠林寺“AAA”级景区一处，披着神秘面纱的扎央宗溶洞“AA”级景点一处。主要特色物产有敏珠林藏香、氆氇、氆雕、手工藏帽和陶瓷等。2016年完成市生产总值10.7亿元，增长55.26%；全社会固定资产投资112406万元，增长64.8%；社会消费品零售总额达7070万元，增长14.8%；完成税收2800收入万元，增长21.7%；接待游客371.4万人次，增长9.1%，实现旅游收入5022.9万元，增长11.2%。地方财政收入3500万元，增长23.9%。全年农村居民人均收入9560元，增长15.4%，城镇登记失业率控制在2.1%以内。截至年底，共有1773人参加工伤保险，参保率为100%；共有785人参加失业保险，参保率为100%；共有1687人参加城镇职工基本医疗保险，参保率为100%；共有1520人参加生育保险，参保率为100%；共有21632人参加城乡居民养老保险，参保率为99%。截至年底，城镇职工医疗报销兑现14.31万元，涉及63人；生育报销兑现18.4万元，涉及38人；居民医疗报销兑现16.25万元，涉及28人；发放城乡居民养老保险金299.87万元，涉及2995人。全县共有19座寺庙、5个宗教活动点、4处修行区，在编僧尼228名、353名修行人员和52名社会流动从事宗教活动人员。

【生态保护】 2016年，组织全县各党支部220余人参加义务植树，栽种各类树苗2000多株，面积1.34公顷。实际完成退耕还林83.83公顷（包括人工造林10.75公顷，保护原生态植被73.08公顷），共计各类植株11914株；完成国家投资“两江四河”流域造林项目40.47公顷和拉萨周边防护林工程780公顷（包括人工造林380公顷、封育400公顷）；通过县级自验及市级复验高原安全屏障防沙治沙工程2444.4公顷（草方格及砾石压沙511.07公顷，封沙育草1133.34公顷），通过大力植树造林和防风固沙工程，极大程度遏制了土地荒漠化进程。组织各党支部参加全县卫生大扫除5次，树立党员先锋模范带头作用；以6月5日世界环境保护日为契机，发放宣传单和宣传册1000余份，不断强化群众环保意识；创新开展“冬季爱国卫生运动”活动，不断培养环境保护人人参与的责任意识；提倡“清洁、绿色、环保”理念，严禁“三高”企业进驻扎囊县，要求加油站售卖更为清洁的90号汽油。成功创建1个生态乡和5个生态村，扎唐镇折木社区居委会荣获全国文明单位，全县获全国文明县城提名。

【农牧业】 2016年，全县农作物总播种面积4840公顷，占耕地面积77.1%，可利用草场面积1506.7公顷，占草场总面积96.2%；农牧业总产值6155万元，增长3.2%。其中粮食总产量24552吨，增长5.4%；油菜总产量2545吨，与上年基本持平；肉类产量1148吨，下降38.6%；奶类产量4640吨，下降16.6%；全县牲畜出栏率达30%。共实施农牧业项目14个，包括续建复开工项目5个（优质蔬菜基地，人工种草基地，农产品安全检查站，阿扎乡、吉汝乡乡镇农牧服务中心）、农牧业新建项目9个（农业青稞生产基地，牲畜棚圈，黄牛改良配种点，农村沼气，秸秆综合利用等)，完成总投资 6935.42 万元，建成后将完善农牧业基础设施建设。落实支农惠农政策各项补贴 1387.21 万元，包括 2014 年草蓄平衡资金 336.88 万元，牧草良种补贴 10.6 万元，牧民生产资料综合补贴 8.05 万元，农机购置国家补贴资金 600 万元等。注册各类农牧民专业合作社 166 个，其中涉农专业合作社 78 个，民族手工业合作社 46 个，家具专业合作社 39 个，建筑类合作社 3 个，注册资金达 8150 万元。截至年底，全县三乡两镇均建成科普活动站，并配备宣传栏、图书、光碟等设备；开展“全国科普日、科级活动周、科级三下乡”等科普活动，累计实施科普宣传 35 场次，参加人数达 10500 人次，强化农牧民群众科学种植意识。

【项目建设】 2016 年，扎囊县建设项目总计 91 个，总投资 69.79 亿元，完成投资 25.67 亿元，完成年初计划的 110.2%，增长 276.5%。其中国家投资完成 23.7978 亿元，完成年初计划(21.897 亿元)的 108.68%，增长 272.39%；完成民间投资 6500 万元，完成年初计划(4000 万元)的 162.5%，增长 194.78%；招商引资完成 1.01 亿元，完成年初计划(1 亿元)的 101%，增长 897.04%。主要项目有拉林铁路(扎囊段)、泽贡高等级公路(扎囊段)、易地扶贫搬迁、农业综合开发、市政道路等。在项目审批部门和申报部门的大力支持下，全县重点项目前期工作进展顺利，项目在线审批情况良好，成效显著。截至年底，全县通过在线监管平台审批项目 150 个，总投资 21.3 亿元。录入国家重大建设项目库项目 160 个，总投资 22 亿元，位居全市第二。同时以桑耶全国特色小城镇建设为契机，初步完成桑耶小城镇建设，总体规划、城市设计、总体方案等工作。邀请西藏大学有关专家和教授对扎囊融入拉萨山南一体化进行调研和论证，初步形成一体化发展思路。

【精准扶贫】 2016 年，扎囊县始终坚持以“精准做标尺、良心打责任、真情攻扶贫”为总要求，将脱贫攻坚作为头号民生工程，成立了由四大班子和县委常务副书记为领导的五大战区脱贫领导小组，对全县脱贫工作进行统筹和实施。完成申报“十三五”期间扶贫产业项目 26 个，总投资近 10 亿元；成功申报国家烟草专卖局扶贫产业项目 5 个，总投资达 2.5 亿元，成功引进内蒙古蒙草集团、中科建等内地知名企业，扎实推进企业产业促脱贫。桑耶镇和阿扎乡两个异地搬迁项目正在施工，58 套搬迁住房框架结构已基本完成；建立完善结对帮扶 2078 对，全年为困难群众解决物资近 500 万元。成功举办“10.17”扶贫日捐资捐岗活动，全年兑现“三包”经费 1413.56 万元，开展技能培训 429 人，实现转移就业 355 人。申报县乡农业银行为 578 户贫困户发放贷款 2677.8 万元，同时，还创新开展了“十小进农家”创建小康文明示范户活动，力争到 2018 年实现全覆盖，农牧民家庭物质文明和精神文明建设“双提升”。截至年底，全县共脱贫 1398 人，16 个行政村整村脱贫，完成市委下达计划脱贫任务的 100%。

【教育事业】 全县现有各级各类学校 35 所，现有教职工 431 人，在校学生 4678 人，其中中学 1396 人，小学 2438 人，入学率均达 100%；就读幼儿园 844 人，城镇三年入园率 100%，农村两年入园率 96.57%，教育覆盖面继续保持全市领先水平。县教育局严格兑现“三包”伙食费、“三包”装备费和营养改善费 1158.42 万元、189.9472 万元和 229.9133 万元，兑现农牧民子女大学生资助金 763.3 万元，帮扶贫困学生 400 余人，累计帮扶资金 8 万余元，确保教育补助的每分钱用到实处、花到关键点。共实施县中学扩建、幼儿园教学用房和生活用房改建等 6 个建设项目，总投资达 3490 万元，完善办学条件和改善住宿生活条件。全县重点高中录取 105 人，录取率为 22.53%，普通高中录取 214 人，录取率为 45.92%，其余均被中职班录取，初中生抽测考试各县排名第二，总名次各县排名第四。全县报考内地西藏初中班 84 人，实际录取 13 人，四年级抽测考试在各县中排名第三，总成绩在各县中排名第二。并且先后顺利通过自治区中小学校实施素质教育督导评估验收和国家三类城市语言文字自治区评估验收，打通与外界语言沟通的桥梁。

【党建工作】 2016 年，扎囊县始终坚持以习近平同志为核心的党中央领导，紧紧围绕党的十八大、十八届全会精神，中央第六次工作座谈会精神，县委理论中心组开展了十八届六中全会专题学习活动。以“两学一做”学习教育为契机，开展专题研讨会 5 次，参与研讨发言 46 人，受教育干部职工 240 多人，班子成员撰写“两学一做”学习教育心得体会 15 篇；县委班子成员带头讲“两学一做”学习教育专题党课和廉政党课，参加党员干部 1000 余人次；组织开展了"两学一做"学习教育知识竞赛、演讲比赛和党章、准则、条例知识竞赛活动，不断深化干部职工党性党风党纪教育，唤醒党章意识、纪律意识、规矩意识和组织意识。坚持中央、区、市选人用人导向，坚持"信念坚定、为民服务、勤政务实、敢于担当、清正廉洁"的好干部标准，把"两学一做"学习教育要求贯彻到选人用人全过程。开展党风廉政建设调研工作，形成专题调研报告15篇，梳理存在的共性问题3条。及时召开纪检监察工作会议，并传达学习区、市纪委会议精神，结合实际，安排部署2016年党风廉政建设和反腐败工作，印发《扎囊县2016年党风廉政建设和反腐败工作计划》《扎囊县2016年党风廉政建设和反腐败工作任务分解方案》《扎囊县2016年党风廉政建设情况调研方案》和《〈建立健全惩治和预防腐败体系2013–2017年工作规划〉任务分解方案》，层层签订党风廉政建设责任书，形成了主要领导亲自抓、班子成员抓快、具体部门落实的齐抓共管的局面，确保党的先进性和纯洁性。

**【廉洁工作】** 2016年是县乡换届之年，及时下发《扎囊县县乡换届风气监督工作方案》，印发换届纪律卡知晓卡3000余份、宣传栏30个、横幅20副、标语120副，加强对换届纪律的宣传。严肃"十严防""九严禁""九一律""六必签""六个四必"要求，坚决落实"五个责任主体"，成立县级领导带队的换届督导组，以反面典型《镜鉴》警示领导干部吸取教训、引以为戒，确保了换届工作风清气正和顺利完成。为加强干部职工作风建设，巩固作风建设成果，持之以恒纠正"四风"问题，严防"四风"反弹。年内，县纪委联合县委办、县委组织部、县政法委、县人社局等单位在全县范围内开展监督检查45次。2016年共受理群众信访举报4件，立案2件，函询1件，初核了结1件，给予党纪政纪处分2人，诫勉谈话1人，约谈3人，达到查处一案，教育一片、警示一片的效果。由县委、政府牵头，成立以县委常委、纪委书记沈智林为组长、纪委副书记罗玲、县财政局局长巴桑为副组长及相关单位为成员的"三公"经费专项检查领导小组，检查小组利用20天时间，对县五个乡（镇）、县直各部门"三公"经费使用情况进行抽查，对检查过程中存在的问题进行整改。检查组针对检查情况召开全县各乡（镇）、各部门负责人会议，要求各单位今后报账时必须按照县委下发的《公务接待管理办法》《公务用车管理办法》《差旅费管理办法》执行，凡接待工作组就餐需填写《扎囊县公务接待审报表》、公车使用需填写《扎囊县公务派车单及相关费用记账表》，规范县公费使用情况，真正树立起"公仆"形象。

# 贡嘎县

**【概况】** 贡嘎县位于西藏自治区山南市西北角，东邻扎囊县，西南与浪卡子县接壤，北面与拉萨市的曲水县、堆龙德庆县相连，平均海拔3750米。贡嘎县地处雅鲁藏布江中游，地势总体呈现宽阔平坦之势，地貌类型以高山和谷底为主，属于藏南湖盆谷地，水资源丰富。贡嘎县历年平均气温8.6℃，由于海拔较高和受高空西风流及印度洋暖流的交替影响，形成独特的半干旱温带高原气候。贡嘎主要物产为青稞。距山南市政府所在地85公里，辖区8个乡镇，36个行政村，271个村民小组（自然村），总人口51550人。其中农村人口46233人。地域面积2283.84平方公里，主要以第一产业为主，农业包括种植小麦（春小麦、冬小麦）、青稞、玉米、豆类、油菜、土豆、蔬菜、青饲料，畜牧业有养殖牛（黄牛、改良牛、牦牛、犏牛）、马、骡、猪、羊，有天然草场、人工种草。耕地面积5661.53公顷，粮食播种面积4352.28公顷，经济作物耕地面积854.14公顷。森林覆盖率33.56%，林地面积91.33379公顷。国家级野生保护动物有黄鸭、黑颈鹤，已探明矿产资源有铜矿、铬铁矿。主要旅游景点羊湖，级别为AAA，特色产品为红土豆。2016年，完成生产总值121178万元，增长9.1%；其中，第一产业完成6620万元，增长3.0%；第二产业完成61.058万元，增长10.6%；第三产业完成53500万元，增长8.3%。全社会固定资产完成投资363052万元，完成邮政业务总量118.2万元、完成电信业务总量703万元。固定电话用户2388户，移动电话用户15576户；互联网用户12403户。社会消费品零售总额9570万元。接待旅游42.5万人次，实现旅游收入1320万元，增长21%。地方财政收入6354万元，下降32%；地方财政支出85116.06万元，年末城乡居民储蓄存款余额2093.15万元。全年农村居民人均纯收入10462元，实现城镇就业再就业440人，城镇登记失业率控制在2.1%以内。截至年底，参加城镇失业保险 746 人,参加基本养老保险 24475 人,城镇职工参加基本养老保险 282 人。参加新型农村合作医疗 37266 人,参保率 98%。参加新型农村养老保险 23651 人。已领取养老保险待遇 4006 人。城镇居民中有 302 人得到政府最低生活保障金。有寺庙、拉康、日追 25 所,僧尼 301 人。

**【党建工作】** 2016 年,贡嘎县制定县级党员领导干部深入党建工作联系点制度;积极推进“雅江党建长廊”建设,在全县范围内着重打造 13 个县级党建工作示范点;通过“一创三评一定一改”的基层党组织分类定级方案,对全县各党组织进行排查,共确定后进基层党组织 14 个,后进党组织严格按“一支部一方案、一问题一对策”的要求,制定整顿方案;开展“一规范一整治二严查”基层整顿活动,着力增强基层党组织的整体功能;着力抓实县乡换届,投入换届工作经费 73 万元,组织开展换届工作人员培训 6 场次 114 人次,发放各类换届纪律宣传资料 4926 份,共选出新一届乡(镇)领导班子成员 88 名;着力开展“两学一做”,发布各类宣传微信 40 条,设置滚动播放标语 50 条,制作宣传展板 10 面,发放各类学习宣传手册、资料 1000 本(份),观看教育片 9 场次。

**【廉洁建设】** 2016 年,贡嘎县组织领导干部学习《中国共产党章程》《中国共产党廉洁自律准则》《中国共产党纪律处分条例》,县委与乡镇、县直单位负责人签订《党风廉政建设责任书》;开展党风廉政建设宣传教育月活动,参观廉政教育基地;加大反腐倡廉宣传教育力度,严肃查办发生在领导机关和重要岗位领导干部中存在的违纪违规案件。

**【农牧业】** 2016 年,贡嘎县总播面积 8.445 万亩,全年生产粮食 3.284 万吨,油菜籽 0.1382 万吨、蔬菜 1.115 万吨,高产创建面积 6.98 万亩、测土配方面积 6.98 万亩,种子田 0.531 万亩;建设抗旱机井 7 眼;全年生产肉类 0.2658 万吨,奶类 0.3925 万吨;出栏率为 35.04%,成畜死亡率 1.3%,新生仔畜成活率达到 95%;全年春季重大动物疫病免疫注射应免畜禽 179598 头(只),实免 177238 头(只),免疫密度达到 98.4%,秋季重大动物疫病免疫注射应免畜禽 184625 头(只),实免 184625(只),经过补免,免疫密度达到 100%;全县设立 32 个黄改点,完成冻配数 8303 头,参配率达到 100.03%;2015 年度草奖资金 821.1826 万元(包括甲竹林镇),已兑现除甲竹林镇外的第一批资金 242.4870 万元,第二批资金 425.0513 万元。贡嘎县 2015 年农机购置第一批落实补贴 254.662 万元,共购置农机 992 台,第二批落实补贴 223.777 万元,购置农机 2298 台;农牧部门共集中开展农牧业技术培训 6 次,参训人员达 600 人;全县机耕面积 7.2 万亩,机耕率达到 98%;机播面积 6.35 万亩,机播率达到 86%;机收面积 5.5 万亩,机收率 75%;全年共成功申报 9 个农牧项目,总投资 5778.8 万元。

**【教育事业】** 2016 年,全县建成幼儿园 27 所,附设幼儿双语学前班 8 个,学前教育幼儿在园人数为 976 人,幼儿班 90 个。全县学前三年毛入园率为 98.74%、学前两年毛入园率为 87.31%;全县设有乡镇小学 9 所,村教学点 12 个,小学在校生为 2995 人,小学教职工 235 人,小学教学班 102 个,小学学龄儿童入学率为 99.96%,小学毛入学率为 111.96%。小学五年巩固率为 100%,小学升学率为 100%;贡嘎县设有中学 2 所,初中在校生总计为 1730 人,中学教职工 173 人。初中教学班 38 个。初中毛入学率为 102.25%,初中三年巩固率为 98.52%,初中升学率为 93.7%,九年义务教育巩固率为 99.58%;2016 年,贡嘎县参加中考考生 648 人。500 分以上人数有 46 人,占总人数的 7.28%,比上年提高 4.91%。贡嘎县报考内地西藏班招生报名有 190 人,占地区报名人数的 14.88%,体检上线人数共 24 人,占山南市录取总人数的 12.06%;2016 年,贡嘎县各中小学“三包”经费预算总额为 1933.13 万元,各校学生营养改善经费预算为 373.92 万元;学校建设项目 5 个,总投资 2267 万元。2016 年 3 月起全面启动全县 2 所初级中学,11 所乡镇小学及所属教学点的实施素质教育迎各级评估验收工作,素质教育均顺利通过自治区验收。

**【旅游业】** 2016 年,贡嘎县打造一江(雅江)一湖(羊湖)二园(森布日现代农业生态旅游示范园、杰得秀镇国家森林公园)四镇(江塘、岗堆、吉雄、杰德秀四个旅游功能小镇)的全域旅游新格局。以羊湖“三化”建设为重点,加快旅游扶贫开发,贡嘎县将岗巴拉 4280 山顶景观台全部重新规划建设、将沿途的违章建筑(含厕所)如期拆除,对 307 国道江塘镇段的路面、排水以及两厢建筑进行藏式风格的设计装饰。2016 年,贡嘎县共接待旅游 42.5 万人次,增长 17.3%,旅游创收 1320 万元,增长 21.7%。

【医疗卫生】 2016年，全县计划免疫接种数达到7923剂次，接种率达到99%。完成采集羊血清35份、狗血清50份、旱獭血清10份，未发现阳性血清；完成对县域内49名精神病患者的确诊及登记入册工作，完成包虫病流行病学调查，共计调查目标人群886人，其中检出包虫病阳性病人9人，疑似病人4人；2016年，共发现传染病85例，无重大传染病暴发流行；完成僧尼体检42396人，发现疾病24种，病例1406人，病例人数占体检总人数的3.32%。完成先天性心脏病患儿筛查1119人，8个乡镇卫生院将先后两次获配总价值近120万元的硬件设施设备；年内，共为2313人次补偿住院医疗费用共计1937.26万元，为58188人次补偿门诊医疗费用共计465.56万元；截至年底，共为942人次兑现住院分娩补助533000元、双降奖励资金282600元、大病统筹奖励资金47100元；产妇总数634人，住院分娩率98.10%，5岁以下儿童死亡8例，孕产妇死亡1例。

【社会保障】 2016年，贡嘎县实现新增就业440人，其中稳定就业人数273人，就业困难人员实现就业49人。城镇登记失业率控制在2.1%以内；全县实现农牧区劳动力转移就业0.85万人，1.74万人次，转移就业收入突破3187万；全县城乡居民基本养老保险参保16427人，全年共收缴个人参保金179万元；2016年，城镇职工参保1785人，全年缴费金额2009万元；审核189名参保人员报销凭据报销86.33万元。2016年，城镇低保对象有302人，发放城镇低保对象城镇最低生活保障资金216.5万元，发放农村低保对象最低生活保障资163.61万元。农村医疗救助653人（次），落实救助金179.37万元；城镇医疗救助12人（次），落实救助金2.51万元；落实医疗救助资金181.9万元。五保集中供养管理规范，五保户共供养359人，其中分散供养198人、集中供养161人（其中包含甲竹林镇18人），有意愿集中供养率达到100%。为4名创业残疾人发放创业扶持金4.4万元。先后将16名残疾人送往市就业培训中心参加培训，提高残疾人就业能力。核定集中收养孤儿人数，健全孤儿信息库。全县孤儿共计54人，将27名符合入住条件的孤儿送往市孤儿院。

【生态保护】 2016年，全县生态创建取得实效，全县项目环评执行率达100%。完成东拉乡生态恢复工程、森布日湿地保护工程前期工作和5个垃圾转运站项目前期工作。江塘等5个村通过区、市生态创建评审。投资541.7万元实施重点区域生态公益林造1744.4亩，投资883万元实施防沙治沙40666.8亩，投资213万元完成拉萨周边乡镇、村区域造林绿化工程，造林5700亩、封育6000亩。全县林业病虫害防治面积达10万亩。

【维护稳定】 2016年，贡嘎县坚持“防范第一、处置高效，以不出问题为核心”原则，以“双联户”服务管理、“平安建设”和创新寺庙管理为有力抓手，全面落实责任，强化各项维稳工作措施，确保社会局势持续、长期、全面稳定。

【项目建设】 2016年，全县累计开复工项目108个（续建项目48个，新开工项目60个），其中，已完工项目73个、在建项目35个。累计完成固定资产投资363052万元，完成年初计划162%。拉林铁路贡嘎段、泽贡高等级公路（贡嘎段）、藏医院、杰德秀基础设施建设、县城污水及收集系统工程等大型项目进展顺利。2016年，全县招商引资完成固定资产投资6050万元。全年开工建设的项目，从设计到建设管理都严格按照基本建设程序办事

【文化事业】 2016年，全县8个乡镇共计安装发放直播卫星接收设备11562套，广播电视覆盖率分别达到89.8%和97.91%。完成电影放映1494场次，平均每月每村居放映3.5场次。在县文化活动中心开展创建学习型机关“五好”读书活动，组织开展“全民健身、文化惠民”活动，参加人数均在百人以上。贡嘎县文化综合服务中心每天8小时对外开放，并在活动中心开设瑜伽班。“文艺下乡”累计演出64场次。截至年底，成功申报非物质文化遗产保护项目国家级3项、自治区级6项、市级7项、县级17项。

【精准扶贫】 2016年，全县精准扶贫建档立卡贫困共计2276户、7799人（其中一般贫困户1526户、6482人，低保贫困398户、958人、五保贫困352户、359人）。2016年，调整充实扶贫开发领导小组，领导小组下设脱贫攻坚指挥部和11个工作专班，明确1名县委班子成员和1名政府班子成员联系1个乡镇，制定《贡嘎县脱贫攻坚工作协调联动机制》。先后7

次召开精准扶贫专题会议、2 次现场会议，研究解决存在的问题，积极推广典型做法；以“双业”工程为载体，努力整合资源，加强就业培训，增加就业机会，完成劳务输出 17922 人次，完成转移就业 624 人；大力实施生态补偿脱贫，将 5710 名贫困人口安排到护林员、水管员生态补偿脱贫岗位，兑现生态补偿资金 1696.5 万元，实现生态政策补偿脱贫；整合申报产业扶持项目 55 个，投资 104,300 万元，县财政先期垫资 867.2 万元，实施 6 个产业扶贫项目；加大易地搬迁力度，截至年底，完成 17 户 61 人贫困户异地搬迁工作，完成江塘镇 49 户 263 人、岗堆镇普努村 60 户 409 人、昌果乡岗旦村 14 户 54 人易地搬迁各项前期工作；完成国家烟草总局 1 亿元扶贫专项资金项目建设计划表。截至年底，除社保兜底 1317 人外，全县完成脱贫 672 户、2879 人。

**【援藏工作】** 第八批援藏干部自援藏以来到全县各部门、单位进行广泛深入调研，并整理编制《长沙市第八批援藏工作队调研情况汇总表》；结合调研成果，协调对接贡嘎县委、县政府，共同协商拟定《长沙市第八批援藏项目投资计划》（草案），总投资为 5500 万元（1‰计划内）；积极争取省卫生医疗援藏队支持，帮助贡嘎县开展医疗信息化建设，实现远程诊断。长沙市四医院与贡嘎县卫生服务中心建立对口帮扶关系，捐赠一台胃镜仪和 50 万元专项经费。充分发挥援藏医疗技术人员“传帮带”作用，定期对贡嘎县医技人员进行培训。突出产业扶贫，坚决执行“两个 80%”（80% 的援藏资金向脱贫攻坚倾斜，80% 的援藏资金向民生倾斜）的基本要求，三年援藏项目重点向脱贫倾斜。2016 年年底，基本确定援藏工作队（1‰以内）重点脱贫项目范围。加强招商引资力度，引进四川阿坝青稞酒厂、湖南晏子食品有限公司、湖南呈辰食品有限公司；海南永基畜牧公司与贡嘎县签订 2 亿元的投资意向协议；湖南领速物流公司拟投资建设空港综合物流园项目正在编制项目建议书；推进县招商项目库、客户资源库、土地征储制度编制工作。发展特色旅游，提出打造一江（雅江）一湖（羊湖）二园一四镇的羊湖—雅江文化生态旅游圈；加快推进旅游扶贫开发，规划建设江塘镇旅游接待服务中心三个项目，计划投资 2800 万元。争取国家级文物保护单位曲德寺安防工程立项，消防工程方案已上报国家文物局，贡嘎电视台综合大楼立项，2017 年全面开工。

# 浪卡子县

**【概况】** 截至年底，浪卡子县有正科级单位 6 个，人大、政协及其办公室各 1 个，群团组织 4 个（团县委、县工会、妇联、工商联），有政府部门 28 个，全县编制 1444 个，实有人员 1639 个。

浪卡子县位于西藏自治区南部，山南地区的西南部，喜马拉雅山中段北麓，雅鲁藏布江南岸。地处北纬 28° 46′ ~ 29° 11′，东经 90° 22′ ~ 91° 05′ 之间。东与山南地区措美县、扎囊县接壤，南与洛扎县、不丹王国相连，西与日喀则地区康马县、江孜县、仁布县为邻，北与拉萨市尼木县和曲水县隔江相望。全县总面积约 8500 余平方千米。浪卡子县属藏南山原湖盆宽谷区，四周边缘高凸，中间低洼湖泊，属高原型壑谷缓冲多平台地带，地质构造复杂，县府驻地浪卡子镇，海拔 4446 米，省道 307 线穿境而过，交通便利，距贡嘎机场 111.9 公里，距拉萨 164 公里，距山南地区行署所在地泽当镇 227 公里。全县辖 2 镇 8 乡，110 个行政村，14 座寺庙、16 座拉康、4 座日追，全县僧尼 252 人。2016 年，全县总人口 38746 人，其中农村人口 35253 人，人口出生率 20%，自然增长率 19%。2016 年，浪卡子县生产总值 52924 万元，增长 12.2%，其中第一产业完成 5156 万元，增长 7.6%，第二产业 19188 万元，增长 10%，第三产业 28580 万元，增长 14.6%，社会固定资产投资 64358 万元，社会消费品零售总额 10743 万元。地方财政收入 3226 万元，增长 27.3%，地方财政支出 90553 万元，全年农村居民人均纯收入 9437 元，全县参加城镇失业保险 818 人，参加基本养老保险 23328 人，城镇职工参加医疗保险 1890 人，城镇居民参加医疗保险 1011 人。

浪卡子县属高原温带半干旱季风气候区。光照充足，辐射强，冬春寒冷多大风，夏秋温凉多雨水，干湿季分明，年日照时数为 2929.7 小时，年降水量为 376 毫米，降水主要集中在 6 月下旬至 9 月中旬，年无霜期只有 60 天。全县呈座北向南走向，盛行西北风，年均风速 17 米 / 秒，最大风速 34 米 / 秒。

浪卡子县野生动植物资源比较丰富，有高等植物 63 科 238 属 595 种，野生脊椎动物 28 目 55 科 135 属 213 种，其中国家级保护动物有水旱獭、野驴、雪豹、盘羊、黑颈鹤、赤麻鸭、藏雪鸡等。矿产资源主要有铁、金、银、铜、水晶、泥炭等，县境内矿产资源的勘查程度低，仅限于对沙金的开发，且属于手工淘金的原始作业，年产量一般在10千克左右。

浪卡子县境内有大量的山峰和冰川，海拔6000米以上的山峰就达5座，终年积雪不化，其中海拔最高的7206米（宁金岗桑峰）。宁金岗桑峰附近有冰川发育，约50多条，冰川面积达129平方公里，其中以抢勇冰川最为著名。浪卡子水系发达，有羊卓雍措水系、普莫雍措水系、哲古措水系、巴纠错水系，全县共有大小河流21条，汇入羊卓雍措的“卡洞雄曲”是藏南最大的内流羊卓雍措湖水河系。羊卓雍措是喜玛拉雅山中段北麓最大的内陆湖泊，普莫雍措是浪卡子县乃至藏南内陆海拔最高的微咸淡水湖。

浪卡子县手工业主要产品有地毯、卡垫、藏被、藏靴、佛龛、金银首饰加工等。主要景区有羊卓雍措、普玛雍措、岗巴拉山、宁金岗桑雪山、卡若拉冰川、嘎玛林草场以及各类鸟岛等自然景区，还有桑顶寺、扎热桑丹曲林寺、打隆宗古遗址等人文景观。

**【教育事业】** 2016年，浪卡子县制订出台《县域义务教育均衡工作实施方案》。全年投入15509万元，稳步推进教育基础设施建设。成立《羊湖学子助学基金》，分别实现小学适龄儿童入学率、初中阶段毛入学率、小学在校生辍学率、初中生在校生辍学率100%、101.48%、0%、1%。制定浪卡子县农村义务教育学校优化布局调整方案，对普玛江塘乡完小、浪卡子镇完小、扎于小学、张达乡小学进行了重新规划设计，改善办学条件。探索建立校长（教师）交流工作机制、浪卡子镇小学云校运行服务平台，打造校园“一校一品”文化。浪卡子县中学连续四年蝉联市中考状元。

**【农牧业发展】** 2016年，浪卡子县农作物播种面积达39163.2亩，其中粮食播种面积27395亩，经济作物播种面积4696.3亩，饲草播种面积7044.5亩，粮经饲比例调整为70∶12∶18。粮油产量分别完成1668万斤、161.4万斤，完成率达111%、115%。全县种子精选94万斤，土壤改良21500亩，改造低产田7415亩，积造农家肥27000吨，发放化肥394.1吨。按照农业部办公厅和财政厅印发的《西藏自治区2015–2017农业机械购置补贴实施办法》要求，浪卡子县发放指标确认书689份，共完成补贴资金809470元，收益农户585户共补贴农机具690台套，其中动力机械79台，收获机械277台，耕作机械255台，运输机械79台。2016年，牲畜存栏284957头（只、匹），新生子畜82874头（只、匹），仔畜成活率95.9%，死亡2641头（只、匹），死亡率控制在0.9%，出栏92443头（只、匹），出栏率31.6%，超出市指标（30%）4.1个百分点，肉、奶、毛分别产量2228.9吨、7700.72吨、201.94吨，禽蛋产量46.06吨。完成黄改东配4520头，配种率100.4%，针对疫情发放治疗药物及疫苗104箱，共折合人民币102139元，解决饲料140吨。

**【项目建设】** 2016年，浪卡子县全年开复工项目123个，总投资132306万元，完成投资64358万元，完工66个。建设通乡油路37.21公里，养护公路425.9公里。建设浪卡子县二期防洪堤、巴加罐区。小型农田和农村饮水巩固提升工程项目。县政府投入634.8万元，新建周转房24套，维修改造保障性住房52套。投入324.8万元，实施棚户区改造工程。

**【旅游业】** 2016年，浪卡子县举办“2016年环羊湖自行车体验游”和“浪卡子县第25届打隆物资交流会”活动，吸引区内外有客6000余人，全县接待有客35.63万人次，旅游总收入3200万元，鼓励引导280名农牧民参与旅游服务，带动农牧民直接创收386.8万元。

**【生态保护】** 2016年，浪卡子县层层签订环境综合整治工作目标责任书，制订出台《浪卡子县环境监管网格化实施方案》，全面启动重点生态功能区、生态环境敏感区、生态环境脆弱区生态红线划定区工作。卡龙村等4个村居成功命名为自治区级生态村。完成植树造林1395亩，羊湖生态环境保护项目3000万元，落实草原生态补奖资金2126.6万元。

**【公共卫生】** 2016年，浪卡子县稳步推进医疗基础设施建设，全面改善就医条件，提高医疗救治水平，配齐配强医疗设备和卫生工作人员，巩固“一村两医”目标，医疗卫生服务能力进一步提升，疾病预防控制工作稳步推进。全年完成38279人免费健康体检，体检建档率达100%；组织对15名先心病疑似患儿进行确诊，确诊3名，并与安徽省铜陵市人民医院签订对口帮扶协议书。投入5550万元建立“县、乡、村”三位一体医疗救治体系，其中投资240万元新建县疾控中心、投资161万元购置村卫生室设备、投资150万元改善基层医疗基础设施建设、投资15万元新建打隆镇值班室、投资20万元新建卡龙乡藏医门诊。落实2015年“两项扶助资金”65.9万元。发放各类医疗补助100.96万元，实现孕产妇住院分娩率达97.4%以上、婴儿死亡率控制在11.99‰以内，孕产妇零死亡。2016年，浪卡子县参合率达100%，累计筹集资金1587.3万元。

【文化产业】 2016年，投入资金510.29万元，其中，上级投入102万元，县财政投入304.38万元，扶持县民间艺术团投入103.68万元。实施了羊卓姜谐、曲括子巴藏戏、卡热卓舞传习基地附属建设，落实了98名村级文化辅导员、生活补助补贴。同时，成功推出《羊卓姜谐》《羊卓谐旺》和《卡热卓舞》，新创作《热巴舞》《堆谐》《小古技巧》等7部作品。全年浪卡子县艺术团下乡演出54余场次，投入10.66万元，修建《卡热卓舞》传习所。

【社会保障】 2016年，浪卡子县新农保、医疗、养老、工伤、失业等保险参保人数23698人，参保率100%；全县参加农牧区合作医疗人数34843人，参合率100%。全县五保户对象173人，集中供养87人，有意愿入住率100%；足额发放60周岁以上老人养老金326.97万元、3232名，发放率100%。投资150万元，实施“雨露计划”和“百千万”工程，实现农牧区富余劳动力转移就业5319人次，劳务创收2287.17万元。

【扶贫开发】 2016年，浪卡子县贫困户2241户8073人，其中一般贫困户1289户5220人，低保贫困户786户2680人，五保贫困户166户173人。全年实施扶贫项目176个，在建项目19个，总投资3956.37万元。对226户贫困户发放小额贴息信贷资金837万元。对生存条件恶劣的51户107名贫困户审核上报，实施易地扶贫搬迁。全县1639名干部职工与1289户贫困户进行结对帮扶，46个重点贫困村实现驻村帮扶全覆盖，共103个单位405人。全县31名县级领导、10个乡（镇）、59家县直单位、98个村（居）、1608名干部与2241户8073名脱贫对象层层签定脱贫攻坚责任书，形成横向到边、纵向到底的责任机制。全年有10余家企业和施工队，帮扶贫困群众210户874人。

【社会稳定】 2016年，浪卡子县组织召开维稳专题会议21场次。全年排查各类矛盾纠纷25起。成功调解24起，调解成功率96%。2016年，完成252名僧尼健康体检，评选表彰和谐模范寺庙16座、爱国守法先进僧尼178人、先进寺管会8个、优秀驻寺干部22名、优秀涉宗干部1名，发放奖励资金25.4万元；先后对僧尼家属进行家访84次，办实事120件，投入资金769945元。全年共开展各类宣讲活动54次，发放宣传资料270册。

【党建工作】 2016年，浪卡子县制定印发藏汉双语党章5000册，学习教育笔记本2000本，学习资料12000余册，邀请专家教授举办专题讲座1场。县委理论中心组开展专题学习讨论会16场次。围绕爱国主义、民族团结和反分裂斗争等主题，以基层党组织为单位，530余名党员群众开展大型义务演出5场次，参观群众3500余人次，结合“七一”建党95周年，组织学习教育知识竞赛，投入12000余元。制作“两学一做”宣传展板，宣传条幅共计11个。全县各党组织学习教育开展情况检查5次，全县共开展讨论790场次，各级党组织共查找问题110条，已整改92条。各驻村工作队帮助村（居）培养积极分子2077名，发展新党员322名。全县召开维稳宣讲大会378场次，参与群众3.24万人次，调处矛盾纠纷89件，制定维稳工作制度625条，重点人员管控250人次，妥善处理群众上访361人次，群体性冲突事件19件。开展新旧西藏对比教育活动945场次，组织群众宣讲十八届四中、五中、六中全会，习近平总书记系列重要讲话精神和自治区第九次党代会精神913场次，开辟专题宣传栏314期，开展民族团结和爱国主义教育147场次。帮助理清村（居）发展思路488条；制定完善发展规划316项；劳务输出10451人次；劳务创收582.9万元，创办经济实体45个。投入200.7万元，为群众办实事好事639件，解决民生方面突出问题116件；走访慰问“三老”人员、困难群众、五保户、低保户、残疾人等弱势群体7197人次，发放慰问金和慰问品价值174.5万元。认真做好推进扶贫开发工作，登记建档贫困村48个，精准识别2241户贫困户8073名贫困群众，组织群众宣讲扶贫开发政策1001场次、发放宣传资料1.2万余份、开辟扶贫专栏197期，帮助村（居）制定脱贫工作方案103个，争取扶贫项目15个，投入资金2668.36万元。围绕履行好市委书记张永泽提出的“六项职责”，县乡班子成员就党建分管领域和联系点开展调研、指导工作，形成调研报告120余篇，帮助解决困难和问题153个。本级财政全年投入410余万元，县乡年底召开基层党建述职评议会15场次，县委常委会议先后21次研究基层党建方面工作，及时解决基层党建工作重点、难点问题。抽调21名县乡党务工作者，以交叉检查方式互看互比，开展党建督导4次，督导范围覆盖全县所辖党支部的82%以上。建立党小组429个，健全村（居）级组织588个，完善相关工作职责580余条，健全工作台账580余份；选派党建指导员121人次；完成12个软弱涣散党支部晋位升级。培养村（居）后备干部1024名，新发展党员322名，为2017年村（居）换届储备后备力量。加强制度建设，制定《村居“两委”班子考核奖励实施办法》。开展党建带工建、妇建、团建工程。开展第一书记、大学生村官考核工作，16名期满大学生村官调整到县直各单位工作。村（居）标准化示范点建设进展顺利，实施打隆镇相达居委会、白地乡白地村等4个基层政权示范点建设工程，投入资金880万元。认真做好党内激励关怀帮扶工作，县财政划拨党内帮扶资金50万元，“七一”期间走访慰问30名困难党员、老党员，发放慰问金2万元。大力开展建党95周年纪念活动。对全县15个先进基层党组织、25名优秀共产党员、25名优秀党务工作者进行了表彰，对30名困难党员、老党员进行走访慰问。组织老干部到区内外参观疗养20人，退休老干部及遗属发放慰问金20余万元。分批做好了13名享受64号文件提前退休老干部工作，组织召开了退休干部职工欢送会。对全县3658名党员和1357名“两代表一委员”进行认真排查，重新取得联系党员21名，流动党员254名，无失联党员、“口袋”党员、无违纪违法处理党员和代表，对3个月以上未及时参加组织活动的党员进行了严肃批评教育，起到了前车之鉴的作用。全年共组织教育培训12场次，受训1310余人次。基层党建业务培训5场次，受训490余人次；赴错那和扎囊两县异地实训1次，受训28人次。依托县中学师资力量，大力实施浪卡子县第二期“村（居）干部文化素质提升工程”，对98名村（居）干部进行了集中培训。各驻村工作队、第一书记、大学生“村官”充分发挥直接联系和服务的优势，以开展党员干部文化夜校的方式，累计培训村（居）干部1328学时，增强了基层干部工作能力和综合素质。县财政划拨培训经费15万元，为开展干部培训提供了保障。从严管理和关心关爱干部职工，制定出台《浪卡子县干部职工管理规定》《普玛江塘乡干部职工政策待遇暂行规定》。全面贯彻落实《党政领导干部任用条例》《关于加强干部选拔任用工作监督的意见》规定，共提拔科级干部123人，从非公务员身份驻寺人员中录用3人、从优秀村（居）干部中选拔乡（镇）公务员3人。精心组织县乡领导班子换届工作，严把法律法规程序关、选人用人关、风气监督关和代表委员身份关，未出现一起上访事件、未发现一起违反纪律行为，确保换届工作风气清正、圆满完成。按9—11名的要求配强乡（镇）领导班子，班子成员达100名，比上一届增加37名，增加了54%。换届后乡（镇）党委班子实际配备100人，大专及以上学历100人，35岁以下干部79人，有2年乡（镇）工作经历的占三分之二以上，汉族干部比例达到29%，妇女干部占26%，领导班子结构优化，活力增强。成立县编办（审改办）工作机构，配齐4名工作人员和相关设备。开展全县机构和人员编制核查工作，全面推行机构编制实名制管理。县28家政府工作单位梳理权责清单3536项，服务清单流程图3536张，服务指南表3536份。现有行政审批事项181项中，需进一步取消下放的行政职权事项共24项。认真执行“三个一”审批制度，新设立县政务服务中心（副科级事业单位）、县不动产登记中心（股级事业单位）。档案馆更名为档案局，加挂档案馆牌子，并由股级升格为副科级。为县藏语文工作委员会办公室（编译局）增加1名科级领导职数，增加后科级领导职数为3名。对2648名现有人才依据人才类别、部门职责建立1个综合人才库和7个专业人才库。

**【廉洁建设】** 2016年4月，召开浪卡子县党风廉洁建设工作会议。全年浪卡子县共受理各类信访举报2件，初核了结2件，县委研究审议党员干部违纪问题2件，立案调查2件，交叉办案2件，实名通报1期，开展集体廉洁谈话3次，诫勉谈话4次4人。2016年5月，浪子县委牵头，全县职工组织学习《中国共产党廉洁自律条例》《中国共产党纪律处分条例》《中国共产党问责条例》等党纪党规，8月制定印发《浪卡子县党员干部廉洁谈话制度》《浪卡子县节假日公车封存制度》和《浪卡子县公务车辆管理办法》等系列规章制度。

# 洛扎县

【概况】 洛扎县地处喜马拉雅山南麓，北纬27°43′～28°28′，东经90°22′～91°36′。外与不丹王国接壤，东北、东南与措美县、错那县相邻，北面与浪卡子县相连。县境内最高海拔7538.1米、最低海拔2310米，平均海拔为3820米，全县位于藏南山原湖盆谷地中的喜马拉雅山区。地势西北高，东南低，县境内有雄曲、色沟、边巴沟、门当沟、拉郊沟“一河四沟”，属恒河流域，补给来源为冰雪融水。全县属藏南温带半干旱高原季风气候区。县东南部具有亚热带半湿润、湿润气候的特点，降水多，日照少；西北部为高原温带半干旱季风气候区，少雨多风，气候干燥，日照充足。年日照数2746小时，年平均降水量366.8毫米，年无霜期105天左右。距首府拉萨310公里，距山南市政府所在地泽当镇354公里。辖2镇5乡，27个村（居）民委员会，101个村（居）民小组，边境乡（镇）6个（扎日乡、生格乡、色乡、拉康镇、边巴乡、拉郊乡）、边境村（居）委会22个，有6242户，总人口20055人。其中，农村人口18026人，人口出生率1.7%，自然增长率1.04%。地域面积503100公顷，主要以农牧产业为主。耕地面积2108.33公顷，粮食播种面积1616.5公顷，经济作物耕地面积393.47公顷。森林覆盖率33.88%，林地面积173558.011公顷。国家珍贵野生动物主要有雪豹、猞猁、麝、棕尾虹雉等，已探明矿产资源有磁铁矿、铅矿、锌矿、银矿、钼矿、水晶等。主要的旅游景点拉普温泉、谢翁温泉、赛卡古托寺、洛·卓窝隆寺、扎西根培、卡久寺、朱措白玛林湖、拉隆寺。特色产品“赛卡古托”牌粉丝、洛扎清油、藏式腰带、五谷之王荞麦、西藏洛扎甜奶渣、洛扎山地糌粑、蕨菜、松茸。2016年，完成生产总值37414万元，同比增长9.2%；其中，第一产业完成4554万元，同比增长3.5%；第二产业完成16560万元，同比增长12.1%；第三产业完成16300万元，同比增长8%。全社会固定资产投资60290万元，完成邮政业务总量113万，完成电信业务总量380万。固定电话用户185户，使用率90%；移动电话用户9500户，使用率95%；互联网用户280户。社会消费品零售总额9285万元。接待旅游7.6万人次，实现旅游收入836万元，同比增长53.8%。地方财政收入3110万元，同比增长44.65%；地方财政支出61528万元。年末城乡居民储蓄存款金额35632亿。全年农村居民人均纯收入9601元，实现城镇就业再就业5人，城镇登记失业率2.1%。截止年底，参加城镇失业保险714人，参加基本养老保险1184人，城镇职工参加基本养老保险293人。参加新型农村合作医疗17658人，参合率100%。参加新型农村养老保险12728人，已领取养老保险待遇1922人。城镇居民中有260人得到政府最低生活保障金。有寺庙、拉康、日追24所，僧尼85人。

【党建工作】 思想建设　县直机关党委始终坚持加强自身学习教育，在坚定自身理想信念的基础上，把党员干部思想政治教育摆在首位，带领机关党员干部坚定不移地反对分裂、维护稳定、增进团结，不断增强“四个意识”始终与习近平同志为核心的党中央保持高度一致。结合“两学一做”学习教育，带头讲党课2次。坚持标准发展党员，2016年，各党支部开展积极分子培训、入党前培训等培训，进一步夯实了党的执政基础。

组织建设　县直机关党委以“三会一课”等党的组织生活为基本形式，已落实党员教育管理制度为基本依托，在全体党员中开展“学党章党规、学系列讲话，做合格党员”学习教育，引导和督促广大党员干部自觉遵守、严格执行党的各项规章制度，努力做到每一名党员都弄清“该做什么、不该做什么、能做什么、不能做什么”。每个支部都以“六有”标准开展工作，心得体会都已上墙。

机关作风建设　2016年，县直机关党委以贯彻落实中共中央“八项规定”和自治区党委、政府“关于改进工作作风、密切联系群众的规定”精神为重点，结合机关党的建设工作实际，积极推进了机关作风建设和精神文明单位建设工作。要求把贯彻落实中共中央“八项规定”精神和自治区党委、政府“关于改进工作作风、密切联系群众的规定”与基层党建工作结合起来，与各单位的业务工作结合起来，把精神贯彻落实到全面完成环保工作任务中去。切实抓好工作纪律和工作作风方面存在问题的自查自纠，并建立起完善的长效保障机制和完善的学习制度，不断丰富学习内容和形式，最终达到规范机关行为、转变机关作风、增强队伍素质、提高工作效率的目的。

党建责任制　县直机关党委强化“书记抓、抓书记”的责任落实机制，及时调整充实机关党建工作领导小组，年初制订年度工作计划，安排部署党建工作，形成层层抓落实的党建工作格局，为党支部开展党建工作提供有力保障。

**【廉洁建设】** 县纪委换届　2016年8月23日至24日，召开中国共产党洛扎县第九次代表大会，大会审议通过第八届纪律检查委员会题为《全面从严治党 坚持执纪为民 不断取得党风廉政建设和反腐败工作新成效》的工作报告，并采取等额选举和无记名投票方式产生了第九届洛扎县纪律检查委员会委员。2016年8月25日，召开中国共产党洛扎县第九届纪律检查委员会第一次全体会议，通过《中国共产党洛扎县第九届纪律检查委员会第一次全体会议选举办法》（草案），选举出县纪委常委、纪委书记、副书记，新当选的洛扎县纪委书记旺庆同志作了题为《认清反腐形势 准确定位聚焦 踏上从严治党五年新征程》的讲话，明确了新一届纪委使命圣神、责任重大，将始终坚持把纪律和规矩挺在前面，围绕中心、服务大局，真抓实干、履职尽责，增进团结、带好队伍，力推洛扎县党风廉政建设和反腐败工作取得新成效，为洛扎稳定和发展保驾护航 。

协助落实主体责任　洛扎县纪检监察机关主动作为、精心组织、深入协调，有力推进全县各级党委（党组）有效落实全面从严治党主体责任。注重安排部署。常委会专题研究部署党风廉政建设和反腐败工作12次，专题听取纪委工作汇报3次，县委书记亲自批办信访举报问题线索9件，督办纪律审查4件。细化责任落实。成立县委主责办和纪委监责办，细化分解党风廉政建设和反腐败工作任务25项，签订《落实党风廉政建设责任书》13份。强化检查考核。组织开展落实党风廉政建设责任制情况监督检查3次，针对存在问题提出整改意见，督促整改落实，有效推动了全县党风廉政建设和反腐败工作的深入开展。

作风建设　洛扎县纪检监察机关强化全县纪律和作风建设，持之以恒纠正“四风”。突出监督检查，严明党的政治纪律和政治规矩。严明党的政治纪律，严格执行党的组织人事纪律、财经纪律、工作纪律和生活纪律，教育引导党员干部在思想上政治上行动上与党中央保持高度一致，做到令行禁止、政令畅通。加强对执行维稳纪律和换届纪律的监督检查，保障洛扎县各项决策部署的贯彻落实。突出作风建设，推动党风政风持续向好。深入贯彻落实中央八项规定、区党委“约法十章”“九项要求”和市委“十项规则”精神，紧盯重大节日、敏感节点，重申纪律要求，坚持明察暗访与突击检查相结合，开展作风专项检查22次。开展对离任欢送、子女升学收送“红包”礼金、公款吃喝、公款送礼、公车私用等问题的专项治理。加强对领导干部操办婚丧喜庆事宜的监督，制定县管干部操办婚丧喜庆事宜备案制度。突出保障民生，坚决惩治“微腐败”。加大对支农惠农补贴、教育“三包”、医保低保、生态补偿、产业扶持、扶贫救济和抗震救灾等资金管理使用方面的监督检查力度，着力整治群众反映强烈的涉及民生的突出问题。处置侵害群众利益不正之风和腐败问题线索2件，其中初核了结1件，立案审查1件，给予党纪政纪处分并移送司法机关1人。

廉政宣传教育　2016年，洛扎县纪检监察机关立足科学防范，加强廉政宣传，不断深化党风廉政建设。深入推进廉洁洛扎建设，制定《关于建立健全党风廉洁建设宣传教育体系的实施方案》，将“两学一做”学习教育活动与党风廉洁建设宣传教育相结合，深入学习党章、准则、条例、习近平总书记一系列重要论述、十八届六中全会精神等，并组织观看《作风建设在西藏》纪录片，引导党员干部坚守正道、弘扬正气。加强廉洁从政教育，深入推进领导干部尚德养廉行动。开展以“积极践行党章、准则、条例，争做廉洁自律标兵”为主题的党风廉洁宣传教育月活动，开展廉洁微电影展播12场，县委书记带头讲党课1次，组织开展廉洁宣誓承诺签名、廉洁知识考试、“清风正气驻洛扎”主题演讲等五项活动，使全体党员领导干部在耳濡目染中受到了教育提醒，营造了人人倡廉、人人思廉、人人学廉的浓厚氛围。

纪律审查　2016年，中共洛扎县纪律检查委员会（洛扎县监察局）坚持标本兼治的原则，认真践行执纪监督“四种形态”，以“零容忍”态度惩治腐败。共受理问题线索9件，初核了结4件，立案审查4件，给予党纪政纪处分4人，收缴违纪资金87万余元。持续加大执纪审查力度，组织开展纪律处分执行情况检查、受处分人员回访谈话工作。坚持依纪依法安全文明办案。保持办案安全“零事故”、县纪委自办案件“零申诉”。落实约谈提醒制度，任前廉政集体谈话172人，诫勉谈话4人次。注重抓早抓小、突出问题导向，行政警告2人次。重处分2人次，移送司法机关处理1人。同时注重发挥以案治本功能，深入剖析查找违规破纪过程中暴露的机制制度问题，推动惩治成果向治本成果转化。

队伍素质建设 2016年，洛扎县纪检监察机关完善工作机制，加强自身建设，进一步提高纪检监察干部综合素质。以换届为契机，聚焦中心任务，推动转职能、转方式、转作风，着力配齐配强纪检干部队伍。洛扎县纪检监察机关增设4个内设机构，成立综合办公室、纪检监察室、信访室、党风政风监督室。设立委员9名，常委3名。加大对乡(镇)纪委三转工作的督促指导力度，促进其监督执纪问责作用的发挥。7乡(镇)全部单独挂牌，分别配备1名纪委书记及2名纪委委员，配备2万元作为乡(镇)纪委专项资金。同时强化学习培训，提升自身素质，举办乡(镇)纪检干部业务知识培训班，开展三次跟班轮训21名乡(镇)纪委书记和纪检专干受到教育。

**【农牧业】** 年内，全县农作物播种实播面积为3.16万亩，其中冬播作物0.6万亩，春播作物2.56万亩；种植冬小麦面积0.6万亩，青稞1.28万亩，豌豆0.4万亩，油菜0.45万亩，蔬菜0.14万亩，青饲料0.24万亩，荞麦0.05万亩，2016年粮经饲比例由2015年的76∶19∶5调整为74∶18∶8。县农牧业部门大力推广种植山冬7号、藏青2000、山油4号、青薯9号等良种，使全县农作物良种覆盖面积达2.6万亩以上。农技服务上，县农牧局采取技术员包乡(镇)蹲点服务的方式，在春耕备耕期间深入基层督促检查种子质量，种子精选、包衣工作，严把种子质量关，确保了种子精选率、包衣率分别达100%、85%。苗期农作物管理上，及时下派技术员指导农民进行查苗补苗，保障苗齐苗壮。在农作物各类病灾多发期间，技术员深入田间地头累计服务240天，治疗各类病害7000余亩、草害400余亩、虫害65亩，实施统方统治，群防群治，有效降低农作物病虫害引起的减产。粮食产量方面，全县粮食总产量能够突破1.075万吨，其中青稞产量达0.576万吨，油菜总产量达0.09万吨以上。

2016年洛扎县农牧业部门疫苗牲畜(禽类)共85810头(只)，免疫率达100%，兑现药物反应死亡补偿金16580元。同时，加强牲畜常规病的治疗工作，争取财政局专项资金10万元，用于购买常规病治疗药物，累计治疗各类常规病牲畜达6445头(只、匹)，降低成畜死亡率。全力抵抗牲畜接羔育幼期间的各类抗自然灾害，全年全县新生仔畜21060头(只)，成活仔畜19978头(只)，成活率达95%。全县设立8个黄牛改良点，并安排2名技术员专干黄牛改良工作。2016年，山南市农牧局下达任务为1500头，现已冻配1507头，复配86头，全面完成上级下达的任务。2016年，全县以补贴的形式从山南市引进藏鸡苗7190只，洛扎县禽类养殖规模达1.9万只以上。

全县每年财政预算40.8万元资金作为科技(科协)专用经费，引进区外高校、科研机构的科技人才。2016年，全县共实施科技各类项目4个，涉及资金44.8万元。2016年，全县落实2015年草原生态保护补助奖励机制资金478万余元，促进了草原生态稳步恢复，切实提高了牧民增收能力。2016年，全县虫草采集点共23个，采集人数4796人次，实现虫草采集收入128.8万元。2016年，争取了972.2万元农牧业项目资金，完成色乡人工种草建设项目、边境高寒桥涵牧道建设项目、县级草原防火站建设项目等项目，发挥基础设施对农牧业的作用。

**【教育事业】** 洛扎县现有各级各类学校35所，其中初级中学1所，乡(镇)小学6所，村教学点8所，学前“双语”幼儿园20所。全县共有在校生2732名，其中初中在校生895人，乡(镇)小学和教学点在校生1492人，幼儿园在校生350名；共有教师219人，其中中学教师66人，小学教师132人，幼教21人。小学学龄儿童入学率、六年巩固率、升学率均为100%；初中毛入学率为101%，三年巩固率和毕业率均为100%；在园幼儿350人，城镇三年入园率100%，农村两年入园率89%。全县于1998年已经扫盲，非文盲率100%。2016年全县教育系统开工的项目共有15个，总投资2864余万。其中，边巴乡小学有塑胶跑道建设、学生澡堂建设、学生食堂改扩建、教工之家建设4个项目；拉康镇小学有塑胶跑道建设、学生澡堂建设、食堂改扩建3个项目；色乡小学有塑胶跑道建设1个项目；洛扎镇有嘎波社区幼儿园建设1个项目；扎日乡小学有塑胶跑道建设1个项目；洛扎县全民健身中心1个项目；职教中心1各项目；边巴乡美秀幼儿园、色乡曲许幼儿园、扎日乡拉隆幼儿园3个项目。色乡小学、边巴乡小学、扎日乡小学、拉康小学塑胶跑道项目、边巴乡小学澡堂、食堂、教工之家、拉康镇小学澡堂及食堂、职教中心、嘎波社区幼儿园建设项目已竣工。2016年洛扎县内地西藏班、普通高中(中职)招生统一考试工作，洛扎县成立了《洛扎县内地西藏班、普通高中（中职）招生统一考试工作领导小组》，明确了领导小组职责，确保考试工作公平、公正、公开，顺利进行。2016年，洛扎县中学共有232名考生参加中考，600分以上学生有2名，全市所有学校平均分排名第四，文化课平均分排名各县第二，继续保持全市教育教学水平前三甲的水平。全县各小学报考内地西藏班考生共有75人，有2名学生通过体检，被录取到内地读初中。

**【医疗卫生】** 2016年，洛扎县卫生局争取到本级财政资金175万元用于医疗基础设施设备建设。自治区财政分配1万元资金购置的村卫生室医疗基础设施已全部发送至各村卫生室，提高了村卫生室的诊疗能力、治疗环境和医疗服务质量。2016年，洛扎县卫生、计划生育部门由县卫生局牵头，组织疾控、妇幼、计生、卫生等专业人员深入7个乡镇、26个行政村开展了“健康教育知识进万家”活动，提倡农牧民孕产妇住院分娩，宣传农牧区合作医疗、卫生惠民政策等相关知识，开展现场知识讲座达52期，受益人数达15000人次，发放藏汉健康教育宣传手册39种，共计2万份。组织疾控专业人员深入虫草采挖点和重点施工地开展各类教育宣传活动10期，将健康教育融入课堂、深入学校教学的每个环节，加强与学校的沟通协调，重点对学生宿舍、食堂卫生开展业务督导53次，学校的宿舍、食堂环境卫生得到净化。邀请市、县两级宣传部门开展报导，受益师生达1100人次，有效提高了广大师生的健康意识和预防意识。2016年，全县产妇共有369人，其中住院分娩人数达366人，活产361人，住院分娩率达97.83%；无孕产妇死亡；5岁以下婴儿死亡5例，死亡率9.7‰，新生儿死亡2例，死亡率6.51‰。洛扎县卫生局开展农牧区“一孩双女及独生子女伤残死亡”目标人群调查、年审、登记、公示、退出工作。2016年共有扶助对象304人；独生子女伤残死亡家庭80人；因死亡退出1人。截至年底，“一孩双女”户困难家庭扶助对象达304人，独生子女伤残死亡户困难家庭扶助对象80人。扶助金561120元已全部落实到农牧民个人的民生资金账户上。洛扎县卫生局组织疾控专业技术人员深入各中小学校开展学前卫生督导工作，对重点场所消毒16次，督导53次。与各乡镇卫生院、乡政府、各学校签订《洛扎县各类传染病与突发公共卫生事件工作目标责任书》，与各施工地、乡政府签订了《洛扎县疾病预防控制中心鼠防工作责任书》。在虫草采挖点及重点施工地开展鼠疫防治宣传教育活动，讲解“三不三报”等制度及相关法律法规等鼠疫防控基本知识，在鼠疫疫点开展鼠疫防治监测工作，监测面积达3000公顷。加强传染病防治工作，全县乙类传染病37例，丙类传染病7例，无其他传染病例，无甲类传染病和死亡病例。开展地方病防治和碘盐监测，组织地方性甲状腺肿调查和地方性甲状腺肿预防措施普及，抽样300户，其中加碘盐居民户300户，碘盐覆盖率和合格率均为100%。在学校采集部分学生尿液样本200份、孕妇尿样50份，结果均正常，及时掌握了各学校学生及孕妇碘营养状况。开展农牧区薄弱点麻疹查漏补缺，通过摸底调查，对适龄儿童接种了疫苗。完成市疾控中心对地方病和结核病“十二五”规划检查任务。

2016年，洛扎县落实农牧区医疗资金共777.88万元，提标资金31万元。医管办按照《山南市农牧区医疗管理实施细则（暂行）》实施即时结报制度，对乡镇住院病人医疗费用进行补偿，共报销1426人，大病统筹资金804万元，其中住院分娩366人，报销金额110万元。全县农牧民参保人数达17661人，参保率100%。

2016年洛扎县按照《洛扎县城乡居民健康体检实施方案》启动全县城乡居民健康体检工作，专门选派14名医技人员组成2个体检工作组分赴7个乡镇26个行政村开展体检工作，历经3个月的走村串户完成全县19035名城乡居民（18469名农牧民、467名居民、96名在编僧尼、3名流动人口）的健康体检工作，体检率和建档率均达到100%，同时完成406名儿童的先心病筛查和35名白内障患者的筛查工作。

2016年，洛扎县人民医院藏医科结合藏医药服务能力提升工程，探索新的工作理念，分赴措美等县进行考察学习，在县卫生局和人民医院的帮助下，多渠道引进人才，壮大藏医药人才队伍。组织乡村医生举办藏医药基本知识与适宜技术培训1次；10月，安排部分藏医人员赴山南市藏医院学习，提高特色诊疗技术能力，促进整体卫生事业的发展。

2016年，经县卫生局积极沟通，安徽省黄山市3名医护人员到县人民医院开展为期6个月的医疗援藏，填补全县卫生系统30年没有援藏的空白。通过3名援藏医生和全县医护人员的共同努力，全县整体疾病预防和临床诊疗水平进一步提高，有效保障广大农牧民群众身体健康，推进农牧民群众健康服务工作。

2016年6月，县卫生局牵头两次组织人员深入7个乡镇开展健康扶贫工作。按照要求到各个乡镇、村、组进行调查，完成国家扶贫办下达的系统数据调查录入工作；深入7乡镇政府10个卫生院（所），依据健康扶贫人员基本信息和县级医院确诊的疾病情况，按照九种疾病、重大疾病、长期慢性病、一次性治愈性疾病进行分类、建档立卡、提供基本检查服务，全县健康扶贫患病人员中349人中，截至年底，已治愈147人，治疗181人，死亡21人，共为以上人员报销各类医疗资金128余万元，全县建档立卡户均已脱贫。

**【文化事业】** *保障群众基本文化权益* 2016年，洛扎县文化活动中心共开展各类培训、法制宣传、文体比赛等活动8次，参与人数1000余人次。各乡镇文化站开展活动的次数均在5次以上。县活动中心达到5室1厅1房的标准；电子阅览室配备30台电脑；图书阅览室图书达3万余册；新华书店共有书籍1.1万余册。乡镇文化站达到4室1厅1房的标准，另增设了健身房。各功能业务用房每天对外免费开放活动。县活动中心每周开放56小时以上，乡镇文化站每周开放42小时以上，均已达到自治区规定的标准。随着国家加大对基层公共文化服务体系的建设，洛扎县农村文化设施得到改善。农家（寺庙）书屋已成为培养新型农民的“充电场所”，成为基层农牧区重要思想文化阵地。洛扎县有农家书屋26个，寺庙书屋20座，每个书屋平均配备书籍3000余册（盘），平均配备出版物50余种，20种（盘）。农家（寺庙）书屋覆盖率达100%，惠及受益的寺庙僧尼和农牧民群众达2万余人次。洛扎县稳步推进艺术团公益演出、节目编排等工作，坚持节庆文化活动群众化，紧紧围绕春节、藏历年等传统节日，广泛开展各类群众性文化活动。结合“3·28”百万农奴解放纪念日、“库拉岗日”文化旅游节、“国庆节”等节日开展文艺演出、趣味比赛等群众性文化活动，增强凝聚力和向心力。推动公益文化活动普及化，利用县乡村三级公共文化基础设施阵地，组织开展带有示范性、导向性的文化活动。落实公共文化设施免费开放的政策，县乡村文化阵地健康运行。坚持广场文化活动经常化，安排专业人员指导干部群众开展文化广场活动。洛扎县坚持文化下乡活动制度化，定期开展农牧区文艺巡演、送书下乡、送电影下乡等活动，每个行政村确保每月观看2场电影，文化下乡活动形成长效机制。组织县民间艺术团开展“文艺下乡”活动66场（次），观看人数达3万余人（次）。县电影管理站采取流动和固定放映相结合的方式，7支电影放映队深入机关、农牧区、学校、寺庙等地放映电影942场次，观众人数达8万人次。

*文化市场监管* 2016年，洛扎县文化广播电影电视局按照“一手抓繁荣、一手抓管理”的原则，与全县文化经营单位签订《经营管理承诺书》《安全生产责任书》，采取日常检查和集中整顿相结合的方式进一步规范文化市场。联合县文化执法大队等部门，对音像出租店、打字复印店、KTV等文化经营场所开展“扫黄打非”专项行动和执法检查共4次。对照自治区已下发的文化行政审批目录，完善全县文化市场技术监管与服务平台机制，规范文化市场行政审批流程。

*非遗保护* 2016年，洛扎县文化广播电影电视局以保护、弘扬、传承洛扎县民间优秀文化为出发点，投资30万元资金用于自治区级非物质文化遗产项目曲措“鲁古拉姆”藏戏传习场所建设，已完成项目前期工作。同时，利用3月份综治宣传月、6月份文化遗产日、8月“库拉岗日”文化旅游节，在县城文化广场开展了以“非遗保护与城镇化同行”为主题的“文化遗产日”宣传活动。发放藏、汉双语宣传单1.5余册，发放宣传光碟2000余张，设立物质文化和非物质文化遗产12个展版，通过行之有效地宣传活动，激发社会各界参与文化遗产保护的积极性，提高全社会文化遗产保护意识。

*文物工作* 2016年，洛扎县文化广播电影电视局加大文化保护力度，协助山南市文物局实施1762万元的文物保护维修工程，实施了吉堆吐蕃古墓群保护修缮工程、塞卡古托寺安防工程、门当乌琼摩崖石刻保护维修工程和枯廷拉康寺庙维修工程。联合相关部门深入各寺庙开展文物安全检查，特别是对消防设备、电源、麻油燃灯等易燃易爆物体进行全面细致检查，对壁画、重点文物等管理情况进行检查和督导。

*广播电影电视工作* 洛扎县广播电视台现有有线模拟传输设备一套，共有43套转播节目，其中包括：中央1～15台、西藏1～2台和山南台以及其他省级卫视节目。现有广播和电视两套无线发射设备。主要承担西藏人民广播电台藏文、汉文广播频率；中央7套、西藏2台（藏文）电视频道的无线发射传输任务。保证其无线广播电视信号在规定时间和范围内的有效传输。洛扎县广播电视台现有的13名工作人员中，4人为摄像，3人为制作。主要承担

洛扎县委、县政府以及中心宣传任务的拍摄、制作和向上级山南台、西藏台的新闻发稿工作。2016年，广播电视台共向上级台传稿200多条，其中采用约150多条。为宣传起到了应有的积极作用。洛扎县委、县政府的高度重视下，洛扎县电视台自办节目后续工作正加紧实施，先期已有3名工作人员派出至山南电视台进行业务培训和学习，力争用最短时间开播洛扎广播电视台的首档自办节目。

广播电视　“村村通”“户户通”“舍舍通”工程建设洛扎县文化广播电影电视局统筹规划，精心组织、真抓实干，全力推进洛扎县“村村通”工程建设，截至年底，共发放村村通设备3837套，7个乡（镇）均达到全覆盖，其中农牧民发放设备3400套，各乡（镇）干部和学校发放437套。舍舍通共发放210套，其中给12个寺庙发放了153套，给各寺庙驻寺干部发放了57套。并有专人担任设备检查、维护，定期不定期义务到各村检查、维护广播电视设施设备，确保“村村通”“户户通”各类设备运行正常。自设备更新以来共更换设备3322套。

农牧区电影放映　洛扎县文化广播电影电视局贴近生活，贴近群众，推进农牧区电影放映工作。为了弘扬社会 主义先进文化，响应“新农村、新电影、新希望”，满足农牧民群众文化生活需求，让农牧民群众看到、看好电影，进一步促进农村文化大发展、大繁荣，县电影管理站持续开展电影放映工作。深入机关、农牧区、学校和寺庙等放映电影共达942场次，观众人数达8万人次。

落实安全责任制　洛扎县文化广播电影电视局落安全责任制，确保广播电视播出安全。落实值班制度，做好擅自销售、安装和使用地面卫星接收设施的监督检查。截至12月底，共开展专项整治行动5次，杜绝非法声音、图像 的播出．确保全县广播电视安全播出。建立广播电视安全播 出应急预案。联合消防、电力、通讯等部门开展安全隐患排查3次。

**【社会保障】**　城镇职工医疗保险　2016年洛扎县城镇职工医疗保险缴费核定工作顺利完成，核定医疗保险参保总人数为1184人，共缴费2822629.36元，其中个人缴费2258102.67元、单位缴费564526.69元，公务员补助633004.89元，并143名干部职工（城镇居民）报销医疗费1278999.67元。

城镇职工生育保险　洛扎县城镇职工生育保险参保人数1128人，其中机关、事业单位参保人数1056人，核定保险金额741970.12元。

城镇居民医疗保险　洛扎县城镇居民医疗保险核定工作顺利完成，核定城镇居民医疗保险参保总人数为859人，共缴费47480元，其中个人缴费30300元、各级财政补贴17180元。

城镇职工养老保险　2016年洛扎县企事业单位合同制工人及公益性岗位人员养老保险核定工作顺利完成，核定养老保险参保人数为293人，共缴费4032243.24元，其中单位缴费2357084.28元，个人缴费1675158.96元。

失业保险　2016年洛扎县失业保险基金核定工作顺利完成，核定失业保险参保总人数为714人，共缴费1137946.71元，其中单位缴费827597.61元，个人缴费310349.10元。

养老保险　截至年底，全县参保人数达12728人（其中领取待遇1922人），征收缴费1070100元，参保率达100%。

最低生活保障　2016年，洛扎县民政局按照自治区要求，及时录入城乡低保人员信息，每季度发放低保资金。全县低保户对象728户2166人，全年发放低保资金404.64万元。自2016年1月1日起，城镇居民最低生活保障标准由2015年的每人每月590元提高到840元，月均增加250元。落实了城市第一、二、三、四季度保障资金共205.36万元。2016年1月、5月、8月、10、12月份，县民政局主要领导带头，深入各乡镇、各村委会，对存在的问题进行了排查并整改，建立低保经办人员和亲属享受最低生活保障备案制度，使全县低保工作逐步实现了制度化、规范化，使城乡困难群众的基本生活得到了有效、稳定的保障，做到了城乡低保动态管理下的应保尽保、应退尽退。

五保户集中供养　洛扎县对五保户的供养方式采取以分散和集中供养两种方式，五保户的供养标准由年初的人均4400元提高到4740元（自治区提标资金每人每年增加340元），在此基础上山南市提标资金每人每年增加6000元，五保户年人均生活保障金提高到10740元。全县共有五保户174人，每人每半年4870元，直接发放给五保户，全年落实五保供养资金共186.9万元。其中，每人每年1000元用于购买服装，由县民政局报请采购办统一购买；县集中供养的五保户在“八一”物资文化交流节和“三大节日”期间各慰问500元。为提高五保老人生活质量，全县加大五保老人集中供养力度，县五保集中供养中心、扎日乡拉隆敬老院、色乡曲西村供养点共集中供养五保户84名，有意愿的五保户集中供养率达80%。落实高龄失能老人两项补贴6.66万元。2016年落实老年人健康补贴资金434100元，其中，70—79岁301000元（标准500元/年），80—89岁117600元（标准800元/年），90—99岁13500元（标准1500元/年），100岁2000元（标准2000元/年）。

孤儿集中供养　2016年全县共有孤儿16名（其中18岁以上在校孤儿6名，18岁以下孤儿10名），6名孤儿送山南市儿童福利院集中供养。县民政局不定时向各乡镇了解县域内是否存在孤儿情况，第一时间前往孤儿家中开展调查及慰问。2016年，全县落实孤儿救助资金8.8万元（由市福利院直接打到孤儿监护人的民生资金账上）。

**【旅游业】** 2016年，县旅游局积极参加各种旅游展销会，推广洛扎县旅游景点景区，并发放洛扎县旅游手册及各种宣传资料500余份

据统计，全县共有112家农家旅馆及旅游餐馆（其中家庭旅馆金星级3个、银星级5个、铜星级3个），直接或间接旅游从业人员达320人。落实家庭旅馆扶持资金10万元整，县旅游局对现有的家庭旅馆证照补办和设施设备达标情况进行摸底和督促，为"评星"工作创造条件，直接或间接旅游从业人员达320人。洛扎县以创建自治区级生态乡镇、村居为有力推手，大力开展景区环境综合整治专项活动。2016年从各乡镇共招收40名贫困户为厕所保洁员，发放工资12万元整，并为景区配备了果皮箱26个、垃圾箱6个，组织力量集中清理景区积存垃圾，统一转运到拉康垃圾中转站，创造了干净、整洁、舒适的景区环境。景区所在的拉康镇成功创建成自治区级生态镇，其所辖的拉康、杜鲁、民间3个社区相继创建成自治区级生态村，切实打造了清新明净、舒适健康的城乡人居环境。

**【生态保护】** 2016年，洛扎县环保局大力抓好饮用水源地保护。县政府办公室印发了《洛扎县集中式饮用水水源地环境保护工作实施方案》和《关于开展洛扎县集中式饮用水水源专项整治行动的通知》，全局制定了《洛扎县饮用水源保护专项执法检查方案》，对全县7个乡镇饮用水源点和县城集中式饮用水水源地进行了专项执法检查。完成了县城集中式饮用水水源一级、二级和准保护区范围划定；2016年在上级环保部门的关心支持下，全县已下达10项饮用水源环境保护工程，占全县饮用水源受环境保护的约48%，饮用水源环境保护工程初步验收工作已完成，正待上级部门检查验收。2016年，洛扎县环保局加强各乡（镇）、城镇周边、道路交通沿线、重点旅游景区等领域环境综合整治工作。开展全县环境卫生专项大清理整治工作，加大环保宣传教育力度，推广使用绿色环保产品。加强对全县区域内采沙场、采石场、矿产资源开发、地质勘查、水利水电等行（领域）的环境整治监察工作力度，督促企业落实环保制度，查处违法违规违章行为，进一步规范市场秩序、强化环保意识。2016年，按照县委县、县政府年初《洛扎县2016年经济工作会议》和《洛扎县2016年环境保护工作会议》要求，研究决定2016年洛扎县色乡创建自治区级生态乡镇，色村、曲吉麦村、桑玉村、曲西村创建自治区级生态村居。洛扎县各乡镇结合实际，以生态文明建设、环境综合整治、清洁生产、绿色生活等为目标，组织开展形式多样、内容丰富群众喜闻乐见的环保专项宣传活动，以"4·22"世界地球日、"6·5"世界环境日、综治宣传月、物资文化交流会等活动为契机，以广播、短信等为载体，开展环保宣传活动，全年共摆放宣传展板20余张、悬挂藏汉横幅30余幅、放环保购物袋6500余个、传资料册（书）8500余本，宣传卡片（单）12800余份、环保文具和生活用品1130余套，接待群众咨询近800人次。进一步提高了全县各族干部群众的环保意识。2016年，洛扎县共完成环评审批建设项目178个（环境影响评价登记表161个，环境影响评价备案表17个），执行"三同时"制度178个，完成建设项目竣工环境保护验收48个，实现了环评审批率、"三同时"制度执行率和建设项目竣工环保验收100%。2016年洛扎县政府下发《洛扎县2016年大气污染防治行动实施方案》并与各乡镇签订《大气污染防治目标责任书》，县环保局通过开展企业大气污染综合防治、县城大气污染综合治理、挥发性有机物污染治理、加大农村大气污染治理、强化生态建设、改善大气环境等工作，着力提升了全县空气质量。通过监测数据显示，全县环境空气质量达到二级以上，全年空气质量达到优良。2016年，洛扎县环保局强化重点企业和领域环评审批，落实环保"三同时"制度。开展环保专项行动，坚持"环保优先、预防为主、综合治理、公众参与、损害担责"的原则，树立生态保护是"底线""红线""高压线"的意识。全年对县辖区内重点企业、

矿产资源勘查、农村公路、水利水电开发、项目建设等行业(领域)组织开展各类环境监察58场次,投入人力290余人次。

【项目建设】 2016年为“十三五”规划的第一年,规划建设及续建了一批项目,如扶贫商贸楼、资源加工厂、公安业务用房及藏鸡养殖等产业,其中包括全县具有特色的产业扎日乡光伏产业。藏鸡养殖、黄粉虫养殖和蔬菜种植项目建成后在产品产出、吸引农牧民就业、增收、扶贫和引资方面发挥了显著作用,累计吸引农牧民短期务工2588人次,支付务工工资87万多元,实现销售收入135万多元,承担了39户贫困户脱贫任务,各种分红近16万元,吸引各级扶持资金500多万元。

【精准扶贫】 洛扎县是西藏边境民族贫困地区,贫困面大、贫困程度深、发展严重滞后,是山南市2016年首批脱贫摘帽的3个县之一,也是西藏首批脱贫摘帽的10个县之一。全县辖2镇5乡、26个行政村,农村人口4865户17971人,建档立卡贫困户1146户3171人,贫困发生率为17.64%。其中,一般贫困户246户831人,低保贫困户728户2166人,五保贫困户172户174人。截至年底,全县26个贫困村贫困发生率均控制在2.8%以内,全部达到退出标准;831名一般贫困户人均可支配收入达到9958.5元,1146户3171人贫困户人均纯收入达到9706.5元,超出脱贫收入标准,全面实现“三不愁、三保障、三有”,提前完成既定的目标任务。

实施好“十个一批”脱贫措施。发展生产脱贫一批。推进总投资1.45亿元的17个产业项目,助力214户370名贫困人口增收脱贫。易地扶贫搬迁脱贫一批。完成计划内易地扶贫搬迁21户74人,总投入315万元;完成贫困户搬迁和同步搬迁1665户6148人的项目前期工作。生态补偿脱贫一批。共兑现生态奖补和补偿资金771.46万元,落实新增生态及其他就业岗位1989个,直接覆盖建档立卡974户2997人。发展教育脱贫一批。落实大学生资助和三包经费资金368.9万元,通过发展教育脱贫的40户140人全部实现脱贫。社会兜底脱贫一批。建成五保户集中供养中心一座,落实五保供养资金186.9万元,集中供养五保户128人;发放低保资金325.6万元,全县728户2166名低保人员享受补助。扶贫信贷脱贫一批。共为193户建档立卡群众争取信贷1290万元,用于支持发展生产。结对帮扶脱贫一批。结对帮扶工作实现了全覆盖,干部职工结对帮扶926户,驻军部队结对帮扶49户,社会组织帮扶172,落实各类帮扶资金670万元。转移就业脱贫一批。前三季度洛扎县实现劳务输出5223人次,总创收3736万元。就业援助脱贫一批。创办残疾人就业培训基地,引导农牧民施工队、合作社等社会组织帮助建档立卡户就业,共实现244人就业增收。城镇带动脱贫--批。通过推进城镇项目建设促进第三产业发展,带动171户586人增收脱贫。

洛扎县把扶贫资金和财政资金捆绑集中使用,加强资金监管,切实提高资金使用效果。2016年,全县落实扶贫专项资金7612.9万元,各类民生项目资金8836.63万元。本级财政在安排400万元扶贫发展资金基础上,又统筹财政存量资金3900万元、援藏资金600万元专项用于扶贫产业发展,安排1530.09万元用于改善民生设施。同时,组织财政、纪委深入全县5乡2镇及各单位,定期不定期对扶贫资金使用情况进行监督检查,加强资金安全管理,确保有限的资金都使用在刀刃上。

年内,与招商新能源、中伏集团在光伏产业方面进行深度合作,签订总投资10亿元的曲措50MWP、乃村50MWP光伏电站项目投资意向协议。两个项目每年仅土地租赁费用就约200万租金,可使100余户群众受益。项目建成后还将为全县带来约3890万元的财政收入和分红,是洛扎县2015年财政收入的159%。利用地型高差,发展水电产业。全县上下全力招商、全心服务,与三川控股签订了投资协议。项目总投资101亿,包括主流域5个梯级电站和支流2个电站,规划总装机量534MW,年总发电量24.18kW·h。总投资2亿元的支流拉郊电站已经完工投入运行,主流域梯级开发电站已经完成了项目规划报告,正在审批之中。利用旅游资源,发展乡村旅游扶贫。利用境内库拉岗日雪山、白玛林措、彩虹沟等自然景观和塞卡古托、卡久寺等人文景观资源,以及地处西藏南部自驾旅游线路上的重要节点优势,委托长沙橘子洲头公园景观设计方对全县旅游资源进行规划,计划重点打造库拉岗日徒步旅游线路、库拉岗日汽车旅游线路、麦达度假村、白玛林措徒步旅游等旅游项目,大力发展乡村旅游,引导群众参与经营管理增收致富。利用农牧产品,发展电商扶贫。成立县扶贫开发公司,建设扶贫超市,注册了“藏南圣品”商标,对全县农畜产品统一注册商标、统一包装,统一销售。与山南市邮政局签订了战略合作协议,开展电商扶贫,通过邮政“邮乐购”电商平台和“天上西藏邮局”微商平台,把扶贫超市开到网上,拓宽增收渠道助推群众增收脱贫。

洛扎县与不丹相接壤,边境线长270公里,与不丹有580平方公里的争议地区。全县结合易地扶贫搬迁,计划将20户40人迁至杰罗布,10户20人迁至色乡公漳浦边防哨卡旁,10户20人迁至扎日乡隆拉,15户30人迁至拉康镇民玖玛,15户30人迁至边巴乡桑布拉。已建成色乡公漳浦和扎日隆拉2个点10户20人,同时成立村支部,使农牧民搬得出、稳得住、可致富、能成边。

10月17日“扶贫日”慈善募捐活动共募集善款130余万元。全县1146户3171名贫困人口都得到社会各界的精准帮扶,有力地助推建档立卡户的脱贫致富步伐。

**【援藏工作】** 2016年,中粮援助修建完成洛扎县卫生服务中心后勤保障业务用房。2016年对口援藏项目按照一年1000万的要求和“十三五”对口援藏项目规划实施,共实施项目二个,分别为洛扎县扶贫停车洗车场建设项目总投资169万元,该项目已竣工验收,资金已拨付;以及洛扎县扶贫建材市场建设项目总投资为1300万元,其中援藏资金800万元,该项目已完成主体,6月竣工验收。2016年对口援藏项目共计投资969万元。

**【特色产业】** 年内,投入1800多万资金对洛扎粉丝厂全面升级改造,引进国内先进的淀粉生产设备和粉丝生产设备,2016年4月正式投入生产,新厂总面积达2251.72平方米,该厂有25名员工,其中建档立卡贫困户员工6人。具备组织机构代码证、营业执照、税务登记证、中国商品条码证、全国工业产品生产许可证(SC认证书)、赛卡古托牌西藏自治区著名商标等相关证件。该企业多年来致力于豌豆粉丝研究生产工作,已成为全县特色产业的支柱企业,企业的生产基础已出具规模,可以保证特色粉丝产品质量、大规模生产的技术需求。

该厂原料收购覆盖洛扎县7个乡镇,26个行政村,2015年共收购212000斤。2016年共收购223000斤,比2015年增加了11000斤;2015年农牧民群众实现增收536360元,2016年实现增收564190元,比2015年增长27830元,增长率达5.2%。

2015年年生产粉丝33000斤,销售额达1254000元(其中原料成本536360元,职工工资、包装、运费等费用535640元),纯利润为182000元。2016年年生产粉丝34788斤,销售额达1321944元(其中原料成本564190元,职工工资、包装、运费费用535640元),纯利润为222114元,比2015年利润增速达22%。按照原料收购返利原则,2016年给全县350多户,利润返利44600元。此外,2016年帮扶建档立卡贫困户10户15人(其中入股户8户),落实资金11100元。

洛扎县次麦藏鸡养殖专业合作社于2015年4月23日登记注册成立。注册资金89.6万元(其中农牧民群众入股34.6万元),基础设施建设投入资金达450万元,流动资金50万元,养殖面积达35亩,藏鸡养殖数量7000只左右,年藏鸡蛋产量达20万枚。次麦社区按照民办、民管、民益的原则,以合作共赢为宗旨,实行规范化办社,科学化管理,社会化服务。通过建章立制,规范运行,强化服务功能等手段,促进了当地群众42户、180多人的增收致富。次麦藏鸡养殖专业合作社按照“社区+合作社+农户”的发展模式,建立健全利益联合机制,从而提高养殖水平,促进了合作社的健康发展,更重要的是,次麦人还创造出“次麦模式”,这一模式一经与“双联户”工作相结合,更具有强大的生命力,使广大农牧民得到了更多的实惠。在2016年全区上下精准扶贫工作开展以来,县农牧局、扶贫办等相关部门的高度重视和大力支持下,投入资金200余万元正在改扩建中,扩建项目包括鸡舍6坐、孵化室一座、仓库、雏鸡室及相关配套设备。改扩建完成后,将解决7人贫困户就业问题。2016年养鸡场纯收入达到了32.6万元整。

藏鸡养殖合作社就业群众7人(其中贫困3人),平均年创收达3.5万元,带动当地群众200多人。在藏鸡养殖方面,以“社区+合作社+农户”的形式确保村民的利益得到保障。藏鸡养殖专业合作社的利润分配模式中,不仅对分配股息和红利(5%为股息、25%为红利)、社区基础设施建设资金、扩大集体经济储备资金等做出了规定,还明确利润的5%作为贫困户扶持资金,专门用于当地贫困户学生就读于高等院校的助学基金和生活、医疗等救助资金。6月养鸡场对次麦社区7户20人建档立卡贫困户分红及落实帮扶资金达5.2万元。次麦藏鸡养殖合作社成立短短二年多的时间里,便向社区入股户分红达10万元左右,大学生助学金2.2万元,投入基层建设7.8万元。

洛扎县生格乡荞麦加工专业合作社洛扎县生格乡畜产品加工厂位于生格乡木村，距县城30公里，平均海拔3750米，是典型的半农半牧村，为了更好促进当地经济发展，尤其是加工业发展。2012年12月生格乡木村正式成立农畜产品加工合作社，入股贫困户44家，注册资金5.5万元，员工18人，固定资产140余万元。主要生产以荞麦为原料的各种保健品和具有当地特色的绿色食品。该合作社生产的产品具有浓郁藏民族特色，深受群众喜爱。

主要任务是购置生产设备，确保提升加工工艺硬件设施，确保传统的生产模式转化为现代科学生产方式。项目总投资为8.6万元，为国家投资，目前资金已全部到位。主要使用于购买速包机1台，价格为1.7万元，包揉机1台，价格为1.9万元，杀青机1台，价格为4.6万元和烘干机1台，价格为1万元。累计投入资金达9.2万元。有效改善了荞麦加工合作社的设施设备条件，进一步提升了生产过程中的科技含量，为了确保洛扎县2016年顺利脱贫，有效帮助贫困户尽快脱贫致富，首先有劳力的贫困户2人解决了就业岗位，每年每人收入达3.2万多元。其次贫困户入股分工的方式增加收入渠道，每户最少0.25万元入股资金，年按14%进行分红。再次通过结对帮扶活动，为贫困户排忧解难，2016年10户贫困户共发放家具、现金等折合人民币达2.5万元，加快推进农畜产品加工业业发展步伐，促进农牧民增产、增效、增收，更能提高全县的农牧业特色产业优质、高产、高效的发展。

拉康镇藏药加工厂拉康镇藏药加工销售专业合作社于2013年5月20日成立。该合作社由拉康镇拉康居委会40名贫困农牧民群众集资组建，注册资金为80万元，现有专业技术人员14名，民工26人，原加工厂占地面积为400多平方米。

藏医药产业是西藏六大支柱产业之一，在全区各地经济建设中占重要地位，是西藏传统的特色产业。此外，近年来随着人民生活水平的不断提高和西藏旅游业的发展，社会各界对藏药的关注度越来越高，加之藏药副作用极低等优势，深受国内外消费者的青睐，需求量也逐年增加。于2016年投入产业扶贫资金272万元全面升级改造，厂址占地面积为1450平方米，包括加工车间、配药车间、处理车间、包装车间和仓库以及管理用房等。主要生产藏香、藏香粉和溃疡健胃散、利胆消炎散、甘露茅膏菜滋补丸和血康丸等14种药。另外，该厂2014年在山南市科技局的大力支持下，从农户中土地流转近20亩种植藏药材，主要种植藏木香、西藏棱子芹、喜马拉雅柴茉莉、当归、冬茶、广木香、莨菪、川木香等12种藏药材。2016年全县参股群众增加至30户109人，该厂2016年年销售额达286.7万余元，实现纯利润90.7万元，群众分红7万元，兑现民工工资18万余元。此外，2016年扶持当地扶贫户10户，35人，扶持资金总额达17.9万元。

山地糌粑加工专业合作社山地糌粑加工厂位于洛扎县西部，南靠库拉岗日雪山，北靠洛扎河，距洛扎县城约25公里，平均海拔4320米，属于高寒边境村。该厂于2007年正式成立，该厂主要有原料加工区和生产区两部分组成，其中原料加工区分为煎炒房、榨油房、仓库、职工宿舍、办公室等生产区主要有水磨车间、职工宿舍和仓库等组成。共15名职工。固定资产达40万元。

该加工厂采用原料为当地的“藏青320”和当地黑豌豆，生产出的糌粑营养高、口感好、味道纯香、易消化，深受区内外消费者的喜爱，具有广阔的市场前景。该厂原料从洛扎县扎日乡蒙达村、扎日村和拉隆村收购，2016年共收购109305公斤青稞，比2015年增加了15000公斤；2015年农牧民群众实现增收393229元，2016年实现增收502803元，比2015年增长26.9%。

2016年全年生产糌粑94002公斤，销售额达827217元（其中原料成本502803元，职工工资、包装、运费、房租等费用195068元），纯利润为129346元，比2015年利润增速达17%。按照原料收购返利原则，2016年给蒙达村委会185户，利润返利20730元。2016年帮扶建档立卡贫困户8户19人，落实资金18260元。

# 措美县

【概况】 措美，藏语意为“湖的下游”，位于西藏自治区南部，山南市西南部，喜马拉雅山北麓，东西长103公里，南北宽85公里，地处北纬28°11′15″～28°57′50″、东经90°56′18″～92°00′04″之间，总面积4549.04平方公里，其中耕地总面积1.756万亩，草场总面积556万亩,县政府坐落在一个半月形的洪冲积阶地上,距山南市130公里,距拉萨300公里。

境内属藏南高原湖谷区,地势东北高、西南低,地貌类型多样,地势高亢,平均海拔4500米,相对高差3511.4米,最高海拔(打拉日峰)6777.4米,最低海拔3266米,县政府驻地海拔4242米。全县主要以第一产业为主,农业包括种植青稞、冬小麦、油菜、豌豆等作物,畜牧业以养殖牦牛、绵羊等为主。

措美县属高原温带半干旱季风气候区,全年气候特点是冬春季干寒多风,夏秋季(6～9月)温和多雨。年平均气温为5.2℃,极端最低气温-20.0℃,极端最高气温27.1℃。年日照时数为2800小时,年无霜期90天。年降水量少、分布不均、蒸发量大,年均降水量为286.5mm,降水多集中在6～9月,年平均蒸发量为2270.5mm。风力及风速度大、时间长,风能资源丰富,年平均风速为2.7米/秒,最大风速为34米/秒,年大风日数164天左右。

措美县水资源较丰富,共有大小河流18条,大小湖泊38处,水泉15个,全县水域面积20.44万亩,其中河流水面2.57平方公里,湖泊水面124.544平方公里,水泉面积6平方公里,最大的湖泊哲古湖约66平方公里,南北长15公里,东西最宽5.9公里,最窄2.8公里,属内流湖,水源主要靠冰雪融水为主和降水,在秋冬退缩。据史料记载,该湖是古代西藏苯教徒的圣湖,与西藏著名的神山之一“雅拉香布”山共为西藏古代南方朝圣之地,有着神秘的色彩。县内有4条外流河,其中最大的是洛扎雄曲,流经当许、乃西、当巴出境,县境内长约90公里,发源于措美县西北部的高山冰川。

措美县主要山脉均属积石山和草山、草坡。全县境内大小山脉起伏连绵,共有大小山脉124座,海拔在5500米以上的高山有73座,其中海拔6000以上终年受覆盖冰雪的有9座,最高海拔(打拉日峰)6777.4米。

全县辖2乡2镇(措美镇、哲古镇、古堆乡和乃西乡),16个村(居)民委员会,91个自然村,居住着藏、汉、回等民族,总人口15046人,其中农牧业人口13164人。全县共有中共党员1867名,其中农牧民党员1068人。县境内共有24座寺庙和拉康,僧人83名。

县境内野生动物繁多,主要有野驴、野鸭、黑颈鹤、水獭、盘羊、黄羊、岩羊、獐子等。已探明矿产资源有沙金、铅银锌矿、锑矿、金锑矿、粘土等。哲古湖风景区被评为国家AA级风景区,玛悟觉寺为藏南朝佛第一古刹,扎扎服饰被列入国家级非物质文化遗产,古堆藏獒闻名全区乃至全国。古堆地热区已被探明为除羊八井外全区第二大地热区,前期勘探工作已完成,并取得地热资源勘查许可证获得探矿权。藏药材资源丰富,有冬虫夏草、当归、贝母、雪莲花等300多种药用植物,且自行研制的藏药疗效很好,深受群众欢迎。

2016年,措美县完成生产总值34497万元,增长19%;其中第一产业完成2854.04万元,增长6.8%;第二产业完成18532.96万元,增长27.35%;第三产业完成13110万元,增长10.95%。全社会固定资产投资78656万元,完成邮政业务总量56.4万元,完成电信业务总量480万元。固定电话用户622户,使用率52%;移动电话用户4302户;互联网用户1157户。社会消费品零售总额6583万元。接待旅游25560人次,实现旅游收入43.13万元,分别增长11.13%、16.32%。财政收入2016万元,增长19.5%。全年农村居民人均纯收入9190元。年末城乡居民储蓄存储余额19293.12元。实现城镇就业再就业215人,城镇登记失业率2.1%。截至年底,参加城镇失业保险468人,参加基本养老保险9420人,城镇职工参加基本养老保险815人。参加城乡居民养老保险8605人,已领取养老保险待遇1640人。参加新型农村合作医疗13163人,参合率100%。城镇居民中有160人得到政府最低生活保障金。

**【党建工作】** 2016年,措美县注重在青年农牧民、妇女、致富能手中发展党员,按照《关于进一步做好发展党员工作的通知》精神,全年全县共发展党员131名,其中农牧民党员80名。发展机关工会会员100余名,基层工会组织19个,农民工会会员90余名。建立完善村级组织经费保障体制,制定基层党建经费“三机制一办法”。全年总投资930.39万元,投资建设措美镇雪热村、乃西乡乃西村、古堆乡帕藏村3个村的标准化活动场所,截至年底,标准化场所覆盖率达56.3%。县财政先后投资52万元,新建8个村民党小组活动室,基层组织场所建设有了保障。采取项目攻坚、带头创业等方式,在基层党组织建设中突出服务群众这一主题,推动“小扶贫”改善群众生活。全县799名党员干部与607户2117人帮扶对象结成“亲戚”,21家施工企业单位结对帮扶206户694人,采取多种方式,有针对性地对帮扶对象进行精神上扶志、生活上扶贫、能力上扶技。成立以县委书记为组长的换届工作领导小组，以及4个督导组，对4个乡镇落实换届纪律情况进行全程督促检查。对拟提拔干部履职情况进行检查，发放换届纪律问卷，进行风气测评，并将结果写入考察材料作为评价使用的重要依据。在换届期间，共发放换届调查问卷300余份，知晓率达99%以上。

**【廉洁建设】** 采取召开中共措美县八届纪律检查委员会第三次全会、政府系统廉政工作会议、中共措美县九届纪律检查委员会第一次会议等形式，对党风廉洁建设工作进行强调、督促和落实，形成一级抓一级、层层抓落实的良好工作格局。参照市委签订《党风廉洁建设责任书》的先进做法，按照不同分管部门制定不同责任书的要求，层层签订《2016年党风廉洁建设责任书》，切实把党风廉洁建设责任分工到人、落实到位。全县党风廉洁建设责任体系和工作任务已实现全面覆盖。结合“两学一做”学习教育活动，通过组织学习典型案例、党章党规、观看警示教育片等形式，督促、引导党员干部严格遵守“六大纪律”。2016年，共组织全县党员干部开展党风廉洁专题学习12次。研究和制订《措美县惩治和预防腐败体系2013-2017年工作规划》和《2016年措美县惩治和预防腐败体系工作方案》，并根据不同单位工作性质，层层进行任务分解。扎实开展廉洁风险防控体系建设工作，建立健全风险防控职权目录，对一般性、苗头性、倾向性问题早打招呼、早提醒，起到警示和防微杜渐作用。加强制度建设，切实把权力关进制度笼子，先后修订《措美县公务接待办法》《措美县公车管理办法》等制度，规范各级各部门行使权力的行为，严肃干部管理。按照自治区党委一手抓反腐败斗争，一手抓反分裂斗争的要求，紧盯三月维稳敏感等重要节点，严肃查处党员干部、驻村驻寺干部在维护稳定工作期间有令不行、脱岗漏岗行为。2016年，联合县委政法委、维稳办开展维稳纪律专项检查13次，对发现问题责令整改。盯牢重大节点，通过下发通知严明纪律、组成检查组督导检查等方式，加大对违反中央八项规定精神、自治区“约法十章”“九项要求”等问题的监督检查力度。2016年，共下发各类纪律通知15期，开展节前节后监督检查30次，通报曝光4起。2016年查处顶风违纪、侵害群众利益和不正之风的问题。共发现侵害群众利益和不正之风线索10起，2起给予党纪政纪处分，1起立案调查，3起初查了结，2起按照干部管理权限移交市纪委办理，2起移交相关部门调查处理。为强化纪律刚性约束，促进干部作风转变，始终牢记作风建设永远在路上的要求，踩着不变的步伐，定期开展监督检查，切实加强对干部队伍的教育管理，严明工作纪律，狠刹迟到早退、上班玩游戏等不良风气。2016年，县纪委联合县委组织部、人社局开展干部作风纪律检查14次，纠正问题20件。以“深学党章准则条例、力推两个责任落实、创建清廉措美”主题的党风廉洁建设宣传月活动为契机，圆满完成了党章、准则、条例、系列讲话精神专题学习、讲廉洁党课、廉洁演讲、参观党风廉洁建设教育基地、“三公”经费清查、家庭助廉等各项活动。县政府投资19.1万元，将措美县援藏公园打造成廉洁公园，在潜移默化中引领广大群众和干部职工廉洁自律、廉洁从政，营造浓厚的廉洁文化氛围。

**【农牧业】** 推广种植“藏青320”“山冬7号”等优质品种作物达2500余亩，粮经饲种植比例调整为60：19：21。粮食产量3527.1吨，油菜产量420.1吨。加强防抗灾体系建设，牲畜出栏率40%。成畜死亡率控制在1.3%以内，仔畜成活率高达93%。超额完成黄牛改良冻配任务，共改良黄牛1736头。上年怀胎率87.4%，新生牛犊成活率88%。畜禽免疫全覆盖，未发生重大动物疫情，动物防疫率达100%。全县接羔接犊71490头（只、匹），成活数54678头（只、匹），成活率76.5%，兑现草补资金4048800元。

**【社会事业】** 扎实开展义务教育工作，小学入学率和城镇学前受教育率均达100%，初中入学率、农牧区学前两年受教育率分别达99.8%和88%。2016年措美镇小学被评为市级校园文化建设先进单位，县双语幼儿园被评为县级一类幼儿园。县卫生服务中心开展先心病筛查救治和疾病预防工作，“两升一降”全部达标，“二级乙等”医院创建成功，全民免费健康体检完成100%，孕产妇住院分娩率达98.6%，婴幼儿死亡率控制在13%以内。国家公共文化服务体系示范区得到有效巩固，广播电视覆盖率分别达到96.8%和98.4%。扎扎《打奶歌》《玛吾觉羌姆》成功列入山南市首批市级非遗名录中。妇女儿童“两规”工作通过国务院中期验收。藏语言文字使用、规范、传承工作成效明显。初步建立以城乡低保、灾害应急救助、大病医疗救助、助学救助和临时救助等为主的社会救助体系。社会保障就业率、“五大保险”参保率均达100%,城镇登记失业率控制在2.1%以内,使有意愿的五保户集中供养率达100%,孤儿全部得到有效救助。

**【生态保护】** 2016年措美县坚守生态保护底线,加快推进国家生态文明先行示范区建设,审批环评建设项目129个,完成植树造林1104.8亩、退耕还林301.1亩、防沙治沙2万亩、禁牧草场170万亩。成功创建1个自治区级生态乡镇和3个自治区级生态村居。

**【精准扶贫】** 2016年完成1665户6049人,县城、江久林、真巴组、山南市公寓楼等8个同步搬迁点前期准备工作。优先转移有劳动能力的贫困群众1265名、解决生态岗位2423个、1569人,社会兜底稳妥推进,全县结对帮扶1143户3597人、落实帮扶资金57余万元。扶贫日捐款资金达266.5万元。

**【维护稳定】** 县信访局会同县政法委、司法局等相关部门深入全县4个乡(镇)、16个行政村辖区进行矛盾纠纷、信访案件排查调处。2016年,先后排查调处各类矛盾纠纷25起,调处成功25起,成功调解率为100%,全县无重大复杂矛盾纠纷事件,无群体性上访事件。针对“扎日转山”及“萨嘎达瓦”宗教活动期间维稳工作,制订出台切实可行的维稳工作方案及相关文件,安排县公安局扎实开展“洛扎卡久转山”安保工作。共设卡点7个,出动警力315人次,警车105台次,共检查车辆622台,人员1623人,共劝返七座以上车辆10台,劝返人员76人。以三月“综治宣传月”、六月“综治宣传周”“9·16综治宣传日”等宣传活动为载体,及时组织各乡(镇)、县直综治成员各单位,通过发放宣传单、悬挂横幅、设立宣传栏等方式,积极开展宣传教育。2016年,共悬挂横幅110余条,设立展板31个,播放道路交通安全、法制宣传教育等光碟30余种,散发宣传资料10000余种,受教育群众达3600余人次。全县户籍部门办理迁入138人、迁出274人,新生入户187人,重人重户11人,死亡注销107人,补录人口2人。截至年底,全县共登记实有人口14894人,4720户,其中农业人口13046人,共计3648户,非农业人口1848人,共计1072户,有效解决户籍管理中“一人多户、应销未销、应登未登、人户分离、身份证号码重错”等群众关心的热点难点问题。严格出租房屋管理,全年全县共盘查登记外来人员34700余人,新增出租房屋19间,办理居住证217张。

**【特色工作】** 2016年《措美县“十三五”时期国民经济与社会发展规划纲要》发布实施,政府系统机构改革圆满完成。哲古居5年一度和扎扎村6年一度的草场转场工作顺利完成。卡珠村建设新型农牧区综合试点工作有序推进。古堆乡扎西松多村牧区试点改革继续推行,创收166万元。

## 错那县

**【概况】** “错那”藏语意即“湖前面”的意思,位于西藏自治区东南部,山南地区南部,南与印度接壤,西南与不丹相邻,素有西藏南大门之称,是西藏自治区的重要边境县之一。县城所在地海拔4380米,距拉萨380公里,距泽当220公里。极端最低气温-32.9℃,极端最高气温18.2℃,全年无霜期仅有42天,常年天气寒冷,自然条件十分恶劣,自然灾害频繁,以雪、洪、霜灾尤为突出,是典型的高寒县。

截至年底,全县辖9乡1镇(其中门巴民族乡4个),24个行政村(其中居委会2个),55个村民小组,居住着藏族、汉族、门巴族、回族、珞巴族等多个民族。总人口15522人(其中农业人口13264人,非农业人口2258人),人口出生率10.3‰,自然增长率9.6‰。错那县是一个以农牧业为主的半农半牧县,有耕地2.22万亩,草场527.89万亩,森林40万亩。农作物主要有青稞、小麦、荞麦、豌豆等,经济作物主要有油菜籽、蔬菜等。牲畜主要有牦牛、黄牛、绵羊、山羊、马、猪等。错那县是全国八个国家级重点生态功能区之一。

**【农牧业】** 2016年完成春播总面积18720亩(春青稞11300亩、春小麦300亩、油菜2000亩,蔬菜面积1600亩,豌豆200亩、土豆800亩、饲草3320亩),冬播总面积3500亩(冬小麦2000亩、冬青稞1500亩)。粮食产量达5220吨,同比增长1.6%,油菜产量412吨,减少0.44%,蔬菜产量1280吨,增长33.8%。全县购置农机具458台(套),购置总额113万元,其中国家补贴资金18.107万元,自治区补贴资金95.83万元,群众自筹资金270.853万元,受益户数达312户。2016年末牲畜存栏总数75369头(只、匹),减少10%。新生仔畜头23266（只、匹),成活数21870头(只、匹),成活率达94%。成畜死亡648头(只),死亡率0.8%；牲畜出栏总数33399头(只、匹),出栏率达44.3%。肉类总产量达1200.44吨,同比增长1.4%；奶类总产量达2443.84吨,增长1.3%；羊毛产量达54.78吨,增长14.5%；牛毛产量达6.59吨,同比减少23.5%；皮张达32837张,增长38%。重大动物疫病防控应免265836头(只、羽),实免265836头(只、羽),免疫率100%。农牧业基本建设项目8个,累计投资4799.68万元,其中国家投资4540.26万元,县级配套45.8万元,群众投劳259.42万元。

**【教育事业】** 错那县统筹整合各类资金10395万元用于改善全县教育基础设施建设,全县一所中学、五所完小实施基础设施整体改造工程。按照大学生资助新标准,2016年对全县新入学137名错那籍大学生落实资助金92万余元,县本级财政承担40%。校长、副校长岗位津贴在原来的基础上再提高200元,分别达到400元和350元；班主任津贴由原来月生均0.7元,提高到月生均8元；适当提高代课教师、临时工工资待遇。代课教师和临时工工资由原来的1200元分别提搞到1600元和1500元。继续做好普及学前双语教育工作,全县共有5所幼儿园投入使用,适龄幼儿数为300人,在本县农村幼儿园人数为263人,农村学前两年毛入学率为87.6%；城镇学前三年儿童人数为5人,毛入园率达到100%。

**【医疗卫生】** 2016年,错那县新农合下拨资金648.3万元,筹集资金严格按照《自治区人民政府令116号》文件精神下拨家庭账户基金175.89万元和大病统筹基金439.74万元,全年共报销住院人次1082人,截止2016年11月底报销费用822.49万元,参保率达100%。对县人民医院、10个乡镇卫生院、2家诊所医技人员资质、医疗机构执业许可证、收费目录、一次性医疗用品使用及处理情况、医疗器械消毒、医疗废物处理、疫情报送等进行全面审核及指导。对全县5家宾馆、40家招待所、1所公共浴室、3家理发店、1家朗玛厅、3家歌舞厅等公共场所公共卫生许可证、从业人员健康证、公共用具、卫生设施的的清洗消毒、室内通风换气、空调系统清洗消毒等进行检查并对存在问题场所现场提出整改意见,问题严重者下发监督责令整改书。2016年,开展全民健康体检工作,应体检城乡居民14169人(其中在编僧尼45人),完成城乡居民体检14169人,完成率达100%。先心病儿童应筛查人数201名,实际筛查人数198名,筛查率达到100%,经筛查发现疑似病例5例,经过专家组进一步筛查,确诊0例。全年共举办四期妇幼列会培训,开展妇幼督导6次,2016年全县总出生数162人,孕产妇死亡0例,住院分娩率达99.3%。

**【文化事业】** 结合惠民政策,错那县狠抓落实,主动对接,投入1596万元,修建勒布门巴民族文化体验区；投入1200万元改建县城安徽广场和县城入口文化墙；投入50万元,打造曲卓木乡洞嘎村“洞嘎弓响箭文化节”邀请专业老师进行舞蹈编排和培训,成功在2015年、2016年雅砻文化节期间演出。西藏仓央嘉措文化研究协会错那分会挂牌成立,并成功召开仓央嘉措文化研究协会第一届第一次学术研讨会,期间共有50余名专家参加学术研讨。加大文化市场监管力度。牵头组织公安、工商、消防、文化市场综合执法大队联合执法检查县城内6家歌舞娱乐场所、2家互联网经营场所、1家音像制品销售点每月至少2次检查和整治工作。2016年共出动90余人次,检查经营单位180余家次。

**【社会保障】** 重点围绕农村户口、城镇居民等参保群体,进行政策宣传,通过入户交流、上门办理等方式推动参保缴费。2016年企业职工基本养老保险参保247人,征缴基金4150819.75元,参保率100%；城乡居民养老保险参保9953人,征缴基金886700元,参保率99.9%；干部职工医疗保险参保1257人,征缴基金12992015.40元,参保率100%；城镇居民医疗保险参保831人,征缴基金47910元,参保率100%。全年职工工伤保险、失业保险、生育保险参保人数分别为1382人、544人、1200人,征缴保险金分别为243593.70元、832316.26元、791541.99元,参保率均为100%。

**【旅游业】** 2016年旅游基础设施项目4个：曲卓木温泉旅游基础设施总投资1881万元,勒布沟景区警务站、售票窗口总投资120万元,让荣湖旅游基础设施总投资495万元；申报旅游厕所31座,审批2座,建成1座。成功举办“走进山南——错那”旅游推介会暨冈底斯国际旅游合作区接轨仪式，邀请区内外各大媒体和50家旅行社；如期举办西藏仓央嘉措情歌旅游文化节；加大错那旅游资源宣传，发放宣传册10000余份，折页5000份，投放广告位3处，制作宣传片在西藏卫视连续播放4个月。麻麻生态文明小康示范村入选中国美丽休闲乡村；勒布沟景区上榜国家旅游局“十一”假期“旅游服务最佳景区”；“冬行西藏”网络媒体在在错那县采访。

**【生态保护】** 严把项目建设环保审批关，加强辖区内建设项目的日常监管，定期开展项目清查，对未按规定履行环评报批手续的、未批先建的项目督促限期补办环评手续，对已经生产的但未履行“三同时”生产制度的企业，限期落实整改。2016年共办理建设项目环评手续76个，其中环境影响登记表66个，环境影响备案表10个，确保建设项目环评执行率达100%。按照乡镇集中式饮用水源保护区划分的技术规范和行管要求，共实施两批共4个乡镇31个村居集中式饮用水源点环境保护工程，确定每个水源点具体位置、环境状况、水源水质、供水人口等基本情况，并设立标志明确的保护区边界，设置警示牌和宣传牌。16个集中式饮用水源环境保护工程已完成投资总额的95%以上。加强环保宣传。依托“6·5”世界环境日、“4·22”世界地球日，通过悬挂标语、设立咨询台、散发宣传单等形式宣传环保法律法规，投入21.88万元用于宣传。2016年累计开展宣传活动5次，发放宣传册3800余册、宣传单5000余份、环保袋2500多个、环保宣传纸杯6500个。积极开展“生态乡镇、生态村居”的创建工作。2016年申报完成2个自治区级生态乡和6个生态村工作，申报材料报区环保厅审核。投入414.2万余元稳步推进生态环境建设。其中57.45万元，用于新设垃圾箱（桶）和垃圾清运车，修建村居垃圾填埋场和公厕等；169.48万余元用于县乡公路沿线开展垃圾清理、拆除不协调建筑、村容村貌整治以及环境综合整治和保洁员工资；187.27万余元，用于湿地保护、植树、铺草和湖水保护等。另外，投入1364万元资金用于湿地公园二期工程项目当中。招收1567名建档立卡生态护林员，占全县建档立卡一般贫困人数的89.6%。完成重点区域造林2937亩，生态安全屏障防沙治沙21950亩，共植树290700株。

**【维护稳定】** 2016年，全县共出动边境联防队员7500余人次、干部职工3000余人次、护林员6000余人次、边民5000余人次，开展边境乡巡逻230余次。对县城实行24小时不间断巡逻，县综治办、团县委积极组织平安志愿者在重要节日、敏感期间进行巡逻，全年共出动干警3000余人次、警车700余台次。对学校及周边区域开展20余次排查整治工作，扎实推进“固边富民”工程，对长期生产生活在边境一线的农牧民群众进行补助，共发放补助资金148万元。为进一步加强边境管控，从县财政拨付34万元用于为浪坡乡、勒乡购置边境专用巡逻车。全年两个乡浪坡乡、勒乡共开展各类教育活动68次，开展边境一线巡逻780次，参与边境巡逻人数5400人次。加强城镇网格化管理工作。立足“双联户”服务管理、边民警务站、技防建设三方面措施，加强矛盾纠纷联排联调、安全隐患联防联控、重点人员联管联控的落实，实现“联户平安”工作目标，便民警务站配齐配强人员。技防建设方面，建设了33个视频监控点，对重点部门、重要交通路段进行24小时监控。

**【项目建设】** 全年共建设项目90个（不含部分子项目），累计完成投资65670万元，增长17.6%。其中，续建项目21个，完成投资26126万元；新开工项目69个，已完成投资39544万元。主要是县城供暖工程二期、郭麦公路、曲卓木乡温群旅游开发、中小学基础设施整体改造工程、卡达灌区等30个上千万投资项目顺利实施，改善农牧区和县城的基层基础设施条件，也为错那经济社会的强劲发展提供强有力的支撑。根据市发改委下放审批权限，完成项目审批151个，办理节能登记表151个，邀请四川大策工程咨询有限公司完成对34个项目的初步设计概算的审查，项目审批工作逐渐走上正轨。符合列入山南市发改委项目盘子项目110个，总投资11.74亿元，占全市分别为11.8%，12.3%（不含能源、产业、交通、电力、通信等项目）。录入国家重大建设项目库项目（市本级）为98个，总投资12.3057亿元。申请贷款项目28个，总投资20.2亿元，已全部列入山南市级贷款盘子，涉及农村人居环境整治、特色小城镇建设、异地扶贫搬迁等民生工程。完成2017年86个项目的前置审批手续，总投资95960万元，并已录入国家重大项目库，具备开工条件的项目达49个。

**【精准扶贫】** 2016年，错那县实现4个乡镇10个村居243户612人稳定脱贫，分别占贫困总数的0.07%、19%。实行“不脱贫、不脱钩”的定点包干、一帮到底的帮扶责任机制。出台《错那县“十联百包千帮”方案》，分级分类对贫困户进行结对帮扶，加快脱贫摘帽步伐。制订“五个二识贫法”（即确定两个标准、分析两个状况、摸清两个情况、掌握两个底数、剔除两个境况）。精准识别全县建档立卡贫困户1433户3244人脱贫总数，做到底数清、情况明。2016年，通过产业扶持，实现71户202人稳定脱贫；通过生态补偿实现148户324人稳定脱贫；通过培训转移，实现11户26人稳定脱贫；通过就业援助，实现11户37人稳定脱贫；通过结对帮扶，实现2户5人稳定脱贫。梳理筛选出“十三五”时期扶贫产业项目14个（种植业项目1个，养殖业项目1个，文化旅游资源项目3个，服务业项目6个，其他产业项目3个），总投资4.057亿元。开工建设曲卓木乡农畜产品加工合作社、错那县残疾人培训创业基地、勒乡兴边富民特色商业街及扶贫旅游接待中心建设项目、觉拉乡页岩片加工厂建设项目。通过走村入户开展调研、宣传，到搬迁点实地考察，全县主动申请易地搬迁贫困群众832户2003人（其中已上缴自筹资金474户1154人），上缴自筹资金474万元。确定从错那镇吉松居委会、卡达乡和曲卓木乡曲卓木村往县城搬迁101户282人；从觉拉乡、卡达乡往勒布沟“插花式”安置搬迁16户43人；库局乡实行乡内搬迁5户11人；从浪坡乡养堆村往边境一线肖站搬迁40户124人；已落实往山南市集中公寓楼搬迁4户9人，往乃东区多颇章乡搬迁4户18人正在开展衔接沟通。争取护林员、草原监督员、农村公路养护员、旅游厕所保洁员、村级水管员、村居保洁员、村级环保监督员、地质灾害群防群测监测员8个岗位共计2438个，已安排岗位2400人，落实生态补偿岗位资金699万元，人均年增收3000元，落实率达到95.6%。

**【特色产业】** 错那县重点发展以茶叶、天麻、荞麦、人参果为主的种植业，藏鸡、藏猪为主的养殖业，藏刀、木碗为主的民族手工业，荞麦、藏白酒加工为主的加工业，生态游、边境游、红色游为主的特色旅游业，其中，勒布茶叶可采摘茶田144亩。2016年实现创收115.33万元，实现勒乡人均增收6000余元。同时县委、县政府按照“公司＋合作社＋农户”的经营管理模式，树立“公司化运作、品牌化运营、高端化发展”的理念，已成功注册荞麦系列产品、龙须枕头及门隅藏香商标，完成了品牌、包装设计工作，产品已全面推向市场。

# 隆子县

**【概况】** 隆子县位于西藏南部，山南市南部偏西，喜马拉雅山东段北麓。全县境域面积10566平方公里，辖2镇9乡、80个行政村、445个自然村，总人口35682人，居住有藏族、汉族、珞巴族等十几个民族，其中藏族占99%以上。县城所在地海拔3980米。

2016年，在市委、市政府的坚强领导下，隆子县认真贯彻落实中央、自治区、山南市三级经济工作会议精神，全县经济总体保持了稳中求进的良好态势，实现了“十三五”发展开门红。生产总值完成80949万元，同比增长8.7%；全社会固定资产投资完成77327万元，同比下降4.1%；税收完成14052万元，同比增长4%；县本级财政收入完成8807万元，同比增长29.5%；社会消费品零售总额完成11316万元，同比增长20.2%；农牧民人均可支配收入完成9520元，同比增长13.3%。

**【教育事业】** 严格落实“三包”政策，落实“三包”和营养改善经费1151.008万元、农牧区学生营养改善经费248.832万元。整合上年度本级财政收入75%的资金和其他渠道的资金共计8000余万元投入教育事业，义务教育均衡发展高标准通过国家验收。

**【文化宣传】** 2016年，县委理论中心组集中学习20次，参会人数达1200余人次，领导干部带头交流发言达50余人次。全年对隆子县文化市场开展日常巡查30次，专项检查2次，共检查经营单位98余家次，出动检查人员100余人次。隆子县2016年物资文化交流会实现交易额2780万元。“聂雄”商标被评为自治区著名商标。投入资金160余万元配合做好“中国西藏雅砻文化节”期间文艺演出工作，参演节目荣获原生态节目展演三等奖。

**【医疗卫生】** 2016年，与全市一道顺利创建第二批国家公共文化服务体系示范区。完成1894人次的医疗救助,资金达311.29万元。投入资金100余万元深化创建工作,县人民医院成功创建二级甲等医院。2015年86套乡镇干部职工周转房、108套公租房、147套棚户区改造项目竣工投入使用。投入资金22.5万元维修保障性住房45套。第一批危房改造509户完成70%。强基惠民渠道为群众解决困难587件,累计投入资金680万元。

**【社会保障】** 2016年,加强就业和再就业工作,有效控制城镇失业率。加大“五金”征缴力度,认真落实城乡低保、寿星老人健康补贴、五保、残疾人补贴、医疗救助、临时生活救助、“三老”人员补贴等社会保障制度。扎实推进“全民参保登记计划”。大力发展残疾人事业,为残疾人提供基本服务。抓好隆子县五保集中供养服务中心供暖项目、2个天葬台项目建设。争取上马隆子县未成年人保护中心、隆子镇应急避难场所等项目。

**【维稳工作】** 2016年,凝聚上下合力,始终守好守牢四条底线。始终坚守和谐稳定底线。在抓好常规维稳工作的同时,根据自治区、山南市对“扎日转山”的指示和要求,整合资金近2000万元投入“扎日转山”工作,统筹县内县外两种资源,调动全县上下的力量,充分确保44474名转山人员的安全,全面打赢“扎日转山民俗宗教活动维稳安保攻坚战”。

**【生态保护】** 2016年,优化发展环境专项行动扎实推进,出台隆子县地材销售运输和机械租赁指导价,“三资”清查、户籍清理、违规建设专项整顿、土地管理专项整顿等工作取得实质成效。始终坚守生态环保底线。实施重点区域造林1940亩。对20个农村饮用水源地进行保护。对重点工业污染源定期不定期检查70余次。对县域内空气质量监测4次、地表水监测4次、饮用水监测2次,结果显示均达标且不低于上年。监督华钰公司进行2次水质和空气监测,结果均达到国家标准。创建1个自治区级生态乡(镇)、2个自治区级生态村。隆子县被列为国家重点生态功能区。

**【安全生产】** 2016年,隆子县始终坚守安全生产底线。深入开展道路交通安全“双下降”集中整治专项行动,认真落实“两限一警”、点对点限速等措施,各渠道投入资金近100万元大力整治道路交通安全隐患,累计对各类工矿企业进行43次安全生产检查,查处各类安全生产隐患1100多条,排查重点消防安全单位和场所523家(次),发现火灾隐患472处,全部整改到位,全年未发生较大以上安全生产事故。

**【廉洁建设】** 2016年,扎实开展“两学一做”学习教育,强化作风监督检查,持续发力整治“四风”问题。始终坚守廉洁底线。全面贯彻落实党风廉洁建设主体责任,深入学习准则、条例,牢固树立“四个意识”。层层签订并落实党风廉政建设责任书。强化财政资金、专项资金、政府采购、“三公”经费管理。按照“五个三”要求,规范村级党务、村务,有效提升村级组织和村干部办事效率、服务水平。认真贯彻落实中央八项规定、区党委“约法十章”和“九项要求”、山南市“十项规则”,进一步严明政治纪律和政治规矩,全县党员干部切实做到了不踩红线、不触底线、不碰高压线、不越雷区,保持了清正廉洁。

**【项目建设】** 2016年,全县开复工项目115个,预计完成固定资产投资达77327万元,完成年度指标的122%。其中,国家投资完成60108万元,同比增长12.7%,完成年度指标的119.4%;招商引资完成9741万元,同比下降48.7%、完成年度指标的108.2%;民间投资完成7478万元,同比增长24.2%,完成年度指标的187%。检察院技侦业务用房、南城幸福路、准巴乡达嘎村公路、隆子镇麦萨村公路、农业综合开发高标准农田建设、小型农田重点县项目、5个党建示范点等一批项目完工。隆子支线机场进入自治区机场建设项目盘子。

**【精准扶贫】** 隆子县紧盯脱贫目标,圆满完成年度扶贫任务。强化组织领导和工作调度,制定出台《隆子县精准扶贫实施意见》《隆子县精准扶贫问责办法》等规章制度,安排脱贫攻坚指挥部工作经费101万元。整合资金共计1918.31万元投入脱贫攻坚工作。开工建设11个产业扶贫项目,其中总投资1538万元的“菜篮子工程”一期项目、总投资220万元的加玉乡列麦乡购买黄牛及配套建设项目竣工投入使用。总投资3736万元的县城集中安置点一期工程房建主体工程完成80%,热荣乡扎当村集中安置点完成“三通一平”、基础开挖完成40%,散户插花式搬迁11户36人的安置房正在建设当中,3户5人的安置房已完工。就业脱贫、技能培训、生态脱贫、信贷扶贫等工作扎实推进。举办贫困人员转移就业专场招聘会暨第一届人力资源洽谈会，241 人与用工单位达成就业协议，其中建档立卡贫困人员 64 名。梳理上报生态脱贫岗位 4343 个，上级明确批复 3443 个，全年累计兑现生态脱贫资金超过 1 亿元。金融机构为 176 户 608 名贫困户办理信贷扶贫贷款，累计发放农牧民贷款证 6477 张，发放贷款 791 万元。2016 年，扎日、三林、斗玉、准巴四个乡 17 个行政村实现脱贫摘帽，并经过第三方评估，按照人均 3311 元的标准，建档立卡贫困户 640 户 1520 人实现脱贫，其中一般贫困户 287 户 934 人、低保贫困户 166 户 398 人、五保户 187 户 188 人，圆满完成年度脱贫攻坚任务。

**【农牧业发展】** 2016 年，全县耕地面积为 5.15 万亩（含复种），较上年增加 0.3 万亩。粮食播种面积 2205.9 公顷、油料播种面积 521.8 公顷、青饲料播种面积 381.3 公顷。粮食产量预计达 17930 吨；油菜产量 1130 吨，同比增长 2.7%；肉类产量 3000 吨，同比增长 1.9%；奶产产量 7530 吨，同比增长 2.9%。种子田基地建设，2016 年，隆子县加大良种推广力度二级种子田面积为 4160 亩。其中藏青 320 型及二级种子田 400 亩、藏青 2000 型二级种子田 2000 亩、喜拉 22 号二级种子田 60 亩、山冬 7 号二级种子田 1500 亩、黑青稞二级种子田 200 万亩。

本级财政投入 95 万元新建 30 个黄改点，完成黄改冻配 7209 头，2015 年黄改冻配新生犊牛 5876 头，成活 5555 头，成活率达 96%，帮助农牧民出售改良牛 2031 头，创收 1356.9 万元。顺利通过 2015 年草奖工作自治区级验收。黑青稞加工 54.4 万斤，出售黑青稞糌粑 47.2 万斤，实现产值 320.96 万元，带动群众增加收入 200.77 万元。

**【工业发展】** 2016 年，隆子县全县工业生产总值 6.5 亿元，同比增长 15.4%；华钰矿业成功上市，实现产值 6.36 亿元，同比增长 15.2%。扎西康矿产资源整装勘查深入推进。南城工业园建设初具规模，入驻企业 12 家。

**【旅游业】** 2016 年，隆子县总投资 350 万元的达瓜西热神山旅游基础设施建设项目投入使用。得益于扎日转山，全年共接待游客 44670 人次，同比增长 98%，实现旅游综合收入 3250 余万元，同比增长 755%，600 余人参与扎日转山服务和旅游接待，人均增收 5 万元。

**【党建工作】** "两学一做"学习教育结出累累硕果。2016 年，全县统一编印学习资料 3 册，制作常识口袋书、党章等 500 余册，发放学习笔记 2000 本；扎实开展个人自学、集中领学、专题研学，全县每名党员干部平均撰写学习笔记 60 余篇，达 24000 余字；全县共开展了县委理论中心组专题研讨活动 5 次，各支部召开党员大会讨论 800 次，每名党员平均撰写心得体会 4 篇；四是各级领导干部共计讲党课 684 次，其中县级以上领导干部 34 次，科级干部 287 次，基层党组织书记 160 次，其他 203 次。

强基惠民驻村工作再谱新篇。第五批驻村工作队帮助村"两委"班子开展各类学习活动 1200 场次；完善工作制度 760 多项；协助培养入党积极分子 627 余名、后备干部 825 名，把 73 名党员培养成致富能手，把 103 名党员致富能手培养成村组干部。协助驻点村制定维稳应急预案和措施 623 项；开展宣传教育活动 645 余场次；开展驻村安全隐患排查 1000 次，成功调处群众农田、牧场、家庭间等各类矛盾纠纷 146 起。为农牧民觧决困难 587 件，累计投入资金 680 余万元，受益农牧民达 2.8 万余人；开展各种慰问帮扶活动 17277 余次，投入各类物资、资金 92 万元；开展各类便民活动 214 次，投入资金 13.4 万元。

党在基层的执政根基培厚夯实。制订《隆子县委 2016 年党建工作要点》，调整充实了党建工作领导小组，明确责任分工和目标任务，层层签订党建责任书 160 份。全县 160 个党支部按照末位倒排，评定 14 个后进基层党组织。根据"一支部一方案"的要求，制订行之有效的整改提高方案，通过整改提高，14 个后进党组织均实现晋位升级。2016 年全县党建工作经费累计投入 2623.26 万元；截止 2016 年底全县建设村级组织标准化活动场所 24 个，累计投入资金 4745.6 余万元。全年发展党员 260 名，其中农牧民党员 195 名，全县党员总数达到 4679 名；培养入党积极分子 825 名。通过开展党员先锋岗、无职党员设岗定责、党员"戴党徽、亮身份、作表率"、党员志愿者服务、公开承诺践诺等活动，使党员在工作和生活中，时刻牢记自己的共产党员身份，发挥先锋模范带头作用；深入开展在职党员到村报到服务群众活动，组织全县 1000 余名在职党员到村报到开展服务活动 6000 余场次，累计为民办实事 5200 余件；

广泛开展走访慰问活动,在“三大节日”及“七.一”期间,慰问帮扶三老人员及困难党员261人,发放慰问金11万余元。

党建特色品牌亮点纷呈。开展“六六五”模式着力打造“边境党建长廊”,全县总共投入521万元在三安曲林乡恰拉山建立临时党支部活动场所,在雪萨乡建立隆子县党建和党风廉政教育基地。采取先试点、再推广的方式,先在隆子镇、雪萨乡、扎日乡大力实施村级党务“五个三”工程示范点建设。围绕学习重点,举办“领导讲座”“局长讲坛”,进一步深化乡镇干部上讲台活动,各级党组织开展党员领导干部上讲台活动1500余场次;围绕“四个先锋行”实践活动载体,开展了打赢“抓班子、带队伍、转作风”“精准扶贫、群众增收”“扎日转山维稳”三大攻坚战,并以扎日转山为契机,组建“红色身影”志愿服务队,累计参加志愿服务人员约197人。为全面整治“慵懒散拖”机关病,开展了“以学促做、打造学习型干部;以查促严、打造阳光型干部;以改促效,打造清廉型干部;以严促管,打造服务型干部;以实促干,打造务实型干部”的“五型干部”活动。全县共开展党员承诺事项13016项,完成承诺事项11867项。

县乡换届工作如期圆满完成。按照乡镇换届工作从2016年3月启动,6月底完成的要求。在这次乡镇换届工作中,隆子县切实加强组织领导,精心组织,严格把关,各乡镇党委周密安排,规范操作,稳步推进,如期圆满完成全县县、乡换届工作。

# 曲松县

**【概况】** 西藏自治区山南市曲松县位于冈底斯山-念青唐古拉山构造带与喜马拉雅山大地构造单元之间的凹陷带,介于北纬28°37′~29°16′,东经91°59′~92°28′之间,东部与加查县、朗县接壤,南部与隆子县相连,西部与乃东县毗邻,北部与桑日县交界。曲松县四面高山环绕,河谷狭窄纵横,地势南高北低。境内山脉系喜马拉雅山脉北侧分支,主要有布章拉和亚堆扎拉两大山脉,均由北向南延伸,纵贯全县。县境内主要河流有色布河、贡布河、江扎布河等3条三级河,另有18条四级河,6条内流河,15条季节性河。全县河流总长度1217公里。县境内还有大小湖泊30余个,总面积500公顷,最大的酱错湖,面积320公顷。地处北纬亚热带,属于高原半干旱大陆性季风气候,因受海拔和高空西风带控制,属喜马拉雅雨影区,旱雨季分明,年降水量470毫米,以夜雨为主。光照充足,辐射强烈,无霜期短,年均无霜期110天左右,年平均气温8.7℃,最高气温28.5℃,最低气温-21.5℃,气温年差较小,昼夜温差较大,全年平均日较差13.5℃。全县平均海拔4200米,县城所在地海拔3987米,距乃东县泽当镇60千米,距贡嘎机场147千米,距拉萨210千米。全县地域面积为196700公顷,主要以农牧产业为主,农业包括青稞、小麦、油菜、蔬菜等作物,畜牧业包括牦牛、绵羊、山羊等。耕地1660.01公顷,粮食播种面积1129.57公顷,经济作物耕地面积427.03公顷。林地面积385.88公顷,森林覆盖率0.2%;草场面积166667.5公顷。辖3个乡,2个镇,21个行政村,189个自然村,5460户,总人口17207万人,其中农村人口14590人,人口出生率1.13%;自然增长率1.06%。国家级野生动物有獐子、青羊、藏羚羊、岩羊、盘羊、狐狸、猞猁、水獭等,主要野生植物有冬虫夏草、贝母、雪莲花、红景天、党参、当归等数百个品种。境内矿产资源丰富,罗布萨矿是目前全国最大的铬铁矿勘查和开发基地,铬铁矿平均品位48.05%,开采进度为8万余吨/年,矿山服务年限在43年左右,累计探明储量为431余万吨,占全国储量的50%。此外还有花岗岩、沙金、岩金、矿泉水、金刚石、柯石英、多金属矿、铁旦和新矿物等矿产资源。人文景观有拉加里王宫(被列为全国重点文物保护单位)、堆随拉日石窟、洛村石窟、井嘎塘古墓群、朗真寺、东嘎曲德寺、加日贡寺、日果曲德寺、吾金古如拉康、拉加里产房遗址。自然景点有色吾温泉、布丹拉山、巴玉沟原始森林、邱多江草原、切错湖、下洛湿地。特色产品有邱多江乡的风干牦牛肉、慈成藏香、贡康沙陶瓷等。

2016年,完成生产总值52000万元,增长13%。其中,第一产业完成3160万元,增长1.5%;第二产业完成31049万元,增长10.3%;第三产业完成17455万元,增长18.4%。全社会固定资产投资7.82万元,邮政业务创收81.4万元,完成电信业务总量15471个。其中固定电话用户3124户,使用率98.53%;移动电话用户9738户,使用率95.7%;互联网2609户。社会消费品零售总额6043万元。接待旅游6.13人次,实行旅游收入2403元,增长13%。

地方财政收入5500万元，同比增长28.8%；地方财政支出64969万元。年末城乡居民储蓄存款余额1.06亿元。全年农村居民人均纯收入10016元，实现城镇就业再就业6306人，城镇登记失业率2.1%。截至年底，参加城镇失业保险522人，参加基本养老保险8763人，城镇职工参加基本医疗保险1250人。参加新型农村合作医疗14969人，参合率96.9%。参加新型农村养老保险7326人，已领取养老保险待遇1456人。城镇居民中有878人得到政府最低生活保障金。宗教场所共21处（寺庙11处、拉康4处、日追6所），僧尼57人。

2016年，中共曲松县委、县人民政府深入贯彻落实中共十八届六中全会、中央第六次西藏工作座谈会及自治区第九次党代会及区、市经济工作会议精神和习近平总书记系列重要讲话精神特别是治边稳藏重要战略思想，直面改革发展稳定压力和脱贫摘帽的现实挑战，坚持目标导向、问题导向，狠抓薄弱环节和突出短板，坚持稳中求进工作总基调，围绕自治区“两屏四地一通道”、市“两基地一核心”和县“一地两区一点”发展定位，不折不扣地落实“产业兴县、民生立县、项目强县、转型活县、城镇靓县”的工作思路和“1234”工作举措，凝心聚力、精准发力，开拓创新、扎实进取，成功促成西藏矿业、江南矿业在县注册分公司，税收全额在县级缴纳，形成了持续稳定的财源支撑，为县域发展提供了坚强的财力保障；110千伏变电站提前实施、建成投用，协信20兆瓦光伏发电项目并网发电、科能15兆瓦光伏发电项目加快建设，有效破解了能源瓶颈制约，填补了实体招商引资空白的历史困局；县域经济形成了矿业、清洁能源业、天然饮用水业、旅游服务业“四轮驱动”的发展模式，实现了资源优势转化为经济优势、破除能源瓶颈制约的两大历史性突破。全县经济稳中向好、好中有快、快中提质，继续保持了健康快速发展的良好势头，连续2年荣获全市综合考评第一名，实现“十三五”开门红。

**【农牧业发展】** 2016年，曲松县粮食总产量7450.64吨，青稞总产量5821.2吨，油菜总产量970.1吨，蔬菜总产量10635.66吨。粮经饲比例由2015年的57%∶29%∶14%调整为64%∶28%∶8%。完成藏青2000、山冬七号、山冬九号、山油系列等优良作物品种的推广17000亩，在上年基础上增长2000亩，良种覆盖率达68.27%。完成秋翻面积1.7万亩，秋播1700亩，积造农家肥2975吨。“三秋”工作期间的安全生产和农机的规范化操作，全年无农机安全事故发生。安排作物病虫害及旱灾、水灾等灾害监测值班人员，加强田间管理，农作物各种病虫害控制在3%以内。针对农牧业生产需求，先后举办春季农牧业生产、重大动物疫病防控、白绒山羊饲养管理、黄牛改良、温室大棚种植等各类培训21期，发放培训宣传资料1600份（套、册），受益人数达3236人。

2016年，曲松县在全面普查掌握畜禽存栏情况下，落实集中免疫制度，坚持做到“六不漏”（“六不漏”指县不漏乡、乡不漏村、村不漏户、户不漏畜、畜不漏针、针不漏量），牲畜免疫密度达到了100%，全年无重大动物疫情出现。合理安排接羔育幼点，组织畜牧兽医人员深入农牧区开展巡回指导，全年累计完成接羔育幼26873头（只、匹），成活26497头（只、匹），成活率98.6%。积极落实黄牛改良工作任务，完成黄牛改良冻配2420头，去势公牛565头，新生犊牛1880头，成活1780头，成活率94.68%。不断完善牧业基础设施建设，全年维修和新建暖棚圈119座，维修棚圈33座，新建28座，新建牧民放牧房屋28座。兑现国家农机具购置补贴资金90.07万元，群众自筹177.27万元，购置农机具585台（收割机86台，翻耕类353台，动力机械100台，拖车类46台）。

**【项目建设】** 曲松县建立完善项目管理、例会调度、视察督导、第三方参与等工作机制，创新实施重大项目前期工作“六个一”工作法，陆续开复工项目99个，三水一路”、雅江大桥、拉林铁路、大古水电站等重大项目以及协信20兆瓦、科能15兆瓦光伏发电等招商引资项目有序推进。建立项目前置手续县级联审联批机制，录入国家重大建设项目库项目149个12亿元，申报2017年中央预算内投资项目93个4.9亿元，申报“十三五”援藏项目9个1.1亿元。全面推进县城总规修编、控制性详规编制和乡镇总规、重点村规划编制工作，新建8个标准化村委会，覆盖率达到62%。加快涉农项目建设力度，全年农牧业重点建设项目共11项，总投资3398.85万元，其中新建7项，投资1958.8万元；续建4项，投资1440.05万元。根据民政工作实际，积极联系沟通上级业务部门，认真开展“十三五”规划项目编制工作，完成18个“三年滚动”项目的前置手续和总投资96万元的罗布萨救灾物资储备库建设项目主体。完成曲松镇贡康沙小学和曲松县中学教工宿舍续建项目建设，并投入使用，分别投资148万元、212万元；投资430万元修建了5个乡镇综合文化站；本级财政投资34万元实施文化工程。投入112.55万元，分别建设堆村藏戏、陶瓷手工艺非遗传习所、曲松村藏戏传承所及堆随果谐资料收集等非遗项目，并成功申报曲松埃赤唐卡、埃赤书法、艾卓谐玛为市级非遗项目；总投资400万元，实施曲松县广播影视中心建设项目，前置手续已办理，由于征地问题，正在重新选址。申报总投资1400万元的色吾二期扶贫项目，从产业扶贫项目当中基本上已确定，正在优化项目设计中，前置手续基本办理完毕；投资2000多万元的探秘遗址项目资金基本已经确定，正在办理前置手续；投资300多万元的罗布萨朱麦沙乡村旅游项目资金已确定，正在优化设计中。确定实施"十三五"产业项目17个，总投资1亿元。其中琼嘎村藏药材种植加工专业合作社项目和扶持贡麦村慈成农牧民专业合作社项目已建成，投资1310万元；罗布萨镇优质牦牛项目、邱多江乡生产资料项目、下江乡高山牦牛养殖基地项目等正在建设，投资3940万元。

【特色产业】 2016年，曲松县第一、二、三产业比为6 ∶ 60 ∶ 34，继续保持二三一不断优化的产业结构，藏药材种植列入山南市"三推进"项目。矿业发展稳中向好，全年生产铬铁矿6万吨，实现工业增加值1.08亿元，增长12.6%。加快招商企业投资进度，完成招商引资2.6亿元，增长148.5%。实施"能人回归工程"，通过搭建能人反哺平台，整合扶贫、产业、科技、农牧等资源，引导培养了13名致富能手，形成了5家初具规模的农牧民专业合作社，回流资金总计1900余万，回流技术包括藏药才种植技术、藏香制作技术、民族手工艺技术、苗圃种植技术、特色养殖技术等，涉及三个乡镇6个行政村，实现年产值800余万，辐射带动202户，655个农牧民，提供83个固定就业岗位，年人均增收12000余元。天然饮用水产业稳步发展，全年接待游客6.1万人次，创收240万元，分别增长13%、9.6%。非公市场主体达490户，注册资金3亿元，分别增长2%、3%。农行存款余额1.06亿元、增长89.33%。各类贷款余额3.46亿元、增长22.11%，其中三农贷款占55.11%。

【精准扶贫】 2016年，曲松县充分发挥上级政策和援藏资源、干部群众和社会力量各方优势，制定打赢脱贫攻坚战总体实施意见和"十三五"产业发展规划、达木热易地扶贫搬迁集中安置点规划，整合落实各级各类资金3.8亿元，形成了精准识别、产业带动、党建促脱贫等特色亮点工作和大扶贫工作格局，全县1080户3224人贫困人口高标准高质量高水平脱贫，21个贫困村全部退出，顺利通过区市考核验收、自治区第三方评估和地市间交叉考核，荣获全国扶贫系统先进集体荣誉称号，成为全市首批脱贫"摘帽"县，圆满完成党中央、区党委、市委赋予的神圣历史使命。

【教育事业】 2016年，曲松县坚决贯彻党的语言文字工作方针政策，创建符合曲松人文特点的语言环境，推进三类语言文字工作。2016年1月至10月，根据《山南地区资助农牧民子女上大学实施办法》及《曲松县教育发展基金管理办法》文件要求，采集核实2013年至2015年应资助上大学的农牧民子女数据，补充发放资助金共2759189元；下半年，对2016年上大学的农牧民子女核发资助金共1153000元。按照市教育目标要求和县委、政府对提高教育质量提出的目标，层层签订目标责任书，严格实施《曲松县中小学教学质量奖惩办法》。按照山南市教育改革办公室对各校学校布局调整的任务要求，结合曲松县教学点撤并和集中办学模式，完成堆随乡龙村二组教学点、洛村教学点撤并到堆随乡小学；邱多江乡查仓村教学点、结巴村教学点、色吾村教学点、宗须村教学点撤并到邱多江乡小学；下江村教学点、琼嘎村教学点、东嘎村教学点，措堆村教学点、古龙村教学点全部撤并到曲松镇小学，贡康沙小学在2017年8月撤并到曲松镇小学，形成全县乡（镇）无教学点的办学模式，稳步推进规划集中办学的前期各项准备工作。按照自治区实现5个100%要求，继续落实"三包"政策，实施中小学教学质量提升计划，扎实开展教育"组团式"援藏，继续推进教育改革，巩固双语教育成果，实现中小学双语普及率、小学数学课程开课率、中学数理化课程教学计划完成率、中学理化生实验课程开出率达到100%。

【社会保障】 2016年，曲松县坚持把70%以上财力投向民生领域，落实区市提标政策资金5700余万元，整合资金1亿余元实施民生"十件实事"。"三大节日"期间，为全县632名五保户、残疾人、优抚对象、特困户送去总价18万余元的慰问物资；对不符合条件的孤儿进行清理，严格孤儿审批、登记、收养程序，健全孤儿档案，为21名流浪乞讨人员，落实流浪乞讨资金5300元；落实县级财政安排的五保对象生活补贴资金48万元，落实农村五保户供养经费257.76万元（含提标），并利用县委、县政府安排的67万元资金为五保对象购买了冬装及节日藏装；落实残疾人生活补贴资金225.3060万元，并为60名智力、精神和重度残疾发放阳光家园计划资金2.4万元；认真落实《中华人民共和国老年人权益保障法》，为全县669名70岁以上农牧民老人落实老人健康补贴资金40.26万元。在“三大节日”“八一”建军节期间为曲松县驻军部队送上了23000元的节日慰问金；为4名士兵家属发放优待金及自主就业一次性经济补助29.6万元。为受灾204户814人解决救济口粮青稞20190斤、大米310袋、面粉287袋，针对其中17户群众的31间房屋受损情况，解决救灾资金3.4万元。县五保老人有意愿集中供养率达100%。实现劳务输出6306人，创收2798.1万元。城镇登记失业率控制在2.1%以内。社会保险参保率、征缴率分别达98%、100%。

**【维护稳定】** 2016年，曲松县严格落实自治区、市维稳措施，建立完善21个村级综治工作站（驻村警务室），组建了公安骑警队，曲松村女子联防队、发展维稳“三支队伍”人员765名，群防群治队伍56支，平安志愿者队伍34支；全年各级“双联户”共开展治安巡逻425次，登记流动人口987余人，协助有关部门联管联教重点人员2人次，手机社情民意14条。落实“三级信访接待日”制度，完善调节联动机制，加大矛盾纠纷排查调处力度，全县各级联户长共开展矛盾纠纷排查4500余次，共2起矛盾纠纷，婚姻纠纷1起、劳资纠纷1起，已全部调解，调解率100%；安全隐患排查3900余次、整治30处；环境卫生整治12000余次。深入推进“双联户”两户创收工作，将全县5148户、15979人，划分为647个联户单位，实现了“双联户”全覆盖，全年各级联户增收共产生经济效益44.5万元，实现人均纯收入每户达2343元，解决就业人数22人，帮扶困难群众资金达6000余元。坚持宗教中国化方向，坚持把藏传佛教不受境外势力操控作为寺庙管理的底线，积极引导藏传佛教与社会主义社会相适应；加强和创新寺庙管理工作，强化宗教事务管理，严格佛事活动审批；深化反对分裂斗争思想教育，牢固树立“团结稳定是福、分裂动乱是祸”的思想，坚决维护祖国统一和民族团结。

**【医疗卫生】** 2016年，曲松县贯彻落实全国健康扶贫工作电视电话会议精神，成立健康扶贫工作领导小组，制订《曲松县关于进一步做好全县因病致贫因病返贫人员救治工作实施方案》，对精准识别的383名“因病致贫、因病返贫”人员实行“优先就诊”“优先报销”特殊政策，并针对长期慢性病患者免费发放药品20余种、103盒；对多发疾病干预60余人，治愈41人。组织骨干医师成立专班全面开展全县城乡免费健康体检，全县应体检人数为15872人（其中农牧民14942人，城乡居民877人，在编僧尼53人），最终完成体检人数15993人，体检率达100.76%，并实行“一人一本、一户一盒”档案创新管理，建档率达100%。认真开展乡、村两级妇幼工作督导，规范抓好两个系统管理工作，全县孕产妇住院分娩200例，住院分娩率为98.04%；新生儿死亡2例，死亡率为9.8‰；无孕产妇死亡。成功召开全区包虫病防治现场培训会，圆满完成包虫病流调工作，共计B超调查886人，确诊阳性3例，采集犬粪80份，入户调查80户，问卷调查80人，完成小学4—6年级问卷调查150份。全县农牧民参合率达98.41%，全县农牧民合作医疗基金总额7027915元，农牧民免费医疗基金及时按不同比例分别划入大病统筹资金、家庭账户。

**【生态保护】** 2016年，曲松县牢固树立环境保护底线、红线、高压线意识，扎实推进环境保护各项工作，顺利迎接中央环境保护监督工作。全年完成造林封育6.4万亩，下洛国家湿地公园通过国家审批；邱多江乡等2个乡镇和措堆村等8个行政村被评为自治区级生态文明乡镇、村，曲松村生态文明小康示范村建设项目完成前期工作；严格矿产资源勘查开发自治区政府“一支笔”审批和环境保护“一票否决”制度，落实环境保护“党政同责、一岗双责”制度，保护好曲松的绿水蓝天。

**【文化事业】** 2016年，曲松县结合“五下乡”、强基础惠民生及“两学一做”学习教育等活动，积极开展送文艺、送电影、送图书活动，全年开展文化下乡12场次，举办各类文艺活动50余场次，电影放映1216场次，参与群众达65000人次；为农家书屋、寺庙书屋增设与农牧民群众生活贴近的相关书籍，丰富了群众阅读面，拓宽了群众文化知识。成功举办了以“美丽曲松 共创小康生活”为主题的第二届春节、藏历新年联欢晚会；完成文艺作品创作6部，分别为《扎西罗萨》《埃玉曲松》《幸福生活》《讲文明话》《曲松新风貌》。形成以拉加里王宫旅游产业为核心，白玉沟徒步探险、邱多江草原体验为两翼的“一主两翼”旅游发展格局，深度打造拉加里王宫周边特色民族手工业制品，特别是加强对拉加里民族手工业制品、慈成藏香品牌效应，以文化惠民促进经济发展。积极巩固县域义务教育均衡发展成果，公共文化服务体系示范区创建和三类城市语言文字工作顺利通过国家验收。认真落实自治区统一安排的总投资215.32万元的县级有线数字化电视建设项目，按照5：4：1的比例，由自治区、市、县共同承担，并继续做好“户户通”工程设备发放工作，年内全县“户户通”新增户800户。

【旅游业】 2016年，曲松县着力搞好旅游基础设施工作，投资632万元，顺利完成色吾温泉一期项目；县人民政府投入52万元，配备了旅游接待中心所需设备，解决了其接水难的问题，并于10月将其交付于邱多江乡运营管理使用；投入近20万元，培育和扶持1家旅游家庭旅馆、3家较有特色的乡村旅游藏餐馆及旅游精品店1家，引导群众靠旅游吃饭，通过参与旅游增收致富。并从旅游专项经费中拨付1万元，解决温泉垃圾转运站、景区厕所维修以及景区环境卫生治理等问题。为提升曲松旅游知名度和美誉度，从旅游宣传促销经费中拨付资金，制作各景区的广告牌子和宣传单，积极配合内地摄影名家媒体团、纪录片《垂直极限》拍摄团等深入曲松县各景区，通过多角度拍摄旅游景区资源、人物采访、曲松民俗歌曲录制等开展旅游宣传推介活动；在拉萨雪顿节、雅隆文化节等各种节日期间，到各酒店、各旅游场所宣传曲松县旅游景区的基本情况，先后发放宣传册1000余份、景区解说折页5000份，让更多的人了解曲松、知晓曲松，努力实现“游客数量、群众收入”双提升。

【援藏工作】 2016年，曲松县依托地理、资源和援藏优势，围绕光伏、旅游、产业大力开展招商引资，发展“飞地型”经济。充分发挥能人效应，发展“能人经济”，带动曲松产业发展，促进农牧民群众增收。通过招商引资，不断推进经济结构调整，促进产业转型升级。加大医疗卫生“组团式”援藏力度，推进医疗卫生事业改革，加快县卫生服务中心“创二乙”工作，全面落实计划生育二胎政策，促进人口长期均衡发展。

【党建工作】 2016年，曲松县不断推进从严治党，大力弘扬和宣传“老西藏精神”“两路精神”“列麦精神”，开展“四观”“两论”和新旧西藏对比教育，积极引导广大农牧民群众牢固树立“四个意识”，逐步淡化宗教影响。认真贯彻落实好干部标准和“三个特别”要求，贯彻落实干部任用条例，注重选拔严守党的政治纪律和政治规矩，坚决落实区党委、市委、县委决策部署，善于作民族宗教工作、敢于同达赖集团作斗争的优秀藏族干部、其他少数民族干部和援藏干部，大力培养选拔乡镇、驻村驻寺干部，培养选拔优秀年轻干部和女干部，重视使用党外干部，全年共提拔调整干部102人。建立健全容错纠错机制，形成不让老实人吃亏、不让基层干部吃亏、不让年轻干部断档的选人用人导向。围绕实现一个覆盖、打造三个特色、建强一级组织、实施四个工程，即实现村（居）标准化建设全覆盖，打造红色下洛、党建示范村、非公党建三个特色，扎实做好村“两委”换届工作，建强村级组织，实施“提素质、增效率、严纪律、守规矩”工程、实施干部关爱工程，开展深入执行民主集中制 营造良好政治生态工程，实施思想进步常态化、组织活动常态化、创新推进常态化、监督问责常态化、考核评比常态化基层党建“五个常态化”工程，不断夯实基层党建基础，有效提升基层党组织服务群众的能力。继续巩固和拓展党的群众路线教育实践活动、“三严三实”专题教育、“两学一做”学习教育成果，严格落实中央八项规定和各级关于转变工作作风、密切联系群众相关规定，驰而不息纠正“四风”，继续推进干部作风转变。深入开展“党员干部进村入户、结对认亲交朋友”活动，推动人往基层走、钱往基层投、政策往基层倾斜，形成为群众办实事好事的强大合力。

【廉洁建设】 2016年，曲松县严格落实党委（党组）主体责任、党委（党组）书记第一责任、班子其他成员“一岗双责”，召开了全县乡（镇）党委书记、县直单位主要负责人述责述廉报告会。纪检监察机关始终坚持“以督促廉”为党风廉政建设工作核心，对堆随乡“村财乡管”制度落实不力，县扶贫办对干部连续旷工多天不管不问，县住建局对曲松河景观工程路灯长亮不管等3起不作为的典型问题进行通报，以警示教育全体党员干部，做到在其位谋其政、任其职尽其责。以零容忍的态度重点加大对重要部门、重点人员、重点领域和发生在群众身边的微腐败问题的查处力度，全年对领导班子成员及部门负责人廉政约谈40余次，纪委书记对科级以下干部进行约谈提醒12人次，纠正其存在的倾向性、苗头性问题10余项；共受理来信来访来电共6件6人，初查了结2件2人，开除党籍1人，事业记过1人，正在核查2件。挂靠市纪委异地办案1起1人。以驰而不息纠正“四风”为重点，不断加强作风建设，对违反上班纪律的4名人员进行了通报，对违反交通法规1名同志进行了通报。结合“两学一做”学习教育活动，加强党风廉政教育，认真开展好廉政教育宣传月活动，县乡换届工作中，组织74名考察对象就《中国共产党章程》《中国共产党廉洁自律准则》《中国共产党纪律处分条例》等相关内容进行考试并审查；全年全县各级各部门累计组织专题学习40多场次，观看廉政警示教育片300人次，发放廉政书籍1000余册，廉政考试451人。

# 加查县

【概况】 加查县位于西藏自治区东南部，系山南市东大门，属多河流峡谷地带。县境东与林芝市朗县交界，西与山南市桑日、曲松两县相连，南与山南市隆子县毗邻，北与林芝市工布江达县接壤，东西跨度88.2公里，南北距离102.2公里，平均海拔4000米。加查县地处冈底斯山—念青唐古拉山与喜马拉雅山大地构造单位之陷凹地带，地貌区域为藏南谷地。全县境内有山峰211座，其中海拔5000米以上的有180座。加查地势西高东低，地形复杂，县域内峰峦叠嶂，河流纵横。全县有大小河、沟260余条。雅鲁藏布江从桑日县入加查县境，自西向东横贯全县，流经加查县境域河段长93公里，流量达4425立方米/秒。县境内有拉姆拉措、雍措、江斯拉措等天然湖泊160多个，主要分布在西北和北部高山地区，海拔在4500米—5000米。湖泊面积都较小，最大者仅为几平方公里，均属直接受冰川作用而形成的冰川湖。加查县属高原温带半湿润气候，日照充足，辐射强烈，热量低，气温年变化相对小而日温差大，无霜期短，降水量小且降水集中，雨季明显，干湿季节分明，冬春季干燥多风。同时因境内地形复杂，海拔高低悬殊，加查县又具有水热再分配呈垂直性差异特点。全县大致可分为五种气候类型，即河、沟谷温暖半湿润气候，山地温和半温润气候，亚高山温凉半湿润气候，高山寒冷半湿润气候，高山寒冻半湿润气候。加查县河谷地区气候温和，2016年年平均气温8.9℃，平均气温最高月16.4℃，平均气温最低月-0.1℃，无霜期年均为149～169天。加查县邦达沟、色布荣沟、久布荣沟分布着大片原始森林，主要物产有虫草、贝母、麻黄、枸杞、红景天等数百个品种，以及麝香、熊胆、蛤蚧等几十种名贵药材。加查核桃驰名区内外，拥有酥油核桃、麻雀核桃、铁核桃等10多个品种，素有“核桃之乡”美誉。雅鲁藏布江水域中生长着拉萨裂腹鱼、裸腹重唇鱼、双须重唇鱼等7个品种。县城位于雅鲁藏布江中下游南岸，海拔3240米，西距山南市政府所在地乃东区107公里，距自治区首府拉萨市250公里，东距林芝市政府所在地巴宜区315公里。全县辖5乡2镇，77行政村，360个村民小组（自然村），6976户，总人口22305人。其中农村人口20006人，人口出生率14.7‰，自然增长率11.4‰。地域面积442983公顷，长期以来加查县是一个以农为主、农牧并举的农业县，随着经济的发展，加查县逐步转变为以能源产业为支柱的藏南能源大县，农业包括青稞、小麦、豌豆、蚕豆、玉米、胡豆、油菜、萝卜、土豆等作物，畜牧业包括山羊、绵羊、牦牛、犏牛、马、驴、骡、猪、鸡、鸭等。耕地面积1588.15公顷，粮食播种面积1322.99公顷，经济作物耕地面积392公顷。森林覆盖率34.89%，林地面积156765公顷。国家野生保护动物有西藏沙晰、蛇、雪鹑、斑头雁、黄鸭、画眉、银鸥、丛林猫等，已探明矿产资源有铬铁矿、岩金矿、铜矿、铅锌矿等。主要旅游景点神湖拉姆拉措、久布荣原始森林、色布荣曲风景、琼果杰风光、那玉河风光、结罗拉雪山、布丹拉雪峰、涅尔喀大瀑布、千年核桃林等。特色产品有核桃、木碗、石锅、虫草、蓝莓、竹编等。2016年完成全县生产总值113063万元，下降0.6%；其中第一产业6958万元，增长4.4%；第二产业完成76722万元，下降7.5%；第三产业完成29383万元，增长21.7%。全社会固定资产投资201948万元，完成邮政业务总量213万元；完成电信业务总量903万元。固定电话用户1770户，使用率89%；移动电话用户19600户，使用率90%；互联网用户2220户。社会消费品零售总额29500万元。接待旅游7.21万人次，实现旅游收入2018.8万，减少12%。地方财政收入8215万元，下降5.9%；税收收入6647万元，下降10.2%；地方财政支出66778.3万元。年末城乡居民储蓄存款余额57843万元。全年农村居民人均纯收入12405元，实现城镇就业345人，城镇登记失业率2.1%。截止年底，参加城镇失业保险819人；参加基本养老保险（城乡居民养老保险）12699人，城镇职工参加基本养老保险（城乡居民养老保险）316人，参加新型农村养老保险（城乡居民养老保险）12383人，已领取养老保险待遇1619人。参加新型农村合作医疗19955人，参合率100%。城镇居民中有22户36人得到政府最低生活保障金。全县有寺庙、拉康、日追20所，僧尼73人（尼姑4人）。

**【党建工作】** 2016年，加查县将党建工作纳入到全县经济社会发展大局统筹谋划，坚持每年召开4次常委会议研究推进全县基层党建工作，及时研究解决工作中存在的问题和困难。坚持制度促党建，确立“一月一自查一总结一汇报、一季度一督导一考核一整改”党建督导考核机制，制定下发《加查县基层党建工作考核办法（试行）》，并将考核结果作为各级党组织和党组织书记年度考核的重要依据，切实筑牢各级党组织特别是党组织书记抓基层党建的主业意识。2016年，在区市两级的有力指导下，加查县严格换届纪律和有关程序，顺利完成县乡领导班子换届选举工作，所有县乡领导均全票或高票当选。2016年，对县直机关党组织设置不规范、支部活动和学习开展困难的16个县直单位联合党支部进行了调整，43个县直单位成立单独的机关党支部，并将31名县级干部划分到22个党支部中以普通党员身份参加支部活动，严格“三会一课”制度，严格制发了党费收缴证，规定每名党员每月15日前自行按标准缴纳党费。年内，加查县共设置有148个基层组织（8个党委、3个党总支，137个党支部），党员4273名，占总人口数的18.8%。其中农牧民党员3256名。2016年，严格按照党员发展程序发展党员118名，其中农牧民党员71名。组织广大党员扎实开展“两学一做”学习教育，深入学习党章党规和《中国共产党廉洁自律准则》《中国共产党纪律处分条例》，深入学习党的十八大、十八届三中四中五中六中全会精神和习近平总书记治国理政新思想新理念新战略，深入学习区党委第九次党代会精神。“两学一做”学习教育开展以来，加查县共开展学习教育16次，领导干部带头讲党课36次，开展专题学习讨论120余次，开展“两学一做”知识竞赛、“做合格党员”演讲比赛等活动3期，开展讲坛7期，党员领导干部撰写心得体会3000余篇，党员领导干部党性修养进一步提升。同时，县委坚持把党建工作作为各项工作的核心，推行“党建+”的工作方式，通过抓好党建促进经济发展、维护社会稳定、保障改善民生、保护生态环境、推进脱贫攻坚、联系服务群众。建立任前廉政文化知识考试制度，2016年，对99名拟提拔党员领导干部开展了任前廉政文化考试；结合“两学一做”学习教育，组织学习新条例、新准则，组织全县56名科级以上党员领导干部集中进行廉政文化知识考试，党员领导干部底线红线意识进一步提高，廉政从政、廉政用权意识明显增强。结合全县基层党建工作实际，加查县创造性地开展“十规范、十提升”、农牧民党员“评星挂牌”、抓党建促脱贫、基层党建观摩交流、口袋党课等活动，丰富基层党建工作形式，突破基层党建瓶颈，受到基层党组织和广大党员干部的一致好评。制定“开展好每月党日活动、完善两个机制、加强三个建设、开好四个会议、实现五个目标”为主要内容的党建工作“五步走”发展思路，明确党建工作方向和措施。4—6月，加查县在虫草采挖点开展“党旗飘遍虫草地”活动，成立16个临时党支部，吸纳80名农牧民党员作为临时党支部成员，发放国旗1960面、党旗1080面、党徽600枚。开展政策宣讲、维护稳定和矛盾纠纷排查化解等工作，充分发挥基层党组织的战斗堡垒作用和党员先锋模范作用，有效维护虫草采集区社会局势持续稳定。

**【廉政建设】** 2016年，在区党委、区纪委和市委、市纪委的坚强领导下，加查县委牢牢把握党要管党、从严治党的政治责任，以贯彻落实党委在党风廉政建设中九个方面的主体责任为抓手，深入推进党风廉政建设和反腐败工作，努力营造风清气正的政治生态，集聚正能量，为加快经济社会发展升级提供坚强有力的保障。2016年，县委专题研究党风廉政建设工作4次。以“两学一做”学习教育为契机，认真组织全县各级党员干部深入学习党的十八大、十八届三中四中五中六中全会特别是《关于新形势下党内政治生活的若干准则》和《中国共产党党内监督条例》，十八届中纪委六次七次全会，自治区第九次党代会和山南市一届一次党代会精神，并制作学习手册，供各乡（镇）、各单位学习；规范“每月一课”活动，组织全县党员干部观看《永远在路上》《镜鉴》等警示教育片。组织开展任前廉政谈话、廉政考试、“一把手”讲廉政党课、廉政文化“七进”活动和党风廉政建设宣传教育月等活动，并邀请上级领导、专家讲授预防职务犯罪活动，使遵纪守法、廉洁自律的观念深入全县党员干部的心中。2016年，县纪委组织开展中央八项规定专项监督检查22次，上下班督导检查13次，佛事活动检查6次、遵守维稳纪律情况检查7次、节前专项检查12次，谈话教育党员干部16人，切实将纪律和规矩挺在前面，在全县范围起到了强烈的警示震慑作用。2016年，全县纪检监察机关共受理各类问题线索11件、遗留案件1件，共13人，其中初查了结2件3人、立案办结6件6人，正在办理4件4人，给予党纪政纪处分6人，挽回经济损失57万余元。同时，坚持做好表率，县委常委会带头向社会公开作出廉洁自律承诺，要求党员干部做到的，常委首先做到；要求党员干部不做的，常委带头不做。全体班子成员带头深入学习“老西藏精神”和焦裕禄、孔繁森精神，认真贯彻执行中央八项规定和区党委“约法十章”“九项要求”和市委“十项规则”以及廉洁自律相关规定。

**【经济建设】** 2016年，在区党委、政府和市委、市政府的坚强领导下，加查县经济结构转型步伐坚实、全面从严治党纵深推进、全面依法行政实施深入、民生民利得到改善、脱贫攻坚有序推进、社会局势和谐稳定，“十三五”实现良好开局。三次产业结构比调整为5 ∶ 77 ∶ 18。粮食产量实现“九连增”，全年粮食产量8340吨；牲畜总存栏数5.3万头（只、匹），出栏率达31.3%；核桃种植规模发展到1.8万余亩、47.1万余株，加查核桃成为国家质检总局注册产品。全年新建项目44个、续建项目22个，完成固定资产投资20.19亿元，完成206个总投资9.6亿元的项目前期和录入工作；县域内加查水电站、拉林铁路等重大项目预计完成投资15.19亿元；招商引资完成投资9120万元；藏木水电站、博盛矿业等规上企业，全年实现工业增加值1.93亿元。全年共接待游客7.2万人次，实现旅游综合收入2500万元，被农业部评为“2016年全国休闲农业和乡村旅游示范县”；农牧区劳务输出1.25万人次，劳务创收达3259.5万元，人均创收5343.4元；非公经济持续向好，登记注册个体工商户发展到1719户，从业人员达2904人，注册资金达1.11亿元。369户1250人的莫热坝易地扶贫搬迁项目加快推进，佳吾坝易地扶贫搬迁项目规划评审和仲巴村易地搬迁红线内搬迁户选址征地工作顺利完成；申报区、市、县三级农牧民群众扶贫创业就业基地；为323户建档立卡贫困户发放贫困小额信用贷款1615万元；全年实现贫困户就业培训430人、贫困户转移就业56人、安置就业援助206人，落实生态补偿岗位2481个；兜底保障236户低保户、269户五保户生产生活，全县122户428名一般贫困户对象达到退出标准。义务教育均衡发展顺利通过自治区、国家评估认定。连续5年实现无孕产妇死亡。全国第二批公共文化服务体系示范区创建工作高标准通过了国家验收，县民间艺术团创编的《雅砻之梦》被市委宣传部评为优秀作品，加查镇文化站被自治区授予全区首批“十佳文化站”。强基础惠民生活动深入开展，全年落实惠民项目27个、资金达330.51万元，县强基办获得自治区级“先进单位”称号。全年新增就业210人，城镇失业人员再就业15人，开发就业岗位256个，职业介绍成功296人。全年共发放低保金、五保供养金和各类救助、补贴补助资金841.55万元。农村危房改造196户。生态保护全面提升。全年全县新增林地面积1051亩。投资200万元实施20个农村饮用水源地项目，农村饮水环境得到改善。新增28名环保监督员和197名村级保洁员岗位，农村环境综合整治全面提升。取缔、关停非法采集砂石厂6家。成功创建自治区级生态乡镇1个、行政村7个，安绕镇拉岗村被评为全国生态文化村。民族团结宣传教育和民族团结进步创建活动深入推进，民族团结进步表彰力度逐年提升，“三个离不开”思想深入人心。圆满完成优化发展环境专项行动摸底排查工作，有力维护虫草采集秩序，打击53名冲击虫草采集秩序人员。信访调解力度全面加强，受理各类矛盾纠纷33件，调解成功率达100%。案件侦破力度不断加大，全年公安机关共立刑事案件33件，受理治安案件46起，交通事故164起，各类案件均得到及时有效侦破查处。“双联户”创建评选工作持续发力，洛林乡人民政府、拉绥乡拉绥村、冷达乡嘎玛吉塘村获得自治区级先进“双联户”表彰。安全生产管理不断加强，全年未发生较大及以上安全事故，无人员死亡。

**【强基惠民】** 2016年，全县77个驻村工作队308名驻村队员以自治区“七项任务”和具有山南特色的“三项任务”为载体，全力以赴完成各项驻村任务。各驻村工作队本着“主动不包办、到位不越位、帮忙不添乱、指导不领导”的原则。全面提升村“两委”干部的综合素质，注重对村党员干部的藏汉“双语培训”,深化“两学一做”学习教育,习近平总书记和中央、区、市重要会精神的学习,帮助建立规范各项工作学习机制,帮助理清发展思路、壮大村集体经济。在提升村“两委”班子成员工作素质和履职能力的同时,也提升村级党组工作水平,锤炼增强村“两委”班子成员党性、提升修养、增强能力。同时,扎实开展维护稳定、脱贫攻坚、宣传教育等各项工作,切实为群众办实事、好事。年内,各工作队帮助所驻村制定“一村一策”增收办法 77 条,帮助群众理清发展思路 328 条,找准发展路子 104 个,制定、完善、实施经济发展规划 77 项;实施贫困户技能培训 632 人次,累计实施劳务输出 950 余人,增收 306.5 万余元;帮助所驻村解决“三就”“两保”“六通”等民生突出问题 154 件,累计投入资金 106.75 万元;从为民办实事经费中落实并完成项目 32 个,投入资金 116.54 万元。全县各村级党组织的凝聚力和战斗力增强,村“两委”班子干事创业的能力有了提升;广大群众的“五个认同”“四个意识”得到增强;农村面貌得到极大改善,民风更加淳朴;广大群众的法律意识得到进一步增强;党群、干群关系更加融洽。

**【受援工作】** 2016 年,宜昌市第三批援藏工作队投资兴建的 16 个援藏村级卫生室投入使用;落实援藏资金 5215 万元,其中落实计划内(1‰)资金 3700 万元,争取计划外(1‰以外,不含捐赠的款物资金)资金 1515 万元。累计实施援藏项目 8 个,涵盖基层政权、医疗卫生、公共文化、扶贫助困等民生领域。先后在海拔超过 4000 米的乡村建设 3 个村委会活动场所和创收载体、10 座标准化村级卫生室、25 座温室、1 个粮油加工基地,包括新农村建设、基层组织活动场所、家庭旅游扶贫、村卫生室建设等项目,有效改善高海拔区域农牧民生产生活条件。2016 年 7 月,完成新一轮援藏干部轮换。宜昌市第四批援藏工作队接过宜昌援藏的接力棒,开展为期三年的援藏工作。工作队严格按照中央和鄂藏两省区关于坚持对口支援资金向基层、向农牧区倾斜,坚持 80% 的资金投入到基层的指示精神,将“农牧区基础设施”项目调整为 2 个,资金合计 1500 万元,“社会事业”项目调整为 4 个,资金合计 2200 万元。并结合西藏全域地广人稀、农牧产品质优量少的实际,提出“互联网 + 精准援藏”工作思路,以发展远程医疗、远程教育、电子商务、智慧旅游为突破口,带动当地经济社会全面发展。

# 桑日县

**【概况】** 桑日县隶属山南市,地处冈底斯山南麓,喜马拉雅山以北(桑日县位于西藏自治区中南部,山南市东北部,东邻加查县,东南接曲松县,西、南与乃东县毗邻,北靠墨竹工卡县,东北与工布江达县相连。县境东起夕拉崇山,西至大布卓布山口,北起那果木日,南到多果日山脚以南约 1.5 千米处,地跨北纬 29° 00′ ~ 29° 50′、东经 91° 50′ ~ 92° 36′,东西最宽 61 千米,南北最长 62.2 千米)。平均海拔 4065 米,最低海拔 3143 米,总体地势西高东低、北高南低,呈“两山夹一江”之势,有高山地貌、河谷地貌和风沙地貌三大地貌类型。桑日县蓄水量约 2.43 亿立方米,其中湖泊蓄水量约 0.11 亿立方米,冰川蓄水量约 0.33 亿立方米,地下水储量约 1.99 亿立方米。全县天然水能资源理论蕴藏量约 10.86 万千瓦。其中沃卡河理论水能资源约为 4.76 万千瓦,比巴河(笔乡曲)理论水能资源 2.37 万千瓦,曲松河理论水能资源 3.73 万千瓦。桑日县在气候区划上属于高原温带季风半湿润气候地区的雅鲁藏布江中游桑日—加查小区,主要特点是气温偏低,长冬无夏,四季不明显;太阳辐射强,日照时间长,白天地面受热剧烈增温,气温升高,夜间空气保温效应弱,气温迅速降低,造成气温日较差大,年较差小,有“一年无四季,一日见四季”之说;干湿季分明,降水较少,蒸发强烈;立体气候显著,阴阳坡分异明显;灾害性天气频繁。受地貌影响,县境南北水热分布不均,雅鲁藏布江以北大部分地区为高原温带季风半湿润气候区,县域南部及河谷一带为高原温带季风半干旱气候区。

桑日县海拔高温差大,气候垂直分异显著,从河谷往高山分别为河谷温暖半干旱气候、山地温和半干旱气候、山地温凉半湿润(半干旱)气候、高山寒凉湿润气候、高山寒冷半湿润气候五个垂直气候型。常见的自然灾害有地震、洪灾、霜冻、冰雹、病虫害、干旱和雪灾等。主要农作物有青稞、小麦、豌豆、油菜等;家畜家禽有牛、羊、马等。距山南市委、政府所在地泽当镇 28 公里,距贡嘎机场 120 公里,距西藏首府拉萨市 178 公里,下辖 3 乡 1 镇,42 个行政村,83 个自然村,5415 户,总人口 17554 人。

其中乡村人口15589人，城镇人口1965人；男性8806人，女性8748人。新生儿232人。地域面积263217.54公顷。主要以第二产业为主。农业包括青稞、小麦、油菜、豌豆、土豆等作物，畜牧业包括牦牛、黄牛、犏牛、山羊、绵羊、藏香猪、藏鸡等，耕地面积2.3万亩（1533.33公顷）。粮食播种面积1.54万亩（1026.67公顷），经济作物耕地面积6105亩（407公顷）。

森林覆盖率37.48%，林地面积122499.863公顷。国家级野生保护动物有棕熊、西藏马鹿等．已探明矿产资源有铬、铜等。主要旅游景点有寺庙景点：丹萨梯寺、曲龙寺、曲桑寺、卡玛当寺、巴朗曲康、增期寺、恰嘎曲德寺等7处寺庙，属自治区级文物保护单位。达古景区：达古溪流景点、街需景点、白沟景点、达古第一峡谷等。其他景点：沃德贡杰雪山（神山）、思金拉措湖、镜湖、措姆钦湖、功德林草原、野生马鹿观赏区、里龙沟自然风景区、沃卡河谷、神湖朝圣路、鲁定颇章、鲁定林卡等。特色产品有达古石锅（自治区级非物质文化遗产项目）、达古木碗、沃卡清油、藏香猪、曲果萨糌粑、葡萄酒、藏香、贝母等。2016年完成生产总值150498万元，增长21.5%；其中第一产业完成4303万元，增长4.1%；第二产业完成131948万元，增长23.7%；第三产业完成14247万元，增长9.2%。全社会固定资产投资304837万元。完成邮政业务总量60万。固定电话用户600户，移动电话用户1.1万户，互联网用户新增400户，社会消费品零售总额9500万元，接待旅游8.87万人次，同比增长22.4%，实现旅游收入476.53万元，增长29.6%。地方财政收入8600万元，增长20.0%。地方财政支出6.20亿元，增长2.0%。年末城乡居民储蓄存款余额22433万元。全年农牧民人均可支配收入10392元，劳务输出6325人，劳务创收2369万元，城镇登记失业率小于2.1%。参加城镇失业保险1664人，城镇职工参加基本养老保险1293人。城镇职工参加医疗保险1262人。参加城乡居民养老保险9368人，已领取养老保险待遇1607人。城镇居民中有69人得到政府最低生活保障金。农牧民参加新型农村合作医疗15571人，参合率99.7%. 有寺庙、拉康、日追17所，僧尼74人。

**【党建工作】** 本级财政全年投入党建经费1913.6万元（其中基层党组织建设经费1336.6万元，党员队伍建设经费37万元，保障性经费540万元）。

全年共发展新党员166名，其中农牧民党员111名，占总数的66.8%；共有党员2898人、占人口总数的15.94%，其中农牧民党员2058人、占党员总数的71%；培养村级后备干部454名；排查出离退休党员44名，流动党员34名；培训党员1500余名。制订实施《桑日县处置不合格党员试点工作方案》，在处置不合格党员试点工作中，确定增期乡作为试点，确定不合格党员3名（限期改正3名）。

全县522名党员干部与2181名贫困群众结成对子，帮助群众解决问题153个，投入资金80万余元。积极开展“全国扶贫日”募捐活动，共捐款100万余元。组织开展“寻找身边最美党员”活动；创建党组织助推精准扶贫示范点11个。桑日镇赤康村党支部创办农牧民藏香合作社，带动贫困户增加现金收入达20万余元，发放工资10万余元；塔木村党支部实施葡萄种植项目，年销售收入达330万元，年净利润达90万元，农户年均收入达1.8万元以上。县财政投入资金1206.6万元，建设标准化活动场所6个（其中投入资金758.5万元，建设政权示范村2个，投入资金448.1万元，建设标准化村级组织活动场所4个）；投入74万元，在县城醒目位置打造“桑日县党建长廊”；投入9万余元，在绒乡巴朗、江塘两村推行村（居）“一站式”服务试点工作。

**【廉洁工作】** 开展“八项规定”专项督察18次，查处违反中央八项规定精神问题2起，给予党纪处分1人，诫勉谈话6人；开展日常监督检查11次，对26名落实县委工作不力的部门负责人进行约谈；开展维稳专项督察13次，查处违反工作纪律14人，给予党纪处分11人，政纪处分3人；开展会风专项督察11次，约谈单位负责人6人，责令作出检查4人。开展公务用车标识管理，建立“四风”问题举报平台，全县三公经费支出475.11万元，下降6.49%。

县委书记带头、县委班子成员主动向纪委全委会述责述廉，14名县委常委反复修改述责述廉报告5次以上。严格落实民主集中制、“三会一课”等制度，严格执行报告请示制度，全县299名副科级以上领导干部如实报告个人有关事项。

全县各级党组织开展集中学习510次，召开专题研讨会252次，各级领导干部讲学习教育专题党课490次，撰写心得体会2180余篇。成立制度建设工作小组，清理县委制度18项，废除制度10项，制定出台《关于进一步落实“三会一课”制度严格党内组织生活的指导意见》等制度16项。建立县委巡察工作“五人小组”,配合市委对桑日镇、绒乡党委开展巡察工作。

县纪委牵头和参与的议事协调机构由最初的92个精简到12个。县委常委会专题听取党员干部违纪案件汇报3次,支持纪检监察部门独立查处违纪违法案件。全年共受理问题线索16件,初核了结6件,谈话函询1件1人,立案审查6件,正在办理3件,给予党纪政纪处分12人,诫勉谈话7人,通报批评6人,移送司法机关2人,挽回经济损失96.11万元。

**【农牧业】** 粮食总产量达到1690.4万斤,完成接羔育幼2.06万头(只、匹),牲畜总存栏达25.51万绵羊单位,出栏率达34%,免疫牲畜17.21万头(只、匹),完成黄改2902头。

**【教育事业】** 组织全县138名小学教师开展教师业务知识模拟考试1次;邀请市教研室教研员对26名县级骨干教师所教的七个科目的教学过程进行听课评课活动;教学常规检查中累计听、评课23节课,检查教案130多份,抽查各年级各科各项作业1500多份,以检促改;共评聘二级资格教师6人,一级资格教师13人,高级资格教师8名,将于明年正式任职。

非义务教育阶段学生390人,共发放资助金108.7365万元;山南市农牧民子女大学生学费返还学生259人,学费返还资金共计87.8905万元万元,本级财政投入51.2805万元。农牧民子女交通补助从100元提高到每学生150元。

**【医疗卫生】** 农牧区医疗资金共计684.8万元,其中中央及自治区补助资金676.65万元,地区配套补助资金4.89万元,县配套补助资金3.26万元;大病统筹资金共报销742人,报销金额达472.84万元,其中住院分娩111人,报销金额达57.81万元。全县农牧人参保人数达15571人,参保率达到99.7%;村医共计83名(含公益性岗位6人、脱产学习2人),享受藏财社字〔2015〕11号文件待遇77名,其中二类区52名每人每月2030元,三类区25名每人每月2060元。

组织县、乡、村三级卫生技术人员30余人开展为期三天的专题培训;1月15日启动2016年城乡居民健康体检工作,4月完成,全县城乡居民(包括僧尼)健康体检人数达16296人,其中实检人数16296人,体检率100%;经湖南省专家确诊疑似先心病患儿4例及复查去年手术患儿1例,其中确诊2例,适宜手术2例,安排赴湖南开展免费手术,手术进展顺利,手术患儿均恢复良好;对学校等重点场所消毒达6次。开展鼠疫防治监测工作,监测面积累计达2500公顷,旱獭密度达0.005只/公顷;全县甲类传染病0例,乙类传染病0例,丙类传染病1例,其他传染病8例,以上无死亡病例;碘盐监测工作,全县抽样300户监测,其中加碘盐居民户为300户,碘盐覆盖率和合格率均为100%;对大骨节病病区桑日镇比巴村开展了调查工作,调查人数达244人,其中患病人数达44人

截至年底,全县孕产妇总数232人,其中活产226人,孕产妇死亡0例。住院分娩人数达226人,住院分娩率97.41%。5岁以下婴儿死亡总数2例,死亡率8.85‰,其中婴儿死亡2例,死亡率8.84‰,新生儿死亡2例,死亡率9.66‰。

深入增期乡开展免费义诊活动,为农牧民群众免费检查,发放药品200余种,折合人民币2万余元;组织卫生五下乡、送温暖活动,深入到绒乡、白堆乡、桑日镇等开展健康教育宣传,发放各类宣传资料6000余册(本),免费义诊500余人次,免费发放各类药品折合人民币5万余元。全年累计门诊人数达29160余人(次),急诊人数586人(次)。外科手术25台,妇产科手术6台。

**【文化事业】** 创编以中国梦为主题的各类节目7个,在农牧区开展演出50场,观众人数达1.8万人;深入机关、农牧区、学校、寺庙放映电影1179余场次,观影人数达17.6689万人次;动员干部群众参与广场舞活动40余场次,参与群众4320人。开展文化市场综合执法检查,打击各类违法经营行为,共执法检查150次,出动执法人员310人次,车辆95台次,其中联合执法6次,专项检查4次,检查文化经营场所(打字复印店、网吧、茶馆、流动摊贩)150余家次,没收盗版光碟300张。

**【社会保障】** 全年累计发放城乡低保资金245.72835万元、五保资金279.777万元、临时救助资金20.12万元、医疗救助资金127.70976万元,为全县已鉴定的2016年经济困难的高龄老人、失能老人共53人发放补贴3.18万元。为考上大学最低生活保障家庭子女发放一次性教育资助金4.3万元。为全县729

名残疾人发放“两项补贴”83.754万元。根据《中共山南地委山南地区行署关于“十三五”时期“十大民心工程”的实施意见》（山委〔2016〕1号）精神，为全县729名残疾人发放补贴184.62万元，为228名残疾人发放残疾人生活补助资金17.18万元，有意愿的146名五保户全部实现集中供养。发放自然灾害、救济、救灾粮大米1219袋、面粉844袋，折合人民币共计24.8808万元。积极开展救助工作，为绒乡江塘村中铁港航局企业受灾民工、工人发放军被482床、褥子130床、迷彩服150套、雨鞋50双、藏垫50对、胶鞋240双、棉衣棉裤200套、绒衣绒裤110套、彩条布8袋。

**【旅游业】**“十三五”时期旅游发展项目、沃德贡杰基础设施建设项目、帕竹王朝文化旅游建设项目、思金拉措开发项目完成申报储备；沃卡温泉乡村旅游产业发展争取到国家项目资金618万元。投入资金6万元完善增期乡雪巴村沃卡温泉接待点基础设施，提高温泉接待能力和水平。投入资金40万元，增设县域道路沿线旅游标识标牌29个，提升旅游宣传范围和内容。全年共接待游客8.87万人次，创收476.53万元，分别增长22.4%、29.6%，农牧民群众参与旅游业户数达23户、276人。

**【生态保护】** 2016年，共出动执法人员90余人次，下发环境违法整改通知书2份，整顿规范施工地垃圾5处，投资1.6万元对县城周边、乡镇及村庄周边开展垃圾清理工作4处。投入43万元完善2014年和2015年创建的生态村环保设施；投入93.97万元为白堆乡、绒乡、桑日镇修建垃圾池24座；投入20.54万元创建生态村6个，发放垃圾箱79个；投资7.08万元购买小三轮垃圾清运车34辆；投入1.16万元购买电动垃圾清运车2辆；投入4.76万元购买垃圾桶170个，在三乡一镇、重要交通沿线设立环保公示牌14个、环保宣传牌7个、生态村宣传栏6个，全年投入生态创建资金共计达130万元。组织开展各类环境监测5场次，投入资金22.5万元（其中常规监测12万元；创建6个生态村监测7万元；农村试点监测3.5万元）。落实国家资金200万元，对全县20个农村饮用水源地进行保护。

**【项目建设】** 大古水电站“三通一平”工作稳步推进，街需、巴玉水电站前期工作有序推进，中广核、国电投、无锡尚德、保利协鑫四家光伏电站并网发电，装机容量突破70兆瓦，行政村通电率均达到100%。桑日大道改扩建、岳阳中路改造、解放路新建、教育路新建等项目实施完成，农村公路建设完成投资1.65亿元，桑墨公路完成投资6.47亿元，完成总工程量的96.75%；加桑公路二期工程完成投资3.03亿元，完成总工程量的94%。投资759.12万元实施了绒乡巴朗村水土保持建设项目、比巴灌区工程、2016年小型农田水利重点建设项目、绒乡扎巴土地开放整理灌溉水渠、水利工程运行维护、农村饮水、防汛抗旱等15个项目，完成工程总量的70%。江北灌区项目、水源地保护项目实施完成，“马鹿杯”农田水利建设项目稳步推进，农村安全饮水实现全覆盖。

**【精准扶贫】** 完成2016年脱贫攻坚任务，通过国务院扶贫绩效省际交叉考核验收。全县精准识别扶贫对象838户2181人，截至年底，累计培训转移脱贫94人、就业援助脱贫4人；政府开发岗位1258个，申请贫困户生态补偿岗位1711个，兑现资金513.3万元；918人通过医保报销534.12万元、508人通过医疗救助报销136.8万元，贫困户报销78.6万元；为279名重点保障对象（民政低保A类），293名特殊保障对象（民政低保B类），436名一般保障对象（民政低保C类）共发放补助185.86万元，共有18个村（居）104户358人实现脱贫摘帽。

**【特色产业】** 争取投资484万元、本级投入200万元，种植葡萄413亩，县域葡萄种植面积突破千亩。与拉萨净土企业合作，采取“企业＋基地＋农户”的运行模式，经营葡萄种植、加工和销售。华新水泥、沃卡电站、四座光伏电站分别实现产值8.39亿元、841万元、1.35亿元。招商引资有新成果，完成投资6332万元。本级继续投入旅游产业发展资金100万元，开展农（牧）家乐、旅游接待点等建设；投入68余万元完成旅游宣传片、桑日第二张音乐专辑制作。

# 先进名录

## 受地厅级以上表彰的先进集体名录

表1

| 获奖单位 | 获奖名称 | 表彰时间 | 授予单位 |
|---|---|---|---|
| 山南市气象局 | 全国精神文明先进单位 | 2016年 | 中国精神文明建设指导委员会 |
| 曲松县司法局 | 2011—2015年全国法制宣传教育先进县 | 2016年 | 中央宣传部 |
| 山南市职校 | 国防教育特色学校 | 2016年 | 中国教育部 |
| 山南市职校 | 全国职业院校数字校园建设实验校 | 2017年 | 中国教育部 |
| 山南市职校 | 全国青少年维权岗单位 | 2016年 | 中国教育部、中国共青团团中央 |
| 特勤中队党支部 | 公安消防部队先进基层党组织 | 2016年 | 中国公安部消防局委员会 |
| 曲松县国税局 | 全国税务系统法治基地 | 2017年 | 国家税务总局 |
| 山南市国税局货物和劳务税科 | 全区税务系统营改增推行工作先进集体一等奖 | 2016年 | 国家税务总局 |
| 山南市人社局劳动监察局 | 2016年全国清理整顿人力资源市场秩序专项行动取得突出成绩单位 | 2016年 | 中国人社部 |
| 山南市安全生产监督管理局 | 全国安全生产监管监察系统先进集体 | 2016年 | 中国人社部、、国家安全生产监督管理总局 |
| 曲松县扶贫办 | 全国扶贫系统先进集体奖 | 2016年 | 中国人社部、国务院扶贫开发领导小组办公室 |
| 山南市发改委 | 全国价格监测工作先进单位 | 2017年 | 国家发改委 |
| 山南市地震局 | 全国地市级防震减灾工作综合考核先进单位 | 2016年 | 中国地震局 |
| 加麻乡扎西村宗吉家庭 | 全国文明家庭 | 2016年 | 中央精神文明建设指导委员会 |
| 农行山南分行 | 农总行个人信贷业务先进集体 | 2016年 | 中国农业银行总行 |
| 农行山南分行 | 全国金融系统职工代表大会制度建设示范单位 | 2016年 | 中国金融工会全国委员会 |
| 山南市科学技术协会 | 2016年全国科普日活动优秀组织单位 | 2016年 | 中国科协办公厅 |

续表 1

| 获奖单位 | 获奖名称 | 表彰时间 | 授予单位 |
|---|---|---|---|
| 山南市科学技术协会 | 2016 年全国科普日特色活动优秀单位 | 2016 年 | 中国科协办公厅 |
| 山南市气象局 | 2016 年全国科普日特色活动优秀单位 | 2016 年 | 中国科协办公厅 |
| 山南市委政法委 | 2016 年度“先进双联户”创建活动第一名 | 2016 年 | 自治区党委、区人民政府 |
| 山南市委政法委 | 全区综治考评中第二名 | 2016 年 | 自治区党委、区人民政府 |
| 中共山南市委党校 | 2016 年度自治区创先争优强基础惠民产生活动第五批先进驻村（居）工作队 | 2016 年 | 自治区党委、区人民政府 |
| 政协山南市委员会 | 2016 年度自治区创先争优强基础惠民产生活动第五批先进驻村（居）工作队 | 2016 年 | 自治区党委、区人民政府 |
| 市委统战部派驻桑耶镇桑普村驻村点（市委统战部） | 2016 年度自治区创先争优强基础惠民产生活动第五批先进驻村（居）工作队 | 2016 年 | 自治区党委、区人民政府 |
| 山南市委宣传部驻加查县惹米村工作队 | 2016 年度自治区创先争优强基础惠民产生活动第五批先进驻村（居）工作队 | 2016 年 | 自治区党委、区人民政府 |
| 山南市财政局 | 2016 年度自治区创先争优强基础惠民产生活动第五批先进驻村（居）工作队 | 2016 年 | 自治区党委、区人民政府 |
| 山南市残疾人联合会 | 2016 年度自治区创先争优强基础惠民产生活动第五批先进驻村（居）工作队 | 2016 年 | 自治区党委、区人民政府 |
| 市食品药品监督管理局派驻加查县坝乡定贡岗工作队 | 2016 年度自治区创先争优强基础惠民产生活动第五批先进驻村（居）工作队 | 2016 年 | 自治区党委、区人民政府 |
| 山南市农牧局驻浪卡子县伦布雪乡美朵村工作队（山南市农牧局） | 2016 年度自治区创先争优强基础惠民产生活动第五批先进驻村（居）工作队 | 2016 年 | 自治区党委、区人民政府 |
| 山南市水利局驻隆子县热荣乡且康村工作队 | 2016 年度自治区创先争优强基础惠民产生活动第五批先进驻村（居）工作队 | 2016 年 | 自治区党委、区人民政府 |
| 山南市卫生和计划生育委员会 | 2016 年度自治区创先争优强基础惠民产生活动第五批先进驻村（居）工作队 | 2016 年 | 自治区党委、区人民政府 |
| 山南市气象局 | 2016 年度自治区创先争优强基础惠民产生活动第五批先进驻村（居）工作队 | 2016 年 | 自治区党委、区人民政府 |
| 山南市气象局 | 2016 年度自治区创先争优强基础惠民产生活动第五批先进驻村（居）工作队 | 2016 年 | 自治区党委、区人民政府 |
| 山南市交通运输局 | 2016 年度自治区创先争优强基础惠民产生活动第五批先进驻村（居）工作队 | 2016 年 | 自治区党委、区人民政府 |
| 山南粮食局 | 2016 年度自治区创先争优强基础惠民产生活动第五批先进驻村（居）工作队 | 2016 年 | 自治区党委、区人民政府 |
| 山南市国家税务局驻村工作队 | 2016 年度自治区创先争优强基础惠民产生活动第五批先进驻村（居）工作队 | 2016 年 | 自治区党委、区人民政府 |
| 山南市人社局 | 2016 年度自治区创先争优强基础惠民产生活动第五批先进驻村（居）工作队 | 2016 年 | 自治区党委、区人民政府 |
| 国电信山南分公司 | 2016 年度自治区创先争优强基础惠民产生活动第五批先进驻村（居）工作队 | 2016 年 | 自治区党委、区人民政府 |
| 琼结县组织部 | 2016 年度自治区创先争优强基础惠民产生活动第五批先进驻村（居）工作队 | 2016 年 | 自治区党委、区人民政府 |
| 琼结县综治办 | 2016 年度全区治安综合治理先进集体 | 2016 年 | 自治区党委、区人民政府 |
| 浪卡子县安监局驻村工作队 | 2016 年度自治区创先争优强基础惠民产生活动第五批先进驻村（居）工作队 | 2016 年 | 自治区党委、区人民政府 |

续表 1

| 获奖单位 | 获奖名称 | 表彰时间 | 授予单位 |
|---|---|---|---|
| 浪卡子县教育局驻村工作队 | 2016 年度自治区创先争优强基础惠民产生活动第五批先进驻村（居）工作队 | 2016 年 | 自治区党委、区人民政府 |
| 浪卡子县白地乡党委 | 2016 年度自治区创先争优强基础惠民产生活动第五批先进驻村（居）工作队 | 2016 年 | 自治区党委、区人民政府 |
| 浪卡子县打隆镇党委 | 2016 年度自治区创先争优强基础惠民产生活动第五批先进驻村（居）工作队 | 2016 年 | 自治区党委、区人民政府 |
| 浪卡子县委宣传部 | 2016 年度自治区创先争优强基础惠民产生活动第五批先进驻村（居）工作队 | 2016 年 | 自治区党委、区人民政府 |
| 浪卡子县桑顶寺管理委员会 | 自治区级先进寺庙管理委员会 | 2016 年 | 自治区党委、区人民政府 |
| 浪卡子县拥布多寺管理委员会 | 自治区级先进寺庙管理委员会 | 2016 年 | 自治区党委、区人民政府 |
| 曲松县吾金古如拉康寺庙 | 自治区、山南市和谐模范寺庙 | 2016 年 | 自治区党委、区人民政府、山南市委、市人民政府 |
| 曲松县日果曲德寺管会 | 自治区、山南市先进寺管会 | 2016 年 | 自治区党委、区人民政府、山南市委、市人民政府 |
| 山南市委宣传部 | 全区舆情信息工作先进集体 | 2017 年 | 自治区党委宣传部 |
| 山南市委宣传部国防教育办公室 | 全区国防教育先进单位 | 2017 年 | 自治区党委宣传部 |
| 山南市委讲师团 | 全区宣讲先进集体 | 2017 年 | 自治区党委宣传部 |
| 山南市委外宣办 | 全区外宣工作集体 | 2017 年 | 自治区党委宣传部 |
| 山南市委宣传部 | 全区藏语宣传工作先进集体 | 2017 年 | 自治区党委宣传部 |
| 山南市藏语委办（市编译局） | 全区规范藏语文社会用字工作先进集体 | 2016 年 | 自治区人民政府 |
| 山南市安监局 | 全区安全生产考评中排名第一 | 2017 年 | 自治区人民政府 |
| 山南市国土资源和规划局 | “2015 年度暨‘十二五’期间耕地保护目标责任履行情况”全区第三名 | 2016 年 | 自治区人民政府 |
| 山南市农业技术推广中心“山冬 7 号”（山南市农牧局） | 自治区科学技术三等奖 | 2016 年 | 自治区人民政府 |
| 山南市总工会 | “两学一做知识竞赛”优胜奖 | 2016 年 | 西藏自治区 |
| 山南市妇联 | 自治区“巾帼心向党”暨第三届“格桑花”杯（广场舞）大赛优秀组织奖 | 2016 年 | 自治区妇联 |
| 山南市妇联 | 自治区妇联系统信息工作先进集体二等奖和先进单位 | 2016 年 | 自治区妇联 |
| 山南市公安局 | 自治区三八红旗先进集体 | 2016 年 | 自治区妇联、自治区人社厅 |
| 山南市工商行政管理局 | 全区工商系统 2016 年度先进基层党组织 | 2017 年 | 自治区工商局 |
| 乃东区工商行政管理局 | 全区工商系统 2016 年度民族团结进步模范集体 | 2017 年 | 自治区工商局 |
| 山南市国家税务局 | 自治区文明单位 | 2015 年 | 自治区文明办 |
| 琼结县国税局 | 自治区文明单位 | 2015 年 | 自治区文明办 |

续表 1

| 获奖单位 | 获奖名称 | 表彰时间 | 授予单位 |
| --- | --- | --- | --- |
| 山南市国家税务局驻村工作队 | 自治区级先进驻村工作队 | 2016 年 | 自治区强基办 |
| 山南市旅发委 | 全区先进驻村工作队 | 2016 年 | 自治区强基办 |
| 山南市国税局货物和劳务税科 | 全区税务系统营改增推行工作先进集体一等奖 | 2016 年 | 自治区国税局 |
| 曲松县国税局 | 全国税务系统法治基地 | 2017 年 | 自治区国税局 |
| 山南市统计局 | 2016 年度统计工作综合一等奖 | 2017 年 | 自治区统计局、国家统计局西藏调查总队 |
| 山南市统计局 国家统计局山南调查队 | 2016 年度统计工作综合一等奖 | 2017 年 | 国家统计局西藏调查总队 |
| 山南市职校 | 全区五四红旗团委 | 2016 年 | 团区委 |
| 琼结县法院 | 自治区“青少年维权岗” | 2016 年 | 自治区团委 |
| 山南市职校 | 全区互联网系统先进基层党组织 | 2016 年 | 区互联网党工委 |
| 山南市国土资源和规划局 | 全区先进集体 | 2017 年 | 自治区国土资源厅 |
| 山南市国土资源和规划局乃东区局 | 全区先进集体 | 2017 年 | 自治区国土资源厅 |
| 山南市国土资源和规划局洛扎县局 | 全区先进集体 | 2017 年 | 自治区国土资源厅 |
| 山南市畜牧兽医总站（山南市农牧局） | 2016 年度全区基层先进集体 | 2016 年 | 自治区畜牧兽医学会 |
| 山南市畜牧兽医总站（山南市农牧局） | “十二五”期间全区农科教工作先进集体 | 2017 年 | 自治区教育厅、水利厅、林业厅农民科学院、气象局 |
| 山南市教育局 | 教育行业妇女岗位建功先进集体 | 2016 年 | 自治区教育厅、自治区妇联 |
| 山南市教育局 | 教育经费部门预算编制先进单位一等奖 | 2017 年 | 自治区教育厅 |
| 教育局教研室 | 《第三届五省区双语授课民族中小学藏语多媒体教学课件评比活动》优秀组织奖 | 2016 年 | 藏青川甘滇五省区藏族教育协作领导小组办公室 |
| 教育局教研室 | 《全区第二届初中教师教学大赛》优秀组织奖 | 2016 年 | 自治区国家语言文字工作委员会 |
| 教育局教研室 | 《关于公布全区中小学生作文比赛》优秀组织奖 | 2016 年 | 自治区教育厅 |
| 教育局体育科 | 全区 U13 少年足球赛山南站第一名 | 2016 年 | 自治区体育局 |
| 教育局体育科 | “格桑花”杯广场舞大赛规定动作第三名，自选动作第三名 | 2016 年 | 自治区社体中心 |
| 教育局体育科 | 全区优秀彩票管理机构 | 2016 年 | 自治区体彩中心 |
| 山南市文化局（市文物局） | 2016 年度信息工作先进集体“二等奖” | 2016 年 | 自治区文化厅 |
| 武警西藏山南市消防支队政治处 | 先进处室 | 2017 年 | 西藏消防总队 |
| 武警西藏山南市消防支队扎囊县大队 | 基层建设先进单位 | 2017 年 | 西藏消防总队 |

续表 1

| 获奖单位 | 获奖名称 | 表彰时间 | 授予单位 |
|---|---|---|---|
| 武警西藏山南市消防支队特勤中队 | 基层建设先进单位 | 2017 年 | 西藏消防总队 |
| 武警西藏山南市消防支队防火监督处 | “2016 年重大消防任务先进集体” | 2017 年 | 西藏消防总队 |
| 武警西藏山南市消防支队乃东区大队 | “2016 年重大消防任务先进集体” | 2017 年 | 西藏消防总队 |
| 山南支队隆子县大队党委 | 先进基层（机关）党组织 | 2016 年 | 西藏消防总队 |
| 山南支队桑耶寺大队党委 | 先进基层（机关）党组织 | 2016 年 | 西藏消防总队 |
| 山南乃东区公安消防大队 | 全区公安机关执法示范单位 | 2016 年 | 自治区公安厅 |
| 山南市人社局劳动就业服务局 | 2016 年度全区人力资源社会保障系统先进集体 | 2016 年 | 自治区人社厅 |
| 琼结县拉玉乡 | 全区首批“十佳文化站” | 2016 年 | 自治区文化厅 |
| 农行山南分行 | 2016 年金钥匙“春天行动”零售业务营销示范分行 | 2016 年 | 中国农业银行西藏分行 |
| 农行山南分行 | 全区农行法律知识竞赛第二名 | 2016 年 | 中国农业银行西藏分行 |
| 农行山南分行 | 全区农行第二届产品知识竞赛第一名 | 2016 年 | 中国农业银行西藏分行 |
| 农行山南分行 | 西藏分行信贷业务知识竞优秀组织奖 | 2016 年 | 中国农业银行西藏分行 |
| 农行山南分行 | 农行西藏分行 2016 年度“四好”领导班子称号 | 2016 年 | 中国农业银行西藏分行 |
| 农行山南分行 | 农行西藏分行“2016 年金钥匙春天行动金 e 顺团体营销奖” | 2016 年 | 中国农业银行西藏分行 |
| 农行山南分行 | 农行西藏分行 2016 年“春天行动”对公业务优秀营销组织奖 | 2016 年 | 中国农业银行西藏分行 |
| 农行山南分行工会工委 | 农行西藏分行 2016 年度工会工作第一名 | 2016 年 | 中国农业银行西藏分行 |
| 山南市财政局 | 山南市创先争优强基础惠民生活动优秀组织单位 | 2016 年 | 山南市委、市人民政府 |
| 山南市财政局 | 2016 年度综合考评先进单位 | 2017 年 | 山南市委、市人民政府 |
| 市发改委驻多却乡特布拉村工作队 | 先进工作队 | 2016 年 | 山南市委、市人民政府 |
| 山南市科学技术局 | 山南市创先争优强基础惠民生活动“先进驻村（居）工作队 | 2016 年 | 山南市委、市人民政府 |
| 山南市统计局 | 2016 年度综合考评先进单位 | 2017 年 | 山南市委、市人民政府 |
| 山南市职校 | 综治工作先进单位 | 2016 年 | 山南市委、市人民政府 |
| 山南市职校 | 综合考评先进单位 | 2017 年 | 山南市委、市人民政府 |
| 共青团山南市委员会 | 山南市创先争优强基础惠民生活动先进驻村工作队 | 2016 年 | 山南市委、市人民政府 |
| 山南市公安局 | 山南市 2015 年综治工作优秀单位 | 2016 年 | 山南市委、市人民政府 |

续表 1

| 获奖单位 | 获奖名称 | 表彰时间 | 授予单位 |
|---|---|---|---|
| 山南市公安局 | 山南市 2016 年度综合考评先进单位 | 2017 年 | 山南市委、市人民政府 |
| 山南市审计局 | 综治先进单位 | 2016 年 | 山南市委、市人民政府 |
| 山南市统计局 国家统计局山南调查队 | 2016 年度综合考评先进单位 | 2017 年 | 山南市委、市人民政府 |
| 山南市质量技术监督局 | 2015 年度综合考评先进集体 | 2016 年 | 山南市委、市人民政府 |
| 山南市国家税务局驻村工作队获自治区 | 市级强基惠民驻村工作优秀组织单位 | 2016 年 | 山南市委、市人民政府 |
| 山南市农牧局驻浪卡子县伦布雪乡雪宗村工作队 | 山南市第五批市级先进驻村居工作队 | 2016 年 | 山南市委、市人民政府 |
| 山南市教育局 | 2016 年度综合考评先进单位 | 2016 年 | 山南市委、市人民政府 |
| 山南市气象局 | 2016 年度强基惠民驻村工作先进驻村工作队 | 2016 年 | 山南市委、市人民政府 |
| 山南市人社局 | 山南市创先争优强基础惠民生活动优秀组织单位 | 2016 年 | 山南市委、市人民政府 |
| 山南市水利局驻隆子县热荣乡才麦村工作队 | 山南市创先争优强基础惠民生活动先进驻村（居）工作队 | 2016 年 | 山南市委、市人民政府 |
| 山南市水利局 | 2016 年度山南市综合考评先进单位 | 2017 年 | 山南市委、市人民政府 |
| 山南市公安局 | 2016 年山南市社会治安综合治理工作先进集体 | 2017 年 | 山南市委、市人民政府 |
| 山南市国税局党总支 | 市级先进基层党组织 | 2016 年 | 山南市委 |
| 山南市国税局党总支 | 市级先进基层党组织 | 2016 年 | 山南市委 |
| 山南市工商行政管理局 | 山南市 2016 年度消防安全目标责任考评先进单位 | 2017 年 | 山南市人民政府 |
| 乃东区工商行政管理局 | 2016 雅砻物资交流会先进单位 | 2016 年 | 山南市人民政府 |
| 农行山南分行 | 山南市 2016 年度消防安全目标责任考评先进单位 | 2016 年 | 山南市人民政府 |
| 山南市公安局 | 山南市 2016 年度消防安全目标责任考评先进单位 | 2017 年 | 山南市人民政府 |
| 山南市安全生产监督管理局 | 山南市 2016 年度消防安全目标责任考评先进单位 | 2017 年 | 山南市人民政府 |
| 山南市质量技术监督局 | 2015 年度安全生产先进单位 | 2016 年 | 山南市人民政府 |
| 山南市教育局 | 山南市 2016 年度消防安全目标责任考评先进单位 | 2016 年 | 山南市人民政府 |
| 山南市教育局 | 山南市规范藏语文社会用字工作先进集体 | 2016 年 | 山南市人民政府 |
| 山南市文化局（市文物局） | 创建国家公共文化服务体系示范区先进集体 | 2016 年 | 山南市人民政府 |

说明：由于各单位资料提供不全，可能有遗漏

# 受地厅级以上表彰的先进个人名录

表 2

| 姓名 | 性别 | 民族 | 工作单位 | 获奖名称 | 表彰时间 | 授予单位 |
|---|---|---|---|---|---|---|
| 刘健礼 | 男 | 汉 | 山南市教体局 | 2015-2016 年度一师一优课，一课一名师，部级优课评委 | 2016 年 | 中国教育部 |
| 石秀珍 | 女 | 藏 | 山南市个体私营经济协会 | 全国个私协会系统先进工作者 | 2016 年 | 国家工商行政管理总局 |
| 杨红波 | 男 | 汉 | 山南市国税局 | 全国税务系统先进工作者 | 2017 年 | 中国人社部、国家税务总局 |
| 格桑曲宗 | 女 | 藏 | 山南市国土资源和规划局 | 先进个人 | 2016 年 | 中国人社部、中国国土资源部 |
| 渠伟 | 男 | 汉 | 山南市国土资源和规划局 | 先进个人 | 2016 年 | 中国人社部、中国国土资源部 |
| 刚珠 | 男 | 藏 | 山南市疾控中心 | 十二五地方病防治工作先进个人 | 2016 年 | 中国疾控中心地方病控制中心 |
| 吕琳 | 男 | 汉 | 山南地震局 | 全国市县防震减灾人员考核先进工作者 | 2016 年 | 中国地震局 |
| 次仁平措 | 男 | 藏 | 浪卡子县组织部 | 全国机构编制工作先进工作者 | 2016 年 | 人力资源社会保障部、中央机构编制委员会办公室 |
| 张世江 | 男 | 汉 | 中国电信山南分公司 | 中国电信集团党风廉政建设先进工作者 | 2017 年 | 中国电信集团公司党组 |
| 洛桑扎西 | 男 | 藏 | 中国电信山南分公司 | 中国电信集团应急预备先进个人 | 2016 年 | 中国电信集团战备应急通信办公室 |
| 孙晓岐 | 男 | 藏 | 中国电信山南分公司 | 安全保卫工作先进个人 | 2016 年 | 中国电信集团公司 |
| 何冬梅 | 女 | 汉 | 中国电信山南分公司 | 中国电信 2015 年优秀政研成果论文类优秀奖 | 2016 年 | 中国电信集团思想政治工作研究会 |
| 索朗益西 | 男 | 藏 | 山南市职校 | 十二届全国“文明风采”竞赛活动才艺展优秀奖 | 2016 年 | 全国“文明风采”竞赛组委会 |
| 德庆旺姆 | 女 | 藏 | 山南市职校 | 十二届全国“文明风采”竞赛活动才艺展优秀奖 | 2016 年 | 全国“文明风采”竞赛组委会 |
| 索朗巴珠 | 男 | 藏 | 山南市委统战部 | 区市两级优秀宗教干部 | 2016 年 | 自治区党委、区人民政府、山南市委、市人民政府 |
| 格桑单增 | 男 | 藏 | 山南市委统战部 | 区市两级优秀宗教干部 | 2016 年 | 自治区党委、区政府、山南市委、市政府 |
| 米玛 | 男 | 藏 | 山南市科技局 | 自治区创先争优强基础惠民生活动第五批先进驻村（居）工作队员 | 2016 年 | 自治区党委、区人民政府 |
| 益西边久 | 男 | 藏 | 山南市委统战部 | 自治区创先争优强基础惠民生活动第五批先进驻村（居）工作队员 | 2016 年 | 自治区党委、区人民政府 |
| 索朗旺堆 | 男 | 藏 | 市人大财经委 | 自治区创先争优强基础惠民生活动第五批先进驻村（居）工作队员 | 2016 年 | 自治区党委、区人民政府 |
| 德吉央宗 | 女 | 藏 | 市人大办综合科 | 自治区创先争优强基础惠民生活动第五批先进驻村（居）工作队员 | 2016 年 | 自治区党委、区人民政府 |
| 许军花 | 女 | 汉 | 山南市检察院 | 自治区创先争优强基础惠民生活动第五批先进驻村（居）工作队员 | 2016 年 | 自治区党委、区人民政府 |
| 格桑次仁 | 男 | 藏 | 山南市检察院 | 自治区创先争优强基础惠民生活动第五批先进驻村（居）工作队员 | 2016 年 | 自治区党委、区人民政府 |
| 彭卫国 | 男 | 汉 | 山南市国税局 | 自治区创先争优强基础惠民生活动第五批先进驻村（居）工作队员 | 2016 年 | 自治区党委、区人民政府 |

续表2

| 姓名 | 性别 | 民族 | 工作单位 | 获奖名称 | 表彰时间 | 授予单位 |
|---|---|---|---|---|---|---|
| 群　宗 | 女 | 藏 | 山南市国税局 | 自治区创先争优强基础惠民生活动第五批先进驻村（居）工作队员 | 2016年 | 自治区党委、区人民政府 |
| 张万里 | 男 | 汉 | 山南市水利局 | 自治区创先争优强基础惠民生活动第五批先进驻村（居）工作队员 | 2016年 | 自治区党委、区人民政府 |
| 加央扎西 | 男 | 藏 | 山南市水利局 | 自治区创先争优强基础惠民生活动第五批先进驻村（居）工作队员 | 2016年 | 自治区党委、区人民政府 |
| 范晓丽 | 女 | 汉 | 市环保局监察支队 | 自治区创先争优强基础惠民生活动第五批先进驻村（居）工作队员 | 2017年 | 自治区党委、区人民政府 |
| 旦增旺久 | 男 | 藏 | 山南市水利局 | 自治区创先争优强基础惠民生活动第五批先进驻村（居）工作队员 | 2016年 | 自治区党委、区人民政府 |
| 达娃卓玛 | 女 | 藏 | 山南市工商局 | 自治区创先争优强基础惠民生活动第五批先进驻村（居）工作队员 | 2016年 | 自治区党委、区人民政府 |
| 达瓦次仁 | 男 | 藏族 | 中国电信山南分公司 | 自治区创先争优强基础惠民生活动第五批先进驻村（居）工作队员 | 2016年 | 自治区党委、区人民政府 |
| 金　珠 | 男 | 藏 | 山南市发改委 | 自治区创先争优强基础惠民生活动第五批先进驻村（居）工作队员 | 2016年 | 自治区党委、区人民政府 |
| 普布次仁 | 男 | 藏 | 山南市发改委 | 自治区创先争优强基础惠民生活动第五批先进驻村（居）工作队员 | 2016年 | 自治区党委、区人民政府 |
| 卓　玛 | 女 | 藏 | 山南市职校 | 自治区创先争优强基础惠民生活动第五批先进驻村（居）工作队员 | 2016年 | 自治区党委、区人民政府 |
| 索朗欧珠 | 男 | 藏 | 市委宣传部网信办 | 自治区创先争优强基础惠民生活动第五批先进驻村（居）工作队员 | 2016年 | 自治区党委、区人民政府 |
| 侯海燕 | 女 | 汉 | 琼结县财政局 | 自治区创先争优强基础惠民生活动第五批先进驻村（居）工作队员 | 2016年 | 自治区党委、区人民政府 |
| 次仁卓玛 | 女 | 藏 | 浪卡子县教育局 | 自治区创先争优强基础惠民生活动第五批先进驻村（居）工作队员 | 2016年 | 自治区党委、区人民政府 |
| 白玛卓嘎 | 女 | 藏 | 浪卡子县民政局 | 自治区创先争优强基础惠民生活动第五批先进驻村（居）工作队员 | 2016年 | 自治区党委、区人民政府 |
| 扎西旺久 | 男 | 藏 | 浪卡子县检察院 | 自治区创先争优强基础惠民生活动第五批先进驻村（居）工作队员 | 2016年 | 自治区党委、区人民政府 |
| 论　珠 | 男 | 藏 | 浪卡子县环保局 | 自治区创先争优强基础惠民生活动第五批先进驻村（居）工作队员 | 2016年 | 自治区党委、区人民政府 |
| 云丹白玛 | 女 | 藏 | 浪卡子县卫生服务中心 | 自治区创先争优强基础惠民生活动第五批先进驻村（居）工作队员 | 2016年 | 自治区党委、区人民政府 |
| 扎西次旦 | 男 | 藏 | 浪卡子县委统战部 | 自治区创先争优强基础惠民生活动第五批先进驻村（居）工作队员 | 2016年 | 自治区党委、区人民政府 |
| 次　央 | 女 | 藏 | 浪卡子县委统战部 | 自治区创先争优强基础惠民生活动第五批先进驻村（居）工作队员 | 2016年 | 自治区党委、区人民政府 |
| 米玛次仁 | 男 | 藏 | 浪卡子县人大办 | 自治区创先争优强基础惠民生活动第五批先进驻村（居）工作队员 | 2016年 | 自治区党委、区人民政府 |
| 张华彬 | 男 | 汉 | 浪卡子县政府办 | 自治区创先争优强基础惠民生活动第五批先进驻村（居）工作队员 | 2016年 | 自治区党委、区人民政府 |
| 顿珠扎西 | 男 | 藏 | 浪卡子县宣传部 | 自治区创先争优强基础惠民生活动第五批先进驻村（居）工作队员 | 2016年 | 自治区党委、区人民政府 |
| 仁增旺姆 | 女 | 藏 | 浪卡子县文广局 | 自治区创先争优强基础惠民生活动第五批先进驻村（居）工作队员 | 2016年 | 自治区党委、区人民政府 |
| 曲　扎 | 男 | 藏 | 浪卡子县政法委 | 自治区创先争优强基础惠民生活动第五批先进驻村（居）工作队员 | 2016年 | 自治区党委、区人民政府 |

续表2

| 姓名 | 性别 | 民族 | 工作单位 | 获奖名称 | 表彰时间 | 授予单位 |
|---|---|---|---|---|---|---|
| 仁青旺堆 | 男 | 藏 | 浪卡子县安监局 | 自治区创先争优强基础惠民生活动第五批先进驻村（居）工作队员 | 2016年 | 自治区党委、区人民政府 |
| 索朗罗布 | 男 | 藏 | 浪卡子县交通局 | 自治区创先争优强基础惠民生活动第五批先进驻村（居）工作队员 | 2016年 | 自治区党委、区人民政府 |
| 伟　色 | 女 | 藏 | 浪卡子县经合局 | 自治区创先争优强基础惠民生活动第五批先进驻村（居）工作队员 | 2016年 | 自治区党委、区人民政府 |
| 次　吉 | 女 | 藏 | 浪卡子县人社局 | 自治区创先争优强基础惠民生活动第五批先进驻村（居）工作队员 | 2016年 | 自治区党委、区人民政府 |
| 其米次仁 | 男 | 藏 | 浪卡子县普玛江塘乡完小 | 优秀共产党员 | 2016年 | 自治区党委、区人民政府 |
| 巴桑次仁 | 男 | 藏 | 浪卡子县阿扎乡 | 全区优秀村居党支部第一书记 | 2016年 | 自治区党委、区人民政府 |
| 边　珍 | 女 | 藏 | 浪卡子县阿扎乡 | 全区优秀村居党支部第一书记 | 2016年 | 自治区党委、区人民政府 |
| 贡　觉 | 男 | 藏 | 浪卡子县张达乡 | 全区优秀村居党支部第一书记 | 2016年 | 自治区党委、区人民政府 |
| 旦增多吉 | 男 | 藏 | 浪卡子县伦布雪乡 | 全区优秀村居党支部第一书记 | 2016年 | 自治区党委、区人民政府 |
| 雷飞龙 | 男 | 藏 | 浪卡子县伦布雪乡 | 全区优秀村居党支部第一书记 | 2016年 | 自治区党委、区人民政府 |
| 夏忠泽 | 男 | 藏 | 浪卡子县多却乡 | 全区优秀村居党支部第一书记 | 2016年 | 自治区党委、区人民政府 |
| 央　宗 | 男 | 藏 | 浪卡子县多却乡 | 全区优秀村居党支部第一书记 | 2016年 | 自治区党委、区人民政府 |
| 普布卓嘎 | 女 | 藏 | 浪卡子县白地乡 | 全区优秀村居党支部第一书记 | 2016年 | 自治区党委、区人民政府 |
| 何建彬 | 男 | 藏 | 浪卡子县卡热乡 | 全区优秀村居党支部第一书记 | 2016年 | 自治区党委、区人民政府 |
| 尼玛措姆 | 女 | 藏 | 浪卡子县打隆镇 | 全区优秀村居党支部第一书记 | 2016年 | 自治区党委、区人民政府 |
| 洛桑平措 | 男 | 藏 | 浪卡子县浪卡子镇 | 全区优秀村居党支部第一书记 | 2016年 | 自治区党委、区人民政府 |
| 久米罗布 | 男 | 藏 | 浪卡子县教育局 | 全区优秀班主任 | 2016年 | 自治区党委、区人民政府 |
| 格桑次仁 | 男 | 藏 | 浪卡子县教育局 | 全区优秀教育工作者 | 2016年 | 自治区党委、区人民政府 |
| 次旺桑布 | 男 | 藏 | 浪卡子县桑顶寺管会 | 全区优秀驻寺干部 | 2016年 | 自治区党委、区人民政府 |
| 任庆达娃扎西 | 男 | 藏 | 浪卡子县桑顶寺管会 | 全区优秀驻寺干部 | 2016年 | 自治区党委、区人民政府 |
| 次　仁 | 男 | 藏 | 浪卡子县扎热桑丹曲林寺管会 | 全区优秀驻寺干部 | 2016年 | 自治区党委、区人民政府 |
| 桑　旦 | 男 | 藏 | 浪卡子县拥布多寺管会 | 全区优秀驻寺干部 | 2016年 | 自治区党委、区人民政府 |
| 多吉次仁 | 男 | 藏 | 浪卡子县拥布多寺管会 | 全区优秀驻寺干部 | 2016年 | 自治区党委、区人民政府 |
| 罗　多 | 男 | 藏 | 浪卡子县绒布拉康管委会 | 全区优秀驻寺干部 | 2016年 | 自治区党委、区人民政府 |
| 旦增曲桑 | 男 | 藏 | 浪卡子县新杂寺管会 | 全区优秀驻寺干部 | 2016年 | 自治区党委、区人民政府 |
| 仁　增 | 男 | 藏 | 浪卡子县宗棍寺管会 | 全区优秀驻寺干部 | 2016年 | 自治区党委、区人民政府 |

续表 2

| 姓名 | 性别 | 民族 | 工作单位 | 获奖名称 | 表彰时间 | 授予单位 |
|---|---|---|---|---|---|---|
| 米　玛 | 男 | 藏 | 浪卡子县宗教局 | 全区优秀驻寺干部 | 2016 年 | 自治区党委、区人民政府 |
| 白玛归桑 | 男 | 藏 | 浪卡子县桑顶寺管会 | 全区优秀驻寺干部 | 2016 年 | 自治区党委、区人民政府 |
| 扎　西 | 男 | 藏 | 浪卡子县扎热桑丹曲林寺管会 | 全区优秀驻寺干部 | 2016 年 | 自治区党委、区人民政府 |
| 普布格桑 | 男 | 藏 | 浪卡子县嘎多寺管会 | 全区优秀驻寺干部 | 2016 年 | 自治区党委、区人民政府 |
| 扎西群旦 | 男 | 藏 | 浪卡子县珠地寺管会 | 全区优秀驻寺干部 | 2016 年 | 自治区党委、区人民政府 |
| 龙宗美多 | 女 | 藏 | 山南市旅发委 | 全区优秀村（居）党支部第一书记 | 2016 年 | 自治区党委 |
| 石秀珍 | 女 | 藏 | 山南市个体私营经济协会 | 全区优秀党务工作者 | 2016 年 | 自治区党委 |
| 晋美曲桑 | 男 | 藏 | 琼结县宗教办 | 全区宗教工作优秀干部 | 2016 年 | 自治区党委 |
| 尼玛曲珍 | 女 | 藏 | 琼结县纪委 | 全区优秀村（社区）党支部第一书记称号 | 2016 年 | 自治区党委 |
| 达瓦次仁 | 男 | 藏 | 市人大办 | 2016 年度全区优秀村居第一党支部书记 | 2016 年 | 自治区党委 |
| 普布旺堆 | 男 | 藏 | 市委宣传部山南报 | 宣传工作先进个人 | 2017 年 | 区党委宣传部 |
| 顿珠曲杰 | 男 | 藏 | 市委宣传部宣传科 | 国防教育先进个人 | 2017 年 | 区党委宣传部 |
| 仝义鹏 | 男 | 汉 | 市委宣传部执法支队 | 全区文化市场综合执法先进集体 | 2017 年 | 区党委宣传部 |
| 张燕玲 | 女 | 汉 | 市委宣传部山南报 | 全区新旧西藏对比宣传教育工作先进个人 | 2017 年 | 区党委宣传部 |
| 张　丽 | 女 | 汉 | 市委宣传部山南网 | 全区新闻作品网络类二等奖 | 2017 年 | 区党委宣传部 |
| 单增旺扎 | 男 | 藏 | 山南市委统战部 | 区党委统战部评为报送信息先进个人 | 2016 年 10 月 | 自治区统战部 |
| 洛桑顿珠 | 男 | 藏族 | 中国电信山南分公司 | 西藏自治区总工会先进工会工作者 | 2017 年 | 自治区总工会 |
| 加　律 | 男 | 藏 | 桑日县白堆乡白堆村 | 西藏五一劳动奖章 | 2016 年 | 自治区总工会 |
| 白列琴 | 女 | 汉 | 山南市妇联权益部 | 2016 年全国维护妇女儿童权益先进个人 | 2017 年 | 自治区妇联 |
| 高志富 | 男 | 汉 | 措美县工商局 | 全区工商系统 2016 年度民族团结进步模范个人 | 2017 年 | 自治区工商局委员会 |
| 杨丽菊 | 女 | 汉 | 浪卡子县工商局 | 全区工商系统 2016 年度优秀共产员 | 2017 年 | 自治区工商局委员会 |
| 彭卫国 | 男 | 汉 | 山南市国家税务局 | 驻村工作“先进个人” | 2016 年 | 西藏自治区强基办 |
| 群　宗 | 女 | 藏 | 山南市国家税务局 | 驻村工作“先进个人” | 2016 年 | 西藏自治区强基办 |
| 白玛伟色 | 女 | 藏 | 山南市教体局 | 全区中小学名教师 | 2016 年 | 自治区教育厅 |
| 刘健礼 | 男 | 汉 | 山南市教体局 | 2015-2016 年度一师一优课，一课一名师，省级优课评委 | 2016 年 | 自治区教育厅 |
| 张　华 | 男 | 汉 | 山南市教体局 | 2015-2016 年度一师一优课，一课一名师，省级优课评委 | 2016 年 | 自治区教育厅 |
| 白玛伟色 | 男 | 藏 | 山南市教体局 | 2015-2016 年度一师一优课，一课一名师，省级优课评委 | 2016 年 | 自治区教育厅 |

续表 2

| 姓名 | 性别 | 民族 | 工作单位 | 获奖名称 | 表彰时间 | 授予单位 |
|---|---|---|---|---|---|---|
| 拉巴次仁 | 男 | 藏 | 武警西藏山南市支队 | 个人三等功 | 2016 年 | 武警西藏总队 |
| 刘　　勇 | 男 | 汉 | 武警西藏山南市支队 | 个人三等功 | 2016 年 | 武警西藏总队 |
| 熊　　毅 | 男 | 汉 | 武警西藏山南市支队 | 个人三等功 | 2016 年 | 武警西藏总队 |
| 王 建 平 | 男 | 汉 | 武警西藏山南市支队 | 个人三等功 | 2016 年 | 武警西藏总队 |
| 唐　　勇 | 男 | 汉 | 武警西藏山南市支队 | 个人三等功 | 2016 年 | 武警西藏总队 |
| 高　　彬 | 男 | 汉 | 武警西藏山南市支队 | 个人三等功 | 2016 年 | 武警西藏总队 |
| 杨 晓 明 | 男 | 汉 | 武警西藏山南市支队 | 个人三等功 | 2016 年 | 武警西藏总队 |
| 巴　　桑 | 男 | 藏 | 琼结县气象局 | 重大气象服务先进个人 | 2016 年 | 自治区气象局 |
| 孙 晓 岐 | 男 | 藏族 | 中国电信山南分公司 | 优秀共产党员 | 2016 年 | 中国电信西藏分公司 |
| 刚　　珠 | 男 | 藏 | 山南市疾病预防控制中心 | 2015—2016 年度优秀带教老师 | 2016 年 | 西藏大学医学院 |
| 日巴益西 | 男 | 藏 | 山南市疾病预防控制中心 | 西藏自治区心血管高危人群筛查与综合干预项目先进个人 | 2016 年 | 自治区疾控中心 |
| 王 建 文 | 男 | 汉 | 山南市文化局（市文物局） | 第三届中国西藏旅游文化国际博览会先进个人 | 2016 年 | 第三届中国西藏旅游文化国际博览会组委会 |
| 张　　静 | 女 | 汉 | 农行山南分行 | 获得农行西藏分行“我的服务故事”演讲比赛第一名 | 2016 年 | 中国农业银行西藏分行 |
| 王 亚 彬 | 男 | 汉 | 山南市发改委 | 市级优秀驻村工作队员 | 2017 年 | 山南市委、市人民政府 |
| 大 次 珍 | 女 | 藏 | 山南市职校 | 山南市优秀党务工作者 | 2016 年 | 山南市委、市人民政府 |
| 白玛央珍 | 女 | 藏 | 山南市群众艺术馆 | 先进驻村（居）工作队员 | 2016 年 | 山南市委、市人民政府 |
| 仓木桌噶 | 女 | 藏 | 市环保局法宣科 | 山南市环保局驻亚如村工作队市级先进工作队员 | 2016 年 | 山南市委、市人民政府 |
| 赤列卫色 | 男 | 藏 | 山南市委统战部 | 市级先进驻村工作队员 | 2016 年 | 山南市委、市人民政府 |
| 卓　　玛 | 女 | 藏 | 市人大办档案科 | 2016 年度自治区级强基惠民活动先进工作队队员 | 2016 年 | 山南市委、市人民政府 |
| 才　　郎 | 男 | 藏 | 山南市残疾人康复中心 | 西藏自治区创先争优强基础惠民生活动先进个人 | 2016 年 | 山南市委、市人民政府 |
| 土旦坚增 | 男 | 藏 | 山南市残疾人托养服务中心 | 山南市创先争优强基础惠民生活动先进个人 | 2016 年 | 山南市委、市人民政府 |
| 杨　　涛 | 男 | 汉 | 山南市检察院 | 市级先进驻村工作队员 | 2016 年 | 山南市委、市人民政府 |
| 普 志 福 | 男 | 汉 | 山南市检察院 | 市级先进驻村工作队员 | 2016 年 | 山南市委、市人民政府 |
| 张 德 华 | 男 | 汉 | 山南市水利局 | 山南市创先争优强基础惠民生活动先进个人 | 2016 年 | 山南市委、市人民政府 |
| 熊 双 飞 | 男 | 汉 | 山南市水利局 | 山南市创先争优强基础惠民生活动先进个人 | 2016 年 | 山南市委、市人民政府 |
| 仁增曲扎 | 男 | 藏 | 山南市交通局 | 2016 年山南市家庭助廉知识竞赛第二名 | 2016 年 | 山南市委、市人民政府 |

续表2

| 姓名 | 性别 | 民族 | 工作单位 | 获奖名称 | 表彰时间 | 授予单位 |
|---|---|---|---|---|---|---|
| 次旦卓玛 | 女 | 藏 | 山南市交通局 | 2016年山南市家庭助廉知识竞赛第二名 | 2016年 | 山南市委、市人民政府 |
| 曲　尼 | 女 | 藏 | 山南市交通局 | 2016年山南市家庭助廉知识竞赛第二名 | 2016年 | 山南市委、市人民政府 |
| 格　列 | 男 | 藏 | 山南市萨热退休党支部书记 | 山南市优秀共产党员 | 2016年 | 山南市委 |
| 旺　杰 | 男 | 藏 | 山南市交通局日当养护段 | 2016年山南市优秀共产党 | 2016年 | 山南市委 |
| 鲍贤青 | 男 | 土 | 山南市文化局（市文物局） | 创建国家公共文化服务体系示范区先进个人 | 2016年 | 山南市人民政府 |
| 杨　宁 | 女 | 满 | 山南市文化局（市文物局） | 创建国家公共文化服务体系示范区先进个人 | 2016年 | 山南市人民政府 |
| 张大毛 | 男 | 汉 | 山南市群众艺术馆 | 创建国家公共文化服务体系示范区先进个人 | 2016年 | 山南市人民政府 |
| 次仁白玛 | 女 | 藏 | 山南市群众艺术馆 | 创建国家公共文化服务体系示范区先进个人 | 2016年 | 山南市人民政府 |
| 平措桑珠 | 男 | 藏 | 山南市图书馆 | 创建国家公共文化服务体系示范区先进个人 | 2016年 | 山南市人民政府 |
| 扎　西 | 男 | 藏 | 山南市人社局 | 山南市最美信访干部 | 2016年 | 山南市人民政府 |

说明：由于各单位资料提供不全，可能有遗漏

# 统计资料

## 山南市2016年国民经济和社会发展统计公报

山南市统计局

国家统计局山南调查队

（2017年4月5日）

2016年是“十三五”规划的开局之年，也是不平凡的一年。在市委、市政府的坚强领导下，全市上下认真学习贯彻党落实的十八大、十八届三中四中五中全会精神和习近平总书记系列重要讲话精神，按照“一产上水平、二产抓重点、三产大发展”的发展战略，全力推动“六个模范区”“七个山南”建设，紧盯既定目标任务，提升投资拉动，巩固消费带动，注重民生改善，着力脱贫攻坚，加快发展步伐，经济社会保持了平稳较快发展势头，实现了十三五良好开局，为“十三五”打下了坚实基础。

### 一、综合

初步核算，山南实现地区生产总值（GDP）126.53亿元，按可比价计算，同比增长9.9%，经济增速保持在合理区间，总量全区第4位得到巩固。其中一产增加值6.14亿元、增长5%，二产增加值62.03亿元、增长12.1%，三产增加值58.36亿元、增长8.2%。人均生产总值34993元，同比增长10.9%。

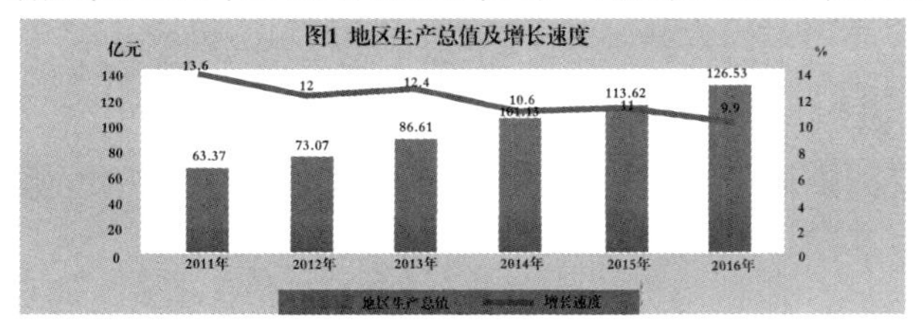

图1 地区生产总值及增长速度

三次产业比由2015年的5.1 ∶ 48.6 ∶ 46.3，调整为2016年的4.9 ∶ 49 ∶ 46.1。一产、三产占比同比下降0.2、0.2个百分点，二产占比提升0.4个百分点。

图2 人均生产总值

全市居民消费价格总水平同比上涨2.5%，同比加快1.3个百分点，从八大类看：食品类价格上涨3.6%，衣着类、居住类、生活用品和服务分别上涨4.9%、0.3%、1.4%，交通和通信类下降1.2%，教育文化和娱乐、医疗保健及其他用品和服务上涨3.5%、2.9%、4.7%。

年末全市四下单位从业人员26065人，比上年末增加869人，增长3.4%，从业人员工资总额297453万元，同比增长13.5%，年人均工资114120

元，同比增长8.4%。

## 二、农牧业

全市实现农林牧渔业总产值为11.06亿元，实现增加值6.14亿元，同比增长5%。其中农业产值5.07亿元、增长2.3%，牧业产值5.36亿元、增长5.1%，林业产值0.18亿元、增长4.8%，服务业产值0.43亿元、下降9.7%。全市播种总面积32785公顷，粮食作物面积23697公顷，比上年增加632公顷，其中青稞、小麦、油菜、蔬菜、青饲料面积分别为13619公顷、8801公顷、4183公顷、1683公顷、3198公顷。全市粮食总产量15.9万吨、增长1.2%。其中小麦、青稞、油菜籽产量分别为6.9万吨、8.29万吨、1.18万吨。全市蔬菜产量3.17万吨、下降2.1%。全市年末牲畜存栏头数143.1万头（只、匹），同比减少6.2万头（只、匹），其中大牲畜、羊、猪、家禽存栏数分别为44.05万头、96.9万只、2.1万头、52.22万只。全年出栏54.08万头（只），出拦率36.22%。肉类产量2.65万吨、下降2.5%，其中牛肉1.79万吨、羊肉4955吨。禽蛋产量1850吨、增长10.3%，奶类产量4.94万吨、增长2.1%%，羊毛产量1057.7吨、增长5.3%。

## 三、工业和建筑业

全市工业企业完成产值27.2亿元，实现增加值12.21亿元，同比增长6.2%。其中规模以上企业完成产值23.9亿元，实现增加值11.7亿元，同比增长10.6%，完成销售产值24.9亿元、增长26.9%。规下和个体工业完成产值3.3亿元，实现增加值1.84亿元，同比下降29%。主要产品产量：水泥产量135万吨、增长8.4%，中成药16.64吨、增长7.7%，铬矿石6.79万吨、下降25.9%，自来水供应量639立方米，同比增长1.1%，发电量19.07亿千瓦时、增长16.8%。

全年建筑业实现增加值49.8亿元，同比年增长13.6%。

图3 工业增加值及增资速度

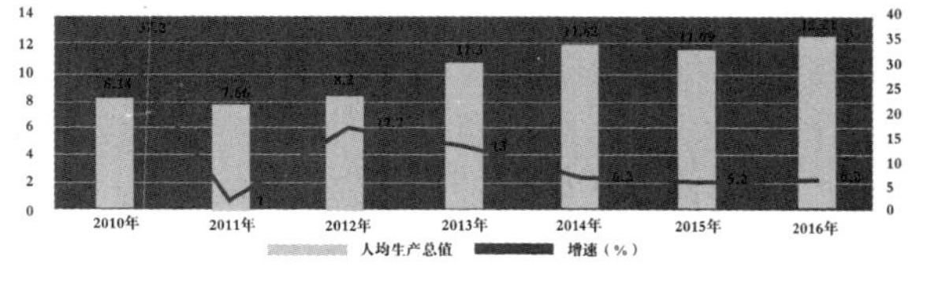

## 四、固定资产投资

全年全市固定资产投资施工项目共计1165个，完成投资186.24亿元，同比增长27.6%。其中：5000万元以上项目完成投资113.1亿元，同比增长32.3%，占全市完成投资60.7%，占比全区最高。

第一产业完成11.23亿元，第二产业完成38.11亿元，第三产业完成136.9亿元。

图4 固定资产投资及增资速度

## 五、商业、贸易

全社会消费品零售总额完成44.74亿元，同比增长13%。按地域分：城乡市场分别完成零售额38.4亿元、6.34亿元，同比分别增长13.1%、12.3%。商品零售、住宿餐饮分别完成零售额38.8亿元、5.9亿元，同比分别增长10.8%、15.9%。分行业看：限上企业完成零售额14.1亿元、增长11.1%，限下单位完成零售额24.3亿元、下降11.3%。

图5 社会消费品零售总额

## 六、交通、邮电和旅游

全市完成货运量225万吨、增长8.2%，货运周转量79031万吨公里、增长2.1倍。全市完成客运量120.1万人、下降52.7%，客运周转量23056万人公里、下降21.3%。

年末公路通车里程8166.5公里，同比增加1306公里。年末全市民用汽车拥有量29803辆，比上年增加5116辆。

全市完成邮电业务总量1.23亿元，同比增长9.8%。其中邮政业务量0.29亿元、增长31.8%，电信业务量0.94亿元、同比增长3.5%，移动业务总量1.7亿元，同比增长14.4%、联通业务总量0.15亿元，同比增长17%，移动电话用户158710户，移动、电信互联网上网用户分别达到9335户、22224户，年末农村电话用户7080户。

全市共接待国内外游客278.4万人次、增长

18.3%，实现旅游总收入 11.9 亿元、增长 29.3%。

## 七、财政和金融

全市完成公共财政收入 13.56 亿元、增长 16.8%。其中税收收入完成 9.25 亿元、增长 6.1%，占地方财政收入的 68.3%。营业税完成 2.28 亿元、下降 26.4%，增值税完成 4.48 亿元、增长 1.3 倍，企业所得税完成 0.28 亿元、下降 76.4%，个人所得税完成 0.76 亿元、增长 41.1%。

全市财政预算总支出 126.08 亿元、增长 3.5%。财政用于民生等重点支出占 95.6%。其中一般公共服务支出 22.72 亿元、增长 7.8%，公共安全 9.5 亿元、增长 22.7%，国防、教育、科学技术分别支出 0.086 亿元、17.15 亿元、0.14 亿元、同比分别下降 15.3%、7.5%、41.6%，文化体育传媒、社会保障和就业、医疗卫生分别支出 3.95 亿元、8.51 亿元、9.09 亿元，同比分别增长 23%、13.8%、19.3%，环境保护、城乡社区分别支出 2.96 亿元、12.76 亿元、同比分别增长 60%、111.9%，农林水、交通运输分别支出 24.03 亿元、3.6 亿元，同比分别下降 2.1%、60%。

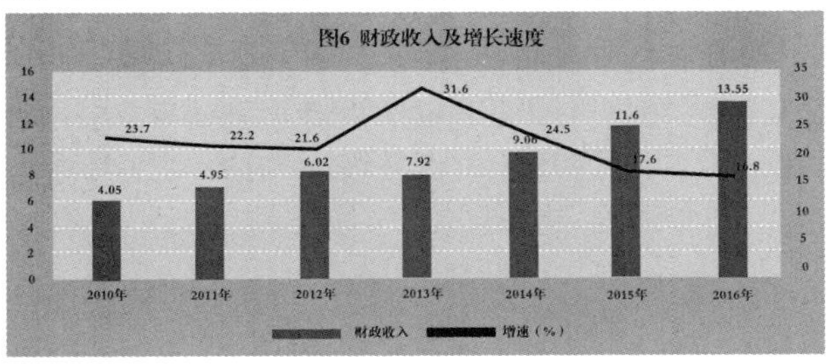


年末全市金融机构本外币各项存款余额 309.7 亿元，同比增长 2.9%。其中城乡居民储蓄存款 77.79 亿元，同比增长 22.2%。年末各项贷款余额 251.7 亿元，同比增长 8.7%。其中短期贷款余额 32.1 亿元，同比下降 35.2%；中长期贷款余额 219.6 亿元，同比增长 20.7%。

## 八、教育

全市共有各类学校 339 所，在校生 55790 人，其中高中生 6472、技校生 2999 人、初中生 12973 人、小学生 24159 人、幼儿园 9028 人、特校生 159 人。专任教师 4813 人。学前教育入园率达 90.08%，小学入学率达 99.99%，初中毛入学率达 102.52%，高中毛入学率达 91.05%。

## 九、文化、卫生和体育

全市共有民间团体 13 个，从业人员 287 人，文化活动中心 12 个，从业人员 81 人。全市广播电视综合人口覆盖率分别达到 91.01% 和 97.03%（自治区核定数据）。

全市共有卫生机构 186 家，其中：医院 15 所、卫生院 82 个（含乡镇）、疾病预防控制中心 13 个、妇幼保健院（站）13 个，各类诊所及医务室 63 个。全市实际开放床位 1309 张，其中市级 552 张、县级 490 张、乡镇 267 张。卫生技术人员 2889 人，其中市级 459 人、县级 624 人、乡镇 361 人、私立医院及诊所医务室技术人员 204 人、村级卫生人员 1100 人、公共卫生技术人员 141。

## 十、人口、人民生活和社会保障

全市年末总人口 362011 人，比上年增加 844 人，其中非农业人口 64017 人，占总数的 17.7%，农业人口 297994 人，占总数的 82.3%。

全市城镇居民人均实现可支配收入 25894 元、增长 8.7%，农牧民人均可支配收入为 9908 元、增长 10.2%，城乡居民收入比为 2.6。

全市全年各项社会保险参保人数达到 322467 人次。其中：基本养老、基本医疗、失业、工伤、生育保险参保人数分别达到 201351 人、54183 人、14700 人、26401 人和 25832 人，参保率均达 97% 以上，征缴各类保费 40728.38 万元。城镇新增就业 5220 人，免费职业指导 3700 人，免费职业介绍 3128 人、职业介绍成功 1905 人，开发就业岗位 3352 个，城镇登记失业人员 1129 人，城镇登记失业率控制在 2.1% 以内。实现劳务输出 8.8 万人，17.6 万人次，劳务创收 3.56 亿元，人均创收 4045 元。

全市有 18410 人得到政府最低生活保障救助，共发放农村低保金 3938.66 万元，农村 2914 人五保对象共有 2314 人实现集中供养，342 名孤儿有 516 人被妥善收养，有意愿的收养供养率均达 100%。资助 372 名高校特困生。全年共安排救灾资金 900 万元。

# 附　录

## 党政机构和负责人

### 山南地区领导名录
（2016.01—2016.05）

**中共山南地区委员会**

书　记　张永泽
副书记　普布顿珠（藏族）
丁哲峰（正厅级）
张　明（安徽援藏）
巴　珠（藏族，2月任）
委　员　张　晓
吴　维
巴　珠（藏族，2月离）
委员、秘书长
姜太强（4月离）
委　员　柯东海（湖北援藏）
卜建才（湖南援藏）
邵　昌（藏族，4月离）
龚　兵（满族）
赫　沛（4月离）
委员、秘书长
赫　沛（4月任）
格桑（藏族）
王友华
丹　增（藏族，2月任）
张定成（4月任）
常务副秘书长
洛桑扎西（藏族，4月离）
桑　旦（藏族，4月任）
李国伟（正县级，中粮集团援藏）
副秘书长
罗天华（正县级，5月离）
林　伟（正县级，安徽援藏，7月离）
姜艳红（女，5月离）
郎立辉（5月离）
罗布次仁（藏族）

**人大山南地区工作委员会党组**

书　记　党宗莲（女）
副书记　嘎玛洛桑（藏族，5月退）
成　员　陈海清（藏族，1月任）
贡觉多吉（藏族，1月任）
扎　西（藏族）

**人大山南地区工作委员会**

主　任　党宗莲（女）
副主任　嘎玛洛桑（藏族，5月退）
陈海清（藏族，1月任）
贡觉多吉（藏族，1月任）
秘书长　扎　西（藏族）
副秘书长
普布次仁
蒋芝辉

**山南地区行政公署党组**

书　记　普布顿珠（藏族）

副书记　王友华（1月任）
成　员　格　桑（藏族，1月任）
柯东海（湖北援藏）
卜建才（湖南援藏）
燕　红（女，藏族，4月离）
喻　昌
黄金城
丹　增（藏族，2月离）
张福臣（满族）
扎西加措（藏族，1月任）
张永林
索朗曲巴（藏族，2月任）
牟永文（4月任）
董加峰（4月任，挂职干部）
尼玛次仁（藏族，5月离）

**山南地区行政公署**

专　员　普布顿珠（藏族）
常务副专员
王友华（1月任）
副专员　格　桑（藏族，1月任）
柯东海（湖北援藏）
卜建才（湖南援藏）
燕　红（女，藏族，4月离）
喻　昌
黄金城
丹　增（藏族，2月离）
张福臣（满族）
扎西加措（藏族，1月任）
张永林
索朗曲巴（藏族，2月任）
秘书长　尼玛次仁（藏族，5月离）
副秘书长
田云松（正县级，7月离岗休养）
朱远红（女，湖南援藏，正县级）
阿旺多吉（藏族，5月离）
丹　吉（藏族，5月离）
刘国军
刘　洁（女，5月离）
郭小波（湖北援藏）
胡　晓（湖南援藏）
张岂凡（中粮集团援藏）
白江山（5月任）
桑旦罗布（5月任）
邢运江（5月任）
念　扎（藏族）
胡　利（5月离）
巴桑次仁（藏族）

**政协西藏山南地区委员会党组**

副书记　普布多吉（藏族）
成　员　加　央（藏族）
普　布（藏族）
陈海清（藏族，1月离）
尼玛扎西（藏族）
洛桑扎西（藏族）
王　霞（女，1月任）
谭次仁（藏族，2016年1月任）
蒋明浩（2016年2月任）
郭建军

**政协西藏山南地区委员会**

副主席　克　珠（藏族，党外人士）
普布多吉（藏族）
加　央（藏族）
普　布（藏族）
陈海清（藏族，1月离）
尼玛扎西（藏族）
洛桑扎西（藏族）
王　霞（女，1月任）
谭次仁（藏族，1月任）
蒋明浩（2月任）
秘书长　郭建军
副秘书长
扎　西（藏族，5月离）
索娜央金（女，藏族）
黄政海

## 山南市领导名录

（2016.05—2016.12）

**中共山南市委员会**

书　记　张永泽
副书记　普布顿珠（藏族）
丁哲峰
张　明（安徽援藏，7月离）
巴珠（藏族）

陈正祥（湖北援藏，7月任）
常　委　张　晓
吴　维
龚　兵（满族）
常委、秘书长
赫　沛
常　委　柯东海（湖北援藏，7月离）
卜建才（湖南援藏，7月离）
格　桑（藏族）
王友华
丹增长（藏族）
燕　红（女，藏族）
张定成
廖良辉（湖南援藏，7月任）
方　旭（安徽援藏，7月任）
常务副秘书长
桑　旦（藏族）
副秘书长
李国伟（正县级，中粮集团援藏）
孟子伟
胡　利（5月任）
罗布次仁（藏族）
祝　刚（湖北援藏，7月任）

## 山南市人大常务委员会党组

书　记　党宗莲
副书记　陈海清（藏族）
成　员　贡觉多吉（藏族）
扎　西（藏族，5月任）
尼玛次仁（藏族，5月任）
沈百存（5月任）
余胜能（5月任）
扎　西（藏族，5月任）

## 山南市人大常务委员会

主　任　党宗莲（女）
副主任　陈海清（藏族）
贡觉多吉（藏族）
扎　西（藏族，5月任）
尼玛次仁（藏族，5月任）
沈百存（5月任）
余胜能（5月任）
秘书长　扎　西（藏族，5月任）
副秘书长
普布次仁（藏族）
杨娟宏（女，5月任）
办公室主任
次仁德吉（女，藏族，正县级）

## 山南市人民政府党组

书　记　普布顿珠（藏族）
副书记　王友华
成　员　格　桑（藏族）
柯东海（湖北援藏，7月离）
卜建才（湖南援藏，7月离）
廖良辉（湖南援藏，7月任）
方　旭（安徽援藏，7月任）
喻　昌
黄金城
张福臣（满族）
扎西加措（藏族）
张永林
索朗曲巴（藏族）
牟永文
董加峰
罗天华（5月任）

## 山南市人民政府

市　长　普布顿珠（藏族）
常务副市长
王友华
副市长　格　桑（藏族）
柯东海（湖北援藏，7月离）
卜建才（湖南援藏，7月离）
廖良辉（湖南援藏，7月任）
方　旭（安徽援藏，7月任）
喻　昌
黄金城
张福臣（满族）
扎西加措（藏族）
张永林
索朗曲巴（藏族）
牟永文
董加峰
秘书长　罗天华（5月任）
副秘书长
朱远红（女，正县级，湖南援藏，7月离）
李全棉（正县级，安徽援藏）
刘国军
郭小波（湖北援藏，7月离）

胡　　晓（湖南援藏,7月离）
张岂凡（中粮援藏）
白江山（5月任）
桑旦罗布
邢运江
念　　扎（藏族）
巴桑次仁（藏族）

**政协山南市委员会党组**

书　记　丁哲峰
副书记　普布多吉（藏族）
成　员　加　　央（藏族）
普　　布（藏族）
尼玛扎西（藏族）
洛桑扎西（藏族）
王　　霞（女）
谭次仁（藏族）
蒋明浩（2月任）
郭建军

**政协山南市委员会**

主　席　丁哲峰
副主席　克　　珠（藏族,党外人士）
普布多吉（藏族）
加　　央（藏族）
普　　布（藏族）
尼玛扎西（藏族）
洛桑扎西（藏族）
王　　霞（女,5月任）
谭次仁（藏族）
蒋明浩（2月任）
秘书长　郭建军
副秘书长
索娜央金
黄政海

**中共山南市纪检委（山南市监察局）**

书　记　吴　　维
副书记、监察局局长
边巴次仁（藏族,5月离）

**山南市中级人民法院党组**

书　记　索朗扎西
副书记　李世蓉（女）

**山南市中级人民法院**

院　长　索朗扎西、
常务副院长　李世蓉（女）

**山南市检察院党组**

书　记　刘志刚
副书记　罗布顿珠

**山南市检察院**

检察长　刘志刚
常务副检察长
罗布顿珠

**市委组织部**

部　长　邵　　昌（藏族,4月离）
张定成（2016年4月任）
常务副部长
沈百存（女）

**市委老干部局**

局　长　潘华泉

**市编制委员会办公室**

主　任　尼玛次仁（藏族）

**市委宣传部**

部　长　赫　　沛（4月离）
燕　　红（女,藏族,5月任）
常务副部长
安兴国（满族,5月离）
严乃锦（5月任）

**市委统战传部**

部　长　巴　　珠（藏族,2月离）
丹　　增（藏族,2月任）
常务副部长
罗布扎西（藏族）

**市委政法委**

书　记　龚　　兵（满族）
常务副书记、市综治办主任
罗　　布（藏族,12月离）
副书记、秘书长,市综治办主任
革　　新（藏族,12月任）

**市委党校（市行政学校）**

校　长　丁哲峰（4月任）

常务副校长
李国庆

**市总工会党组**
书　记　赤　列
副书记　戴锡兰（女，5月离岗休养）
**市总工会**
主　席　戴锡兰（女，5月离岗休养）
副主席　赤　列

**团市委**
书　记　何　华（1月离）
拉　宗（女，藏族，5月任）

**市妇联党组**
书　记　徐　梅
**市妇联**
主　席　徐　梅

**市工商联党组**
书　记　保　疆
**市工商联**
主　席　保　疆

**市发改委（粮食局）党组**
书　记　王　霞
副书记　松　嘎（藏族，5月离）
边巴次仁（藏族，5月任）
**市发改委（粮食局）**
主　任（局长）
松　嘎（藏族，5月离）
边巴次仁）（藏族，5月任）
副主任（副局长）
王　霞

**市统计局、国家统计局山南调查队党组**
书　记　边巴次仁（藏族，5月离）
维色顿珠（藏族，5月任）
副书记　赵忠琼
**市统计局、国家统计局山南调查队**
局　长　赵忠琼
副局长　边巴次仁（藏族，5月离）
维色顿珠（藏族，5月任）

**市工信局（国资委）党组（2016年6月，市工信局、国资委合并）**
书　记　邓世杰（藏族，8月退，市工信局党组书记）
拉巴次仁（藏族，6月任）
副书记　翟　坤（6月任）
**市工信局（国资委）（2016年6月，市工信局、国资委合并）**
主　任（局长）
翟　坤（6月任）
副局长　邓世杰（藏族，8月退）
副主任（副局长）
拉巴次仁（藏族，6月任）

**市教育局（体育局）党委**
书　记　采守宽（5月离）
董安学（5月任）
副书记　赤列边巴（藏族）
**市教育局（体育局）**
局　长　赤列边巴（藏族）
副局长　采守宽（5月离）
董安学（5月任）

**市科技局党组**
书　记　肖宗新（5月离）
次仁多布庆（藏族，5月任）
副书记　郎立辉（5月任）
**市科技局**
局　长　郎立辉（5月任）
副局长　肖宗新（5月离）
次仁多布庆（5月任）

**市民宗局党组**
书　记　普布多吉（藏族，5月离）
平措扎西（藏族，5月任）
**市民宗局**
局　长　普布多吉
副局长　平措扎西

**市公安局党委**
书　记　龚　兵（满族）
副书记　洛桑次仁（藏族）
**市公安局**
局　长　洛桑次仁（藏族）

市公安消防支队党委
书　记　扎　　西（藏族）
副书记　伍灿炜（7月退役）
贾朝彬（8月任）
市公安消防支队
支队长　伍灿炜（7月退役）
贾朝彬（8月任）
政治委员
扎　　西（藏族）

武警山南市支队党委
书　记　张　　斌
副书记　谭红彤（9月离）
罗昭苏（9月任）
武警山南市支队党委
支队长　谭红彤（9月离）
罗昭苏（9月任）
政治委员
张　　斌

市公安边防支队党委
书　记　曹卫祥（12月离）
副书记　格　　列（藏族）
市公安边防支队
支队长　格　　列（藏族）
政治委员
曹卫祥（12月离）

市民政局党组
书　记　周智德（5月任）
副书记　索朗仁增（藏族，5月离）
周　　青（女，藏族，5月任）
市民政局
局　长　索朗仁增（藏族，5月离）
周　　青（女，藏族，5月任）
副局长　周智德（5月任）

市司法局党组
书　记　饶建军（3月退）
杨国福（2月任）
副书记　阿旺加措（藏族，3月退）
罗　　布（藏族，4月任）
市司法局
局　长　阿旺加措（藏族，3月退）
罗　　布（藏族，4月任）
副局长　饶建军（3月退）
杨国福（2月任）

市财政局党组
书　记　朱　　彬（5月离）
李文武（5月任）
副书记　仓　　决（女，藏族）
市财政局
局　长　仓　　决（女，藏族）
副局长　朱　　彬（5月离）
李文武（5月任）

市国土资源和规划局党组
书　记　中次仁（藏族）
副书记　渠　　伟
市国土资源和规划局
局　长　渠　　伟
副局长　中次仁（藏族）

市人力资源和社会保障局党组
书　记　罗布占堆（藏族）
副书记　李贤荣（1月离）
李　　虹（女，5月任）
市人力资源和社会保障局
局　长　李贤荣（1月离）
李　　虹（女，5月任）
副局长　罗布占堆（藏族）

市住房和城乡建设局党组
书　记　阿旺朗杰（藏族）
副书记　邓　　荃
市住房和城乡建设局
局　长　邓　　荃
副局长　阿旺朗杰（藏族）

市交通运输局
书　记　艾　　啦（女，藏族，12月退）
陈　　桑（藏族，4月任）
副书记　安　　军（8月退）
李国忠（10月任）
市交通运输局
局　长　安　　军（8月退）
李国忠（10月任）

副局长 艾　啦（女，藏族，12月退）
陈　桑（藏族，4月任）

**市水利局党组**

书　记 平　措（藏族，9月退）
邓建军（5月任）
副书记 张　维（5月离）
旺　青（藏族，5月任）

**市水利局**

局　长 张　维（5月离）
旺　青（藏族，5月任）
副局长 平　措（藏族，9月退）
邓建军（5月任）

**市农牧局党组**

书　记 陈　桑（藏族，5月离）
索朗格桑（藏族，5月任）
副书记 央中卓嘎（女，藏族，7月离）
何　华（9月任）

**市农牧局**

局　长 央中卓嘎（女，藏族，7月离）
何　华（9月任）
副局长 陈　桑（藏族，5月离）
索朗格桑（藏族，5月任）

**市商务局党组**

书　记 范和平
副书记 索朗仁增（藏族，5月任）

**市商务局**

局　长 索朗仁增（藏族，5月任）
副局长 范和平

**市文化局（文物局）党组**

书　记 李　虹（女，5月离）
司刚存（5月任）
副书记 多　吉（藏族）

**市文化局（文物局）**

局　长 多　吉（藏族）
副局长 李　虹（女，5月离）
司刚存（5月任）

**市新闻出版广电局（市版权局）党组**

书　记 次　旺（藏族）
副书记 沈新军（5月任）

**市新闻出版广电局（市版权局）**

局　长 沈新军（5月任）
副局长 次　旺（藏族）

**市卫生和计划生育委员会党组**

书　记 李庆哲（2月离）
孙红章（5月任）
副书记 桑杰群培（藏族）

**市卫生和计划生育委员会**

主　任 桑杰群培（藏族）
副主任 李庆哲（2月离）
孙红章（5月任）

**市食品药品监督管理局党组**

书　记 油顺禄
副书记 罗　胜（藏族）

**市食品药品监督管理局**

局　长 罗　胜（藏族）
副局长 油顺禄

**市审计局党组**

书　记 张洪林
副书记 巴桑次仁（藏族）

**市审计局**

局　长 巴桑次仁（藏族）
副局长 张洪林

**市外侨办党组**

书　记 姜艳红（女，5月任）
副书记 丹增多吉（藏族）

**市外侨办**

主　任 丹增多吉（藏族）
副主任 姜艳红（女，5月任）

**市工商局党组**

书　记 陈国平
副书记 拉巴次仁（藏族，3月任）

**市工商局**

局　长 拉巴次仁（藏族，3月任）
副局长 陈国平

**市林业局党组**

书　记 阿旺江村（藏族，5月离）
张　超（5月任）

副书记　张志福（6月离）
阿旺多吉（藏族，6月任）

**市林业局**

局　长　张志福（6月离）
阿旺多吉（藏族，6月任）
副局长　阿旺江村（藏族，5月离）
张　超（5月任）

**市旅游发展委员会党组**

书　记　丹　吉（女，藏族，5月任）
副书记　邱　林（4月离）
罗　云（5月任）

**市旅游发展委员会**

局　长　邱　林（4月离）
罗　云（5月任）
副局长　丹　吉（女，藏族，5月任）

**市环保局党组**

书　记　刘　洁（女，5月任）
副书记　次仁加措（藏族，10月离）

**市环保局**

局　长　次仁加措（藏族，10月离）
副局长　刘　洁（女，5月任）

**市质量技术监督局党组**

书　记　刘敬峰

**市质量技术监督局**

局　长　刘敬峰

**市安全生产监督管理局党组**

书　记　马超英（10月退）
曹祖宇（10月任）
副书记　达娃次仁（藏族）

**市安全生产监督管理局**

局　长　达娃次仁（藏族）
副局长　马超英（10月退）
曹祖宇（10月任）

**市信访局**

局　长　阿旺多吉（藏族，5月离）
桑旦罗布（藏族，5月任）

**市扶贫办（农发办）党组**

书　记　索朗多吉（藏族，5月离）
王　联（5月任）
副书记　邓建军（5月离）
次仁达娃（藏族，5月任）

**市扶贫办（农发办）**

主　任　邓建军（5月离）
次仁达娃（藏族，5月任）
副主任　索朗多吉（藏族，5月离）
王　联（5月任）

**市藏语委办（市编译局）党组**

书　记　桑　珠（藏族，5月离）
洛桑平措（藏族，5月任）
副书记　索朗罗布（藏族）

**市藏语委办（市编译局）**

主　任（局长）
索朗罗布（藏族）
副主任（副局长）
桑　珠（藏族，5月离）
洛桑平措（藏族，5月任）

**市地震局党支部**

书　记　吕　琳

**市地震局**

副局长　吕　琳

**市残联党组**

书　记　查　果（女，藏族，6月离）
吴菊玲（女，6月任）

**市残联**

理事长　查　果（女，藏族，6月离）
吴菊玲（女，6月任）

**市国家税务局党组**

书　记　冯留性（12月退）
副书记　白玛旺扎（藏族）

**市国家税务局**

局　长　白玛旺扎（藏族）
副局长　冯留性（12月退）

**市气象局党组**

书　记　毛时成（藏族）

**市气象局**

局　长　毛时成（藏族）

国网西藏电力有限公司山南供电公司党组
书　记　拉巴次仁（藏族）
副书记　魏　杰
国网西藏电力有限公司山南供电公司
总经理　魏　杰
副总经理
拉巴次仁（藏族）

市邮政管理局党组
书　记　陈智强
市邮政管理局
局　长　陈智强

市经济合作局党组
书　记　拉宗卓玛（女，藏族）
副书记　宋晓平（9月退）
刘雪英（女，10月任）
市经济合作局
局　长　宋晓平（9月退）
刘雪英（女，10月任）
副局长　拉宗卓玛（女，藏族）

中国电信山南分公司党委
书　记　张世江
中国电信山南分公司
总经理　张世江

中国移动山南分公司党委
书　记　余昌元（11月离）
普布次仁（藏族，11月任）
中国移动山南分公司
总经理　余昌元（11月离）
普布次仁（藏族，11月任）

中国联通山南分公司党支部
书　记　平措旺堆（藏族）
中国联通山南分公司
总经理　平措旺堆（藏族）

铁塔山南分公司党支部
书　记　于立群（12月离）
次仁珠久（藏族，12月任）
铁塔山南分公司
总经理　于立群（12月离）
次仁珠久（藏族，12月任）

市职业技术（教师进修）学校党委
书　记　方承红（女）
副书记　巴　珠（藏族）
市职业技术（教师进修）学校
校　长　巴　珠（藏族）
副校长　方承红（女）

市第二中等职业技术学校党委
书　记　田凤元（5月任）
副书记　扎西罗布（藏族，5月任）
市第二中等职业技术学校
副校长　田凤元（5月任）
校　长　扎西罗布（藏族，5月任）

中国人民银行山南市中心支行党委
书　记　次旺朗杰（藏族）
中国人民银行山南市中心支行
行　长　次旺朗杰（藏族）

中国农业银行山南分行党委
书　记　罗　布（藏族，10月离）
中国农业银行山南分行
行　长　罗　布（藏族，10月离）

中国建设银行山南分行党委
书　记　张连国
中国建设银行山南分行
行　长　张连国

中国银行山南分行党委
书　记　陈　慰
中国银行山南分行
行　长　陈　慰

中国人民财产保险山南分公司党委
书　记　阳传清
中国人民财产保险山南分公司
总经理　阳传清

中国人寿保险山南分公司党委
书　记　龚　建

**中国人寿保险山南分公司**

总经理　龚　建

**市疾控中心党支部**

书　记　洛　旦

**市人民医院党委**

书　记　吾根单增(藏族,5月任)

副书记　陈　伟

**市人民医院**

院　长　陈　伟

副院长　吾根单增(藏族,5月任)

**市藏医院党委**

书　记　中次仁(藏族)

副书记　扎西次仁(藏族)

**市藏医院**

副院长　中次仁(藏族)

院　长　扎西次仁(藏族)

**乃东区**

县委书记、副县长

蒋明浩(5月离)

区委书记、副区长

尼玛次仁(5月任)

区委副书记、人大常委会主任

布阿林(藏族)

县委副书记、县长

索朗格桑(藏族,5月离)

区委副书记、区长

张　维(5月任)

区政协主席

彭　琼(藏族,5月任)

**琼结县**

县委书记、副县长

杨兴铭(7月离)

安兴国(8月任)

县委副书记、人大常委会主任

吾根单增(藏族,5月离)

何广海(8月任)

县委副书记、县长

索朗多吉(藏族)

县政协主席

李长安(2月离岗待退)

仁增多吉(藏族,8月任)

**扎囊县**

县委书记、副县长

雷　丰(藏族)

县委副书记、人大常委会主任

次　仁(藏族)

县委副书记、县长

高　军(8月退)

唐　勇(8月任)

县政协主席

达　娃(藏族)

**贡嘎县**

县委书记、副县长

黄金刚

县委副书记、人大常委会主任

西洛次仁(藏族,5月离)

索朗平措(藏族,5月任)

县委副书记、县长

次　仁(藏族)

县政协主席

扎西巴珠(藏族,5月任)

**浪卡子县**

县委书记、副县长

次　仁(藏族)

县委副书记、人大常委会主任

维色顿珠(藏族,5月离)

邢　飞(5月任)

县委副书记、县长

董安学(5月离)

罗文金(5月任)

县政协主席

斯达平措(藏族,2月退)

扎西顿珠(藏族,5月任)

**洛扎县**

县委书记、副县长

赵天武

县委副书记、人大常委会主任

索朗顿珠（藏族）

县委副书记、县长

白玛多吉（藏族）

县政协主席

嘎玛扎西（藏族，5月任）

**措美县**

县委书记、副县长

马 玉 宏（安徽援藏，5月离）

牛　　堃（9月任）

县委副书记、人大常委会主任

洛桑次仁（藏族）

县委副书记、县长

巴桑欧珠（藏族）

县政协主席

达瓦扎西（藏族，6月退）

索朗欧珠（藏族，5月任）

**错那县**

县委书记、副县长

余 胜 能

县委副书记、人大常委会主任

牛　　堃（5月离）

西　　洛（藏族，5月任）

县委副书记、县长

布　　多（藏族）

县政协主席

扎西巴珠（藏族，5月离岗休养）

查　　斯（藏族，5月任）

**隆子县**

县委书记、副县长

洛桑平措（藏族，10月离）

次仁加措（藏族，10月任）

县委副书记、人大常委会主任

洛　　桑（藏族）

县委副书记、县长

刘 圣 育

县政协主席

索朗巴珠（藏族）

**曲松县**

县委书记、副县长

李 世 平

县委副书记、人大主任

次仁多布庆（藏族，5月离）

何 才 康（5月任）

县委副书记、县长

拉巴次仁（藏族）

县政协主席

白玛顿珠（藏族）

**加查县**

县委书记、副县长

李 贤 荣（12月任）

县委副书记、人大常委会主任

扎　　西（藏族）

县委副书记、县长

孙 红 章（5月离）

西洛次仁（藏族，5月任）

县政协主席

李 国 忠（7月离）

普　　琼（藏族，7月任）

**桑日县**

县委书记、副县长

孙 志 诚（湖南援藏，7月离）

康 爱 民（8月任）

县委副书记、人大主任

李 战 英（藏族，6月离）

旺　　庆（藏族，8月任）

县委副书记、县长

吾　　金（藏族）

县政协主席

欧珠平措（藏族，4月退）

罗布次仁（藏族，8月任）

# 中华人民共和国国务院

国函〔2016〕8号

## 国务院关于同意西藏自治区撤销山南地区设立地级山南市的批复

西藏自治区人民政府：

你区《关于撤销山南地区设立地级山南市的请示》（藏政发〔2015〕33号）收悉。现批复如下：

一、同意撤销山南地区和乃东县，设立地级山南市。山南市人民政府驻新设立的乃东区乃东路13号。

二、山南市设立乃东区，以原乃东县的行政区域为乃东区的行政区域。乃东区人民政府驻泽当镇英雄路21号。

三、山南市辖原山南地区的扎囊县、贡嘎县、桑日县、琼结县、曲松县、措美县、洛扎县、加查县、隆子县、错那县、浪卡子县和新设立的乃东区。

上述行政区划调整涉及的各类机构要按照“精简、统一、效能”的原则设置，涉及的行政区域界线要按规定及时勘定，所需人员编制和经费由你区自行解决。要严格按照国务院“约法三章”的要求，不新建政府性楼堂馆所，不增加财政供养人员，不增加“三公”经费。要严格执行中央关于厉行节约的规定和国家土地管理法规政策，加大区域资源整合力度，优化总体布局，促进区域经济社会协调健康发展。要强化组织领导，明确工作责任，加强行政区划调整的社会稳定风险评估，落实各项工作措施，确保行政区划调整有序稳妥实施。

2016年1月7日

抄送：中央办公厅、中央组织部、中央政法委、中央编办、人民日报社，外交部、发展改革委、教育部、科技部、工业和信息化部、国家民委、公安部、民政部、司法部、财政部、人力资源社会保障部、国土资源部、住房城乡建设部、交通运输部、水利部、农业部、商务部、文化部、卫生计生委、质检总局、统计局、法制办、新华社、测绘地信局，中央军委办公厅、联合参谋部，武警部队。
全国人大常委会办公厅，全国政协办公厅，高法院，高检院。

# 索 引

## 说 明

一、本索引采用主题分析法编制。索引范围包括篇目、类目、部(门)目、条目等。
二、本索引按主题词首字汉语拼音音序(同音按音调)排列,若首字拼音相同则按第二字音序排列,以此类推。
三、索引款目后的数字表示内容所在的页码,数字后的拉丁字母(a、b)表示栏别(从左至右)。
四、篇目、类目、部(门)目用黑体字。

### A



### B



### C

## D



## E



## F

## G



## H

## P



## Q



## R



## S

## T

## W



## X

## Y



## Z

# 中共山南市委员会

2016年4月20日，山南地委书记张永泽出席地委第一轮巡察工作动员大会并作讲话

山南市委书记张永泽慰问扎日转山保通点养护职工

2016年6月22日，山南市委副书记、市政协主席、市委党校校长丁哲峰到贡嘎县视察调研

山南市委常委、政法委书记、市公安局党委书记龚兵指导“平安宣传日”消防宣传活动

2016年11月18日，山南市委常委、副市长廖良辉到雅砻数字影城调研

# 山南市人民代表大会常务委员会

2016年9月23至25日，全国人大常委会执法检查组一行到山南市调研

2016年5月25日，山南市人大常委会主任党宗莲在市一届人大一次会上作市人大常委会工作报告

2016年10月11日，山南市人大常委会副主任陈海清到各县开展县乡人大工作调研

2016年5月23日，山南市一届人大一次会议开幕式

2016年5月23日，山南市第一届人大常委会组成人员向宪法宣誓

2016年5月23日，山南市一届人大一次会上代表投票

# 山南市人民政府

2016年9月4日，山南市委副书记、市长普布顿珠参加琼结县第一届吐蕃旅游文化节

2016年6月1日，山南市委副书记、市长普布顿珠，乃东区委副书记、区长张维到泽措巴寺调研

2016年1月14日，山南地区行署副专员董加峰到商场、超市开展食品安全大检查走访活动

2016年9月2日，山南市副市长索朗曲巴在市气象局调研

2016年9月10日，山南市副市长扎西加措在山南市第二中等职业技术学校揭牌仪式上致辞

2016年11月30日，山南市副市长张福臣检查雅砻水泥厂安全生产工作

# 中国人民政治协商会议山南市委员会

2016年5月22日，山南市委副书记、市政协主席、市委党校校长丁哲峰在政协山南市一届工作会议上代表常务委员会作工作报告

2016年6月22日，山南市委副书记、市政协主席、市委党校校长丁哲峰到贡嘎县调研

2016年7月1日，山南市政协副主席普布带领政协机关党员参观廉政教育基地

2016年7月9日，山南市召开与全国政协侨联界委员赴藏考察团座谈会

2016年5月22日，召开政协一届山南市委员会第一次会议

山南市政协机关召开“两学一做”学习教育动员大会

# 中共山南市纪律检查委员会（监察局）

2016年2月28日，山南地委书记张永泽与地委委员、纪委书记吴维签定党风廉政建设责任书

2016年6月15日，山南市委副书记、市长普布顿珠调研廉政教育基地维修改造项目

2016年6月15日，山南市委副书记、市长普布顿珠参观廉政教育基地

2016年6月2日，山南市委书记张永泽，市委常委、纪委书记吴维做客“西藏纪检监察网”在线访谈

2016年5月21日，山南市召开一届市纪委第一次全体会议

2016年2月28日，山南地区召开2016年纪检监察工作会议

2016年7月18日，山南家庭助廉知识竞赛活动现场

2016年7月22日，山南市党政领导干部廉政知识考试现场

# 中共山南市委组织部

山南市人大常委会副主任、市委组织部常务副部长沈百存看望慰问结对帮扶对象

山南市委组织部副部长、编办主任尼玛次仁看望慰问结对帮扶户

2016年1月23日，山南市召开政府部门及相关单位权责清单专家论证评审会

山南市委组织部召开贯彻落实自治区第九次党代会精神专题学习会

山南市委组织部召开部务会及班子成员征求意见建议座谈会现场

山南市2016年专招生岗前培训开班仪式

山南市行政职权运行流程图及服务指南培训

# 中共山南市委宣传部

2016年3月1日，山南地委委员、宣传部部长赫沛到乃东县滴新村调研

2016年6月3日，山南市委常委、宣传部部长燕红到琼结调研

2016年7月26日，山南市委常委、宣传部部长燕红到曲松县堆随乡慰问贫困群众

2016年3月17日，山南地区召开新闻舆论活动电视电话会议

2016年7月1日，山南市委宣传部全体党员干部参观西藏民主改革第一村陈列馆

2016年7月21日，山南市委宣传部组织召开雅砻文化节专题会议

# 中共山南市委统战部

2016年5月1日，山南地委委员、统战部部长丹增到洛扎县洛·卓瓦龙寺检查指导工作

2016年8月7日，山南市委副书记巴珠，市委常委、统战部长丹增，市政协副主席、市民宗局局长普布多吉到廉政教育基地参观学习

2016年10月29日，山南市委常委、统战部部长丹增到隆子县机甲拉康检查指导工作

2016年8月7日，山南市委统战部开展党员干部重温入党宣誓活动

2016年10月24日，山南市涉宗部门召开专题学习会议

# 中共山南市委政法委

2016年9月12日，山南市委常委、政法委书记、市公安局党委书记龚兵迎接湖南省政法委考察团周小华一行

2016年6月8日，山南市委政法委开展综治宣传周宣传活动

2016年9月6日，山南市委政法委开展民族团结法制宣传活动

2016年3月30日，召开山南地委政法工作会议

2016年11月24日，山南市召开“先进双联户创建活动”总结表彰大会

# 山南市中级人民法院

2016年9月24日，西藏自治区高级人民法院党组书记、院长索达到山南市中级人民法院检查指导工作

2016年12月，山南市中级人民法院党组书记、院长索朗扎西到加查县加查镇江塘村慰问贫困户

2016年6月20日，山南市中级人民法院工作人员到加查县安绕镇嘎堆村进行法律宣传

2016年6月26日，山南市中级人民法院干警到乃东区泽当镇主要路段开展禁毒法律宣传活动

2016年7月1日，山南市中级人民法院审判委员会专职委员多布杰到加查县安绕镇思木村开展“两学一做”专题讲座

2016年3月29日，召开山南地区两级法院党风廉政和反腐败工作会议

# 山南市工商业联合会

2016年9月5日，西藏自治区政协副主席、工商联主席、总工会会长阿沛・晋源，山南市委副书记、市长普布顿珠参加琼结县首届吐蕃文化旅游节

2016年8月23日，山南市工商联工作人员参加创建“五好”县级工商联交流观摩会

2016年6月29日，山南市工商联举行健民医院党支部挂牌仪式

2016年9月12日，山南市工商联组织开展企业家与颇章乡贫困户结对认亲活动

2016年6月16日，山南市工商联组织召开“百企帮百村”精准扶贫动员大会

2016年6月15日，山南市工商联工作人员到街头开展综治宣传活动

# 中共山南市委巡察办

2016年4月20日，召开中共山南地委巡察工作动员部署会

2016年5月18日，山南地委委员、纪委书记、地委巡察工作领导小组组长吴维到被巡察单位检查指导工作

2016年4月21日，山南地委巡察办邀请自治区巡视办专家授课，地委委员、纪委书记、地委巡察工作领导小组组长吴维出席并讲话

2016年6月30日，召开一届山南市委第二轮巡察工作动员部署会

2016年11月16日，山南市委巡察一组到桑日县桑日镇召开巡察动员大会

2016年5月16日，山南市委巡察二组下沉一级开展巡察工作

# 中共山南市委老干部局

2016年1月25日，山南地委书记张永泽走访慰问离退休老干部

西藏自治区党委老干部局副局长其美次仁在桑日县调研期间参加县老干部党建工作座谈会

林芝市委老干部局带领老干部代表到山南市参观考察

山南市第十八届离退休老干部工人运动会开幕

山南市委老干部局举办离退休党员“两学一做”专题党课

山南市举办离退休老干部健康知识讲座

# 山南市妇女联合会

2016年6月14日，国务院“两纲”终期评估组到措美县检查指导妇女儿童工作

2016年2月2日，山南地区妇女联合会组织观看“最美家庭”电视直播活动

2016年3月18日，山南地区妇女联合会召开“当好贤内助·筑牢防腐墙”知识讲座

2016年5月15日，山南市妇女联合会开展“两学一做”学习教育活动

2016年11月19日，山南市妇女联合会举行挂牌仪式

2016年12月1日，山南市妇女联合会组织开展科普宣传活动

# 山南市发展和改革委员会

西藏自治区党委常委、常务副主席丁业现在山南市调研拉林铁路建设情况

2016年4月12日，山南地区发改委党组书记、副主任王霞到购销公司及粮食仓库进行调研

2016年6月29日，山南市发改委党组副书记、主任边巴次仁看望慰问退休老干部

2016年7月，山南市发改委党组副书记、主任边巴次仁到多却乡特步拉村实地考察

# 山南市扶贫开发领导小组办公室

山南市副市长张福臣到错那勒布茶叶基地调研

山南市扶贫（农发）办全体干部职工召开“两学一做”教育学习座谈会

山南市扶贫（农发）办党务公开栏

山南市扶贫（农发）办“两学一做”干部学习心得栏

# 山南市粮食局

山南地区行署副专员索朗曲巴调研山南放心粮油工程

2016年3月5日，山南地区行署副专员索朗曲巴到山南国家粮食储备库调研储备粮轮换工作

2016年7月24日，安徽省粮食局向山南国家粮食储备库捐赠粮食质量监测车一台

2016年10月16日，山南市粮食局“世界粮食日”宣传现场

山南国家粮食储备库粮食收购现场

# 山南市教育局（体育局）

2016年6月1日，山南市委副书记、市长普布顿珠，市委常委、宣传部长燕红，副市长扎西加措与市一小学生共庆“六一”

2016年8月13日，山南市副市长扎西加措迎接组团式援藏教师

2016年9月10日，山南市副市长扎西加措在山南市第二中等职业技术学校揭牌仪式上致辞

2016年8月28日，山南市召开教育人才组团式援藏工作部署会

2016年9月10日，山南市第二中等职业技术学校揭牌，图为参加揭牌仪式人员合影

2016年11月，山南市青少年学生励志教育基地建成

# 山南市科技局

2016年7月8日，西藏自治区科技厅党组副书记、厅长赤列旺杰在山南市调研科技工作开展情况并听取工作汇报

2016年7月11日，西藏自治区科协副主席林立到山南检查指导科普工作

2016年1月11日，山南地委副书记、行署专员普布顿珠到“五下乡”活动宣传点检查指导工作

2016年7月7日，山南市副市长扎西加措调研山南农业科技园区蔬菜种植

2016年7月8日，山南市科技局与湖南省农科院工作人员举行座谈会

2016年4月20日，山南地区科技局召开党风廉政建设工作会议

# 山南市工业和信息化局（山南市国有资产管理委员会）

2016年4月6日，山南地区行署副专员张永林带队赴“三省”对接对口援藏工作，图为与湖南省无委办举行援藏合作框架签约仪式

山南市组织召开国资委工作会议

山南市工信局（国资委）组织干部职工重温入党誓词

2016年6月29日，山南市国资委组织干部职工到克松居委会参观

山南市工信局（国资委）欢送第六批驻村工作队队员

# 山南市民族宗教事务局

2016年10月21日，山南市召开2016年度民族团结进步表彰大会

山南市民宗局开展“七一”重温入党宣誓活动

山南市民宗局召开党风廉政建设推进会

山南市民宗局在街头开展法制宣传活动

2016年度山南市民族团结先进工作者合影

民族团结月宣传展板

# 山南市公安局

2016年1月10日，山南地委委员、政法委书记、地区公局处党委书记龚兵到“110”法制宣传活动现场检查指导工作

山南地委委员、政法委书记、地区公局处党委书记龚兵向公安系统2016年度先进工作者颁发荣誉证书

山南地区公安处党委副书记、处长洛桑次仁慰问驻村工作队队员

2016年3月30日，山南地区公安处召开2016年度党风廉政建设会议

2016年3月9日，山南地区举行维稳力量誓师动员大会

维稳誓师大会

# 山南市司法局

2016年2月23日，山南地区司法处召开新老班子交接会议

2016年3月30日，山南地区司法处召开全地区司法局长会议

2016年4月15日，山南地区司法处召开党风廉政建设工作会议

2016年6月29日，山南市司法局召开纪念中国共产党成立95周年暨“两学一座”专题党课

2016年6月30日，山南市司法局开展“重温入党誓词”“七一”纪念活动

2016年6月30日，山南市司法局举行“缅怀革命烈士”活动

# 山南市财政局

2016年5月15日，湖南省财政厅党组副书记、厅长郑建新率赴藏考察团到山南地区财政局考察

2016年11月26日，山南市财政局党组副书记、局长仓决到错那县曲卓木乡调研驻村工作并看望慰问干部群众

2016年6月16日，山南市财政局工作人员开展惠民政策宣传活动

2016年7月7日，山南市财政局挂牌后，全体干部职业合影

2016年7月8日，山南市财政局全体干部职工到廉政警示教育基地参观学习

2016年9月21日，山南市财政局干部职工为结对帮扶对象捐款

# 山南市人力资源和社会保障局

2016年3月11日，西藏自治区党风廉政建设和反腐败工作调研组组长高宏生一行在山南市人社局检查指导工作

2016年4月18日，西藏自治区人社厅厅长解海源到山南地区人社局调研并听取工作汇报

山南市人社局召开专题会议研究部署转移就业脱贫工作

山南市人社局召开“两学一做”学习教育动员部署会

山南市人社局干部职工到特殊学校献爱心送温暖

山南市人社局在全市第二个党风廉政宣传教育月“家庭助廉”知识竞赛活动中荣获三等奖

# 山南市国土资源和规划局

2016年10月31日，山南市不动产权证首发仪式在泽当举行

山南市国土资源和规划局组织工作人员参观新旧对比图片展

山南市国土资源和规划局开展庆祝五四青年节活动

山南市国土资源和规划局组织开展地质灾害应急演练活动

地质灾害治理项目

2016年7月1日，山南市国土资源和规划局组织开展重温入党宣誓活动

# 山南市环境保护局

2016年6月29日，山南市环保局党组书记、副局长刘洁看望慰问驻村点贫困群众

2016年6月30日，市环保局党组书记、副局长刘洁检查驻村工作开展情况

2016年4月11日，山南地区召开2016年度环境保护工作会议

2016年5月12日，召开山南地区环保局领导干部任职大会

2016年7月15日，山南市环保局召开党风廉政建设工作推进会

# 山南市住房和城乡建设局

2016年6月23日，山南市委常委、副市长格桑到住建局调研指导党风廉政建设工作

2016年7月7日，山南市住建局组织工作人员参观廉政教育基地

2016年6月23日，山南市住建局召开推进全市保障性住房和乡镇周转房项目建设工作会议

2016年9月30日，山南市住建局召开贯彻落实2016年全市经济工作“百日大会战”会议精神安排部署会

2016年7月6日，山南市住建局举行雅砻家园挂牌仪式

# 山南市交通运输局

山南市委书记张永泽在扎日转山保通点道路慰问养护职工

山南市交通运输局党组书记、副局长陈桑慰问驻加查县洛林乡驻村工作队

山南市交通运输局党组副书记、局长李国忠检查加查至桑日公路新改建工程建设项目

2016年4月25日，召开山南地委巡察一组专项监察地区交通运输局动员大会

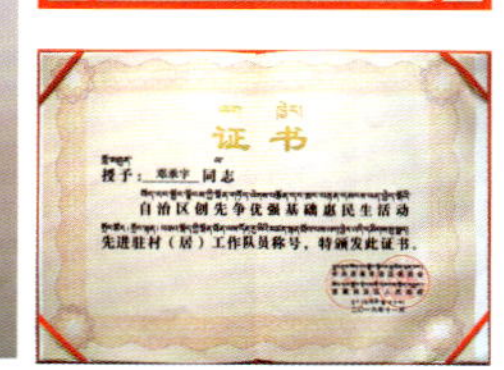

2016年7月1日，山南市交通运输局参加“七一”唱红歌比赛

# 山南市水利局

2016年11月3日，国家水利部参事咨询委员会主任矫勇一行到山南市调研防洪工程建设情况

2016年11月4日，长江水利委员会长江科学院史德亮到山南市水利局讲解农村饮水安全巩固提升工程编制技术要点

2016年6月22日，山南市副市长黄金城，市水利局党组副书记、局长旺青主持召开2016年防汛工作会议

2016年6月29日，山南市水利局调研员丁在亭指挥贡泽专用公路防洪演练

2016年6月17日，山南市水利局组织召开第二次水利工作调度会议

# 山南市农牧局

2016年3月7日，西藏自治区农牧厅厅长杜杰到扎囊县查看农牧民专业合作社运行情况

2016年9月19日，山南市农牧局党组书记、副局长索朗格桑到贡嘎县农户查看惠民资金落实到位情况

2016年1月27日，山南地区农牧局召开农牧系统老干部工作会议

2016年11月25日，山南市农牧局召开2016年年终考核会议

2016年11月26日，山南市农牧局举行第六批驻村工作队出发仪式

2016年12月26日，山南市农牧局举办乡镇农牧综合服务中心农牧、气象业务技能培训班

# 山南市商务局

2016年11月22日，山南市商务局党组书记、副局长范和平慰问结对帮扶贫困户

山南市商务局联合市工商、公安等部门到报废汽车点检查指导工作

2016年3月12日，山南地区商务局工作人员检查指导加油站安全生产工作

2016年3月14日，山南地区商务局全体干部职工参加植树活动

2016年11月15日，山南市商务局召开迎接全市综合考评工作汇报会

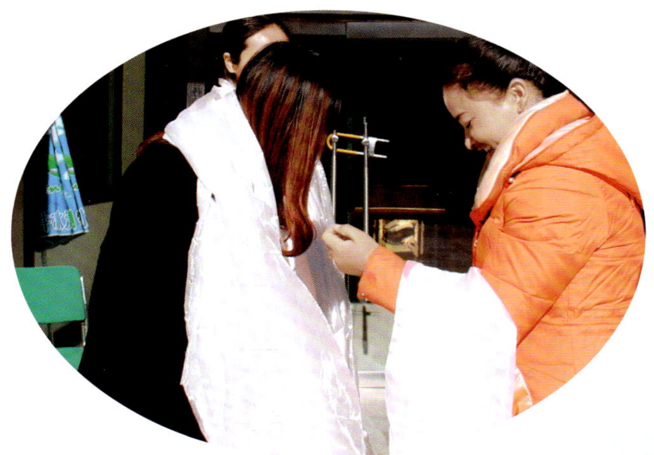

山南市商务局干部职工为即将离岗的志愿者献哈达

山南市商务局干部职工集体合影

# 山南市文化局

2016年6月11日，山南市开展非遗保护日宣传活动，市委常委、宣传部部长燕红出席并致辞

2016年2月26日，日喀则市南木林县工作人员到山南地区交流学习公共文化服务体系建设

2016年3月28日，山南地区庆祝西藏百万农奴解放57周年文艺演出

2016年4月20日，山南地区召开国家第二批公共文化服务体系示范区实地验收汇报会议

2016年6月30日，山南市举办庆祝中国共产党成立95周年歌咏比赛

2016年8月15日，山南市举行“中国·西藏雅砻文化节”开幕式

# 山南市卫生和计划生育委员会

山南市卫计委开展“两降一升”专项督导活动

市卫计委召开孕产妇和新生儿死亡评审培训暨评审现场观摩会

山南市卫计委组织开展疫情防控应急演练活动

山南市卫计委开展包虫病防治知识宣传

山南市卫计委开展城乡居民及在编僧尼免费健康体检活动

山南市卫计委开展送医送药送知识下乡活动

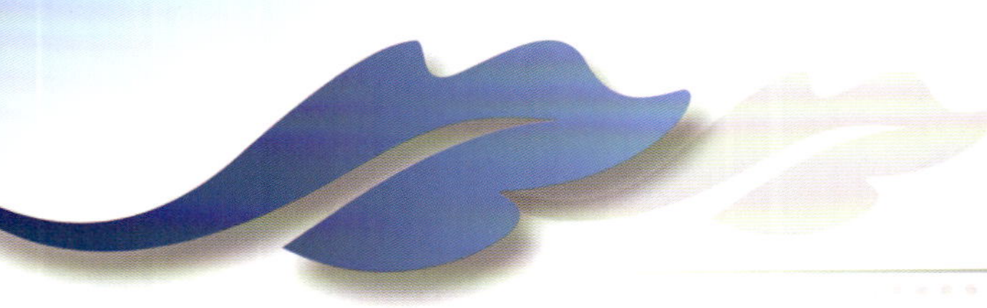

# 山南市审计局

2016年8月，安徽省审计厅副厅长杨寿桃（左一）一行到山南市审计局检查指导工作

2016年8月，湖北省审计厅副厅长蔡伟（中）一行三人到山南市审计局对口支援山南审计工作

2016年4月，山南地区审计局党组副书记、局长巴桑次仁到驻村工作联系点加查县坝乡慰问困难老党员

2016年3月，山南地区召开2016年度审计工作会议

2016年3月，综治宣传月期间，山南地区审计局组织干部职工开展法制宣传活动

山南地区审计局召开2016年党风廉政建设工作会议

山南市审计局组织全体干部职工开展十八届六中全会专题学习活动

# 山南市外事侨务办公室

2016年8月14日，山南市人民政府与尼泊尔巴德岗市政府签署建立友好城市关系协议书

2016年7月25日，山南市政府与国侨办海外专家咨询委员会考察团座谈

山南市外事侨务办公室党组书记、副主任姜艳红慰问贫困户

2016年10月28日，山南市代表团到日本大阪考察访问

2016年8月2日，湖北省外侨办、武汉大学“侨爱工程医疗队——山南行”义诊医疗队到琼结镇开展义诊

# 山南市新闻出版广电局（市版权局）

2016年6月8日，山南市委常委、宣传部长燕红到市广播电视台调研

2016年11月18日，山南市委常委、副市长廖良辉到雅砻数字影城调研

2016年12月26日，山南市新闻出版广电局党组副书记、局长沈新军到措美县调研

2016年11月26日，山南市强基办常务副主任白玛卓玛为第六批市新闻出版广电系统驻村工作队授旗

2016年6月30日，山南市新闻出版广电系统庆“七一”活动上全体党员干部重温入党誓词

2016年6月30日，山南市新闻出版广电系统开展庆“七一”活动暨“两学一做”知识竞赛活动

2016年10月26日，山南市电影发行放映站向12县（区）更换发放第二批国家资助解决的农村数字电影放映设备

# 山南市安全生产监督管理局

2016年6月16日，山南市委副书记、市长普布顿珠在安全生产月期间检查“安全咨询日”活动情况

2016年8月27日，湖北省安全监管局党组成员、纪检组长陈年山到山南市考察安全生产工作后与干部职工合影

2016年10月24日，西藏自治区安监局副局长成燕（右一）到山南市巡查安全生产工作

2016年6月7日，山南市委常委、常务副市长王友华检查洛扎县卡久寺寺庙安全工作

2016年11月30日，山南市副市长张福臣检查雅砻水泥厂安全生产工作

2016年11月30日，山南市副市长张永林检查市物资交流会现场安全生产工作

2016年10月2日，山南市安监局局党组副书记、局长达娃次仁到隆子县检查安全生产工作

# 山南市统计局（国家统计局山南调查队）

2016年7月27日，国家统计局副局长郑京平一行到山南市统计局考察调研

2016年3月24日，西藏自治区统计局局长刘柏呈，山南地区行署副专员张福臣，山南地区统计局党组副书记、局长赵忠琼到贡嘎县开展调研活动

2016年11月28日，山南市副市长张福臣到山南市统计局召开企业经济运行会并调研指导党风廉政建设工作

2016年1月29日，国家统计局山南调查队副队长王猛到浪卡子县打隆镇林西村驻村点开展慰问活动

2016年12月22日，国家统计局山南调查队到山南市一高开展“农普一堂课”活动

# 山南市林业局

2016年7月21日，国家发改委检查组到山南市开展“十二五”项目稽查活动

2016年5月24日，山南市林业局与国家林业局驻成都森林资源监督专员办事处调研组召开座谈会

2016年6月29日，山南市林业局挂牌后全体干部职工合影

2016年7月23日，召开一届山南市委第一轮巡察一组专项巡察市林业局党组情况反馈会

2016年6月30日，山南市林业局在机关大院举行山南市第一批公益林专业管护车辆授车仪式

2016年7月1日，山南市林业局开展“缅怀革命先烈、重温入党誓词”活动

# 山南市旅游发展委员会

2016年6月8日，拉萨·山南区域旅游一体化发展推介会暨拉萨市与山南市区域旅游战略合作协议签约仪式在拉萨市举行

2016年11月，山南市委常委、副市长方旭在成都、厦门等地巡回推介山南旅游

2016年5月19日，山南市旅发委开展中国旅游日宣传活动

羊卓雍措景区精品化建设督检现场

2016年10月27日，山南旅游推介会在拉萨市举行

山南市旅发委举行走进山南-错那旅游推介会暨错那县启动闪底斯国际旅游合作区接轨仪式

山南勒布旅游推介会现场

“行摄藏源山南”摄影组合影

# 山南市经济合作局

2016年3月4日，地委常委、常务副专员王友华主持召开招商引资项目推进座谈会

2016年10月26日，山南市举行统筹城乡发展示范区项目启动仪式

2016年9月2日，山南市经合局党组书记、副局长刘雪英（左一）到错那县西午村结对帮扶点看望帮扶对象

山南市经合局与西藏能源项目签约仪式

2016年6月23日，山南市经合局召开党风廉政建设暨“两学一做”推进会

# 山南市职业技术学校

2016年7月17日，国家教育部职成司司长葛道凯一行到山南市职业技术学校调研

国家教育部资深职业教育研究专家、高职教育研究中心主任姜大源教授一行到山南市职业技术学校检查指导工作

2016年8月26日，九三学社中央常务副主席邵鸿一行到山南市职业技术学校考察指导工作

2016年6月29日，西藏烹饪协会会长褚立群、中国厨艺精英联盟主席李志顺到山南市职业技术学校视察指导工作

山南市职业技术学校召开庆祝第32个教师节和中秋佳节联欢表彰会

山南市职业技术学校组织全校党员开展“两学一做”学习考试

# 山南市第二中等职业技术学校

2016年7月17日，国家教育部职成司司长葛道凯、西藏自治区教育厅副厅长达瓦、山南市副市长扎西加措到山南市第二中等职业技术学校考察指导工作

2016年7月28日，西藏自治区发改委副主任罗布到山南市第二中等职业技术学校检查指导工作

2016年9月10日，西藏自治区教育厅副厅长吴爱珍，山南市委常委、宣传部部长燕红为学校揭牌

山南地区第二中等职业技术学校招生宣传会现场

山南市第二中等职业技术学校组织开展2016级新生广播操大赛活动

# 山南市人民医院

2016年10月，西藏自治区调研组考评山南市人民医院平安医院建设情况

2016年12月，山南市人民医院组织召开组团式援藏工作汇报会

2016年3月，山南地区人民医院召开护士长学习进修汇报会

2016年6月，山南市人民医院召开优化发展环境动员大会

2016年4月，山南地区召开医院整体搬迁项目协调会

2016年6月，山南市人民医院开展“两学一做”学习教育活动

2016年8月，山南市人民医院召开第二届学术交流会

2016年11月，山南市人民医院开展世界慢性肺病日义诊活动

# 山南市藏医医院

2016年6月20日，西藏自治区人大常委会委员、教科文卫委员会副主任嘎旺率区人大藏医药保护与发展调研组到山南市藏医医院博物馆调研

山南市委常委、副市长廖良辉到藏医医院检查指导“组团式”援藏工作开展情况

2016年9月，国家中医药管理局组织的大型民族医医院巡查专家组到山南市藏医医院检查指导工作

2016年10月20日，山南市首个国家级藏医重点专科——治未病科在市藏医医院挂牌成立

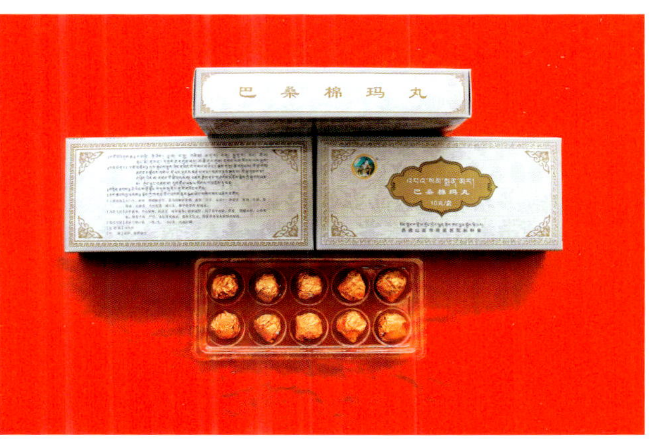


山南市市级非物质文化遗产项目——巴桑棉玛丸

# 山南市藏语委办（编译局）

2016年7月22日，中央民族语文翻译局信息处副处长、高级工程师荷燕龙到泽当开展“藏文信息化现状及发展方向”专题讲座

2016年7月，中国民族语文翻译中心（局）书记兰志奇到隆子县斗玉洛巴民族乡调研较少民族语言情况

2016年8月，山南市编译局党组副书记、局长索朗罗布到林芝市察隅县与洛巴族语言传承人交流座谈

2016年6月，山南市召开规范藏语文社会用字工作总结表彰暨藏语文工作会议

2016年5月，山南市藏语委办（编译局）检查“撤地设市”后泽当城区社会用字情况

2016年10月，山南市编译局工作人员到扎囊县西卡学村慰问结对帮扶贫困群众

2016年11月，山南市编译局驻扎囊县西卡学村工作队开展驻村交接工作

# 山南市食品药品监督管理局

2016年11月30日，西藏自治区食品药品监督管理局党组成员、食品安全总监黄元贵率考核组一行到山南考核食品安全工作

山南市副市长董加峰到商场、超市，开展食品安全大检查活动

山南市食品药品监督管理局举行食品经营许可证首发仪式

山南市食品药品监督管理局食品监督管理科工作人员到超市、商场抽样检查食品安全情况

建设中的山南市食品检验检测大楼

山南市食品药品监督管理局工作组到全市第一家基层藏药制剂室——措美县卫生服务中心制剂室进行现场验收

# 山南市地震局

2016年4月28日，山南地区召开防震减灾工作联席会议

2016年9月29日，山南市地震局组织开展地震应急预案桌面推演工作

2016年5月7日，山南地区地震局和消防支队联合到乃东县结巴乡某采石场开展地震应急救援演练

2016年5月12日，山南地区地震局开展防灾减灾日宣传活动

公交站防震减灾宣传展板

山南市应急避难场所

# 山南市强基础惠民生活动领导小组办公室

2016年11月22日，山南市委书记张永泽主持召开市委第17次常委会研究第六批干部驻村工作

2016年10月21日，西藏自治区广电局巡视员、自治区强基办副主任到山南市调研干部驻村工作

2016年11月26日，山南市强基办常务副主任白玛卓玛欢送第六批驻村工作队

2016年11月20日，山南市强基办举办第六批驻村工作队队长培训班

2016年11月23日，驻村工作队及居委会向市强基办赠送锦旗

2017年1月21日，山南市委、市政府对2016年度“十星模范村”进行表彰

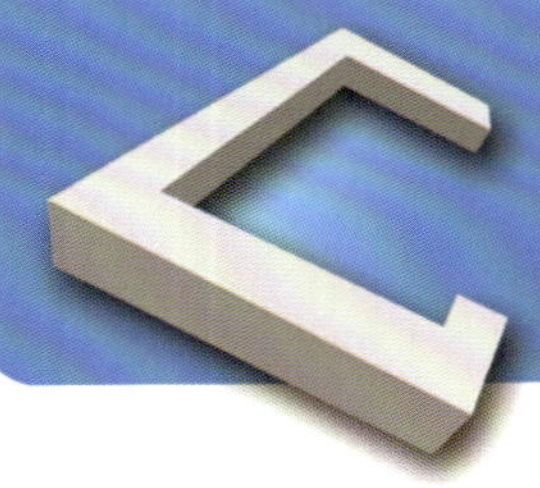

# 山南市国家税务局

2016年3月8日，西藏自治区国税局局长胡苏华到山南调研税务信息化工作

2016年8月16日，西藏自治区国税局副局长杨承碧到浪卡子县国税局调研

2016年5月1日，山南地委委员、行署常务副专员王友华出席“营改增”零点行动

2016年4月1日，山南地区税务局干部到华新水泥厂宣传“营改增”政策

2016年5月1日，营业税在山南正式退出历史舞台

2016年6月6日，曲松县国税局开展“税法进校园 帮教助学”活动

2016年7月1日，山南市国税局组织干部职工参观烈士纪念馆

# 山南市工商行政管理局

2016年2月20日，山南地区工商局执法人员开展床上用品专项检查

2016年2月22日，山南地区工商局执法人员开展会员卡设置格式条款专项检查

2016年3月15日，山南地区工商局工作人员向消费者讲解如何辨别真假白酒

2016年5月24日，山南市工商局执法人员开展儿童玩具专项检查

2016年5月31日，山南市工商局执法人员开展仿制军服市场专项整治

2016年6月20日，山南市工商局执法人员在城乡结合部开展商品质量专项检查

# 山南市气象局

2016年9月1日，西藏自治区气象局党组书记拉卓为洛扎县气象局揭牌

2016年1月22日，山南地区首个县级防灾减灾指挥部——琼结县气象防灾减灾指挥部投入运行

2016年3月22日，山南地区第一小学学生参观“红领巾”校园自动气象站，接受科普宣传培训

2016年4月22日，山南地区召开气象防灾减灾指挥部联席会议

2016年8月14日，山南市气象局召开雅砻文化节气象保障方案研讨会

2016年9月24日，山南市结莎完小学生参加“全国科普周”气象夏令营科普宣传活动

# 山南市邮政管理局

2016年6月24—27日，西藏自治区财经委主任多吉才旺率检查组对山南市《中华人民共和国邮政法》《西藏自治区邮政条例》落实情况进行检查

2016年8月9日，北京工商大学教授张京敏一行到山南市开展“西藏物流业发展战略与对策研究”项目调研

2016年2月20日，山南地区邮政管理局副局长邹威在山南邮政分公司开展非法有害出版物检查活动

2016年4月28日，山南地区邮政管理局邀请公安处特警支队安检大队专业技术人员对邮政公司和快递企业从业人员开展安检机使用培训

2016年1月18日，山南地区邮政管理局党组召开“三严三实”专题民主生活会

2016年3月21日，山南地区邮政管理局在街头开展“综治宣传月”活动

2016年5月10日，山南地区邮政管理局对过期寄递详情单进行集中销毁

# 武警山南市支队

武警山南市支队执勤官兵为虫草采挖者保驾护航

物交会安保执勤现场

武警山南市支队组织官兵开展重温入党誓词活动

武警山南市支队“两官”编组作业科目演示

维稳利剑行动

巡逻演习

# 山南市公安边防支队

山南市公安边防支队2016年“扎日转山”安保维稳工作现场

2016年5月20日，山南市公安边防支队官兵在“扎日转山”活动中执行安保任务

2016年8月15日，山南市公安边防支队在2016中国西藏雅砻文化节开幕式上执勤安保任务

2016年8月17日，山南市公安边防支队官兵抗洪抢险救灾现场

山南市公安边防支队举行庆祝中国共产党成立95周年活动

山南地区公安边防支队参加地区2016年全国“两会”暨三月重要时期维稳安保誓师大会

# 山南市公安消防支队

2016年3月，西藏自治区副主席格桑次仁看望慰问执行维稳任务的山南市公安消防支队官兵

西藏自治区消防总队队长扎西到山南看望慰问一线执勤官兵

山南市委常委、政法委书记、市公安局党委书记龚兵指导“平安宣传日”消防宣传活动

山南市公安消防支队参加西藏总队2016年度跨区域地震应急救援实战演练

山南市公安消防支队召开正规化建设及队站建设工作推进会

山南市公安消防支队开展“两学一做”学习教育活动宣传

2016西藏雅砻文化节开幕式消防安保工作现场

# 中国人民银行 THE PEOPLE'S BANK OF CHINA 山南市中心支行

2016年，中国人民银行山南中心支行纪委书记胡生明带队到人行孝感市中心支行进行考察学习

2016年9月11日，中国人民银行山南中心支行副行长向雪玲参加山南市邮政储蓄银行开业典礼

2016年5月2日，中国人民银行山南中心支行副行长罗布指导山南中心支行保卫科工作人员开展射击演练活动

2016年7月29日，山南市金融知识宣讲技能大赛颁奖现场

2016年2月26日，中国人民银行山南中心支行开展残损人民币收缴活动

2016年9月10日，中国人民银行山南中心支行组织开展金融知识宣传活动

# 中国农业银行 山南分行

AGRICULTURAL BANK OF CHINA

2016年1月25日，中国农业银行山南分行工作人员到普玛江塘乡组织开展金融知识宣传活动

2016年1月31日，中国农业银行山南分行组织召开首届家属联谊活动

2016年5月24日，中国农业银行山南分行组织开展案例警示教育活动

# 中国建设银行 山南分行

China Construction Bank

1 2

1. 2016年8月15日，中国建设银行西藏自治区分行与山南市政府签订战略合作协议

2. 2016年5月4日，中国建设银行西藏自治区分行行长韩文贞一行到山南分行开展调研

3 4

3. 2016年3月15日，中国建设银行山南分行配合相关单位开展消费者权益保护宣传活动

4. 2016年3月21日，中国建设银行山南分行组织召开第五届职工暨会员代表大会

# 中国银行 BANK OF CHINA 山南分行

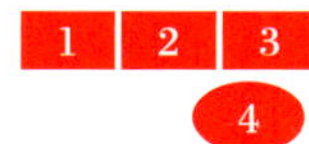

1. 2016年12月31日，山南市副市长董加峰一行到中国银行山南分行调研

2. 2016年11月，中国银行山南分行参加人行牵头组织的残币兑换活动

3. 2016年10月26日，中国银行山南分行组织人民币兑换活动

4. 2016年3月24日，中国银行山南分行党团组织到地区特殊学校开展学雷锋志愿活动

# 中国铁塔山南市分公司

2016年5月7日，铁塔山南市分公司到学校宣传电磁辐射相关知识

2016年8月26日，中铁十七局向铁塔山南市分公司增送锦旗

2016年11月26日，铁塔山南市分公司为第六批驻村工作队送行

# 国网西藏电力有限公司

# 山南供电公司

2016年10月6日，西藏自治区党委常委、自治区常务副主席丁业现在扎囊县检查110千伏输变电工程建设情况

国网西藏电力有限公司董事长刘晓明到山南检查“三查三强化”工作

2016年8月12日，国网山南供电公司负责人检查“雅砻文化节”期间电力保障情况

2016年6月16日，曲松110千伏输变电工程顺利带电投运

2016年10月13日，国网山南供电公司开展“一把手讲安全课”活动

# 乃东区

2016年6月1日，山南市委副书记、市长普布顿珠，乃东区委副书记、区长张维到泽措巴寺调研

乃东区委常委、纪委书记王雅峰慰问驻村工作队

2016年7月6日，山南市人大常委会副主任、乃东区委书记尼玛次仁调研昌珠历史文化广场

2016年6月22日，中国文联文艺志愿服务团到乃东区昌珠镇克松村举行“送欢乐、下基层”慰问演出

2016年1月17日，乃东县召开党风廉政主体责任集体约谈会

# 琼结县

2016年12月27日，山南市委副书记、市长普布顿珠一行到加麻乡看望慰问首届全国文明家庭——宗吉家庭

2016年6月21日，琼结县委副书记、县长索朗多吉到琼结镇仲堆居委会调研精准扶贫工作

2016年8月26日，召开中国共产党琼结县第九次代表大会

2016年7月8日，琼结县强吉村举办首届村级“强钦青稞酒文化旅游节”

2016年9月5日，琼结县成功举办“首届吐蕃故都文化旅游节”

2016年8月16日，美国探索频道一行到琼结县拍摄“琼结文化”纪录片

琼结县加麻乡扎西村宗吉家庭被评为‘2016首届全国文明家庭”

# 扎囊县

2016年4月21日，山南地委书记张永泽，地委副书记、行署专员普布顿珠到扎囊县江北采石场调研安全生产工作

2016年1月，扎囊县委副书记、人大常委会主任次仁在县委会议室主持召开人大领导班子民主生活会

2016年7月，扎囊县委副书记、县长唐勇率领政府考察团到桑耶镇调研

2016年6月29日，扎囊县旅游局组织参加国际旅游商品博览会，敏珠林寺旅游产品荣获金奖。图为旅游局负责人与敏珠林寺僧人合影

2016年9月，扎囊县召开2016扎囊氆氇文化节协调会

2016年6月15日，扎囊县总工会举办“毛毯编织技能培训”开班仪式

# 贡嘎县

2016年5月27日，西藏自治区党委常委、组织部部长曾万明到贡嘎县克西乡调研领导班子换届工作

2016年9月30日，贡嘎县委书记黄金刚在第十三届人民代表大会第一次会议上给新当选的县委副书记、人大常委会主任索朗平措，县委副书记、县长次仁颁发任命证书

2016年9月26日至27日，贡嘎县召开第九次党代会

2016年11月17日，贡嘎县举行不动产权首发仪式，山南市国土资源和规划局局长渠伟，贡嘎县委副书记、县长次仁，县委常委、副县长张海强出席仪式

2016年3月28日，贡嘎县举行德秀镇至朗杰学乡岗则村五组公路项目开工典礼

# 浪卡子县

2016年8月13日，召开中国共产党浪卡子县第九次代表大会

2016年7月28日，浪卡子县委、县政府组织纪念建党95周年暨“两学一做”知识竞赛活动

2016年6月19日，浪卡子县召开第十三届人民代表大会县级人大代表选举大会

2016年7月1日，浪卡子县住建局开展“创文明卫生县城、共创环保美好家园”活动

2016年9月29日，浪卡子县委、县政府开展“庆国庆·展风采”文艺晚会

2016年7月1日，浪卡子县民间艺术团开展“浪卡子县非物质文化遗产展演”活动

# 洛扎县

2016年7月20日，山南市委书记张永泽到色乡公章普边境一线搬迁点考察指导工作

洛扎县副委副书记、县长白玛多吉督导调研易地扶贫搬迁工作

洛扎县召开第十三届人民代表大会第一次会议

中国人民政治协商会议第二届洛扎县委员会第一次会议

洛扎县第十三届人民代表宣誓仪式

洛扎县召开“两学一做”学习教育座谈会

# 措美县

2016年8月31日，措美县召开第九次党代会

2016年8月26日，哲古牧人节——趣味游戏

扎扎服饰

甲黔彩靴

哲古湖

# 错那县

2016年9月28日，国家文化部党组成员、副部长项兆伦在错那调研非物质文化遗产工作

2016年7月21日，西藏自治区人大副主任嘎玛在错那县开展精准扶贫调研

2016年8月11日至12日，山南市委副书记、市长普布顿珠在觉拉乡检查农业生产工作

2016年5月10日，错那县委副书记、县长布多在觉拉乡走村入户调研易地扶贫搬迁工作

2016年8月10日至11日，山南新型城镇化建设暨项目管理现场交流观摩会在错那召开

2016年12月28日，错那县举行不动产登记首发仪式

2016年10月，错那县22个基层政权项目建成竣工，图为新建的绝拉村委会

# 隆子县

2016年10月12日，西藏自治区党委书记吴英杰，山南市委副书记、市长普布顿珠一行到隆子县扎日乡检查指导维稳工作

2016年7月19日，西藏自治区人大常委会副主任嘎玛一行到隆子县调研精准扶贫工作

西藏自治区副主席格桑次仁到隆子县边境调研

西藏自治区政协副主席、工商联主席、总工会会长阿沛·晋源到隆子县检查工商联工作开展情况

2016年10月，西藏自治区高级人民法院党组书记、院长索达到隆子县人民法院调研并与干警合影

# 曲松县

2016年8月25日，湖北省人社厅副厅长陈金刚到曲松县检查指导民族手工艺相关工作

2016年11月19日，山南市副市长张福臣到东嘎村检查指导脱贫攻坚工作

2016年9月14日，曲松县委书记李世平，县委副书记、县长拉巴次仁为军演官兵献哈达

2016年3月28日，曲松县委副书记、县长拉巴次仁入户调研贫困户

2016年12月24日，西藏自治区强基惠民活动第三督导组扎西次仁一行视察加娃村工作开展情况

曲松县首届藏历新年–春节电视综艺晚会

曲松县政府综合楼

# 加查县

2016年6月17日，国家发改委副主任，国家能源局局长、党组书记努尔·白克力（左五）到加查县调研能源开发建设情况

2016年10月13日，西藏自治区党委书记吴英杰（左四）到加查县华能藏木水电站调研

2016年10月13日，西藏自治区党委书记吴英杰，山南市委副书记、市长普布顿珠到加查调研重点项目建设情况

2016年9月23日，加查县举行道德教育基地挂牌仪式。县委书记李贤荣与全国道德模范次仁宗巴合影留念

2016年9月12日，加查县第九次代表大会召开，县委书记李贤荣代表中国共产党加查县第八届委员会作工作报告

2016年9月18日，加查县十三届人大一次会议召开